COST MANAGEMENT ACCOUNTING

객관식
원가관리회계

구순서 | 이남재

*공인회계사 · 세무사 수험생들의 **필독서**

도서출판
어울림
www.aubook.co.kr

머리말

본서는 공인회계사와 세무사 1차 시험을 준비하는 분들을 위한 원가관리회계 객관식 문제집으로서, 주요 내용에 대한 요약정리와 다양한 문제, 그리고 간결한 해설로 구성하였다. 공인회계사와 세무사 1차 시험에서 원가관리회계가 차지하는 비중은 그리 크지 않지만 재무회계나 세법에 비하여 쉽게 점수를 얻을 수 있는 과목이기 때문에 전략과목으로서 중요한 과목이다.

본서는 수험생들이 시험에 충분히 대비할 수 있도록 하기 위하여 다음과 같은 사항에 중점을 두고 집필하였다.

첫째, 각 단원별로 중요한 내용을 요약정리하고 관련된 기본문제들을 수록함으로써, 각 단원별로 이해력을 높이도록 노력하였다.

둘째, 본서는 최근 10여년간 공인회계사와 세무사 1차 시험에 출제되었던 기출문제를 모두 수록하였으며, 일관성 있는 문제풀이 방식으로 수험생들이 쉽게 정답에 접근할 수 있도록 하였다. 또한 기출문제만으로는 다루지 못한 부분 중에서 향후에 출제될 수 있는 부분과 관련된 문제를 추가로 반영하여 시험에 충분히 대비할 수 있도록 하였다.

셋째, 대부분의 문제에서 기본서에서 사용하던 풀이방식을 거의 그대로 유지함으로서 기본서를 충실히 공부하였다면, 이해하기 더 쉬울 것이라 판단되며, 1차 시험이 끝나고 2차 시험의 연장선상에서 공부할 수 있도록 하였다.

본서를 1회독 하는 것으로 만족하면 안 되고, 최소한 2~3회독 정도 해야 1차 시험에서 어느 정도 점수가 나올 것이라 판단된다. 또한 아는 문제라고 판단되더라도 절대 눈으로 공부해서는 안 되고, 반드시 손으로 풀어보는 습관을 가지고 끝까지 열심히 공부한다면 좋은 결과가 있을 것으로 기대한다.

　마지막으로 바쁜 시간을 쪼개서 원고의 내용 및 연습문제를 일일이 검토해준 윤누리양(2012년 세무사 최연소합격)과 신지환군에게 감사드린다. 또한 집필부터 탈고까지 물심양면으로 많은 도움을 주신 도서출판 어울림의 허병관사장님과 편집부 직원들, 그리고 AIFA경영아카데미 관계자 모두에게 진심으로 감사드리며, 사랑하는 가족들에게 진심으로 감사드린다.

2012년 10월

구순서 · 이남재

개정판을 내면서...

　본서는 공인회계사와 세무사 1차 시험을 준비하는 분들을 위한 원가관리회계 객관식 문제집으로서, 주요 내용에 대한 요약정리와 다양한 문제와 간결한 해설로 구성하였다. 공인회계사와 세무사 1차시험에서 원가관리회계가 차지하는 비중은 그리 크지 않지만 재무회계나 세법에 비하여 쉽게 점수를 얻을 수 있는 과목이기 때문에 전략과목으로서 중요한 과목이다.

　본서는 수험생들이 시험에 충분히 대비할 수 있도록 하기 위하여 다음과 같은 사항에 중점을 두고 집필하였으며, 초판에 비하여 많은 사항을 개선하였다.

　첫째, 각 단원별로 중요한 내용을 요약정리하고 관련된 기본문제들을 수록함으로써, 각 단원별로 이해력을 높이도록 노력하였으며, 초판에서 발견되었던 오류들을 모두 수정하였다.

　둘째, 본서는 최근 10여년간 공인회계사와 세무사 1차시험에 출제되었던 기출문제를 거의 대부분 수록하였으며, 일관성 있는 문제풀이 방식으로 수험생들이 쉽게 정답에 접근할 수 있도록 하였다. 또한 기출문제만으로는 다루지 못한 부분 중에서 향후에 출제될 수 있는 부분과 관련된 문제를 추가로 반영하여 시험에 충분히 대비할 수 있도록 하였으며, 현대의 출제 유형을 반영하지 못하는 문제들은 과감하게 삭제하고, 최근의 유형을 최대한 반영할 수 있도록 하였다.

　셋째, 대부분의 문제 풀이방식을 기본서에서 사용하던 방식을 거의 그대로 유지하면서 1차 시험에 맞춰서 간결하게 풀 수 있는 방법을 추가함으로서, 기본서를 충실히 공부한 상태에서 본서를 본다면 쉽게 접근할 수 있도록 하였다.

본서를 1회독 하는 것으로 만족하면 안 되고, 최소한 2~3회독 정도 해야 1차시험에서 좋은 점수를 받을 수 있을 것이며, 아는 문제라고 판단되더라도 절대 눈으로 공부해서는 안 되고, 반드시 손으로 풀어보는 습관을 가지고 끝까지 열심히 공부한다면 반드시 합격의 기쁨을 누릴 수 있을 것으로 기대한다.

마지막으로 바쁜 시간을 쪼개서 원고의 내용 및 연습문제를 일일이 검토해준 윤누리 양(2012년 세무사 최연소 합격)과 신지환군에게 감사드린다. 또한 집필부터 탈고까지 물심양면으로 많은 도움을 주신 도서출판 어울림의 허병관사장님과 편집부 직원들, 그리고 AIFA경영아카데미 관계자 모두에게 진심으로 감사드리며, 사랑하는 가족들에게 진심으로 감사드린다.

2020년 11월
구순서 · 이남재

객관식 원가관리회계

목 차

공인회계사 1차시험 기출문제 분석

구 분		2020	2019	2018	2017	2016	2015	2014	2013	2012	2011	합계
제1장 원가의 기본개념과 흐름							1					1
제2장	개별원가계산	1		1					1	1	1	5
	정상원가계산		1		1			1				3
제3장 활동기준원가계산		1			1	1	1	1				5
제4장 종합원가계산		2	1	1	1	1		2	1		2	11
제5장 결합원가계산		1	1		1	1	1	1		1		7
제6장 변동원가계산		1	1	1		1			2		1	7
제7장 원가추정		2		1			1			1		5
제8장 CVP분석				1	1	1					1	5
제9장 관련원가분석			4	1	1	1	1	2	1		2	14
제10장 대체가격결정					0.5				1	1	1	3.5
제11장	종합예산					1	1	1		1		4
	자본예산											0
제12장 책임회계와 성과평가				1	1.5	2	2		1	1	1	9.5
제13장 표준원가계산		1	1	1	1			2	1	1	1	10
제14장 불확실성하의 의사결정			1	1							1	3
제15장 기타이론 및 새로운 개념		1		1	1	1		1		1	1	8
합 계		10	10	10	10	10	10	10	10	9	12	101

세무사 1차시험 기출문제 분석

구 분		2020	2019	2018	2017	2016	2015	2014	2013	2012	2011	합계
제1장 원가의 기본개념과 흐름			2	1	1	1		1	1	1	1	9
제2장	개별원가계산	2		1	1	2		2	1			9
	정상원가계산	1			1			1	1	1	1	6
제3장 활동기준원가계산		1	2		1		1			1	2	8
제4장 종합원가계산		2	1	2	1	2		1	2	1	1	14
제5장 결합원가계산		1	1	1	1	1	1	1	1	1	1	10
제6장 변동원가계산		1	1	2	1	1	1	1	1	2	1	12
제7장 원가추정					1			1	1	1		4
제8장 CVP분석		1	1	3	2	4	1	1	2	1	1	17
제9장 관련원가분석		3	1	3	3	2	2	1	2	2	2	21
제10장 대체가격결정			1				1		1			3
제11장	종합예산	1			1	1	1	1	1	1	1	8
	자본예산						1					1
제12장 책임회계와 성과평가		1						1	1	1	1	6
제13장 표준원가계산		1	2	2	2		2		1	1		12
제14장 불확실성하의 의사결정			2									2
제15장 기타이론 및 새로운 개념			1				1	1	1	1	3	8
합 계		15	15	15	15	15	15	15	15	15	15	150

원가의 기본개념과
원가의 흐름

Chapter 1
원가의 기본개념과 원가의 흐름

01 원가의 분류

(1) 원가요소에 따른 분류

① 재료비(material costs) : 제품제조와 관련하여 투입된 재료의 사용액
② 노무비(labor costs) : 제품제조와 관련하여 사용된 노동력의 사용에 대한 댓가
③ 제조경비(manufacturing costs) : 재료비와 노무비를 제외한 모든 제조원가요소의 사용액

(2) 추적가능성에 따른 분류

① 직접원가 : 특정 원가대상과 관련된 원가로서, 특정 원가대상에 의해 소비되었음을 쉽게 추적할 수 있는 원가
② 간접원가 : 소비된 원가가 특정 원가대상에 의하여 소비되었음 쉽게 추적할 수 없거나, 추적하는 것이 비효율적인 경우, 이 때 소비된 원가

> ### 참고   Reference
>
> 직접재료비, 직접노무비, 제조간접비 의 세 가지 제조원가 중 직접재료비와 직접노무비를 포함하여 기초원가(prime costs) 또는 기본원가라 하고, 직접노무비와 제조간접비를 포함하여 전환원가(conversion costs), 혹은 가공원가(가공비)라고 한다.
>
>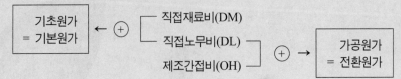

(3) 원가행태에 따른 분류

① **변동원가**(variable costs) : 관련범위 내에서, 조업도(또는 생산량)의 변화에 따라 총원가가 비례적으로 변동하는 원가

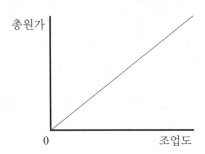 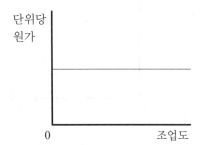

② **고정원가**(fixed costs) : 관련범위 내에서, 조업도(또는 생산량)가 변화해도 총원가가 변하지 않고 고정되어있는 원가

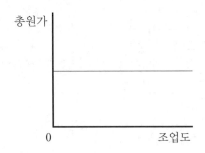 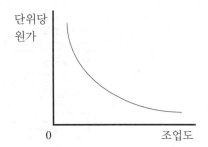

③ **준변동원가**(semivariable cost) : 고정원가와 변동원가의 두 가지 요소를 모두 포함하고 있는 원가로서, 혼합원가(mixed cost)라고도 하며, 조업도 수준이 변화(증가)할 때 총원가가 변화(증가)하는 형태를 보인다.

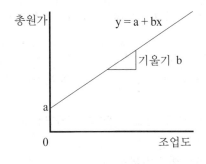 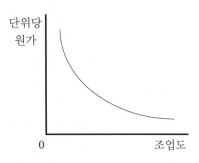

④ **준고정원가**(semifixed cost) : 고정원가와 변동원가의 두 가지 요소를 모두 포함하고 있으나, 고정원가가 원가동인의 다양한 범위별로 일정하지만 원가동인이 한 범

위에서 다음 범위로 움직이면 불연속적(계단식)으로 증가하는 계단원가함수(step cost fuction)의 형태를 보인다.

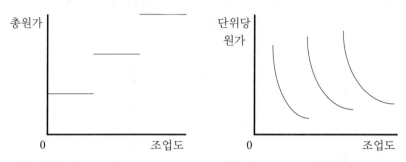

앞에서 배웠던 직접재료비, 직접노무비, 제조간접비는 원가형태에 따라 아래와 같이 분류된다. 단, 제조간접비는 변동비와 고정비로 분류할 수 있다는 가정하에 변동제조간접비와 고정제조간접비로 분류한 것이다.

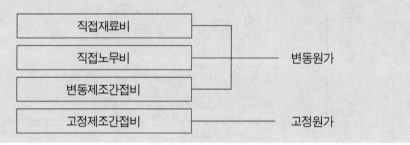

(4) 기타 분류

의사결정과관련된분류	관련원가	의사결정 대안별로 다르게 나타나게 될 미래의 기대되는 원가로서 미래 의사결정과 관련성이 있는 원가
	기회비용	여러 대안 중에서 선택된 대안을 제외하고, 선택되지 않은 대안 중 최선의 대안의 가치(원가)
	회피가능원가	특정의사결정을 하지 않으면, 발생되지 않을 수 있는 원가
	비관련원가	의사결정 대안별로 차이가 나지 않는 원가로서 미래 의사결정과 관련성이 없는 원가
	매몰원가	과거에 이미 발생된 원가로서, 현재와 미래의 의사결정에는 아무런 영향을 미치지 못하는 원가
	회피불능원가	특정의사결정여부와 상관없이 발생되는 원가

자산화여부에 따른 분류	제품원가	제품의 생산과 관련하여 발생하는 원가로서 제품의 원가를 구성하여 재고자산의 형태로 존재하다가 판매되는 시점에 매출원가라는 형태로 비용화되는 원가. 재고가능원가라고도 한다.
	기간비용	발생 시점에 모두 당기 비용화되는 원가로서, 제품의 원가에 포함되지 않고, 발생하는 기간의 비용으로 처리되는 원가
통제가능성에 따른 분류	통제가능원가	일정 기간 내에 경영자가 의사결정과정에서 영향을 미칠 수 있는 원가로서 경영자의 성과평가 과정에서 고려되어야 할 원가
	통제불가능원가	일정 기간 내에 경영자가 의사결정과정에서 영향력을 미칠 수 없는 원가로서 경영자의 성과평가 과정에서 고려되어서는 안되는 원가.

02 원가의 흐름

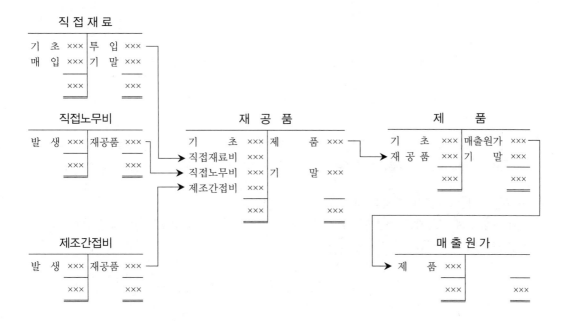

03 제조원가 명세서

<u>제조원가명세서</u>
2012년 1월 1일부터 2012년 12월 31일까지
(주)AIFA (단위 : 원)

Ⅰ. 직 접 재 료 비
    1. 기초원재료재고액   ×××
    2. 당기원재료매입액   ×××
    3. 기말원재료재고액   ×××   ×××
Ⅱ. 직 접 노 무 비   ×××
Ⅲ. 제 조 간 접 비
    1. 간 접 노 무 비   ×××
    2. 수 도 광 열 비   ×××
    3. 감 가 상 각 비   ×××   ×××
Ⅳ. 당 기 총 제 조 원 가   ×××
Ⅴ. 기 초 재 공 품 원 가   ×××
Ⅵ.   계   ×××
Ⅶ. 기 말 재 공 품 원 가   ×××
Ⅷ. 당 기 제 품 제 조 원 가   ×××

기본 문제

다음은 1~4번과 관련된 자료이다.
(주)한샘은 선반을 제작하여 판매하는 회사로서 20×5년 회사의 제조활동 및 판매활동과 관련된 자료는 다음과 같다.

	20×5년 1월 1일	20×5년 12월 31일
직접재료	₩50,000	₩75,000
재 공 품	80,000	90,000
제 품	130,000	143,000

20×5년 1월 1일 ~ 20×5년 12월 31일	
매 출 액	₩1,870,000
직접재료 매입액	720,000
소모품비-공구등	12,000
직접노무비	190,000
간접노무비	140,000
공장감가상각비	235,000
설비임차료	86,000
공장화재보험료	46,000
판매직원급여	193,000
운 송 비 용	108,000
광 고 비	112,000

01 당기제품제조원가는 얼마인가?

① ₩1,381,000　　　　② ₩1,394,000　　　　③ ₩1,404,000

④ ₩1,484,000　　　　⑤ ₩1,524,000

02 당기 매출원가는 얼마인가?

① ₩1,381,000　　　　② ₩1,394,000　　　　③ ₩1,404,000

④ ₩1,484,000　　　　⑤ ₩1,524,000

03 당기 영업이익은 얼마인가?

① ₩45,000　　　　② ₩55,000　　　　③ ₩68,000

④ ₩76,000　　　　⑤ ₩89,000

04 다음의 설명 중 틀린 것은?

① 기초원가는 ₩885,000이다.

② 전환원가는 ₩709,000이다.

③ 제조간접비는 ₩519,000이다.

④ 외부보고목적 손익계산서상 당기비용은 총 ₩1,794,000이다.

⑤ 변동원가계산에 의한 당기총제조원가는 ₩885,000이다.

해설

01 ②

제조원가명세서

I. 직접재료비		
1. 기초원재료재고액	50,000	
2. 당기원재료매입액	720,000	
3. 계	770,000	
4. 기말원재료재고액	75,000	695,000
II. 직접노무비		190,000
III. 제조간접비		
1. 소 모 품 비	12,000	
2. 간접노무비	140,000	
3. 감가상각비	235,000	
4. 설비임차료	86,000	
5. 보 험 료	46,000	519,000
IV. 당기총제조원가		1,404,000
V. 기초재공품원가		80,000
VI. 계		1,484,000
VII. 기말재공품원가		90,000
VIII. 당기제품제조원가		**1,394,000**

02 ①

매출원가 = 기초제품재고액 + 당기제품제조원가 − 기말제품재고액
= 130,000 + 1,394,000 − 143,000 = ₩1,381,000

03 ④

손익계산서

I. 매 출 액		1,870,000
II. 매 출 원 가		
1. 기초제품재고액	130,000	
2. 당기제품제조원가	1,394,000	
3. 계	1,524,000	
4. 기말제품재고액	143,000	1,381,000
III. 매출총이익		489,000
IV. 판매관리비		413,000
1. 급 여	193,000	
2. 운 송 비	108,000	
3. 광고선전비	112,000	
V. 영 업 이 익		76,000

04 ⑤

④ 외부보고목적 손익계산서상 당기비용은 매출원가(₩1,381,000)와 판매관리비(₩413,000)의 합계 ₩1,794,000이다.

⑤ 변동원가계산에 의한 당기총제조원가는 직접재료비, 직접노무비, 변동제조간접비의 합이다. 그러나 위자료만으로는 제조간접비 중 변동제조간접비를 확인할 수 없으므로 알 수 없다.

Chapter 1. 원가의 기본개념과 원가의 흐름

연습문제

01 다음 그래프의 종축은 총원가를 나타내며, 횡축은 1년간의 생산량을 나타낸다. 다음 중 그래프를 적정하게 설명하지 못한 것은?

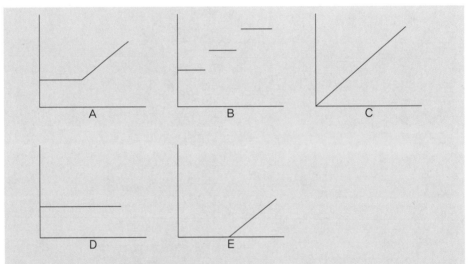

A : 일정량의 kwh까지는 기본요금을 내고 그것을 초과하는 경우에는 변동원가가 추가된다(kwh는 생산량에 비례하여 증가).

B : 수도요금 청구액은 다음과 같이 계산된다.
   • 100,000 갤런이하 : 기본요금   100,000
   • 추가 10,000갤런   : 추가 사용된 갤런당   3
   • 추가 10,000갤런   : 추가 사용된 갤런당   6

C : 기계사용시간(생산량에 비례)을 기준으로 계산되는 설비의 감가상각비

D : 정액법에 의한 설비의 연간 감가상각비

E : 어떤 조업도 수준 이상으로 생산되는 매 생산단위마다 100을 관리자에게 지급하는 상여금 제도

① A   ② B   ③ C
④ D   ⑤ E

02 원가 분류와 관련된 다음의 설명 중 옳지 않은 것은?

① 원가를 생산요소에 따라 분류한다면 재료비, 노무비, 제조경비로 분류할 수 있다.

② 원가를 행태에 따라 분류할 경우 관련범위 내에서만 타당하다.

③ 자산화 여부에 따라 분류할 경우 직접재료비, 직접노무비, 제조간접비는 항상 제품원가로 분류된다.

④ 직접재료비와 직접노무비의 합을 기초원가 또는 기본원가라고 한다.

⑤ 의사결정과 관련성을 기준으로 분류할 경우 기회비용은 관련원가, 매몰원가는 비관련원가에 해당된다.

03 ㈜원가는 기계장치를 생산, 판매하는 기업으로 사업 첫 해에 다음과 같은 원가가 발생했다. 이 자료를 바탕으로 원가계산을 했을 경우 (가)부터 (마)까지의 설명 중 타당하지 않은 것을 모두 고르면? (단, 기초재공품재고액은 없고, 기말재공품재고액이 ₩10 존재한다.)

• 직접재료원가	₩110	• 간접재료원가	₩30
• 판매직급여	30	• 직접노무원가	120
• 간접노무원가	60	• 관리직급여	70
• 간접경비	200	• 광고선전비	20
• 이자비용	10		

(가) 당기제품제조원가는 ₩510이다.

(나) 기본원가(기초원가, prime costs)는 ₩230이다.

(다) 제조간접원가에는 어떤 재료원가도 포함되지 않으므로 간접노무원가와 간접경비를 합한 ₩260이다.

(라) 당기총제조원가는 ₩520으로, 기본원가에 가공원가를 합한 금액이다.

(마) 기간원가는 ₩130으로, 재고가능원가라고 부르기도 한다.

① (가), (나)　　　　② (다), (라)　　　　③ (라), (마)

④ (나), (다), (마)　　⑤ (다), (라), (마)

04 우진회사는 개별원가계산제도를 채택하고 있다. 제품A의 제조와 관련한 다음의 자료를 토대로 당기에 발생한 제품A의 직접재료원가를 구하면 얼마인가?

- 당기총제조원가 : ₩6,000,000
- 당기제품제조원가 : ₩4,900,000
- 제조간접원가는 직접노무원가의 60%가 배부되었는데 이는 당기총제조원가의 25%에 해당한다.

① ₩4,125,000   ② ₩2,000,000   ③ ₩4,500,000
④ ₩3,600,000   ⑤ ₩900,000

05 ㈜세무의 20x1년 5월 중 자료는 다음과 같다.

	5월 1일	5월 31일
재공품	₩30,000	₩25,000
제　품	20,000	10,000

5월 중 기초원가(prime cost)는 ₩325,000이고, 가공원가가 직접재료원가의 40%이며, 제조간접원가는 ₩25,000이다. ㈜세무의 5월 매출원가는?

① ₩325,000   ② ₩345,000   ③ ₩350,000
④ ₩360,000   ⑤ ₩365,000

06 ㈜세무는 단일 제품을 생산하며 개별정상원가계산을 사용한다. 제조간접원가는 직접노무시간당 ₩6을 예정배부한다. 재료계정의 기초금액은 ₩10,000이며, 기말금액은 ₩15,000이다. 재료는 모두 직접재료로 사용되고 간접재료로 사용되지 않는다. 당기총제조원가는 ₩650,000이며 당기제품제조원가는 ₩640,000이다. 직접노무원가는 ₩250,000이며, 실제 발생한 직접노무시간은 20,000시간이다. ㈜세무가 당기에 매입한 재료금액은?

① ₩270,000   ② ₩275,000   ③ ₩280,000
④ ₩285,000   ⑤ ₩290,000

07 ㈜세무는 실제원가계산을 사용하고 있으며, 20×1년 원가자료는 다음과 같다. 20×1년 직접재료매입액은 ₩21,000이었고, 매출원가는 ₩90,000이었다. 가공원가의 40%가 직접노무원가라면 기초원가(prime cost)는?

	기초잔액	기말잔액
직접재료	₩ 3,000	₩ 4,000
재 공 품	50,000	45,000
제 품	70,000	60,000

① ₩42,000   ② ₩44,000   ③ ₩50,000
④ ₩53,000   ⑤ ₩55,000

08 (주)세무는 20×1년 초에 영업을 개시하였다. ㈜세무는 전부원가계산을 적용하고 있으며, 재고자산의 원가흐름가정은 선입선출법이다. 20×1년과 20×2년의 생산 및 원가자료는 다음과 같다.

항목	20×1년	20×2년
제품 생산량	1,500단위	1,750단위
제품 판매량	1,200단위	( )단위
기말제품 수량	( )단위	150단위
제품단위당 변동제조원가	₩38	₩40
고정제조간접원가	₩48,000	₩70,000

(주)세무의 20×2년도 매출원가는? (단, 기초 및 기말 재공품은 없다.)

① ₩147,000   ② ₩148,000   ③ ₩ 148,600
④ ₩149,000   ⑤ ₩149,400

09 본사와 생산공장이 동일 건물에 소재하는 (주)대한의 2009년 3월 중 발생한 비용과 재고자산 자료는 다음과 같다. 3월 중 직접재료 매입액은 ₩1,200,000이며, 매출액은 ₩7,400,000이다.

〈3월 중 발생비용〉	
직접노무원가	₩3,000,000
공장감독자급여	100,000
기타제조간접원가	200,000
전기료(본사에 40%, 공장에 60% 배부)	200,000
감가상각비(본사에 20%, 공장에 80% 배부)	500,000
본사의 기타 판매관리비	400,000
합 계	₩4,400,000

➠ 재고자산

	3월초	3월말
재공품재고	₩1,000,000	₩800,000
직접재료재고	300,000	100,000
제품재고	700,000	400,000

위의 자료를 토대로 (주)대한의 3월 1일부터 3월 31일까지의 영업이익을 구하면 얼마인가?

① ₩1,000,000　　　② ₩1,100,000　　　③ ₩1,280,000

④ ₩1,600,000　　　⑤ ₩1,680,000

10 (주)국세의 4월 매출액은 ₩20,000이며, 매출총이익률은 30%이다. (주)국세의 공장에서 4월에 발생한 원가관련 자료는 다음과 같다.

• 재고자산 현황

일 자	직접재료	재공품	제품
4월 1일	₩1,000	?	₩3,000
4월 30일	₩2,000	₩3,000	₩4,000

• 4월에 매입한 직접재료금액은 ₩4,500이다.
• 4월 1일 미지급임금은 ₩2,000이며, 4월 30일 미지급임금은 ₩4,000이다.
• 4월에 지급한 임금은 ₩6,000이다.
• (주)국세의 공장에서 발생한 임금의 50%는 생산직 종업원의 임금이다.
• 4월에 발생한 제조간접원가 중 임금을 제외한 나머지 부분은 ₩1,500이다.

(주)국세의 4월 1일 재공품금액은 얼마인가?

① ₩2,500   ② ₩3,000   ③ ₩3,500
④ ₩4,000   ⑤ ₩5,000

11 (주)남송의 1월 중 발생한 비용과 월초 및 월말 재고자산 자료는 다음과 같다.

1월 중 발생비용		재고자산	1월초	1월말
직접노무원가	₩300	재공품재고	₩ 1,000	₩800
감가상각비-공장	50	직접재료재고	300	100
감가상각비-영업점포	50			
감가상각비-본부사옥	100			
공장감독자급여	100			
그 밖의 제조간접원가	200			

1월 중 직접재료의 매입은 발생하지 않았다. (주)남송의 1월달 당기제품제조원가는?

① ₩850   ② ₩900   ③ ₩1,050
④ ₩1,100   ⑤ ₩1,200

12 다음에 주어진 ㈜한국제조의 손익계산서는 회계지식이 부족한 인턴직원이 작성한 것이다.

손익계산서

㈜한국제조	20×1. 1. 1 ~ 20×1. 12. 31		(단위 : ₩)
· 매출액			900,000
· 영업비용 :			
간접노무원가		24,000	
수도광열비		30,000	
직접노무원가		140,000	
감가상각비(공장설비)		42,000	
감가상각비(본사건물)		36,000	
당기 원재료 매입액		330,000	
보험료		8,000	
임차료		100,000	
판매 및 관리부서의 직원급여		64,000	
광고선전비		150,000	924,000
· 영업이익			(24,000)

그러나 위의 손익계산서에 표시된 매출액 및 영업비용 내역은 모두 올바른 자료이다. 만약 당신이 ㈜한국제조의 20×1년도 손익계산서를 정확하게 작성하고자 하는 경우 필요한 추가 자료는 다음과 같다.

(1) 수도광열비의 60%, 보험료의 75%와 임차료의 80%는 공장설비와 관련된 것이며, 나머지는 판매 및 일반관리활동과 관련하여 발생한 것이다.
(2) 20×1년도 재고자산의 기초 및 기말잔액은 다음과 같다.

구 분	기 초	기 말
원재료	₩16,000	₩26,000
재공품	₩32,000	₩42,000
제 품	₩80,000	₩120,000

20×1년도 ㈜한국제조의 정확한 당기제품제조원가와 영업이익은 각각 얼마인가?

	당기제품제조원가	영업이익
①	₩620,000	₩12,000
②	₩620,000	₩24,000
③	₩620,000	₩36,000
④	₩630,000	₩12,000
⑤	₩630,000	₩24,000

13 20×7년 1월 5일에 영업을 시작한 단기회사는 20×7년 12월 31일에 직접재료 재고 5,000원 재공품 재고 10,000원, 제품재고를 20,000원 가지고 있었다. 20×8년에 영업실적이 부진하면 이 회사는 동년 6월에 재료와 재공품 재고를 남겨두지 않고 제품으로 생산한 뒤 싼 가격으로 처분하고 공장을 폐쇄하였다. 이 회사의 20×8년의 원가를 큰 순서대로 정리하면?

① 매출원가, 제품제조원가, 총제조원가
② 매출원가, 총제조원가, 제품제조원가
③ 총제조원가, 제품제조원가, 매출원가
④ 모두 금액이 같다.
⑤ 매출원가만 높고, 제품제조원가와 총제조원가는 같다.

14 원가의 흐름과 관련된 다음 설명 중 옳지 않은 것은?

① 기초제품과 기말제품이 동일하다면, 당기제품제조원가와 매출원가가 동일하다.
② 기초재공품과 기말재공품이 동일하다면, 당기총제조원가와 당기제품제조원가가 동일하다.
③ 기초재공품재고액에 비해 기말재공품이 ₩10,000감소하였다면, 당기총제조원가보다 당기제품제조원가가 ₩10,000만큼 클 것이다.
④ 기말제품재고액이 기초제품재고액에 비해 ₩10,000증가하였다면, 당기제품제조원가가 당기 매출원가보다 ₩10,000만큼 클 것이다.
⑤ 당기에 영업을 처음 개시하여 기말재공품과 기말제품이 남아 있다면, 매출원가가 가장 크고, 당기총제조원가가 가장 작을 것이다.

15 (주)국세의 20×1년도 매출총이익은 ₩120,000이며, 매출총이익률은 30%이다. 기말제품재고는 기초제품재고에 비해 ₩50,000 감소하였다. (주)국세의 20×1년도 당기제품제조원가는 얼마인가?

① ₩130,000   ② ₩180,000   ③ ₩230,000
④ ₩280,000   ⑤ ₩330,000

16 다음은 대한상사의 2007년 3월 중 원가자료이다.

	2007년 3월 1일	2007년 3월 31일
원재료	₩20,000	₩25,000
재공품	₩35,000	₩30,000
제 품	₩100,000	₩110,000

대한상사의 2007년 3월 중의 원재료 매입액은 ₩125,000이고, 제조간접원가는 직접 노무원가의 50%이었으며, 매출원가는 ₩340,000이었다. 대한상사의 2007년 3월의 기본원가(prime costs)는 얼마인가?

① ₩255,000 　　　　② ₩260,000 　　　　③ ₩265,000

④ ₩270,000 　　　　⑤ ₩275,000

17 (주)세무의 20x1년도 기초 및 기말 재고자산은 다음과 같다.

	기초잔액	기말잔액
원재료	₩34,000	₩10,000
재공품	37,000	20,000
제 품	10,000	48,000

원재료의 제조공정 투입금액은 모두 직접재료원가이며, 20×1년 중에 매입한 원재료는 ₩76,000이다. 20×1년의 기본원가(prime costs)는 ₩400,000이고, 전환원가(가공원가 : conversion costs)의 50%가 제조간접원가이다. (주)세무의 20×1년 매출원가는 얼마인가?

① ₩679,000 　　　　② ₩700,000 　　　　③ ₩717,000

④ ₩727,000 　　　　⑤ ₩747,000

18 (주)국세는 당기 말 회사 창고 화재로 재고자산이 모두 소실되었다. 당기 말 화재 발생전까지 재고자산 관련 자료가 다음과 같을 때, 화재로 인해 소실된 재고는 총 얼마인가?

• 원재료 기초재고	₩50,000	• 당기 원재료 매입액	₩500,000
• 재공품 기초재고	₩100,000	• 당기 직접노무비	₩200,000
• 제 품 기초재고	₩150,000	• 당기 제조간접비	₩300,000
• 당기 매출액	₩1,000,000	• 매출총이익률	20%

① ₩350,000   ② ₩400,000   ③ ₩450,000

④ ₩500,000   ⑤ ₩550,000

정답 및 해설

1	②	2	③	3	⑤	4	②	5	⑤	6	④
7	①	8	④	9	②	10	⑤	11	③	12	③
13	①	14	⑤	15	③	16	④	17	①	18	④

01 ②

수도요금을 그래프로 나타내면 다음과 같다.

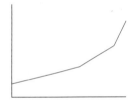

02 ③

변동원가계산을 사용하는 경우 제조간접비 중에서 고정제조간접비는 당기비용으로 처리되기 때문에 자산화되는 원가가 아니다.

03 ⑤

제조간접비 : 간접경비(₩200) + 간접재료원가(₩30) + 간접노무원가(₩60) = ₩290

당기총제조원가 : 110 + 120 + 290 = ₩520

당기제품제조원가 : 520 - 10(기말재공품) = ₩510

기초원가 : 직접재료비(₩110) + 직접노무비(₩120) = ₩230

(다) 제조간접비에 간접재료비 ₩30이 포함되어야 한다. 따라서 제조간접비는 ₩290이다.

(라) 기본원가(= 직접재료비 + 직접노무비)와 가공원가(= 직접노무비 + 제조간접비)를 더하면, 직접노무비가 중복되어 더해진다.

(마) 기간원가는 당기비용으로 처리되는 비용이며, 재고가능원가는 제품원가를 말한다.

04 ②

직 접 재 료 비 : $\qquad x$

직 접 노 무 비 : 2,500,000

제 조 간 접 비 : 1,500,000*

당기총제조원가 : ₩6,000,000

* 6,000,000 × 25% = ₩1,500,000

따라서 직접재료비 x = ₩2,000,000

05 ⑤

재 공 품			
기 초	30,000	제 품	355,000
기 초 원 가	325,000		
제조간접비	25,000	기 말	25,000
	380,000		380,000

제 품			
기 초	20,000	**매 출 원 가**	**365,000**
재 공 품	355,000	기 말	10,000
	375,000		355,000

06 ④

직접재료비 : a

직접노무비 : 250,000

제조간접비 : 120,000 (= 20,000시간×6)

합   계 : 650,000

당기 직접재료비(a) = 280,000

10,000(기초재료) + 당기재료매입액(b) − 15,000(기말재료) = 280,000 → b = ₩285,000

07 ①

재 공 품			
기 초	50,000	제 품	80,000
직접재료비	20,000*1		
직접노무비		기 말	45,000
제조간접비			
	125,000		125,000

제 품			
기 초	70,000	매 출 원 가	90,000
재 공 품	80,000	기 말	60,000
	150,000		150,000

*1 3,000+21,000−4,000 = 20,000

따라서 직접노무비와 제조간접비의 합계는 ₩55,000(=125,000−50,000−20,000)이다.

직접노무비 : 55,000×40% = 22,000

기초원가 = 직접재료비+직접노무비 = 20,000+22,000 = ₩42,000

08 ④

$$
\begin{aligned}
\text{기초제품재고} &: \quad 300단위^{*1} \times 70^{*2} \;=\; 21{,}000 \\
\text{당기제품제조원가} &: 1{,}750단위 \times 80^{*3} \;=\; 140{,}000 \\
\underline{\text{기말제품재고}} &: \quad 150단위 \times 80 \;=\; \underline{(12{,}000)} \\
\text{매출원가} &: \qquad\qquad\qquad\quad \underline{\underline{149{,}000}}
\end{aligned}
$$

^{*1} 1,500단위 - 1,200단위 = 300단위

^{*2} 38 + (48,000 ÷ 1,500단위) = ₩70

^{*3} 40 + (70,000 ÷ 1,750단위) = ₩80

09 ②

재 공 품				제 품			
기 초	1,000,000	제 품	5,420,000	기 초	700,000	매출원가	5,720,000
직접재료비	1,400,000^{*1}			재 공 품	5,420,000	기 말	400,000
직접노무비	3,000,000	기 말	800,000		6,120,000		6,120,000
제조간접비	820,000^{*2}						
	6,220,000		6,220,000				

^{*1} 300,000 + 1,200,000 - 100,000 = ₩1,400,000

^{*2} 100,000 + 200,000 + 200,000 × 0.6 + 500,000 × 0.8 = ₩820,000

손익계산서

Ⅰ. 매 출 액		7,400,000
Ⅱ. 매 출 원 가		5,720,000
Ⅲ. 매 출 총 이 익		1,680,000
Ⅳ. 판 매 관 리 비		580,000
1. 전 기 료	80,000	
2. 감 가 상 각 비	100,000	
3. 기타판매관리비	400,000	
Ⅴ. 영 업 이 익		1,100,000

10 ⑤

재 공 품			
기 초 재 고	x	당기제품제조원가	15,000^{*4}
직 접 재 료 비	3,500^{*1}		
직 접 노 무 비	4,000^{*2}	기 말 재 고	3,000
제 조 간 접 비	5,500^{*3}		
	18,000		18,000

^{*1} 1,000 + 4,500 - 2,000 = ₩3,500

^{*2} 임 금 발 생 액: (x)
　　미지급임금 증가: $\underline{2{,}000}$
　　임 금 지 급 액: $\underline{(6{,}000)}$

따라서, 임금발생액(x)은 ₩8,000이며, 이 중 생산직 종업원의 임금은 50%이므로, ₩4,000이다.

[*3] 1,500 + 4,000 = ₩5,500

[*4] 매출원가 : 20,000 × 70% = ₩14,000
당기제품제조원가 : 4,000 + 14,000 – 3,000 = ₩15,000

기초재공품(x) = 5,000

11 ③

재 공 품

기 초	1,000	제 품	**1,050**
직 접 재 료 비	200[*1]		
직 접 노 무 비	300	기 말	800
제 조 간 접 비	350[*2]		
	1,850		1,850

[*1] 300 – 100 = ₩200(당기 직접재료 매입이 없으므로, 기초재고에서 기말재고를 차감한 금액이 당기 직접재료비이다.)
[*2] 50(공장감가상각비) + 100(공장감독자급여) + 200(기타제조간접비) = ₩350

12 ③

재 공 품

기초	32,000	제 품	620,000
직접재료비	320,000[*1]		
직접노무비	140,000	기말	42,000
제조간접비	170,000[*2]		
	662,000		662,000

제 품

기 초	80,000	매 출 원 가	580,000
재 공 품	620,000	기 말	120,000
	700,000		700,000

[*1] 16,000 + 330,000 – 26,000 = ₩320,000
[*2] 간접노무비 :   24,000
수도광열비 :   18,000(=30,000×60%)
감가상각비 :   42,000
보 험 료 :   6,000(=8,000×75%)
임 차 료 :   80,000(=100,000×80%)
합   계 :   170,000

손익계산서

Ⅰ. 매 출 액		900,000
Ⅱ. 매 출 원 가		580,000
Ⅲ. 매 출 총 이 익		320,000
Ⅳ. 판 매 관 리 비		284,000
1. 수 도 광 열 비	12,000	
2. 감 가 상 각 비	36,000	
3. 보 험 료	2,000	
4. 임 차 료	20,000	
5. 판매,관리부서 직원급여	64,000	
6. 광 고 선 전 비	150,000	
Ⅴ. 영 업 이 익		**36,000**

13 ①

당기총제조원가를 x라 하면,

재 공 품

기 초	10,000	당기제품제조원가	$x+10,000$
당 기 총 제 조 원 가	x	기 말	0
	$10,000+x$		$10,000+x$

제   품

기 초	20,000	매 출 원 가	$x+30,000$
당기제품제조원가	$x+10,000$	기 말	0
	$30,000+x$		$30,000+x$

매출원가($x+30,000$) > 당기제품제조원가($x+10,000$) > 당기총제조원가(x)

14 ⑤

재 공 품

기 초	x	당 기 제 품 제 조 원 가	a
당 기 총 제 조 원 가	a	기 말	x
	$x+a$		$x+a$

제   품

기 초	b	매 출 원 가	$x+a$
당기제품제조원가	$x+a$	기 말	b
	$x+a+b$		$x+a+b$

①, ② 위의 재공품계정을 보면, 기초재공품과 기말재공품이 같다면, 당기총제조원가와 당기제품제조원가가 같다는 것을 알 수 있다. 또한 제품 계정의 경우에도 기초 제품과

기말 제품이 같다면, 당기제품제조원가와 매출원가가 같다는 것을 알 수 있다.

재 공 품			
기 초	10,000	당기제품제조원가	$x + 10,000$
당기총제조원가	x	기 말	0
	$x + 10,000$		$x + 10,000$

제 품			
기 초	0	매 출 원 가	x
당기제품제조원가	$x + 10,000$	기 말	10,000
	$x + 10,000$		$x + 10,000$

③, ④ 위의 재공품 계정에서 기초재공품에 비해 기말재공품이 ₩10,000 감소하였다면(작다면), 당기총제조원가보다 당기제품제조원가가 ₩10,000만큼 크다는 것을 알 수 있다. 또한, 기초 제품에 비해 기말 제품이 ₩10,000 증가하였다면(크다면), 매출원가보다 당기제품제조원가가 ₩10,000만큼 더 크다는 것을 알 수 있다.

⑤ 당기에 영업을 처음 개시하면 기초재공품이 존재하지 않을 것이며, 이 경우 기말재고가 존재할 경우, 당기총제조원가 > 당기제품제조원가 > 매출원가 순서로 클 것이다.

15 ③

제 품			
기 초	$x + 50,000$	매 출 원 가	280,000[*]
당기제품제조원가	?	기 말	x
	$280,000 + x$		$280,000 + x$

[*] $120,000 ÷ 0.3 × 0.7 = ₩280,000$

당기제품제조원가 = ₩230,000

16 ④

재 공 품					제 품			
기 초	35,000	제 품	350,000		기 초	100,000	매출원가	340,000
직접재료비	120,000[*]				**재 공 품**	**350,000**	기 말	110,000
직접노무비	x	기 말	30,000			450,000		450,000
제조간접비	$0.5x$							
	$155,000 + 1.5x$		380,000					

[*] $20,000 + 125,000 - 25,000 = ₩120,000$

$155,000 + 1.5x = 380,000$에서 직접노무비 $x = 150,000$

따라서 기초원가(직접재료비 + 직접노무비)는 ₩270,000(= 120,000 + 150,000)이다.

17 ①

재 공 품

기 초	37,000	제 품	717,000
직접재료비	100,000[*1]		
직접노무비	300,000[*2]	기 말	20,000
제조간접비	300,000[*3]		
	737,000		737,000

제 품

기 초	10,000	**매출원가**	**679,000**
재공품	717,000	기 말	48,000
	727,000		6,120,000

[*1] 34,000 + 76,000 − 10,000 = ₩100,000

[*2] 기본원가(직접재료비와 직접노무비의 합계)가 ₩400,000이므로 직접노무비는 ₩300,000이다.

[*3] 전환원가의 50%가 제조간접비이므로 제조간접비와 직접노무비는 동일하다.

18 ④

원재료 기말재고액을 a, 재공품 기말재고액을 b, 제품 기말재고액을 c라고 하면,

제조원가명세서

Ⅰ. 직 접 재 료 비		
1. 기초원재료재고액	50,000	
2. 당기원재료매입액	500,000	
3. 기말원재료재고액	a	550,000 − a
Ⅱ. 직 접 노 무 비		200,000
Ⅲ. 제 조 간 접 비		300,000
Ⅳ. 당 기 총 제 조 원 가		1,050,000 − a
Ⅴ. 기 초 재 공 품 원 가		100,000
Ⅵ. 기 말 재 공 품 원 가		b
Ⅷ. 당 기 제 품 제 조 원 가		1,150,000 − a − b

손익계산서

Ⅰ. 매 출 액		1,000,000
Ⅱ. 매 출 원 가		
1. 기초제품재고액	150,000	
2. 당기제품제조원가	1,150,000 − a − b	
3. 기말제품재고액	c	800,000
Ⅲ. 매 출 총 이 익		200,000

매출원가 : 150,000 + 1,150,000 − a − b − c = ₩800,000

따라서 (a + b + c) = ₩500,000 이다.

개별원가계산

Chapter 2

개별원가계산

01 원가 배분

(1) 원가대상(cost object)

경영자는 의사결정을 위하여 어떤 대상의 원가를 알고자 할 때, 경영자가 원가를 알고자 하는 어떤 대상이 바로 원가대상이다.

(2) 원가 배분(cost allocation)

집계된 원가(원가집합 cost pools)를 일정한 기준에 따라 원가대상(cost object)에 배분하는 과정을 말한다.

참고   원가배분 기준   Reference

① 인과관계기준(cause-and-effect criterion) : 원가를 발생시킨 원인을 찾아 그 원인과 결과(원가대상)를 연결시키는 방식으로 원가배분을 하는 방법, **가장 합리적인 원가배분기준**이라 할 수 있다.
② 수혜기준(benefits-received criterion) : 원가의 발생으로 인하여 혜택 받은 정도의 크기에 비례하여 원가대상에 원가를 배분하는 방식
③ 부담능력기준(ability-to-bear criterion) : 원가대상이 원가를 부담할 수 있는 능력에 따라 원가를 배분하는 방법
④ 공정성과 공평성기준(fairness or equity criterion) : 집계된 원가를 원가대상에 배분할 때 공정하고 공평하게 이루어지도록 하는 기준
⑤ 증분기준(incremental criterion) : 기존의 사용자들이 사용할 때 발생한 원가는 기존의 사용자들에게만 배분하고, 추가 사용자가 발생할 경우 추가사용자로 인하여 증가하는 공통원가만을 추가적인 사용자에게 배분하는 기준

---

(3) 제조간접비의 배부

① 제조간접비 배부율 = $\dfrac{\text{제조간접비}}{\text{배부기준의 합계}}$

② 제조간접비 배부액 = 개별 작업별 배부기준 × 제조간접비 배부율

기본 문제

01 20×6년에 최초로 영업을 개시한 (주)유성조선은 실제개별원가계산을 채택하고 있다. 회사는 #101(여객선), #102(유조선), #103(유람선)의 작업을 시작하여 당기 중에 #101(여객선)과 #102(유조선)을 완성하였으며, #101(여객선)만 판매가 되었다. 20×6년 제조와 관련된 실제자료는 다음과 같다.

	#101(여객선)	#102(유조선)	#103(유람선)	합 계
직접재료비	₩1,000,000	₩1,200,000	₩1,500,000	₩3,700,000
직접노무비	1,300,000	2,000,000	2,700,000	6,000,000
제조간접비				3,000,000
직접노동시간	250시간	350시간	400시간	1,000시간

회사가 직접노동시간을 기준으로 제조간접비를 배부하는 경우와 직접노무비를 기준으로 제조간접비를 배부하는 경우 당기 매출원가의 차이는 얼마인가?

① ₩50,000   ② ₩100,000   ③ ₩150,000

④ ₩200,000   ⑤ ₩250,000

해설

01 ②

1. 직접노동시간 기준

  ① 제조간접비 배부율 = $\dfrac{3,000,000}{1,000\text{시간}}$ = ₩3,000

  ② 매출원가(#101)에 배부되는 제조간접비 = 250시간 × 3,000 = ₩750,000

2. 직접노무비 기준

  ① 제조간접비 배부율 = $\dfrac{3,000,000}{6,000,000}$ = 50%

  ② 매출원가(#101)에 배부되는 제조간접비 = 1,300,000 × 50% = ₩650,000

따라서 직접노동시간기준과 직접노무비기준의 경우 매출원가(#101)의 차이는 ₩100,000 (= 750,000 – 650,000)이다.

● ○ ● ○

02 보조부문원가의 배분

(1) 용역 수수관계 고려 여부

① **직접배분법** : 직접배분법은 보조부문 상호간의 용역수수관계를 완전히 무시하는 방법으로서, 보조부문의 원가를 제조부문에만 배분하는 방법이다. 보조부문원가를 제조부문에 배분하는 방법 간단하다는 장점이 있지만, 보조부문 상호간의 용역수수관계는 완전히 무시하기 때문에 원가배분을 왜곡시킬 가능성이 높고, 결과적으로 제품원가도 왜곡될 가능성이 높다는 단점이 있다.

② **단계배분법** : 이 방법은 보조부문이 다른 보조부문에 제공한 용역수수관계를 부분적으로 고려하는 방법으로서, 먼저 배분되는 보조부문의 원가는 다른 보조부문에 배분이 되지만, 나중에 배분되는 보조부문의 원가는 먼저 배분된 보조부문에는 원가배분을 하지 않는 방법이다. 이 경우 어떤 보조부문의 원가를 먼저 배분 하느냐에 따라 제조부문에 배분되는 보조부문원가가 달라질 수 있게 된다.

③ **상호배분법** : 이 방법은 보조부문 상호간의 용역수수관계를 완전히 고려하여 원가를 배분하는 방법으로서 **이론적으로 가장 타당한 방법**이라 할 수 있다.

기본 문제

02 (주)삼미가 운영하고 있는 두 개의 제조부문 P_1, P_2와 두 개의 보조부문 S_1(동력부문), S_2(수선부문)와 관련된 용역수수관계 자료가 다음과 같다.

사용 제공	보조부문		제조부문		합계
	S_1	S_2	P_1	P_2	
S_1		4,000kwh	4,000kwh	2,000kwh	10,000kwh
S_2	10,000h		5,000h	5,000h	20,000h
발생원가	₩1,000,000	₩2,000,000	₩2,000,000	₩3,000,000	₩8,000,000

상호배분법에 의하여 보조부문원가를 제조부문에 배분하는 경우 P_2부문에 배분될 보조부문원가는 얼마인가?

① ₩500,000　　　　　② ₩750,000　　　　　③ ₩1,000,000

④ ₩1,250,000　　　　⑤ ₩1,750,000

해설

02 ④

문제에서 주어진 용역수수관계를 비율로 다시 표현하면 다음과 같다.

제공＼사용	보조부문		제조부문		합계
	S_1	S_2	P_1	P_2	
S_1		40%	40%	20%	100%
S_2	50%		25%	25%	100%
발생원가	₩1,000,000	₩2,000,000	₩2,000,000	₩3,000,000	₩8,000,000

이제 이를 이용하여 직접배분법과 상호배분법으로 풀면 된다.

상호배분법의 경우 보조부문 상호간의 용역수수관계를 고려하여야 하므로, 연립방정식을 이용하여야 하는데, 연립방정식으로 나타내면 다음과 같다.

$$S_1 = 1,000,000 + 0.5S_2 \cdots ①$$
$$S_2 = 2,000,000 + 0.4S_1 \cdots ②$$

두 개의 연립방정식을 풀면 $S_1 = ₩2,500,000$, $S_2 = ₩3,000,000$ 이다.

이를 이용하여 보조부문원가를 제조부문에 배분하면 다음과 같다.

제공＼사용	보조부문		제조부문		합계
	S_1	S_2	P_1	P_2	
배분 전	₩1,000,000	₩2,000,000	₩2,000,000	₩3,000,000	₩8,000,000
S_1	(2,500,000)	1,000,000	1,000,000	**500,000**	0
S_2	1,500,000	(3,000,000)	750,000	**750,000**	0
배분 후	₩　0	₩　0	₩3,750,000	₩4,250,000	₩8,000,000

따라서 P_2부문에 배분될 보조부문원가는 ₩500,000과 ₩750,000의 합계액 ₩1,250,000이다.

(2) 배부기준의 다양성

① **단일배분율법** : 보조부문원가를 변동비, 고정비 등으로 구분하지 않고, 총원가를 실제용역량을 기준으로 배분하는 방법

② **이중배분율법** : 보조부문의 원가를 변동원가와 고정원가로 구분하여 **변동원가는 실제 용역제공량**에 비례하여 배분하며, **고정원가는 최대조업도(최대사용가능량)**를 기준으로 배분하는 방법

(3) 공장전체 제조간접비 배부율과 부문별 제조간접비 배부율

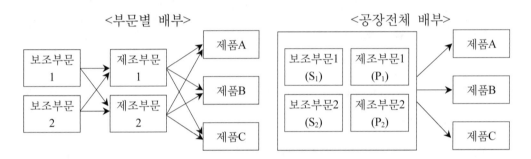

| 참고 | 공장전체 제조간접비 배부율을 사용하는 경우 | Reference |

직접배분법, 단계배분법, 상호배분법과 단일배분율법, 이중배분율법 등은 부문별 제조간접배부율을 사용하는 경우에만 해당된다. 만약 회사가 공장전체 제조간접비 배부율을 사용하는 경우에는 보조부문의 원가를 제조부문에 배분할 필요가 없다.

| 참고 | 자기부문소비용역이 존재하는 경우 | Reference |

자기부문소비용역이 존재하는 경우 자기부문소비용역을 무시하고 보조부문원가를 배분하는 경우에도 자기부문소비용역을 모두 고려해서 배분한 경우와 결과가 동일하게 된다.

03 정상개별원가계산

(1) 정상원가계산의 의의

정상원가계산(normal costing)은 직접재료비와 직접노무비는 실제 발생액을 개별작업에 직접 추적하여 집계하나, 제조간접비는 예정배부율을 이용하여 각 개별작업에 배부

하는 방법이다. 정상원가계산을 사용할 경우 **제품원가를 신속하게 계산할 수 있으며**, 제조간접비를 예정배부하기 때문에 **동일한 작업에 배부되는 제조간접비가 기간별로 균등해진다는 장점**이 있다.

참고	실제원가, 정상원가, 표준원가 비교		Reference
	실제원가계산	**정상원가계산**	**표준원가계산**
직접재료비	실제원가	실제원가	표준원가
직접노무비	실제원가	실제원가	표준원가
제조간접비	실제원가	**예정배부액**	표준원가

(2) 정상원가계산 절차

① 제조간접비 예정배부율 $= \dfrac{\text{제조간접비 예산}}{\text{예정조업도}}$

② 제조간접비 예정배부액 = 실제조업도 × 예정배부율

(3) 제조간접비 배부차이

① 제조간접비 과대배부 : 제조간접비 실제 발생액보다 예정배부액이 큰 경우

이 경우 매출원가 등이 실제원가보다 과대된 상태이므로 매출원가 등에서 **차감 조정**하여야 한다.

② 제조간접비 과소배부 : 제조간접비 실제 발생액보다 예정배부액이 작은 경우

이 경우 매출원가 등이 실제원가보다 과소된 상태이므로 매출원가 등에 **가산** 조정하여야 한다.

(4) 제조간접비 배부차이 조정 방법

① **매출원가조정법** : 모든 배부차이를 매출원가에서 가감하여 조정하는 방법.
② **총원가비례조정법** : 제조간접비 배부차이를 기말재공품, 기말제품, 매출원가의 총액에 비례하여 조정하는 방법
③ **원가요소별비례조정법** : 제조간접비 배부차이를 기말재공품, 기말제품, 매출원가에 포함되어 있는 제조간접비 금액을 기준으로 비례조정하는 방법 → **이론적으로 가장 타당, 실제원가계산과 동일한 결과**
④ **영업외손익법** : 제조간접비 배부차이를 모두 영업외손익으로 처리 하는 방법
⑤ **이연법** : 제조간접비 배부차이를 별로로 회계처리 하지 않고 이연시키는 방법

기본 문제

다음은 3~4번과 관련된 자료이다.
정상원가계산을 사용하고 있는 (주)한별은 두 종류의 제품 A와 B를 생산하고 있으며, 제조간접비 예정배부를 위한 연간 제조간접비 예산을 다음과 같이 추정하였다.

$$제조간접비\ 예산 = 고정제조간접비\ 예산 + 변동제조간접비\ 예산$$
$$= ₩7,000,000 + @50 \times 기계가동시간$$

회사는 20×1년도 제품 A와 B의 예정생산량을 각각 10,000단위, 5,000단위로 예상하고 있으며, A제품과 B제품 1단위를 생산하는데 소요될 것으로 예상되는 기계가동시간을 각각 2시간과 3시간으로 예상하고 있다.

03 회사는 기계가동시간을 기준으로 제조간접비를 예정배부하고 있다. 20×1년 회사의 제조간접비 예정배부율은 얼마인가?

① ₩200 ② ₩230 ③ ₩250
④ ₩275 ⑤ ₩290

04 회사의 20×1년도 실제 제조간접비는 ₩8,400,000이며, 20×1년도 회사가 A제품 6,000단
위와 B제품 8,000단위를 생산하는데 소요된 실제 기계가동시간은 32,000시간이라면,
제조간접비 배부차이는 얼마인가?

① ₩400,000(과소)　　② ₩400,000(과대)　　③ ₩520,000(과소)

④ ₩520,000(과대)　　⑤ 배부차이가 발생하지 않는다.

해설

03 ③

제조간접비 예정배부율

$$= \frac{\text{연간 예정 제조간접비(제조간접비 예산)}}{\text{예정 배부기준 합계(예정 조업도)}} = \frac{8,750,000^{*2}}{35,000\text{시간}^{*1}} = ₩250/\text{직접노동시간}$$

*1 10,000단위 × 2시간 + 5,000단위 × 3시간 = 35,000시간

*2 7,000,000 + 50 × 35,000시간 = ₩8,750,000

04 ①

제조간접비 배부차이

실제제조간접비	제조간접비 예정배부액
	= 32,000시간 × 250
₩8,400,000	₩8,000,000

배부차이 ₩ 400,000(과소)

● ○ ● ○

Chapter 2. 개별원가계산

연습문제

01 원가배분과 관련된 다음의 설명 중 옳지 않은 것은?

① 원가배분기준으로 인과관계기준, 수혜기준, 부담능력기준, 공정성과공평성기준 등이 있으나, 회사는 인과관계기준을 적용하도록 노력하여야 한다.

② 보조부문원가를 배분하는 경우 단계배분법은 보조부문원가의 배분순서에 따라 결과가 달라질 수 있다.

③ 보조부문이 최대조업도로 작업 중이라면, 보조부문원가를 배분할 때, 단일배분율법과 이중배분율법의 결과가 같아진다.

④ 상호배분법은 보조부문 상호간의 용역수수관계를 완전히 고려하는 방법으로서 이론적으로 가장 타당한 방법이라 할 수 있다.

⑤ 공장전체 제조간접비 배부율을 사용하는 경우에도 단일배분율법인지 이중배분율법인지 여부에 따라 결과가 달라진다.

02 한 연구결과에 의하면, 기계위주의 제조환경에서 외부구입부품이나 재료비가 큰 비중을 차지하고 있는 전자업계에서는 품목별 제조간접원가의 배부율이 직접노무비의 500%에까지 이른다는 사실을 보여주고 있다. 이는 제조활동에 기계관련자원의 소비가 큰 비중을 차지하는 대신 직접노무비가 상대적으로 작게 발생하기 때문이다. 이와 같이 기계위주의 제조환경에서 직접노무비나 직접노동시간을 배부기준으로 사용할 경우 공장의 관리자에게 초래될 수 있는 상황으로 적절하지 않은 것은?

① 직접노무비가 많이 소요되는 작업이나 부품의 생산을 회피하고 외부의 공급업자들에게 지나치게 의존하려는 경향을 발견할 수 있다.

② 제조원가에서 큰 비중을 차지하는 재료비나 경비에 대해 적절한 관리활동을 하는 것보다는 오히려 직접노동시간을 통제하는데 더 많은 관심을 가지게 된다.

③ 제조현장의 작업을 가급적이면 간접노무로 분류하지 않고 직접노무로 분류함으로써 과도한 제조간접비부담을 줄이려고 할 것이다.

④ 종업원의 증가를 억제한다는 기업의 목표가 설정된 경우에는 제품설계단계에 서부터 직접노동시간의 감소를 유도하여 궁극적으로는 감량경영과 자동화를 증진시키는데 기여할 수 있다.

⑤ 직접노무비를 파악하고 집계하는데 소요되는 관리비용이 과도하게 소요된다면 직접노무비를 제품에 직접 추적시키는 것보다는 제조간접비계정에 포함시켜 제품별로 배부하는 것이 원가효익의 관점에서 적절하다.

03 부문별 원가계산에 관한 설명으로 옳지 않은 것은?

① 단계배분법은 보조부문의 배부순서가 달라져도 배부금액은 차이가 나지 않는다.

② 단계배부법은 보조부문 간의 서비스 제공을 한 방향만 고려하여 그 방향에 따라 보조부문의 원가를 단계적으로 배부한다.

③ 상호배부법은 보조부문 간의 상호배부를 모든 방향으로 반영한다.

④ 단계배부법은 한 번 배부된 보조부문의 원가는 원래 배부한 보조부문에는 다시 배부하지 않고 다른 보조부문과 제조부문에 배부한다.

⑤ 직접배부법은 보조부문 간에 주고받는 서비스 수수관계를 전부 무시한다.

04 (주)상일은 제조부문 A, B와 보조부문의 서비스 용역수수관계는 다음과 같다.

용역제공부문	용역사용부문				
	X	Y	A	B	합계
X		40단위	20단위	40단위	100단위
Y	45단위		60단위	45단위	150단위

X, Y부문의 변동원가는 각각 ₩160,000, ₩200,000이며, 고정원가는 고려하지 않는다. 상호배분법에 의해 보조부문원가를 배분하는 경우, A제조부문에 배분되는 총보조부문원가는 얼마인가?

① ₩112,000 ② ₩152,000 ③ ₩167,273

④ ₩170,000 ⑤ ₩230,000

05 대한회사는 제조부문(성형, 조립)과 보조부문(수선, 동력)을 이용하여 제품을 생산하고 있으며, 제조부문과 보조부문에 관련된 자료는 다음과 같다.

제공부문	제조부문		보조부문		합 계
	성 형	조 립	수 선	동 력	
수 선	400시간	200시간	100시간	400시간	1,100시간
동 력	4,000kW	4,000kW	8,000kW	2,000kW	18,000kW

수선부문와 동력부문에 집계된 부문원가는 각각 ₩160,000, ₩80,000이다. 대한회사는 상호배분법을 사용하여 보조부문원가를 제조부문에 배분한다. 조립부문에 배분될 보조부문원가는 얼마인가?

① ₩80,000 　　② ₩95,000 　　③ ₩110,000

④ ₩125,000 　　⑤ ₩145,000

06~07

개별원가계산을 사용하고 있는 대한조선은 두 개의 제조부문과 세 개의 보조부문을 운영하고 있으며 관련 자료는 다음과 같다.

(1) 제조간접비에 대한 부문비내역

구 분	제 조 부 문		보 조 부 문		
	제1공장	제2공장	수선부	동력부	생산관리부
금 액	₩3,800,000	₩3,200,000	₩1,100,000	₩900,000	₩2,000,000

(2) 보조부문비의 배부는 단계(계단식)배부법을 사용하며, 보조부문상호간의 배부순서는 생산관리, 동력, 수선부문의 순으로 하여 다음의 배부기준에 의한다.

구 분	제1공장	제2공장	수선부	동력부
생산관리부	40%	40%	15%	5%
동력부	50%	40%	10%	–
수선부	60%	40%	–	–

(3) 제품별 제조간접비 배부를 위한 공장별 작업시간집계표

구 분	화물선	유조선	군 함	합 계
제1공장	800시간	500시간	700시간	2,000시간
제2공장	400시간	300시간	300시간	1,000시간

06 대한조선이 부문별 제조간접비 배부율을 사용하는 경우 화물선에 배부될 제조간접비를 구하시오.

① ₩4,686,000   ② ₩4,595,000   ③ ₩4,400,000

④ ₩4,690,000   ⑤ ₩4,658,000

07 대한조선이 공장전체 제조간접비 배부율을 사용하는 경우 화물선에 배부될 제조간접비를 구하시오.

① ₩4,686,000   ② ₩4,595,000   ③ ₩4,400,000

④ ₩4,690,000   ⑤ ₩4,658,000

08 ㈜동산의 원가계산을 담당하고 있는 김 과장은 다른 보조부문에 대한 용역제공비율 순서로 보조부문의 원가를 배분하고 있다. 그런데 김 과장이 단계배부법에 의해 보조부문의 원가를 배부하는 중 실수로 다른 보조부문으로부터 배부받은 원가를 누락하고 다음과 같이 보조부문의 원가를 배부하였다.

제공부서	제조부문		보조부문		
	M1	M2	A1	A2	A3
배부전 원가	₩17,500	₩25,000	₩7,500	₩10,000	₩5,000
A3	1,500	1,000	1,500	1,000	
A2	3,750	3,750	2,500		
A1	3,750	3,750			
배부후 원가	26,500	33,500			

다음 중 아래의 질문 (가)와 (나)의 답안이 바르게 짝지어진 것은?

(가) 김 과장의 실수로 인해 제조부문에 배부되지 못한 보조부문의 원가는 얼마인가?
(나) 김 과장의 실수를 바로잡았을 때 제조부문 M1과 M2의 배부후 원가는 얼마인가?

	(가)	(나)	
		M1	M2
①	₩5,000	₩26,500	₩33,500
②	₩5,000	₩29,000	₩36,000
③	₩5,000	₩29,500	₩35,500
④	₩5,250	₩28,000	₩37,000
⑤	₩5,250	₩30,000	₩35,000

09 (주)대한은 두 개의 보조부문 A와 B, 그리고 두 개의 생산부문 C와 D를 가지고 있다. 20×1년 3월의 각 부문에 대한 자료는 다음과 같다.

구 분	보조부문		생산부문	
	A	B	C	D
기계시간	–	500시간	400시간	100시간
직접노무시간	400시간	–	200시간	400시간
각부문의 제조간접원가	₩30,000	₩50,000	₩10,000	₩20,000
생산단위			50단위	100단위

C부문에서 생산하는 갑제품에 대한 단위당 기초원가(prime cost)는 ₩500이다. (주)대한은 갑제품의 제품제조원가에 20%를 가산해서 판매가격을 결정한다. 보조부문의 원가는 상호배분법을 사용하여 생산부문에 배분하며 A부문의 원가는 기계시간에 의하여 B부문의 원가는 직접노무시간에 의하여 배분한다. 갑제품에 대한 월초 및 월말 재공품 잔액은 모두 ₩0이다. 갑제품의 단위당 판매가격은 얼마인가?

① ₩1,830   ② ₩1,525   ③ ₩1,025

④ ₩825   ⑤ ₩1,325

10 ㈜세무는 가공부문(도색 및 조립)과 보조부문(수선 및 동력)으로 구성된다. 다음의 서비스 공급량 자료를 이용하여 상호배분법으로 보조부문의 원가를 가공부문에 배부한다.

	보조부문		가공부문	
	수선	동력	도색	조립
수선		75시간	45시간	30시간
동력	200kw		100kw	200kw

수선부문과 동력부분에 각각 집계된 원가는 ₩300,000과 ₩200,000이다. 가공부문에 배부된 원가는 도색 횟수와 조립시간에 비례하여 각각 제품 A와 제품 B에 전액 배부된다. 제품 A와 제품 B에 사용된 도색 횟수와 조립시간이 다음과 같을 때, 제품 B에 배부되는 보조부문의 총원가는?

	제품 A	제품 B
도색 횟수	10회	13회
조립 시간	200시간	100시간

① ₩210,000   ② ₩220,000   ③ ₩240,000
④ ₩250,000   ⑤ ₩280,000

11 ㈜갑은 현재 보조부문의 원가를 생산부문의 부문직접원가를 기준으로 배부하고 있다. 생산부문과 보조부문의 관련자료는 아래와 같다.

	생산부문		보조부문	
	A	B	C	D
부문직접원가	500만원	400만원	300만원	600만원
서비스 제공비율				
보조부문 C	40%	50%	–	10%
보조부문 D	30%	60%	10%	–

㈜갑은 보조부문 C의 원가를 우선 배부하는 단계배부법으로 보조부문의 원가배부방법을 변경하고자 한다. 이 변경이 생산부문 A에 배부되는 보조부문원가에 미치는 영향은?

① 90만원 감소   ② 120만원 증가   ③ 150만원 증가
④ 170만원 감소   ⑤ 190만원 증가

12 ㈜한강은 두 개의 제조부문(P_1, P_2)과 두 개의 보조부문(S_1, S_2)으로 운영된다. 회사는 상호배부법을 이용하여 보조부문비를 제조부문에 배부하고 있으며, 각 보조부문의 용역제공비율은 다음과 같았다.

보조부문	제조부문		보조부문	
	P_1	P_2	S_1	S_2
S_1	50%	30%	–	20%
S_2	40%	40%	20%	–
부문비	?	?	X	?

두 개의 보조부문(S_1, S_2)으로부터 P_1에 배부된 금액은 ₩50,000이고, P_2에 배부된 금액은 ₩40,000이었다. 부문비 배부전 S_1에 집계된 원가(X)는 얼마인가?

① ₩37,500   ② ₩38,200   ③ ₩47,200

④ ₩52,500   ⑤ ₩57,200

13 (주)세무는 세 개의 제조부문(P_1, P_2, P_3)과 두 개의 보조부문(S_1, S_2)을 운영하고 있으며, 보조부문원가를 상호배분법에 의해 제조부문에 배분하고 있다, 각 부문의 용역수수관계는 다음과 같다.

제공부문 \ 사용부문	제조부문			보조부문	
	P_1	P_2	P_3	S_1	S_2
S_1	40%	20%	20%	-	20%
S_2	30%	30%	30%	10%	-

두 개의 보조부문(S_1, S_2)으로부터 제조부문 P_1, P_2, P_3에 배분된 금액이 각각 ₩150,000, ₩120,000, ₩120,000일 경우, 보조부문원가를 배분하기 이전의 각 보조부문 S_1과 S_2에 집계된 원가는?

	S_1	S_2		S_1	S_2
①	₩100,000	₩290,000	②	₩120,000	₩270,000
③	₩150,000	₩300,000	④	₩270,000	₩120,000
⑤	₩300,000	₩150,000			

14 영산강㈜는 개별원가계산을 실시하고 있다. 제조간접원가는 직접노무원가의 120%이다. 작업 201에서 발생한 직접재료원가는₩1,764,000이며, 제조간접원가는 ₩1,058,400이다. 또한 작업 301에서 발생한 직접재료원가는 ₩294,000이며, 직접노무원가는 ₩735,000이다. 작업 201에서 발생한 직접노무원가 및 작업 301의 총원가는 얼마인가?

	#201 직접노무원가	#301 총원가
①	₩1,270,000	₩2,263,800
②	₩1,058,400	₩1,234,800
③	₩2,116,800	₩2,263,800
④	₩1,045,800	₩2,123,400
⑤	₩ 882,000	₩1,911,000

15 ㈜세무는 개별원가계산방법을 적용한다. 제조지시서 #1은 전기부터 작업이 시작되었고, 제조지시서 #2와 #3은 당기 초에 착수되었다. 당기 중 제조지시서 #1과 #2는 완성되었으나, 당기말 현재 제조지시서 #3은 미완성이다. 당기 제조간접원가는 직접노무원가에 근거하여 배부한다. 당기에 제조지시서 #1 제품은 전량 판매되었고, 제조지시서 #2 제품은 전량 재고로 남아있다. 다음 자료와 관련된 설명으로 옳지 않은 것은?

구 분	#1	#2	#3	합 계
기초금액	₩450			
[당기투입액]				
직접재료원가	₩6,000	₩2,500	₩( )	₩10,000
직접노무원가	500	( )	( )	1,000
제조간접원가	( )	1,000	( )	4,000

① 당기제품제조원가는 ₩12,250이다.

② 당기총제조원가는 ₩15,000이다.

③ 기초재공품은 ₩450이다.

④ 기말재공품은 ₩2,750이다.

⑤ 당기매출원가는 ₩8,950이다.

16 (주)수지는 제품 A와 제품 B를 생산하고 있는데 두 제품은 모두 제조부문 X와 제조부문 Y를 거쳐야 한다. 제조부문 X에서 발생한 제조간접원가는 각 제품이 소비한 기계시간을 기준으로 배부하고, 제조부문 Y에서 발생한 제조간접원가는 각 제품이 소비한 노무시간을 기준으로 배부한다. 또한 각 제조부문의 제조간접원가는 월별로 실제 배부한다. 다음은 5월 중 제품 A와 제품 B를 생산하는 데 각각 소비한 기계시간과 노무시간 그리고 각 제품에 최종적으로 배부된 제조간접원가 자료이다.

구분	제품 A	제품 B	합계
기계시간	10시간	30시간	40시간
노무시간	90시간	60시간	150시간
제조간접원가배부액	₩870,000	₩930,000	₩1,800,000

제조부문 X에서 5월 중 발생한 제조간접원가는 얼마인가?

① ₩600,000 ② ₩720,000 ③ ₩800,000
④ ₩960,000 ⑤ ₩1,080,000

17 한일세무법인은 계약건별로 추적이 가능한 원가는 직접비로 파악하고, 간접비에 대해서는 복수의 간접비집합으로 분류한 다음 각각의 간접비 배부율을 적용하여 원가계산을 한다. 다음 자료를 토대로 한일해운의 세무조정계약건에 대한 원가를 산출하시오.

> (1) 직접노무비 : 한일해운의 계약건과 관련하여 책임세무사 200시간, 담당세무사 400시간이 투입되었으며, 관련자료는 다음과 같다.
>
> | 구분 | 인원수 | 연간총투입시간(조업도) | 연간급여 |
> |---|---|---|---|
> | 책임세무사 | 10명 | 1,600시간 × 10명 = 16,000시간 | ₩ 800,000,000 |
> | 담당세무사 | 40명 | 1,600시간 × 40명 = 64,000시간 | 1,600,000,000 |
> | 계 | | 80,000시간 | ₩2,400,000,000 |
>
> (2) 한일해운의 세무조정계약건에서 발생된 직접노무비 이외의 직접비 : ₩2,600,000
>
> (3) 간접비는 연간 총 ₩496,000,000이며, 관련 자료는 다음과 같다.
>
> 가. 일반관리비(세무사 총투입시간에 비례하여 배분) ₩240,000,000
> 나. 보험료(세무사 직접노무비에 비례하여 배분) 96,000,000
> 다. 비서실운영비(책임세무사 투입시간에 비례하여 배분) 160,000,000
> 　　　　　　계 ₩496,000,000

① ₩22,600,000 ② ₩27,750,000 ③ ₩26,300,000
④ ₩35,300,000 ⑤ ₩27,200,000

18   대조㈜는 제조간접비를 직접노동시간기준으로 배부하고 있다. 추정제조간접비 총액
은 ₩1,020,000이고, 추정직접노무시간은 400,000시간이다. 전기 제조간접비 발생액
은 ₩1,080,000이고, 실제사용 직접노무시간은 420,000시간이다. 전기의 제조간접비
의 과소(대) 배부액은?

① ₩9,000 과대배부   ② ₩9,000 과소배부   ③ ₩60,000 과대배부

④ ₩30,000 과소배부   ⑤ ₩54,000 과소배부

19   다음은 정상원가계산을 사용하는 (주)대한의 2009년 1년 동안 제조간접비 계정으로
서 배부차이를 조정하기 직전 기록이다.

제조간접비

90,000	70,000

다음 물음에 대한 답을 올바르게 나열한 것은?

(A) 2009년의 제조간접비 실제발생액은 얼마인가?
(B) 2009년의 제조간접비 배부액은 얼마인가?
(C) 회사는 제조간접비 배부차이를 매출원가에서 조정하고 있다. 배부차이를 조정하기
위해 필요한 분개는?

	(A)	(B)	(C)			
①	₩70,000	₩90,000	(차) 매출원가	20,000	(대) 제조간접비	20,000
②	₩70,000	₩90,000	(차) 제조간접비	20,000	(대) 매출원가	20,000
③	₩90,000	₩70,000	(차) 제조간접비	20,000	(대) 매출원가	20,000
④	₩90,000	₩70,000	(차) 매출원가	20,000	(대) 재 공 품	20,000
⑤	₩90,000	₩70,000	(차) 매출원가	20,000	(대) 제조간접비	20,000

20   (주)수원은 제조간접원가 배부기준으로 기계작업시간을 사용하여 정상개별원가계산을
적용하고 있다. (주)수원의 2010년 연간 고정제조간접원가 예산은 ₩690,000이고, 실제
발생한 제조간접원가는 ₩1,618,000이다. 2010년 연간 예정조업도는 27,600기계작업시
간이고, 실제 기계작업시간은 총 28,800시간이다. 2010년의 제조간접원가 배부차이가
₩110,000(과대배부)일 때, 변동제조간접원가 예정배부율은 얼마인가?

① ₩27.4   ② ₩29.6   ③ ₩35.0

④ ₩36.4   ⑤ ₩37.6

21 대한공업은 제조원가 항목을 직접원가항목인 직접재료비, 직접노무비, 직접경비(외주가공비 및 설계비)와 간접원가항목인 제조간접비로 분류한 후 예정배부기준에 의해 원가계산을 한다. 다음 자료를 이용하여 제조간접비 예정배부액과 실제발생액간의 배부차이를 구하시오.

(1) 기초와 기말의 제조원가 관련 계정잔액

구 분	원재료	선급외주가공비	미지급설계비	재공품	제 품
기초잔액	₩500,000	₩100,000	₩150,000	₩700,000	₩750,000
기말잔액	600,000	80,000	80,000	400,000	550,000

(2) 당기중 원재료 구입액은 ₩1,890,000이다.
(3) 당기중 직접경비로서 외주가공비 관련 현금 지출은 ₩180,000이며, 설계비 관련 현금 지출은 ₩460,000이다.
(4) 제조간접비는 직접노무비의 50%를 예정배부한다.
(5) 제조간접비 실제발생액은 ₩300,000이다.
(6) 당기의 매출원가는 ₩3,660,000이다.
(7) 제조간접비 배부차이는 비정상적인 것으로 긴주하여 영업외비용으로 처리한다.

① ₩40,000 과소배부　　② ₩40,000 과대배부　　③ ₩46,000 과소배부
④ ₩46,000 과대배부　　⑤ ₩35,000 과소배부

22 ㈜통보는 개별원가계산을 사용하고 있으며 직접노무비의 150% 제조간접원가로 예정배부하고 있다. 이에 발생되는 과대 또는 과소배부액은 매월말 매출원가에서 조정하고 있다. 단, 기말재공품은 없다.

기초재공품 관련 원가자료		당월 관련 원가자료	
직 접 재 료 원 가	₩6,000	직 접 재 료 비	₩45,000
직 접 노 무 원 가	4,000	직 접 노 무 비	36,000
제조간접원가배부액	6,000	실제제조간접비	59,000
계	₩16,000	계	₩140,000

당월 중 제조간접비 배부차이와 당기제품 제조원가를 구하시오.

	제조간접비 배부차이	당기제품 제조원가
①	₩2,000(과소배부)	₩156,000
②	차이 없음	₩148,000
③	₩2,000(과대배부)	₩160,000
④	₩5,000(과소배부)	₩151,000
⑤	₩5,000(과대배부)	₩149,000

23 대한회사는 개별원가계산시스템을 채택하고 있다. 제조간접원가의 예정배부율은 직접노무원가의 150%이다. 제조간접원가의 배부차이는 매월말 매출원가계정에서 조정한다. 추가정보는 다음과 같다.

> (1) 작업 #701만이 2007년 2월말에 작업이 진행중이며 원가는 다음과 같다.
>
> | 직접재료원가 | ₩8,000 |
> |---|---|
> | 직접노무원가 | 4,000 |
> | 제조간접원가배부액 | 6,000 |
> | | ₩18,000 |
>
> (2) 작업 #702, #703, #704, #705는 2007년 3월중에 작업이 시작된 것이다.
> (3) 2007년 3월중에 작업에 투입된 직접재료원가는 ₩52,000이다.
> (4) 2007년 3월중에 발생한 직접노무원가는 ₩40,000이다.
> (5) 2007년 3월중 제조간접원가의 실제 발생액은 ₩64,000이다.
> (6) 2007년 3월말 현재 진행중인 작업은 #705뿐이며 이 작업과 관련된 직접재료원가는 ₩5,600, 직접노무원가는 ₩3,600이다.

대한회사가 2007년 3월 중에 생산한 제품의 당기제품제조원가는 얼마인가?

① ₩155,400 ② ₩156,000 ③ ₩155,200

④ ₩159,400 ⑤ ₩170,000

24 ㈜세무는 기계시간 기준으로 제조간접원가를 예정배부하는 정상원가계산방법을 적용한다. 20x1년에 실제 제조간접원가는 ₩787,500이 발생되었고, 기계시간당 ₩25으로 제조간접원가를 예정배부한 결과 ₩37,500만큼 과대배부되었다. 20x1년 실제조업도가 예정조업도의 110%인 경우 ㈜세무의 제조간접원가 예산액은?

① ₩715,000 ② ₩725,000 ③ ₩750,000

④ ₩800,000 ⑤ ₩825,000

25 JP회사는 정상원가 시스템하에서 개별원가계산을 사용한다. 2001년 4월 동안 이 회사의 재공품 계정의 내역은 다음과 같다.

• 기 초 잔 액 : ₩ 4,000	• 직접재료비 : ₩24,000	• 직접노무비 : ₩16,000
• 제조간접비 : ₩12,800	• 제품계정으로의 대체액 : ₩48,000	

JP회사는 제조간접비를 제품에 배부할 때 예정 제조간접비율을 사용하며 당기의 제조간접비 예정배부율은 직접노무비의 80%이다. 당기에 새로 시작한 작업 #5가 4월말 현재 유일하게 완성되지 않은 작업이며 작업 #5를 완성하는데 예정된 직접노무비는 ₩3,000이지만 당기에 투입된 실제 직접노무비는 ₩2,000이다. 작업 #5에 지금까지 투입된 직접재료비는 얼마인가?

① ₩3,300   ② ₩5,200   ③ ₩8,000

④ ₩8,800   ⑤ ₩16,000

26 (주)세무는 정상개별원가계산을 사용하며, 직접노무시간을 기준으로 제조간접원가를 배부하고 있다. 20×1년 연간 제조간접원가 예산은 ₩5,000,000이다. 20×1년 실제 발생한 제조간접원가는 ₩4,800,000이고, 실제직접노무시간은 22,000시간이다. 20×1년 중 제조간접원가 과소배부액이 ₩400,000이라고 할 때 연간 예산직접노무시간은?

① 22,000시간   ② 23,000시간   ③ 24,000시간

④ 25,000시간   ⑤ 26,000시간

27 (주)세무는 정상원가계산을 적용하고 있으며, 제조간접원가는 기본원가(prime costs)의 50%를 예정 배부한다. (주)세무는 제조간접원가 배부차이를 원가요소기준 비례배부법으로 조정한다. 9월의 기본원가, 매출액과 배부차이 조정 후 기말재고자산은 다음과 같다.

기본원가	₩750,000	매출액	₩1,000,000
기말재공품	120,000	기말제품	180,000

9월의 배부차이 조정 후 매출원가율이 80%일 때, 배부차이는? (단, 기초재고자산은 없다.)

① ₩10,000 과대배부   ② ₩15,000 과소배부   ③ ₩15,000 과대배부

④ ₩25,000 과소배부   ⑤ ₩25,000 과대배부

28 (주)국세는 개별 – 정상원가계산제도를 채택하고 있다. (주)국세는 제조간접원가를 예정배부하며, 예정배부율은 직접노무원가의 60%이다. 제조간접원가의 배부차이는 매기말 매출원가에서 전액 조정한다. 당기에 실제 발생한 직접재료원가는 ₩24,000이며, 직접노무원가는 ₩16,000이다. 기초재공품은 ₩5,600이며, 기말재공품에는 직접재료원가 ₩1,200과 제조간접원가 배부액 ₩1,500이 포함되어 있다. 또한 기초제품은 ₩5,000이며, 기말제품은 ₩8,000이다. 제조간접원가 배부차이를 조정한 매출원가가 ₩49,400이라면, 당기에 발생한 실제 제조간접원가는 얼마인가?

① ₩7,200   ② ₩9,600   ③ ₩10,400

④ ₩12,000   ⑤ ₩13,200

29 (주)세무는 정상원가계산을 사용하고 있으며, 직접노무시간을 기준으로 제조간접원가를 예정배부하고 있다. (주)세무의 20×1년도 연간 제조간접원가예산은 ₩144,000이고, 실제 발생한 제조간접원가는 ₩145,000이다. 20×1년도 연간 예정조업도는 16,000 직접노무시간이고, 실제 사용한 직접노무시간은 17,000시간이다. 20×1년 말 제조간접원가 배부차이 조정전 재공품, 제품 및 매출원가의 잔액은 다음과 같다.

재 공 품	₩ 50,000
제 품	150,000
매출원가	800,000

(주)세무는 제조간접원가 배부차이를 재공품, 제품 및 매출원가의 (제조간접원가 배부차이 조정전)기말잔액 비율에 따라 조정한다. 이 경우 제조간접원가 배부차이를 매출원가에 전액 조정하는 방법에 비해 증가(혹은 감소)되는 영업이익은 얼마인가? (단, 기초재고는 없다)

① ₩1,200 감소   ② ₩1,200 증가   ③ ₩1,600 감소

④ ₩1,600 증가   ⑤ ₩1,800 증가

30 ㈜한국은 20x1년 1월초에 영업을 개시하였다. 회사는 정상개별원가계산을 사용하고 있으며, 제조간접원가 배부기준은 직접노무시간이다. 회사는 당기초에 연간 제조간접원가를 ₩640,000으로, 직접노무시간을 80,000시간으로 예상하였다. ㈜한국의 20x1년 1월의 생산 및 판매 관련 자료는 다음과 같다.

- 1월 중 작업 #101, #102, #103을 착수하였는데, 당월 중 작업별 실제 발생한 제조직접원가와 실제 사용된 직접노무시간은 다음과 같다.

구분	#101	#102	#103	합계
직접재료원가	₩34,000	₩39,000	₩13,000	₩86,000
직접노무원가	₩16,000	₩20,600	₩1,800	₩38,400
직접노무시간	2,750시간	3,800시간	400시간	6,950시간

- 1월 중 실제 발생한 제조간접원가는 총 ₩51,600이다.
- 1월 중 작업 #101과 #102는 완성되었으나, 작업 #103은 1월말 현재 작업 중이다.
- 작업 #101은 1월 중에 판매되었으나, 작업 #102는 1월말 현재 판매되지 않았다.

총원가기준 비례배부법으로 배부차이 조정 후 20x1년 1월말 재공품 및 제품, 그리고 20x1년 1월 매출원가는?

	재공품	제품	매출원가
①	₩17,600	₩86,000	₩72,400
②	₩17,600	₩88,000	₩70,400
③	₩17,600	₩92,000	₩66,400
④	₩18,400	₩92,000	₩73,600
⑤	₩18,400	₩85,200	₩72,400

31 (주)대한은 첫 해에 정상개별원가계산을 사용하며, 제조간접비는 직접노무시간기준으로 배부한다. 제조간접비 배부차이 조정전 매출원가에 포함된 제조간접비 배부액은 ₩1,400,000이다. 다음의 자료를 사용하여 제조간접비 배부차이를 매출원가에서 전액조정한다면, 정상개별원가계산의 영업이익과 실제개별원가계산의 영업이익의 차이는 얼마인가?

- 예상총제조간접비 ₩2,500,000
- 실제총제조간접비 ₩1,800,000
- 예상총직접노무시간 500,000시간
- 실제총직접노무시간 300,000시간

① 정상개별원가계산의 영업이익이 ₩20,000 만큼 더 적다
② 정상개별원가계산의 영업이익이 ₩50,000 만큼 더 적다
③ 정상개별원가계산의 영업이익이 ₩100,000 만큼 더 많다.
④ 정상개별원가계산의 영업이익이 ₩300,000 만큼 더 많다.
⑤ 영업이익에 차이가 없다.

32 ㈜한라는 2007년초에 설립되었으며 정상원가계산(normal costing)을 적용하고 있다. 제조간접비는 직접노무시간을 기준으로 예정 배부한다. 회사는 제조간접비 배부차이를 기말재고자산 및 매출원가에 포함된 제조간접비 예정배부액에 비례하여 안분한다. 당기에 기말재공품, 기말제품 및 매출원가에는 1 : 3 : 4의 비율로 제조간접비가 각각 예정배부 되었고, 기말재공품에 차감하여 조정된 배부차이는 ₩2,500이었다. 당기의 실제 제조간접비는 ₩180,000이고, 실제 직접노무시간은 총 1,250시간이었다면, 제조간접비 예정배부율은 직접노무시간당 얼마인가?

① ₩144   ② ₩160   ③ ₩168

④ ₩170   ⑤ ₩178

33 (주)국세는 정상개별원가계산제도를 이용하여 제조원가를 계산하고 있다. 기계시간은 2,500시간, 직접노무시간은 3,000시간으로 예상하고 있으며, 회귀분석법을 이용하여 연간 제조간접원가예산을 수립하는데 필요한 원가함수를 다음과 같이 추정하였다.

총제조간접원가 = ₩500,000 + ₩300 × 기계시간 (설명력(R^2) = 0.9)

(주)국세의 기초재고자산은 없으며 당기에 세 가지 작업(#1, #2, #3)을 시작하여 작업 #1, #2가 완성되었다. 이 세 가지 작업에 대한 당기 원가자료는 다음과 같다.

	#1	#2	#3	합계
직접재료원가	₩150,000	₩150,000	₩200,000	₩500,000
직접노무원가	250,000	150,000	100,000	500,000
기 계 시 간	1,000시간	600시간	400시간	2,000시간
직접노무시간	1,300시간	800시간	400시간	2,000시간

기말에 확인한 결과 당기에 발생한 실제제조간접원가는 ₩1,100,000이며, 당기에 작업 #2만 판매되었다. (주)국세가 제조간접원가 배부차이를 매출원가에서 전액 조정할 경우 재무제표에 인식될 매출원가는 얼마인가?

① ₩650,000   ② ₩700,000   ③ ₩800,000

④ ₩900,000   ⑤ ₩1,080,000

Chapter 2. 개별원가계산

정답 및 해설

1	⑤	2	③	3	①	4	④	5	②	6	③
7	③	8	②	9	①	10	②	11	④	12	①
13	②	14	⑤	15	①	16	①	17	⑤	18	②
19	⑤	20	③	21	①	22	④	23	①	24	③
25	②	26	④	27	⑤	28	④	29	③	30	②
31	①	32	②	33	②						

01 ⑤

공장전체제조간접비 배부율을 사용하는 경우 단일배분율법이나 이중배분율법과 상관없이 한 가지 배부기준을 가지고 제조간접비를 제품에 배분하게 되므로, 결과가 달라지지 않는다.

02 ③

제조현장의 작업을 가급적이면 간접노무로 분류함으로써 과도한 제조간접비부담을 줄이려고 할 것이다.

03 ①

단계배부법은 보조부문의 배부순서가 달라지면 배부금액이 달라진다.

04 ④

용역수수관계를 비율로 나타내고 연립방정식을 세우면 다음과 같다.

	보조부문		제조부문		합계
	X	Y	A	B	
X		40%	20%	40%	100%
Y	30%		40%	30%	100%

$X = 160{,}000 + 0.3Y$

$Y = 200{,}000 + 0.4X$

$X = ₩250{,}000, \ Y = ₩300{,}000$

	보조부문		제조부문		합계
	X	Y	A	B	
배분 전	₩160,000	₩200,000			
X[*1]	(250,000)	100,000	50,000	100,000	0
Y[*2]	90,000	(300,000)	120,000	90,000	0
배분 후	₩ 0	₩ 0	₩170,000	₩190,000	

[*1] X : A : B = 40% : 20% : 40%

[*2] Y : A : B = 30% : 40% : 30%

05 ②

자기부문소비용역을 무시하고 용역수수관계를 비율로 나타내면 다음과 같다.

제공 \ 사용	제조부문		보조부문		합계
	성형	조립	수선(X)	동력(Y)	
수선	40%	20%	–	40%	100%
동력	25%	25%	50%	–	100%

$X = 160,000 + 0.5Y$

$Y = 80,000 + 0.4X$

$X = ₩250,000, \ Y = ₩180,000$

	보조부문		제조부문		합계
	성형	조립	수선(X)	동력(Y)	
배분 전			160,000	80,000	
수선[*1]	100,000	50,000	(250,000)	100,000	0
동력[*2]	45,000	45,000	90,000	(180,000)	0
배분 후	145,000	95,000	0	0	

[*1] 성형 : 조립 : 동력 = 40% : 20% : 40%

[*2] 성형 : 조립 : 수선 = 25% : 25% : 50%

06 ③

(1) 보조부문원가 배분

	보조부문			제조부문		합계
	생산관리부	동력부	수선부	제1공장	제2공장	
배분 전	₩2,000,000	₩900,000	₩1,100,000	₩3,800,000	₩3,200,000	₩11,000,000
생산관리부	(2,000,000)	100,000	300,000	800,000	800,000	0
동력부		(1,000,000)	100,000	500,000	400,000	0
수선부			(1,500,000)	900,000	600,000	0
배분 후	₩ 0	₩ 0	₩ 0	₩6,000,000	₩5,000,000	₩11,000,000

   (2) 부문별 제조간접비 배부율

      제1공장 : 6,000,000 ÷ 2,000시간 = ₩3,000/시간

      제2공장 : 5,000,000 ÷ 1,000시간 = ₩5,000/시간

   (3) 화물선 제조간접비 배부액

      800시간 × 3,000 + 400시간 × 5,000 = ₩4,400,000

07 ③

   (1) 공장전제 제조간접비 배부율

      11,000,000 ÷ 3,000시간 = ₩3,666.7/시간

   (2) 화물선 제조간접비 배부액

      1,200시간 × 3,666.7 = ₩4,400,000

08 ②

단계배분법에 의하여 정확하게 배부한다면 다음과 같이 배부되어야 한다.

제공부서	제조부문		보조부문		
	M1	M2	A1	A2	A3
배부전 원가	₩17,500	₩25,000	₩7,500	₩10,000	₩5,000
A3	1,500	1,000	1,500	1,000	(5,000)
A2	4,125	4,125	2,750	(11,000)	
A1	5,875	5,875	(11,750)		
배부후 원가	₩29,000	₩36,000			

따라서, M1, M2에 배부 후 원가는 각각 ₩29,000과 ₩36,000이어야 하므로 ₩5,000이 (= 29,000 + 36,000 - 26,500 - 33,500) 과소 배부되었다.

09 ①

   (1) 보조부문원가 배분

	보조부문		제조부문		합계
	A	B	C	D	
배분 전	₩30,000	₩50,000	₩10,000	₩20,000	
A	(62,500)[*2]	31,250	25,000	6,250	0
B	32,500	(81,250)[*1]	16,250	32,500	0
배분 후	₩ 0	₩ 0	₩51,250	₩58,750	

[*1]A = 30,000 + 0.4B

   B = 50,000 + 0.5A

   A = ₩62,500, B = ₩81,250

(2) 갑제품의 단위당 판매가격

제조원가 : 500(기초원가) + 1,025(= 51,250 ÷ 50단위) = ₩1,525

판매가격 : 1,525 × 120% = ₩1,830

10 ②

용역수수관계를 비율로 나타내고 연립방정식을 세우면 다음과 같다.

	보조부문		제조부문		합계
	수선(A)	동력(B)	도색	조립	
수선(A)		50%	30%	20%	100%
동력(B)	40%		20%	40%	100%

A = 300,000 + 0.4B

B = 200,000 + 0.5A

A = 475,000, B = 437,500

도색부문 배부액 : 475,000×30% + 437,500×20% = 230,000

수선부문 배부액 : 475,000×20% + 437,500×40% = 270,000

도색부문 배부율 : $\dfrac{230,000}{23회}$ = 10,000/회

수선부문 배부율 : $\dfrac{270,000}{300시간}$ = 900/시간

제품 B에 배부되는 보조부문 총원가 : 13회×10,000 + 100시간×900 = ₩220,000

11 ④

부문직접원가를 기준으로 배분할 경우

	생산부문		보조부문	
	A	B	C	D
배분기준(부문직접원가)	500만원	400만원	300만원	600만원
보조부문원가 배부액	**500만원**	400만원	(300만원)	(600만원)

단계배부법으로 배분하는 경우

	생산부문		보조부문	
	A	B	C	D
배분전 원가	500만원	400만원	300만원	600만원
보조부문 C	**120만원**	150만원	(300만원)	30만원
보조부문 D	**210만원**	420만원	–	(630만원)

단계배부법으로 변경하는 경우 500만원에서 330만원으로 A부문에 배부되는 보조부문 원가가 감소한다.

12 ①

S_1부문과 S_2부문에서 제조부문으로 배분할 총원가를 각각 S_1, S_2라고 하면, P_1부문과 P_2 부문에 배분될 원가는 각각 다음과 같다.

$$P_1 = 0.5S_1 + 0.4S_2 = 50,000$$
$$P_2 = 0.3S_1 + 0.4S_2 = 40,000$$

따라서 $S_1 = ₩50,000$, $S_2 = ₩62,500$
$S_1 = X + 0.2S_2 = 50,000$이므로, $X = ₩37,500$ 이다.

13 ②

보조부문 S_1과 S_2에 집계된 원가를 각각 X, Y라고 하면,
$S_1 = X + 0.1S_2$
$S_2 = Y + 0.2S_1$

또한 제조부문에 배분된 원가가 주어져 있으므로 다음이 성립한다.
$0.4S_1 + 0.3S_2 = 150,000$
$0.2S_1 + 0.3S_2 = 120,000$
$0.2S_1 + 0.3S_2 = 120,000$
상기 연립방정식을 풀면, $S_1 = 150,000$, $S_2 = 300,000$이 나온다.

따라서 $S_1 = 150,000$, $S_2 = 300,000$을 이용하여 X와 Y를 풀면,
$S_1 = X + 0.1S_2 \rightarrow 150,000 = X + 0.1 \times 300,000 \rightarrow X = 120,000$
$S_2 = Y + 0.2S_1 \rightarrow 300,000 = Y + 0.2 \times 150,000 \rightarrow Y = 270,000$

14 ⑤

(1) #201의 직접노무원가를 DL이라고 하면,
   $DL \times 120\% = 1,058,400$ 이므로, $DL = ₩882,000$이다.

(2) #301의 총원가
   $294,000 + 735,000 + 735,000 \times 120\% = ₩1,911,000$

15 ①

(1) 제조간접비 배부율 $= \dfrac{4,000}{1,000} = 4$

(2) 작업별 원가계산

구 분	#1	#2	#3	합 계
기초금액	₩450			₩450
[당기투입액]				
직접재료원가	₩6,000	₩2,500	₩1,500	₩10,000
직접노무원가	500	250*2	250	1,000
제조간접원가	2,000*1	1,000	1,000	4,000
합 계	₩8,950	₩3,750	₩2,750	₩15,450

*1 500 × 4 = ₩2,000

*2 2,000 ÷ 4 = ₩500

당기제품제조원가는 당기 중에 완성된 #1과 #2 작업원가의 합계 ₩12,700(=8,950 + 3,750)이다.

16 ①

X부문 제조간접비 배부율을 a, Y부문 제조간접비 배부율을 b라고 하면,

$$10a + 90b = 870,000$$
$$30a + 60b = 930,000$$
$$a = ₩15,000, \ b = ₩8,000$$

따라서 X부문 제조간접비 = 15,000 × 40시간 = ₩600,000

17 ⑤

(1) 직접노무비 배부율

책임세무사 : 800,000,000 ÷ 16,000시간 = ₩50,000/시간

담당세무사 : 1,600,000,000 ÷ 64,000시간 = ₩25,000/시간

(2) 간접비 배부율

일반관리비 : 240,000,000 ÷ 80,000시간 = ₩3,000/세무사 투입시간

보 험 료 : 96,000,000 ÷ 2,400,000,000 = 4%(세무사 직접노무비)

비서실운영비 : 160,000,000 ÷ 16,000시간 = ₩10,000/책임세무사 투입시간

(3) 한일해운 세무조정 총용역원가

직접노무비 : 200시간 × 50,000 + 400시간 × 25,000 =		₩20,000,000
기타직접비		2,600,000
간 접 비		
일 반 관 리 비 : 600시간 × 3,000 =	₩1,800,000	
보 험 료 : 20,000,000 × 4% =	800,000	
비서실운영비 : 200시간 × 10,000 =	2,000,000	4,600,000
총용역원가		₩27,200,000

18 ②

(1) 제조간접비 예정배부율

$$= \frac{\text{제조간접비 예산}}{\text{예정 조업도}} = \frac{1,020,000}{400,000\text{시간}} = ₩2.55/\text{시간}$$

(2) 제조간접비 배부차이

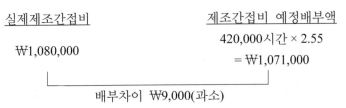

실제제조간접비	제조간접비 예정배부액
	420,000시간 × 2.55
₩1,080,000	= ₩1,071,000

배부차이 ₩9,000(과소)

19 ⑤

제조간접비 계정의 차변은 실제발생액이고, 대변은 예정배부액이다. 따라서 제조간접비는 현재 ₩20,000만큼 과소배부인 상태이며, 매출원가에서 조정하는 경우 차변에 매출원가 대변에 제조간접비로 조정된다.

20 ③

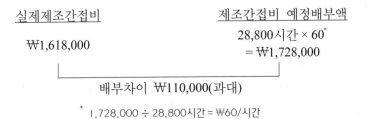

실제제조간접비	제조간접비 예정배부액
	28,800시간 × 60[*]
₩1,618,000	= ₩1,728,000

배부차이 ₩110,000(과대)

[*] 1,728,000 ÷ 28,800시간 = ₩60/시간

고정제조간접비 예정배부율 = 690,000 ÷ 27,600기계시간 = ₩25/기계시간

따라서 변동제조간접비 예정배부율은 ₩35(= 60 − 25)이다.

21 ①

재 공 품

기 초	700,000	제 품	3,460,000
직 접 재 료 비	1,790,000		
직 접 노 무 비	x	기 말	400,000
외 주 가 공 비	200,000[*1]		
설 계 비	390,000[*2]		
제 조 간 접 비	$0.5x$		
	3,860,000		3,860,000

[*1] 외주가공비 발생액 : (a)
　　 선급외주가공비 감소 : <u>20,000</u>

외주가공비 현금지급액 : (180,000)
→ 따라서 외주가공비 발생액 a = ₩200,000

*² 설계비 발생액 : (b)
미지급설계비 감소 : 70,000
설계비 현금지급액 : (460,000)
→ 따라서 설계비 발생액 b = ₩390,000

재공품계정에서 직접노무비(x) = ₩520,000이므로 제조간접비 예정배부액은 ₩260,000 (=520,000 × 50%)이다. 따라서 제조간접비 배부차이는 실제제조간접비 ₩300,000과 제조간접비 예정배부액 ₩260,000의 차이 ₩40,000(과소배부)이다.

22 ④

(1) 제조간접비 배부차이

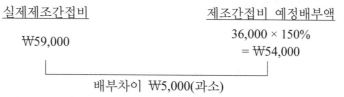

실제제조간접비   제조간접비 예정배부액

₩59,000   36,000 × 150%
= ₩54,000

배부차이 ₩5,000(과소)

(2) 당기제품제조원가

기 초 재 공 품	₩ 16,000
직 접 재 료 비	45,000
직 접 노 무 비	36,000
제 조 간 접 비	54,000 (= 36,000 × 150%)
기 말 재 공 품	0
당기제품제조원가	₩151,000

23 ①

재 공 품

기 초	18,000	당기제품제조원가	x
직 접 재 료 비	52,000		
직 접 노 무 비	40,000	기 말	14,600*²
제 조 간 접 비	60,000*¹		
	170,000		170,000

*¹ 40,000 × 150% = ₩60,000
*² 5,600 + 3,600 + 3,600 × 150% = ₩14,600

따라서 당기제품제조원가(x)는 ₩155,400(= 170,000 − 14,600)이다.

24 ③

제조간접비 배부차이

실제제조간접비	제조간접비 예정배부액
	33,000시간[*2] × 25
₩787,500	= ₩825,000[*1]

배부차이 ₩37,500(과대)

[*1] 787,500 + 37,500 = ₩825,000

[*2] ₩825,000 ÷ 25 = 33,000시간

예정조업도는 30,000시간(=33,000시간÷110%) 이므로 제조간접비예산을 x라 하면,

$\dfrac{x}{30,000시간} = 25$ 이므로, $x = ₩750,000$이다.

25 ②

재 공 품

기 초	4,000	당기제품제조원가	48,000
직 접 재 료 비	24,000		
직 접 노 무 비	16,000	기 말(#5)	8,800[*]
제 조 간 접 비	12,800		
	56,800		56,800

[*] 기말재공품(#5) 원가

직접재료비	x
직접노무비	2,000
제조간접비	1,600(= 2,000 × 80%)
합 계	₩8,800

따라서, 기말재공품(#5)에 포함된 직접재료비는 ₩5,200이다.

26 ④

실제제조간접비	제조간접비 예정배부액	
	=22,000시간×x	∴ $x = 200$
₩4,800,000	₩4,400,000	

배부차이 ₩ 400,000(과소)

제조간접비 예정배부율 = $\dfrac{5,000,000}{예산직접노무시간} = 200$

∴ 예산직접노무시간 = 25,000시간

27 ⑤

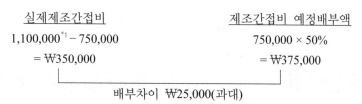

실제제조간접비	제조간접비 예정배부액
$1,100,000^{*1} - 750,000$	$750,000 \times 50\%$
$= ₩350,000$	$= ₩375,000$

배부차이 ₩25,000(과대)

*1 120,000(기말재공품) + 180,000(기말제품) + 800,000(=1,000,000 × 80%) = ₩1,100,000
→ 원가요소별비례조정법으로 조정된 후 금액이므로 실제원가와 동일하다.

28 ④

재 공 품

기 초	5,600	당기제품제조원가	50,000
직 접 재 료 비	24,000		
직 접 노 무 비	16,000	기 말	5,200*
제 조 간 접 비	9,600		
	55,200		55,200

60%

* 기말재공품 : 1,200 + 2,500(=1,500 ÷ 0.6) + 1,500 = ₩5,200

제조간접비 배부차이 조정전 매출원가 : 5,000 + 50,000 − 8,000 = ₩47,000
당기 제조간접비 배부차이 : 49,400 − 47,000 = ₩2,400(매출원가에 가산조정)
→ ₩2,400(과소배부) 임을 알 수 있다.
따라서 실제제조간접비는 ₩12,000(= 9,600 + 2,400)이다.

29 ③

(1) 제조간접비 예정배부율 $= \dfrac{144,000}{16,000시간} = ₩9/시간$

(2) 제조간접비 배부차이

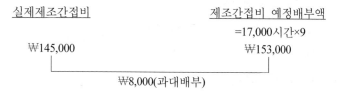

실제제조간접비	제조간접비 예정배부액
	=17,000시간×9
₩145,000	₩153,000

₩8,000(과대배부)

(3) 매출원가 조정법의 경우 매출원가에서 ₩8,000 전액 차감조정되나, 총원가비례조정
법의 경우 매출원가에서 ₩6,400(=8,000× $\dfrac{800,000}{1,000,000}$)만 차감조정되므로, 매출원가
에서 전액 조정하는 방법에 비하여 총원가비례조정법으로 조정하는 경우 영업이익
이 ₩1,600만큼 더 작게 된다.

30 ②

1. 제조간접비 예정배부율 : $\dfrac{640,000}{80,000시간} = ₩8/시간$

2. 정상원가계산에 의한 작업별 원가

	#101	#102	#103	합계
직접재료비	34,000	39,000	13,000	86,000
직접노무비	16,000	20,600	1,800	38,400
제조간접비[*1]	22,000	30,400	3,200	55,600
합 계	72,000	90,000	18,000	180,000

[*1] 실제 직접노무시간 × 예정배부율

3. 제조간접비 배부차이

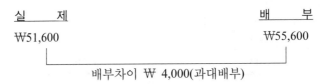

실 제   배 부

₩51,600   ₩55,600

배부차이 ₩ 4,000(과대배부)

4. 배부차이 조정(과대배부되어 있으므로 차감조정)

구 분	기준금액	배분율	배부차이 조정액	배부차이 조정후
재 공 품	₩ 18,000	10%	₩ 400	₩ 17,600
제 품	90,000	50%	2,000	88,000
매출원가	72,000	40%	1,600	70,400
합 계	₩180,000	100%	₩4,000	₩176,000

31 ①

(1) 제조간접비 예정배부율

$$= \dfrac{제조간접비 \ 예산}{예정 \ 조업도} = \dfrac{2,500,000}{500,000시간} = ₩5/시간$$

(2) 제조간접비 배부차이

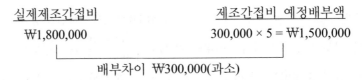

실제제조간접비   제조간접비 예정배부액

₩1,800,000   300,000 × 5 = ₩1,500,000

배부차이 ₩300,000(과소)

(3) 매출원가조정법일 경우와 원가요소별 비례조정법일 경우 각각 매출원가에서 조정되는
제조간접비 배부차이금액(원가요소별비례조정법의 경우 실제원가계산과 동일해지므로)

원가요소별 비례조정법일 경우	매출원가 조정법일 경우
$300,000 \times \dfrac{1,400,000}{1,500,000} = ₩280,000$	₩300,000

따라서 매출원가조정법에 의할 경우 제조간접비 중 ₩20,000이 더 많이 매출원가로 계상되어, 영업이익이 ₩20,000만큼 적다.

32 ②

제조간접비 배부차이가 차감조정되었다는 것은 제조간접비가 과대배부되었음을 의미한다.

기말재공품에 차감 조정된 배부차이가 ₩2,500이므로, 당기 제조간접비 배부차이를 x라고 하면, $x = 2,500 \times 8 = ₩20,000$(과대배부)이다. (재공품에서 1/8만큼 조정되었으므로)

따라서 당기 제조간접비 예정배부액은 ₩200,000(= 180,000 + 20,000)이다.

실제직접노동시간 × 제조간접비 예정배부율(a) = 제조간접비 예정배부액

→ 1,250시간 × a = 200,000에서 a = ₩160이다.

33 ②

(1) 제조간접비 예정배부율

$$= \frac{제조간접비\ 예산}{예정\ 조업도} = \frac{500,000 + 300 \times 2,500시간}{2,500시간} = ₩500/시간$$

(2) 제조간접비 배부차이

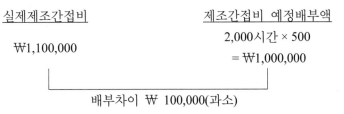

실제제조간접비   제조간접비 예정배부액

₩1,100,000   2,000시간 × 500

= ₩1,000,000

배부차이 ₩ 100,000(과소)

→ 과소배부는 매출원가에서 가산조정하여야 한다.

(3) 매출원가

배부차이 조정전 #2 원가 : 150,000 + 150,000 + 300,000* = ₩600,000

* #2 예정배부액 : 600시간 × 500 = ₩300,000

따라서 매출원가는 ₩700,000(= 600,000 + 100,000) 이다.

활동기준원가계산

Chapter 3

활동기준원가계산

01 활동기준원가계산의 의의

활동기준원가계산(Activity-Based Costing, ABC)은 "제품은 활동을 소비하고, 활동은 자원을 소비한다(Products consume activities, and activity consume resources)"는 말처럼 개별 제품들이 생산되는 과정에서 소비하는 활동을 측정해서 제조간접비와 개별 제품들과의 인과관계를 반영하기 위하여 그 발생 원인이 되는 활동(activity)을 기순으로 하여 제조간접비를 제품에 배부하는 원가계산방식이다.

활동기준원가계산에서는 제조간접비를 부문별로 집계하지 않고, 활동별로 집계하며 활동이 원가계산의 중심이 된다. 따라서 활동기준원가계산은 제조업에서 뿐 만 아니라 서비스업과 같이 다양한 제품(혹은 서비스)를 제공하는 기업에서도 모두 유용하게 사용될 수 있는 원가계산 방식이며, 반드시 제조간접비에만 적용되는 것이 아니라 판매관리비도 활동기준원가계산방식에 의하여 개별 제품별로 배부함으로서 각 제품별 수익성을 파악하는 데에도 매우 유용한 방법이라 할 수 있다.

02 활동기준원가계산의 도입배경

(1) 제조환경의 변화(소품종 대량생산 시스템에서 다품종 소량생산 시스템체제로 변화)
(2) 제조환경의 변화로 인한 제조간접비 비중의 증가
(3) 전통적 원가계산(피넛-버터 원가계산)의 원가 왜곡 심화
(4) 정확한 원가계산에 대한 요구
(5) 원가개념의 확대와 정보수집기능의 발달

03 활동기준원가계산의 절차

(1) 활동분석

활동기준원가계산에서는 원가를 발생시키는 가장 기본적 단위를 바로 활동(activity)으로 보며, 부문이나 제품 등은 활동을 소비하는 상위의 분석 단위로 본다. 이러한 활동분석을 위해 회사는 공정흐름도상의 모든 공정에서 발생하는 활동들 분석하여 각각의 활동을 공정의 흐름도 상에 나타낸다. 그리고 각각의 흐름도 상의 활동들을 분석하여 활동별로 제조간접비를 집계하기 위한 준비를 하는 단계이다.

(2) 활동중심점의 설정 및 활동중심점별 원가 집계

활동중심점(activity center)이란 관련된 활동의 원가를 분리하고 보고하는 단위를 말하며, 개별 활동을 각각의 활동중심점으로 설정할 수도 있으며, 개별적으로 식별하고 구분하기 힘든 활동들의 집합을 하나의 활동중심점으로 설정할 수도 있다. 여기에서 개별 활동을 활동중심점으로 설정할 경우에는 원가계산에서의 정확성은 높아지지만 비용은 많이 발생하게 된다. 반면에 여러 개의 활동의 집합을 하나의 원가중심점으로 설정할 경우에는 비용은 적게 발생하나 정확성은 조금 떨어질 수 밖에 없으므로, 원가-효익 관점에서 적절한 활동중심점의 수를 결정여야 할 것이다.

(3) 활동중심점별 원가동인 결정

원가동인(cost-driver)은 활동의 양을 계량적으로 나타내는 측정척도로서 활동별로 집계된 원가를 제품에 배부할 때의 배부기준이다. 원가동인은 원가대상과 논리적으로 타당한 인과관계를 반영할 수 있어야 하며, 회사가 적용하기에 어렵지 않아야 한다.

(4) 활동중심점별 제조간접비의 배부율 계산

각 활동별로 원가동인이 선정되면, 각 활동중심별로 집계된 제조간접비를 원가동인(배부기준의 합계) 수로 나누어 각 활동중심점별로 제조간접비배부율을 계산한다. 즉, 활동별 제조간접비 배부율은 다음과 같이 계산될 수 있다.

$$활동별\ 제조간접비\ 배부율 = \frac{활동별\ 제조간접비}{활동별\ 원가동인\ 수}$$

(5) 제조간접비 배부

활동별로 제조간접비 배부율이 결정되면, 개별 제품별로 활동의 소비량에 따라 제조간접비를 배부하면 된다.

각 제품에 배부되는 원가 = (각 제품별 원가동인 수 × 활동중심점별 제조간접비배부율)

04 원가의 분류(원가계층)

원가계층(cost hierarchy)이란 다양한 집단의 원가동인 혹은 인과관계 결정의 어려움 정도의 다양성 등에 근거하여 원가를 다양한 원가집합으로 분류하는 것.

개별 활동	원가 계층	의 미	활동의 예	원가동인의 예
제품단위수준활동 (output unit- level activity)	제품단위수준원가 (output unit- level costs)	개별 생산단위별, 조업도별로 수행되는 활동의 원가	기계활동 노동활동 모든제품의 품질검사	기계시간 노동시간 생산량, 검사시간
묶음수준활동 (batch- level activity)	묶음수준원가 (batch-level costs)	묶음 작업 단위별로 수행되는 활동의 원가	재료구매활동 가동준비활동 품질검사(샘플링 검사) 설비작업준비활동	주문서 발행횟수 검사시간, 검사횟수 작업준비횟수, 작업 준비시간
제품유지활동 (product sustain- level activity)	제품유지원가 (product sustain- level costs)	특정 제품 라인의 생산, 유지와 관련 된 활동의 원가	제품설계활동 제품의 디자인활동 특정제품생산라인 개선활동	설계도 매수, 설계변경 횟수, 제품 가지 수, 개선된 제품라인의 수
설비유지활동 (capacity sustain- level activity)	설비유지원가 (capacity sustain- level costs)	개별제품에 추적할 수 없으며, 공장 전체의 유지와 관련 된 활동의 원가	공장전체관리활동 공장전체임차 및 감가상각	점유면적, 종업원수 점유면적

기본 문제

다음은 1~2번과 관련된 자료이다.

(주)상원은 현재 개별원가계산에 의해 제품원가를 계산하고 있다. 그러나 최근 경쟁이 심화됨에 따라 제품가격을 낮추고자한다. 회사는 정확한 제품원가 계산을 통해 이러한 목적을 달성하고자, 활동별원가계산제도를 이용하여 원가계산을 하고자 한다. 다음은 회사가 생산한 제품과 관련된 원가자료이다. 요구사항에 답하시오.

(1) 회사는 당기 두 종류의 제품 A, B를 생산하였다. 이와 관련된 원가자료는 다음과 같다.

구 분	제품 A	제품 B
생 산 량	3,000개	5,000개
직접재료비	₩4,500,000	₩10,000,000
직접노무비	6,000,000	8,000,000
총 직접노동시간	4,500시간	10,000시간

(2) 회사에서 당기 중 발생한 제조간접비는 총 ₩11,600,000이다.

01 전통적인 개별원가계산에 의하여 각 제품별 단위당 원가는 얼마인가? 단, 회사는 제조간접비를 직접노동시간을 기준으로 개별 제품에 배분하고 있다.

	A제품	B제품		A제품	B제품
①	₩4,480	₩5,250	②	₩4,550	₩5,300
③	₩4,600	₩5,300	④	₩4,700	₩5,200
⑤	₩5,600	₩4,660			

02 회사가 활동기준원가계산을 적용하기 위해 제조간접비를 다음 자료와 같이 분석하였다. 다음 자료에 의하여 활동기준원가계산제도에 의하여 제품별 단위당 원가는 얼마인가?

활 동	활동별 원가	원가동인	제품별 원가동인수	
			제품 A	제품 B
작업준비활동	₩ 3,400,000	작업준비횟수	16회	18회
절삭작업활동	3,500,000	기계시간	4,000시간	3,000시간
부품관리활동	2,700,000	부품수	150개	120개
품질검사활동	2,000,000	검사시간	300시간	200시간
합 계	₩11,600,000			

	A제품	B제품		A제품	B제품
①	₩4,480	₩5,250	②	₩4,550	₩5,300
③	₩4,600	₩5,300	④	₩4,700	₩5,200
⑤	₩5,600	₩4,660			

해설

01 ④

개별원가계산

	제품 A	제품 B
직접재료비	₩ 4,500,000	₩10,000,000
직접노무비	6,000,000	8,000,000
제조간접비[*]	3,600,000	8,000,000
합 계	₩14,100,000	₩26,000,000
생 산 량	÷ 3,000개	÷ 5,000개
단위당 원가	₩ 4,700	₩ 5,200

[*] ① 제조간접비 배부율 : $\dfrac{11,600,000}{(4,500시간 + 10,000시간)}$ = ₩800/직접노동시간

② 제품별 제조간접비 배부액 : A제품 : 4,500시간 × 800 = ₩3,600,000
B제품 : 10,000시간 × 800 = ₩8,000,000

02 ⑤

활동기준원가계산

	제품 A	제품 B
직접재료비	₩ 4,500,000	₩10,000,000
직접노무비	6,000,000	8,000,000
제조간접비[*]	6,300,000	5,300,000
합 계	₩16,800,000	₩23,300,000
생 산 량	÷ 3,000개	÷ 5,000개
단위당 원가	₩5,600	₩4,660

[*] ① 활동별 제조간접비 배부율

활 동	활동별 원가	원가동인수 총계	활동별 제조간접비 배부율
작업준비활동	₩ 3,400,000	34회	₩100,000/작업준비횟수
절삭작업활동	3,500,000	7,000시간	500/절삭작업시간
부품관리활동	2,700,000	270개	10,000/부품 갯수
품질검사활동	2,000,000	500시간	4,000/품질검사시간
합 계	₩11,600,000		

② 제품별 제조간접비 배부액

활 동	제품 A	제품 B
작업준비활동	₩1,600,000(16회×100,000)	₩1,800,000(18회×100,000)
절삭작업활동	2,000,000(4,000시간×500)	1,500,000(3,000시간×500)
부품관리활동	1,500,000(150개×10,000)	1,200,000(120개×10,000)
품질검사활동	1,200,000(300시간×4,000)	800,000(200시간×4,000)
합 계	₩6,300,000	₩5,300,000

05 활동기준원가계산이 적합한 경우

활동기준원가계산은 다음과 같은 경우에 그 효익이나 효과가 더욱 크게 나타날 것으로 기대된다.

① 아주 큰 비중의 간접원가가 한 두 개의 원가집합을 사용해서 배부되는 경우
② 거의 대부분의 간접원가가 조업도 단위수준원가로 분류되고, 배취수준, 제품유지 혹은 설비유지 원가에 해당되는 간접원가가 거의 없는 경우
③ 생산량, 공정절차, 배취크기 혹은 복잡성에 차이가 있기 때문에 제품이 자원소비를 다양하게 하는 경우
④ 기업이 생산과 판매에 자신있는 제품의 이익은 낮고, 생산과 판매에 별로 자신이 없는 제품의 이익이 오히려 높은 경우
⑤ 복잡한 제품의 수익성이 높은 것처럼 보이고, 간단한 제품에서 손실이 발생되는 것처럼 보이는 경우
⑥ 제품과 서비스의 제조 및 마케팅 원가에 대해서 생산작업자와 회계담당자 사이에 심각한 견해 차이가 있는 경우

06 활동기준원가계산의 효익

① 전통적인 개별원가계산보다 정확한 원가계산이 가능하다.
② 보다 정확하고 올바른 의사결정이 가능하고 제품별 수익성에 대한 올바른 정보를 얻을 수도 있다.

③ 충분히 이해하고 수용할 수 있는 **공정한 성과평가**가 가능하게 된다.

④ 활동별로 원가동인을 파악함으로써 낭비적인 활동(비부가가치활동)의 제거를 통한 원가절감을 달성할 수 있다.

07 활동기준원가계산의 한계

① 활동분석의 실시와 활동에 대한 정보를 얻는데 소요되는 시간과 비용이 너무 많아 ABC를 적용함에 따른 비용이 ABC로부터 얻는 효익을 초과할 가능성이 있다.

② 모든 원가가 각각의 원가동인에 비례적으로 변화한다는 가정을 하고 있으나 실제로는 그렇지 않은 경우도 있다.

③ 설비유지원가와 같이 원가동인이 불분명한 경우에는 여전히 자의적인 원가배부가 이루어진다.

④ 기존의 방식에 익숙해져 있는 종업원들의 반발 가능성이 있다.

→ 고객별 수익성 분석 – C. T. Horngren

고객수익성분석(customer-profitability analysis)은 회사가 관리하는 고객별로 수익과 원가를 분석하는 것을 말하며, 고객별로 수익에 차이나 나는 원인을 분석함으로서 고객별로 가격할인이나 추가적인 서비스의 제공여부 등을 판단할 수 있는 중요한 판단근거를 제공한다.

(1) 고객원가계층

고객원가계층(customer cost hierarchy)은 고객과 관련된 원가를 원가동인의 다른 유형 또는 인과관계를 결정할 때의 어려움의 정도에 따라 다음과 같은 원가집합으로 분류한다.

① **고객(산출물)단위수준원가** : 고객 수 또는 판매 수량에 비례하여 발생하는 원가

② **고객배취수준원가** : 고객집단, 판매 묶음 수 등에 비례하여 발생하는 원가

③ **고객유지원가** : 고객별로 유지하고 지원하기 위한 활동과 관련된 원가

④ **유통경로원가** : 유통경로와 관련된 활동과 관련하여 발생된 원가로서, 특정 지역별, 유사 고객별로 달라질 수 있다.

⑤ **기업유지원가** : 개별고객이나 특정 유통경로 등으로는 추적이 불가능한 원가로서 기업전체적으로 발생하는 원가이다. 이러한 원가는 고객별로 추적하는 것이 매우 어렵다.

위의 다섯 가지 원가 계층 중에서 ①~④는 활동기준원가계산에서 배웠던 네 가지 원가계층과 매우 유사한 성격을 지닌다.

(2) 고객별 수익성 분석

경영자는 고객별 수익성정보를 이용하여 향후에 자원을 어떻게 배분할지 고려할 때, 다음과 같은 사항을 고려하여야 한다.

① 단기 및 장기 고객 수익성
② 고객의 지속적인 유지 가능성
③ 고객의 성장 가능성
④ 잘 알려진 고객 확보에 따른 전반적 수요의 증가 가능성
⑤ 고객으로부터의 학습(고객은 새로운 제품에 대한 아이디어와 기존 제품을 향상시키는 방법에 관한 중요한 원천이 될 수 있다)

기본 문제

다음은 3~4번과 관련된 자료이다.   horngren 수정

(주)스프링의 12고객 중 네 고객에 대한 2011년 6월 자료는 다음과 같다.

	고 객			
	A	B	G	J
판매된 병수	1,000,000병	800,000병	70,000병	60,000병
정가 단위당판매가격	₩0.60	₩0.60	₩0.60	₩0.60
실제 단위당판매가격	₩0.56	₩0.59	₩0.55	₩0.60
단위당 구입가격	₩0.50	₩0.50	₩0.50	₩0.50
실제매출액	₩560,000	₩472,000	₩38,500	₩36,000

또한 회사가 파악한 고객별 활동별 원가 정보와 원가동인은 다음과 같다.

(1) 고객활동별 원가 정보

활동 영역	원가 동인과 동인율	원가계층 종류
주문 접수	주문당 ₩100	고객배취수준원가
고객 방문	방문당 ₩80	고객유지원가
배달 차량	배달마일당 ₩2	고객배취수준원가
제품 취급	판매된 병당 ₩0.02	고객산출물단위수준원가
긴급 배달	긴급배달당 ₩300	고객배취수준원가

(2) 고객별 원가동인

	고 객			
	A	B	G	J
주 문 수	30	25	15	10
판매방문수	6	5	4	3
배 달 수	60	30	20	15
배달당 운전마일수	5	12	20	6
긴급배달수	1	0	2	0

03 2011년 6월 고객G의 영업이익은 얼마인가?

① (₩3,380) ② (₩1,250) ③ (₩1,120)

④ (₩1,240) ⑤ (₩2,050)

04 2011년 7월 (주)스프링은 활동에 대한 효율성분석을 하여 원가를 다음과 같이 감소시킬 수 있었다고 한다.

활동 영역	원가동인율
주문접수	주문당 ₩60
고객방문	방문당 ₩50
배달차량	배달마일당 ₩1.5
제품취급	판매된 병당 ₩0.015
긴급배달	긴급배달당 ₩200

이러한 활동원가의 감소로 인하여, 고객 B의 영업이익은 얼마나 변하는가?

① ₩3,380증가 ② ₩1,250증가 ③ ₩750감소

④ ₩5,330증가 ⑤ ₩3,500증가

해설

03 ③

고객별 영업이익 계산

	고 객			
	A	B	G	J
매출액(정가)	₩600,000	₩480,000	₩42,000	₩36,000
매출할인	(40,000)	(8,000)	(3,500)	0
순매출액	₩560,000	₩472,000	₩38,500	₩36,000
매출원가	500,000	400,000	35,000	30,000
매출총이익	₩ 60,000	₩ 72,000	₩ 3,500	₩ 6,000
영업비용				
주문점수	3,000	2,500	1,500	1,000
고객방문	480	400	320	240
배달차량*	600	720	800	180
제품취급	20,000	16,000	1,400	1,200
긴급배달	300	0	600	0
영업비용 소계	₩24,380	₩19,620	₩ 4,620	₩ 2,620
영업이익	₩35,620	₩52,380	(₩1,120)	₩ 3,380

* 배달수×배달당 운전마일수×배달마일당 ₩2

04 ④

활동원가 감소 후 고객별 영업이익

	고 객			
	A	B	G	J
매출총이익	₩ 60,000	₩ 72,000	₩ 3,500	₩ 6,000
영업비용				
주문접수	1,800	1,500	900	600
고객방문	300	250	200	150
배달차량*	450	540	600	135
제품취급	15,000	12,000	1,050	900
긴급배달	200	0	400	0
영업비용 소계	₩17,750	₩14,290	₩ 3,150	₩ 1,785
영업이익	₩42,250	₩57,710	₩ 350	₩ 4,215

* 배달수×배달당 운전마일수×배달마일당 ₩1.5

B고객의 영업이익이 활동별 원가 감소 후 ₩52,380에서 ₩57,710으로 ₩5,330만큼 증가하였다.

연습문제

01 다음 중 활동기준회계(Activity Based Costing)가 추구하는 목적과 가장 거리가 먼 것은?

① 다양한 원가유발요인(cost driver)을 인식하여 적정한 가격결정에 이용한다.

② 정확한 제품원가를 계산하고자 한다.

③ 제품별 또는 고객별로 보다 정확한 원가분석을 할 수 있다.

④ 직접재료원가 외에는 고정원가로 처리하고자 한다.

⑤ 제품별 또는 부문별 성과평가를 신뢰성있게 할 수 있다.

02 원가배부와 관련된 다음의 설명 중에서 올바른 것은?

① 원가배부기준은 인과관계기준에 의해서만 설정해야 한다.

② 제조간접원가가 전체 제조원가에서 차지하는 비중이 증가할수록 단순한 원가배분기준을 설정해야 보다 정확한 원가계산을 할 수 있다.

③ 활동기준원가계산제도에서는 제품의 생산수량과 직접 관련이 없는 비단위기준원가동인(ununit-based cost drivers)을 사용하지 않는다.

④ 제조간접원가의 배부가 정확하게 이루어질 수 없기 때문에 원가배부는 어떠한 경우에도 경제적 의사결정을 위한 정보를 제공하지 않는다.

⑤ 활동기준원가계산제도에서 원가배부기준으로 선택된 원가동인이 원가발생의 인과관계를 잘 반영하지 못하는 경우 제품원가계산이 왜곡될 가능성이 있다.

03 다음의 활동기준원가계산과 관련된 기술 중에서 적절하지 못한 것은?

① 활동기준원가계산은 활동을 원가대상의 중심으로 삼아 활동의 원가를 계산하고 이를 토대로 하여 다른 원가를 계산하는 것을 중점적으로 다루는 원가계산시스템이다.

② 다품종 소량생산의 제조업체가 이를 적용할 경우 도움이 된다.

③ 서비스업체에서는 활동기준원가계산을 적용하기 어렵다.

④ 활동기준원가계산은 원가 중에서 제조간접비의 비중이 높은 기업에 적용할 경우 도움이 된다.

⑤ 활동기준원가계산은 R&D에서 고객서비스에 이르기까지 경영기능 전반에 걸친 원가계획 및 통제에 유용한 정보를 제공해 줄 수 있다.

04 다음 중 활동기준원가계산제도가 생겨나게 된 배경으로 타당하지 않은 것은?

① 수익성 높은 제품의 선별을 통한 기업역량 집중의 필요성

② 산업구조의 고도화 및 직접노동 투입량의 증가

③ 제품 및 생산공정의 다양화

④ 원가정보의 수집 및 처리기술의 발달

⑤ 개별제품이나 작업에 직접 추적이 어려운 원가의 증가

05 활동기준원가계산에 관한 다음 설명 중에서 타당하지 않은 것은?

① 활동이 자원을 소비하고 제품이 활동을 소비한다.

② 제조간접비에는 생산량 이외의 다른 원가동인에 의하여 발생하는 원가가 많이 포함되어 있다.

③ 배부기준의 수가 전통적인 원가계산에 비해 많다.

④ 제품별 또는 부문별 성과평가의 신뢰성이 높아진다.

⑤ 표준원가계산과 같이 일종의 사전원가계산 제도이다.

06 활동기준원가계산에 관한 설명으로 옳지 않은 것은?

① 활동기준원가계산은 생산환경의 변화에 따라 증가되는 제조간접원가를 좀 더 정확하게 제품에 배부하고 효과적으로 관리하기 위한 새로운 원가계산방법이라 할 수 있다.

② 활동기준원가계산에서는 일반적으로 활동의 유형을 단위수준활동, 묶음수준활동(배취수준활동), 제품유지활동, 설비유지활동의 4가지로 구분한다.

③ 제품유지활동은 주로 제조공정이나 생산설비 등을 유지하고 관리하기 위하여 수행되는 활동으로서 공장시설관리, 환경관리, 안전유지관리, 제품별 생산설비관리 등의 활동이 여기에 속한다.

④ 묶음수준활동은 원재료구매, 작업준비 등과 같이 묶음단위로 수행되는 활동을 의미하는데, 품질검사의 경우 표본검사는 묶음수준활동으로 분류될 수 있지만, 전수조사에 의한 품질검사는 단위수준활동으로 분류된다.

⑤ 단위수준활동은 한 단위의 제품을 생산하는데 수반되어 이루어지는 활동으로서 주로 생산량에 비례적으로 발생하며, 주로 직접노무시간, 기계작업시간 등을 원가동인으로 한다.

07 활동기준 원가계산(Activity Based Costing)시스템은 조업도기준 원가계산(Volume Based Costing)시스템에 비하여 보다 정확한 제품원가를 제공할 수 있다. 다음 중에서 활동기준 원가계산시스템을 도입함에 따라서 그 효과를 크게 볼 수 있는 기업의 일반적 특성에 해당되지 않는 것은?

① 생산과정에 거액의 간접원가가 발생하는 경우

② 제품, 고객 및 생산공정이 매우 복잡하고 다양한 경우

③ 회사가 치열한 가격경쟁에 직면한 경우

④ 제품의 제조와 마케팅 원가에 대해서 생산작업자와 회계담당자 사이에 심각한 견해차이가 있는 경우

⑤ 생산과 판매에 자신있는 제품의 이익은 높고 생산과 판매에 자신없는 제품의 이익이 낮은 경우

08 활동기준원가계산에 관한 설명으로 옳지 않은 것은?

① 간접원가의 비중이 높을수록 활동기준원가계산의 도입효과가 크다.

② 전통적인 간접원가 배부방법에 비해 다양한 배부기준이 사용된다.

③ 판매관리비에는 활동기준원가계산을 적용하지 않는다.

④ 활동원가의 계층구조 중 배치(묶음)수준원가는 배취 수나 활동시간 등을 원가
동인으로 사용한다.

⑤ 전통적인 간접원가 배부방법에 비해 인과관계를 반영하는 배부기준을 찾아내
는데 많은 노력을 들인다.

09 활동기준원가계산 시스템에 대한 설명 중 옳은 것을 모두 묶은 것은?

> ㄱ. 제품과 고객이 매우 다양하고 생산공정이 복잡한 경우, 일반적으로 활동기준원가계
> 산이 전통적 원가계산보다 정확한 제품원가 정보를 제공한다.
> ㄴ. (ㄱ)설명의 주된 이유는 활동기준원가계산은 원가 발생행태보다 원가를 소모하는 활
> 동에 초점을 맞추어 원가를 집계하여 배부하기 때문이다.
> ㄷ. 생산과정에서 거액의 간접원가가 발생하는 경우 활동기준원가계산이 전통적 원가계
> 산보다 원가관리에 효과적이다.

① ㄱ   ② ㄱ, ㄴ   ③ ㄱ, ㄷ

④ ㄴ, ㄷ   ⑤ ㄱ, ㄴ, ㄷ

10 아래에서 올바른 활동기준원가계산(ABC)의 절차를 나타낸 것은?

ⓐ 활동중심점의 설정	ⓑ 원가동인의 선택	ⓒ 활동분석
ⓓ 제조간접비의 배부	ⓔ 활동별 제조간접비 배부율의 계산	

① ⓒ→ⓐ→ⓔ→ⓑ→ⓓ   ② ⓒ→ⓐ→ⓓ→ⓑ→ⓔ   ③ ⓒ→ⓐ→ⓑ→ⓔ→ⓓ

④ ⓒ→ⓑ→ⓐ→ⓓ→ⓔ   ⑤ ⓒ→ⓑ→ⓐ→ⓔ→ⓓ

11 다음 중 <활동원가계층구조(activity cost hierarchy) 분류 - 해당원가의 예 - 원가동인(cost driver)>의 조합이 적절하지 않은 것은?

① 단위수준 활동원가 - 기계동력원가 - 기계작동시간
② 뱃치(Batch)수준 활동원가 - 전수(제품전량) 검사원가 - 검사횟수
③ 제품유지 활동원가 - 제품설계원가 - 제품의 종류 수
④ 뱃치수준 활동원가 - 기계작업준비원가 - 준비횟수
⑤ 단위수준 활동원가 - 소모품원가 - 제품의 생산량

12 대전(주)는 활동기준원가계산 방법을 사용하고 있다. 대전(주)는 갑과 을의 두 가지 제품을 생산하고 있다. 갑 제품의 연간 생산 및 판매량은 8,000단위이고 을 제품은 6,000단위이다. 대전(주)는 세 가지의 활동을 수행하고 있으며 이에 관한 정보는 다음과 같다.

활동집합	제조간접비	원가동인의 수	
		갑 제품	을 제품
활동 1	₩20,000	100	400
활동 2	37,000	800	200
활동 3	91,200	800	3,000

위의 자료에 의해 활동기준원가계산 방법을 적용하여 갑 제품의 단위당 제조간접비를 구한다면 얼마인가?

① ₩2.4   ② ₩3.9   ③ ₩10.59
④ ₩6.6   ⑤ ₩5.5

13 (주)미래는 각 작업에 대한 원가계산을 위하여 다음의 자료를 수집하였다.

활동	원가	원가범주	원가동인	최대활동량
생산준비	₩ 20,000	생산묶음	생산준비시간	1000시간
재료처리	30,000	생산묶음	재료처리횟수	2000회
기계사용	500,000	제품단위	기계작업시간	20,000시간
품질관리	100,000	생산묶음	품질관리횟수	12,500회
수선유지	40,000	제품단위	기계작업시간	20,000시간

활동기준원가계산을 이용하여 다음의 작업 A의 총원가는 얼마인가?

작업	기초원가	생산수량	생산준비	재료처리	기계작업	품질관리
A	₩300,000	12,000단위	30시간	56회	4,000시간	70회

① ₩610,000   ② ₩110,000   ③ ₩482,000

④ ₩420,000   ⑤ ₩410,000

14 다음은 단일 제품을 생산하여 판매하는 (주)국세의 연간 활동원가 예산자료와 4월의 활동원가 자료이다.

• 연간 활동원가 예산자료

활　동	활동원가	원가동인	원가동인수량
재료이동	₩5,000,000	이 동 횟 수	1,000회
성　　형	₩3,000,000	제 품 생 산 량	24,000단위
도　　색	₩1,500,000	직접노동시간	6,000시간
조　　립	₩2,000,000	기계작업시간	2,000시간

• 4월 중에 생산한 제품의 활동원가 자료
 - 제품생산량 : 2,000단위   - 직접노동시간 : 500시간   - 기계작업시간 : 200시간

활동기준원가계산에 의할 경우 (주)국세가 4월 중에 생산한 제품의 활동원가 금액은 ₩1,050,000으로 계산되었다. (주)국세가 4월 중 제품을 생산하는 과정에서 발생한 재료의 이동횟수는 얼마인가?

① 95회   ② 96회   ③ 97회

④ 98회   ⑤ 99회

15 (주)국세는 활동기준원가계산 방법에 의하여 제품의 가공원가를 계산하고 있다. (주)국세의 각 활동과 활동별 원가배부율은 다음과 같다.

활 동	원가동인	단위당배부율
재료처리	부 품 수	₩10
기계작업	기계시간	120
조립작업	조립시간	75
검 사	검사시간	100

제품A 1단위를 제조하기 위해서는 부품 200개, 기계작업 10시간, 조립작업 20시간, 검사 5시간이 요구된다.

(주)국세는 50단위의 제품 A를 단위당 ₩50,000에 판매하여 ₩1,500,000의 매출총이익을 달성하였다. 이 경우, 제품A의 단위당 직접재료원가는 얼마인가? (단, 기초재고자산과 기말재고자산은 없다고 가정한다.)

① ₩5,200 ② ₩14,800 ③ ₩15,250
④ ₩20,000 ⑤ ₩30,000

16 ㈜하나는 당기에 제품 A를 1,500단위, 제품 B를 1,000단위, 제품 C를 500단위 생산하였으며, 이와 관련하여 기계절삭작업에 ₩100,000, 조립작업에 ₩80,000, 품질검사에 ₩40,000의 제조간접원가가 소요되었다. 당사는 활동기준원가계산을 시행하고 있으며, 관련 자료는 아래와 같다. 다음 중 옳지 않은 것은?

구 분	원가동인	제품 A	제품 B	제품 C
기계절삭작업	기계시간	2,240	3,380	4,380
조립작업	조립시간	330	660	1,010
품질검사	횟 수	12	13	15

① 제품 B 전체에 배부되는 기계절삭작업 활동원가는 제품 A 전체에 배부되는 기계절삭작업 활동원가의 약 1.5배이다.
② 제품 B 전체에 배부되는 조립작업 활동원가보다 제품 C 전체에 배부되는 조립작업 활동원가가 더 크다.
③ 제품 A 전체에 배부되는 품질검사 활동원가보다 제품 C 전체에 배부되는 품질검사 활동원가가 25% 더 크다.
④ 제품 단위당 총활동원가가 가장 큰 것은 제품 C이다.
⑤ 각 제품의 단위당 활동원가를 계산하면 제품 A는 ₩31.73, 제품 B는 ₩73.20, 제품 C는 ₩138.40이다.

17 묘향기업은 활동기준원가계산을 사용하며, 제조과정은 다음의 3가지 활동으로 구분된다.

활 동	원가동인	연간 원가동인 수	연간 가공원가 총액
세 척	재료부피	100,000리터	₩300,000
압 착	압착기계시간	45,000시간	₩900,000
분 쇄	분쇄기계시간	21,000시간	₩1,050,000

분쇄활동의 원가 중 ₩504,000은 고정원가이다. X제품 한 단위당 재료부피는 20리터, 압착기계시간은 30시간, 분쇄기계시간은 10시간이다. X제품의 단위당 판매가격과 단위당 재료비는 각각 ₩2,000, ₩300이면 제품의 단위당 제조공헌이익은 얼마인가?

① ₩560 ② ₩540 ③ ₩700

④ ₩780 ⑤ ₩800

18~19

(주)한경의 콘트롤러가 수집한 활동별 원가집계와 원가동인들은 다음과 같다.

활 동	제조간접비 예산	원가동인	예정 원가동인수	활동별 예정배부율
기계준비작업활동	₩200,000	작업준비횟수	100회	₩2,000/횟수
재료처리활동	100,000	원재료무게	50,000kg	2/kg
위험폐기물통제활동	50,000	위험폐기물무게	10,000kg	5/kg
품질관리활동	75,000	검사횟수	1,000회	75/횟수
기타제조활동	200,000	기계시간	20,000시간	10/시간
합 계	₩625,000			

(주)한경은 최근 필름 1,000상자를 다음과 같은 활동으로 생산하였다.

• 기계준비횟수	4회	• 원 재 료	10,000kg
• 위험폐기물	2,000kg	• 검사횟수	10회
• 기계시간	500시간	• 직접재료비	₩120,000
• 직접노무비	₩ 40,000		

18 활동별 제조간접비 예정배부율을 적용하여 필름 1상자당 제조간접비를 계산하면 얼마인가?

① ₩31.25 ② ₩43.75 ③ ₩20.375

④ ₩15.625 ⑤ 정답없음

19 기계시간에 근거한 단일의 제조간접비 예정배부율을 적용하여 필름 1상자당 제조간접비를 계산하면 얼마인가?

① ₩31.25 ② ₩43.75 ③ ₩20.375

④ ₩15.625 ⑤ 정답없음

20 서울회사는 자동차 부품을 제조하는 회사이다. 회사는 그동안 전통적원가계산을 사용해오다 최근에 활동기준원가계산을 도입하였다. 다음은 제조간접비의 활동자료이다.

활 동	원가동인	원가동인당 제조간접비 배부율
기계작업	기계시간	₩100/시간
재료가공	부 품 수	₩6.4/개
품질검사	검사시간	₩5/시간

전통적원가계산을 사용할 경우 제조간접비 배부율은 기계시간당 ₩600이다. 자동차 부품을 제조할 때, 배취(batch)크기는 50개이다. 1배취의 생산에는 기계시간 6시간, 부품수 500개, 검사시간 4시간이 필요하다. 전통적원가계산에 의할 경우 자동차 부품의 단위당 제조간접비는 활동기준원가계산에 의할 경우에 비해 얼마나 과대 또는 과소평가되는가?

① ₩ 4.4 과소평가 ② ₩7.2 과대평가 ③ ₩3.2 과소평가

④ ₩10.4 과소평가 ⑤ ₩1.6 과대평가

21 상품매매기업인 ㈜한국유통이 활동기준원가계산을 적용하여 간접원가(overheads)를 고객별로 배부하기 위해, 20×1년초에 수집한 연간 예산자료는 다음과 같다.

(1) 연간 간접원가

간접원가항목	금 액
급 여	₩1,200,000
판 매 비	₩ 800,000
계	₩2,000,000

(2) 활동별 간접원가 배부비율

간접원가항목	활 동		계
	고객주문처리	고객관계관리	
급 여	20%	80%	100%
판 매 비	40%	60%	100%

(3) 활동별 원가동인과 연간 활동량

활 동	원가동인	활동량
고객주문처리	고객주문횟수	500회
고객관계관리	고객수	50명

㈜한국유통은 20×1년 중 주요 고객인 ㈜대한이 20회의 주문을 할 것으로 예상하고 있다. ㈜대한의 주문 1회당 예상되는 평균매출액은 ₩20,000이며, 매출원가는 매출액의 75%이다. 활동기준원가계산을 적용하여 간접원가를 고객별로 배부하는 경우, ㈜한국유통이 20×1년 중 ㈜대한으로부터 얻을 것으로 예상할 수 있는 이익은 얼마인가? 단, 매출원가를 제외한 어떠한 직접원가도 발생하지 않는다.

① ₩46,300   ② ₩48,800   ③ ₩50,400

④ ₩52,600   ⑤ ₩54,500

22 ㈜한호기계는 활동기준원가계산(activity-based costing)을 적용하고 있다. 회사는 제품 생산을 위해 세 가지 활동을 수행하고 있다. 당기에 발생된 활동별 실제원가는 기계가동활동 ₩84,000, 엔지니어링활동 ₩60,000, 품질검사활동 ₩41,000이었다. 당기에 두 종류의 제품 A와 B를 생산하였으며, 생산관련 실제자료는 다음과 같았다.

항 목	제품 A	제품 B
생산량	500단위	1,200단위
기계가동(기계시간)	2,000시간	3,000시간
엔지니어링(작업시간)	500시간	700시간
품질검사(품질검사 횟수)	10회	15회

* 괄호 안은 각 활동의 원가동인을 의미함.

활동기준원가계산 및 위의 자료와 관련된 ㈜한호기계의 원가계산결과에 대한 설명이다. 다음 중 타당하지 않은 것은?

① 생산과정에서 직접원가보다는 간접원가의 비중이 높을수록 활동기준원가계산의 도입효과가 큰 것으로 알려져 있다.

② 품질검사를 전수조사에 의할 경우 품질검사활동은 단위수준활동으로 분류된다.

③ 제품 A에 배부되는 총활동원가는 ₩72,000이다.

④ 기계가동활동의 원가배부율은 기계시간당 ₩16.8이다.

⑤ 제품 B에 배부되는 엔지니어링 활동원가는 ₩35,000이다.

23 (주)국세는 가구판매업체로, 두 종류의 상품인 원목옷장과 자개옷장을 구입하여 판매하고 있다. 현재 (주)국세는 간접원가인 입고처리원가(receiving cost) ₩400,000을 옷장의 직접구입원가 기준으로 상품에 배부하는 원가계산방법을 사용하고 있다. (주)국세의 원가관리담당자는 자개옷장이 원목옷장보다 더 무겁고 조심스럽게 취급되며, 원목옷장은 자개옷장보다 1회 입고 시 더 많은 수량이 입고된다는 사실을 파악하였다. 현재 원가계산방법을 변경하기 위해, (주)국세의 원가관리담당자는 활동분석을 통해 파악된 원가동인인 입고처리시간을 기준으로 입고처리원가를 상품에 추적하는 방안을 고려하고 있다. (주)국세의 원가관리담당자가 입고처리활동을 분석한 결과, 다음과 같은 자료를 수집하였다.

구 분	원목옷장	자개옷장
구입량	20,000개	1,000개
단위당 구입원가	₩500	₩2,500
입고횟수	12회	12회
입고횟수당 처리시간	5시간	3시간

위 자료에 근거한 설명으로 옳지 않은 것은?

① 현재 사용하고 있는 원가계산방법에서는 입고처리원가가 상품의 직접구입원가에 비례하여 발생한다고 전제하고 있다.

② 현재 사용하고 있는 원가계산방법은 상대적으로 자개옷장의 원가를 과소평가하고 있다.

③ 입고 1회당 입고수량 차이는 두 원가계산방법에 따른 원가차이를 설명하는 요인이 될 수 있다.

④ 새로운 원가계산방법을 적용하면 현재의 원가계산방법을 사용한 경우보다 원목 원장의 원가가 높아진다.

⑤ 상품입고 과정의 복잡성이나 난이도가 두 원가계산방법에 따른 원가차이를 설명하는 요인이 될 수 있다.

24 ㈜호남은 두 종류의 제품(X와 Z)을 생산하고 있다. 이 회사의 원가담당자는 간접비 중 엔지니어링변경원가에 관심을 가지고 있다. 1회 엔지니어링 변경에 소요되는 원가는 ₩600이다. 제품별 생산량, 엔지니어링 변경횟수, 기계시간은 다음과 같다.

항 목	X제품	Z제품
생산량	1,000단위	1,000단위
엔지니어링 변경횟수	14회	6회
생산량 단위당 기계시간	1시간	2시간

엔지니어링변경원가를 엔지니어링 변경횟수가 아닌 기계시간을 기준으로 배부한다면, X제품에 과대배부 혹은 과소배부 되는 금액은 얼마인가?

① ₩15,000 과소배부   ② ₩14,400 과대배부   ③ ₩12,200 과소배부

④ ₩7,200 과대배부   ⑤ ₩4,400 과소배부

25 (주)대한은 휴대전화기를 생산한다. 현재 회사는 제조간접원가를 단일 배부율을 사용하여 공장 전체에 배부하고 있다. 회사의 경영진은 제조간접원가를 좀 더 정교하게 배부할 필요가 있다고 판단하고, 회계담당부서로 하여금 주요 생산활동과 그 활동에 대한 원가동인을 파악하라고 지시하였다. 다음은 활동, 원가동인 그리고 배부율에 대한 자료이다.

활 동	원가동인	배부율
재료취급	부품의 수	부품당 ₩ 1,000
조립	직접노무시간	시간당 ₩40,000
검사	검사부문에서의 검사시간	분 당 ₩10,000

현재의 전통적인 원가계산방법은 직접노무시간에 기초하여 1시간당 ₩150,000의 배부율을 사용한다. 휴대전화 제작을 위하여 한 번의 작업(batch)으로 50대의 휴대전화가 제조되었다. 전통적인 원가계산방법과 활동기준원가계산방법을 사용할 경우 휴대전화 한 대당 배부될 제조간접원가는 각각 얼마인가? 한 번의 작업(batch)에는 1,000개의 부품, 직접노무시간 8시간, 그리고 검사시간 15분이 필요하다.

① 전통적방법 : ₩24,000   활동기준방법 : ₩29,400
② 전통적방법 :   ₩640   활동기준방법 : ₩29,400
③ 전통적방법 : ₩24,000   활동기준방법 : ₩24,000
④ 전통적방법 : ₩24,000   활동기준방법 : ₩24,900
⑤ 전통적방법 : ₩24,000   활동기준방법 : ₩47,000

26 상품매매기업인 (주)세무는 활동기준원가계산에 의하여 간접원가를 고객별로 배부한다. 활동기준원가계산을 적용하기 위해 20×1년도 초에 수집한 연간 예산 및 관련 자료는 다음과 같다.

1. 간접원가 연간 자료 :

구 분	금 액
급 여	₩250,000
마케팅비	160,000
계	₩410,000

2. 자원소비단위(활동)별 간접원가 배부비율 :

구 분	주문처리	고객지원	배부불능*	계
급 여	20%	70%	10%	100%
마케팅비	10%	80%	10%	100%

* 배부불능은 활동별로 배부되지 않은 원가로 기업전체 수준으로 배부되며 고객별로 배부되지는 않는다.

3. 활동별 원가동인과 연간 활동량 :

활 동	원가동인	활동량
주문처리	주문횟수	4,000회
고객지원	고객수	40명

20×1년 중 고객 A가 6회 주문할 경우, 이 고객에게 배부될 간접원가 총액은 얼마인가?

① ₩7,674   ② ₩7,774   ③ ₩7,874
④ ₩7,974   ⑤ ₩8,074

27 ㈜한야의 영업팀은 활동원가에 근거하여 고객의 수익성을 평가한다. 당기에 주문처리와 고객관리를 위해 수행한 활동 및 원가 자료는 다음과 같다. 긴급주문 처리를 위해서는 통상적인 주문처리 원가에 추가하여 1회당 ₩100의 원가가 발생한다.

활동 및 원가항목	원 가
주문처리	₩70/1회 주문
긴급주문 처리를 위한 추가원가	₩100/1회 긴급주문
고객상담	₩450/1회 상담
고객관계관리	₩80,000/고객 1인

상기 원가 이외에 매출원가는 매출액의 80%에 해당한다. 당기 중에 ㈜한야의 주요 고객인 A와 관련하여 매출액 ₩500,000, 주문처리 횟수 300회(이 중 70%는 긴급주문임), 고객상담 횟수 140회가 발생하였다. 고객관계관리는 모든 고객에게 공통으로 적용된다. 회사가 고객 A로부터 얻은 이익(혹은 손실)은 얼마인가?

① ₩ 5,000 이익   ② ₩76,000 이익   ③ ₩64,000 손실
④ ₩70,300 손실   ⑤ ₩85,000 손실

28 우편 및 전화주문 판매를 하는 (주)통판은 활동기준원가(Activity-Based Costing : ABC)시스템을 통해 주요 고객의 수익성을 파악하고자 한다. 주요 고객의 연간 자료는 다음과 같다.

	고객 '갑'	고객 '을'	고객 '병'
총매출	₩8,000	₩10,000	₩20,000
반품-수량	4개	0개	2개
반품-액수 (판매가)	₩2,000	₩0	₩5,000
연간 총전화주문건수	0건	4건	8건
연간 총우편주문건수	4건	0건	2건
총 전화주문처리 시간	0시간	0.25시간	0.20시간

배송비용은 고객이 부담하며, 반품에 따른 배송비만 고객이 부담하면 반품은 항상 허용된다. 매출원가는 판매가의 75%이다. 활동 및 활동원가의 동인율(activity cost driver rate)이 다음과 같을 경우, ABC를 통해 계산한 고객 '갑'으로 부터의 연간 이익은?

활 동	활동원가동인율
우 편 주 문 처 리	₩ 50/주문건수
전 화 주 문 처 리	₩800/시간
반 품 처 리	₩100/반품수량
고 객 유 지	₩500/년

① ₩400 ② ₩900 ③ ₩1,500

④ ₩4,900 ⑤ ₩8,000

29 ㈜한국은 소매업체들을 대상으로 판매촉진 관련 지원서비스를 제공하고 있다. ㈜한국은 적절한 이익을 창출하고자 각 고객별 주문과 관련하여 발생한 재료원가에 100%의 이윤폭(markup)을 가산하여 각 고객에 대한 지원서비스 청구액(=재료원가×200%)을 결정하여 왔다. 최근 들어 ㈜한국은 새로운 고객관계관리 소프트웨어를 사용하여 활동분석을 수행한 결과, 활동, 활동원가동인 및 활동원가동인당 배부율을 다음과 같이 파악하였다.

활 동	활동원가동인	활동원가동인당 배부율
정규주문처리	정규주문 처리건수	정규주문처리 건당 ₩5
긴급주문처리	긴급주문 처리건수	긴급주문처리 건당 ₩15
고객이 요구한 특별서비스 처리	특별서비스 처리건수	특별서비스처리 건당 ₩50
고객관계관리	연간 고객수	고객당 ₩100

고객관계관리 소프트웨어를 이용하여 20x1년 한 해 동안 이 회사의 고객들에 관한 데이터를 수집하였으며, 총 고객 60명 중 2명의 고객 A, B에 대한 자료와 회사 전체의 자료는 다음과 같다.

구분	고객 A	고객 B	회사전체
매출액(지원서비스 청구액)	₩1,400	₩750	₩60,000
정규주문 처리건수	25건	8건	1,000건
긴급주문 처리건수	10건	8건	500건
특별서비스 처리건수	4건	7건	200건
고객수	1명	1명	60명

위에 주어진 활동분석 자료에 입각하여 20x1년 한 해 동안 고객 A, B 각각으로부터 창출된 이익(손실)을 계산하면 얼마인가?

	고객 A	고객 B
①	₩175	₩(235)
②	₩175	₩(300)
③	₩175	₩(325)
④	₩125	₩(235)
⑤	₩125	₩(325)

Chapter 3. 활동기준원가계산

정답 및 해설

1	④	2	⑤	3	③	4	②	5	⑤	6	③
7	⑤	8	③	9	⑤	10	③	11	②	12	④
13	⑤	14	①	15	②	16	⑤	17	④	18	②
19	④	20	①	21	②	22	③	23	④	24	⑤
25	①	26	①	27	⑤	28	①	29	④		

01 ④

직접재료비 이외에 모두 고정비로 보는 것은 제약이론이다. 활동기준원가계산은 장기적 관점에서 활동원가는 활동별 원가동인에 비례하여 발생하는 것으로 본다.

02 ⑤

② 제조간접비가 차지하는 비중이 증가할수록 다양한 활동별로 인과관계를 잘 반영할 수 있는 다양한 원가배분기준을 설정함으로써 보다 정확한 원가계산을 할 수 있다.
③ 활동기준원가계산은 단위수준 원가동인 뿐만 아니라 다양한 비단위수준 원가동인도 사용한다.
④ 활동기준원가계산은 제조간접비를 기존의 방식보다 더 정확하게 배분함으로서 정확한 원가계산과 올바른 경제적 의사결정을 위한 정보를 제공할 수 있게 된다.

03 ③

활동기준원가계산은 서비스업에서도 매우 유용하게 사용 된다.

04 ②

산업구조의 고도화로 활동기준원가계산이 필요해졌다고 볼 수 있지만, 직접노동의 투입량은 오히려 감소하고 간접노동의 투입량이 증가하였다.

05 ⑤

활동기준원가계산은 사전원가계산이라 할 수 없다. 활동기준원가계산은 사전원가계산 뿐만 아니라 사후원가계산(실제원가계산)에서도 적용될 수 있다.

06 ③

공장시설관리, 환경관리, 안전유지관리 등의 활동은 설비유지활동에 해당한다.

07 ⑤

생산과 판매에 자신있는 제품의 이익이 낮고, 생산과 판매에 자신없는 제품의 이익이 높을 경우, 활동기준원가계산을 도입하면 효과가 크게 나타날 수 있다.

08 ③

판매관리비도 활동기준원가계산을 이용하여 각 제품별로 배분한 후에 각 제품별 수익성을 분석하는데 이용하기도 한다.

09 ⑤

ㄴ. 전통적원가계산은 원가의 발생형태에 초점을 맞추지만, 활동기준원가계산은 원가를 소비하는 활동에 초점을 맞춘다.

10 ③

활동분석 → 활동중심점의 설정 → 원가동인의 선택 → 활동별 제조간접비 배부율 계산 → 제조간접비의 배부

11 ②

검사가 전수조사인 경우에는 단위수준원가에 해당된다. 만약 검사가 표본조사였다면 배취수준원가에 해당된다.

12 ④

(1) 활동별 제조간접비 배부율

활동집합	제조간접비	배부기준(활동) 합계	배 부 율
활동 1	₩20,000	500	₩40
활동 2	37,000	1,000	37
활동 3	91,200	3,800	24

(2) 갑 제품의 단위당 제조간접비

$(100 \times 40 + 800 \times 37 + 800 \times 24) \div 8,000$단위 $= ₩6.6$/단위

13 ⑤

(1) 활동별 제조간접비 배부율

활 동	원 가	최대활동량	활동별 배부율
생산준비	₩ 20,000	1000시간	₩20/생산준비시간
재료처리	30,000	2000회	15/재료처리횟수
기계사용	500,000	20,000시간	25/기계작업시간
품질관리	100,000	12,500회	8/품질관리횟수
수선유지	40,000	20,000시간	2/기계작업시간

(2) A작업의 제조간접비

기 초 원 가		₩300,000
제조간접비		
생산준비원가	30시간 × 20 = 600	
재료처리원가	56회 × 15 = 840	
기계사용원가	4,000시간 × 25 = 100,000	
품질관리원가	70회 × 8 = 560	
수선유지원가	4,000시간 × 2 = 8,000	110,000
총 원 가		₩410,000

14 ①

(1) 활동별 제조간접비 배부율

활 동	원 가	최대활동량	활동별 배부율
재료이동	₩5,000,000	1,000회	₩5,000/회
성 형	3,000,000	24,000단위	₩125/단위
도 색	1,500,000	6,000시간	₩250/시간
조 립	2,000,000	2,000시간	₩1,000/시간

(2) 재료이동 횟수를 x라 하면, 활동원가는 다음과 같다.

$x \times 5,000 + 2,000$단위$\times 125 + 500$시간$\times 250 + 200$시간$\times 1,000 = $₩$1,050,000$

따라서 $x = 95$회

15 ②

단위당 직접재료비를 x라 하면,

매 출 액 :	50단위 × 50,000 =	₩2,500,000
직접재료비 :	50단위 × x =	(50x)
활동별원가 :	50단위 × 5,200[*] =	(260,000)
매출총이익 :		₩1,500,000

[*] 200개 × 10 + 20시간 × 120 + 20시간 × 75 + 5시간 × 100 = ₩5,200

→ $x = $₩$14,800$

16 ⑤

(1) 활동별 원가 배부율

구 분	활동별 원가 발생액	배부기준 합계	배부율
기계절삭작업	₩100,000	10,000시간	₩10/시간
조립작업	80,000	2,000시간	40/시간
품질검사	40,000	40회	1,000/회

(2) 제품별 활동원가

구 분	제품 A	제품 B	제품 C
기계절삭작업	2,240×10= 22,400	3,380×10= 33,800	4,380×10= 43,800
조립작업	330×40= 13,200	660×40= 26,400	1,010×40= 40,400
품질검사	12×1,000= 12,000	13×1,000= 13,000	15×1,000= 15,000
합 계	₩47,600	₩73,200	₩99,200
생산량	÷1,500단위	÷1,000단위	÷500단위
단위당 원가	₩31.73	₩73.2	₩198.4

C제품의 단위당 활동원가는 ₩198.4 이다.

17 ④

(1) 변동원가 배부율

활 동	원 가	최대활동량	활동별 배부율
세 척	₩ 300,000	100,000리터	₩3/리터
압 착	900,000	45,000시간	₩20/시간
분 쇄	546,000[*]	21,000시간	₩26/시간

[*] 분쇄원가 중 ₩504,000은 고정원가 이므로 변동원가는 ₩546,000(=1,050,000-504,000)이다.

(2) 단위당 공헌이익

① 단위당 변동제조원가 : 300 + 20리터 × 3 + 30시간 × 20 + 10시간 × 26 = ₩1,220

② 단위당 공헌이익 : 2,000 - 1,220 = ₩780

18 ②

(4회 × 2,000 + 10,000kg × 2 + 2,000kg × 5 + 10회 × 75 + 500시간 × 10) ÷ 1,000상자 = 43.75/상자

19 ④

(1) 제조간접비 예정배부율

$$= \frac{\text{제조간접비 예산}}{\text{예정 조업도}} = \frac{625,000}{20,000\text{시간}} = ₩31.25/\text{기계시간}$$

(2) 단위당 제조간접비

(500시간 × 31.25) ÷ 1,000상자 = ₩15.625/상자

20 ①

(1) 전통적원가계산에 의한 단위당 제조간접비

(6시간 × 600) ÷ 50개 = ₩72

(2) 활동기준원가계산에 의한 단위당 제조간접비

(6시간 × 100 + 500개 × 6.4 + 4시간 × 5) ÷ 50개 = ₩76.4/개

전통적원가계산은 활동기준원가계산에 의할 경우보다 단위당 ₩4.4씩 과소평가 된다.

21 ②

(1) 활동별원가

고객주문처리활동 원가 : 1,200,000×20% + 800,000×40% = 560,000

고객관계관리활동 원가 : 1,200,000×80% + 800,000×60% = 1,440,000

(2) 활동별 배부율

$$\text{고객주문처리활동} = \frac{560,000}{500\text{회}} = ₩1,120/\text{회}$$

$$\text{고객관계관리활동} = \frac{1,440,000}{50\text{명}} = ₩28,800/\text{명}$$

(3) (주)대한으로부터의 예상 이익

매출총이익 : 20,000×25%×20회	100,000
고객주문처리활동 원가 : 20회×1,120	= (22,400)
고객관계관리활동 원가 : 28,800×1명	= (28,800)
예상 이익 :	48,800

22 ③

활동별 제조간접비 배부율

활 동	원가	배부기준합계	활동별 배부율
기 계 가 동	₩84,000	5,000시간	₩16.8/기계시간
엔지니어링	60,000	1,200시간	₩50/작업시간
품 질 검 사	41,000	25회	₩1,640/품질검사횟수

③ 제품 A의 총활동원가 = 2,000시간 × 16.8 + 500시간 × 50 + 10회 × 1,640 = ₩75,000

⑤ 제품 B의 엔지니어링활동원가 = 700시간 × 50 = ₩35,000

23 ④

(1) 자료 정리

구 분	원목옷장	자개옷장
직접원가(총액)	20,000개 × 500 = ₩10,000,000	1,000개 × 2,500 = ₩2,500,000
총입고처리시간	12회 × 5시간 = 60시간	12회 × 3시간 = 36시간

(2) 입고처리원가(₩400,000) 배분

구 분	원목옷장	자개옷장
직접원가 기준	₩320,000	₩ 80,000
입고처리시간 기준	₩250,000	₩150,000

입고처리원가를 직접원가기준으로 배분하는 경우에는 입고처리시간기준으로 배분하는 경우에 비하여 상대적으로 원목옷장의 원가가 높아지며, 입고처리시간기준으로 배분하는 경우에는 직접원가기준으로 배분하는 경우에 비하여 상대적으로 원목옷장의 원가가 낮아진다.

24 ⑤

(1) 제조간접비 배부율 = $\dfrac{12,000^{*1}}{3,000시간^{*2}}$ = ₩4/기계시간

*1 엔지니어링 변경원가 = 14회 × 600 + 6회 × 600 = ₩12,000
*2 기계시간 = 1,000단위 × 1시간 + 1,000단위 × 2시간 = 3,000시간

(2) X제품 엔지니어링 변경원가 비교

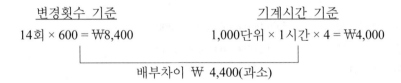

　　　변경횟수 기준　　　　　　　　　　기계시간 기준
14회 × 600 = ₩8,400　　　1,000단위 × 1시간 × 4 = ₩4,000
　　　　　　　　배부차이 ₩ 4,400(과소)

25 ①

(1) 전통적원가계산에 의한 단위당 제조간접비
(8시간 × 150,000) ÷ 50대 = ₩24,000

(2) 활동기준원가계산에 의한 단위당 제조간접비
(1,000개 × 1,000 + 8시간 × 40,00 + 15분 × 10,000) ÷ 50대 = ₩29,400

26 ①

(1) 활동별 제조간접비

구 분	주문처리	고객지원	배부불능	계
급여	₩ 50,000	₩175,000	₩25,000	₩250,000
마케팅비	16,000	128,000	16,000	160,000
합계	₩ 66,000	₩303,000	₩41,000	₩410,000

(2) 활동별 제조간접비 배부율

$$주문처리 = \frac{66,000}{4,000회} \quad ₩16.5/회$$

$$고객지원 = \frac{303,000}{40명} \quad ₩7,575/명$$

(3) 고객 A에게 배부될 제조간접비

6회×16.5/회 + 1명×7,575/명 = ₩7,674

27 ⑤

매 출 액	₩500,000	
매 출 원 가	400,000	(= 500,000 × 80%)
주 문 처 리 원 가	21,000	(= 300회 × 70)
긴 급 처 리 원 가	21,000	(= 300회 × 70% × 100)
고 객 상 담 원 가	63,000	(= 140회 × 450)
고객관계관리원가	80,000	
영 업 이 익(손실)	(₩ 85,000)	

28 ①

순 매 출 액	₩6,000	(= 8,000 − 2,000)
매 출 원 가	4,500	(= 6,000 × 75%)
우편주문처리원가	200	(= 4건 × 50)
전화주문처리원가	–	
반 품 처 리 원 가	400	(= 4개 × 100)
고 객 유 지 원 가	500	
고 객 이 익	₩ 400	

29 ④

	A고객	B고객
매출액	₩1,400	₩ 750
재료비	(700)	(375)
처리량공헌이익	₩ 700	₩ 375
정규주문처리	25건×5 = 125	8건×5 = 40
긴급주문처리	10건×15 = 150	8건×15 = 120
특별서비스 처리	4건×50 = 200	7건×50 = 350
고객수	1명×100 = 100	1명×100 = 100
영업이익	₩ 125	₩ (235)

종합원가계산

Chapter 4

종합원가계산

01 기본개념

종합원가계산은 **공정별원가계산**(process-costing system)이라고도 하며, 동종, 유사한 제품이나 서비스를 연속적으로 **대량생산**하는 기업에서 사용하는 원가계산방법으로서 개별 단위들이 같은 금액의 재료비, 가공비를 사용하는 것으로 가정한다. 또한 완성품환산량이라고 하는 개념을 이용하여 총원가를 총생산량으로 나누는 평균개념을 이용하여 단위당 원가를 계산하는 방법이다.

02 완성품환산량

완성품환산량(equivalent unit)은 산출물의 완성정도를 반영하여 수량으로 표현하는 개념으로서 완성품으로 환산하였을 경우의 수량을 의미한다. 예를 들어 당기에 10단위를 투입하여 10단위를 모두 완성하였다면 완성품환산량도 10단위가 된다. 반면에 10단위를 투입하여 가공을 시작하였으나, 10단위가 모두 50%정도 가공된 상태로 있다면 완성품환산량은 5단위(= 10단위 × 50%)가 된다. 즉, 물량은 10단위이나 완성품환산량으로는 5단위가 된다. 완성품환산량의 계산은 종합원가계산에서 가장 핵심적인 내용이라 할 수 있다.

기본 문제

01 (주)송파는 20×3년 10월에 회사를 설립하여 생산을 시작하였다. 10월에 생산에 착수한 수량은 10,000개이며, 이 중 6,000개의 제품은 완성되었으며 나머지는 생산 중이며 완성도는 50%이다. 제품 생산과 관련하여 재료는 공정 초기에 한꺼번에 투입되고 가공비는 공정의 진행에 따라 비례적으로 발생한다고 가정한다. 당기 재료비와 가공비의 완성품환산량은?

	재료비	가공비		재료비	가공비
①	6,000단위	6,000단위	②	8,000단위	8,000단위
③	8,000단위	6,000단위	④	10,000단위	6,000단위
⑤	10,000단위	8,000단위			

해설

01 ⑤

가공비는 공정의 진행에 따라 비례적으로 발생하기 때문에 물량에 완성도를 곱하여 완성품환산량이 계산되나, 재료비는 공정초기에 한꺼번에 투입되기 때문에 완성이 되었는지 여부와 상관없이 재료비의 완성도는 100%가 되는 것이다.

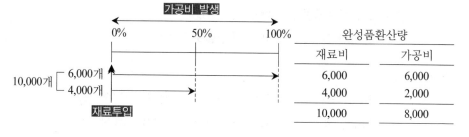

---

03 선입선출법과 평균법

선입선출법은 먼저 투입된 물량이 먼저 완성되는 것으로 가정하므로, 기초재공품이 먼저 완성되고, 그 다음 당기 착수물량이 완성되는 것으로 가정한다. 반면에, **평균법**은 기초재공품이 당기에 착수된 것으로 가정하기 때문에 기초재공품이 존재할 경우 평균법에 의한 완성품환산량이 선입선출법에 의한 완성품환산량보다 **기초재공품의 완성품 환**

산량 만큼 더 크다. 일반적으로 원가통제나 성과평가 목적으로는 선입선출법이 더 유용한 정보를 제공한다. 종합원가계산은 선입선출법이든 평균법이든 다음과 같은 다섯 단계에 따라 진행한다.

[1단계] 물량의 흐름 파악
[2단계] 완성품환산량 계산(투입시점이 다른 원가요소별로 계산)
[3단계] 총원가의 요약(기초재공품원가와 당기 발생원가 총액을 요약)
[4단계] 완성품환산량 단위당원가 계산(원가요소별로 계산)
[5단계] 원가배분(완성품과 기말재공품의 원가 계산)

기본문제

다음은 기본문제 2~3번과 관련된 내용이다.
(주)한국은 한 가지 제품을 대량생산하는 기업이다. 다음은 20×5년도 회사의 제품 생산과 관련된 물량 및 관련 제조원가 자료이다.

1. 물량 자료

기초 재 공 품 : 1,000단위(완성도 40%)
당기 착수물량 : 19,000단위
기말 재 공 품 : 2,000단위(완성도 70%)

2. 원가 자료

기초재공품원가 : 재료비 ₩30,000   가공비 ₩ 25,400
당 기 발 생 원 가 : 재료비 ₩190,000   가공비 ₩285,000

투입되는 재료는 모두 제조공정의 시작시점에 전량 투입되고, 가공비는 공정 전반에 걸쳐 균등하게 발생한다.

02 평균법과 선입선출법에 의한 완성품환산량의 차이는?

	재료비	가공비		재료비	가공비
①	1,000단위	400단위	②	1,000단위	1,000단위
③	600단위	400단위	④	1,000단위	600단위
⑤	600단위	600단위			

03 선입선출법에 의할 경우 완성품원가는 얼마인가?

① ₩455,000　　　② ₩476,500　　　③ ₩486,000

④ ₩489,400　　　⑤ ₩500,500

04 평균법에 의할 경우 완성품원가는 얼마인가?

① ₩455,000　　　② ₩476,500　　　③ ₩486,000

④ ₩489,400　　　⑤ ₩500,500

해설

02 ①

선입선출법과 평균법의 완성품 환산량 차이는 기초재공품의 완성품환산량 만큼 차이난다. 따라서 기초재공품 1,000단위(40%)의 완성품환산량인 재료비 1,000단위와 가공비 400단위 만큼 차이가 난다. 이는 평균법의 경우 기초재공품이 당기에 투입된 것으로 가정하기 때문에 평균법의 경우 기초재공품의 완성품환산량 만큼 선입선출법보다 더 크게 나타나게 된다.

03 ④

제조원가보고서(선입선출법)

[1단계] 물량의 흐름 　　　　　　　[2단계] 완성품 환산량

재 공 품			재료비	가공비
기 초	1,000	완성 ┌ 기초 1,000	0	600
		└ 투입 17,000	17,000	17,000
당기착수	19,000	기 말 2,000	2,000	1,400
합 계	20,000	합 계 20,000	19,000	19,000

[3단계] 총원가 요약

			합 계
기초재공품원가			55,400
당기 착수 원가	190,000	285,000	475,000
합 계	190,000	285,000	530,400

[4단계] 완성품환산량 단위당원가

완성품 환산량	÷19,000	÷19,000
완성품환산량 단위당원가	@10	@15

[5단계] 원가 배분

		합 계
완성품원가	$55,400 + 17,000 \times 10 + 17,600 \times 15 =$	489,400
기말재공품원가	$2,000 \times 10 + 1,400 \times 15 =$	41,000
합 계		530,400

04 ③

제조원가보고서(평균법)

[1단계] 물량의 흐름   [2단계] 완성품 환산량

재 공 품				재료비	가공비
기　　초	1,000	완　　성	18,000	18,000	18,000
당기착수	19,000	기　　말	2,000	2,000	1,400
합　　계	20,000	합　　계	20,000	20,000	19,400

[3단계] 총원가 요약

			합　계
기초재공품원가	30,000	25,400	55,400
당기 착수 원가	190,000	285,000	475,000
합　　　계	220,000	310,400	530,400

[4단계] 완성품환산량 단위당원가

완성품 환산량	÷20,000	÷19,400
완성품환산량 단위당원가	@11	@16

[5단계] 원가 배분

		합　계
완성품원가	18,000 × 11 + 18,000 × 16 =	486,000
기말재공품원가	2,000 × 11 + 1,400 × 16 =	44,400
합　　　계		530,400

● ○ ○ ○

04 개별원가계산과 종합원가계산 비교

	개별원가계산	종합원가계산
생산형태	다품종 소량 주문생산 형태	소품종 대량생산 형태
원가계산방법	개별 작업별 원가계산	제조 공정별 원가계산
핵심과제	제조간접비의 배부	완성품환산량 계산
원가의 분류방법	원가행태와 추적가능성에 따른 분류 (직접재료비, 직접노무비, 제조간접비)	원가의 투입시점에 따른 분류 (재료비, 가공비 등)
완성품원가	완성된 작업원가표에 집계된 원가	완성품의 환성품환산량 × 완성환산량 단위당원가

	개별원가계산	종합원가계산
기말재공품원가	미완성된 작업의 작업원가표에 집계된 원가	기말재공품의 완성품환산량 × 완성품환산량 단위당원가
장점	정확한 원가계산이 가능 (종합원가계산에 비해 상대적으로)	원가계산이 간편하고, 관리노력과 관리비용이 적게 든다(경제적).
단점	원가관리에 많은 노력과 비용이 든다 (비경제적).	제품원가가 상대적으로 부정확하다.

05 연속된 2개 이상의 공정

1) 제1공정의 완성품은 제2공정에서는 중간제품으로서 직접 재료비와 유사한 성격으로 제2공정에 투입되며, 제1공정에서 대체되어 넘어온 물량의 원가를 제2공정에서는 전공정대체원가[1](transferred-in costs) 또는 전공정원가, 전공정비라 한다.

2) 전공정원가는 제2공정 시작시점에서 전액 투입되는 재료비와 같은 성격이라고 보면 된다.

3) 연속된 제조공정에서는 일반적으로 제1공정에서 완성된 물량은 바로 제2공정으로 투입되므로, 제1공정에서 당기 완성품 물량이 제2공정에서의 당기 착수물량이 되며, 제1공정 완성품의 원가가 제2공정에서는 당기 착수물량의 전공정비가 된다.

4) 제1공정과 제2공정이 모두 동일한 원가가정을 할 필요는 없다.

연속되는 제조공정의 경우 원가흐름을 T-계정에 나타내면 다음과 같다.

----

[1] 연속된 여러개의 공정이 있는 경우 첫 번째 공정에서 완성된 재공품이 두 번째 공정으로 넘어가게 되는데, 이 때 첫 번재 공정에서 이미 발생되어 두 번째 공정으로 대체되는 원가

기본 문제

다음은 기본문제5~6번과 관련된 자료이다.

(주)애니카는 두 개의 연속된 제조공정을 통하여 제품을 생산하고 있다. 첫 번째 제조공정의 완성품 10,000단위의 원가는 ₩320,000이었으며, 두 번째 공정과 관련된 자료는 다음과 같으며, 두 번째 공정의 50%시점에서 재료가 모두 투입되고, 가공비는 공정 전반에 걸쳐 균등하게 발생한다.

재 공 품

기초재공품 : 1,000단위(완성도 30%)	당기완성 : ?
당기 착수 : ?	기말재공품 : 1,000단위(완성도 60%)

05 선입선출법에 의할 경우 완성품환산량은 각각 몇 단위인가?

	전공정비	재료비	가공비
①	10,000	11,000	10,000
②	10,000	11,000	10,300
③	10,000	10,000	10,600
④	11,000	10,000	10,300
⑤	11,000	11,000	10,600

06 평균법에 의할 경우 완성품환산량은 각각 몇 단위인가?

	전공정비	재료비	가공비
①	10,000	11,000	10,000
②	10,000	11,000	10,300
③	10,000	10,000	10,600
④	11,000	10,000	10,300
⑤	11,000	11,000	10,600

해설

05 ②

선입선출법

[1단계] 물량의 흐름   [2단계] 완성품 환산량

재 공 품				전공정비	재료비	가공비
기 초	1,000	완 성 ┌ 기초	1,000	0	1,000	700
		└ 투입	9,000	9,000	9,000	9,000
당기착수	10,000	기 말	1,000	1,000	1,000	600
합 계	11,000	합 계	11,000	10,000	11,000	10,300

06 ⑤

평 균 법

[1단계] 물량의 흐름   [2단계] 완성품 환산량

재 공 품				전공정비	재료비	가공비
기 초	1,000	완 성	10,000	10,000	10,000	10,000
당기착수	10,000	기 말	1,000	1,000	1,000	600
합 계	11,000	합 계	11,000	11,000	11,000	10,600

● ○ ● ○

06 공손의 의의

기업이 제품을 제조과정에서 많은 불량품이 발생하는데, 이러한 불량품을 공손이라고 한다. 공손(spoilage)을 흔히 불합격품 또는 2등급품이라고도 하는데, 부분적으로 미완성이거나, 생산과정에서 일부가 파손 또는 규격 미달되는 것들을 말한다. 공손품 중 재작업을 거쳐 완성품으로 매각되는 제품을 재작업품(reworks)이라 하며, 감손(shrinkage)은 제조과정에서 증발되거나 가스화됨으로 인해 소실되는 부분을 말하고, **작업폐물**(scrap)은 제조과정에서 발생하는 찌꺼기부분으로서 순실현가치가 "0"이하인 경우를 말한다.

07 공손관련 기본가정

① 공손은 검사시점에서만 한꺼번에 발생하며, 검사시점이외의 시점에서는 공손이 발생하지 않는 것으로 가정한다.
② 선입선출법의 경우 모든 공손은 당기에 착수한 물량에서 모두 발생한 것으로 가정한다. 따라서 모든 공손의 가공비완성도는 검사시점이 되는 것이다.

08 공손수량 파악

(1) 공손을 인식하지 않는 방법

공손을 완전히 무시하고 정상적으로 검사를 통과한 정상품(완성품과 기말재공품)에만 모든 원가를 배분하는 방식으로서, 공손을 무시하고 원가를 배분할 경우 정상공손원가과 비정상공손원가는 모두 완성품과 기말재공품에 자연스럽게 포함되도록 된다.

따라서 공손을 인식하는 방법에 비하여 완성품 환산량은 적어지고 완성품 환산량 단위당 원가는 커진다.

(2) 공손을 인식하는 방법

공손을 정상공손과 비정상공손으로 구분하여 인식하며, 정상공손원가와 비정상공손원가를 계산한 다음 정상공손원가는 당기 중에 검사를 통과한 정상품에 배분하고 비정상공손원가는 영업외비용으로 처리하는 방식이다. **정상공손수량과 비정상공손수량은 선입선출법이든 평균법이든, 물량의 흐름에 대한 가정과 상관없이 항상 동일하게 계산된다.**

① 검사시점 통과기준

> 정상공손허용량＝당기 중 검사를 통과한 수량×정상공손허용률
> (당기 중 검사를 합격한 수량)

② 검사시점 도달기준

정상공손허용량 = 당기 중 검사를 받은 수량 × 정상공손허용률
(당기 중 검사시점에 도달한 수량)

기본 문제

다음은 기본문제 7~8번과 관련된 자료이다.

(주)서울은 하나의 공정에서 단일제품을 대량생산하고 있는 회사이다. 원재료는 공정초기에 투입되며, 가공비는 공정전반에 걸쳐 균등하게 발생한다. 회사는 물량의 흐름을 평균법으로 가정하고 있으며, 당기 제조와 관련된 자료는 다음과 같다.

기초재공품	15,000단위(완성도 40%)
당기착수량	100,000단위
당기완성품	85,000단위
기말재공품	20,000단위(완성도 70%)

07 회사는 품질검사를 합격한 수량의 5%를 정상공손으로 허용하고 있다. 품질검사가 공정의 30%, 60%, 90%시점에서 각각 이루어지는 경우 정상공손수량은 각각 몇 단위인가?

	30%	60%	90%
①	4,500단위	4,750단위	4,250단위
②	4,500단위	5,000단위	4,000단위
③	4,500단위	5,250단위	4,250단위
④	5,000단위	5,750단위	4,750단위
⑤	5,000단위	5,750단위	5,500단위

08 회사는 품질검사를 받은 수량의 5%를 정상공손으로 허용하고 있다. 품질검사가 공정의 30%, 60%, 90%시점에서 각각 이루어지는 경우 정상공손수량은 각각 몇 단위인가?

	30%	60%	90%
①	4,500단위	4,750단위	4,250단위
②	4,500단위	5,000단위	4,000단위
③	4,500단위	5,250단위	4,250단위
④	5,000단위	5,750단위	4,750단위
⑤	5,000단위	5,750단위	5,500단위

해설

우선 주의할 점은 정상공손수량을 파악하는 경우에는 물량의 흐름과 상관없이 항상 동일하게 계산된다는 점이다. 따라서 회사가 평균법을 적용하고 있다는 것은 본 문제와는 전혀 상관이 없다.

07 ③

(1) 검사가 30%시점에서 이루어지는 경우

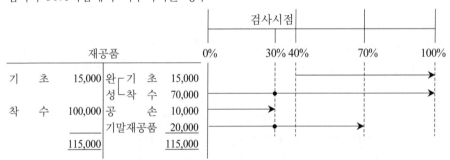

당기 중 검사 통과 수량 : 70,000단위 + 20,000단위 = 90,000단위

정상공손수량 : 90,000단위 × 5% = 4,500단위

비정상공손수량 : 10,000단위 - 4,500단위 = 5,500단위

(2) 검사가 50%시점에서 이루어지는 경우

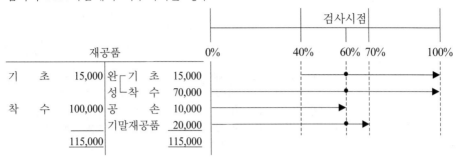

당기 중 검사를 받은 수량 : 15,000단위 + 70,000단위 + 20,000단위 = 105,000단위

정상공손수량 : 105,000단위 × 5% = 5,250단위

비정상공손수량 : 10,000단위 − 5,250단위 = 4,750단위

(3) 검사가 90%시점에서 이루어지는 경우

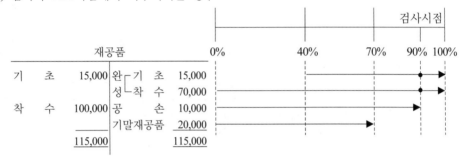

당기 중 검사를 받은 수량 : 15,000단위 + 70,000단위 = 85,000단위

정상공손수량 : 85,000단위 × 5% = 4,250단위

비정상공손수량 : 10,000단위 − 4,250단위 = 5,750단위

08 ④

(1) 검사가 30%시점에서 이루어지는 경우

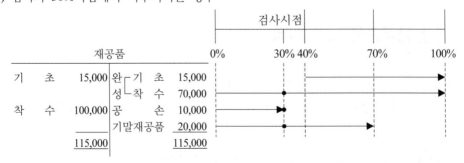

당기 중 검사를 받은 수량 : 70,000단위 + 10,000단위 + 20,000단위 = 100,000단위

정상공손수량 : 100,000단위 × 5% = 5,000단위

비정상공손수량 : 10,000단위 − 5,000단위 = 5,000단위

(2) 검사가 50%시점에서 이루어지는 경우

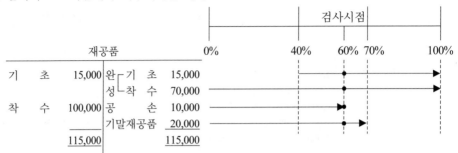

당기 중 검사를 받은 수량 : 15,000단위 + 70,000단위 + 10,000단위 + 20,000단위 = 115,000단위

정상공손수량 : 115,000단위 × 5% = 5,750단위

비정상공손수량 : 10,000단위 − 5,750단위 = 4,250단위

(3) 검사가 90%시점에서 이루어지는 경우

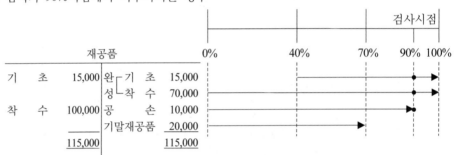

당기 중 검사를 받은 수량 : 15,000단위 + 70,000단위 + 10,000단위 = 95,000단위

정상공손수량 : 95,000단위 × 5% = 4,750단위

비정상공손수량 : 10,000단위 − 4,750단위 = 5,250단위

09 정상공손원가의 처리

정상공손원가는 정상품 원가의 일부로 보아 정상품(완성품과 기말재공품)에 배분한다. 반면에 비정상공손원가는 영업외비용으로 처리하며, **공손의 완성도는 검사시점이다.**

(1) 기말재공품이 검사시점을 통과하지 못한 경우

기말재공품이 검사시점을 통과하지 않은 경우에는 모든 공손은 완성품에서만 발생하므로 **정상공손원가는 모두 완성품에만 배부한다.**

(2) 기말재공품이 당기에 검사시점을 통과한 경우

기말재공품이 당기에 검사시점을 통과한 경우 정상공손원가는 완성품과 기말재공품의 물량에 비례하여 완성품과 기말재공품에 배분하여야 한다.

1) 기초재공품이 당기에 검사시점을 통과한 경우

완성품수량과 기말재공품 물량에 비례하여 완성품과 기말재공품에 배분한다. 이 경우 정상공손원가를 완성품과 기말재공품의 완성품환산량 기준이 아닌 완성품과 기말재공품의 물량에 비례하여 배분하여야 한다는 것이다.

2) 기초재공품이 전기에 이미 검사시점을 통과한 경우

① 선입선출법에서의 정상공손원가 배분

$$\text{완성품에 배분될 정상공손원가} = \text{정상공손원가}^{*1} \times \frac{\text{당기착수완성품수량}^{*2}}{\text{당기착수완성품수량}^{*2} + \text{기말재공품수량}}$$

$$\text{기말재공품에 배분될 정상공손원가} = \text{정상공손원가}^{*1} \times \frac{\text{기말재공품수량}}{\text{당기착수완성품수량}^{*2} + \text{기말재공품수량}}$$

[*1] 당기에 발생한 정상공손원가(기초재공품에 포함된 정상공손원가는 해당 안됨)
[*2] 당기에 착수해서 완성된 수량을 의미(기초재공품 완성 수량은 해당 안됨)

② 평균법에서의 정상공손원가 배분

$$\text{완성품에 배분될 정상공손원가} = \text{정상공손원가}^{*} \times \frac{\text{완성품수량}}{\text{완성품수량} + \text{기말재공품수량}}$$

$$\text{기말재공품에 배분될 정상공손원가} = \text{정상공손원가}^{*} \times \frac{\text{기말재공품수량}}{\text{완성품수량} + \text{기말재공품수량}}$$

[*] 당기에 발생한 정상공손원가와 기초재공품에 포함되어 있는 정상공손원가의 합계액

기본 문제

09 한라(주)는 단일제품을 대량생산하는 기업이다. 회사가 제품을 제조하기 위해 직접재료가 공정 초기에 모두 투입되며, 가공원가는 전 공정에 걸쳐 균등하게 투입된다. 회사는 공정의 90%시점에서 검사를 하며, 검사를 통과한 수량의 10%를 정상공손으로 허용하고 있다. 20×6년 12월 한달 동안 제품생산과 관련된 자료가 다음과 같을 때, 선입선출법에 의할 경우 완성품과 기말재공품원가는 얼마인가?

재 공 품

기초재공품 : 수　량	2,500단위(80%)		
재 료 비	20,000	당기완성품	12,500단위
가 공 비	15,530		
		공 손 수 량	?
당기 착수 : 수　량	14,500단위		
재 료 비	116,000	기말재공품	2,500단위(40%)
가 공 비	93,100		

	완 성 품	기말재공품		완 성 품	기말재공품
①	₩189,030	₩25,200	②	₩189,030	₩27,000
③	₩200,120	₩25,200	④	₩204,515	₩27,000
⑤	₩206,905	₩27,000			

해설

09 ⑤

1) 공손 수량 : 2,500단위 + 14,500단위 − 12,500단위 − 2,500단위 = 2,000단위

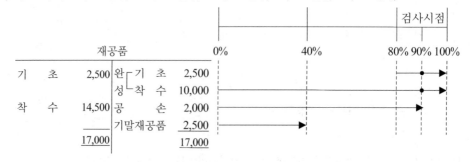

당기 중 검사 통과 수량 : 2,500단위 + 10,000단위 = 12,500단위
정상공손수량 : 12,500단위 × 10% = 1,250단위
비정상공손수량 : 2,000단위 − 1,250단위 = 750단위

2)~3)

① 선입선출법에 의한 물량의 흐름

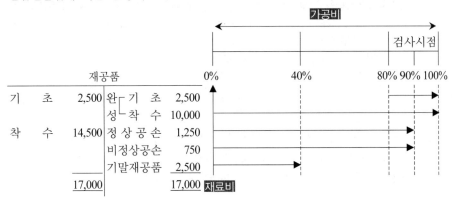

② 제조원가보고서

[1단계] 물량의 흐름				[2단계] 완성품 환산량	
재공품				재료비	가공비
기 초	2,500	완 ┌ 기 초	2,500	0	500
		성 └ 투 입	10,000	10,000	10,000
당기착수	14,500	정 상 공 손	1,250	1,250	1,125
		비정상공손	750	750	675
		기 말	2,500	2,500	1,000
합 계	17,000	합 계	17,000	14,500	13,300

[3단계] 총원가 요약			합 계
기초재공품원가			35,530
당기 착수 원가	116,000	93,100	209,100
합 계			244,630

[4단계] 완성품환산량 단위당원가		
완성품 환산량	÷ 14,500	÷ 13,300
완성품환산량 단위당원가	@8	@7

[5단계] 원가 배분		합 계
완성품원가	35,530 + 10,000 × 8 + 10,500 × 7 =	189,030
정상공손원가	1,250 × 8 + 1,125 × 7 =	17,875
비정상공손원가	750 × 8 + 675 × 7 =	10,725
기말재공품원가	2,500 × 8 + 1,000 × 7 =	27,000
합 계		244,630

4) 정상공손원가 배분 후 원가

당기 중 완성품만 검사시점을 통과하고, 기말재공품은 검사시점을 통과하지 못하였기 때문에 공손은 검사시점을 통과한 완성품에서만 발생하고 기말재공품에서는 공손이 발생하지 않았기 때문에 정상공손원가는 모두 완성품에만 배분한다.

	배분 전 원가	정상공손원가	배분 후 원가
완성품원가	189,030	17,875	206,905
정상공손원가	17,875	(17,875)	0
비정상공손원가	10,725		10,725
기말재공품	27,000		27,000
합 계	244,630	0	244,630

참고 기말재공품이 검사시점을 통과하지 못한 경우 정상공손원가는 모두 완성품에만 배부되기 때문에 완성품 원가는 다음과 같이 바로 계산될 수 있다.

완성품원가 : 35,530 + 11,250 × 8 + 11,625 × 7 = ₩206,905

● ○ ● ○

기본 문제

다음은 기본문제 10~11번과 관련된 자료이다.

(주)서초는 단일제품을 대량으로 생산하는 회사이며, 공정에서는 공정시작 시점에서 모든 재료가 투입되고, 가공비는 공정전반에 걸쳐 균등하게 발생한다. 회사는 당기 중 검사를 통과한 수량의 5%를 정상공손으로 허용하고, 검사는 50%시점에서 이루어진다. 20×6년 회사의 제조 관련 다음의 자료를 이용하여 다음 물음에 답하시오.

재 공 품

기초재공품 : 수 량 5,000단위(70%)		
재 료 비 103,000	당기완성품	53,000단위
가 공 비 102,550		
정상공손원가 6,870	공 손 수 량	?
당기 착수 : 수 량 55,000단위		
재 료 비 935,000	기말재공품	4,000단위(90%)
가 공 비 1,146,600		

10 선입선출법에 의할 경우 완성품과 기말재공품원가는 각각 얼마인가?

	완 성 품	기말재공품		완 성 품	기말재공품
①	₩2,067,920	₩143,600	②	₩2,133,920	₩149,100
③	₩2,130,600	₩152,200	④	₩2,056,400	₩146,600
⑤	₩2,044,420	₩148,400			

11 평균법에 의할 경우 완성품과 기말재공품원가는 각각 얼마인가?

	완 성 품	기말재공품		완 성 품	기말재공품
①	₩2,067,920	₩143,600	②	₩2,133,920	₩149,100
③	₩2,130,600	₩152,200	④	₩2,056,400	₩146,600
⑤	₩2,044,420	₩148,400			

해설

공손 수량 파악

전체 공손 수량 : 5,000단위 + 55,000단위 − 53,000단위 − 4,000단위 = 3,000단위

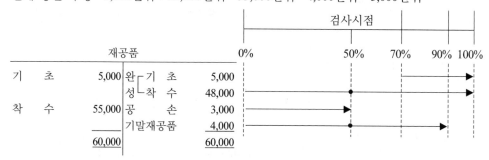

기초재공품이 이미 전년도에 검사시점을 통과하였기 때문에 당기 중에 검사시점을 통과한 수량에 기초재공품이 포함되어서는 안된다. 따라서 다음과 같이 계산된다.

당기 중 검사 통과 수량 : 48,000단위 + 4,000단위 = 52,000단위

정상공손수량 : 52,000단위 × 5% = 2,600단위

비정상공손수량 : 3,000단위 − 2,600단위 = 400단위

10 ②

　(1) 선입선출법에 의한 물량의 흐름

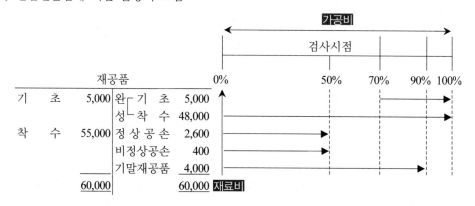

기초재공품이 이미 전년도에 검사시점을 통과하였기 때문에 기초재공품에 포함되어 있는 정상공손원가의 처리에 주의를 하여야 한다.

(2) 제조원가보고서

[1단계] 물량의 흐름

재공품			[2단계] 완성품 환산량	
			재료비	가공비
기　초	5,000	완성 ┌기　초	5,000	0	1,500

		성 ─ 투　입	48,000	48,000	48,000
당기착수	55,000	정 상 공 손	2,600	2,600	1,300
		비정상공손	400	400	200
		기　　말	4,000	4,000	3,600
합　계	60,000	합　　계	60,000	55,000	54,600

[3단계] 총원가 요약

			합　계
기초재공품원가			212,420
당기 착수 원가	935,000	1,146,600	2,081,600
합　　　계			2,294,020

[4단계] 완성품환산량 단위당원가

	재료비	가공비
완성품 환산량	÷ 55,000	÷ 54,600
완성품환산량 단위당원가	@17	@21

[5단계] 원가 배분

		합　계
완성품원가	$212,420 + 48,000 \times 17 + 49,500 \times 21 =$	2,067,920
정상공손원가	$2,600 \times 17 + 1,300 \times 21 =$	71,500
비정상공손원가	$400 \times 17 + 200 \times 21 =$	11,000
기말재공품원가	$4,000 \times 17 + 3,600 \times 21 =$	143,600
합　　　계		2,294,020

[6단계] 원가 2차배분

	배분 전 원가	정상공손원가	배분 후 원가
완성품원가	2,067,920	66,000[*1]	2,133,920
정상공손원가	71,500	(71,500)	0
비정상공손원가	11,000	–	11,000
기말재공품	143,600	5,500[*2]	149,100
합　　　계	2,294,020	0	2,294,020

[*1] $71,500 \times \dfrac{48,000단위}{(48,000단위 + 4,000단위)} = ₩66,000$

[*2] $71,500 \times \dfrac{4,000단위}{(48,000단위 + 4,000단위)} = ₩5,500$

선입선출법의 경우에는 당기 정상공손원가 ₩71,500을 당기에 검사를 통과한 완성품 48,000단위와 기말재공품 4,000단위에 배분한다. 즉, 기초재공품 5,000단위에는 정상 공손원가를 배분하지 않는다.

11 ③

(1) 평균법에 의한 물량의 흐름

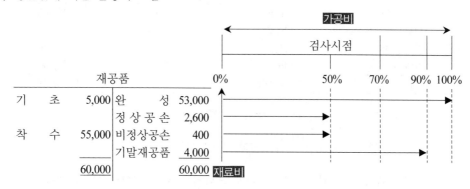

(2) 제조원가보고서

[1단계] 물량의 흐름   [2단계] 완성품 환산량

재공품				재료비	가공비
기 초	5,000	완 성	53,000	53,000	53,000
		정 상 공 손	2,600	2,600	1,300
당기착수	55,000	비정상공손	400	400	200
		기 말	4,000	4,000	3,600
합 계	60,000	합 계	60,000	60,000	58,100

[3단계] 총원가 요약

	정상공손원가			합 계
기초재공품원가	**6,870**	103,000	102,550	212,420
당기 착수 원가		935,000	1,146,600	2,081,600
합 계	6,870	1,038,000	1,249,150	2,294,020

[4단계] 완성품환산량 단위당원가

	재료비	가공비
완성품 환산량	÷ 60,000	÷ 58,100
완성품환산량 단위당원가	@17.3	@21.5

[5단계] 원가 배분

		합 계
완성품원가	$53,000 \times 17.3 + 53,000 \times 21.5 =$	2,056,400
정상공손원가	**6,870** $+ \ 2,600 \times 17.3 + \ 1,300 \times 21.5 =$	79,800
비정상공손원가	$400 \times 17.3 + \ 200 \times 21.5 =$	11,220
기말재공품원가	$4,000 \times 17.3 + \ 3,600 \times 21.5 =$	146,600
합 계		2,294,020

[6단계] 원가 2차 배분

	배분 전 원가	정상공손원가	배분 후 원가
완성품원가	2,056,400	74,200[*1]	2,130,600
정상공손원가	79,800	(79,800)	0
비정상공손원가	11,220	–	11,220
기말재공품	146,600	5,600[*2]	152,200
합 계	2,294,020	0	2,294,020

$$^{*1}\ 79,800 \times \frac{53,000단위}{(53,000단위 + 4,000단위)} = ₩74,200$$

$$^{*2}\ 79,800 \times \frac{4,000단위}{(53,000단위 + 4,000단위)} = ₩5,600$$

평균법의 경우에는 기초재공품에 포함되어 있는 정상공손원가 ₩6,870과 당기 발생 정상공손원가 ₩72,930의 합계액 ₩79,800을 완성품 53,000단위와 기말재공품 4,000단위에 배분한다. 따라서 요구사항 2의 당기 발생 정상공손원가는 ₩72,930이며, 비정상공손원가는 ₩11,220이다. 또한 완성품과 기말재공품의 원가는 각각 ₩2,130,600과 ₩152,200이다.

10 처분가치가 있는 공손품의 처리

공손품이 처분가치가 있는 경우에는 공손품의 **순실현가치**만큼을 공손품계정으로 처리하고 동 금액을 정상공손과 비정상공손원가에서 차감하고 남는 잔액을 각각 정상품에 배분하고, 영업외비용처리하게 된다. 즉, 정상공손원가에서 공손품의 순실현가치를 차감하고 남은 잔액을 정상품에 배분하게 되며, 비정상공손원가도 공손품의 순실현가치를 차감하고 남은 잔액을 영업외비용으로 처리한다.

기본 문제

다음은 기본문제 12~13번과 관련된 자료이다.

(주)서초는 단일제품을 대량으로 생산하는 회사이며, 공정에서는 공정시작 시점에서 모든 재료가 투입되고, 가공비는 공정전반에 걸쳐 균등하게 발생한다. 회사는 당기 중 검사를 통과한 수량의 5%를 정상공손으로 허용하고, 검사는 50%시점에서 이루어진다. 회사는 공정에서 발생하는 공손품을 모두 단위당 ₩6에 판매할 수 있으며, 단위당 판매비용이 ₩0.3 발생한다. 20×6년 회사의 제조 관련 다음의 자료를 이용하여 다음 물음에 답하시오.

재 공 품

기초재공품 : 수 량	5,000단위(70%)		
재 료 비	₩103,000	당기완성품	53,000단위
가 공 비	102,550		
정상공손원가	6,870	공 손 수 량	?
당기 착수 : 수 량	55,000단위	기말재공품	4,000단위(90%)
재 료 비	₩935,000		
가 공 비	1,146,600		

12 선입선출법에 의할 경우 완성품과 기말재공품원가는 얼마인가?

	완 성 품	기말재공품		완 성 품	기말재공품
①	₩2,067,920	₩143,600	②	₩2,133,920	₩149,100
③	₩2,130,600	₩152,200	④	₩2,120,240	₩147,960
⑤	₩2,115,420	₩146,850			

13 선입선출법에 의할 경우 생산이 완료되는 시점에서 회사의 회계처리로 올바른 것은?

① (차) 제   품   2,120,240   (대) 재 공 품   2,146,060
　　　비정상공손손실   8,720
　　　공   손   품   17,100

② (차) 제   품   2,067,920   (대) 재 공 품   2,166,520
　　　정 상 공 손 손 실   81,500
　　　공   손   품   17,100

③ (차) 제   품   2,120,240   (대) 재 공 품   2,208,840
　　　비정상공손손실   71,500
　　　공   손   품   17,100

④ (차) 제   품   2,120,240   (대) 재 공 품   2,137,340
　　　공   손   품   17,100

⑤ (차) 제   품   2,067,920   (대) 재 공 품   2,099,840
　　　정 상 공 손 손 실   14,820
　　　공   손   품   17,100

해설

12 ④

공손품이 처분가치가 있는 경우에도 종합원가계산 [1단계]부터 [5단계]까지는 모두 동일하다. 따라서 [5단계]까지는 (기본문제10)과 동일하다. 다만, 원가 2차배분(6단계)과정에서 정상공손과 비정상공손의 순실현가치를 차감한 후의 잔액을 정상품원가에 배분하고 영업외비용처리한다는 점만 차이가 있을 뿐이다. 따라서 공손품의 처분가치가 있더라도 5단계까지는 공손품처분가치 유무와 전혀 상관없이 진행하면 된다. 5단계까지는 (기본문제10)의 해설을 참고하기 바라며, [6단계] 원가의 2차배분만 나타내면 다음과 같다.

[6단계] 원가 2차배분

	배분 전 원가	공손품(순실현가치)	정상공손원가	배분 후 원가
완성품원가	2,067,920	–	52,320 [*3]	2,120,240
정상공손원가	71,500	(14,820) [*1]	(56,680)	0
비정상공손원가	11,000	(2,280) [*2]	–	8,720
기말재공품	143,600	–	4,360 [*4]	147,960
공 손 품	–	17,100	–	17,100
합 계	2,294,020	0	0	2,294,020

[*1] $2,600 \times (6 - 0.3) = ₩14,820$

[*2] $400 \times (6 - 0.3) = ₩2,280$

[*3] $56,680 \times \dfrac{48,000단위}{(48,000단위 + 4,000단위)} = ₩52,320$

[*4] $56,680 \times \dfrac{4,000단위}{(48,000단위 + 4,000단위)} = ₩4,360$

13 ①

(1) 생산시점에서의 회계처리

(차) 제 품	2,120,240	(대) 재 공 품	2,146,060
비정상공손손실	8,720		
공 손 품	17,100		

(2) 공손품의 처분시점 회계처리

(차) 현 금	17,100	(대) 공 손 품	17,100

● ○ ● ○

11 감손

제조과정에서 증발되거나 가스화 등으로 인해 투입된 물량의 일부분이 사라지는 것을 감손이라 한다.

(1) 감손이 특정시점에서만 발생하는 경우

감손이 공정의 특정시점에서만 발생하는 경우는 공손이 검사시점에서만 발생하는 경우와 동일한 방법으로 처리한다.

(2) 감손이 공정전반에 걸쳐서 균등하게 발생하는 경우(= 누증적 감손의 경우)

① 비분리계산법 : 감손을 분리시키지 않고 **감손 발생 전 투입물량을** 기준으로 처리하는 방법으로서 완성품이나 재공품을 투입량 기준으로 환산하여 종합원가계산을 접근한다. 공정 진행에 따라 감손으로 소실되는 비율을 감손율이라 하면, 투입량과 산출량의 관계를 다음과 같이 나타낼 수 있다.

$$산출량 = 투입량 \times (1 - 감손율 \times 완성도)$$

② 분리계산법 : 감손을 분리시키고 실제로 가공한 물량을 기준으로 계산하는 방법으로서 일반적으로 기초투입물량과 감손 발생 후 물량의 평균물량으로 접근한다. 분리계산법에 의할 경우 완성품과 기말재공품에 대한 가공비의 완성품환산량은 다음과 같이 나타낼 수 있다.

$$가공비\ 완성품환산량 = \frac{투입량(or\ 기초물량) + 산출량(or\ 기말물량)}{2} \times 완성도$$

기본 문제

다음은 기본문제 14~16번과 관련된 자료이다.

(주)S-oil 휘발유를 원재료로 하여 제품을 생산하는 회사이다. 원재료를 투입하여 완제품을 생산하는 과정에서 30%의 원재료가 전공정에 걸쳐 균등하게 증발되어 사라진다. 이러한 증발은 제품의 특성상 정상적인 것으로 간주된다. 20×6년 (주)S-oil의 제조와 관련된 다음의 원가자료를 이용하여 물음에 답하시오. 단, 비분리계산법을 가정한다.

재 공 품			
기초재공품 : 수　　량	? ℓ	당기완성품	14,700 ℓ
당 기 착 수 : 수　　량	25,000 ℓ		
재 료 비	300,000		
가 공 비	476,000	기말재공품	? ℓ

14 기초재공품이 없다고 가정할 경우, 기말재공품이 감손 발생 후 물량이 3,160 ℓ일 경우, 기말재공품의 완성도는 얼마인가?

① 60%　　　　　　　② 65%　　　　　　　③ 70%

④ 75%　　　　　　　⑤ 80%

15 (기본문제14)에서 완성품과 기말재공품원가를 계산하시오.

	완 성 품	기말재공품		완 성 품	기말재공품
①	₩641,200	₩134,800	②	₩652,400	₩123,600
③	₩658,000	₩118,000	④	₩664,500	₩111,500
⑤	₩672,000	₩104,000			

16 만약 기초재공품이 1,820 ℓ (진행률 : 30%)이고, 기말재공품 진행률이 80%라면 기말재공품은 몇 ℓ 이겠는가?

① 4,560 ℓ   ② 4,660 ℓ   ③ 4,800 ℓ

④ 4,850 ℓ   ⑤ 4,900 ℓ

해설

비분리 계산법은 기본적으로 감손이 발생하기 전의 투입물량을 기준으로 종합원가계산을 하여야 한다. 따라서 기초재공품이나 기말재공품의 투입물량을 계산하는 것이 중요하다.

14 ③

재 공 품

기초재공품	0 ℓ	당 기 완 성	21,000 ℓ [*1]
당 기 착 수	25,000 ℓ	기말재공품	4,000 ℓ [*2]
합 계	25,000 ℓ	합 계	25,000 ℓ

[*1] 14,700 ℓ ÷ (1 − 30%) = 21,000 ℓ

[*2] 차변과 대변의 합계를 일치시키는 금액

당기 완성된 물량 14,700 ℓ 는 감손이 발생한 후의 물량이다. 따라서 감손이 발생하기 전의 물량을 계산하여야 하는데, 완성된 물량은 감손 30%가 이루어진 이후의 물량이므로, 투입물량을 x라고 하면 $x \times (1 - 30\%) = 14,700$ ℓ 에서 $x = 21,000$ ℓ 이다.

따라서 기말재공품의 투입물량은 4,000 ℓ 임을 알 수 있다.

기말재공품의 투입물량이 4,000 ℓ 인데, 기말 현재 기말재공품의 물량이 3,160 ℓ 이므로 기말재공품의 완성도를 a라고 가정하면,

$$4,000 \text{ ℓ} \times (1 - 30\% \times a) = 3,160 \text{ ℓ} \quad \text{이어야 하므로}$$

$$a = 70\%$$

즉, 기말재공품의 완성도는 70%이다.

15 ⑤

[1단계] 물량의 흐름

재공품

기 초	0	완 성	21,000
당기착수	25,000	기 말	4,000
합 계	25,000	합 계	25,000

[2단계] 완성품 환산량

	재료비	가공비
	21,000	21,000
	4,000	2,800
	25,000	23,800

[3단계] 총원가 요약

	재료비	가공비	합 계
기초재공품원가	0	0	0
당기 착수 원가	300,000	476,000	776,000
합 계	300,000	476,000	776,000

[4단계] 완성품환산량 단위당원가

	재료비	가공비
완성품 환산량	÷ 25,000	÷ 23,800
완성품환산량 단위당원가	@12	@20

[5단계] 원가 배분

		합 계
완성품원가	$21,000 \times 12 + 21,000 \times 20 =$	672,000
기말재공품원가	$4,000 \times 12 + 2,800 \times 20 =$	104,000
합 계		776,000

16 ①

기말재공품의 물량

재 공 품

기초재공품	2,000 ℓ [*1]	당 기 완 성	21,000 ℓ [*2]
당 기 착 수	25,000 ℓ	기말재공품	6,000 ℓ [*3]
합 계	27,000 ℓ	합 계	27,000 ℓ

[*1] $1,820 ℓ \div (1 - 30\% \times 30\%) = 2,000 ℓ$

[*2] $14,700 ℓ \div (1 - 30\%) = 21,000 ℓ$

[*3] $6,000 ℓ \times (1 - 30\% \times 80\%) = 4,560 ℓ$

기초재공품의 물량이 감손이 일부(9% = 30% × 30%) 진행된 상태의 물량이 1,820 ℓ 이므로 감손 되기 전 투입물량을 계산하면 2,000 ℓ 이다. 따라서 기말재공품의 투입물량은 6,000 ℓ 임을 알 수 있으며, 기말재공품의 완성도가 80%이므로, 감손은 24% 진행되었을 것이며, 감손 후 남은 물량은 4,560 ℓ 인 것이다.

12 작업공정별원가계산

작업공정별원가계산(operation costing)은 유사제품의 배취에 적용되는 변형된 원가계산시스템이다. 개별원가계산과 종합원가계산을 접목시킨 방법으로서 직접재료비와 같이 개별 작업별로 추적이 되는 원가는 개별작업(제품)에 직접적으로 추적하고, 동일한 작업공정을 통과하는 작업단위들의 가공원가는 공정별원가계산과 마찬가지로 물량으로 나누어 단위당원가를 계산하여 제품원가를 계산한다. 여기에서 작업공정(operation)이란 개별 제품들의 특성과 관계없이 반복적으로 수행되는 표준화된 생산방법이나 기술을 말한다.

기본 문제

17 컴퓨터 부품을 생산하고 있는 (주)온누리는 T-1,000, T-M, T-X의 세 종류 제품을 생산하고 있다. 회사의 작업공정은 다섯 단계로 구성되며, 모든 제품이 반드시 다섯 단계를 거쳐서 생산되는 것은 아니다. 각 제품의 생산과 관련된 2010년도 작업내역과 각 작업별 가공비 발생원가는 다음과 같다.

	가공비	T-1,000	T-M	T-X
1단계 작업	₩1,750,000	사 용	사 용	미사용
2단계 작업	500,000	미사용	미사용	사 용
3단계 작업	2,475,000	미사용	사 용	사 용
4단계 작업	825,000	미사용	사 용	사 용
5단계 작업	1,250,000	사 용	미사용	사 용

한편, 회사가 생산하고 있는 제품별 원가 자료는 다음과 같다.

	T-1,000	T-M	T-X
생산량	200개	500개	50개
직접재료비	₩400,000	₩200,000	₩150,000

T-M제품의 단위당 원가를 계산하시오.

① ₩8,200　　　　② ₩8,500　　　　③ ₩8,900
④ ₩9,200　　　　⑤ ₩9,500

해설

17 ③

각 제품별 공정의 작업과정을 나타내면 다음과 같다.

제품 \ 작업	1단계작업	2단계작업	3단계작업	4단계작업	5단계작업
T-1,000(200개)	→→→				→→→
T-M(500개)	→→→		→→→		
T-X(50개)		→→→			→→→
가공비	₩1,750,000	₩500,000	₩2,475,000	₩825,000	₩1,250,000

1. 작업별 단위당 가공비

구 분	가공비	각 단계작업별 생산량	각 작업별 단위당 가공비
1단계작업	₩1,750,000	÷700개	@ 2,500
2단계작업	500,000	÷ 50개	@10,000
3단계작업	2,475,000	÷550개	@ 4,500
4단계작업	825,000	÷550개	@ 1,500
5단계작업	1,250,000	÷250개	@ 5,000

2. 제품별 원가계산

	T-1,000	T-M	T-X
직접재료비	₩ 400,000	₩ 200,000	₩ 150,000
가 공 비			
1단계작업	₩ 500,000	₩1,250,000	–
2단계작업	–	–	₩ 500,000
3단계작업	–	2,250,000	225,000
4단계작업	–	750,000	75,000
5단계작업	1,000,000	–	250,000
총 원 가	₩1,900,000	₩4,450,000	₩1,200,000
생 산 량	÷200개	÷500개	÷50개
단위당원가	@9,500	@8,900	@24,000

● ○ ● ○

Chapter 4. 종합원가계산

연습문제

01 가중평균법(weighted average method)을 적용한 공정별 원가계산에 대한 설명으로 가장 부적절한 것은?

① 가중평균법은 마치 기초재공품 모두를 당기에 착수, 완성한 듯이 가정한다.

② 적시재고관리(Just-In-Time : JIT)를 적용하고 원가요소의 기간별 가격차이가 크지 않다면 선입선출법과 거의 차이가 없다.

③ 가중평균법은 착수 및 원가발생 시점에 관계없이, 당기완성량의 평균적 원가를 계산한다.

④ 선입선출법에 비해 가중평균법은 당기의 성과를 이전의 기간과 독립적으로 평가할 수 있는 보다 적절한 기회를 제공한다.

⑤ 흐름생산의 경우, 선입선출법이 가중평균법에 비해 실제 물량흐름(physical flow)에 보다 충실한 원가흐름가정이라 볼 수 있다.

02 다음은 원가계산 및 원가배분과 관련된 문장들이다.

> a. 종합원가계산의 경우, 기초재공품이 없을 때 선입선출법에 의한 제품제조원가나 평균법에 의한 제품제조원가는 동일하다.
> b. 종합원가계산의 경우, 기초재공품과 기말재공품의 완성도(진척도)가 다 같이 50%일 때 선입선출법에 의한 제품제조원가나 평균법에 의한 제품제조원가는 동일하다.
> c. 기말재공품 원가가 기초재공품원가에 비해 증가하였다면 당기발생제조원가가 당기제품제조원가보다 더 크다.
> d. 보조부문 원가를 계제식 방법(step-down method)으로 배분할 경우, 어떤 부문을 먼저 배분하는가에 상관없이 배분결과는 동일하다.

위의 문장들 중 올바르거나 타당한 문장들만을 모은 것은?

① a, b   ② a, c   ③ a, b, c

④ a, c, d   ⑤ b, d

03 (주)삼미는 평균법에 의한 실제종합원가계산을 이용하여 재고자산평가와 매출원가 계산을 하고 있다. 회계연도초에 비해 연도말에 재공품 재고자산의 잔액이 증가하였다. 그러나 회계연도초와 회계연도말의 재공품의 물량은 동일하다. 이 현상을 설명하는 요소가 아닌 것은?

① 전년도에 비해 고정제조간접원가가 증가하였다.
② 전년도에 비해 노무임률이 상승하였다.
③ 연초보다 연도말 재공품재고의 완성도가 증가하였다.
④ 전년도에 비해 판매량이 감소하였다.
⑤ 전년도에 비해 생산량이 감소하였다.

04 평균법을 이용하여 종합원가계산을 수행하는 회사에서 기말재공품 완성도를 실제보다 과대평가할 경우, 과대평가 오류가 완성품환산량, 완성품환산량 단위당 원가, 당기완성품원가, 그리고 기말재공품원가에 각각 어떠한 영향을 미치겠는가?

	완성품환산량	완성품환산량단위당원가	당기완성품원가	기말재공품원가
①	과대평가	과소평가	과소평가	과대평가
②	과소평가	과대평가	과소평가	과소평가
③	과대평가	과소평가	과대평가	과대평가
④	과소평가	과대평가	과대평가	과소평가
⑤	과소평가	과소평가	과대평가	과대평가

05 태양회사는 선입선출법 종합원가계산을 사용한다. 제2공정의 관련 자료는 다음과 같다.

	물량단위	가공비완성도
기초재공품수량	500단위	40%
전공정대체수량	5,400	
당기완성품수량	?	
기말재공품수량	200	80%

제2공정에서 직접재료가 가공비완성도의 30%에서 투입된다면, 직접재료비와 가공비의 당기작업량의 완성품환산량은 각각 얼마인가?

	직접재료비	가공비		직접재료비	가공비
①	5,700	5,560	②	5,900	5,660
③	5,900	5,700	④	5,400	5,700
⑤	5,400	5,660			

06 울산화학(주)는 공정별 원가계산방법을 사용하고 있으며 완성품환산량의 계산에 가중평균법을 사용하고 있다. 울산화학(주)는 4월 중 125,000단위의 제품을 판매하였다. 회사는 오직 하나의 가공부서를 보유하고 있다. 생산활동과 관련된 추가정보가 다음과 같다.

4월 1일 재고 :	
재공품	없음
완제품	37,500단위
4월 30일 재고 :	
재공품(가공비에 대한 진척도 75%)	8,000단위
완제품	30,000단위

울산화학(주)의 4월 중 가공비에 대한 완성품환산량은 얼마인가?

① 126,500 ② 125,500 ③ 123,500

④ 117,500 ⑤ 117,000

07 전기에 영업을 처음으로 개시한 (주)진실은 종합원가계산에 의하여 원가계산을 하고 있다. 당기 기초재공품과 기말재공품의 수량 및 진척도가 동일하며, 수익률의 악화로 내년에는 모든 재고를 제품으로 만들어 전량 판매한 뒤 폐업할 것을 고려하고 있다. 평균법에 의한 완성품환산량이 선입선출법에 의한 완성품환산량과 비교하여 어떠하겠는가?

	전기	당기	차기		전기	당기	차기
①	같다	같다	같다	②	크다	같다	작다
③	작다	크다	같다	④	같다	작다	작다
⑤	같다	크다	크다				

08 (주)한국은 종합원가계산제도를 채택하고 있으며, 원재료는 공정의 초기에 전량 투입되며, 가공원가는 공정 전반에 걸쳐서 진척도에 따라 균등하게 발생한다. 재료원가의 경우 평균법에 의한 완성품환산량은 78,000단위이고, 선입선출법에 의한 완성품환산량은 66,000단위이다. 또한 가공원가의 경우 평균법에 의한 완성품환산량은 54,400단위이고, 선입선출법에 의한 완성품환산량은 52,000단위이다. 기초재공품의 진척도는 몇 %인가?

① 10% ② 20% ③ 30%

④ 50% ⑤ 70%

09 (주)국세는 단일제품을 생산하고 있으며, 종합원가계산제도를 채택하고 있다. 직접재료는 공정이 시작되는 시점에서 100%투입되며, 가공원가는 공정 전체에 걸쳐 균등하게 발생한다. 평균법과 선입선출법에 의한 가공원가의 완성품환산량은 각각 85,000단위와 73,000단위이다. 기초재공품의 가공원가 완성도가 30%라면, 기초재공품 수량은 몇 단위인가?

① 12,000단위 ② 21,900단위 ③ 25,500단위

④ 36,000단위 ⑤ 40,000단위

10 종합원가계산에 의하여 제품원가를 계산하고 있는 (주)서울은 원재료를 공정 초기에 전량 투입하고 있으며, 가공비가 공정전반에 걸쳐 균등하게 발생하고 있다. 평균법과 선입선출법에 의한 재료비 완성품환산량은 각각 60,000단위와 55,000단위이고, 평균법에 의한 가공비 완성품환산량은 51,000단위이다. 기초재공품과 기말재공품의 가공비 완성도가 60%로 동일하다면 선입선출법에 의한 가공비의 완성품 환산량은 몇 단위이겠는가?

① 46,000단위 ② 47,200단위 ③ 48,000단위

④ 49,400단위 ⑤ 50,100단위

11 (주)세무는 가중평균법에 의한 종합원가계산제도를 채택하고 있다. 직접재료는 공정 초기에 전량 투입되고, 전환원가(conversion costs)는 공정 전반에 걸쳐 균등하게 발생 한다. 20x1년 직접재료원가에 대한 총완성품환산량은 20,000단위, 전환원가에 대한 총완성품환산량은 18,000단위, 완성품 수량은 15,000단위이다. 20x1년 기말재공품의 전환원가 완성도는?

① 50% ② 60% ③ 75%
④ 80% ⑤ 90%

12 (주)대한의 2009년 제조와 관련된 자료는 다음과 같다. 가중평균법을 사용하는 경우 기말 재공품에 포함되는 가공비는 얼마인가?

• 기초 재공품 완성도	60%	• 기말 재공품 완성도	40%
• 기초 재공품 수량	9,200개	• 당기 착수량	20,000개
• 기말 재공품 수량	2,000개	• 기초 재공품 가공비	₩30,320
• 당기 발생 가공비	₩52,000		

① ₩1,782 ② ₩2,352 ③ ₩3,422
④ ₩4,432 ⑤ ₩5,880

13 강남제조(주)는 절삭공정과 조립공정의 두 가지 공정을 통하여 제품을 제조생산하고 있다. 다음은 1999년 1월의 절삭부문의 가공원가와 관련된 자료이며, 월초와 월말의 재공품에 대한 진척도는 각각 80%와 50%라고 가정하라.

	단위	가공원가
월초 재공품	12,500	₩11,000,000
1월 중 생산투입량 및 발생원가	67,500	71,500,000
1월 중 생산이 완료되어 다음 공정으로 대체	50,000	?

선입선출법을 사용하는 경우 절삭부문의 월말재공품에 대한 가공원가는 얼마가 되 겠는가?

① ₩16,500,000 ② ₩19,500,000 ③ ₩19,050,000
④ ₩22,500,000 ⑤ ₩16,050,000

14 ㈜세무는 단일 제품A를 대량생산하고 있으며, 종합원가계산방법(선입선출법 적용)을 사용한다. 직접재료는 공정 초에 전량 투입되고, 가공원가는 공정전반에 걸쳐 균등하게 발생된다. 제품A의 관련 자료가 다음과 같을 때, ㈜세무의 제품A 완성품 단위당 원가는? (단, 생산과정 중 감손이나 공손 등 물량 손실은 없다.)

구 분	물량(완성도)	구 분	직접재료원가	가공원가
기초재공품	100개(30%)	기초재공품	₩28,000	₩25,000
당기착수품	2,100개	당기발생원가	630,000	205,000
당기완성품	( )개	계	₩658,000	₩230,000
기말재고품	200개(40%)			

① ₩384 ② ₩390 ③ ₩404
④ ₩410 ⑤ ₩420

15 (주)세무는 선입선출법 하의 종합원가계산을 사용하고 있으며, 가공원가는 공정 전반에 걸쳐 균등하게 발생한다. 당기 생산관련 자료는 다음과 같다.

	물 량
기초재공품	2,000(완성도 60%)
당기착수량	8,000
당기완성량	8,000
기말재공품	2,000(완성도 40%)

기말재공품에 포함된 가공원가가 ₩320,000일 때, 당기에 발생한 가공원가는?

① ₩2,964,000 ② ₩3,040,000 ③ ₩3,116,000
④ ₩3,192,000 ⑤ ₩3,268,000

16 ㈜세무는 가중평균법을 적용한 종합원가계산으로 제품원가를 계산한다. 기말재공품의 물량은 8,000단위이고, 직접재료원가 완성도는 70%이며 가공원가(전환원가) 완성도는 75%이다. 기말재공품의 원가가 ₩220,000이고 완성품 환산량 단위당 직접재료원가가 ₩20이라면, 완성품 환산량 단위당 가공원가(전환원가)는?

① ₩18 ② ₩19 ③ ₩20
④ ₩21 ⑤ ₩22

17 (주)신라는 한 가지 종류의 플라스틱 장난감을 제조한다. 이번 기의 자료는 다음과 같다.

	단위	재료원가	가공원가
기초 재공품	1,000	₩ 9,000	₩ 12,000
당기 착수	30,000	₩240,000	₩305,000
기말 재공품	500	–	–

모든 재료는 공정의 초기단계에 100% 투입된다. 기초재공품은 가공원가가 40% 투입되었으며, 기말재공품에는 80%가 투입되었다. 이 회사는 공정별원가계산방법(process costing)을 사용하고 있으며, 원가흐름에 대한 가정으로 선입선출법(FIFO)을 사용하고 있다. 이번 기에 발생한 전출원가(transfer-out cost)는 얼마인가? 단, 공손은 발생하지 않았다.

① ₩531,000 ② ₩552,000 ③ ₩558,000
④ ₩549,000 ⑤ ₩560,000

18 ㈜한국은 단일공정에서 단일의 제품 X를 생산·판매하고 있다. 회사는 실제원가에 의한 종합원가계산을 적용하고 있으며, 재공품 평가방법은 선입선출법이다. 제품 생산을 위해 직접재료는 공정 초에 전량 투입되며, 전환원가(가공원가: conversion costs)는 공정 전반에 걸쳐 균등하게 발생한다. 20x1년 2월 중 ㈜한국의 완성품 수량은 7,000단위이며, 생산 및 원가 자료는 다음과 같다. 단, 괄호 안의 숫자는 전환원가의 완성도를 의미하고, 공손품은 발생하지 않는다.

구분	물량단위	직접재료원가	전환원가
월초재공품	2,000단위(30%)	₩42,500	₩22,900
당월 착수 및 투입	?	₩216,000	₩276,000
월말재공품	4,000단위(70%)	?	?

㈜한국이 20x1년 2월 중 완성한 제품을 제품계정으로 대체하는 월말 분개로 옳은 것은?

① (차) 재공품 377,800 (대) 제품 377,800
② (차) 재공품 378,000 (대) 제품 378,000
③ (차) 제품 377,400 (대) 재공품 377,400
④ (차) 제품 377,800 (대) 재공품 377,800
⑤ (차) 제품 378,000 (대) 재공품 378,000

19 다음은 종합원가계산을 채택하고 있는 (주)국세의 당기 생산활동과 관련된 자료이다.

• 기초재공품 수량	없음
• 당기착수량	1,000단위
• 당기투입원가	
직접재료원가	₩100,000
직접노무원가	81,000
제조간접원가	60,500
• 기말재공품수량	500단위

(주)국세는 단일공정을 통해 제품을 생산하며, 모든 제조원가는 공정 전반에 걸쳐 균등하게 발생한다. 완성품 단위당 제조원가가 ₩420이라면, 기말재공품의 완성도는 몇 %인가?(단, 공손 및 감손은 발생하지 않는 것으로 가정한다.)

① 10% ② 15% ③ 20%

④ 30% ⑤ 45%

20 대한회사는 선입선출법에 의한 종합원가계산을 채택하고 있다. 제품제조를 위하여 원재료 A와 원재료 B가 사용되는데 원재료 A는 공정초기에 전부 투입되고 원재료 B는 공정의 50% 시점에 전부 투입된다. 그리고 가공원가는 공정 전체를 통하여 균등하게 발생한다. 대한회사의 당기 제품제조활동과 관련한 다음의 자료를 토대로 당기에 완성된 제품의 원가와 기말재공품의 원가를 구하면 각각 얼마인가?

• 기초재공품의 수량은 5,000개이며 가공비완성도는 60%이다.	
• 당기 완성품의 수량은 80,000개이다.	
• 기말재공품의 수량은 10,000개이며 가공비완성도는 30%이다.	
• 기초재공품의 원가와 당기에 발생한 원가의 현황은 다음과 같다.	

구 분	원재료 A	원재료 B	가공원가	합 계
기초재공품원가	₩ 850,000	₩ 900,000	₩ 400,000	₩2,150,000
당기발생원가	₩3,400,000	₩4,500,000	₩1,600,000	₩9,500,000

	완성품원가	기말재공품원가		완성품원가	기말재공품원가
①	₩11,025,000	₩625,000	②	₩11,150,000	₩500,000
③	₩11,190,000	₩460,000	④	₩9,600,000	₩2,050,000
⑤	₩10,200,000	₩1,450,000			

21 서울회사는 단일제품을 생산하고 있으며, 선입선출법에 의한 종합원가계산을 채택하고 있다. 제품의 제조과정에서 두 가지 재료가 투입되는데 재료A는 공정의 25%시점에서, 재료B는 75%시점에서 각각 투입되며 가공비는 전공정을 통해 평균적으로 균일하게 발생한다. 2003년 4월의 생산활동과 관련된 자료는 다음과 같다.

(1) 월초재공품 수량은 2,500단위, 완성도 40%, 원가는 ₩700,000이다.
(2) 월말재공품 수량은 2,000단위이며, 이 중 1,000단위는 완성도가 10%, 나머지 1,000단위는 80%이다.
(3) 당월 착수량은 3,500단위이고, 완성량은 4,000단위이다.
(4) 2003년 4월 중에 발생한 원가는 다음과 같다.
　재료A의 원가 : ₩500,000
　재료B의 원가 : 　600,000
　가　공　비 : 1,170,000

위 자료를 이용하여 당월 완성품원가를 구하시오.

① ₩2,270,000　　　　② ₩2,380,000　　　　③ ₩2,970,000
④ ₩1,870,000　　　　⑤ ₩1,680,000

22 (주)이수는 갑 제품을 생산하여 판매하는 회사이다. 갑 제품의 생산과 관련하여, 원재료 A가 공정의 시작시점에서 투입되며, 추가 재료 B가 공정의 시작시점에서부터 공정의 50%시점까지 균등하게 투입된다. 가공비는 공정의 전반에 걸쳐서 균등하게 발생한다. 제조과정 중 공손이나 감손은 발생하지 않는다고 가정한다. 갑 제품 생산과 관련된 자료는 다음과 같을 때 평균법에 의한 완성품원가는 얼마인가?

1) 기초재공품 : 3,000단위(완성도 30%)
　• A재료비 : ₩181,000　　• B재료비 : ₩105,400　　• 가공비 : ₩71,300
2) 당기 착수 : 25,000단위
　• A재료비 : ₩1,275,000　　• B재료비 : ₩719,600　　• 가공비 : ₩1,651,200
3) 기말재공품 : 2,500단위(완성도 40%)

① ₩3,748,500　　　　② ₩3,784,200　　　　③ ₩3,824,000
④ ₩3,850,000　　　　⑤ ₩3,905,000

23 ㈜국세는 두 개의 연속된 제조공정을 통하여 제품을 생산하며, 제1공정의 완성품은 전량 제2공정으로 대체된다. 재고자산의 단위원가 결정방법으로 가중평균법을 사용하며, 공손은 없다. 제2공정의 완성품원가는?

제1공정	
기초재공품 수량	없음
당기 착수량	25,000단위
기말재공품 수량	7,000단위
완성품 단위당 제조원가	₩200

제2공정		
	수량	12,000단위
기초재공품	전공정원가	₩3,000,000
	직접재료원가	₩1,440,000
	전환원가(가공원가)	₩2,160,000
당기완성품	수량	20,000단위
	전공정원가	?
완성품 단위당 제조원가	직접재료원가	₩120
	전환원가(가공원가)	₩180

① ₩ 8,268,000 　② ₩10,400,000 　③ ₩10,812,000

④ ₩12,720,000 　⑤ ₩14,628,000

24 ㈜한국은 종합원가계산을 적용하여 제품원가를 계산하고 있다. 직접재료는 공정초에 전량 투입되며, 전환원가는 공정 전반에 걸쳐 균등하게 발생한다. 20x1년 2월 1일에 처음으로 생산을 시작한 ㈜한국의 당월 중 완성품 수량은 9,000단위이다. ㈜한국은 20x1년 2월말 재공품의 각 원가요소를 다음과 같이 보고하였다.

원가요소	금액	완성도	완성품환산량
직접재료원가	₩75,000	100%	5,000단위
전환원가	₩40,000	50%	2,500단위

㈜한국의 외부감사인은 위의 자료를 검토하였는데, 20x1년 2월말 재공품의 직접재료원가 관련 항목들은 모두 올바른 것으로 파악하였다. 그러나 외부감사인은 20x1년 2월말 재공품의 전환원가 완성도가 50%로 과다하게 추정되었음을 발견하고, 추가로 검토하였는데 실제는 20%인 것으로 확인하였다. 게다가 위의 전환원가 ₩40,000은 완성도 50%에서는 올바르게 배부된 금액이었지만, 실제로 파악된 완성도 20%에서는

적절하게 수정되어야 한다.

㈜한국이 20x1년 2월말 재공품의 전환원가 금액 및 완성품환산량을 올바르게 수정하는 경우, 20x1년 2월말 재공품원가와 20x1년 2월 완성품원가는? 단, 공손이나 감손은 없다고 가정한다.

	재공품원가	완성품원가
①	₩93,400	₩300,600
②	₩93,400	₩302,600
③	₩94,600	₩300,600
④	₩94,600	₩301,400
⑤	₩94,600	₩302,600

25 공손(spoilage)과 관련된 다음의 설명 중에서 옳지 않은 것은?

① 공손은 정상공손이나 비정상공손으로 분류된다.

② 공정별원가계산(process costing)에서 정상공손원가는 관련된 양품(정상제품)의 원가에 가산된다.

③ 개별원가계산(job order costing)에서 비정상공손원가는 재고가능원가로 간주되지 않으며, 그 공손이 발견된 기간의 비용으로 처리된다.

④ 제조공정과정에서 불량률 0을 달성하려는 기업들은 모든 공손을 비정상공손으로 간주하려 한다.

⑤ 공정별원가계산(process costing)에서 공손단위를 산출단위에 포함시킬 경우 단위당 원가가 더 커진다.

26 다음 중 기말재공품 평가시 사용되는 평균법과 선입선출법에 대한 설명으로 옳지 않은 것은?

① 선입선출법을 이용하여 종합원가계산을 수행하는 회사가 기말재공품의 완성도를 실제보다 과소평가할 경우 완성품환산량 단위당원가와 완성품원가는 과대평가된다.

② 기초재공품이 존재하지 않을 경우에는 평균법과 선입선출법에 의한 완성품환산량이 같지만, 기초재공품이 존재할 경우에는 평균법에 의한 완성품환산량이 선입선출법에 의한 완성품환산량보다 크다.

③ 선입선출법은 평균법에 비해 실제 물량흐름에 충실한 원가흐름의 가정이며, 당기의 성과를 이전의 기간과 독립적으로 평가할 수 있어 계획과 통제목적에 유용한 방법이다.

④ 일반적으로 정상공손수량은 평균법을 적용하나 선입선출법을 적용하나 동일하지만, 기초재공품이 전기에 이미 검사시점을 통과한 경우에는 평균법에 의할 경우가 선입선출법에 의할 경우보다 정상공손수량이 더 크다.

⑤ 공손품에 대한 가공원가의 완성도는 검사시점이 되며, 선입선출법을 사용할 경우 공손품은 모두 당기에 착수된 물량에서 발생한 것으로 가정한다.

27 다음의 종합원가계산과 관련된 설명 중 가장 올바르지 못한 것은?

① 선입선출법에 의한 완성품환산량 단위당 원가가 전기와 당기가 동일할 경우 당기 완성품원가와 기말재공품원가는 평균법이나 선입선출법이나 동일하게 된다.

② 기말재공품의 완성품환산량은 평균법이나 선입선출법의 결과가 항상 동일하다.

③ 정상공손허용률을 2%에서 3%로 변화시킬 경우 완성품환산량 단위당 원가가 감소한다.

④ 기말재공품이 검사시점을 통과하지 않은 경우에는, 공손을 인식하는 방법에 비하여 공손을 무시하는 방법의 경우 기말재공품원가가 과대평가되는 경향이 있다.

⑤ 기초재공품과 기말재공품의 물량과 진척도가 모두 동일할 경우에도 평균법에 의한 완성품환산량이 선입선출법에 의한 완성품환산량보다 크다.

28 ㈜미래는 컴퓨터칩을 생산하고 있다. 직접재료는 생산공정의 초기에 투입되며, 가공원가는 공정의 전반에 걸쳐 균등하게 발생한다. 생산공정에서 공손품이 발생하는데 이러한 공손품은 제품을 검사하는 시점에서 파악된다. 정상적인 공손품은 품질검사 시점을 통과한 합격품의 10%의 비율로 발생한다. 5월의 생산자료를 보면, 월초재공품(완성도 30%) 10,000개, 당월 생산착수량 75,000개, 당월 생산착수완성품 52,000개, 월말재공품(완성도 80%) 15,000개, 공손품 8,000개이다. 품질검사가 생산공정의 20% 시점에서 실시되는 경우 정상공손품 수량은 얼마인가? 만약 생산공정의 50% 시점에서 품질검사가 실시된다면, 정상공손품 수량은 얼마인가?

	20% 검사시점	50% 검사시점		20% 검사시점	50% 검사시점
①	7,500개	8,500개	②	7,500개	7,700개
③	5,200개	7,700개	④	6,200개	7,700개
⑤	6,700개	7,700개			

29 북한강㈜는 완성도 65%수준에서 검사하는 생산공정을 가지고 있다. 2000년 2월의 월초재고는 완성도가 40%이었으며, 월말재고는 완성도가 70%이었다. 북한강㈜가 선입선출법을 사용하고 있을 때 생산품에 대한 정상적인 공손원가를 할당하는 것으로 옳은 것은?

	당월 착수·완성	월말재고	월초재고
①	아니오	아니오	아니오
②	아니오	예	예
③	예	예	아니오
④	예	아니오	예
⑤	예	예	예

30 (주)인천은 종합원가계산에 의하여 제품을 생산한다. 재료는 공정의 초기단계에 투입이 되며, 가공원가는 전체 공정에 고르게 투입된다. 20×1년 6월 1일의 재공품 10,000단위에 대해서는 공정이 50% 진행되었고, 동년 6월 30일의 재공품 20,000단위에 대해서는 공정이 90% 진행되었다. 품질검사는 공정이 80% 진행되었을 때에 실시하며, 불합격품에 대해서는 재작업을 실시하지 않는다. 정상공손은 당월의 품질검사에서 합격한 제품의 5%로 설정하고 있다. 6월 중 55,000단위가 착수되었으며, 총 40,000단위가 완성이 되었다. 6월에 발생한 비정상공손품의 가공원가 완성품환산량은 얼마인가?

① 2,000단위   ② 1,600단위   ③ 5,000단위

④ 3,000단위   ⑤ 2,400단위

31 (주)세무는 가중평균법에 의한 종합원가계산을 적용하여 제품원가를 계산하고 있다. 직접재료는 공정의 초기에 전량 투입되며, 전환원가(가공원가 : conversion costs)는 공정 전반에 걸쳐 균등하게 발생한다. 이 회사는 공손품 검사를 공정의 100%시점에서 실시한다. 20×1년 4월 중 (주)세무의 제조공정에 대한 생산 및 원가 자료는 다음과 같다.

항 목	물량단위	직접재료원가	전환원가
기초재공품(전환원가 완성도 : 75%)	500	₩ 500,000	₩ 375,000
당기투입	4,500	4,500,000	3,376,800
완성품	3,700		
정상공손	250		
비정상공손	250		
기말재공품(전환원가 완성도 : 30%)	?		

20×1년 4월 (주)세무의 원가요소별 완성품환산량 단위당 원가는 얼마인가? (단, 감손은 없다)

     직접재료원가   전환원가

①   ₩1,000   ₩ 845

②   ₩1,000   ₩ 900

③   ₩1,100   ₩ 900

④   ₩1,100   ₩ 845

⑤   ₩1,100   ₩ 1,000

32 선입선출법에 의한 종합원가계산제도를 채택하고 있는 동강회사의 생산활동에 관한 당기 자료는 다음과 같다.

- 기초재공품   20,000단위(완성도 60%)
- 당기투입   100,000단위
- 당기중완성되어타부문대체   90,000단위
- 기말재공품   15,000단위(완성도 50%)
- 당기재료비발생액   ₩300,000
- 당기가공비발생액   ₩366,000

재료는 생산시작 시점에서 투입하며, 가공비는 전 공정을 통해 균일하게 발생한다. 동강회사는 과거의 경험으로 검사시점을 통과한 합격품의 10%를 정상공손으로 처리한다. 단, 회사는 완성도 40%일 때 검사를 실시한다. 동강회사의 당기 비정상공손비는 얼마인가?

① ₩24,180   ② ₩26,650   ③ ₩29,900

④ ₩33,800   ⑤ ₩39,100

33 ㈜한국에서는 첫 번째 제조공정 초기에 원재료가 투입되며 가공비는 전공정을 통해 균등하게 발생한다. 3월의 첫 번째 제조공정과 관련한 원가발생 자료는 다음과 같다.

3월초 재공품   60,000 단위(진척도 50%)
  원재료   (₩6,000,000)
  가공비   (5,000,000)
3월의 착수량   100,000 단위
  원재료 투입액   (₩10,000,000)
  가공비 발생액   (16,060,000)
  정상공손품   20,000 단위(진척도 60%)
3월말 재공품   50,000 단위(진척도 30%)
  다음공정 대체량   90,000 단위

㈜한국은 원재료 투입 후 60%의 가공이 이루어진 상태에서 품질검사를 수행하고 있다. 평균법에 의한 3월중의 첫 번째 제조공정 완성품의 단위당 원가는 얼마인가? (원 미만에서 반올림할 것)

① ₩252   ② ₩298   ③ ₩314

④ ₩326   ⑤ ₩342

34~35

다음 자료를 이용하여 35번과 36번에 답하시오.

㈜유정은 하나의 공정에서 단일 종류의 제품을 생산하며, 종합원가계산(process costing)을 적용하여 제품원가를 계산한다. 원재료는 공정의 초기단계에 100% 투입된다. 당기의 생산 및 원가자료는 다음과 같다.

구 분	물량단위	가공비 완성도	직접재료비	가공비
기초재공품	600	1/3	₩ 5,000	₩ 60,950
	400	1/2		
당기착수(투입)	9,000	–	135,000	281,700
기말재공품	200	40%	?	?
	300	70%		

34 재공품 평가방법은 선입선출법이고 당기 중에 공손이나 감손은 발생하지 않았다고 가정한다. 기말재공품원가는 얼마인가?

① ₩16,200 ② ₩14,760 ③ ₩10,800
④ ₩9,840   ⑤ ₩5,400

35 재공품 평가방법은 평균법이고 공정의 종료단계에서 품질검사를 실시하였다. 그 결과 완성품 수량의 2%가 공손품인 것으로 판명되었다. 공손품원가는 얼마인가? (hint : 완성품 수량의 의미는 검사를 통과한 수량이 아닌 공정의 종료단계에 도달한 수량임에 주의하여야 한다)

① ₩9,520 ② ₩9,310 ③ ₩8,550
④ ₩7,250 ⑤ ₩6,820

36 조립공정은 (주)남산제작소의 두 가지 공정 중 첫 번째 공정이다. 공손품은 조립 공정의 완료시점에서 확인되며 정상적 공손품의 원가는 공손품이 확인된 기간에 완성되어 다음 공정으로 대체되는 완성품 원가에 가산되고 비정상공손은 발생한 기간에 비용화 한다. 정상적 공손품 비율은 조립 공정을 성공적으로 완성한 합격품의 5%로 추정된다. 다음은 2001년도 1월의 조립공정에서 발생한 가공비와 관련된 정보이다.

	단위	가공비
기초재공품(50% 완성)	2,000	₩10,000
당월 중 착수량	8,000	₩75,500
공손품	500	
당월 완성 및 차공정 대체	7,000	

기말재공품의 기말 현재 가공비에 대한 완성도는 80%이다. (주)남산제작소가 가중평균법을 적용한다고 가정한다면 두 번째 공정으로 대체된 완성품의 가공비는 얼마인가?

① ₩63,000 ② ₩64,125 ③ ₩66,150

④ ₩67,500 ⑤ ₩71,250

37 대한회사는 당기중 검사를 통과한 정상품(양품)의 10%를 정상공손으로 간주하며, 모든 공손은 완성시점에 발견된다. 재료는 공정초에 모두 투입되고 가공원가는 전 공정에 걸쳐 균등하게 발생하며, 기말재공품의 평가는 평균법에 의한다. 2007년 3월 대한회사의 생산 활동에 대한 자료는 다음과 같다.

- 기초재공품 : 1,000단위(가공원가 완성도 80%),
  재료원가 ₩540,000, 가공원가 ₩880,000
- 당 기 투 입 : 9,000단위, 재료원가 ₩5,000,000, 가공원가 ₩9,460,000
- 당기완성품(정상품) : 7,000단위
- 기말재공품 : 1,500단위(가공원가 완성도 60%)

대한회사의 2007년 3월의 완성품원가는 얼마인가?

① ₩11,200,000 ② ₩12,273,200 ③ ₩12,735,800

④ ₩12,825,000 ⑤ ₩13,134,400

38 ㈜국세의 당기 중 생산 및 원가자료는 다음과 같다.

기초재공품		직접재료원가	₩1,000
		전환원가(가공원가)	₩2,475
당기투입원가		직접재료원가	₩5,600
		전환원가(가공원가)	₩8,300
기말재공품		수량	500단위
	완성도	직접재료원가	20%
		전환원가(가공원가)	15%
공손품		수량	200단위
	완성도	직접재료원가	50%
		전환원가(가공원가)	40%

완성품 수량은 2,000단위이고, 공손품원가를 전액 별도로 인식하고 있다. 재고자산의 단위원가 결정방법이 가중평균법인 경우, 공손품원가는?

① ₩300   ② ₩420   ③ ₩540

④ ₩670   ⑤ ₩700

39~40

다음 자료에 의하여 40번과 41번에 답하시오.

㈜한국공업은 두 개의 공정을 거쳐서 제품을 생산한다. 회사의 재공품 평가방법은 선입선출법(FIFO)이고, 공정별 종합원가계산을 적용하여 제품원가를 계산한다. 다음은 두 번째 공정의 생산 및 원가자료이다. 두 번째 공정의 원재료는 50% 시점에서 모두 투입되고, 가공비는 전 공정을 통해 균등하게 발생한다. 공정의 80% 시점에서 품질검사를 실시하며, 정상공손 허용수준은 합격품의 5%이다. 공손품은 모두 폐기되며, 정상공손비는 합격품원가에 가산되고, 비정상공손비는 기간비용으로 처리된다.

구 분	물량단위	전공정대체원가	직접재료비	가공비
기초재공품	1,000(60%)	₩172,000	₩450,000	₩320,000
당 기 투 입	5,000	625,000	1,470,000	924,000
완 성 품	4,000			
기말재공품	1,500(40%)			

* 괄호 안의 숫자는 가공비 완성도를 의미함.

39 두 번째 공정의 비정상공손비는 얼마인가?

① ₩128,200   ② ₩142,600   ③ ₩174,500

④ ₩192,300   ⑤ ₩213,900

40 완성품의 단위당 원가는 얼마인가?

① ₩812.4   ② ₩822.75   ③ ₩848.7

④ ₩858.4   ⑤ ₩860.25

41~42

※ 다음의 자료를 이용하여 문제 42번과 문제 43번에 답하시오.

㈜한국은 세 개의 공정을 통하여 제품을 생산하고 있으며, 가중평균법에 의한 종합원가계산을 적용하여 제품원가를 계산하고 있다. 직접재료는 각 공정의 초기에 전량 투입되고 가공원가는 전 공정에 걸쳐 균등하게 발생한다. 20×1년 2월 최종공정인 제3공정의 생산 및 원가자료는 다음과 같다.

구 분	물량단위	가공원가 완성도	전공정 원가	직접 재료원가	가공원가
기초재공품	3,000단위	40%	₩14,750	₩2,000	₩10,250
당기투입	12,000단위	?	₩56,500	₩58,000	₩92,950
완성품	10,000단위	?			
기말재공품	4,000단위	60%			

제3공정에서는 공손품 검사를 공정의 50%시점에서 실시하며, 당월에 검사를 통과한 합격품의 5%를 정상공손으로 간주한다. 정상공손원가는 당월완성품과 월말재공품에 배부하는 회계처리를 한다. 20×1년 2월중 제3공정에서 발견된 공손품은 추가가공 없이 즉시 모두 폐기하며, 공손품의 처분가치는 ₩0이다.

41 20×1년 2월 제3공정의 원가요소별 완성품환산량을 계산하면 얼마인가?

        전공정원가   직접재료원가   가공원가

① 15,000단위   14,500단위   12,900단위

② 15,000단위   15,000단위   13,400단위

③ 15,000단위   15,000단위   12,900단위

④ 14,500단위   14,500단위   13,400단위

⑤ 14,500단위   14,500단위   12,900단위

42 20×1년 2월 제3공정의 비정상공손원가와 완성품원가와 관련된 월말 분개로서 옳은 것은?

① (차) 제 품 177,425 (대) 재공품－제3공정 171,050
　　　　　　　　　　　　　　　　　　　　비정상공손 6,375

② (차) 제 품 173,875 (대) 재공품－제3공정 170,050
　　　　　　　　　　　　　　　　　　　　비정상공손 3,825

③ (차) 제 품 173,875 (대) 재공품－제3공정 180,250
　　　　비정상공손 6,375

④ (차) 제 품 174,375 (대) 재공품－제3공정 180,750
　　　　비정상공손 6,375

⑤ (차) 제 품 173,875 (대) 재공품－제3공정 177,700
　　　　비정상공손 3,825

43 ㈜수원은 종합원가계산제도에 의하여 제품원가를 계산하고 있는데, 월말재공품의 평가는 선입선출법에 의하여 행하고 있다. 2000년 5월의 생산 및 원가자료는 다음과 같다.

	물량단위	가공원가 완성도	직접재료원가	가공원가
월초재공품	12,000	50%	₩132,000	₩73,200
당월투입량	76,000		456,000	612,800
완성품수량	65,000			
월말재공품	(각자 계산)	80%		

원재료는 공정의 초기에 모두 투입되며 가공원가는 전공정을 통해 균등하게 발생된다. 공정의 70%시점에서 검사를 실시하며, 그 이후의 공정에서는 공손이 발생하지 않는다. 당월에는 검사를 통과한 합격품의 10%가 공손으로 판명되었으나, 모두 정상적인 것으로 간주되었다. 정상공손원가에 포함된 직접재료원가는 얼마인가?

① ₩44,800 ② ₩48,000 ③ ₩72,000
④ ₩90,000 ⑤ ₩96,000

44 저널㈜는 모든 재료를 공정 초기에 투입하여, 9월 중 재공품과 관련된 직접재료원가의 자료는 다음과 같다.

> • 기초재공품 200개(직접재료원가 ₩100)
> • 완 성 량 500개
> • 기말재공품 400개

한편, 검사는 공정 50% 시점에서 실시하는데 정상공손이 100개 발생하였고 비정상공손은 발생하지 않았다. 기말재공품의 직접재료원가를 평균법에 의하여 평가하는 경우 선입선출법에 의한 경우보다 ₩460 만큼 적었다. 9월 중 투입한 직접재료원가는? 단, 기말재공품은 검사시점을 통과하지 않았다고 가정한다.

① ₩5,000   ② ₩10,000   ③ ₩20,000

④ ₩30,000   ⑤ ₩40,000

45 한일공업의 생산활동과 관련된 다음의 원가자료를 활용하여 비정상공손비를 계산하면 얼마인가? 단, 기초재공품은 없으며, 원재료는 공정초에 전부 투입되며, 가공원가는 공정 전반에 걸쳐 균등하게 발생된다고 가정한다. 40% 가공단계에서 검사가 이루어지며, 검사를 통과한 양품(정상품) 중 2%만이 정상공손이고, 정상공손 외의 공손은 비정상공손이다. 공손품은 보수작업에 의해 정상으로 회복되지 않기 때문에 개당 ₩100에 매각하였다. 계산과정에서 원단위 미만은 반올림하시오.

(1) 당기생산개시수량	2,000개
(2) 당기발생원가 : 직접재료원가	₩500,000
가공원가	₩1,501,620
(3) 당기완성품수량	1,500개
(4) 기말재공품수량*	400개
(5) 공손품수량	100개

* 기말재공품의 가공원가 진척도는 50%이다.

① ₩29,536   ② ₩26,902   ③ ₩36,902

④ ₩30,702   ⑤ ₩21,379

46 (주)청주는 단일공정을 거쳐서 제품을 생산하며, 선입선출법에 의한 종합원가계산을 적용하고 있다. 2010년도 기초재공품은 1,000단위(완성도 40%)이고, 기말재공품은 3,000단위(완성도 80%)이며, 당기 완성품은 5,000단위이다. 공정 중에 품질검사를 실시한 결과 공손품 500단위가 발생하였고, 모두 정상공손으로 간주하였으며, 공손품의 처분가치는 없다. 기초재공품과 기말재공품은 모두 당기에 품질검사를 받은 것으로 판명되었다. 직접재료원가와 가공원가는 공정 전반에 걸쳐 균등하게 발생한다. 제품원가계산 결과 당기 완성품환산량 단위당 원가는 ₩180이고, 완성품에 배부된 정상공손원가는 ₩33,750이었다. 품질검사는 완성도 몇 %시점에서 이루어진 것으로 추정되는가?

① 55% ② 60% ③ 65%
④ 70% ⑤ 75%

47 종합원가계산을 사용하고 있는 (주)다봉의 3월 생산 및 원가 자료는 다음과 같다.

- 월초 재공품에 포함된 가공원가는 ₩190,000이며, 3월 중에 투입된 가공원가는 ₩960,000이다.
- 가공원가는 공정 전체를 통해 균등하게 발생하며, 그 밖의 원가는 공정 초기에 발생한다.
- 3월 생산관련 물량흐름 및 가공원가 완성도

구분	수량	가공원가 완성도
월초 재공품	500개	?
당월 완성품	800개	100%
월말 재공품	240개	?
공 손 품*	160개	80%

* 공손품은 전량 비정상공손이다.

원가계산결과, 3월 완성품에 포함된 가공원가는 가중평균법에 의하면 ₩920,000이며, 선입선출법에 의하면 ₩910,000이다. 선입선출법에 의할 경우, 공손품에 포함된 가공원가는 얼마인가?

① ₩137,143 ② ₩144,000 ③ ₩147,200
④ ₩153,600 ⑤ ₩174,545

48 ㈜프로코는 설탕을 만드는 회사로 가공원가는 공정 전반에 걸쳐 발생한다. 3월 초 기초재공품(가공원가 완성도 60%) 100봉지에 포함된 가공원가는 ₩500이다. 생산공정의 중간시점에서 품질검사를 실시한 결과 공손품이 100봉지 발생하여 모두 비정상공손(가공원가 완성도 50%)으로 간주하였다. 그리고 3월 중 완성품은 250봉지이며, 기말재공품(가공원가 완성도 80%)도 250봉지 존재한다. 선입선출법과 가중평균법으로 기말재공품에 배부된 가공원가를 각각 산정한 금액이 동일하다면 3월 중 투입한 총가공원가는 얼마인가? (단, 소수점 이하 자릿수는 절사한다.)

① ₩1,121   ② ₩2,548   ③ ₩3,666
④ ₩4,367   ⑤ ₩5,984

49 ㈜대한은 20x1년 1월 1일에 처음으로 생산을 시작하며, 종합원가 계산을 적용한다. 직접재료는 공정초에 전량 투입되고, 전환원가는 공정 전반에 걸쳐 균등하게 발생한다. 20x1년의 생산활동 및 완성품 환산량 단위당 원가는 다음과 같이 예상된다.

구분	물량단위	완성품환산량/원가	
		재료원가	전환원가
완성품	900개	900개	900개
비정상공손품	100	100	100
기말재공품	300	300	100
합계	1,300개	1,300개	1,100개
당기투입원가		₩104,000	₩115,500
완성품환산량 단위당 원가		₩80	₩105

20x1년도 완성품은 단위당 ₩250에 전량 판매된다. 비정상공손품은 모두 폐기되고, 비정상공손원가는 당기비용으로 처리된다. 품질 관리팀에서는 공정의 50% 시점에서 검사를 실시하여 공손품 발생 요인을 통제하면, 비정상공손품 100단위는 모두 품질기준을 충족 하는 완성품이 되어 단위당 ₩250에 판매할 수 있다고 한다. 품질 검사를 현재의 시점에서 공정의 50% 시점으로 옮긴다면, ㈜대한의 당기순이익은 얼마나 증가하는가? 단, 검사원가는 검사시점에 관계없이 동일하고, 공손품 발생요인을 통제하기 위해 추가되는 원가는 없다고 가정한다.

① ₩6,500   ② ₩12,500   ③ ₩23,000
④ ₩24,500   ⑤ ₩25,000

50~51

(주)DY가 생산하고 있는 갑제품의 생산과 관련된 두 번째 공정의 물량 및 원가자료는 다음과 같다. 단, 괄호안의 숫자는 진행률을 의미한다.

재 공 품

기 초	2,000단위(50%)	당기완성	30,000단위
재료비	₩8,600		
가공비	₩9,860		
정상공손원가	₩2,200		
당기착수	38,000단위		
재료비	₩280,000	기　　말	6,000단위(90%)
가공비	₩225,600		

재료는 1차 검사가 끝난 직후에 전량 투입되며, 가공비는 공정 전반에 걸쳐 균등하게 발생한다. 검사는 공정의 40%시점에서 1차 검사가 이루어지고, 공정의 80%시점에서 2차 검사가 이루어지고 있으며, 당기에는 1차 검사시점에서 3,000단위, 2차 검사시점에서 1,000단위의 공손이 발생하였다. 회사는 1차 검사시점의 경우에는 당기 중에 1차 검사를 통과한 수량의 5%를 정상공손으로 간주하며, 2차 검사시점의 경우에는 당기 중에 2차 검사를 통과한 수량의 2%를 정상공손으로 간주한다.

50 검사시점별로 비정상공손수량은 각각 몇 단위씩인가?

	1차검사 시점	2차검사 시점		1차검사 시점	2차검사 시점
①	1,750단위	280단위	②	1,750단위	720단위
③	0단위	800단위	④	1,250단위	280단위
⑤	1,550단위	0단위			

51 선입선출법에 의할 경우 두 번째 공정의 당기 재료비와 가공비 완성품환산량은 각각 몇 단위씩인가?

	재 료 비	가 공 비		재 료 비	가 공 비
①	38,000단위	36,400단위	②	35,000단위	37,200단위
③	35,000단위	36,400단위	④	35,200단위	36,800단위
⑤	35,400단위	37,600단위			

52 (주)S-oil 휘발유를 원재료로 하여 제품을 생산하는 회사이다. 원재료를 투입하여 완제품을 생산하는 과정에서 20%의 원재료가 전공정에 걸쳐 균등하게 증발되어 사라진다. 이러한 증발은 제품의 특성상 정상적인 것으로 간주된다. (주)S-oil의 제조와 관련된 자료가 다음과 같을 때, 기말재공품의 진행률이 60%라면, 기말재공품은 몇 ℓ 이겠는가? 단, 아래 물량 자료는 모두 투입물량이 아닌 감손 발생 후 물량이다.

> • 기초재공품 : 3,680ℓ (40%)   • 당기 원재료 투입량 : 30,000ℓ
> • 당기완성품 : 22,400ℓ   • 기말재공품 :   ?   ℓ

① 5,120 ℓ   ② 5,160 ℓ   ③ 5,200 ℓ

④ 5,280 ℓ   ⑤ 5,420 ℓ

53 (주)세무는 직접재료를 가공하여 제품을 생산하고 있다. 직접재료는 공정초기에 전량 투입되며, 전환원가는 공정 전반에 걸쳐 균등하게 발생한다. 직접재료의 20%가 제조과정에서 증발되는데, 이러한 증발은 정상적이며 제조과정에서 평균적으로 발생한다. 완성품 1단위에는 직접재료 0.1kg이 포함되어 있고, 당기에 2,000단위가 완성되었다. 당기에 투입된 직접재료는 190kg, 기말재공품(전환원가 완성도 25%)은 38kg, 기초재공품은 90kg이었다. 기초재공품의 전환원가 완성도는? (단, 공손은 발생하지 않는다.)

① 25%   ② 30%   ③ 40%

④ 50%   ⑤ 60%

54 서울공업사는 세 가지 형태의 제품 A · B · C를 생산하고 있다. 이들 제품은 두 가지의 가공작업 甲 · 乙을 거쳐 최종제품으로 완성되는데, C제품은 반제품형태로 판매되기 때문에 乙작업이 불필요하다. 가공작업 甲 · 乙의 원가는 각 제품의 수량에 비례하여 균등하게 발생한다.

(1) 당월 중의 생산량 및 재료원가

구 분	생산량	직접재료원가
제품 A	9,000개	₩2,070,000
제품 B	4,000	1,320,000
제품 C	6,000	1,740,000

(2) 당월 중의 가공원가 발생액

	작업 甲	작업 乙
직접노무원가	₩500,000	₩1,000,000
제조간접원가	70,000	300,000

기초 및 기말의 재공품은 없다고 가정할 때, 당월 중 B제품의 단위당 제조원가는 얼마로 계산되는가? (원미만은 반올림할 것)

① ₩400   ② ₩414   ③ ₩428

④ ₩460   ⑤ ₩474

55 대한자동차는 배치(batch) 제조공정에 의하여 옵션품목이 장착되지 않은 기본형과 기본형에 옵션품목이 장착된 고급형 및 고객의 특별주문에 의해 고급형에 특수컬러를 도색한 주문형의 3가지 유형의 승용차를 생산하고 있으며, 작업별 원가계산을 하고 있다. 다음 원가계산자료를 활용하여 주문형의 1대당 제조원가를 계산하면 얼마인가?

(1) 재 료 비

유형	생산된 단위	재료비 총액		
		기본형	옵션품목장착	특수컬러도장
기본형	100대	₩408,000,000	–	–
고급형	80		₩96,000,000	–
주문형	20			₩8,000,000

(2) 가 공 비

유형	생산된 단위	가공비 총액		
		기본형	옵션품목장착	특수컬러도장
기본형	100대	₩840,000,000	–	–
고급형	80		₩72,000,000	–
주문형	20			₩4,000,000

① ₩8,640,000   ② ₩8,940,000   ③ ₩8,620,000

④ ₩8,540,000   ⑤ ₩8,520,000

56 (주)카이는 고객의 주문에 따라 고급 카메라를 생산하고 있다. 고객은 외부표면재료 및 도료 등을 선택할 수 있지만, 카메라의 기본적인 조립 및 가공작업은 주문별로 차이가 없다. 이러한 점을 감안하여 (주)카이는 재료원가에 대해서는 주문별로 집계하는 개별원가계산방식을 적용하고, 가공원가에 대해서는 종합원가계산방식을 적용하는 소위 혼합원가계산(hybrid costing)을 사용하고 있다. 가공원가는 공정 전체를 통해 균등하게 발생하며, 동 원가에 종합원가계산방식을 적용할 때 사용하는 원가흐름가정은 선입선출법이다. (주)카이의 4월 생산 및 원가 관련 자료는 다음과 같다.

(1) 월초 재공품

주문번호	#101
수량	200개
직접재료원가	₩1,500,000
가공원가	₩ 960,000
가공원가 완성도	80%

(2) 당월 주문 및 생산착수

주문번호	#105	#206	#207
수량	200개	100개	150개

(3) 당월 발생원가

주문번호	#101	#105	#206	#207	합계
직접재료원가	₩500,000	₩1,800,000	₩3,200,000	₩2,400,000	₩7,900,000
가공원가	?	?	?	?	₩4,092,000

(4) 월말 재공품

주문번호	#105	#207
수량	200개	150개
가공원가 완성도	50%	60%

4월 완성품의 원가는 얼마인가?

① ₩5,436,000 ② ₩6,556,000 ③ ₩7,396,000
④ ₩7,896,000 ⑤ ₩7,956,000

정 답 및 해 설

1	④	2	②	3	④	4	①	5	⑤	6	③
7	⑤	8	②	9	⑤	10	③	11	②	12	②
13	②	14	④	15	②	16	①	17	③	18	③
19	②	20	③	21	②	22	①	23	②	24	①
25	⑤	26	④	27	③	28	⑤	29	⑤	30	②
31	①	32	③	33	④	34	①	35	②	36	③
37	③	38	⑤	39	⑤	40	④	41	③	42	⑤
43	②	44	①	45	④	46	②	47	④	48	③
49	⑤	50	④	51	③	52	④	53	④	54	④
55	⑤	56	④								

01 ④

　　선입선출법이 평균법보다 당기의 성과를 이전 기간과 독립적으로 평가할 수 있는 방법
이다.

02 ②

　　b. 일반적으로 기초재공품이 존재하는 경우에는 선입선출법과 평균법의 완성품환산량
　　　이 다르며, 완성품환산량 단위당 원가도 달라진다. 따라서 제조원가도 다르게 된다.
　　d. 보조부문원가를 배분하는 경우 단계배분법은 보조부문원가의 배분순서에 따라 결과
　　　가 달라진다.

03 ④

　　기초재공품과 기말재공품의 물량이 동일하나, 기초재공품원가에 비하여 기말재공품원
가가 더 큰 경우는 다음 중 한 가지의 경우이다.
　　가. 전년도에 비해 당해연도 원가가 증가한 경우(①, ②)
　　나. 기초재공품에 비해 기말재공품의 완성도가 증가한 경우(③)
　　다. 전년도에 비해 당기 생산량이 감소하여 완성품환산량 단위당 원가가 증가한 경우(⑤)
　　그러나 판매량은 원가와 전혀 상관이 없다.

04 ①

기말재공품완성도를 과대평가할 경우 완성품환산량은 과대평가된다. 이 경우 당기 발생원가는 그대로 이기 때문에 완성품환산량 단위당 원가가 과소평가된다. 따라서 완성품의 원가는 과소평가되며, 완성품원가가 과소평가된만큼 기말재공품원가는 과대평가된다.(완성품원가와 기말재공품원가의 합계는 기초재공품원가와 당기발생원가의 합계와 일치하기 때문에)

05 ⑤

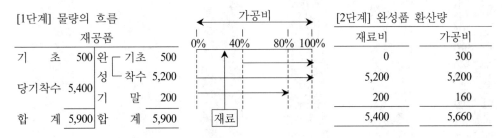

[1단계] 물량의 흐름				
재공품				
기　초	500	완	┌ 기초	500
		성	└ 착수	5,200
당기착수	5,400	기	말	200
합　계	5,900	합	계	5,900

[2단계] 완성품 환산량	
재료비	가공비
0	300
5,200	5,200
200	160
5,400	5,660

06 ③

(1) 우선 제품 계정을 이용하여 재공품계정에서 제품으로 당기에 완성된 수량을 파악한다.

제　품			
기　초	37,500	판　매	125,000
재공품	**117,500**	기　말	30,000
합　계	155,000	합　계	155,000

(2) 완성품 환산량 계산

[1단계] 물량의 흐름			
재공품			
기　초	0	완　성	117,500
당기착수	125,500	기　말	8,000
합　계	125,500	합　계	125,500

[2단계] 완성품 환산량	
재료비	가공비
117,500	117,500
8,000	6,000
125,500	**123,500**

07 ⑤

평균법과 선입선출법의 완성품환산량의 차이는 기초재공품의 완성품환산량 만큼 차이가 나기 때문에 기초재공품이 존재하는 경우에는 평균법의 완성품환산량이 선입선출법의 완성품환산량보다 크다. 따라서 영업을 개시한 전기에는 기초재공품이 존재하지 않으므로 양 방법의 완성품환산량이 동일하며, 당기와 차기에는 기초재공품이 존재하기 때문에 평균법에 의한 완성품환산량이 선입선출법에 의한 완성품환산량보다 크다.

08 ②

평균법과 선입선출법에 의한 완성품환산량의 차이가 기초재공품의 완성품환산량이다.

	평균법	선입선출법	차이(기초재공품)
재료비완성품환산량	78,000단위	66,000단위	12,000단위
가공비완성품환산량	54,400단위	52,000단위	2,400단위

따라서 기초재공품의 완성도는 20%(2,400단위 ÷ 12,000단위)이다.

09 ⑤

기초재공품 수량을 x라고 하면, 평균법과 선입선출법에 의한 가공비 완성품환산량의 차이 12,000단위(85,000단위 − 73,000단위)는 기초재공품의 완성품환산량이므로,
$$x \times 30\% = 12,000단위, \quad 따라서, \quad x = 40,000단위이다.$$

10 ③

평균법과 선입선출법에 의한 완성품환산량의 차이는 기초재공품의 완성품환산량이므로, 평균법에 의한 완성품환산량에서 기초재공품 완성품환산량을 차감할 경우 선입선출법에 의한 완성품환산량이 계산된다. 따라서 평균법에 의한 완성품환산량은 다음과 같이 계산될 수 있다.
$$51,000단위 − 5,000단위 \times 60\% = 48,000단위$$

11 ②

기말재공품의 재료비 완성품환산량 : 20,000단위 − 15,000단위 = 5,000단위
기말재공품의 가공비 완성품환산량 : 18,000단위 − 15,000단위 = 3,000단위
기말재공품의 완성도 : 60%(3,000단위 ÷ 5,000단위)이다.

12 ②

[1단계] 물량의 흐름   [2단계] 완성품 환산량

재공품				가공비
기 초	9,200	완 성	27,200	27,200
당기착수	20,000	기 말	2,000	800
합 계	29,200	합 계	29,200	28,000

[3단계] 총원가 요약

기초재공품원가	30,320
당기 착수 원가	52,000
합 계	82,320

[4단계] 완성품환산량 단위당원가   @2.94

[5단계] 원가 배분

완성품원가

기말재공품원가 $800 \times 2.94 = \mathbf{2,352}$

13 ②

[1단계] 물량의 흐름

[2단계] 완성품 환산량

재공품				가공비
기 초	12,500	완 ⌐ 기초	12,500	2,500
		성 ⌐ 착수	37,500	37,500
당기착수	67,500			
		기 말	30,000	15,000
합 계	80,000	합 계	80,000	55,000

[3단계] 총원가 요약

기초재공품원가

당기 착수 원가   71,500,000

합   계

[4단계] 완성품환산량 단위당원가   @1,300

[5단계] 원가 배분

완성품원가

기말재공품원가 $15,000 \times 1,300 = 19,500,000$

14 ④

[1단계] 물량의 흐름

[2단계] 완성품 환산량

재공품				재료비	가공비
기 초	100	완 ⌐ 기초	100	0	70
		성 ⌐ 착수	1,900	1,900	1,900
당기착수	2,100				
		기 말	200	200	80
합 계	2,200	합 계	2,200	2,100	2,050

[3단계] 총원가 요약

	재료비	가공비	합 계
기초재공품원가			53,000
당기 착수 원가	630,000	205,000	835,000
합 계			

[4단계] 완성품환산량 단위당원가

	재료비	가공비
완성품 환산량	÷ 2,100	÷ 2,050
완성품환산량 단위당원가	@300	@100

[5단계] 원가 배분 합　계

　　　　완성품원가　　　　53,000 + 1,900 × 300 + 1,970 × 100 =　　**820,000**

　　　　기말재공품원가　　　　　　　　　　　　　　　　　　　_____

　　　　합　　　　　계　　　　　　　　　　　　　　　　　　　_____

완성품 단위당 원가 : 820,000 ÷ 2,000개 = ₩410

15 ②

[1단계] 물량의 흐름　　　　　　　　　　[2단계] 완성품 환산량

재공품				재료비
기　　초	2,000	완성 ┌기초	2,000	800
		└착수	6,000	6,000
당기착수	8,000	기　　말	2,000	800
합　　계	10,000	합　　계	10,000	7,600

[3단계] 총원가 요약

　　　　기초재공품원가

　　　　당기 착수원가　　　　　　　　　　　　　　x

　　　　합　　　　　계

[4단계] 완성품환산량 단위당원가

　　　　완성품환산량 단위당원가　　　　　　　　$\dfrac{x}{7,600}$

기말재공품에 포함된 가공비 = $\dfrac{x}{7,600} \times 800 = 320,000$　　∴　x = ₩3,040,000

16 ①

[1단계] 물량의 흐름　　　　　　[2단계] 완성품 환산량

재공품				재료비	가공비
기　　초		완　　성			
당기 투입		기말재공품	8,000	5,600	6,000
합　　계		합　　계		_____	_____

[4단계] 완성품환산량 단위당원가　　_____　　_____

　　　　완성품환산량 단위당원가　　　　@20　　　　　x

기말재공품원가 = 5,600×20 + 6,000×x = 220,000　　→　　x = ₩18

17 ③

[1단계] 물량의 흐름   [2단계] 완성품 환산량

재공품				재료비	가공비
기 초	1,000	완 ┌ 기초	1,000	0	600
		성 └ 착수	29,500	29,500	29,500
당기착수	30,000	기 말	500	500	400
합 계	31,000	합 계	31,000	30,000	30,500

[3단계] 총원가 요약

	재료비	가공비	합 계
기초재공품원가			21,000
당기 착수 원가	240,000	305,000	545,000
합 계			566,000

[4단계] 완성품환산량 단위당원가

	재료비	가공비
완성품 환산량	÷ 30,000	÷ 30,500
완성품환산량 단위당원가	@8	@10

[5단계] 원가 배분

		합 계
완성품원가	$21,000 + 29,500 \times 8 + 30,100 \times 10 =$	**558,000**
기말재공품원가	$500 \times 8 + 400 \times 10 =$	8,000
합 계		566,000

18 ③

[1단계] 물량의 흐름   [2단계] 완성품 환산량

재공품				재료비	가공비
기 초	2,000	완 ┌ 기 초	2,000	-	1,400
		성 └ 착 수	5,000	5,000	5,000
당기착수		기 말	4,000	4,000	2,800
합 계		합 계		9,000	9,200

[3단계] 총원가 요약

	재료비	가공비	합 계
기초재공품원가			65,400[*1]
당기 착수 원가[*2]	216,000	276,000	492,000
합 계			557,400

[4단계] 완성품환산량 단위당원가

	재료비	가공비
완성품 환산량	÷ 9,000	÷ 9,200
완성품환산량 단위당원가	@24	@30

[5단계] 원가 배분

		합 계
완성품원가	$65,400 + 5,000 \times 24 + 6,400 \times 30 =$	377,400

당기완성품 ₩377,400만큼 재공품에서 제품으로 대체되었으므로 이와 관련된 분개는 다음과 같다.

(차) 제품   377,400   (대) 재공품   377,400

19 ②

기말재공품의 완성도를 x라 하면,

[1단계] 물량의 흐름

재 공 품

기 초	0	완 성	500
당기착수	1,000	기 말	500
합 계	1,000	합 계	1,000

[2단계] 완성품 환산량

원가

500
$500x$
$500(1 + x)$

[3단계] 총원가 요약

기초재공품원가	0
당기 착수 원가	241,500
합 계	241,500

[4단계] 완성품환산량 단위당원가 $\dfrac{241,500}{500(1+x)}$

완성품 단위당 제조원가가 ₩420이므로, $\dfrac{241,500}{500(1+x)}$ = ₩420 이다.

따라서 x = 15% 이다.

20 ③

[1단계] 물량의 흐름

재공품			
기 초	5,000	완 ┌ 기초	5,000
		성 └ 투입	75,000
당기착수	85,000	기 말	10,000
합 계	90,000	합 계	90,000

[2단계] 완성품 환산량

재료비A	재료비B	가공비
0	0	2,000
75,000	75,000	75,000
10,000	0	3,000
85,000	75,000	80,000

[3단계] 총원가 요약

	재료비A	재료비B	가공비	합 계
기초재공품원가				2,150,000
당기 착수 원가	3,400,000	4,500,000	1,600,000	9,500,000
합 계				11,650,000

[4단계] 완성품환산량 단위당원가

완성품 환산량	÷ 85,000	÷ 75,000	÷ 80,000
완성품환산량 단위당원가	@40	@60	@20

[5단계] 원가 배분

		합 계
완성품원가	$2,150,000 + 75,000 \times 40 + 75,000 \times 60 + 77,000 \times 20 =$	**11,190,000**
기말재공품원가	$10,000 \times 40 + \quad 0 \times 60 + \quad 3,000 \times 20 =$	**460,000**
합 계		11,650,000

21 ②

[1단계] 물량의 흐름　　　　　　　　　　[2단계] 완성품 환산량

재공품				재료비A	재료비B	가공비
기　초	2,500	완성 ─ 기초	2,500	0	2,500	1,500
		└ 투입	1,500	1,500	1,500	1,500
당기착수	3,500	기 ─	1,000	0	0	100
		말 └	1,000	1,000	1,000	800
합　계	6,000	합　계	6,000	2,500	5,000	3,900

[3단계] 총원가 요약

	재료비A	재료비B	가공비	합　계
기초재공품원가				700,000
당기 착수 원가	500,000	600,000	1,170,000	2,270,000
합　　계				2,970,000

[4단계] 완성품환산량 단위당원가

	재료비A	재료비B	가공비
완성품 환산량	÷ 2,500	÷ 5,000	÷ 3,900
완성품환산량 단위당원가	@200	@120	@300

[5단계] 원가 배분

		합　계
완성품원가	$700,000 + 1,500 \times 200 + 4,000 \times 120 + 3,000 \times 300 =$	**2,380,000**
기말재공품원가	$1,000 \times 200 + 1,000 \times 120 + 900 \times 300 =$	590,000
합　　계		2,970,000

22 ①

[1단계] 물량의 흐름　　　　　　　　　　[2단계] 완성품 환산량

재공품				재료비A	재료비B	가공비
기　초	3,000	완　성	25,500	25,500	25,500	25,500
당기착수	25,000	기　말	2,500	2,500	2,000*	1,000
합　계	28,000	합　계	28,000	28,000	27,500	26,500

[3단계] 총원가 요약

	재료비A	재료비B	가공비	합　계
기초재공품원가	181,000	105,400	71,300	357,700
당기 착수 원가	1,275,000	719,600	1,651,200	3,645,800
합　　계	1,456,000	825,000	1,722,500	4,003,500

[4단계] 완성품환산량 단위당원가

	재료비A	재료비B	가공비
완성품 환산량	÷ 28,000	÷ 27,500	÷ 26,500
완성품환산량 단위당원가	@52	@30	65

[5단계] 원가 배분

		합　계
완성품원가	$25,500 \times 52 + 25,500 \times 30 + 25,500 \times 65 =$	**3,748,500**
기말재공품원가	$2,500 \times 52 + 2,000 \times 30 + 1,000 \times 65 =$	255,000
합　　계		4,003,500

* $2,500단위 \times \dfrac{40\%}{50\%} = 2,000$

23 ②

[1단계]물량의 흐름   [2단계]완성품 환산량

재공품				전공정비	재료비	가공비
기초	12,000	완성	20,000	20,000	20,000	20,000
당기착수	18,000[*1]	기말	10,000	10,000		
합계	30,000	합계	30,000	30,000		

[3단계] 총원가 요약

	전공정비	재료비	가공비	합 계
기초재공품원가	3,000,000	1,440,000	2,160,000	6,600,000
당기 착수 원가	3,600,000[*2]			
합 계	6,600,000			

[4단계] 완성품환산량 단위당원가

완성품 환산량	÷ 30,000		
완성품환산량 단위당원가	@220	@120	@180

[5단계] 원가 배분   합 계

완성품원가   20,000×220 + 20,000×120 + 20,0500×180 =10,400,000

기말재공품원가

합 계

[*1] 제1공정 완성품 수량 : 0단위(기초) + 25,000단위(당기착수) − 7,000단위(기말) = 18,000단위
[*2] 제1공정 완성품원가 : 18,000단위×200 = ₩3,600,000

24 ①

[1단계] 물량의 흐름   [2단계] 완성품 환산량

재 공 품				재료비	가공비
기 초	0	완 성	9,000	9,000	9,000
당기착수		기 말	5,000	5,000	1,000
합 계		합 계	14,000	14,000개	10,000개

[3단계] 총원가 요약

	재료비	가공비	합 계
기초재공품원가			
당기 착수 원가	210,000[*2]	184,000[*3]	394,000

[4단계] 완성품환산량 단위당원가

	재료비	가공비
완성품 환산량	÷ 14,000	÷ 10,000
완성품환산량 단위당원가	@15[*1]	@18.4

[5단계] 원가 배분

		합 계
완성품원가	$9,000 \times 15 + 9,000 \times 18.4 =$	₩300,600
기말재공품원가	$5,000 \times 15 + 1,000 \times 18.4 =$	93,400
합 계		₩394,000

[*1] ₩75,000 ÷ 5,000단위 = ₩15

[*2] 14,000단위 × 15 = ₩210,000

[*3] ① ₩40,000 ÷ 2,500단위 = ₩16

② 완성품에 배부되어 있는 가공비 : 9,000단위 × 16 = ₩144,000

③ 단기발생가공비 : ₩144,000 + 40,000 = ₩184,000

25 ⑤

공손단위를 산출단위에 포함시킬 경우 단위당 원가는 더 작아진다. 만약 공손단위를 산출단위에서 제외(무시)하는 경우에는 완성품환산량이 줄어들어서 단위당 원가가 더 커질 것이다.

26 ④

공손수량(정상공손수량, 비정상공손수량)은 선입선출법에 의하든, 평균법에 의하든 항상 동일하게 계산되며, 양 방법에 의한 결과는 동일하다.

27 ③

③ 정상공손허용률을 2%에서 3%로 변화시켜도 전체 공손수량은 변화가 없다. 단지, 비정상공손수량이 정상공손수량으로 바뀔 뿐이다. 따라서 완성품환산량에는 변화가 없으며, 완성품환산량 단위당 원가도 변화가 없게 된다.

④ 기말재공품이 검사시점을 통과하지 않은 경우 공손을 인식하는 방법의 경우에는 모든 정상공손원가를 완성품에만 배부하게 될 것이다. 그러나 공손을 인식하지 않는 방법은 정상공손원가와 비정상공손원가가 모두 완성품과 기말재공품에 자연스럽게 배부되기 때문에 기말재공품원가가 더 커지는 경향이 있다.

⑤ 기초재공품의 진척도와 상관없이 기초재공품이 존재한다면 평균법에 의한 완성품환산량이 선입선출법에 의한 완성품환산량보다 크다.

28 ⑤

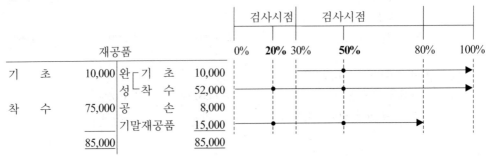

(1) 검사시점이 20%인 경우 : (52,000 + 15,000) × 10% = 6,700단위

(2) 검사시점이 50%인 경우 : (10,000 + 52,000 + 15,000) × 10% = 7,700단위

29 ⑤

기초재공품과 당기착수완성품, 그리고 기말재공품이 모두 당기에 검사시점(65%)을 통과하였기 때문에 정상공손원가를 이들 모두에 배분하여야 한다.

30 ②

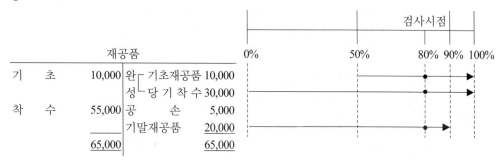

정상공손 수량 : (10,000 + 30,000 + 20,000) × 5% = 3,000단위

비정상공손수량 : 5,000단위 − 3,000단위 = 2,000단위

따라서, 비정상공손의 가공비 완성품환산량 : 2,000단위 × 80% = 1,600단위

31 ①

[1단계] 물량의 흐름			[2단계] 완성품 환산량	
재공품			재료비	가공비
기 초	500	완 성 3,700	3,700	3,700
		정상공손 250	250	250
		비정상공손 250	250	250
당기 투입	4,500	기말재공품 800	800	240
합 계	5,000	합 계 5,000	5,000	4,440

[3단계] 총원가 요약			합 계
기초재공품	500,000	375,000	875,000
당기착수원가	4,500,000	3,376,800	7,876,800
합 계	5,000,000	3,751,800	8,751,800

[4단계] 완성품환산량 단위당원가		
완성품 환산량	÷ 5,000	÷ 4,440
완성품환산량 단위당원가	@1,000	@845

32 ③

(1) 공손수량 파악

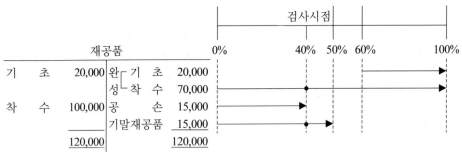

정상공손수량 : (70,000 + 15,000) × 10% = 8,500단위

비정상공손수량 : 15,000단위 − 8,500단위 = 6,500단위

(2) 비정상공손원가 계산

[1단계] 물량의 흐름 / [2단계] 완성품 환산량

재공품			[2단계] 완성품 환산량	
			재료비	가공비
기 초	20,000	완 ┌ 기초 20,000	0	8,000
		성 └ 착수 70,000	70,000	70,000
당기착수	100,000	정상공손 8,500	8,500	3,400
		비정상공손 6,500	6,500	2,600
		기 말 15,000	15,000	7,500
합 계	120,000	합 계 120,000	100,000	91,500

[3단계] 총원가 요약			합 계
기초재공품원가			−
당기 착수 원가	300,000	366,000	666,000

[4단계] 완성품환산량 단위당원가   @3   @4

비정상공손원가 : 6,500단위 × 3 + 2,600단위 × 4 = ₩29,900

33 ④

[1단계] 물량의 흐름 / [2단계] 완성품 환산량

재공품			[2단계] 완성품 환산량	
			재료비	가공비
기 초	60,000	완 성 90,000	90,000	90,000
		정상공손 20,000	20,000	12,000
당기착수	100,000	기 말 50,000	50,000	15,000
합 계	160,000	합 계 160,000	160,000	117,000

[3단계] 총원가 요약

			합　계
기초재공품원가	6,000,000	5,000,000	11,000,000
당기 착수 원가	10,000,000	16,060,000	26,060,000
합　　계	16,000,000	21,060,000	37,060,000

[4단계] 완성품환산량 단위당원가　　　　　@100　　　　　@180

[5단계] 원가 배분

		합　계
완성품원가	$90,000 \times 100 + 90,000 \times 180 =$	25,200,000
정상공손원가	$20,000 \times 100 + 12,000 \times 180 =$	4,160,000
기말재공품원가	$50,000 \times 100 + 15,000 \times 180 =$	7,700,000
합　　　계		37,060,000

기말재공품은 검사시점을 통과하지 못하였기 때문에 정상공손원가는 전액 완성품에만 배분한다. 따라서 당기 완성품원가는 ₩29,360,000(= 25,200,000 + 4,160,000)이다. 따라서 완성품 단위당 원가는 ₩326(= 29,360,000 ÷ 90,000단위)이다.

34 ①

[1단계] 물량의 흐름　　　　　　　　　　　　[2단계] 완성품 환산량

	재공품			재료비	가공비
기 ┌ (1/3)	600	완 ┌ 기초(1/3)	600	0	400
초 └ (1/2)	400	│ 기초(1/2)	400	0	200
		성 └ 착수	8,500	8,500	8,500
당기착수	9,000	기 ┌ (40%)	200	200	80
		말 └ (70%)	300	300	210
합　계	10,000	합　계	10,000	9,000	9,390

[3단계] 총원가 요약

기초재공품원가		
당기 착수 원가	135,000	281,700

[4단계] 완성품환산량 단위당원가　　　　　@15　　　　　@30

[5단계] 원가 배분

기말재공품원가　　　　　$500 \times 15 + 290 \times 30 = 16,200$

35 ②

기말재공품이 검사시점을 통과하지 못하였기 때문에 검사시점에 도달한 물량은 9,500 단위(= 10,000단위 − 500단위)이다. 따라서 공손수량은 190단위(= 9,500단위 × 2%)이다.

[1단계] 물량의 흐름

[2단계] 완성품 환산량

재공품				재료비	가공비
기 초	1,000	완 성	9,310*	9,310	9,310
		공 손	190	190	190
당기착수	9,000	기 ┌(40%)	200	200	80
		말 └(70%)	300	300	210
합 계	10,000	합 계	10,000	10,000	9,790

[3단계] 총원가 요약

	재료비	가공비
기초재공품원가	5,000	60,950
당기 착수 원가	135,000	281,700
합 계	140,000	342,650

[4단계] 완성품환산량 단위당원가   @14   @35

[5단계] 원가 배분

공손품원가 $190 \times 14 + 190 \times 35 = ₩9,310$

* 9,500단위 - 190단위 = 9,310단위

36 ③

(1) 정상공손수량 파악

검사가 완성시점에서 이루어지고 있기 때문에 당기에 검사를 통과한 수량은 완성품 7,000단위이다. 따라서 정상공손허용수량은 350단위(= 7,000단위 × 5%)이며, 비정상 공손수량은 150단위(= 500단위 - 350단위)이다.

(2) 완성품에 포함된 가공비

[1단계] 물량의 흐름

[2단계] 완성품 환산량

재공품				가공비
기 초	2,000	완 성	7,000	7,000
		정 상 공 손	350	350
당기착수	8,000	비정상공손	150	150
		기 말	2,500	2,000
합 계	10,000	합 계	10,000	9,500

[3단계] 총원가 요약

	가공비
기초재공품원가	10,000
당기 착수 원가	75,500
합 계	85,500

[4단계] 완성품환산량 단위당원가   @9

[5단계] 원가 배분
  완성품원가 $7,000 \times 9 = 63,000$
  정상공손원가 $350 \times 9 = 3,150$

기말재공품이 검사시점을 통과하지 못하였기 때문에 모든 정상공손원가는 완성품에 배분된다. 따라서 완성품에 포함된 가공비는 ₩66,150(= 63,000 + 3,150) 이다.

37 ③

검사가 완성시점에서 이루어지고 있기 때문에 당기에 검사를 통과한 수량은 완성품 7,000단위이다. 따라서 정상공손수량은 700단위(= 7,000단위 × 10%)이다.

[1단계] 물량의 흐름			[2단계] 완성품 환산량	
	재공품		재료비	가공비
기 초	1,000	완 성 7,000	7,000	7,000
		정 상 공 손 700	700	700
당기착수	9,000	비정상공손 800	800	800
		기 말 1,500	1,500	900
합 계	10,000	합 계 10,000	10,000	9,400

[3단계] 총원가 요약			합 계
기초재공품원가	540,000	880,000	1,420,000
당기 착수 원가	5,000,000	9,460,000	14,460,000
합 계	5,540,000	10,340,000	15,880,000

[4단계] 완성품환산량 단위당원가   @554   @1,100

[5단계] 원가 배분		합 계
완성품원가	$7,000 \times 554 + 7,000 \times 1,100 =$	11,578,000
정상공손원가	$700 \times 554 + 700 \times 1,100 =$	1,157,800

기말재공품은 검사시점을 통과하지 못했기 때문에 정상공손원가는 전액 완성품에만 배분한다. 따라서 완성품원가는 ₩12,735,800(= 11,578,000 + 1,157,800)이다.

38 ⑤

[1단계] 물량의 흐름

	재공품			[2단계] 완성품 환산량	
				재료비	가공비
기 초	완 성		2,000	2,000	2,000
당기착수	공 손 품		200	100	80
	기 말		500	100	75
합 계	합 계		2,700	2,200개	2,155개

[3단계] 총원가 요약

	재료비	가공비	합 계
기초재공품원가	₩1,000	₩ 2,475	₩ 3,475
당기 착수 원가	5,600	8,300	13,900
합 계	₩6,600	₩10,775	₩17,375

[4단계] 완성품환산량 단위당원가

	재료비	가공비
완성품 환산량	÷ 2,200	÷ 2,155
완성품환산량 단위당원가	@3	@5

[5단계] 원가 배분

			합 계
완성품원가	2,000 × 3 +	2,000 × 5 =	₩ 16,000
공손원가	**100 × 3 +**	**80 × 5 =**	**700**
기말재공품원가	100 × 3 +	75 × 5 =	675
합 계			₩17,375

39 ⑤

물량의 흐름을 나타내면 다음과 같다.

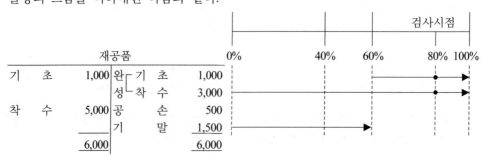

정상공손수량 : (1,000 + 3,000) × 5% = 200단위

[1단계] 물량의 흐름

	재공품			[2단계] 완성품 환산량		
				전공정비	재료비	가공비
기 초	1,000	완┌기 초	1,000	0	0	400
		성└투 입	3,000	3,000	3,000	3,000
당기착수	5,000	정상공손	200	200	200	160
		비정상공손	300	300	300	240
		기 말	1,500	1,500	0	600
합 계	6,000	합 계	6,000	5,000	3,500	4,400

[3단계] 총원가 요약

				합 계
기초재공품원가				942,0000
당기 착수 원가	625,000	1,470,000	924,000	3,019,000

[4단계] 완성품환산량 단위당원가   @125   @420   @210

[5단계] 원가 배분

				합 계
완성품원가	942,000 + 3,000 × 125 + 3,000 × 420 + 3,400 × 210 =			3,291,000
정상공손원가	200 × 125 + 200 × 420 + 160 × 210 =			142,600
비정상공손원가	300 × 125 + 300 × 420 + 240 × 210 =			213,900

따라서 비정상공손원가는 ₩213,900이다.

40 ④

(33번 해설 참고) 기말재공품이 검사시점을 통과하지 못하였기 때문에 정상공손원가는 모두 완성품에 배분한다. 따라서 완성품원가는 ₩3,433,600(= 3,291,000 + 142,600)이며, 완성품단위당 원가는 ₩858.4(= 3,433,600 ÷ 4,000단위)이다.

41 ③, **42** ⑤

(1) 공손수량 파악

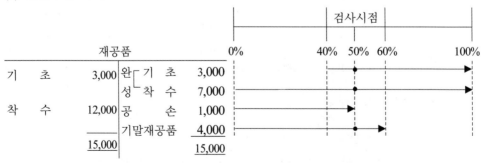

정상공손수량 : (10,000 + 4,000) × 5% = 700단위

비정상공손수량 : 1,000단위 − 700단위 = 300단위

(2) 종합원가계산 5단계

[1단계] 물량의 흐름

재공품				[2단계] **완성품 환산량**		
				전공정비	재료비	가공비
기 초	3,000	완 성	10,000	10,000	10,000	10,000
		정상공손	700	700	700	350
당기착수	12,000	비정상공손	300	300	300	150
		기 말	4,000	4,000	4,000	2,400
합 계	15,000	합 계	15,000	**15,000**	**15,000**	**12,900**

[3단계] 총원가 요약

	전공정비	재료비	가공비	합 계
기초재공품원가	14,750	2,000	10,250	27,000
당기 착수 원가	56,500	58,000	92,950	207,450
합 계	71,250	60,000	103,200	234,450

[4단계] 완성품환산량 단위당원가 @4.75 @4 @8

[5단계] 원가 배분

		합 계
완성품원가	$10,000 \times 4.75 + 10,000 \times 4 + 10,000 \times 8 =$	167,500
정상공손원가	$700 \times 4.75 + 700 \times 4 + 350 \times 8 =$	8,925
비정상공손원가	$300 \times 4.75 + 300 \times 4 + 150 \times 8 =$	3,825
기말재공품원가	$4,000 \times 4.75 + 4,000 \times 4 + 2,400 \times 8 =$	54,200
합 계		234,450

완성품원가 : $167,500 + 8,925 \times \dfrac{10,000단위}{14,000단위} = 173,875$

(3) 완성품과 비정상공손관련 회계처리

(차) 제　　품 173,875 (대) 재 공 품 177,700
비정상공손 3,825

43 ②

(1) 정상공손수량 파악

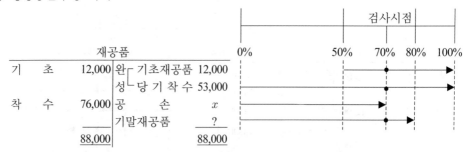

공손을 제외한 나머지 수량이 모두 당기에 검사시점을 통과하였기 때문에, 공손수
량을 x라고 하면, 정상공손수량은 다음과 같이 계산된다.

$$(88,000 - x) \times 10\% = x\,(\text{모두 정상공손이라 하였으므로})$$

따라서 정상공손수량(x)은 8,000단위이고, 기말재공품은 15,000단위이다.

(2) 재료비 완성품환산량 단위당원가 계산

[1단계] 물량의 흐름   [2단계] 완성품 환산량

재공품				재료비
기　　초	12,000	완 ┌ 기초	12,000	0
		성 └ 착수	53,000	53,000
당기착수	76,000	정상공손	8,000	8,000
		기　　말	15,000	15,000
합　　계	88,000	합　　계	88,000	76,000

재료비 완성품환산량 단위당 원가 : $\dfrac{456,000}{76,000단위}$ = @6

(3) 정상공손에 포함된 직접재료비 : 8,000단위 × 6 = ₩48,000

44 ①

(1) 각 방법별 기말재공품원가 계산(단, 당기 발생 재료비를 x라 가정)

[1단계] 물량의 흐름   [2단계] 재료비 완성품 환산량

재공품				선입선출법	평균법
기　　초	200	완 ┌ 기초	200	0	500
		성 └ 착수	300	300	
당기착수	800	정상공손	100	100	100
		기　　말	400	400	400
합　　계	1,000	합　　계	1,000	800	1,000

[3단계] 총원가 요약

	선입선출법	평균법
기초재공품원가		100
당기 착수 원가	x	x
합　　계	x	$100 + x$

[4단계] 완성품환산량 단위당원가 $\dfrac{x}{800}$ $\dfrac{100+x}{1,000}$

선입선출법에 의한 기말재공품원가 : $400 \times \dfrac{x}{800} = 0.5x$

평균법에 의한 기말재공품원가 : $400 \times \dfrac{100+x}{1,000} = 40 + 0.4x$

선입선출법에 의한 기말재공품의 직접재료비가 460만큼 더 크기 때문에
따라서 $(40 + 0.4x) + 460 = 0.5x$ $\therefore x = ₩5,000$

45 ④

기초재공품이 존재하지 않기 때문에 당기에 검사(40%)를 통과한 수량은 당기완성 수량 1,500단위와 기말재공품 400단위의 합계 1,900단위이다. 따라서 정상공손수량은 38단위(= 1,900 × 2%)이다. 따라서 비정상공손수량은 62단위(= 100 − 38)이다.

[1단계] 물량의 흐름

재공품				[2단계] 완성품 환산량	
				재료비	가공비
기 초	0	완 성	1,500	1,500	1,500
		정 상 공 손	38	38	15.2
당기착수	2,000	비정상공손	62	62	24.8
		기 말	400	400	200
합 계	2,000	합 계	2,000	2,000	1,740

[3단계] 총원가 요약   500,000   1,501,620

[4단계] 완성품환산량 단위당원가   @250   @863

[5단계] 원가 배분   합 계

비정상공손원가 $62 \times 250 + 24.8 \times 863 =$ 36,902

공손품이 처분가치가 있으므로, 당기에 비용화되는 비정상공손비는 비정상공손원가에서 공손품의 순실현가치를 차감한 금액이다. 따라서 다음과 같이 계산된다.

$$36,902 − 62단위 \times 100 = ₩30,702$$

46 ②

검사시점을 x 라고 하면,

[1단계] 물량의 흐름

재공품				[2단계] 완성품 환산량	
				원 가	
기 초		완 ┌기초	1,000	600	
		성 └착수	4,000	4,000	
		정 상 공 손	500	$500x$	
당기착수		기 말	3,000	2,400	
합 계		합 계	8,500	$7,000+500x$	

[4단계] 완성품환산량 단위당원가

완성품 환산량 $\div (7,000+500x)$

완성품환산량 단위당원가   @180

따라서 정상공손원가 : $500x \times 180$

완성품(5,000단위)과 기말재공품(3,000단위)이 모두 검사시점을 통과하였기 때문에 완성품에 배부된 정상공손원가는 다음과 같다.

$$완성품에 \ 배부된 \ 정상공손원가 : 500x \times 180 \times \frac{5,000}{8,000} = ₩33,750$$

따라서 x(검사시점)는 60%이다.

47 ④

(1) 각 방법별 가공비 비교

[1단계] 물량의 흐름   [2단계] 가공비 완성품 환산량

재공품			평균법	선입선출법
기 초	500	완 ┌ 기초 500	800	b
		성 └ 착수 300		300
당기착수		비정상공손 160	128	128
		기 말 240	a	72
합 계	1,200	합 계 1,200	928 + a	500 + b

[3단계] 총원가 요약

	평균법	선입선출법
기초재공품원가	190,000	
당기 착수 원가	960,000	960,000
합 계	1,150,000	

[4단계] 완성품환산량 단위당원가

$$\frac{1,150,000}{928+a} \qquad \frac{960,000}{500+b}$$

[5단계] 원가배분(가공비)

	평균법	선입선출법
완 성 품	920,000	910,000

(2) 평균법에 의한 완성품환산량이 $(928+a)$이므로, 평균법에 의한 완성품의 가공비는 다음을 만족하여야 한다.

$$800단위 \times \frac{1,150,000}{928+a} = 920,000 \ \rightarrow \ a = 72단위$$

따라서 기말재공품의 완성품환산량은 72단위이다.

(3) 선입선출법의 경우 기초재공품의 당기 가공비 완성품환산량을 b라고 하면, 완성품의 가공비는 다음을 만족하여야 한다.

$$190,000 + (300단위 + b) \times \frac{960,000}{500 + b} = 910,000$$

$$\rightarrow b = 300단위$$

(4) 선입선출법에 의한 완성품환산량 단위당 원가는 ₩1,200(= $\frac{960,000}{800단위}$)이며, 공손품에 포함된 가공비는 ₩153,600(= 128단위 × 1,200)이다.

48 ③

(1) 각 방법별 완성품환산량 단위당원가

[1단계] 물량의 흐름

[2단계] 가공비 완성품 환산량

	재공품			선입선출법	평균법
기 초	100	완성 ┌ 기초	100	40	250
		└ 착수	150	150	
당기착수		비정상공손	100	50	50
		기 말	250	200	200
합 계	600	합 계	600	440	500

[3단계] 총원가 요약

기초재공품원가		500
당기 착수 원가	x	x
합 계		$500 + x$
[4단계] 완성품환산량 단위당원가	$\dfrac{x}{400}$	$\dfrac{500+x}{500}$

(2) 양 방법에 의한 기말재공품에 배부된 가공비가 동일하므로, 양 방법에 의한 완성품환산량 단위당 원가가 동일해야 한다. 따라서,

$$\frac{x}{440} = \frac{500 + x}{500}$$

$$\rightarrow x = ₩3,666$$

49 ⑤

비정상공손의 전환원가 완성품환산량이 100개인 것으로 보아 현재는 100%시점에서 검사하고 있음을 알 수 있다. 만약 50%시점에서 검사할 경우 100단위가 추가로 완성품이 되어 매출을 증가시킬 것이므로 매출이 25,000원(= 100단위 × 250) 증가한다. 100단위가 100시점에서 탈락을 하든, 완성품이되어 판매가 되든 발생원가는 동일하므로 매출만 ₩25,000 증가하는 것이다.

50 ④

검사시점이 2군데이기 때문에 1차 검사시점(40%시점)을 통과한 수량 계산시 2차검사시점(80%시점)에서 탈락한 공손수량(1,000단위)도 포함하여야 한다는 것이다. 즉, 2차검

사시점(80%시점)에서 탈락한 공손수량 1,000단위도 모두 1차검사시점(40%시점)은 통과하여 2차검사시점까지 진행되었기 때문이다.

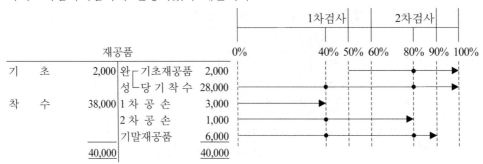

(1) 당기 중 1차 검사시점 통과수량 :

    28,000(당기착수완성) + 1,000(2차공손) + 6,000(기말재공품) = 35,000단위

    따라서 1차공손 중 정상공손수량 : 35,000 × 5% = 1,750단위

        비정상공손수량 : 3,000단위 − 1,750단위 = **1,250단위**

(2) 당기 중 2차 검사시점 통과수량 :

    2,000(기초재공품) + 28,000(당기착수완성) + 6,000(기말재공품) = 36,000단위

    따라서 2차공손 중 정상공손수량 : 36,000 × 2% = 720단위

        비정상공손수량 : 1,000단위 − 720단위 = **280단위**

51 ③

[1단계] 물량의 흐름

재공품				[2단계] 완성품 환산량	
				재료비	가공비
기 초	2,000	완 ─ 기 초	2,000	0	1,000
		성 └ 착 수	28,000	28,000	28,000
		1차정 상	1,750	0	700
착 수	38,000	1차비정상	1,250	0	500
		2차정 상	720	720	576
		2차비정상	280	280	224
		기 말	6,000	6,000	5,400
합 계	40,000	합 계	40,000	**35,000**	**36,400**

52 ④

기말재공품의 물량의 흐름을 투입물량 기준으로 나타내면 다음과 같다.

재공품			
기초재공품	4,000 ℓ [*1]	당 기 완 성	28,000 ℓ [*2]
당 기 착 수	30,000 ℓ	기말재공품	6,000 ℓ [*3]
합 계	34,000 ℓ	합 계	34,000 ℓ

[*1] $x \times (1 - 0.2 \times 40\%) = 3,680\,ℓ \rightarrow x = 4,000\,ℓ$

[*2] $22,400\,ℓ = x \times (1 - 0.2 \times 100\%) \rightarrow x = 28,000\,ℓ$

[*3] $34,000\,ℓ \rightarrow 28,000\,ℓ = 6,000\,ℓ$

기말재공품 감손 발생후 물량 : $6,000\,\ell \times (1-0.2 \times 60\%) = 5,280\,\ell$

53 ④

(1) 투입량 기준 재공품 계정을 나타내면 다음과 같다.

재공품

기 초	1,000[*3]	완 성	2,500[*1]
당기 투입	1,900	기 말	400[*2]
합 계	2,900	합 계	2,900

[*1] 투입량 × (1 − 0.2 × 100%) = 2000단위 → 투입량 = 2,500단위

[*2] 투입량 × (1 − 0.2 × 25%) = 380단위 → 투입량 = 400단위

[*3] 완성품 2,500단위와 기말재공품 400단위의 합계 2,900단위에서 당기 착수량 1,900단위를 차감한 1,000단위가 기초재공품의 투입량기준 물량이다.

(2) 기초재공품의 완성도를 x라 하면,

1,000단위 × (1 − 0.2 × x) = 900단위 이므로, $x = 50\%$이다.

54 ④

(1) 작업별 단위당 가공원가

	작업 甲	작업 乙
직접노무원가	₩500,000	₩1,000,000
제조간접원가	70,000	300,000
합 계	₩570,000	₩1,300,000
작업별 생산량	÷ 19,000단위	÷ 13,000단위
작업별 단위당 가공원가	@30	@100

(2) B제품 단위당 원가

직접재료원가	₩1,320,000
가 공 비	
작업 甲	120,000(= 4,000단위 × 30)
작업 乙	400,000(= 4,000단위 × 100)
B제품 제조원가	₩1,840,000
B제품 생산량	÷ 4,000단위
B제품 단위당원가	@460

별해

단위당 직접재료원가	₩330(= 1,320,000 ÷ 4,000단위)
단위당 가공비	
작업 甲	30
작업 乙	100

단위당 제조원가   ₩460

55 ⑤

(1) 작업별 단위당 제조원가

	기본형	옵션품목장착	특수컬러도장
직 접 재 료 비	408,000,000	96,000,000	8,000,000
가 공 비	840,000,000	72,000,000	4,000,000
작업별 총제조원가	1,248,000,000	168,000,000	12,000,000
작 업 별 생 산 량	÷200대	÷100대	÷20대
작업별 단위당 원가	@6,240,000	@1,680,000	@600,000

(2) 주문형의 단위당 제조원가

6,240,00 + 1,680,000 + 600,000 = ₩8,520,000

56 ④

(1) 가공비 원가 계산

[1단계] 물량의 흐름   [2단계] 완성품 환산량

재공품				가공비
기 초	200	완성 ┌ 기초	200	40
		└ 착수	100	100
당기착수	450	기말 ┌ #105	200	100
		└ #207	150	90
합 계	650	합 계	650	330

[3단계] 총원가 요약

기초재공품원가

당기 착수 원가   4,092,000

합   계

[4단계] 완성품환산량 단위당원가   @12,400

[5단계] 원가 배분

완 성 품   140 × 12,400 = 1,736,000

기말재공품   190 × 12,400 = 2,356,000

(2) 완성품원가

기초재공품원가   ₩2,460,000(= 1,500,000 + 960,000)

당기투입재료비   3,700,000(= 500,000(#101) + 3,200,000(#206))

당기투입가공비   1,736,000

합   계   ₩7,896,000

결합원가계산

Chapter 5

결합원가계산

01 기본개념

단일 제조공정에서 여러 가지 제품을 동시에 생산하는 경우 이 때 생산되는 두 종류 이상의 제품이나 서비스를 **결합제품**(joint product)이라 하며, 결합제품을 생산하기 위해 단일 제조공정에 투입된 원가를 **결합원가**(joint costs)라 한다.

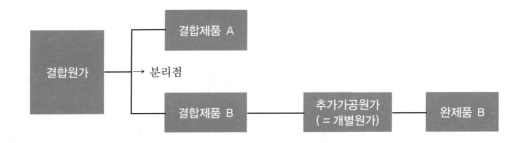

(1) 결합원가(joint costs)

여러 가지 제품을 동시에 생산하는 단일공정에서 발생한 원가. 즉, 결합제품이 분리되어 생산되기 전까지 투입된 원가이다. 즉, 결합제품을 생산하기 위해 투입된 직접재료비, 직접노무비, 제조간접비의 합계가 결합원가가 된다.

(2) 결합제품(joint products)

하나의 공정(결합공정)에서 동일한 원재료를 투입하여 생산되는 여러 종류의 제품들을 결합제품이라고 한다.

(3) 분리점(spilt-off point)

결합원가가 투입되어 여러 종류의 결합제품이 탄생하는 과정에서, 결합제품이 개별적으로 식별이 되는 점을 말한다. 결합제품은 분리점 이후 시점부터 개별제품으로 식별가능하게 되며, 분리점 이전에는 개별적으로 식별되지 않는 것이다.

(4) 주산물(major products)과 부산물(by-products)

여러 종류의 결합제품들 중 상대적으로 판매가치가 높은 제품을 주산물이라 하며, 상대적으로 판매가치가 낮은 제품을 부산물이라 한다.

(5) 개별원가(분리원가, separable costs)

추가가공원가(additional processing costs)라고도 하는데, 분리점 이후 결합제품을 추가가공하는데 발생하는 원가이다. 개별원가와 결합원가를 구분하는 기준은 바로 분리점이다. 즉, 분리점 이전에 발생하는 원가는 결합원가가 되는 것이며, 분리점 이후에 발생하는 원가는 개별원가라고 보면 된다.

02 결합원가의 배분방법

(1) 물량기준법

물량기준법은 결합제품들의 중량이나 수량, 부피와 같은 동일한 단위를 기준으로 결합원가를 배분하는 방법

① 이해하기 쉽고 계산이 간단하다.
② 결합제품의 판매가치를 알 수 없을 때, 유용하게 사용될 수 있다.
③ 결합제품들의 물량의 단위가 다를 경우에는 적용할 수 없다.
④ 경제학에서 말하는 희소성의 원칙을 위반하는 효과를 가져올 수 있다.

(2) 분리점에서의 판매가치기준법

분리점에서의 판매가치기준법은 결합원가 배분시 분리점에서의 제품별 상대적인 판매가치를 기준으로 배분하는 방법이다. 여기에서 말하는 판매가치는 단위당 판매가치가 아닌 개별제품별 총판매가치를 의미한다.

① 부담능력기준에 근거한 방법으로서 제품별 수익성이 고려된다.
② 분리점에서 판매 시장이 존재할 경우에는 쉽게 적용할 수 있으나, 분리점에서 판매 시장이 존재하지 않는 경우에는 적용하기 어렵다.
③ 분리점에서는 결합제품들의 매출총이익률이 동일하나, 추가가공이 이루어지는 경우에는 결합제품들의 매출총이익률이 달라질 수 있다.

(3) 순실현가치기준법

순실현가치법은 분리점에서의 판매가치가 존재하지 않거나, 판매가치를 알 수 없는 경우에 사용하는 방법으로서, 최종판매가치에서 개별제품별 추가가공원가 등을 차감한 가치(순실현가치)를 기준으로 결합원가를 배분하는 방법이다.

① 분리점에서의 판매가치기준법과 마찬가지로 부담능력기준에 근거하며, 결합제품들의 수익성이 고려된다.
② 결합원가만이 이익창출에 기여하고, 추가가공원가는 이익창출에 기여하지 못하고 단순히 발생된 원가만회수하는 것처럼 보인다.

(4) 균등이익률법

균등이익률법은 개별제품들의 최종판매가치를 기준으로 결합제품의 매출총이익률이 모두 같아지도록 결합원가를 배분하는 방법이다.

① 결합원가와 추가가공원가가 모두 수익창출에 공헌하는 것으로 보여진다.
② (-)결합원가가 배분될 수도 있다.

> **참고**   Reference
>
> 재고가 존재하지 않는다는 가정하에 결합원가 배분방법을 어떤 방법으로 하느냐와 상관없이 회사의 영업이익이 달라지지 않는다.

기본 문제

다음은 기본문제 1~5번과 관련된 내용이다.
(주)해태는 원재료10,000kg을 가공공정에서 가공하여 제품A 4,000kg과 제품B 6,000kg을 생산하고 있다. 생산된 제품A는 ₩600/kg, 제품B는 ₩400/kg에 판매되며, 추가가공하여 판매할 수도 있다. 추가 가공된 후 제품A와 제품B의 판매가격은 각각 ₩1,450/kg, ₩700/kg이며, 추가가공시 발생하는 원가는 다음과 같다. 단, 가공공정에서는 재료비 ₩1,500,000, 가공비 ₩2,500,000이 발생하였으며, 추가가공원가는 다음과 같으며, 회사가 생산한 제품은 전량 당기에 판매된다.

- 제품A 추가 가공시 발생하는 원가 : ₩1,400,000
- 제품B 추가 가공시 발생하는 원가 : ₩ 600,000

01 물량기준법에 의할 경우 A제품과 B제품에 배분되는 결합원가는 각각 얼마인가?

	A제품	B제품		A제품	B제품
①	₩1,600,000	₩2,400,000	②	₩2,000,000	₩2,000,000
③	₩2,200,000	₩1,800,000	④	₩2,400,000	₩1,600,000
⑤	₩2,500,000	₩1,500,000			

02 분리점에서의 판매가치기준법 에 의할 경우 A제품과 B제품에 배분되는 결합원가는 각각 얼마인가?

	A제품	B제품		A제품	B제품
①	₩1,600,000	₩2,400,000	②	₩2,000,000	₩2,000,000
③	₩2,200,000	₩1,800,000	④	₩2,400,000	₩1,600,000
⑤	₩2,500,000	₩1,500,000			

03 순실현가치기준법에 의할 경우 A제품과 B제품의 단위당 원가는 각각 얼마인가?

	A제품	B제품		A제품	B제품
①	₩950	₩333	②	₩920	₩400
③	₩900	₩400	④	₩870	₩420
⑤	₩850	₩450			

04 균등이익률법에 의할 경우 A제품과 B제품의 단위당 원가는 각각 얼마인가?

	A제품	B제품			A제품	B제품
①	₩950	₩333		②	₩920	₩400
③	₩900	₩400		④	₩870	₩420
⑤	₩850	₩450				

05 다음의 결합원가 배분 방법들 중 어떠한 방법으로 결합원가를 배분할 경우 당기 회사의 영업이익이 가장 커지겠는가?

① 물량기준법　　　　② 분리점에서의 판매가치기준법
③ 순실현가치기준법　　④ 균등이익률법　　　　⑤ 모두 동일하다.

해설

<공정 흐름도>

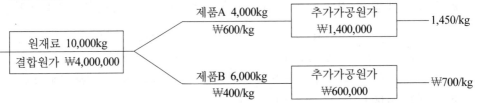

01 ①

물량기준법

제품	물량	결합원가 배분율	결합원가 배분
A	4,000kg	40%	₩1,600,000
B	6,000kg	60%	2,400,000
합계	10,000kg	100%	₩4,000,000

02 ②

분리점에서의 판매가치기준법

제품	분리점에서의 판매가치	결합원가 배분율	결합원가 배분
A	₩2,400,000[*1]	50%	₩2,000,000
B	2,400,000[*2]	50%	2,000,000
합계	₩4,800,000	100%	₩4,000,000

[*1] 4,000kg × ₩600/kg = ₩2,400,000
[*2] 6,000kg × ₩400/kg = ₩2,400,000

03 ③

순실현가치기준법

제 품	순실현가치	결합원가 배 분 율	결합원가 배 분	추 가 가공원가	총원가	단위당 원 가
A	₩4,400,000[*1]	55%	₩2,200,000	₩1,400,000	₩3,600,000	₩900
B	3,600,000[*2]	45%	1,800,000	600,000	2,400,000	400
합 계	₩8,000,000	100%	₩4,000,000	₩2,000,000	₩6,000,000	

[*1] 4,000kg × ₩1,450/kg - 1,400,000 = ₩4,400,000
[*2] 6,000kg × ₩700/kg - 600,000 = ₩3,600,000

04 ④

균등이익률법

제품	매출액	매출 총이익률	매출총이익	추가가공원가	결합원가
A	₩5,800,000[*1]	40%	₩2,320,000[*3]	₩1,400,000	₩2,080,000[*5]
B	4,200,000[*2]	40%	1,680,000[*4]	600,000	1,920,000[*6]
합계	₩10,000,000		₩4,000,000	₩2,000,000	₩4,000,000

[*1] 4,000kg × ₩1,450/kg = ₩5,800,000
[*2] 6,000kg × ₩700/kg = ₩4,200,000
[*3] 5,800,000 × 40% = ₩2,320,000
[*4] 4,200,000 × 40% = ₩1,680,000
[*5] 5,800,000 - 2,320,000 - 1,400,000 = ₩2,080,000
[*6] 4,200,000 - 1,680,000 - 600,000 = ₩1,920,000

따라서, 제품별 단위당 원가는 다음과 같다.
A제품 : (2,080,000 + 1,400,000) ÷ 4,000kg = ₩870
B제품 : (1,920,000 + 600,000) ÷ 6,000kg = ₩420

05 ⑤

당기에 모든 제품이 판매된다고 가정할 경우 어떠한 방법을 적용하여 결합원가를 배분하더라도, 회사의 영업이익은 동일하다. 결합원가 배분방법에 따라 영업이익이 달라지지 않는다.

03 복수의 분리점

분리점이 둘 이상이라고 하더라도, 결합원가의 배분은 분리점이 하나만 존재하는 경우와 큰 차이가 없다. 즉, 물량기준법이나, 분리점에서의 상대적판매가치기준에 의하여 첫 번째 분리점부터 동일하게 배분해 나가면 된다. 다만 순실현가치법의 경우에는 제품별 순실현가치를 계산하는 과정에서 최종분리점의 순실현가치부터 계산해서 최초 분리점의 순실현가치 순서로 계산하여야 한다. 순실현가치가 계산되고 나서 결합원가를 배분하는 과정에서는 최초분리점에서부터 최종분리점의 순서로 차례로 결합원가를 배분하게 된다.

04 부산물의 회계처리

결합생산공정을 통해 생산된 결합제품 중 주산물에 비하여 상대적으로 판매가치가 낮은 것을 부산물(by-product)이라 하며, 작업폐물(scrap)은 순실현가치가 "0"이거나, 폐기처분과정에서 부(-)의 순실현가치가 발생하는 경우를 말한다. 만약 **작업폐물이 폐기처분과정에서 비용이 발생하여 부(-)의 순실현가치가 발생하는 경우 동 금액을 결합원가에 가산한다.**

(1) 판매기준법(판매시점에서 부산물의 판매이익을 잡이익으로 처리하는 방법)

판매기준법은 부산물에 대하여는 결합원가를 전혀 배분하지 않고, 부산물이 판매되는 시점에 부산물의 판매로 인한 순이익(순실현가치)을 잡이익으로 인식하는 방법으로서 잡이익법이라고도 한다. 이 방법에서는 모든 결합원가는 주산물에만 배분이 되므로 생산기준법에 비하여 주산물에 원가가 상대적으로 높게 평가된다.

(2) 생산기준법(생산시점에서 부산물을 순실현가치로 평가하는 방법)

생산기준법은 부산물이 생산되면 분리점에서의 부산물의 순실현가치 만큼을 부산물에 우선적으로 결합원가를 배분하는 방법으로서 결합원가의 일부를 부산물에 우선 배분하기 때문에 주산물의 원가가 상대적으로 낮아지게 된다. 생산기준법하에서는 **부산물의 판매로 인한 이익이 항상 "0"**이 되며, 부산물 판매시 판매관리비가 발생하지 않으면 부산물의 단위당 원가는 부산물의 단위당 판매가격과 일치하게 된다.. 이 방법은 주로 부산물의 상대적인 판매가치가 매우 커서 재고자산가액이나 이익에 많은 영향을 미칠 때 주로 사용되는 방법이다.

기본 문제

다음은 기본문제 6~7번과 관련된 내용이다.

당기에 영업을 개시한 결합주식회사는 주산품 X, Y와 부산물 Z를 생산하고 있다. 당해 기간의 결합원가는 ₩1,050,000이며, 회사는 결합원가를 순실현가치를 기준으로 배분하고 있다. Y는 분리점에서 판매되고, X와 Z는 추가가공을 거친 후 판매된다. 당기의 생산 관련 자료는 다음과 같다.

제 품	생산량	추가가공원가	단위당 최종 판매금액
X	250단위	₩500,000	₩8,000
Y	200단위	–	₩5,000
Z	350단위	100,000	₩1,000
합 계	800단위	₩600,000	

06 잡이익법(부산물의 순실현가치를 판매시점에 잡이익으로 처리하는 방법)에 의하여 주산품의 단위당 원가를 계산하시오.

	X제품	Y제품			X제품	Y제품
①	₩1,920	₩1,600		②	₩2,520	₩2,100
③	₩3,920	₩1,600		④	₩4,520	₩1,600
⑤	₩4,520	₩2,100				

07 원가차감법(부산물의 순실현가치만큼 결합원가를 부산물에 배분하는 방법)에 의하여 주산품의 단위당 원가를 계산하시오.

	X제품	Y제품			X제품	Y제품
①	₩1,920	₩1,600		②	₩2,520	₩2,100
③	₩3,920	₩1,600		④	₩4,520	₩1,600
⑤	₩4,520	₩2,100				

해설

06 ⑤

잡이익법

잡이익법은 부산물이 판매되는 시점에서 잡이익으로 인식하기 때문에 결합원가를 부산물에 전혀 배분하지 않는다. 따라서 결합원가는 주산물에만 배분하면 된다.

제 품	순실현가치	결합원가 배분비율	결합원가 배 분 액	개별원가	총원가	단위당 원 가
X	₩1,500,000[*1]	60%	₩ 630,000	₩500,000	₩1,130,000	₩4,520
Y	1,000,000[*2]	40%	420,000	–	420,000	2,100
소계	₩2,500,000	100%	₩1,050,000	₩500,000	₩1,550,000	

[*1] 250단위 × 8,000 - 500,000 = ₩1,500,000
[*2] 200단위 × 5,000 = ₩1,000,000

07 ③

원가차감법

원가차감법은 결합원가 중 부산물의 순실현가치만큼을 우선적으로 부산물에 배분하고, 남는 결합원가를 주산물에 배분하는 방법이다.
한편, 부산물 Z의 순실현가치를 계산하면, ₩250,000(= 350단위 × 1,000 - 100,000)이다.
따라서 결합원가 ₩1,050,000 중 ₩250,000은 부산물 Z에 배분하고 나머지 ₩800,000만 주산물 X, Y에 배분하면 된다.

제 품	순실현가치	결합원가 배분비율	결합원가 배 분 액	개별원가	총원가	단위당 원 가
X	₩1,500,000	60%	₩480,000	₩500,000	₩ 980,000	₩3,920
Y	1,000,000	40%	320,000	–	320,000	1,600
소계	₩2,500,000	100%	₩800,000*	₩500,000	₩1,300,000	

* 1,050,000 - 250,000 = ₩800,000

05 결합제품과 관련된 의사결정 및 기타사항

(1) 결합제품의 추가가공여부 결정

결합제품을 분리점에서 판매할 것인지 혹은 추가가공하여 판매할 것인지 여부는 추가가공으로 인하여 증가되는 수익과 증가되는 비용을 비교하여 결정하게 된다. 여기에서 주의하여야 할 사항은 결합원가나 결합원가의 배분방법이 의사결정에 전혀 영향을 미치지 않는다는 것이다. 즉, 결합원가는 분리점 이전에 발생한 원가 즉, **매몰원가**(sunk costs)이기 때문에 의사결정과 전혀 무관하다는 것이다.

기본 문제

08 (주)AIFA는 결합원가 ₩100,000을 투입하여 네 종류의 결합제품 A, B, C, D를 생산하고 있다. 결합원가는 분리점에서의 판매가치를 기준으로 각 결합제품에 배분하고 있다. 이 제품들은 분리점에서 판매할 수 도 있고 추가 가공하여 판매할 수 도 있다. 네 종류의 결합제품과 관련된 판매가치 및 원가자료가 다음과 같다.

	A	B	C	D
분리점에서의 판매가치	₩50,000	₩70,000	₩27,500	₩52,500
추가가공원가	12,500	21,500	16,000	24,000
추가가공후의 판매가치	66,000	92,000	43,000	74,500

회사의 영업이익을 극대화하기 위한 회사의 의사결정은?

① A만 추가가공한다.

② A와 B만 추가가공한다.

③ A와 C만 추가가공한다.

④ A와 B, C를 추가가공한다.

⑤ 모두 추가가공한다.

해설

08 ②

추가가공으로 인한 증분수익은 추가가공 후의 판매가치에서 분리점에서의 판매가치를 차감한 금액(추가가공 후의 판매가치와 분리점에서의 판매가치의 차액)이며, 증분비용은 추가가공원가이다. 이와 관련된 증분이익을 분석하면 다음과 같다.

	A	B	C	D
증분수익 증분비용	₩16,000 12,500	₩22,000 21,500	₩15,500 16,000	₩22,000 24,000
증분이익	3,500	500	(500)	(2,000)

따라서, 증분이익이 플러스인 A와 B는 추가가공하는 것이 좋지만, 증분이익이 마이너스인 C와 D의 경우에는 추가가공하지 않고 분리점에서 판매하는 것이 좋다.

(2) 결합원가계산과 종합원가계산

결합공정에 재공품이 존재하는 경우 결합공정에 당기 투입원가가 결합원가가 아니라 결합공정에서 당기에 완성된 완성품의 원가가 결합원가가 된다. 따라서 결합공정을 종합원가계산 5단계에 따라 완성품원가를 먼저 계산한 후에, 완성품원가를 결합제품에 배분하여야 하는 것이다.

연 습 문 제

01 결합원가와 관련된 설명으로 옳지 않은 것은 무엇인가?

① 분리점이란 연산품과 부산품 등 결합제품을 개별적인 제품으로 식별할 수 있게 되는 제조과정 중의 한 점을 말한다.

② 균등이익률법에서는 조건이 같다면 추가가공비가 높은 제품에 더 많은 결합원가가 배부된다.

③ 분리점판매가치법에서 분리점의 판매가치를 계산할 때에는 판매량이 아닌 생산량을 이용한다.

④ 물량기준법은 제품의 판매가격을 알 수 없을 때 유용하게 사용될 수 있다.

⑤ 기업이익을 극대화하기 위한 추가가공 의사결정을 할 때에는 기 배분된 결합원가를 고려하지 않는다.

02 결합원가와 관련된 다음의 설명 중 옳지 않은 것은 무엇인가?

① 결합제품의 추가가공여부를 결정할 때, 결합원가는 항상 고려해서는 안 된다.

② 균등이익률법은 결합제품들의 매출총이익률이 동일하도록 결합원가를 배분하는 방법으로서 개별원가가 너무 큰 제품의 경우에는 마이너스(-) 결합원가가 배분될 수 있다.

③ 작업폐물이 발생하는 경우 작업폐물이 처분되는 과정에서 비용을 발생시키는 경우 결합원가 총액에서 작업폐물 처분비용을 차감하고 남는 잔액을 결합제품에 배분하여야 한다.

④ 부산품이 존재하는 경우 생산시점에서 순실현가치만큼을 부산물에 배분하는 경우 부산물의 처분으로 인한 이익은 항상 0이 된다.

⑤ 물량기준법은 결합제품의 개별원가 존재여부와 상관없이 결과가 동일하며, 결합제품들의 물량의 단위가 다를 경우 적용할 수 없다는 단점이 있다.

03 결합원가계산에 관한 설명으로 옳지 않은 것은?

① 물량기준법은 모든 연산품의 물량 단위당 결합원가 배부액이 같아진다.
② 분리점판매가치법(상대적 판매가치법)은 분리점에서 모든 연산품의 매출총이익률을 같게 만든다.
③ 균등이익률법은 추가가공 후 모든 연산품의 매출총이익률을 같게 만든다.
④ 순실현가치법은 추가가공 후 모든 연산품의 매출총이익률을 같게 든다.
⑤ 균등이익률법과 순실현가치법은 추가가공을 고려한 방법이다.

04 대한정유는 수입한 원유를 정제하여 제품 X, Y, Z를 생산하고 있다. 다음은 2007년 1월 한달 간 정제공정에 투입된 총 공통원가와 X, Y, Z의 생산량에 관한 자료이다. 공통원가는 각 제품이 공정에서 분리되는 시점에서의 상대적 판매가치에 비례하여 배분한다. Y에 배분된 공통원가는 얼마인가? 단, 2007년 1월 1일 현재 기초재공품은 없다.

1월 한달 동안 정제공정에 투입된 재료비(원유)	₩150,000,000
1월 한달 동안 정제공정에 투입된 노무비와 제조경비	₩130,000,000

제품 X, Y, Z의 생산량과 단위당 판매가격은 다음과 같다.

제품	생산량	단위당 판매가격
X	20,000ℓ	₩15,000
Y	16,000ℓ	₩12,000
Z	12,000ℓ	₩ 9,000

① ₩150,000,000　　　② ₩100,000,000　　　③ ₩108,000,000
④ ₩89,600,000　　　⑤ ₩85,714,280

05 두 연산품 P와 Q는 결합생산 된 후 각각 추가가공 되고 나서 판매된다. 결합원가는 분리점에서의 판매가치에 의해 배분된다. 다른 모든 수치가 일정할 때 연산품 P의 분리점에서의 판매가치가 증가하면 P와 Q의 매출총이익은 어떻게 변하는가?

	P	Q		P	Q
①	증가	감소	②	증가	증가
③	감소	감소	④	감소	증가
⑤	감소	불변			

06 결합제품 P와 Q를 생산하여 판매하고 있는 (주)조인트는 결합제품을 분리점에서 바로 판매하고 있으며, 결합원가를 분리점에서의 판매가치기준으로 배분하고 있다. 현재 결합제품 Q의 매출액과 회사의 결합원가총액이 일치하며, P의 매출액은 Q매출액의 4배이다. 만약 다른 모든 수치는 일정하지만, P의 매출액만 25%감소할 경우 P와 Q의 매출총이익은 어떻게 변하는가? 단, 문제에 주어진 자료 이외는 없는 것으로 가정한다.

	P제품	Q제품			P제품	Q제품
①	증 가	감 소		②	증 가	증 가
③	감 소	감 소		④	감 소	증 가
⑤	감 소	불 변				

07 크린정유(주)의 정유공정 A에서는 휘발유를 생산하고 있다. 이 휘발유가 추가공정 B를 거치면 유연휘발유로 판매되고 추가공정 C를 거치면 무연휘발유로 생산 판매된다. 2월중 정유공정 A의 제조원가는 1,000,000원이다. 추가공정 B의 제조원가는 40,000원이고, 추가공정 C의 제조원가는 160,000원이다. 2월 중에 유연휘발유는 8,000리터를 생산하여 리터당 95원으로 판매되었다. 무연휘발유는 12,000리터를 생산하여 리터당 120원으로 판매되었다. 순실현가치법(net realizable value method)에 의한 유연휘발유의 제조원가는 얼마인가?

① 400,000원   ② 333,333원   ③ 360,000원
④ 640,000원   ⑤ 800,000원

08 은평㈜는 결합제조공정에서 A와 B제품을 생산하고 있다. 은평㈜는 A제품 5,000개와 B제품 4,000개를 생산하였으며, 분리시점에서 단위당 판매가치는 A제품은 @₩1,600 B제품은 @₩1,000이다. 순실현가치법에 따라 A제품에 배부되는 결합원가가 ₩2,400,000 이었다면 총 결합원가는 얼마인가?

① ₩3,600,000   ② ₩6,000,000   ③ ₩4,000,000
④ ₩3,200,000   ⑤ ₩4,200,000

09 ㈜세무는 결합원가 ₩15,000으로 제품 A와 제품 B를 생산한다. 제품 A와 제품 B는 각각 ₩7,000과 ₩3,000의 추가 가공원가(전환원가)를 투입하여 판매된다. 순실현가치법을 사용하여 결합원가를 배분하면 제품 B의 총제조원가는 ₩6,000이며, 매출총이익률은 20%이다. 제품 A의 매출총이익률은?

① 23% ② 24% ③ 25%

④ 26% ⑤ 27%

10 태양회사는 결합제품 A, B, C를 생산하며 순실현가치법에 의하여 결합원가를 배분한다. 기초 및 기말에서의 재고자산은 없으며, 당기의 제조 및 판매에 관한 자료가 다음과 같을 경우 제품C의 매출총이익은 얼마인가?

	A	B	C	합 계
생 산 량	7,000개	5,000개	3,000개	15,000개
결합원가	?	?	?	₩400,000
추가가공원가	₩ 50,000	₩ 20,000	₩ 40,000	₩110,000
판매가격	₩380,000	₩200,000	₩130,000	₩710,000

① ₩30,000 ② ₩70,000 ③ ₩90,000

④ ₩40,000 ⑤ ₩50,000

11 서울회사는 동일공정에서 3가지 제품A, 제품B, 제품C를 생산하고 있다. 결합원가는 분리점에서의 상대적 판매가치를 기준으로 배분하고 있으며, 이와 관련된 자료는 다음과 같다.

	제품A	제품B	제품C	합 계
생 산 량	?	?	400개	2,000개
결합원가	₩180,000	?	?	₩360,000
분리점에서의 판매가치	?	₩320,000	?	₩800,000

분리점 이후에 제품C 400개에 대하여 총 ₩20,000을 추가로 투입하여 최종제품으로 완성한 후 단위당 ₩500에 판매할 경우, 제품C의 매출총이익은?

① ₩118,000 ② ₩132,000 ③ ₩144,000

④ ₩160,000 ⑤ ₩174,000

12 (주)백두산화학은 동일한 원재료를 가공하여 두 개의 결합제품 A와 B를 생산한다. 7월 중 A와 B의 생산과정에서 발생한 직접재료원가는 ₩140,000, 가공원가는 ₩180,000이었다. 분리점에서 A의 판매가치는 ₩280,000인 반면, B는 추가가공을 거쳐 C라는 제품으로 전환되어 ₩500,000에 판매된다. 추가공정에서는 ₩80,000의 가공원가가 발생한다. 최종판매시점에서 A제품과 B제품의 매출총이익률은 각각 얼마인가?

① 25.71%와 38.40% ② 25.71%와 61.60% ③ 45.71%와 61.60%

④ 45.71%와 38.40% ⑤ 54.29%와 45.60%

13 ㈜한국은 결합생산공정을 통해 결합제품 A와 B를 생산하고 있으며, 균등매출총이익률법을 적용하여 결합원가를 배부한다. 각 결합제품은 분리점에서 즉시 판매될 수도 있으며, 필요하다면 추가가공한 후 판매될 수도 있다. 추가가공원가는 각 제품별로 추적가능하고 모두 변동원가이다. ㈜한국은 20x1년에 결합제품 A와 B를 모두 추가가공하여 전량 판매하였으며 20x1년 중 발생한 결합원가는 ₩300,000이다. ㈜한국의 20x1년 생산 및 판매 관련 자료는 다음과 같다.

구 분	A	B
생산·판매량	3,000단위	5,000단위
분리점에서의 총판매가치	₩250,000	₩330,000
추가가공원가	₩45,000	₩60,000
추가가공 후 매출액	₩300,000	₩375,000

㈜한국의 20x1년도 생산 및 판매와 관련하여 옳은 설명은?

① 회사 전체의 매출총이익은 ₩250,000이다.

② 회사 전체의 매출총이익률은 35%이다.

③ A의 단위당 원가는 B의 단위당 원가보다 크다.

④ A에 배부되는 결합원가 금액은 B에 배부되는 결합원가 금액보다 크다.

⑤ 회사가 B를 추가가공하지 않고 분리점에서 즉시 판매하였다면, 이익은 ₩5,000 증가하였을 것이다.

14 ㈜국세는 결합공정을 통하여 주산물 X, Y와 부산물 C를 생산하였으며, 결합원가는 ₩50,000이었다. 주산물 X는 추가가공 없이 판매하지만, 주산물 Y와 부산물 C는 추가가공을 거쳐 판매한다. 20×1년의 생산 및 판매 자료는 다음과 같다.

	주산물 X	주산물 Y	부산물 C
추가가공원가	없음	₩13,400	₩600
생산량	900단위	900단위	200단위
단위당 판매가격	₩30	₩70	₩5

부산물은 생산시점에서 순실현가능가치로 인식한다. 균등매출총이익률법에 의해 각 주산물에 배분되는 결합원가는?

	주산물X	주산물Y
①	₩17,300	₩32,300
②	₩17,600	₩32,000
③	₩18,100	₩31,500
④	₩18,900	₩30,700
⑤	₩19,600	₩30,000

15 (주)국세는 동일 공정에서 세 가지 결합제품 A, B, C를 생산하고 있으며, 균등이익률법을 사용하여 결합원가를 배부한다. A와 B는 추가가공을 거치지 않고 판매되며, C는 추가가공원가 ₩200,000을 투입하여 가공한 후 판매된다. 결합제품의 생산량 및 단위당 최종 판매가격에 대한 자료는 다음과 같다.

구분	생산량	단위당 최종판매가격
A	2,000kg	₩200
B	2,000kg	₩100
C	2,500kg	₩160

C제품에 배부된 결합원가가 ₩120,000인 경우, 총결합원가는 얼마인가? (단, 공손 및 감손은 발생하지 않았고, 기초 및 기말재공품은 없는 것으로 가정한다.)

① ₩600,000　　　　② ₩620,000　　　　③ ₩640,000

④ ₩660,000　　　　⑤ ₩680,000

16 (주)세무는 주산품 A, B와 부산품S를 생산한다. 당기 중 발생한 결합원가는 ₩9,500 이다. 결합원가는 분리점에서 순실현가능가치(NRV)를 기준으로 각제품에 배부하며, 당기의 생산 및 원가자료는 다음과 같다.

제품	분리점 이후 추가가공원가(총액)	추가가공 후 단위당 판매가격	생산량	판매량
A	₩2,000	₩40	200단위	180단위
B	1,000	20	250	200
S	500	15	100	90

주산품B의 매출총이익은? (단, 기초 재고자산은 없으며, 부산품S는 생산시점에서 순실현가능가치로 인식한다.)

① ₩480   ② ₩560   ③ ₩580

④ ₩750   ⑤ ₩810

17 (주)세무는 단일 재료를 이용하여 세 가지 제품A, B, C와 부산물 X를 생산하고 있으며, 결합원가계산을 적용하고 있다. 제품A와 B는 분리점에서 즉시 판매되나, 제품C 는 분리점에서 시장이 존재하지 않아 추가가공을 거친 후 판매된다.

(주)세무의 20×1년 생산 및 판매관련 자료는 다음과 같다.

구 분	생산량	판매량	리터당 최종 판매가격
A	100리터	50리터	₩10
B	200리터	100리터	₩10
C	200리터	50리터	₩10
X	50리터	30리터	₩ 3

20×1년 동안 결합원가는 ₩2,100이고, 제품C의 추가가공원가는 총 ₩1,000이다. 부산물 X의 단위당 판매비는 ₩1이며, 부산물 평가는 생산기준법(순실현가치법)을 적용한다. 순실현가치법으로 결합원가를 배부할 때 제품C의 기말재고자산 금액은? (단, 기초재고와 기말재공품은 없다.)

① ₩850   ② ₩1,050   ③ ₩1,125

④ ₩1,250   ⑤ ₩1,325

18 ㈜갑은 종합원가계산과 결합원가계산을 혼합하여 사용한다. 결합공정을 완료하면 연산품 A와 연산품 B가 분리된다. 결합공정에서 발생한 직접재료원가는 ₩8,000이고 가공원가는 ₩2,220이다. 직접재료원가는 결합공정의 초기에 투입된다. 결합공정에서 기초재공품은 없고, 기말재공품은 100톤이며 가공원가 완성도는 40%이다. 공손과 감손은 없다. 연산품 A와 연산품 B의 관련자료는 아래와 같다.

	연산품 A	연산품 B
결합공정 완성량	300톤	400톤
톤당 예상판매가격	₩100	₩50
톤당 추가가공원가	₩60	₩0

순실현가치법 결합원가배분에 의한 연산품 A의 예상 톤당 영업이익은 얼마인가?

① ₩23.755　　　　② ₩25.325　　　　③ ₩28.625

④ ₩31.495　　　　⑤ ₩34.235

19 (주)세무는 20×1년 4월에 원재료 X를 가공하여 두 개의 결합제품인 제품 A 1,200단위와 제품 B 800단위를 생산하는데 ₩100,000의 결합원가가 발생하였다. 제품 B는 분리점에서 판매할 수도 있지만, 이 회사는 제품 B 800단위 모두를 추가가공하여 제품 C 800단위 생산한 후 500단위를 판매하였다. 제품 B를 추가가공하는데 ₩20,000의 원가가 발생하였다. 4월초에 각 제품의 예상판매가격은 제품 A는 단위당 ₩50, 제품 B는 단위당 ₩75, 제품 C는 단위당 ₩200이었는데, 20×1년 4월에 판매된 제품들의 가격은 예상판매가격과 동일하였다. (주)세무는 결합원가 배부에 순실현가치법을 적용하고, 경영목적상 각 제품별 매출총이익을 계산한다. 20×1년 4월 제품 C에 대한 매출총이익은 얼마인가? (단, 월초재고와 월말재공품은 없으며, 공손 및 감손도 없다.)

① ₩30,250　　　　② ₩33,750　　　　③ ₩43,750

④ ₩48,250　　　　⑤ ₩56,250

20 (주)대구는 결합공정을 통해 중간재 X를 생산하고, 이를 추가가공하여 결합제품 A와 B를 생산한다. 2010년 결합공정에서 기초재공품은 없었고, 완성품은 8,000kg, 기말재공품은 1,000kg(완성도 40%)을 생산하였으며, 공손 및 감손은 없었다. 결합제품과 관련된 자료는 다음과 같다.

제품	기초제품수량	생산량	기말제품수량	분리점이후 추가가공원가(총액)	단위당 판매가치
A	100개	4,000개	700개	₩20,000	₩50
B	500개	2,000개	125개	40,000	80

당기 중 결합공정에 투입된 직접재료원가는 ₩72,000이었고, 가공원가는 ₩33,600이었다. 결합공정에서 재료는 공정 초에 모두 투입되고, 가공원가는 공정전반에 걸쳐 균등하게 발생한다. 순실현가치법으로 결합원가를 배부할 때, 결합제품 A에 얼마가 배부되는가? (단, 원가흐름은 평균법을 가정하며, 분리점이후 추가공정에서 재공품은 없었다)

① ₩44,000   ② ₩46,200   ③ ₩48,000

④ ₩55,400   ⑤ ₩57,600

21 아래 그림과 같이 제품 A는 공정1, 공정2, 공정4를 거쳐서 생산되고 제품 B는 공정1, 공정2, 공정5를 거쳐서 생산된다. 제품 C는 공정1, 공정3을 거쳐서 생산된다. 각 공정의 제조원가는 그림에서 주어진 수치와 같다. 결합원가가 순실현가치를 기준으로 배부되고, 제품A, 제품B, 제품C의 판매가액이 각각 ₩500,000, ₩200,000, ₩300,000일 때, 제품A의 총제조원가는 얼마인가?

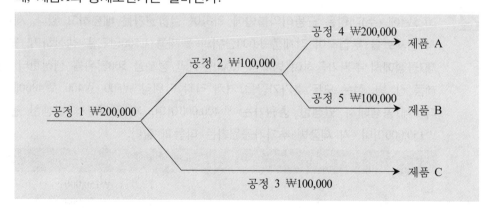

① ₩120,000   ② ₩165,000   ③ ₩48,000

④ ₩285,000   ⑤ ₩365,000

22 ㈜한국화학은 20x1년 2월초 영업을 개시하여 당월에 제1공정에서 원재료 R을 가공하여 결합제품 A와 B를 생산한다. 제품 A는 제2공정에서 추가가공을 거쳐 판매되고, 제품 B는 제3공정에서 결합제품 C와 D로 분리된 후 각각 제4공정과 제5공정에서 추가가공을 거쳐 판매된다. 20x1년 2월의 각 공정에서 발생한 원가자료는 다음과 같다.

• 제1공정 : 제품 A, B의 결합원가	₩100,000
• 제2공정 : 제품 A의 개별원가(분리원가)	₩15,000
• 제3공정 : 제품 C, D의 결합원가	₩70,000
• 제4공정 : 제품 C의 개별원가(분리원가)	₩50,000
• 제5공정 : 제품 D의 개별원가(분리원가)	₩20,000

20x1년 2월 ㈜한국화학의 제품별 생산량과 kg당 판매가격은 다음과 같다.

제품	생산량	kg당 판매가격
A	500kg	₩120
C	1,000kg	₩200
D	800kg	₩150

㈜한국화학이 순실현가능가치를 기준으로 결합원가를 배부하는 경우, 20x1년 2월 제품 D의 총제조원가는 얼마인가?

① ₩60,000 　　② ₩70,000 　　③ ₩80,000
④ ₩90,000 　　⑤ ₩100,000

23 20×5년에 (주)대한은 균등이익률법에 의하여 결합원가를 배분하고 있다. 제1공정에서 원재료를 투입하여 갑제품 1,000단위와 을제품 1,500단위를 생산하며, 을제품을 제2공정에서 추가가공하여 병제품 1,000단위와 정제품 500단위를 생산한다. 생산된 제품 갑, 병, 정은 모두 추가가공을 거쳐 각각 단위당 ₩500, ₩400, ₩400에 판매된다. 제1공정에서 발생한 총원가는 ₩400,000이며, 제2공정에서 발생한 총원가는 ₩150,000이며, 각 제품별 추가가공원가는 다음과 같다.

제품	추가가공원가
갑	₩150,000
병	50,000
정	50,000
합 계	₩250,000

갑 제품의 매출총이익률은 얼마인가?

① 15%　　　　　　② 18.18%　　　　　　③ 22.22%

④ 27.27%　　　　　⑤ 30%

24 태평회사는 제품생산과정에서 발생한 부산물 1단위를 판매하는데 ₩10의 비용이 소요된다. 한편, 회사는 동 부산물의 순실현가치를 주제품의 매출원가에서 차감하는 회계처리를 한다. 회사는 당월에 부산물 100kg을 총 ₩10,000에 판매하였다. 만약, 태평회사가 부산물의 순실현가치를 주제품의 매출액에 더하는 방법으로 회계처리방법을 바꾼다면 종래의 방법에 비하여 당기순이익은 어떻게 달라지는가?

① 동일함　　　　　② ₩11,000 증가　　　③ ₩10,000 증가

④ ₩9,000 증가　　⑤ ₩8,000 증가

25 ㈜한국은 결합생산공정으로부터 두 종류의 주산품 A, B와 부산품 C를 생산하며, 부산품 C의 회계처리에는 생산기준법하에서의 원가차감법을 사용한다. 당기의 결합원가 발생액은 ₩54,000이며, 각 제품에 관한 자료는 다음과 같다. 단, 기초재고와 기말재공품은 없다.

제품	분리점 이후 추가가공원가	생산량	최종판매가치
A	₩10,000	1,000단위	₩70,000
B	₩15,000	1,500단위	₩55,000
C	₩2,000	500단위	₩6,000

㈜한국이 순실현가능가치(net realizable value)를 기준으로 결합원가를 배부한다면, 주산품 A에 배부되는 결합원가는 얼마인가?

① ₩20,000　　　　② ₩25,000　　　　　③ ₩30,000

④ ₩35,000　　　　⑤ ₩40,000

26 (주)한방화학은 원재료A를 투입하여 주산물 X, Y와 부산물 Z를 생산하고 있으며, 관련 결합원가는 ₩1,500,000이며, 생산 및 판매활동과 관련된 자료는 다음과 같다. 단, 회사는 결합원가 배분시 각 제품별 순실현가치를 기준으로 배분하고 있으며, 부산물은 생산기준법에 의하여 부산물에도 결합원가를 배분하는 방식으로 처리하고 있다.

제품	생산량	판매량	추가가공원가	단위당판매가격
X	5,000단위	4,300단위	₩1,500,000	₩ 700
Y	2,500단위	1,900단위	1,000,000	1,200
Z	5,000단위	4,700단위	200,000	100

부산물과 관련된 다음 설명 중 옳지 않은 것은?

① 부산물의 회계처리 방법을 판매시점에서 잡이익으로 처리하는 방법으로 변경할 경우 주산물에 배분되는 결합원가는 ₩300,000만큼 증가할 것이다.

② 부산물 Z의 단위당 원가는 ₩100이다.

③ 부산물 Z의 판매로 인한 이익은 "0"이다.

④ 부산물이 매각되는 시점에서 잡이익으로 처리하는 방법으로 결합원가 배분방식을 변경할 경우에도 모든 제품이 판매된다면, 회사의 순이익은 변하지 않을 것이다.

⑤ 만약, 부산물의 처리를 판매시점에서 잡이익으로 처리하는 방법으로 변경할 경우, 부산물Z가 판매될 때 단위당 ₩100씩 이익이 발생한다.

27 ㈜영남은 동일한 원료를 결합공정에 투입하여 주산품 X, Y와 부산품 B를 생산한다. 결합원가는 순실현가치(net realizable value)를 기준으로 제품에 배부한다. 당기에 결합공정에 투입된 총원가는 ₩150,000이고, 주산품 X, Y 및 부산품 B의 분리점에서 순실현가치의 상대적 비율은 6 : 3 : 1 이었다. 주산품 X에 배부된 결합원가가 ₩80,000이었다면, 부산품 B의 순실현가치는 얼마인가? 단, 부산품은 생산된 시점에서 순실현가치로 평가하여 재고자산으로 계상한다.

① ₩15,000   ② ₩30,000   ③ ₩35,000

④ ₩43,333   ⑤ ₩45,000

28 주광회사는 A, B, C의 세가지 결합제품을 생산하고 있으며, 결합원가는 분리점에서의 상대적 판매가치에 의해 배분된다. 관련자료는 다음과 같다.

	A	B	C	합계
결합원가	?	₩ 10,000	?	₩ 50,000
분리점에서의판매가치	₩80,000	?	?	₩200,000
추가가공원가	₩ 3,000	₩ 2,000	₩ 5,000	
추가가공후판매가격	₩85,000	₩42,000	₩90,000	

만약 A, B, C 중 하나만을 추가가공한다면 어느 제품을 추가가공하는 것이 가장 유리하며, 이때 추가가공으로 인한 이익은 얼마인가?

① A, ₩2,000 ② B, ₩1,000 ③ C, ₩3,000
④ B, ₩7,000 ⑤ C, ₩5,000

29 (주)추가는 결합원가 ₩100,000을 투입하여 네 종류의 결합제품 A, B, C, D를 생산하고 있다. 결합원가는 분리점에서의 판매가치를 기준으로 각 결합제품에 배분하고 있다. 모든 제품은 시장수요가 무한하기 때문에 항상 기말재고를 보유하지 않고 있다. 각 결합제품들의 분리점에서의 판매가치와 추가가공 후 판매가치 관련자료가 다음과 같을 경우 회사가 예상할 수 있는 최대 영업이익을 계산하시오.

	A	B	C	D
분리점에서의 판매가치	₩50,000	₩70,000	₩27,500	₩52,500
추가가공원가	12,500	21,500	17,000	24,000
추가가공후의 판매가치	66,000	92,000	43,000	74,500

① ₩100,000 ② ₩100,500 ③ ₩104,000
④ ₩178,000 ⑤ ₩200,500

30 (주)국세는 동일한 원재료를 투입해서 하나의 공정을 거쳐 제품A, 제품B, 제품C를 생산하며, 분리점까지 총 ₩40,000의 원가가 발생한다. (주)국세는 분리점까지 발생한 원가를 분리점에서의 상대적 판매가치를 기준으로 결합제품에 배분한다. 결합제품의 생산량, 분리점에서의 단위당 판매가격, 추가가공원가 및 추가가공 후 단위당 판매가격은 다음과 같다.

제품	생산량(단위)	분리점에서의 단위당 판매가격	추가가공원가	추가가공 후 단위당 판매가격
A	1,500	₩16	₩6,300	₩20
B	2,000	8	8,000	13
C	400	25	3,600	32

(주)국세가 위 결합제품을 전부 판매할 경우에 예상되는 최대 매출총이익은 얼마인가? (단, 결합공정 및 추가가공과정에서 재공품 및 공손은 없는 것으로 가정한다.)

① ₩10,900   ② ₩12,000   ③ ₩20,000

④ ₩50,900   ⑤ ₩60,000

31 (주)쌈지는 부문 1에서 원재료 A를 가공하여 2개의 결합제품 B와 C를 생산하는데, 5월 중에 원재료A 50,000개에 대하여 ₩200,000을 투입하여 B제품 20,000개와 C제품 30,000개를 생산하였다. B제품을 완성하는데는 추가로 ₩40,000의 분리원가가 발생하였으며 B제품의 단위당 판매가격은 ₩3이었다. 회사는 5월중에 C제품을 그대로 판매할 수도 있으며, 부문 2에서 C제품 30,000개에 추가로 ₩27,000을 투입하여 D제품 15,000개, E제품 5,000개, F제품 10,000개를 생산할 수도 있다. 한편, 제품 D, E, F를 완성하는데 추가로 소요되는 분리원가와 각 제품의 단위당 판매가격은 다음과 같다.

제품	분리원가	단위당판매가격
D	₩5,000	₩8
E	1,000	2
F	2,000	6
C	–	4

이 경우 회사가 제품 C를 그대로 판매하는 것과 제품 D, E, F의 형태로 판매하는 것 중에서 올바른 의사결정은?

① 제품 D, E, F의 형태로 판매가 ₩35,000 유리하다.

② 제품 D, E, F의 형태로 판매가 ₩35,000 불리하다.

③ 제품 D, E, F의 형태로 판매가 ₩62,000 유리하다.

④ 제품 D, E, F의 형태로 판매가 ₩62,000 불리하다.

⑤ 제품 D, E, F의 형태로 판매가 ₩25,000 불리하다.

Chapter 5. 결합원가계산

정답 및 해설

1	②	2	③	3	④	4	④	5	④	6	③
7	①	8	①	9	②	10	①	11	③	12	⑤
13	③	14	④	15	①	16	①	17	③	18	③
19	③	20	⑤	21	⑤	22	③	23	④	24	①
25	③	26	⑤	27	②	28	⑤	29	③	30	②
31	①										

01 ②

균등이익률법은 모든 결합제품의 매출총이익률이 동일해지도록 결합원가를 배분하는 방법이기 때문에 다른 조건이 같다면 추가가공비(개별원가)가 낮은 제품일수록 결합원 가가 더 많이 배부되어야 매출총이익률이 같아지게 된다.

02 ③

작업폐물이 존재하여 폐기처분비용이 발생하는 경우 동 폐기처분비용은 결합원가에 합산하여 결합제품에 배분하여야 한다.

03 ④

순실현가치법은 추가가공 후 모든 연산품(결합제품)의 매출총이익률이 같게 되지는 않는다.

04 ④

제품	분리점에서의 판매가치	결합원가 배분율	결합원가
X	₩300,000,000[*1]		
Y	192,000,000[*2]	32%	₩ 89,600,000
Z	108,000,000[*3]		
합계	₩600,000,000	100%	₩280,000,000

[*1] X : 20,000ℓ × 15,000 = ₩300,000,000
[*2] Y : 16,000ℓ × 12,000 = ₩192,000,000
[*3] Z : 12,000ℓ × 9,000 = ₩108,000,000

05 ④

제 품	분리점에서의 판매가치	결합원가	추 가 가공원가	총 원 가	추가가공후 판매가치	매 출 총 이 익
P	증가	증가	불변	증가	불변	감소
Q	불변	감소	불변	감소	불변	증가

06 ③

Q제품 매출액을 x라고 하면, 결합원가도 x이며, P제품 매출액은 $4x$가 된다. 이때 결합원가 x는 P제품과 Q제품에 4 : 1의 비율로 배분되므로 따라서 현재 제품별 영업이익은 다음과 같다.

	P제품	Q제품
매 출 액	$4x$	x
매출원가(결합원가)	$\underline{0.8x}$	$\underline{0.2x}$
매출총이익	$\underline{3.2x}$	$\underline{0.8x}$

반면에 P제품의 매출액이 25% 감소하는 경우 P제품의 매출액은 $4x$에서 $3x$로 감소하게 된다. 제품별 영업이익은 다음과 같이 된다.

	P제품	Q제품
매 출 액	$3x$	x
매출원가(결합원가)	$\underline{0.75x}$	$\underline{0.25x}$
매출총이익	$\underline{2.25x}$	$\underline{0.75x}$

따라서 P제품과 Q제품 모두 매출총이익은 감소하게 된다.

07 ①

제 품	순실현가치	결합원가 배 분 율	결합원가 배분	추가가공원가	총 원 가
유연휘발유	₩ 720,000[*1]	36%	₩ 360,000	₩ 40,000	₩ 400,000
무연휘발유	1,280,000[*2]	64%	640,000	160,000	800,000
합 계	₩2,000,000	100%	₩1,000,000	₩200,000	₩1,200,000

[*1] 8,000 ℓ × 95 - 40,000 = ₩720,000

[*2] 12,000 ℓ × 120 - 160,000 = ₩1,280,000

08 ①

추가가공원가에 대한 자료가 없으므로, 분리점에서의 판매가치가 순실현가치와 일치한다.

제 품	순실현가치	결합원가 배분율	결합원가 배분
A제품 B제품	₩ 8,000,000[*1] 4,000,000[*2]	2/3 1/3	₩ 2,400,000
합 계	₩12,000,000	1	₩ ?

[*1] 5,000단위 × 1,600 = ₩8,000,000

[*2] 4,000단위 × 1,000 = ₩4,000,000

총결합원가의 2/3가 ₩2,400,000 이므로, 총 결합원가는 ₩3,600,000(= 2,400,000 × 3/2)
이다.

09 ②

제 품	매출액	순실현가치	결합원가 배분	추가가공원가	총 원 가	매출총 이익률
A B	₩25,000[*7] 7,500[*4]	₩18,000[*6] 4,500[*5]	₩12,000[*2] 3,000[*1]	₩ 7,000 3,000	₩19,000[*3] 6,000	20%
합 계			₩15,000	₩10,000	₩25,000	

[*1] 6,000 − 3,000 = 3,000   [*2] 15,000 − 3,000 = 12,000

[*3] 12,000 + 7,000 = 19,000   [*4] $\dfrac{B\text{매출액}-6,000}{B\text{매출액}}$ = 20% → B매출액 = ₩7,500

[*5] 7,500 − 3,000 = ₩4,500   [*6] 4,500 × 4배 = ₩18,000

[*7] 18,000 + 7,000 = 25,000

A제품 매출총이익률 = $\dfrac{25,000-19,000}{25,000}$ = 24%

10 ①

제 품	순실현가치	결합원가 배분율	결합원가 배 분	추가가공원가	총 원 가
A B C	₩330,000[*1] 180,000[*2] 90,000[*3]	55% 30% 15%	₩ 60,000	₩40,000	₩100,000
합 계	₩600,000	100%	₩400,000		

[*1] A 380,000 − 50,000 = ₩330,000

[*2] B 200,000 − 20,000 = ₩180,000

[*3] C 130,000 − 40,000 = ₩90,000

C제품 매출총이익 : 130,000 − 100,000 = ₩30,000

11 ③

제 품	분리점에서의 판매가치	결합원가 배 분 율	결합원가 배 분	추가가공원가	총 원 가
A B C	₩320,000	40%	₩180,000 144,000[*1] 36,000[*2]	₩20,000	₩56,000
합 계	₩800,000	100%	₩360,000		

[*1] 360,000 × 40% = ₩144,000

[*2] 360,000 - 180,000 - 144,000 = ₩36,000

C제품 매출총이익 : 400개 × 500 - 56,000 = ₩144,000

12 ⑤

B제품의 분리점에서의 판매가치가 존재하지 않기 때문에 순실현가치기준법으로 결합원가를 배분하여야 한다.

제 품	순실현가치	결합원가 배 분 율	결합원가 배 분	추가가공원가	총 원 가
A B	₩280,000 420,000[*]	40% 60%	₩128,000 192,000	– ₩80,000	₩128,000 272,000
합 계	₩700,000	100%	₩320,000	₩80,000	₩400,000

[*] B순실현가치 500,000 - 80,000 = ₩420,000

따라서, 각 제품별 매출총이익률은 다음과 같다.

A제품 : (280,000 - 128,000) ÷ 280,000 = 54.29%

B제품 : (500,000 - 272,000) ÷ 500,000 = 45.6%

13 ③

1) 회사전체 매출총이익 계산

매출액 :		₩675,000
A제품 :	₩300,000	
B제품 :	375,000	

매출원가 :   405,000

      결합원가 :   ₩300,000

      개별원가 A제품 :   45,000

             B제품 :   60,000

매출총이익 :   ₩270,000

2) 회사전체 매출총이익률 계산 : $\dfrac{275,000}{675,000} = 40\%$

3) 결합원가 배분 및 단위당 원가 계산

제 품	매출액	매출총이익	개별원가	결합원가	총원가
A	300,000	120,000	45,000	135,000	180,000
B	375,000	150,000	60,000	165,000	225,000

A제품 단위당원가 : 180,000 ÷ 3,000개 = 60

B제품 단위당원가 : 225,000 ÷ 5,000개 = 45

회사가 B를 분리점에서 판매하면 추가가공 후 판매하는 경우(375,000 - 60,000 = 315,000)
보다 이익이 ₩15,000만큼 감소하였을 것이다.

14 ④

  (1) 부산물 C의 순실현가치 : 200단위×5 - 600 = ₩ 400

  (2) 회사전체 매출총이익 계산

      매출액 :   ₩90,000

          제품X : 900단위×₩30 = ₩ 27,000

          제품Y : 900단위×₩70 =   63,000

      매출원가 :   63,000

          결합원가 : 50,000-400 = ₩49,600

          제품X 추가가공원가 :   13,400

      매출총이익 :   ₩27,000

  (3) 회사전체 매출총이익률 계산 : ₩27,000÷₩90,000 = 30%

  (4) 결합원가 배분

제 품	매 출 액	매출총이익률	매출총이익	추가가공원가	결합원가
X	₩ 27,000	30%	₩ 8,100	-	₩18,900
Y	63,000	30%	18,900	₩13,400	30,700
합 계	₩ 90,000		₩27,000	₩13,400	₩49,600

15 ①

제 품	매 출 액	매출총이익률	매출총이익	추가가공원가	결합원가
A	₩ 400,000*1	20%	₩ 80,000*6	–	₩320,000*8
B	200,000*2	20%	40,000*7	–	160,000*9
C	400,000*3	20%*5	80,000*4	₩200,000	120,000
합 계	₩1,000,000		₩200,000	₩200,000	₩600,000

*1 A 2,000kg × 200 = ₩400,000

*2 B 2,000kg × 100 = ₩200,000

*3 C 2,500kg × 160 = ₩400,000

*4 400,000 − 200,000(추가가공원가) − 120,000(결합원가) = ₩80,000

*5 80,000 ÷ 400,000 = 20%

*6 400,000 × 20% = ₩80,000

*7 200,000 × 20% = ₩40,000

*8 400,000 − 80,000 = ₩320,000

*9 200,000 − 40,000 = ₩160,000

16 ①

(1) 부산품 S의 순실현가치 : 100단위 × 15 − 500 = 1,000

(2) 결합원가 배분

제 품	순실현가치	배분비율	결합원가
A	200단위 × 40 − 2,000 = 6,000	60%	5,100
B	250단위 × 20 − 1,000 = 4,000	40%	3,400
합 계	10,000	100%	8,500(= 9,500 − 1,000)

(3) B의 매출총이익

매 출 액 : 4,000(= 200단위 × 20)

매 출 원 가 : 3,520(= (3,400 + 1,000) × $\frac{200단위}{250단위}$)

매출총이익 : 480

17 ③

제 품	순실현가치	결합원가 배분비율	결합원가 배분액	개별원가	총원가
A	₩1,000*1	25%	₩ 500	–	₩ 500
B	2,000*2	50%	1,000	–	1,000
C	1,000*3	25%	500	₩1,000	1,500
소 계	₩4,000	100%	₩2,000*4	₩1,000	₩3,000

*1 100리터 × 10 = 1,000

*2 200리터 × 10 = 2,000

*3 200리터 × 10 − 1,000 = 1,000

*4 2,100 − 50리터 × (3 − 1) = ₩2,000

C제품 기말재고자산 금액 : $₩1,500 \times \dfrac{150리터}{200리터} = ₩1,125$

18 ③

제품	순실현가치	결합원가 배분율	결합원가 배분	추가가공원가	총원가
A	₩12,000[*1]	37.5%	₩3,412.5	₩18,000[*3]	**₩21,412.5**
B	20,000[*2]	62.5%	5,687.5	–	5,687.5
합계	₩32,000	100%	**₩9,100[*4]**	₩18,000	₩27,100

[*1] 300톤 × (100 − 60) = ₩12,000
[*2] 400톤 × 50 = ₩20,000
[*3] 300톤 × 60 = ₩18,000
[*4]

[1단계] 물량의 흐름				[2단계] 완성품 환산량	
		재공품		재료비	가공비
기 초	0	완 성	700	700	700
당기착수	800	기 말	100	100	40
합 계	800	합 계	800	800	740

[3단계] 총원가 요약			합 계
당기 착수 원가	8,000	2,220	10,220

[4단계] 완성품환산량 단위당원가		
완성품 환산량	÷ 800	÷ 740
완성품환산량 단위당원가	@10	@3

[5단계] 원가 배분		합 계
완성품원가	700 × 10 + 700 × 3 =	9,100
기말재공품원가	100 × 10 + 40 × 3 =	1,120
합 계		10,220

A제품의 톤당 총원가 : 21,412.5 ÷ 300톤 = ₩71.375/톤
A제품의 톤당 영업이익 : 100 − 71.375 = ₩28.625

19 ③

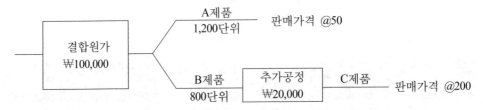

제품	순실현가치	결합원가 배분율	결합원가 배분	추가가공원가	총원가	단위당 원가
A C	₩ 60,000 140,000[*1]	30% 70%	₩ 30,000 70,000	– ₩20,000	₩30,000 90,000	₩ 25 112.5
합계	₩200,000	100%	₩100,000	₩80,000	₩120,000	

[*1] C순실현가치 800단위×200 – 20,000 = ₩140,000

C제품 800단위 중 판매된 500단위의 매출총이익은 다음과 같다.

500단위 × (200 – 112.5) = ₩43,750

20 ⑤

제 품	순실현가치	결합원가 배분율	결합원가 배분
A B	₩180,000[*1] 120,000[*2]	60% 40%	₩57,600 38,400
합 계	₩300,000	100%	₩96,000[*3]

[*1] A순실현가치 4,000개 × 50 – 20,0000 = ₩180,000
[*2] B순실현가치 2,000개 × 80 – 40,0000 = ₩120,000
[*3] 결합공정의 완성품원가

[1단계] 물량의 흐름

	재공품			[2단계] 완성품 환산량	
				재료비	가공비
기 초	0	완 성	8,000	8,000	8,000
당기착수	9,000	기 말	1,000	1,000	400
합 계	9,000	합 계	9,000	9,000	8,400

[3단계] 총원가 요약
당기 착수 원가   72,000   33,600

[4단계] 완성품환산량 단위당원가   @8   @4

[5단계] 원가 배분
완성품원가   8,000 × 8 + 8,000 × 4 = **96,000**
기말재공품원가   1,000 × 8 +   400 × 4 =   9,600

21 ⑤

<제1분리점>

제 품	순실현가치	결합원가 배분율	결합원가 배 분	추가가공원가	총 원 가
A + B C	₩300,000[*3] 200,000[*4]	60% 40%	₩120,000 80,000	– ₩100,000	– ₩180,000
소 계	₩500,000	100%	₩200,000		

<제2분리점>

제 품	순실현가치	결합원가 배분율	결합원가 배 분	추가가공원가	총 원 가
A B	₩300,000[*1] 100,000[*2]	75% 25%	₩165,000 55,000	₩200,000 100,000	₩365,000 155,000
소 계	₩400,000	100%	₩220,000 [*5]	₩300,000	₩520,000

[*1] A순실현가치 : 500,000(A판매가액) − 200,000(공정4 원가) = ₩300,000
[*2] B순실현가치 : 200,000(B판매가액) − 100,000(공정5 원가) = ₩100,000
[*3] 400,000(A와B의 순실현가치 합계) − 100,000 = ₩300,000
[*4] C순실현가치 : 300,000(C판매가액) − 100,000(공정3 원가) = ₩200,000
[*5] 120,000(공정1 원가 중 A + B에 배분액) + 100,000(공정2 원가) = ₩220,000

22 ③

<공정 흐름도>

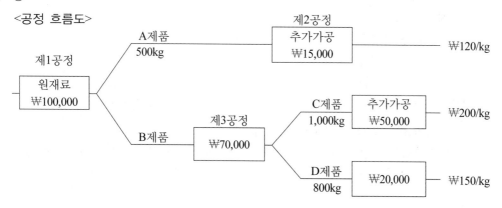

<제1분리점>

제 품	순실현가치	결합원가 배분율	결합원가 배분	추가가공원가	총원가
A B	₩ 45,000[*1] 180,000[*4]	20% 80%	₩20,000 80,000	₩15,000	₩35,000
합 계	₩225,000	100%	₩100,000		

<제2분리점>

제 품	순실현가치	결합원가 배분율	결합원가 배분	추가가공원가	총원가
C	₩150,000[*2]	60%	₩ 90,000	₩50,000	₩140,000
D	100,000[*3]	40%	60,000	20,000	80,000
합 계	₩300,000	100%	₩150,000[*5]		

[*1] 500kg × 120/kg − 15,000 = ₩45,000

[*2] 1,000kg × 200/kg − 50,000 = ₩150,000

[*3] 800kg × 150/kg − 20,000 = ₩100,000

[*4] 250,000(C,D의 순실현가치 합계) − 70,000 = ₩180,000

[*5] 80,000(제1공정 결합원가 제품B 배분액) + 70,000 = ₩150,000

23 ④

매출액 :		₩1,100,000
갑제품 : 1,000단위 × 500 =	500,000	
병제품 : 1,000단위 × 400 =	400,000	
정제품 : 500단위 × 400 =	200,000	
매출원가 :		800,000
제1공정원가 :	400,000	
제2공정원가 :	150,000	
개별원가 갑제품 :	150,000	
병제품 :	50,000	
정제품 :	50,000	
매출총이익 :		₩ 300,000

매출총이익률 : 27.27%(= 300,000 ÷ 1,100,000)

균등이익률법은 모든 제품의 매출총이익률이 균등하게 결합원가를 배분하는 방법이므로, 모든 제품의 매출총이익률이 27.27%가 될 것이다.

24 ①

부산물의 회계처리 방법이나, 부산물에 결합원가를 배분하는지 여부와 상관없이 회사의 이익은 동일하다. 즉, 부산물의 회계처리 방법에 따라 회사의 이익은 달라지지 않는다.

25 ③

제품	순실현가치	결합원가 배분율	결합원가
A	₩ 60,000[*1]	60%	₩30,000
B	40,000[*2]	40%	20,000
합계	₩ 100,000	100%	₩50,000[*3]

[*1] A : 70,000-10,000 = ₩60,000
[*2] B : 55,000-15,000 = ₩40,000
[*3] C의 순실현가치 : 6,000 - 2,000 = ₩4,000
  주산품에 배부할 결합원가 : 54,000 - 4,000 = ₩50,000

따라서, 결합제품 A에 배부되는 결합원가는 ₩30,000이다.

26 ⑤

① 잡이익법의 경우 부산물에 결합원가를 전혀 배분하지 않는다. 따라서, 부산물의 순실현가치 ₩300,000(5000단위 × 100 - 200,000)만큼을 주산품에 배분하는 원가차감법에 비하여, 주산품에 배분되는 결합원가가 더 커진다.

② 부산물의 순실현가치 ₩300,000을 부산물에 배분하면, 추가가공원가 ₩200,000이 있으므로, 부산물의 원가는 ₩500,000이 된다. 따라서 단위당 부산물의 원가는 ₩100 (= 500,000 ÷ 5,000단위)가 된다.

③ 원가차감법의 경우에는 부산물의 순실현가치 만큼 결합원가를 배분해 주기 때문에 부산물 판매로 인한 이익은 항상 "0"이 된다.

⑤ 잡이익법의 경우에도 추가가공원가 ₩200,000이 발생하기 때문에 부산물의 단위당 원가는 ₩40(= 200,000 ÷ 5,000단위)이다. 따라서 부산물 판매로 인한 이익은 단위당 ₩60(= 100 - 40)이다.

27 ②

주산품 X와 Y의 순실현가치의 상대적 비율이 6:3이므로 X에 배분된 결합원가가 ₩80,000이라면, Y에 배분된 결합원가는 ₩40,000이었을 것이다. 따라서 주산품 X와 Y에 배분된 결합원가의 합계 ₩120,000(= 80,000 + 40,000)을 제외한 나머지 ₩30,000 (= 150,000 - 120,000)이 부산물 Z에 배분된 결합원가이다. 즉, 부산물 Z에 Z의 순실현가치만큼 우선적으로 배분하고, 나머지 결합원가를 X와 Y에 배분하였을 것이므로, Z의 순실현가치가 ₩30,000이었기 때문에 Z에 결합원가 ₩30,000을 우선 배분하고, 나머지 결합원가 ₩120,000을 X와 Y의 순실현가치 상대적 비율에 따라 배분하였을 것이다.

28 ⑤

(1) B와 C의 분리점에서의 판매가치 계산

제 품	분리점에서의 판매가치	결합원가 배분율	결합원가 배분
A	₩ 80,000		
B	40,000[*2]	20%[*1]	₩10,000
C	80,000[*3]		
합 계	₩200,000	100%	₩50,000

[*1] 10,000 ÷ 50,000 = 20%(결합원가 ₩50,000 중에서 ₩10,000배분된 것을 이용)

[*2] 200,000 × 20% = ₩40,000

[*3] 200,000 - 80,000 - 40,000 = ₩80,000

(2) 제품별 추가가공으로 인한 이익 증가

	A	B	C
매출증가	₩5,000[*1]	₩2,000[*2]	₩10,000[*3]
추가가공원가증가	(3,000)	(2,000)	(5,000)
이익증가액	₩2,000	₩ 0	₩ 5,000

[*1] 85,000 - 80,000 = ₩5,000

[*2] 42,000 - 40,000 = ₩2,000

[*3] 90,000 - 80,000 = ₩10,000

C제품을 추가가공할 경우 가장 ₩5,000만큼 이익이 증가하므로 가장 유리하다.

29 ③

(1) 각 제품별 추가가공여부 결정

	A	B	C	D
추가가공시 매출증가	₩16,000[*1]	₩22,000[*2]	₩15,500[*3]	₩22,000[*4]
추가가공원가증가	(12,500)	(21,500)	(17,000)	(24,000)
이익증가액	₩ 3,500	₩ 500	(₩ 1,500)	(₩ 2,000)

[*1] 66,000 - 50,000 = ₩16,000

[*2] 92,000 - 70,000 = ₩22,000

[*3] 43,000 - 27,500 = ₩15,500

[*4] 74,500 - 52,500 = ₩22,000

A와 B는 추가가공하는 것이 유리하고, C와 D는 분리점에서 판매하는 것이 유리하다.

(2) 최대영업이익

매 출 액 : ₩238,000[*1]

매 출 원 가 : <u>134,000</u>[*2]

매출총이익 : ₩104,000

*¹ 66,000(A매출) + 92,000(B매출) + 27,500(C매출) + 52,500(D매출) = ₩238,000

*² 100,000(결합원가) + 12,500(A추가가공비) + 21,500(B추가가공비) = ₩134,000

30 ②

	A	B	C
분리점에서의 판매가치	₩24,000	₩16,000	₩10,000
추가가공 후 판매가치	30,000	26,000	12,800
추가가공으로 인한 판매가치의 증가	6,000	10,000	2,800
추가가공원가	6,300	8,000	3,600

따라서 B만 추가가공할 경우 회사는 최대 매출총이익을 달성할 수 있으며, 이 경우 최대 매출총이익은 ₩12,000*이다.

A 매출액	:	₩24,000
B 매출액	:	26,000
C 매출액	:	10,000
매출원가	:	(__48,000) (= 40,000 + 8,000)
매출총이익	:	₩12,000

31 ①

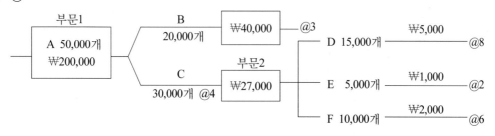

C를 추가가공할 경우

증분수익	:	₩70,000*¹
증분비용	:	(__35,000*²)
증분이익	:	₩35,000

*¹ (15,000개 × 8 + 5,000개 × 2 + 10,000개 × 6) − 30,000개 × 4 = ₩70,000

*² 27,000 + 5,000 + 1,000 + 2,000 = ₩35,000

추가가공으로 인해 증가되는 수익이 증가되는 비용보다 ₩35,000만큼 크기 때문에 추가가공할 경우 ₩35,000유리하다.

변동원가계산

Chapter 6

변동원가계산

01 의의

　변동원가계산(variable costing)은 직접재료비, 직접노무비, 변동제조간접비 등 변동제조원가만으로 제품원가를 계산하는 원가계산방법으로서 고정제조간접비를 판매비 및 관리비와 더불어 기간비용으로 처리하는 방법이다.

전부원가계산		구 분		변동원가계산
제품 원가	←	직접재료비 직접노무비 변동제조간접비	→	제품 원가
기간 비용	←	고정제조간접비 변동판매관리비 고정판매관리비	→	기간 비용

　전부원가계산과 변동원가계산의 차이는 위와 같이 고정제조간접비를 제품원가로 처리하느냐, 당기비용으로 처리하느냐에 있다.

02 전부원가계산과 변동원가계산 손익계산서 비교

전부원가 손익계산서			공헌이익 손익계산서		
Ⅰ. 매　　출　　액		×××	Ⅰ. 매　　출　　액		×××
Ⅱ. 매　출　원　가			Ⅱ. 변　　동　　비		
1. 기 초 제 품 재 고	×××		1. 변 동 매 출 원 가	×××	
2. 당기제품제조원가	×××		2. 변 동 판 매 관 리 비	×××	×××
3. 기 말 제 품 재 고	(×××)	×××	Ⅲ. 공　헌　이　익		×××
Ⅲ. 매 출 총 이 익		×××	Ⅳ. 고　　정　　비		
Ⅳ. 판 매 관 리 비			1. 고 정 제 조 간 접 비	×××	
1. 변 동 판 매 관 리 비	×××		2. 고 정 판 매 관 리 비	×××	×××
2. 고 정 판 매 관 리 비	×××	×××	Ⅴ. 영　업　이　익		×××
Ⅴ. 영　업　이　익		×××			

기본 문제

01 화학제품을 생산하여 단위당 ₩100에 판매하는 (주)설악의 20×8년도 제품원가와 관련된 자료는 다음과 같다.

• 단위당 직접재료비	₩15
• 단위당 직접노무비	25
• 단위당 변동제조간접비	10
• 단위당 변동판매관리비	5
• 고정제조간접비	500,000
• 고정판매관리비	300,000

회사는 20×8년도에 20,000단위를 생산하여 20,000단위를 모두 판매하였다. 변동원가계산에 의한 영업이익은 얼마인가?

① ₩50,000　　　　　② ₩100,000　　　　　③ ₩150,000

④ ₩150,000　　　　　⑤ ₩200,000

해설

01 ②

공헌이익 손익계산서

Ⅰ. 매 출 액	20,000단위 × 100 =	₩2,000,000
Ⅱ. 변 동 비		1,100,000
1. 변 동 매 출 원 가	20,000단위 × 50[*] = 1,000,000	
2. 변동판매관리비	20,000단위 × 5 = 100,000	
Ⅲ. 공 헌 이 익		900,000
Ⅳ. 고 정 비		800,000
1. 고정제조간접비	500,000	
2. 고정판매관리비	300,000	
Ⅴ. 영 업 이 익		₩ 100,000

[*] 단위당 직접재료비   ₩15
단위당 직접노무비   25
단위당 변동제조간접비   10
합 계   ₩50

별해

통상 변동원가계산 영업이익은 다음과 같이 계산한다.

$$(100 - 55^*) \times 20,000단위 - 800,000 = ₩100,000$$

[*] 단위당 변동비 : $(15 + 25 + 10 + 5) = ₩55$

---

03 변동원가계산과 전부원가계산의 비교

(1) 변동원가계산과 전부원가계산의 영업이익 차이 조정

〈전부원가계산과 변동원가계산의 영업이익의 차이 조정〉	
변동원가계산의 영업이익	×××
(+) 기말재고자산에 포함된 고정제조간접비	×××
(−) 기초재고자산에 포함된 고정제조간접비	(×××)
(=) 전부원가계산의 영업이익	×××

(2) 전부원가계산과 변동원가계산의 비교

1) 변동원가계산의 영업이익은 회사가 판매한 수량에 의해서만 영향을 받지만 전부원 가계산의 순이익은 판매량 뿐만 아니라 생산량에 의해서도 영향을 받는다.

> 변동원가계산의 영업이익 = f(판매량)
> 전부원가계산의 영업이익 = f(판매량, 생산량)

2) 전부원가계산의 경우에는 경영자의 의도적인 생산량 증가로 불필요한 재고누적을 초래할 가능성이 있다.

※ 전부원가계산에 의한 성과평가의 문제점을 해결하기 위한 방안
   ① 변동원가계산이나 초변동원가계산에 의하여 성과평가를 한다.
   ② 재고유지비용 및 재고에 묶인 자금의 기회비용 등을 부담시키는 방법을 통하여 경영자에게 재고 누적에 대한 재무적인 책임을 지운다.
   ③ 성과평가대상기간을 연장하여 단기적인 이익을 증가시키려는 유인을 감소시킨다.
   ④ 성과평가에 사용하는 측정치에 재무적인 항목뿐만 아니라 비재무적인 항목도 포함시킨다.

	전부원가계산(흡수원가계산)	변동원가계산(직접원가계산)
주요 목적	외부보고목적	내부보고목적
이론적 근거	**원가부착개념**(원가포괄개념)	**원가회피개념**
원가의 분류	**기능별 분류**	**행태별 분류**(변동비, 고정비)
손익계산서 형태	일반적인 손익계산서	공헌이익 손익계산서
제품원가 구성항목	직접재료비 직접노무비 변동제조간접비 고정제조간접비	직접재료비 직접노무비 변동제조간접비
기간비용 처리항목	변동판매비와 관리비 고정판매비와 관리비	고정제조간접비 변동판매비와 관리비 고정판매비와 관리비

기본 문제

다음은 기본문제 2~4번과 관련된 내용이다.

리모컨을 생산하여 단위당 ₩250에 판매하는 (주)LG의 제품생산과 관련된 자료이다.

	단위당 변동비	고 정 비
직접재료비	₩50	−
직접노무비	30	−
제조간접비	50	₩1,000,000
판매관리비	30	500,000

회사는 당기에 25,000단위를 생산하여 15,000단위를 판매하였다.

02 변동원가계산에 의한 영업이익은 얼마인가?

① (₩150,000)   ② (₩50,000)   ③ ₩50,000

④ ₩150,000   ⑤ ₩250,000

03 전부원가계산에 의한 영업이익은 얼마인가?

① (₩150,000)   ② (₩50,000)   ③ ₩50,000

④ ₩150,000   ⑤ ₩250,000

04 변동원가계산과 전부원가계산에 의한 기말재고자산 가액의 차이는 얼마인가?

① ₩100,000   ② ₩200,000   ③ ₩300,000

④ ₩400,000   ⑤ ₩500,000

해설

02 ①

변동원가계산 손익계산서

Ⅰ. 매　출　액	15,000단위 × 250 =		₩3,750,000
Ⅱ. 변　동　비			2,400,000
1. 변동매출원가	15,000단위 × 130 =	1,950,000	
2. 변동판매관리비	15,000단위 × 30 =	450,000	
Ⅲ. 공　헌　이　익			1,350,000
Ⅳ. 고　정　비			1,500,000
1. 고정제조간접비		1,000,000	
2. 고정판매관리비		500,000	
Ⅴ. 영　업　이　익			(₩150,000)

별해

변동원가계산에 의한 영업이익은 다음과 같이 계산될 수 있다.

$$(250 - 160) \times 15{,}000\text{단위} - 1{,}500{,}000 = (\text{₩}150{,}000)$$

03 ⑤

전부원가계산 손익계산서

Ⅰ. 매 출 액	15,000단위 × 250 =		₩3,750,000
Ⅱ. 매 출 원 가			2,550,000
1. 기초제품재고		0	
2. 당기제품제조원가	25,000단위 × 170[*] =	4,250,000	
3. 기말제품재고	10,000단위 × 170[*] =	1,700,000	
Ⅲ. 매 출 총 이 익			1,200,000
Ⅳ. 판 매 관 리 비			950,000
1. 변동판매관리비	15,000단위 × 30 =	450,000	
2. 고정판매관리비			500,000
Ⅴ. 영 업 이 익			₩250,000

[*] 단위당 변동제조원가 　　　　　　₩130
단위당 고정제조간접비　1,000,000 ÷ 25,000단위 = 　40
합　　　계　　　　　　　　₩170

04 ④

전부원가계산에 의한 기말재고자산 : 　10,000단위 × 170 = ₩1,700,000
변동원가계산에 의한 기말재고자산 : 　10,000단위 × 130 = 　1,300,000
전부원가계산과 변동원가계산에 의한 기말재고자산 차이 : ₩ 400,000

별해

변동원가계산과 전부원가계산 모두 기말재고자산 수량은 동일하다. 다만, 전부원가계산의 경우 고정제조간접비가 기말재고자산에 포함되지만, 변동원가계산의 경우에는 포함되지 않는다는 차이점만 있다. 따라서 재고자산의 차이는 기말재고자산에 포함되 고정제조간접비 만큼 차이가 나기 때문에 다음과 같이 계산될 수 있다.

$$10{,}000\text{단위} \times 40 = \text{₩}400{,}000$$

04 변동원가계산의 유용성과 한계

(1) 유용성

① 경영자의 자의에 의한 생산량의 증감을 통하여 이익을 조작할 가능성을 방지할 수 있다.
② 계획수립 및 (단기)의사결정에 유용하다.
③ 고정제조간접비 배부차이로 인한 혼동을 제거할 수 있다.
④ 표준원가 및 변동예산과 함께 사용되면 원가통제를 위한 효과적인 수단으로 사용될 수 있다.

(2) 한계

① 대규모의 시설투자로 인해 고정제조간접비의 비중이 높아지고 있는 현실에서 고정제조간접비의 중요성을 간과하기 쉽다.
② 현행 GAAP(일반적으로 인정된 회계원칙)에서 외부보고용으로는 인정되지 않고 있다.
③ 고정제조간접비를 전액 기간비용으로 처리하기 때문에 수익·비용대응의 원칙에 부합되지 않는다.
④ 변동원가계산은 모든 원가를 변동비와 고정비로 구분하여야 하나 이는 현실적으로 쉽지 않다.
⑤ 재고자산이 저평가되는 경향이 있으므로, 이를 기초로 제품의 가격이나 장기의사결정에 이용하는 경우 한계가 있다.

05 정상원가계산하에서의 비교

고정제조간접비는 예정배부하지 않고, 실제 발생액 전액을 당기 비용으로 처리하기 때문에 정상변동원가계산의 경우에는 고정제조간접비 배부차이가 존재하지 않는다. 따라서 제조간접비 배부차이를 전액 매출원가에서 조정할 경우, 양 방법 간의 이익차이는 다음과 같이 조정될 수 있다.

변동원가계산의 영업이익	×××	
(+) 기말재고수량 × (당기)고정제조간접비예정배부율	×××	
(−) 기초재고수량 × (전기)고정제조간접비예정배부율	(×××)	
(=) 전부원가계산의 영업이익	×××	

06 초변동원가계산

초변동원가계산(super variable costing)은 스루풋원가계산(throughput costing)이라고도 하며, 직접재료비만으로 제품원가를 계산하는 방법이다. 초변동원가계산에서는 매출액에서 직접재료비만으로 구성된 매출원가를 차감하고 남는 잔액을 (재료)처리량 공헌이익 (throughput contribution) 또는 **현금창출 공헌이익**이라고 하여 단기적으로 기업이 현금을 창출하는데 공헌하는 진정한 금액이라고 본다.

초변동원가 손익계산서

Ⅰ. 매　　　출　　　액		×××
Ⅱ. 직 접 재 료 비 매 출 원 가		
1. 기초재고(직접재료)	×××	
2. 당기(직접재료)매입액	×××	
3. 기말재고(직접재료)	×××	×××
Ⅲ. (재료)처리량공헌이익		×××
Ⅳ. 운　　　영　　　비　　　용		
1. 직 접 노 무 비	×××	
2. 변 동 제 조 간 접 비	×××	
3. 고 정 제 조 간 접 비	×××	
4. 변 동 판 매 관 리 비	×××	
5. 고 정 판 매 관 리 비	×××	×××
Ⅴ. 영　　　업　　　이　　　익		×××

이러한 초변동원가계산과 변동원가계산, 전부원가계산을 비교하면 다음과 같다.

	전부원가계산	변동원가계산	초변동원가계산
제품원가	직접재료비 직접노무비 변동제조간접비 고정제조간접비	직접재료비 직접노무비 변동제조간접비	직접재료비
기간비용	변동판매관리비 고정판매관리비	고정제조간접비 변동판매관리비 고정판매관리비	직접노무비 변동제조간접비 고정제조간접비 변동판매관리비 고정판매관리비

(1) 초변동원가계산과 변동원가계산의 이익차이 조정

초변동원가계산의 영업이익	×××
(+) 기말재고자산에 포함된 변동가공비[*]	×××
(−) 기초재고자산에 포함된 변동가공비[*]	(×××)
(=) 변동원가계산의 영업이익	×××

[*] 직접노무비와 변동제조간접비의 합계

(2) 초변동원가계산과 전부원가계산의 이익차이 조정

초변동원가계산의 영업이익	×××
(+) 기말재고자산에 포함된 가공비[*]	×××
(−) 기초재고자산에 포함된 가공비[*]	(×××)
(=) 전부원가계산의 영업이익	×××

[*] 직접노무비와 제조간접비(변동제조간접비, 고정제조간접비)의 합계

기본 문제

다음은 기본문제 5~6번과 관련된 내용이다.

20×8년에 영업을 개시한 (주)한반도는 화학제품을 생산하여 단위당 ₩100에 판매하고 있다. 20×8년도 회사의 제품 생산 및 판매와 관련된 자료는 다음과 같으며, 당기에 20,000단위를 생산하여 15,000단위를 판매하였다.

	단위당 변동비	고 정 비
직접재료비	₩15	–
직접노무비	25	–
제조간접비	10	₩500,000
판매관리비	5	300,000

05 초변동원가계산에 의한 영업이익은 얼마인가?

① (₩300,000) ② (₩125,000) ③ ₩0

④ ₩125,000 ⑤ ₩300,000

06 변동원가계산에 의한 영업이익은 얼마인가?

① (₩300,000) ② (₩125,000) ③ ₩0

④ ₩125,000 ⑤ ₩300,000

07 전부원가계산에 의한 영업이익은 얼마인가?

① (₩300,000) ② (₩125,000) ③ ₩0

④ ₩125,000 ⑤ ₩300,000

해설

05 ①

초변동원가 손익계산서

Ⅰ. 매 출 액	15,000단위 × 100 =		₩1,500,000
Ⅱ. 직접재료비매출원가	15,000단위 × 15 =		225,000
Ⅲ. (재료)처리량공헌이익			1,275,000
Ⅳ. 운 영 비 용			1,575,000
1. 직 접 노 무 비	20,000단위 × 25 =	500,000	
2. 변동제조간접비	20,000단위 × 10 =	200,000	
3. 고정제조간접비		500,000	
4. 변동판매관리비	15,000단위 × 5 =	75,000	
5. 고정판매관리비		300,000	
Ⅴ. 영 업 이 익			(₩300,000)

06 ②

초변동원가계산의 영업이익		(₩300,000)
(+) 기말재고자산에 포함된 변동가공비	5,000단위 × 35* =	175,000
(−) 기초재고자산에 포함된 변동가공비		0
(=) 변동원가계산의 영업이익		(₩125,000)

* 단위당 직접노무비 + 단위당 변동제조간접비 = 25 + 10 = ₩35

07 ③

변동원가계산의 영업이익		(₩125,000)
(+) 기말재고자산에 포함된 고정제조간접비	5,000단위 × 25* =	125,000
(−) 기초재고자산에 포함된 고정제조간접비		0
(=) 전부원가계산의 영업이익		₩ 0

* 단위당 고정제조간접비 = 500,000 ÷ 20,000단위 = ₩25

● ○ ○ ○

(3) 초변동원가계산의 유용성

① 초변동원가계산의 경우에는 재고가 누적될수록 영업이익이 줄어들기 때문에 바람 직하지 않은 재고누적을 방지하는 효과가 변동원가계산의 경우보다 훨씬 크게 나 타난다.

② 직접재료비 외에는 기간비용으로 처리하므로 변동원가계산처럼 제조간접비를 변 동비와 고정비로 구분할 필요가 없어 적용이 간단하다.

(4) 초변동원가계산의 한계

① 초변동원가계산의 경우 재고의 누적은 일종의 벌금을 부과하는 것과 동일한 효과를 가져오므로 재고는 무조건 부정적인 것으로 간주하게 된다.

② 재고원가가 너무 낮으므로 낮은 가격으로 제품을 판매할 가능성이 있다.

③ 변동원가계산과 마찬가지로 외부보고목적과 법인세 신고 목적으로는 이용될 수 없다.

07 각 방법의 비교

(1) 재고자산의 크기 비교(항상 성립)

$$\text{전부원가계산하의 재고자산} \geq \text{변동원가계산하의 재고자산} \geq \text{초변동원가계산하의 재고자산}$$

(2) 생산량과 판매량에 따른 영업이익의 비교(일반적으로 성립)

매 기간별 생산량이 일정할 경우[2]에는 생산량과 판매량의 크기에 따라서 다음과 같이 영업이익의 크기를 비교할 수 있다.

① 생산량 ≥ 판매량(기초재고≤기말재고) : $\text{전부원가계산 영업이익} \geq \text{변동원가계산 영업이익}$

② 생산량 ≤ 판매량(기초재고≥기말재고) : $\text{전부원가계산 영업이익} \leq \text{변동원가계산 영업이익}$

위의 등호는 매 기간별 생산량이 일정해야 재고자산 1단위당 고정제조간접비가 일정해서, 기말재고자산에 포함된 고정제조간접비와 기초재고자산에 포함된 고정제조간접비가 재고자산의 수량에 의해서 비교가 될 수 있기 때문이다. 하지만, 매 기간별 생산량이 다를 경우에는 매 기간별 재고자산 1단위에 포함되어 있는 고정제조간접비가 달라지기 때문에

---

2) 정확하게 표현한다면 "매 기간 단위당 고정제조간접비가 일정한 경우"이다.

기초재고자산과 기말재고자산에 포함된 고정제조간접비가 단순히 재고자산의 수량에 의해서 비교할 수 없게 된다. 따라서, 만약 매 기간별 생산량이 달라지는 경우에는 생산량과 판매량을 가지고 전부원가계산과 변동원가계산에 의한 영업이익을 비교하는 것은 무리가 있다.

연 습 문 제

01 다음은 직접원가계산과 전부원가계산에 대한 설명이다. 이들을 해당되는 사항들로만 적절히 분류한 것은?

> ⓐ 행태별 원가분류가 필요하다.
> ⓑ 기간손익이 재고수준의 변동에 영향을 받는다.
> ⓒ 단기적인 계획과 통제에 유용하지 못하다.
> ⓓ GAAP에서 인정하지 않는다.

	직접원가계산	전부원가계산		직접원가계산	전부원가계산
①	ⓐ, ⓒ	ⓑ, ⓓ	②	ⓑ, ⓒ	ⓐ, ⓓ
③	ⓒ, ⓓ	ⓐ, ⓑ	④	ⓐ, ⓑ	ⓒ, ⓓ
⑤	ⓐ, ⓓ	ⓑ, ⓒ			

02 전부원가계산과 변동원가계산에 관한 설명으로 옳지 않은 것은?

① 변동원가계산은 전부원가계산보다 손익분기점분석에 더 적합하다.

② 당기매출액이 손익분기점 매출액보다 작더라도 변동원가계산에서는 이익이 보고될 수 있다.

③ 전부원가계산의 영업이익은 일반적으로 생산량과 판매량에 의해 영향을 받는다.

④ 변동원가계산에서는 변동제조원가만이 제품원가에 포함된다.

⑤ 변동원가계산은 고정제조간접원가를 기간비용으로 처리한다.

03 전부원가계산, 변동원가계산 및 초변동원가계산에 관한 설명으로 옳지 않은 것은?

① 초변동원가계산에서는 직접노무원가와 변동제조간접원가를 기간비용으로 처리한다.

② 초변동원가계산에서는 매출액에서 직접재료원가를 차감하여 재료처리량 공헌이익(throughput contribution)을 산출한다.

③ 변동원가계산은 변동제조원가만을 재고가능원가로 간주한다. 따라서 직접재료원가, 변동가공원가를 제품원가에 포함시킨다.

④ 전부원가계산의 영업이익은 일반적으로 생산량과 판매량에 의해 영향을 받는다.

⑤ 변동원가계산에서는 원가를 기능에 따라 구분하여 변동원가와 고정원가로 분류한다.

04 변동원가계산의 유용성에 대한 다음의 설명 중 옳지 않은 것은?

① 변동원가계산 손익계산서에는 이익계획 및 의사결정 목적에 유용하도록 변동비와 고정비가 분리되고 공헌이익이 보고된다.

② 변동원가계산에서는 일반적으로 고정제조간접원가를 기간비용으로 처리한다.

③ 변동원가계산에서는 판매량과 생산량의 관계에 신경을 쓸 필요 없이 판매량에 기초해서 공헌이익을 계산한다.

④ 변동원가계산에 의해 가격을 결정하더라도 장기적으로 고정비를 회수하지 못할 위험은 없다.

⑤ 제품의 재고수준을 높이거나 낮춤으로써 이익을 조작할 수 있는 가능성은 없다.

05 변동원가계산, 전부원가계산 및 초변동원가계산에 대한 설명으로 옳지 않은 것은?

① 원가계산과 관련된 표준은 변동원가계산에는 사용될 수 없고 전부원가계산에서만 사용된다.

② 전부원가계산에서 계산된 영업이익은 판매량뿐만 아니라 생산량의 변화에도 영향을 받는다.

③ 변동원가계산에서는 고정제조간접원가를 기간비용으로 인식하지만 전부원가계산에서는 고정제조간접원가를 제품원가로 인식한다.

④ 초변동원가계산은 직접재료원가만을 제품원가에 포함하고 나머지 제조원가는 모두 기간비용으로 처리한다.

⑤ 초변동원가계산은 판매가 수반되지 않는 상황에서 생산량이 많을수록 영업이

익이 낮게 계상되므로 불필요한 재고의 누적을 방지하는 효과가 변동원가계산보다 훨씬 크다.

06 전부원가계산, 변동원가계산, 초변동원가계산과 관련된 다음의 설명 중 가장 옳지 않은 것은? (단, 일반적인 조건은 모두 동일하다고 가정한다)

① 전부원가계산은 특수한 상황에서 경영자가 의도적으로 생산량을 감소시킴으로서 이익을 감소시킬 수도 있을 것이다.

② 유휴생산능력이 증가 할수록 초변동원가계산에 의한 영업이익이 변동원가계산이나 전부원가계산에 의한 영업이익보다 더 작아질 것이다.

③ 판매량이 생산량을 초과하는 경우에도 전부원가계산에 의한 재고자산가액이 변동원가계산에 의한 재고자산가액보다 클 것이다.

④ 초변동원가계산은 재고의 누적이 벌금(penalty)을 부과하는 효과가 있기 때문에 판매를 수반하지 않는 생산을 하지 않으려 할 것이다.

⑤ 생산량이 판매량을 초과하는 경우에는 일반적으로 전부원가계산에 의한 영업이익이 가장 크고 초변동원가계산에 의한 영업이익이 가장 작을 것이다.

07 갑기업과 을기업은 판매비가 거의 필요 없는 유사한 제품을 생산한다고 하자. 갑기업이 직접원가계산을 사용하고 을기업은 전부원가계산을 사용하는 것 이외에 다른 조건이 같다면 다음사항 중 가장 합리적인 설명은 어떤 것인가?

① 생산량이 정상생산능력에 미달하는 경우에는 갑기업의 기말재고액이 을기업의 기말재고액보다 클 것이다.

② 생산량이 정상생산능력을 초과하는 경우에는 갑기업의 기말재고액이 을기업의 기말재고액보다 클 것이다.

③ 생산량이 판매량을 초과하는 경우에는 갑기업의 기말재고액이 을기업의 기말재고액보다 클 것이다.

④ 두 기업의 판매량이 일치하는 경우에는 갑기업의 순이익과 을기업의 순이익이 같아지게 될 것이다.

⑤ 생산량이 판매량을 초과하는 경우에는 을기업의 순이익이 갑기업의 순이익보다 클 것이다.

08 다음은 생산량 및 판매량과 관련된 전부원가계산과 변동원가계산 및 초변동원가계산의 특징을 설명한 글이다. 타당하지 않은 것은?

① 전부원가계산에서는 기초재고가 없을 때 판매량이 일정하다면 생산량이 증가할수록 매출총이익이 항상 커진다.

② 생산량이 판매량보다 많으면 전부원가계산의 영업이익이 변동원가계산의 영업이익보다 항상 크다.

③ 변동원가계산하의 영업이익은 판매량에 비례하지만, 전부원가계산하의 영업이익은 생산량과 판매량의 함수관계로 결정된다.

④ 전부원가계산에서는 원가를 제조원가와 판매관리비로 분류하므로 판매량 변화에 따른 원가와 이익의 변화를 파악하기 어려운 반면, 변동원가계산에서는 원가를 변동원가와 고정원가로 분류하여 공헌이익을 계산하므로 판매량 변화에 의한 이익의 변화를 알 수 있다.

⑤ 초변동원가계산에서는 기초재고가 없고 판매량이 일정할 때 생산량이 증가하더라도 재료처리량 공헌이익(throughput contribution)은 변하지 않는다.

09 (주)평화의 연간 고정제조간접원가는 ₩40,000, 고정판매비와 관리비는 ₩25,000이 발생하였다. 제품 1단위의 생산, 판매와 관련된 자료는 다음과 같다.

단위당 판매가격 :		₩100
단위당 변동원가 :		
직접재료원가	₩25	
직접노무원가	15	
변동제조간접원가	20	
변동판매비와관리비	12	₩ 72

당기에는 4,000개가 생산되어 3,500개가 판매되었으며, 기초재고는 400개가 있었다. (주)평화의 전기의 단위당 변동원가와 전기의 고정제조간접원가 총액은 당기와 동일하였다. 그러나 전기의 생산량은 5,000개이었다. (주)평화는 선입선출법을 이용하고 있다. 위의 자료를 이용할 때 실제전부원가계산에 의한 영업이익은 얼마인가?

① ₩78,825   ② ₩33,000   ③ ₩38,000

④ ₩38,800   ⑤ ₩105,800

10 대한회사의 당기 제품제조 및 영업활동과 관련한 다음의 자료를 토대로 하여 변동제조원가 발생액과 고정판매관리비 발생액을 구하면 각각 얼마인가?

- 매 출 액 : ₩2,000,000
- 고정제조원가 당기발생액 : ₩600,000
- 변동판매관리비 당기발생액 : ₩200,000
- 당기 제품생산량 : 70,000개
- 당기 제품판매량 : 65,000개
- 변동매출원가는 ₩780,000이고 변동원가계산에 의한 영업이익은 ₩300,000이다.
- 기초제품 재고와 기초 및 기말재공품 재고는 없다.

	변동제조원가	고정판매관리비		변동제조원가	고정판매관리비
①	₩780,000	₩120,000	②	₩840,000	₩120,000
③	₩780,000	₩180,000	④	₩840,000	₩180,000
⑤	₩840,000	₩60,000			

11 다음은 ㈜세무의 공헌이익 손익계산서와 전부원가 손익계산서이다. 고정판매관리비가 ₩94,000이고 제품의 판매가격이 단위당 ₩1,500일 때, 전부원가계산에 의한 기말제품재고는? (단, 기초 및 기말 재공품, 기초제품은 없다.)

공헌이익 손익계산서		전부원가 손익계산서	
매출액	₩1,200,000	매출액	₩1,200,000
변동원가	456,000	매출원가	937,600
공헌이익	744,000	매출총이익	262,400
고정원가	766,000	판매관리비	150,000
영업이익(손실)	(22,000)	영업이익(손실)	112,400

① ₩154,000　　　② ₩171,300　　　③ ₩192,000

④ ₩214,500　　　⑤ ₩234,400

12 2006년 초에 영업을 개시한 한 회사의 1월과 2월 중에 발생한 원가자료는 다음과 같다.

	2006년 1월	2006년 2월
생산능력	100개	100개
생 산 량	90개	100개
판 매 량	70개	90개
고정제조간접원가	₩1,350	₩1,400

2월 중 변동원가계산에 의한 매출총이익이 ₩210이었다면, 전부원가계산에 의한 2월 중 매출총이익은 얼마인가? (단, 한 회사는 실제원가계산을 적용하고 있으며, 재고자산의 원가흐름은 선입선출법을 가정한다.)

① ₩300   ② ₩330   ③ ₩360

④ ₩400   ⑤ ₩420

13 다음은 (주)누리의 1월과 2월의 생산 및 판매 관련 자료이다. 2월 중 전부원가제도를 이용한 영업이익이 ₩1,000,000이고, 1월의 기초재고자산은 없다고 가정할 경우 다음 설명 중 가장 옳지 않은 것은? 단, 물량의 흐름은 후입선출법을 가정한다.

	1월	2월
생 산 량	8,000단위	10,000단위
판 매 량	7,000단위	9,000단위
단위당 변동제조원가	₩ 500	₩ 500
단위당 변동판매관리비	₩ 200	₩ 200
고정제조원가	₩1,600,000	₩1,800,000
고정판매비용	₩ 800,000	₩ 900,000

① 2월 변동원가계산에 의한 영업이익은 ₩820,000이다.

② 1월에는 전부원가계산에 의한 영업이익이 변동원가계산에 의한 영업이익보다 크다.

③ 2월말의 재고자산가액은 전부원가계산의 경우가 변동원가계산의 경우 보다 ₩380,000만큼 더 크다.

④ 2월 변동원가계산에 의한 영업이익은 후입선출법을 가정할 때보다 선입선출법을 가정할 때 더 크다.

⑤ 2월 초변동원가계산에 의한 영업이익은 변동원가계산에 의한 영업이익보다 작다.

14 2006년말 차기 예산을 준비하던 ㈜대한은 2007년도 전부원가계산방법과 변동원가계산방법에 의한 예상이익을 각각 계산한 결과, 그 차이가 전부원가계산방법에 의할 경우 ₩30,000이 더 많을 것으로 예상되었다. 그러나 2007년말 실제이익의 차이는 전부원가계산방법에 의할 경우 ₩50,000이 더 많았다. 실제이익의 차이가 예상이익의 차이와 다르게 나타난 이유로 타당한 것은? 단, ㈜대한의 2007년초 기초재고는 없었고, 재공품은 고려하지 않으며, 아래 각 항목의 평가시 항목에 주어진 차이의 영향 이외에는 예산과 실제가 일치하는 것으로 가정한다.

① 완제품 단위당 변동제조원가의 실제발생액이 예상발생액보다 적었다.
② 총고정제조원가의 실제발생액이 예상발생액보다 적었다.
③ 실제매출수량이 예상매출수량보다 많았다.
④ 완제품 실제생산수량이 예상생산수량보다 많았다.
⑤ 원재료의 실제구매수량이 예상구매수량보다 많았다.

15 무선전화㈜는 20×8년 초에 영업을 개시하여 무선전화기를 생산 판매하고 있다. 20X8년에 3,000개를 생산하였으며, 제품 단위당 판매가격은 ₩150,000이다. 생산에 관한 자료는 다음과 같다.

	고정원가(₩)	제품단위당 변동원가(₩)
직접재료원가		₩30,000
직접노무원가		25,000
제조간접원가	₩45,000,000	15,000
판 매 관 리 비	60,000,000	20,000

만약 전부원가계산에 의한 영업이익이 변동원가계산에 의한 영업이익에 비하여, ₩15,000,000이 많을 경우, 20×8년 판매량은 몇 개인가?

① 200개   ② 500개   ③ 1,000개
④ 1,500개   ⑤ 2,000개

16 (주)세무는 20x1년 초에 영업을 개시하였다. 20x1년에는 4,000단위를 생산하였고, 20x2년에는 전부원가계산에 의한 영업이익이 변동원가계산에 의한 영업이익보다 ₩25,000 많았다. 20x2년의 생산 및 원가자료는 다음과 같다.

항목		수량/금액
기초제품 수량		(　　)단위
생산량		4,000단위
기말제품 수량		1,200단위
제품 단위당	판매가격	₩250
	직접재료원가	80
	직접노무원가	40
	변동제조간접원가	30
	변동판매관리비	10
고정제조간접원가(총액)		₩200,000
고정판매관리비(총액)		100,000

(주)세무의 20x2년도 기초제품 수량은? (단, 20x1년과 20x2년의 제품 단위당 판매가격과 원가구조는 동일하고, 기초 및 기말 제공품은 없다.)

① 500단위   ② 650단위   ③ 700단위
④ 950단위   ④ 1,700단위

17 (주)국세의 20×1년도 전부원가계산에 의한 영업이익은 ₩1,000,000이다. (주)국세의 원가자료가 다음과 같을 경우 20×1년도 변동원가계산에 의한 영업이익은 얼마인가? (단, 원가요소 금액은 총액이다)

	수량(단위)	직접재료원가	직접노무원가	변동제조 간접원가	고정제조 간접원가
기초재공품	200	₩50,000	₩30,000	₩20,000	₩240,000
기초제품	400	100,000	70,000	40,000	700,000
기말재공품	500	100,000	65,000	25,000	500,000
기말제품	300	75,000	90,000	35,000	600,000
매출원가	1,000	1,000,000	750,000	650,000	2,000,000

① ₩640,000   ② ₩840,000   ③ ₩900,000
④ ₩1,100,000   ⑤ ₩1,160,000

18 (주)서울의 기초재고자산은 전부원가계산에 의할 경우와 변동원가계산에 의할 경우의 차이가 ₩100,000이다. 또한 전부원가계산에 의한 영업이익이 변동원가계산에 의한 영업이익보다 ₩100,000만큼 더 크다. (주)서울의 당기말 변동원가계산에 의한 기말재고자산이 ₩100,000이라면, 전부원가계산에 의한 기말재고자산은 얼마인가?

① ₩100,000   ② ₩200,000   ③ ₩300,000

④ ₩400,000   ⑤ ₩500,000

19 ㈜세무는 전부원가계산방법을 채택하여 단일 제품A를 생산·판매하며, 재고자산 계산은 선입선출법을 적용한다. 20x1년 제품A의 생산·판매와 관련된 자료는 다음과 같다.

	수 량	재고금액
기초제품	1,500단위	₩100,000(고정제조간접원가 ₩45,000 포함)
당기완성품	24,000단위	
당기판매	23,500단위	
기말제품	2,000단위	₩150,000(고정제조간접원가 포함)

20x1년 재공품의 기초와 기말재고는 없으며, 고정제조간접원가는 ₩840,000, 고정판매관리비는 ₩675,000이다. ㈜세무의 20x1년 전부원가계산에 의한 영업이익이 ₩745,000일 경우, 변동원가계산에 의한 영업이익과 기말제품재고액은?

	영업이익	기말제품재고액		영업이익	기말제품재고액
①	₩710,000	₩80,000	②	₩710,000	₩90,000
③	₩720,000	₩80,000	④	₩720,000	₩90,000
⑤	₩730,000	₩90,000			

20 다음은 ㈜한강의 원가자료이다. 전부원가계산방법에 의한 당기순이익이 직접원가계산방법에 의한 당기순이익보다 ₩200이 많은 경우 당기의 재고 증감량은 몇 개인가?

- 당기생산량 : 1,000개
- 기말재고수량 : 100개
- 변동제조간접비 : 단위당 ₩5
- 변동판매비 : 단위당 ₩2
- 기초재고수량 : ?
- 판매가 : 단위당 ₩15
- 고정제조간접비 : ₩2,000
- 고정판매비 : ₩300

① 100개 증가   ② 50개 증가   ③ 10개 증가

④ 50개 감소   ⑤ 변동없음

21 (주)광주는 실제원가로 제품원가를 계산하고 있다. (주)광주는 2010년 1월초에 개업하였으며, 2010년과 2011년의 제품 생산량과 판매량, 원가자료는 다음과 같다.

구 분	2010년	2011년
생 산 량	10,000개	14,000개
판 매 량	8,000개	15,000개
고정제조간접원가	₩240,000	?
고정판매관리비	₩180,000	₩230,000

2011년의 전부원가계산에 의한 이익은 ₩500,000이고, 변동원가계산에 의한 이익은 ₩528,000이었다. 2011년에 발생된 고정제조간접원가는 얼마인가? (단, 2010년과 2011년의 기초재공품 및 기말재공품은 없으며, 물량 및 원가흐름은 선입선출법을 가정한다.)

① ₩200,000   ② ₩220,000   ③ ₩240,000
④ ₩260,000   ⑤ ₩280,000

22 2011년 초에 설립된 (주)국세는 노트북을 제조하여 판매하고 있다. (주)국세는 재고자산의 원가흐름 가정으로 선입선출법을 적용하며, 실제원가계산으로 제품원가를 산출한다. (주)국세의 매월 최대 제품생산능력은 1,000대이며, 2011년 1월과 2월의 원가자료는 다음과 같다.

구 분	1월	2월
생 산 량	900대	800대
판 매 량	800대	?
고정제조간접원가	₩180,000	₩200,000

2월의 전부원가계산 하의 영업이익이 변동원가계산 하의 영업이익보다 ₩20,000만큼 큰 경우, (주)국세의 2월 말 제품재고수량은 얼마인가? (단, 매월 말 재공품은 없는 것으로 가정한다)

① 160대   ② 170대   ③ 180대
④ 190대   ⑤ 200대

23 ㈜대한은 20x1년 1월 1일에 처음으로 생산을 시작하였고, 20x1년과 20x2년의 영업활동 결과는 다음과 같다.

구분	20x1년	20x2년
생산량	1,000단위	1,400단위
판매량	800단위	1,500단위
고정제조간접원가	?	?
전부원가계산에 의한 영업이익	₩8,000	₩8,500
변동원가계산에 의한 영업이익	₩4,000	₩10,000

㈜대한은 재공품 재고를 보유하지 않으며, 재고자산 평가방법은 선입선출법이다. 20x1년과 20x2년에 발생한 고정제조간접원가는 각각 얼마인가? 단, 두 기간의 단위당 판매가격, 단위당 변동제조원가와 판매관리비는 동일하였다.

	20x1년	20x2년
①	₩20,000	₩35,000
②	₩20,000	₩37,500
③	₩20,000	₩38,000
④	₩27,600	₩35,000
⑤	₩27,600	₩42,000

24 20x1년초에 영업을 개시한 ㈜한국은 단일 제품 X를 생산하여 지역 A와 지역 B에 판매하고 있다. 회사는 20x1년 중 제품 X를 40,000단위 생산하여 그 중 35,000단위를 판매하였으며, 20x1년말 현재 직접재료 및 재공품 재고는 없다. 20x1년 중 제품 X의 단위당 판매가격과 생산·판매 관련 단위당 변동원가와 연간 고정원가는 다음과 같다.

단위당 판매가격	₩80
단위당 직접재료원가	₩24
단위당 직접노무원가	₩14
단위당 변동제조간접원가	₩2
단위당 변동판매관리비	₩4
연간 고정제조간접원가	₩800,000
연간 고정판매관리비	₩496,000

회사는 20x1년 판매량 35,000단위 중 지역 A와 지역 B에 각각 25,000단위와 10,000단위를 판매하였다. 20x1년 고정제조간접원가 ₩800,000은 각 지역별로 추적이 불가능한 공통원가이며, 20x1년 고정판매관리비 ₩496,000 중 지역 A와 지역 B에 추적 가능한 금액은 각각 ₩150,000과 ₩250,000이며 나머지 ₩96,000은 각 지역별로 추적이 불가능한 공통원가이다. 다음 설명 중 옳은 것은?

① 변동원가계산에 의한 ㈜한국의 20x1년 단위당 제품원가는 ₩60이다.

② 변동원가계산에 의한 ㈜한국의 20x1년 영업손실은 ₩30,000이다.

③ 전부원가계산에 의한 ㈜한국의 20x1년 기말제품재고 금액은₩200,000이다.

④ 전부원가계산에 의한 ㈜한국의 20x1년 영업이익은 ₩60,000이다.

⑤ ㈜한국의 20x1년 지역별 부문손익계산서에 의하면, 지역 A의 부문이익 (segment margin)은 ₩750,000이다.

25 단일제품을 생산 및 판매하는 (주)갑을의 개업 첫 달 영업결과는 다음과 같다.

- 생산량은 450개이며, 판매량은 300개이다.
- 제품의 단위당 판매가격은 ₩7,000이다.
- 판매관리비는 ₩100,000이다.
- 초변동원가계산에 의한 영업이익은 ₩125,000이다.
- 변동원가계산에 의한 영업이익은 ₩350,000이다
- 전부원가계산에 의한 영업이익은 ₩500,000이다.
- 제조원가는 변동원가인 직접재료원가와 직접노무원가, 고정원가인 제조간접원가로 구성되어 있다.
- 월말 재공품은 없다.

당월에 발생한 총제조원가는 얼마인가?

① ₩1,800,000 ② ₩1,875,000 ③ ₩2,100,000
④ ₩2,250,000 ⑤ ₩2,475,000

26 다음은 (주)동양금속의 제조원가와 생산 및 판매량에 관한 자료이다.

제조간접원가
　　단위당 변동원가 : ₩1,000
　　고정원가 : ₩3,000,000
생산 및 판매량
　　기초제품재고량 : 2,000개
　　생산량 　　　: 18,000개
　　판매량 　　　: 19,000개

고정제조간접원가 배부율을 계산하기 위한 기준조업도는 20,000개이며, 과대 또는 과소 배부된 제조간접원가는 전액 매출원가에서 조정된다. 변동원가계산에 의한 순이익이 ₩6,000,000일 때 전부원가계산에 의한 순이익은 얼마인가? 단, 고정제조간접원가 배부율은 기초 제품과 당기제품에 동일하게 적용된다.

① ₩5,850,000 ② ₩5,950,000 ③ ₩6,050,000
④ ₩6,150,000 ⑤ ₩6,250,000

27 (주)세무는 20×1년 초에 영업을 개시하였다. 20×2년도 기초제품 수량은 100단위, 생산량은 2,000단위, 판매량은 1,800단위이다. 20×2년의 제품 판매가격 및 원가자료는 다음과 같다.

항목		금액
제품 단위당	판매가격	₩250
	직접재료원가	30
	직접노무원가	50
	변동제조간접원가	60
	변동판매관리비	15
고정제조간접원가(총액)		₩50,000
고정판매관리비(총액)		10,000

20×2년도 변동원가계산에 의한 영업이익과 초변동원가계산(throughput costing)에 의한 영업이익의 차이금액은? (단, 20×1년과 20×2년의 제품 단위당 판매가격과 원가구조는 동일하고, 기초 및 기말 재공품은 없다.)

① ₩10,000   ② ₩11,000   ③ ₩20,000

④ ₩22,000   ⑤ ₩33,000

28 다음은 ㈜한국의 원가계산을 위한 자료이다. 고정제조간접원가 및 고정판매관리비는 각각 ₩2,400,000 및 ₩1,000,000으로 매년 동일하며, 단위당 판매가격과 변동원가도 각 연도와 상관없이 일정하다.

	20X1년	20X2년	20X3년
기초재고수량(개)	–	4,000	4,000
생산량(개)	20,000	16,000	12,000
판매량(개)	16,000	16,000	16,000
기말재고수량(개)	4,000	4,000	–
단위당 판매가격			₩1,000
단위당 변동원가			
직접재료원가		₩40	
직접노무원가		₩60	
변동제조간접원가		₩80	
변동판매관리비		₩20	

다음의 원가계산 결과에 관한 설명 중 옳은 것을 모두 열거한 것은? 단, 기초 및 기말재고는 모두 완성품이며, 재공품 재고는 존재하지 않는다.

(가) 20X1년 전부원가계산의 영업이익은 변동원가계산의 영업이익보다 ₩480,000 더 크다.

(나) 20X2년 변동원가계산의 영업이익과 초변동원가계산(throughput costing 또는 super-variable costing)의 영업이익은 같다.

(다) 변동원가계산의 영업이익은 상기 3개년 모두 동일하다.

(라) 초변동원가계산의 영업이익은 상기 3개년 동안 매년 증가한다.

(마) 변동원가계산 영업이익과 초변동원가계산 영업이익 차이의 절대값은 20X1년보다 20X3년의 경우가 더 크다.

① (가), (나), (마)　　　② (나), (다), (라)　　　③ (다), (라), (마)

④ (가), (나), (다), (라)　　⑤ (가), (나), (다), (라), (마)

29 당기에 설립된 ㈜국세는 1,300단위를 생산하여 그 중 일부를 판매하였으며, 관련 자료는 다음과 같다.

> 직접재료 매입액 : ₩500,000
> 직접노무원가 : 기본원가(prime cost)의 30%
> 제조간접원가 : 전환원가(가공원가)의 40%
> 매출액 : ₩900,000
> 판매관리비 : ₩200,000
> 직접재료 기말재고액 : ₩45,000
> 재공품 기말재고액 : 없음
> 제품 기말재고액 중 직접재료원가 : ₩100,000

초변동원가계산(throughput costing)에 의한 당기 영업이익은?

① ₩20,000   ② ₩40,000   ③ ₩80,000

④ ₩150,000   ⑤ ₩220,000

30 20×1년에 영업을 개시한 (주)한국의 원가자료는 다음과 같다.

• 직접재료비	₩200	• 직접노무비	100
• 변동제조간접비	300	• 변동판매관리비	?
• 고정제조간접비	450,000	• 고정판매관리비	?

(주)한국의 20×1년과 20×2년 생산 및 판매관련 자료가 다음과 같을 때, 20×2년 변동원가계산과 초변동원가계산에 의한 영업이익의 차이는 얼마인가?

	20×1년	20×2년
생산량	5,000단위	7,000단위
판매량	4,000단위	6,000단위

① 변동원가계산에 의한 영업이익이 ₩400,000 크다.
② 초변동원가계산에 의한 영업이익이 ₩400,000 크다.
③ 변동원가계산에 의한 영업이익이 ₩800,000 크다.
④ 초변동원가계산에 의한 영업이익이 ₩800,000 크다.
⑤ 변동원가계산과 초변동원가계산에 의한 영업이익은 동일하다.

31
20×7년 초에 설립된 ㈜동건은 제품원가계산 목적으로 전부원가계산을, 성과평가목적으로는 변동원가계산을 사용한다. 20×8년도 기초제품 수량은 2,000단위이고 기말제품 수량은 1,400단위이었으며, 기초재공품의 완성품환산량은 1,000단위이고 기말재공품의 완성환산량은 800단위이었다. 완성품환산량 단위당 원가는 20×7년도에 ₩10(이 중 50%는 변동비)이고 20×8년도에 ₩12(이 중 40%는 변동비)이었다. 20×8년도 전부원가계산에 의한 영업이익은 변동원가계산에 의한 영업이익과 비교하여 어떠한 차이가 있는가? 단, 회사의 원가흐름가정은 선입선출법(FIFO)이다.

① ₩80만큼 크다.　　② ₩760만큼 작다.　　③ ₩810만큼 크다.

④ ₩840만큼 크다.　　⑤ ₩4,800만큼 작다.

32
20×7년 초에 설립된 ㈜동건은 종합원가계산을 사용하고 있으며, 제품원가계산 목적으로 전부원가계산을, 성과평가목적으로는 변동원가계산을 사용한다. 제품 생산과 관련하여, 재료는 공정초기에 전량 투입되고, 가공비는 공정전반에 걸쳐 균등하게 발생하고 있다. 회사의 20×8년도 제품 생산 및 판매와 관련된 자료는 다음과 같다. 단, 회사의 가공비는 모두 고정비라고 가정하며, 모든 물량의 흐름은 선입선출을 가정한다.

• 기초재공품	1,000단위(40%)	• 기말재공품	1,500단위(60%)
• 당기 착수	10,000단위	• 기초 제품	2,000단위
• 당기 판매	9,000단위	• 당기 가공비	₩1,000,000
• 전기 가공비 완성품 환산량 단위당 원가 ₩100			

20×8년도 전부원가계산에 의한 영업이익과 변동원가계산에 의한 영업이익의 차이는 얼마인가?

① ₩80,000　　　　　② ₩90,000　　　　　③ ₩100,000

④ ₩110,000　　　　　⑤ ₩120,000

Chapter 6. 변동원가계산

정 답 및 해 설

1	⑤	2	②	3	⑤	4	④	5	①	6	②
7	⑤	8	②	9	④	10	②	11	⑤	12	②
13	④	14	④	15	⑤	16	③	17	②	18	③
19	③	20	①	21	⑤	22	①	23	①	24	⑤
25	④	26	①	27	④	28	④	29	①	30	①
31	④	32	③								

01 ⑤

직접원가계산(변동원가계산)은 (단기적인) 계획과 통제에 유용하며, 일반적으로 인정된 회계원칙에서 인정하지 않는 방법이다. 반면에 전부원가계산(흡수원가계산)은 원가를 기능별로 분류하고, 생산량에 따라 영업이익이 변화한다.

02 ②

당기 매출액이 손익분기점 매출액보다 작은 경우에는 이익이 보고될 수 없다.

03 ⑤

변동원가계산은 원가행태에 따라 변동원가와 고정원가로 분류한다.

04 ④

변동원가계산에 의해 가격을 결정하는 경우 장기적으로 고정비를 회수하지 못할 위험이 존재한다.

05 ①

① 표준원가계산은 변동원가계산이나 전부원가계산과 함께 사용될 수 있다.

②,③,④ 기말재고액을 비교하는 경우에는 생산량이나 판매량과 상관없이 항상 전부원가계산을 사용하는 경우 기말재고액이 변동원가계산을 사용하는 경우 기말재고액보다 크다.

06 ②

유휴생산능력이 증가한다는 것은 생산량이 감소한다는 것을 의미하므로, 이 경우 전부원 가계산에 의한 영업이익이 가장 작고, 초변동원가계산에 의한 영업이익이 가장 클 것이다.
⑤ 다른 조건이 같다면, 생산량이 판매량을 초과한다는 것은 기말재고수량이 기초재고 수량보다 많아진다는 것을 의미하기 때문에 전부원가계산에 의한 영업이익(을)이 변 동원가계산에 의한 영업이익(갑)보다 클 것이다.

07 ⑤

①~③ 생산량이나 판매량과 상관없이 기말재고자산의 경우에는 전부원가계산에 의한 재고자산가액이 변동원가계산에 의한 재고자산가액보다 항상 크다.
④ 판매량이 일치하더라도 전부원가계산의 경우에는 생산량에 의하여 영업이익이 달라 지기 때문에 양쪽 기업의 순이익이 동일하다고 할 수 없다.
⑤ 일반적으로 생산량이 판매량보다 클 경우 기말재고수량이 기초재고수량보다 크기 때문에 전부원가계산 영업이익이 변동원가계산 영업이익보다 크다.

08 ②

생산량이 판매량보다 크다고 해서 전부원가계산에 의한 영업이익이 변동원가계산에 의 한 영업이익보다 항상 크다고 할 수 없다. 생산량이 판매량보다 클 경우 기초재고수량 보다 기말재고수량이 더 크지만, 이 경우 기말재고자산에 포함된 고정제조간접비가 기 초재고자산에 포함된 고정제조간접비 보다 항상 크다고 할 수 없는 것이다.

09 ④

변동원가계산의 영업이익 :	$(100-72) \times 3,500$개 $- 65,000 =$	33,000
(+) 기말재고자산에 포함된 고정제조간접비 :	900개 $\times 10 =$	9,000
(−) 기초재고자산에 포함된 고정제조간접비 :	400개 $\times\ 8 =$	3,200
(=) 전부원가계산의 영업이익 :		38,800

※참고

전부원가 손익계산서

Ⅰ. 매 출 액	$3,500$단위 $\times 100 =$		₩350,000
Ⅱ. 매 출 원 가			
1. 기 초 제 품 재 고	400단위 $\times 68^{*1} =$	27,200	
2. 당기제품제조원가	$4,000$단위 $\times 70^{*2} =$	280,000	
3. 기 말 제 품 재 고	900단위 $\times 70 =$	(63,000)	244,200
Ⅲ. 매 출 총 이 익		105,800	
Ⅳ. 판 매 관 리 비	$3,500$단위 $\times 12 + 25,000 =$		67,000
Ⅴ. 영 업 이 익			₩ 38,800

*1 전기 단위당 제조원가 : $(25 + 15 + 20) + 40,000 \div 5,000$개 $= ₩68$
*2 전기 단위당 제조원가 : $(25 + 15 + 20) + 40,000 \div 4,000$개 $= ₩70$

10 ②

(1) 변동제조원가

단위당 변동제조원가 $= \dfrac{\text{변동매출원가}}{\text{판매량}} = \dfrac{780,000}{65,000개} = ₩12$

따라서 당기 변동제조원가 발생액 : 70,000개 × 12 = ₩840,000

(2) 고정판매관리비를 x라고 하면,

공헌이익 손익계산서

Ⅰ. 매　　출　　액		₩2,000,000
Ⅱ. 변　　동　　비		
1. 변 동 매 출 원 가	780,000	
2. 변 동 판 매 관 리 비	<u>200,000</u>	980,000
Ⅲ. 공　헌　이　익		1,020,000
Ⅳ. 고　　정　　비		
1. 고 정 제 조 간 접 비	600,000	
2. 고 정 판 매 관 리 비	<u>x</u>	600,000 + x
Ⅴ. 영　업　이　익		420,000 − x

$420,000 - x = 300,000$, 따라서 $x = ₩120,000$

11 ⑤

당기 판매량 $= \dfrac{1,200,000}{1,500} = 800개$

단위당 변동비(변동제조원가 + 변동판매비) $= \dfrac{456,000}{800개} = ₩570$

단위당 총제조원가 $= \dfrac{937,600}{800개} = ₩1,172$

변동판매관리비 = 150,000 − 94,000 = ₩56,000

단위당 변동판매관리비 $= \dfrac{56,000}{800개} = 70$

단위당 변동제조원가 = 570 − 70 = ₩500

단위당 고정제조간접비 = 1,172 − 500 = ₩672

총 고정제조간접비 = 766,000 − 94,000 = ₩672,000

당기 생산량을 x라 하면 $\dfrac{672,000}{x} = ₩672$ → $x = 1,000개$

기말제품재고 = 200단위×1,172 = ₩234,400

12 ②

변동원가계산의 영업이익	:	₩210
(+) 기말재고자산에 포함된 고정제조간접비 : 30단위 × 14[*1] =		420
(−) 기초재고자산에 포함된 고정제조간접비 : 20단위 × 15[*2] =		<u>300</u>
(=) 전부원가계산의 영업이익	:	₩330

[*1] 1,400 ÷ 100단위 = ₩14

[*2] 1,350 ÷ 90단위 = ₩15

13 ④

① 변동원가계산에 의한 영업이익을 x라고 하면,

변동원가계산의 영업이익	:	x
(+) 기말재고자산에 포함된 고정제조간접비 :		380,000
(−) 기초재고자산에 포함된 고정제조간접비 : 1,000단위 × 200 =		200,000
(=) 전부원가계산의 영업이익	:	$x + 180,000$

$x + 180,000 = 1,000,000$ 이므로, $x = $ ₩820,000이다.

③ 후입선출법이므로 기말재고자산은 1월에 생산된 1,000단위와 2월에 생산된 1,000단위이다. 따라서 기말재고자산에 포함된 고정제조간접비는 ₩380,000(= 1,000단위 × 200[*1] + 1,000단위 × 180[*2])이다.

[*1] 1,600,000 ÷ 8,000단위 = ₩200
[*2] 1,800,000 ÷ 10,000단위 = ₩180

④ 변동원가계산의 경우에는 영업이익이 판매량에 의해서만 영향을 받는다. 따라서 선입선출법이나 후입선출법과는 상관없이 영업이익이 동일하다.

14 ④

		예 상	실 제
07년도 변동원가계산의 영업이익	:	x	y
(+) 기말재고자산에 포함된 고정제조간접비 :		30,000	50,000
(−) 기초재고자산에 포함된 고정제조간접비 :		0	0
(=) 07년도 전부원가계산의 영업이익	:	$x + 30,000$	$y + 50,000$

07년도 이익이 차이가 나는 이유는 기말재고자산에 포함된 고정제조간접비가 예상보다 실제가 더 크게 발생하였기 때문이다. 이는 기말재고 실제수량이 예상수량보다 많았기 때문이며, 실제생산수량이 예상생산수량보다 많았음을 의미한다.

15 ⑤

기말재고수량을 a라고 하고, 변동원가계산 영업이익을 x 라고 하면,

변동원가계산의 영업이익	:	x
(+) 기말재고자산에 포함된 고정제조간접비 : a × 15,000[*] =		15,000a
(−) 기초재고자산에 포함된 고정제조간접비 :		0
(=) 전부원가계산의 영업이익	:	$x + 15,000a$

[*] 45,000,000 ÷ 3,000단위 = ₩15,000

전부원가계산 영업이익이 변동원가계산 영업이익보다 ₩15,000,000만큼 크다고 했으므로, 15,000a = 15,000,000이다.

따라서 a = 1,000단위 이며, 당기 판매량은 2,000단위(3,000단위 − 1,000단위)이다.

16 ③

기초제품수량을 Q라하고, 변동원가계산에 의한 영업이익을 x라고 하면,

변동원가계산의 영업이익   : x

(+) 기말재고자산에 포함된 고정제조간접비 : 1,200개 × 50^{*1} = 60,000

(−) 기초재고자산에 포함된 고정제조간접비 : Q개 × 50^{*1} = <u>50Q</u>

(=) 전부원가계산의 영업이익   :   <u>x+25,000</u>

$^{*1}\ \dfrac{200,000}{4,000개} = 50$

따라서 50Q = 35,000이어야 하므로, Q = ₩700

17 ②

변동원가계산의 영업이익   : x

(+)기말재고자산에 포함된 고정제조간접비 : 1,100,000 (= 500,000 + 600,000)

(−)기초재고자산에 포함된 고정제조간접비 : <u>940,000</u> (= 240,000 + 700,000)

전부원가계산의 영업이익   : <u>1,000,000</u>

x = ₩840,000

18 ③

변동원가계산 영업이익을 x, 기말재고자산에 포함된 고정제조간접비를 a라고 하면,

변동원가계산의 영업이익   : x

(+) 기말재고자산에 포함된 고정제조간접비 :   a

(−) 기초재고자산에 포함된 고정제조간접비 : <u>100,000</u>

(=) 전부원가계산의 영업이익   : $x + a − 100,000$

* 전부원가계산에 의할 경우 기초재고자산과 변동원가계산에 의할 경우 기초재고자산의 차이가 바로 기초재고자산에 포함된 고정제조간접비이다.

전부원가계산 영업이익이 변동원가계산 영업이익(x)보다 ₩100,000더 크다고 하였으므로, $x + a − 100,000 = x + 100,000$ 이다. 따라서 a = ₩200,000 이다.

기말재고자산에 포함된 고정제조간접비(a)가 ₩200,000이므로, 전부원가계산에 의한 기말재고자산은 ₩300,000(= 100,000 + 200,000)이다.

19 ③

변동원가계산에 의한 영업이익을 x라고 하면,

변동원가계산의 영업이익   : x

(+)   기말재고자산에 포함된 고정제조간접비 : 2,000개×35^{*1} = 70,000

(−)   기초재고자산에 포함된 고정제조간접비 :   <u>45,000</u>

(=)   전부원가계산의 영업이익 :   <u>745,000</u>

$^{*1} \dfrac{840,000}{24,000개} = 35$

따라서 변동원가계산에 의한 영업이익(x) = ₩720,000

변동원가계산에 의한 기말재고자산은 전부원가계산에 의한 기말재고자산가액에서 기말재고자산에 포함된 고정제조간접비를 차감하면 된다. 따라서 ₩80,000(=150,000-70,000)이다.

20 ①

변동원가계산 영업이익을 x라고 하고, 기초재고자산에 포함된 고정제조간접비를 a라 하면,

변동원가계산의 영업이익 :	x
(+) 기말재고자산에 포함된 고정제조간접비 : 100개 × 2* =	200
(−) 기초재고자산에 포함된 고정제조간접비 :	a
(=) 전부원가계산의 영업이익 :	$x + 200 - a$

* 2,000 ÷ 1,000단위 = ₩2

전부원가계산 영업이익이 변동원가계산 영업이익보다 ₩200만큼 크다고 하였으므로, a는 0이어야 한다. 따라서 기초재고자산은 0이다. 기말재고자산은 100개이므로, 당기에 재고는 100개 증가하였다.

21 ⑤

단위당 고정제조간접비를 f라고 하면,

변동원가계산의 영업이익 :	₩528,000
(+) 기말재고자산에 포함된 고정제조간접비 : 1,000개 × f =	1,000f
(−) 기초재고자산에 포함된 고정제조간접비 : 2,000개 × 24* =	48,000
(=) 전부원가계산의 영업이익 :	₩500,000

* 240,000 ÷ 10,000단위 = ₩24

1,000f = 20,000이므로 f = ₩20이다. 따라서 당기 발생 고정제조간접비는 ₩280,000 (= 14,000단위 × 20)이다.

22 ①

변동원가계산 영업이익을 x, 기말재고수량을 Q라고 하면,

변동원가계산의 영업이익 :	x
(+) 기말재고자산에 포함된 고정제조간접비 : Q × 250^{*1} =	250Q
(−) 기초재고자산에 포함된 고정제조간접비 : 100대 × 200^{*2} =	20,000
(=) 전부원가계산의 영업이익 :	$x + 250Q - 20,000$

^{*1} 200,000 ÷ 800단위 = ₩250
^{*2} 180,000 ÷ 900단위 = ₩200

전부원가계산 영업이익이 변동원가계산 영업이익보다 ₩20,000만큼 크다고 하였으므로, $x + 250Q - 20,000 = x + 20,000$ 이다. 따라서 Q = 160단위이다.

23 ①

	20x1년	20x2년
변동원가계산의 영업이익	₩ 4,000	₩ 10,000
(+) 기말재고자산에 포함된 고정제조간접비	4,000(=200개×20)	2,500(=100개×25)
(−) 기초재고자산에 포함된 고정제조간접비	0	4,000(=200개×20)
(=) 전부원가계산의 영업이익	₩ 8,000	₩ 8,500

20x1년말 기말재고자산에 포함된 고정제조간접비는 ₩4,000이어야 하며, 20x2년말 기말재고자산에 포함된 고정제조간접비는 ₩2,500이어야 한다. 따라서

20x1년 고정제조간접비 = 1,000단위 × 20 = ₩20,000

20x2년 고정제조간접비 = 1,400단위 × 25 = ₩35,000

24 ⑤

① 변동원가계산에 의한 단위당 제조원가는 ₩40(=24+14+2)이다.

② 변동원가계산에 의한 영업손실 : (80−44)×35,000−1,296,000 = (36,000)

③ 전부원가계산에 의한 기말제품재고 : $(40 + \dfrac{800,000}{40,000단위})$×500단위 = 300,000

④ 변동원가계산에 의한 영업이익 : (36,000)

    기말재고자산에 포함된 고정제조간접비 : 5,000단위×20 = 100,000

    기초재고자산에 포함된 고정제조간접비 : 0

    전부원가계산에 의한 영업이익 : 64,000

⑤ 지역A의 부분이익 : (80−44)×25,000단위 − 150,000 = 750,000

25 ④

(1) 단위당 고정제조간접비를 f라고 하면,

    변동원가계산의 영업이익 : ₩350,000

    (+) 기말재고자산에 포함된 고정제조간접비 : 150개 × f = 150f

    (−) 기초재고자산에 포함된 고정제조간접비 : 0

    (=) 전부원가계산의 영업이익 : ₩500,000

    따라서 f = ₩1,000 이므로, 당기 발생 고정제조간접비는 ₩450,000(= 450개 × 1,000)이다.

(2) 단위당 직접노무비를 b라고 하면,

    초변동원가계산의 영업이익 : ₩125,000

    (+) 기말재고자산에 포함된 직접노무비 : 150개 × b = 150b

    (−) 기초재고자산에 포함된 직접노무비 : 0

    (=) 변동원가계산의 영업이익 : ₩350,000

    따라서 b = ₩1,500이므로, 당기 발생 직접노무비는 ₩675,000(= 450개 × 1,500)이다.

(3) 단위당 직접재료비를 x이라고 하면, 초변동원가계산 영업이익은 다음과 같다.

매　　출　　액 : 300개 × 7,000 = 　　　2,100,000
직접재료매출원가 : 300개 × x = 　　　　　　$300x$
처리량 공헌이익 : 　　　2,100,000 − $300x$
직 접 노 무 비 : 　　　　675,000
고 정 제 조 간 접 비 : 　　　　450,000
판 매 관 리 비 : 　　　　100,000
영　업　이　익 : 　　875,000 − $300x$

$875,000 − 300x = 125,000$ 이므로 $x = 2,500$이다.

따라서 당기 발생 직접재료비는 ₩1,125,000(= 450개 × 2,500)이다.

(4) 당기 발생 총 제조원가 : 1,125,000 + 450,000 + 675,000 = ₩2,250,000

26 ①

정상원가계산의 경우 제조간접비 배부차이를 전액 매출원가에서 조정하는 경우에는 전부원가계산과 변동원가계산의 차이는 기초재고자산과 기말재고자산에 포함된 고정제조간접비 예정배부액으로 조정될 수 있다.

변동원가계산의 영업이익 　　　　　:　　　　　₩6,000,000
(+) 기말재고자산에 포함된 고정제조간접비 : 1,000개 × 150* = 　150,000
(−) 기초재고자산에 포함된 고정제조간접비 : 2,000개 × 150* = 　300,000
(=) 전부원가계산의 영업이익 　　　　　:　　　　　₩5,850,000

* 단위당 고정제조간접비 예정배부율 = $\dfrac{3,000,000}{20,000단위}$ = ₩150

27 ④

초변동원가계산하의 영업이익을 x라 하면,

초변동원가계산의 영업이익 　　　　　:　　　　　x
(+) 기말재고자산에 포함된 변동가공비 : 300개 × 110*1 = 　33,000
(−) 기초재고자산에 포함된 변동가공비 : 100개 × 110*1 = 　11,000
(=) 변동원가계산의 영업이익 　　　　　:　　　　　$x + 22,000$

*1 단위당 직접노무비와 변동제조간접비의 합계 : 50 + 60 = 110

28 ④

① 20×1년 단위당 고정제조간접비 : ₩120(=2,400,000÷20,000단위)이다. 따라서 기말재고자산에 포함된 고정제조간접비는 4,000단위×120 = ₩480,000이므로 전부원가계산에 의한 영업이익이 변동원가계산에 의한 영업이익보다 ₩480,000만큼 더 크다.

② 기초재고 4,000단위와 기말재고 4,000단위에 포함된 변동가공비(직접노무비, 변동제조간접비)가 ₩560,000(=4,000단위×140)으로 동일하므로 변동원가계산 영업이익과 초변동원가계산 영업이익은 동일하다.

③ 변동원가계산은 생산량과 상관없이 판매량에 의해서만 영업이익이 영향을 받는다. 따라서 3년간 판매량이 16,000단위로 일정하므로, 3년간 변동원가계산에 의한 영업이익은 동일하다.

④ 초변동원가계산에 의한 영업이익은 생산량이 감소할 경우 증가한다.

⑤ 20×1년도는 변동원가계산 영업이익이 ₩560,000(=4,000단위×140, 기말재고자산에 포함된 변동가공비)만큼 더 크고, 20×3년도는 초변동원가계산 영업이익이 ₩480,000(=4,000단위×140, 기초재고자산에 포함된 변동가공비)만큼 더 크다. 따라서 절대값은 동일하다.

29 ①

초변동원가계산하의 손익계산서는 다음과 같다.

초변동원가 손익계산서

I. 매출액		900,000
II. 직접재료비매출원가		355,000[*1]
III. (재료)처리량공헌이익		545,000
IV. 운영비용		525,000
1. 직접노무비	195,000[*2]	
2. 제조간접비	130,000[*3]	
3. 판매관리비	200,000	
V. 영업이익		20,000

[*1] 500,000(당기 구입액) - 45,000(원재료 기말재고) - 100,000(기말 제품재고) = ₩355,000
[*2] (455,000 + DL)×30% = DL → DL(직접노무비) = ₩195,000
[*3] (195,000 + OH)×40% = OH → OH(제조간접비) = ₩130,000

30 ①

초변동원가계산 영업이익을 x라 하면,

초변동원가계산의 영업이익	:	x
(+) 기말재고자산에 포함된 변동가공비	: 2,000개 × 400[*] =	800,000
(−) 기초재고자산에 포함된 변동가공비	: 1,000개 × 400[*] =	400,000
(=) 변동원가계산의 영업이익	:	$x + 400,000$

[*] 단위당 변동가공비 = 100 + 300 = ₩400

따라서 변동원가계산 영업이익이 초변동원가계산 영업이익보다 ₩400,000만큼 더 크다.

31 ④

기말재고와 기초재고는 제품재고 뿐만 아니라 재공품재고도 해당된다는 점에 주의하여야 한다. 즉, 기초재고와 기말재고에 포함된 고정제조간접비는 제품에 포함된 고정제조간접비 뿐만 아니라 재공품에 포함된 고정제조간접비도 있음에 주의하여야 한다.

변동원가계산 영업이익을 x 라 하면,

변동원가계산의 영업이익	:	x
(+) 기말재고자산에 포함된 고정제조간접비	: (1,400단위 + 800단위) × 7.2[*1] =	15,840
(−) 기초재고자산에 포함된 고정제조간접비	: (2,000단위 + 1,000단위) × 5[*2] =	15,000
(=) 전부원가계산의 영업이익	:	$x + 840$

[*1] 20×8년 완성품환산량 단위당 고정제조간접비 = 12 × 0.6 = ₩7.2
[*2] 20×7년 완성품환산량 단위당 고정제조간접비 = 10 × 0.5 = ₩5

따라서 전부원가계산 영업이익이 ₩840만큼 더 크다.

32 ③

변동원가계산 영업이익을 x 라 하면,

변동원가계산의 영업이익	:	x
(+) 기말제품에 포함된 고정제조간접비	: 2,500단위[*1] × 100[*2] =	250,000
(+) 기말재공품에 포함된 고정제조간접비	: 1,500단위 × 60% × 100[*2] =	90,000
(−) 기초제품에 포함된 고정제조간접비	: 2,000단위 × 100 =	200,000
(−) 기초재공품에 포함된 고정제조간접비	: 1,000단위 × 40% × 100 =	40,000
(=) 전부원가계산의 영업이익	:	$x + 100,000$

[*1] 당기완성품 수량 : 1,000단위 + 10,000단위 − 1,500단위 = 9,500단위
기말제품 수량 : 2,000단위 + 9,500단위 − 9,000단위(판매) = 2,500단위

[*2] 당기 가공비 완성품환산량 단위당 원가

[물량의 흐름]			[완성품 환산량]
재 공 품			가공비
기 초	1,000	완 ┌ 기초 1,000	600
당기착수	10,000	성 └ 착수 8,500	8,500
		기 말 1,500	900
합 계	11,000	합 계 11,000	10,000

[가공비 완성품환산량 단위당 원가]　　　　@100(= 1,000,000 ÷ 10,000)

원가의 추정

Chapter 7

원가의 추정

01 원가추정의 의의

원가의 추정이란 과거에 발생한 원가정보를 이용하여 미래의 원가를 예측하기 위한 정보를 추정해보는 과정을 말한다. 통상 경제학에서는 원가함수를 3차함수 형태의 비선형함수를 가정하나 회계학에서는 준변동비와 같은 선형함수($y = a + bx$)를 가정함으로서 원가추정의 편의를 높인다.

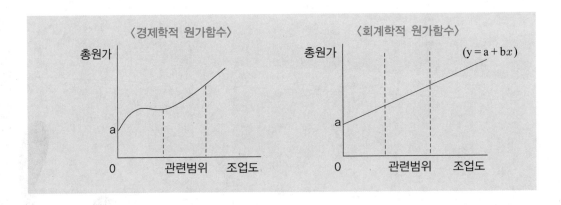

02 원가의 추정방법(선형함수)

(1) 산업공학적 방법

산업공학적 방법(industrial engineering method)은 산업공학 전문가들이 투입과 산출과의 관계를 계량화하기 위하여 시간연구, 동작연구, 재료소요량의 평가 등과 같이 세밀한 작업측정에 의하여 원가를 추정한다.

장점 ①단위당 표준원가 산정시에 널리 이용되며, ②과거자료를 이용할 수 없는 경우에도 적용이 가능하고, ③과학적이다.

단점 ①시간연구, 동작연구 등을 해야 하므로 원가 측정시에 많은 시간과 비용이 소요되고, ②최적의 상황을 가정하여 원가를 추정하므로 성과평가나 계약체결을 위한 원가추정치로는 사용할 수 없다. ③공학적 분석이나 난해한 제조간접비를 추정하는 데는 사용할 수 없다.

(2) 계정분석법(accounts analysis method)

계정분석법이란 각 계정에 기록된 원가를 회계담당자의 전문적 지식과 경험, 판단에 따라 변동비, 고정비, 준변동비, 준고정비로 분석하여 원가방정식을 추정하는 방법이다.

장점 ①계정분석법은 원가추정을 쉽게 할 수 있고, ②원가추정비용이 적게 들며, ③상황변화에 따라 원가구조가 변경되는 경우에도 추정원가를 신속하게 수정할 수 있다.

단점 ①주관적 판단에 의존하므로 과학적 논리성 및 객관성이 결여되고, ②과거자료의 비효율성, 비경상적 상황에서는 미래의 원가추정치를 왜곡시킬 수 있다. 또한, ③준변동비를 변동비와 고정비로 구분할 때 주관이 많이 개입될 수 있다.

(3) 산포도법(scatter diagram method)

산포도법은 조업도와 원가를 두 축으로 하는 좌표 위에 각 조업도에서 발생한 원가들을 도표상의 점으로 나타내고, 분석가의 전문적인 판단에 의하여 산포도의 특성을 가장 잘 대표할 수 있는 직선을 찾아냄으로서 미래원가를 추정하는 방식이다.

장점 ①적용이 간단하고 이해하기 쉽다. ②시간과 비용이 적게 소요된다.

단점 ①분석자의 주관적 판단에 따라 결과가 달라진다.

(4) 고저점법(high-low method)

가장 높은 조업도와 가장 낮은 조업도의 원가자료를 잇는 직선을 뽑아내어 원가함수를 추정하는 방법이다.

장점 ①이용하기 쉽고 간편하며, ②객관적이고, ③표본이 제한된 경우에도 사용할 수 있다.

단점 ①두 점의 대표성이 결여될 경우, 잘못된 원가추정을 할 수 있으며, ②주어진 모든 자료가 활용되지 못하기 때문에 정확한 원가함수가 도출되지 못한다.

(5) 회귀분석법(regression analysis method)

회귀분석법(regression analysis method)이란 관찰값들을 이용하여 통계적 방법에 의해 하나 또는 둘 이상의 독립변수와 종속변수와의 관계를 나타내는 원가함수를 추정하는 방법으로서 최소자승법[3](least square method)를 이용하여 원가함수를 결정한다.

장점 ①정상적인 원가자료를 모두 이용하므로 정확한 원가함수가 도출 될 수 있으며, ②객관적이고, ③다양한 통계자료(예를 들면 결정계수[4](R^2)등)를 제공해 준다.

단점 ①적용이 복잡하고, 이해하기 어렵다

03 고저점법에 의한 원가추정

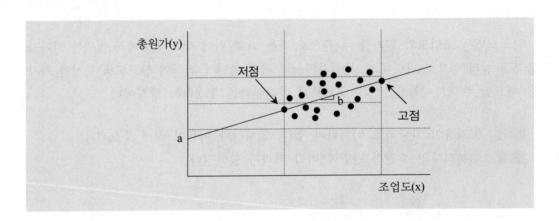

---

3) 최소자승법이란 $y = a + bx$라는 원가함수를 이용하여 추정된 원가와 실제원가와의 차이의 제곱의 합이 최소가 되도록 a값과 b값을 추정하여 원가함수를 결정하는 방법이다.

4) 결정계수(R^2)는 0부터 1사이의 값을 갖으며, 1에 가까운 값을 가질수록 독립변수가 종속변수의 변동을 잘 설명한다는 것을 의미한다.

원가함수 $y = a + bx$에서, b값은 다음과 같이 계산될 수 있다.

$$b(조업도\ 단위당\ 변동비) = \frac{최대조업도의\ 원가 - 최저조업도의\ 원가}{최대조업도 - 최저조업도}$$

$$a(총고정비) = 최고조업도의\ 총원가 - 최고조업도 \times b(조업도\ 단위당\ 변동비)$$
$$= 최저조업도의\ 총원가 - 최저조업도 \times b(조업도\ 단위당\ 변동비)$$

기본 문제

01 다음 자료는 (주)청주의 최근 6주 동안의 생산 및 원가와 관련된 자료이다.

주	생산량	총제조간접비
1	867	44,287
2	318	28,963
3	244	25,882
4	268	24,512
5	759	38,790
6	872	43,780

7주차 생산량이 900단위라고 가정할 경우 7주차 제조간접비는 얼마로 예상되는가?

① ₩41,250   ② ₩42,384   ③ ₩43,760
④ ₩44,578   ⑤ ₩45,228

해설

01 ④

원가함수 $y = a + bx$에서, b값은 다음과 같이 계산될 수 있다.

$$b = \frac{최대조업도의\ 원가 - 최저조업도의\ 원가}{최대조업도 - 최저조업도}$$

따라서, $b = \dfrac{43,780 - 25,882}{872 - 244} = ₩28.5$

b가 28.5이면, $y = a + 28.5x$ 이므로, 최고조업도나 최저조업도의 자료를 이용하여 a는 쉽게 계산될 수 있다.

즉, $42,780 = a + 28.5 \times 872$ 이므로 $a = ₩18,928$ 이다.

따라서 원가함수는 $y = 18,928 + 28.5x$가 된다.

2) 9주차 생산량이 900개라면,

$$y = 18,928 + 28.5 \times 900 = ₩44,578 \text{ 이다.}$$

04 학습곡선

(1) 의의

독립변수인 누적생산량이 증가함에 따라 종속변수인 단위당 평균노동시간 또는 단위당 평균노동원가가 체계적으로 감소하는 학습효과를 고려한 비선형 원가함수를 말한다.

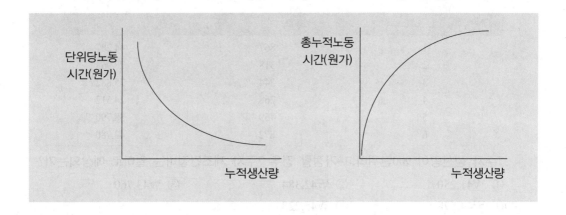

(2) 학습곡선 모형의 종류

① 누적평균시간 학습모형(cumulative average-time learning model)

누적생산량이 두 배가 될 때마다 단위당 **누적평균시간**(= 누적총시간 ÷ 누적생산량)이 일정한 비율로 감소하는 학습곡선 모형

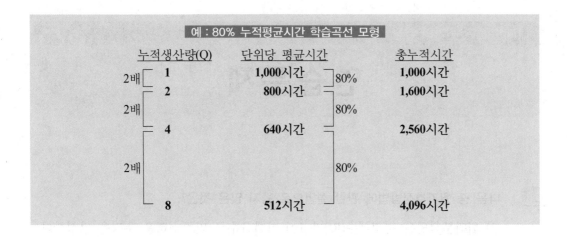

② 증분단위시간 학습모형(incremental unit-time learning model)

누적생산량이 두 배가 될 때마다 **증분단위시간**(최종단위를 생산하는 데 소요된 시간)이 일정한 비율로 감소하는 학습곡선 모형이다.

예 : 80% 증분단위시간 학습곡선 모형		
누적생산량(Q)	증분단위시간(m)[5]	총누적시간(∑m)
1	1,000시간	1,000시간
2	800시간	1,800시간
3	702.1시간	2,502.1시간
4	640시간	3,142.1시간
5	595.7시간	3,737.8시간
6	561.7시간	4,299.5시간
7	534.5시간	4,834시간
8	512시간	5,346시간

(3) 학습곡선모형의 유용성과 한계

직접노무비와 같이 학습효과가 나타나는 원가의 추정에 유용하고, 입찰가격이나 특별주문 등에 대한 가격결정과 CVP분석, 표준원가의 설정 등 기업 관리활동에 유용한 정보를 제공하나, 최근 생산공정의 자동화, 분업에 따른 작업의 단순화 등으로 학습효과가 나타나지 않는 경우, 또는 다품종 소량생산형태와 같이 학습효과가 나타나지 않는 경우에는 적용하기 어렵다.

---

5) $m = 1,000 \times Q^{-0.3219}$

Chapter 7. 원가의 추정

연습문제

01 다음 중 원가추정방법에 관한 설명으로 옳지 않은 것은?

① 회귀분석법은 결정계수(R^2)가 1에 가까울수록 만족스러운 추정을 달성한다.
② 고저점법은 원가자료 중 가장 큰 원가수치의 자료와 가장 작은 원가수치의 자료를 사용하여 추정하는 방법으로 두 원가수치의 차이는 고정비라고 가정한다.
③ 계정분석법을 사용하면 각 계정을 변동원가와 고정원가로 구분하는 데 자의성이 개입될 수 있다.
④ 산업공학분석법(또는 공학분석법)은 간접비 추정에 어려움이 있다.
⑤ 산업공학분석법(또는 공학분석법)은 과거자료 없이 미래원가를 추정하는데 사용된다.

02 대한회사의 지난 6개월간 전력비는 다음과 같다. 기계시간이 전력비에 대한 원가동인이라면 32,375기계시간이 예상되는 7월의 전력비는 고저점법에 의해 얼마로 추정되는가?

월 별	기계시간	전 력 비
1월	34,000	₩610,000
2월	31,000	586,000
3월	33,150	507,000
4월	32,000	598,000
5월	33,750	650,000
6월	31,250	575,000

① ₩259,000 ② ₩338,000 ③ ₩595,000
④ ₩597,000 ⑤ ₩600,000

03 ㈜세무의 지난 6개월간 기계가동시간과 기계수선비에 대한 자료는 다음과 같다. ㈜세무가 고저점법을 사용하여 7월의 기계수선비를 ₩2,019,800으로 추정하였다면, 예상 기계가동시간은? (단, 기계수선비의 원가동인은 기계가동시간이다.)

월	기계가동시간	기계수선비
1	3,410시간	₩2,241,000
2	2,430	1,741,000
3	3,150	1,827,000
4	3,630	2,149,000
5	2,800	2,192,500
6	2,480	1,870,000

① 2,800시간 ② 3,140시간 ③ 3,250시간
④ 3,500시간 ⑤ 3,720시간

04 다음은 (주)굽네가 생산, 판매하는 치킨과 관련된 자료이다.

원 가	원가행태	1월(10,000단위)	2월(12,000단위)
치킨	변동원가	₩29,000,000	₩34,800,000
밀가루	변동원가	6,000,000	7,200,000
소스양념	변동원가	3,000,000	3,600,000
기타부재료	변동원가	3,500,000	4,200,000
주방인건비	고정원가	1,350,000	1,350,000
배달인건비	변동원가	1,400,000	1,680,000
전력비	혼합원가	3,200,000	3,420,000
수도광열비	혼합원가	6,000,000	6,600,000
차량유지비	혼합원가	10,000,000	11,000,000
임차료	고정원가	10,000,000	10,000,000
광고비	고정원가	4,050,000	4,050,000
합 계		₩77,500,000	₩87,900,000

다음 달에 예상되는 판매량이 15,000단위일 경우, 다음 달 예상 총원가는 얼마인가?

① ₩99,850,000 ② ₩100,640,000 ③ ₩101,010,000
④ ₩102,350,000 ⑤ ₩103,500,000

05 (주)국세는 단일제품을 생산판매하고 있으며, 7월에 30단위의 제품을 단위당 ₩500에 판매할 계획이다. (주)국세는 제품 1단위를 생산하는데 10시간의 직접노무시간을 사용하고 있으며, 제품 단위당 변동판매비와 관리비는 ₩30이다. (주)국세의 총제조원가에 대한 원가동인은 직접노무시간이며, 고저점법에 의하여 원가를 추정하고 있다. 제품의 총제조원가와 직접노무시간에 대한 자료는 다음과 같다.

	총제조원가	직접노무시간
1월	₩14,000	120시간
2월	17,000	100
3월	18,000	135
4월	19,000	150
5월	16,000	125
6월	20,000	140

(주)국세가 7월에 30단위의 제품을 판매한다면 총공헌이익은 얼마인가?

① ₩1,700 ② ₩2,100 ③ ₩3,000
④ ₩12,900 ⑤ ₩13,800

06 다음은 강릉(주)의 조업도수준에 따른 자료이다.

	조업도수준	
	낮음	높음
생산수량	25,000단위	30,000단위
총제조원가	₩575,000	₩680,000
단위당 직접재료비	₩5	₩5
단위당 직접노무비	₩6	₩6

고저점법을 사용하여 제조간접비의 원가행태를 분석할 경우 다음 중에서 옳은 것은?

① 기간 당 ₩50,000, 단위 당 ₩10 ② 기간 당 ₩50,000, 단위 당 ₩21
③ 기간 당 ₩50,000, 단위 당 ₩22 ④ 기간 당 ₩50,000, 단위 당 ₩23
⑤ 기간 당 ₩347,000, 단위 당 ₩0.1

07 다음 자료는 지난 몇 달 동안 (주)일화의 제조간접원가발생액을 조업도 수준에 따라 정한 것이다.

	기계시간	총제조간접원가
7월	5,000	₩50,620
8월	8,000	90,040
9월	6,000	54,080
10월	9,000	63,100

(주)일화는 제조간접원가를 변동원가와 고정원가로 나누기 위하여 원가분석을 한 결과, 제조간접원가 전력요금, 감독자 임금, 수선유지비로 구성되어 있다는 것을 알았다. 그러나 이들을 완전히 고정원가와 변동원가로 구분하지는 못했다. 7월의 실제 제조간접원가는 다음과 같다.

전 력 요 금(변동원가)	₩10,500
감독자임금(고정원가)	24,000
수선유지비(혼합원가)	16,120
합 계	₩50,620

10월의 제조간접원가 중에 포함되어 있는 수선유지비를 추정하면?

① ₩18,900 ② ₩20,200 ③ ₩24,000

④ ₩44,200 ⑤ ₩63,100

08 (주)세무의 제조간접원가는 소모품비, 감독자급여, 수선유지비로 구성되어 있다. 이 회사의 제조간접원가의 원가동인은 기계시간으로 파악되었다. (주)세무의 20×1년 1월, 2월, 3월 및 4월 각각에 대해 실제 사용한 기계시간과 제조간접원가의 구성 항목별 실제원가는 다음과 같다.

월	기계시간	소모품비	감독자급여	수선유지비	총제조간접원가 합계
1월	70,000	₩56,000	₩21,000	₩121,000	₩198,000
2월	60,000	48,000	21,000	105,000	174,000
3월	80,000	64,000	21,000	137,000	222,000
4월	90,000	72,000	21,000	153,000	246,000

(주)세무는 원가추정에 고저점법을 이용한다. 20×1년 5월에 75,000기계시간을 사용할 것으로 예상되는 경우 설명이 옳은 것은?

① 5월의 예상 소모품비는 ₩55,000이다.

② 5월의 예상 수선유지비는 ₩129,000이다.

③ 5월의 예상 변동제조간접원가는 ₩170,000이다.

④ 5월의 예상 고정제조간접원가는 ₩21,000이다.

⑤ 5월의 예상 총제조간접원가는 ₩280,000이다.

09 다음 자료를 이용하여 최초 16단위를 생산할 때 추정되는 누적 총노무시간은 몇 분인가? (단, 노무시간은 누적평균시간모형을 따른다.)

누적생산량	누적 총노무시간(분)
1	10,000분
2	18,000분

① 81,920분 ② 98,260분 ③ 104,976분

④ 112,654분 ⑤ 130,321분

10~11

(주)통일은 국방부에 군수물자를 납품하는 회사로서 신형장비의 개발을 완료하였으며, 이미 80단위를 생산한 바 있다. 회사가 최초 20단위 시험 생산시 20,000시간이 소요되었고, 그 다음 60단위를 생산하는데, 52,200시간이 추가 소요되어 완성되었다고 한다. 회사는 최근 국방부로부터 신형장비 80단위의 납품을 의뢰받았다.

10 누적평균시간모형을 가정할 경우 회사의 학습률은 얼마인가?

① 75% ② 80% ③ 85%

④ 90% ⑤ 95%

11 국방부에서 요구하는 80단위를 생산하는데 소요될 것으로 예상되는 시간은 얼마인가?

① 64,980시간 ② 65,240시간 ③ 65,650시간

④ 66,820시간 ⑤ 68,760시간

12 ㈜한국은 최근에 신제품 A의 개발을 완료하고 시험적으로 500단위를 생산하였다. 회사가 처음 500단위의 신제품 A를 생산하는 데 소요된 총직접노무시간은 1,000시간이고 직접노무시간당 임률은 ₩300이었다. 신제품 A의 생산에 소요되는 단위당 직접재료원가는 ₩450이고, 단위당 제조간접원가는 ₩400이다. ㈜한국은 과거 경험에 의하여 이 제품을 추가로 생산하는 경우 80%의 누적평균직접노무시간 학습모형이 적용될 것으로 추정하고 있으며, 당분간 직접노무시간당 임률의 변동은 없을 것으로 예상하고 있다.

신제품 A를 추가로 1,500단위 더 생산한다면, 총생산량 2,000단위에 대한 신제품 A의 단위당 예상원가는?

① ₩1,234   ② ₩1,245   ③ ₩1,257

④ ₩1,263   ⑤ ₩1,272

13 대한회사는 신제품을 개발하여 첫 25단위를 생산하였는데 이와 관련된 원가는 다음과 같이 발생하였다.

직접재료원가	₩1,000,000
직접노무원가(500시간 @₩5,000)	2,500,000
변동제조간접원가(직접노무원가의 20%)	500,000
고정제조간접원가	625,000
	₩4,625,000

대한회사는 직접노무시간이 90% 누적평균시간 학습곡선을 따른다고 가정하고 있다. 추가로 75단위를 생산하는 경우 제조원가는 얼마나 더 발생하겠는가? 단, 고정제조간접원가는 추가로 발생하지 않는 것으로 가정한다.

① ₩9,500,000   ② ₩9,720,000   ③ ₩10,345,000

④ ₩10,800,000   ⑤ ₩11,100,000

14 (주)부산은 무전기 600단위에 대한 계약의 입찰에 참여할 것을 고려하고 있다. 동일한 회계연도에 속하는 2달 전에 동일한 무전기 200단위를 아래와 같은 금액으로 계약체결 및 생산한 바 있다.

직접재료원가	₩ 5,000
직접노무원가(3,000시간 × ₩20)	60,000
고정제조간접원가[1]	3,000
변동제조간접원가[2]	7,500
기 타[3]	12,000
합 계	₩87,500

[1] 고정제조간접원가는 처음 생산량 200단위에 그 원가를 전부 배분하여 보상받았기 때문에 600단위 입찰에는 보상청구하지 않는다.
[2] 변동제조간접원가는 직접노무원가에 비례하여 발생한다.
[3] 기타는 일반관리비 및 이윤보상 목적으로 직접노무원가의 20%를 일정하게 설정한다.

(주)부산이 90%의 학습곡선을 사용하고 있다고 가정할 경우에 600단위의 계약에 입찰하기 위해 제시할 예상금액은 얼마인가?

① ₩371,160   ② ₩193,080   ③ ₩196,080

④ ₩208,185   ⑤ ₩190,000

15 ㈜대한은 A형-학습모형(누적평균시간 모형)이 적용되는 '제품X'를 개발하고, 최초 4단위를 생산하여 국내 거래처에 모두 판매하였다. 이후 외국의 신규 거래처로부터 제품X의 성능이 대폭 개선된 '제품X-plus'를 4단위 공급해 달라는 주문을 받았다. 제품X-plus를 생산하기 위해서는 설계를 변경하고 새로운 작업자를 고용해야 한다. 또한 제품X-plus의 생산에는 B형-학습모형(증분단위시간 모형)이 적용되는 것으로 분석되었다.

누적 생산량	A형-학습모형이 적용될 경우 누적평균 노무시간	B형-학습모형이 적용될 경우 증분단위 노무시간
1	120.00	120.00
2	102.00	108.00
3	92.75	101.52
4	86.70	97.20
5	82.28	93.96
6	78.83	91.39
7	76.03	89.27
8	73.69	87.48

㈜대한이 제품X-plus 4단위를 생산한다면, 제품X 4단위를 추가로 생산하는 경우와 비교하여 총노무시간은 얼마나 증가(또는 감소) 하는가?

① 102.00시간 감소　② 146.08시간 증가　③ 184.00시간 증가
④ 248.60시간 증가　⑤ 388.80시간 감소

16 사업개시 후 2년간인 20×1년과 20×2년의 손익자료는 다음과 같다.

(단위 : 만원)

	20×1년	20×2년
매 출 액	100	300
직 접 재 료 원 가	40	120
직 접 노 무 원 가	10	22.4
제 조 간 접 원 가	20	50
판 매 관 리 비	15	15
영 업 이 익	15	92.6

20×1년부터 20×3년까지의 단위당 판매가격, 시간당 임률, 단위당 변동제조간접원가, 총고정제조간접원가, 총판매관리비는 일정하다. 직접노무시간에는 누적평균시간 학습모형이 적용된다. 매년 기초 및 기말재고는 없다. 20×3년의 예상매출액이 400만원이라면 예상영업이익은 얼마인가?

① ₩1,327,700　② ₩1,340,800　③ ₩1,350,300
④ ₩1,387,700　⑤ ₩1,398,900

17 다음에 주어진 자료를 이용하여 물음에 답하라.

> 전광석화㈜는 지난 5년간의 지속적인 연구결과 특수레이더장치 개발에 성공하였다.
> 19×8년 3월 중 본격적인 생산에 착수하여 총 8대의 특수레이더장치를 생산하였으며,
> 이에 따른 원가자료는 아래와 같이 산출되었다.
> (가) 제품 한 단위당 직접재료비는 ₩1,600,000이다.
> (나) 직접노무비는 작업시간당 @₩20,000이다.
> (다) 제품 생산결과 처음 두 단위의 총 직접작업시간(누적작업시간)은 180시간이었으며,
>   8단위의 생산에 소요된 총 직접작업시간은 583.2시간이었다.
> (라) 제조간접가는 직접작업시간당 ₩4,000과 직접재료원가의 20%를 배부한다.

19×8년 4월 중 8대의 제품을 추가로 생산하였다. 3월 중 생산한 8단위의 단위당 평균
제조원가와 4월에 추가 생산한 8단위의 단위당 평균제조원가를 비교하면?

① 4월 제품의 단위당 평균제조원가는 3월 제품보다 ₩669,920만큼 더 많다.
② 4월 제품의 단위당 평균제조원가가 3월 제품보다 ₩669,920만큼 더 적다.
③ 4월 제품의 단위당 평균제조원가가 3월 제품보다 ₩2,269,920만큼 더 적다.
④ 4월 제품의 단위당 평균제조원가가 3월 제품보다 ₩349,920만큼 더 적다.
⑤ 4월 제품의 단위당 평균제조원가가 3월 제품보다 ₩349,920만큼 더 많다.

18 ㈜국세는 1로트(lot)의 크기를 10대로 하는 로트생산방식에 의해 요트를 생산·판매
하고 있다. ㈜국세는 최근 무인잠수함을 개발하고 5대를 생산·판매하였으며, 관련
원가자료는 다음과 같다.

직접재료원가 (₩2,000,000/대)	₩10,000,000
직접노무원가 (₩30,000/시간)	30,000,000
변동제조간접원가 (₩5,000/직접노무시간)	5,000,000

무인잠수함도 로트생산방식으로 생산하되, 1로트의 크기는 5대이다. 무인잠수함의 직
접노무시간은 요트 생산과 같이 로트당 누적평균시간 학습곡선모형을 따르며, 학습률
도 동일하다. 요트 생산의 누적생산량과 로트당 평균 직접노무시간은 다음과 같다.

누적생산량	누적 로트 수	로트당 평균 직접노무시간
10	1	1,300
20	2	1,170
40	4	1,053

㈜국세는 무인잠수함 35대에 대한 납품 제의를 받았다. 이 납품과 관련된 무인잠수
함 1대의 평균 변동제조원가는?

① ₩5,451,000 ② ₩6,080,000 ③ ₩6,165,000
④ ₩6,544,000 ⑤ ₩6,832,000

19~20

(주)잠자리의 헬리콥터사업부는 최근 정찰용헬리콥터 입찰에 참가하기 위하여 정찰용헬리콥터의 제조원가를 조사하고자 한다. 얼마 전에 시험 생산한 정찰용헬리콥터 1대와 관련한 자료는 다음과 같다.

• 직접재료비	₩100,000	• 직접노동시간	1,000시간
• 직접노무비	시간당 ₩200	• 변동제조간접비	직접노무시간당 ₩750
• 기타제조간접비	직접재료원가의 60%	• 학 습 률	85%

학습률이 85%일 때, 학습지수는 0.2345이며, 누적생산량 x와 x^{-b}의 관계는 다음과 같다.

x	x^{-b}	x	x^{-b}
1	1.000	5	0.686
2	0.850	6	0.657
3	0.773	7	0.634
4	0.723	8	0.614

현재 헬리콥터사업부가 정찰용헬리콥터 7대의 입찰에 참가하고자 한다.

19 85% 누적평균시간 학습곡선모형을 가정할 경우 7대의 총원가는 얼마인가?

① ₩4,542,400 ② ₩4,836,400 ③ ₩5,432,600
④ ₩5,810,150 ⑤ ₩5,925,400

20 85% 증분단위시간 학습곡선모형이 적용될 경우 7대의 총원가는 얼마인가?

① ₩4,542,400 ② ₩4,836,400 ③ ₩5,432,600
④ ₩5,810,150 ⑤ ₩5,925,400

Chapter 7. 원가의 추정

정답 및 해설

1	②	2	④	3	③	4	⑤	5	②	6	①
7	②	8	②	9	③	10	⑤	11	①	12	①
13	②	14	②	15	③	16	②	17	④	18	⑤
19	②	20	④								

01 ②

고저점법은 조업도를 기준으로 최고조업도와 최저조업도인 원가자료를 이용하여 원가함수를 추정하는 방법이다.

02 ④

(1) 단위당 변동비(b) 계산

$$b = \frac{최대조업도의\ 원가 - 최저조업도의\ 원가}{최대조업도 - 최저조업도} = \frac{610,000 - 586,000}{34,000 - 31,000} = ₩8$$

b가 8이면, $y = a + 8x$ 이므로, 최고조업도나 최저조업도의 자료를 이용하여 a는 쉽게 계산될 수 있다. 즉, $610,000 = a + 8 \times 34,000$ 이므로 $a = ₩338,000$ 이다.

따라서, 원가함수는 $y = 338,000 + 8x$ 가 된다.

(2) 7월 전력비 : $y = 338,000 + 8 \times 32,375 = ₩597,000$

03 ③

$$b = \frac{2,149,000 - 1,741,000}{3,630 - 2,430} = ₩340$$

$a = 2,149,000 - 3,630단위 \times 240 = ₩914,800$

예상기계가동시간을 x라 하면, $2,019,800 = 914,800 + 340x \rightarrow x = 3,250시간$

04 ⑤

(1) 원가 추정(y = a + bx)

$$b = \frac{87,900,000 - 77,500,000}{12,000 - 10,000} = ₩5,200$$

$$a = 87,900,000 - 12,000 \times 5,200 = ₩25,500,000$$

(2) 3월 예상 총원가 : 25,500,000 + 15,000단위 × 5,200 = ₩103,500,000

05 ②

고저점법에 의할 경우 직접노동시간당 변동제조원가(v)는 2월과 4월 자료를 이용하여 다음과 같이 계산된다.

$$v = \frac{19,000 - 17,000}{150 - 100} = ₩40/노무시간$$

따라서, 제품 1단위당 변동제조원가는 ₩400(= 10시간 × 40)이므로, 30단위의 공헌이익은 30단위 × (500 - 400 - 30) = ₩2,100이다.

06 ①

(1) 총원가 함수 추정

$$b = \frac{680,000 - 575,000}{30,000 - 25,000} = ₩21$$

$$a = 680,000 - 30,000단위 \times 21 = ₩50,000$$

a값 ₩50,000은 고정제조간접비이며, b값 ₩21은 단위당 총변동비이다. 따라서 단위당 변동제조간접비는 단위당 총변동비(₩21)에서 단위당 직접재료비(₩5)와 직접노무비(₩6)를 차감한 ₩10(= 21 - 5 - 6)이다.

07 ②

10월 수선유지비를 x라고 하면,

$$\underset{전력요금}{9,000시간 \times 2.1^*} + \underset{감독자임금}{24,000} + \underset{수선유지비}{x} = 63,100$$

* 기계시간당 전력요금 = 10,500 ÷ 5,000시간 = ₩2.1

08 ②

(1) 고저점법을 이용한 원가함수 추정

$$y = a + bx 에서$$

$$b = \frac{246,000 - 174,000}{90,000 - 60,000} = 2.4$$

2월 자료를 이용하여 a 를 계산하면, $174,000 = a + 2.4 \times 60,000$ 에서 $a = 30,000$

따라서 원가함수는 $y = 30,000 + 2.4x$ 이므로,

③, ④, ⑤ 5월 예상 제조간접비는 ₩210,000(=30,000 + 2.4×75,000시간)이며, 예상되는 변동제조간접비와 고정제조간접비는 각각 ₩30,000과 ₩180,000(=2.4×75,000시간)이다.

① 소모품비는 전액 변동비로서 75,000시간×0.8(=$\frac{48,000}{60,000시간}$) = ₩60,000이다.

② 수선유지비는 210,000(총제조간접비) - 60,000(소모품비) - 21,000(감독자급여)
= ₩129,000이다.

09 ③

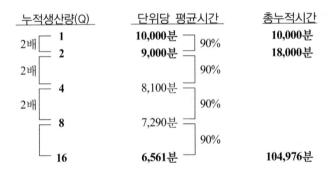

누적생산량(Q)	단위당 평균시간	총누적시간
1	10,000분	10,000분
2	9,000분	18,000분
4	8,100분	
8	7,290분	
16	6,561분	104,976분

10 ⑤

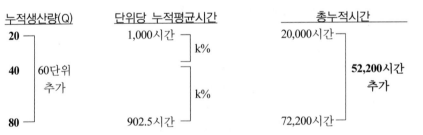

누적생산량(Q)	단위당 누적평균시간	총누적시간
20	1,000시간	20,000시간
40		
80	902.5시간	72,200시간

60단위 추가, k%, 52,200시간 추가

최초 20단위의 단위당 평균시간이 1,000시간이고, 60단위의 단위당 평균시간이 902.5시간이므로 학습률을 k라고 하면,

$$1,000시간 \times k^2 = 902.5시간 \qquad 따라서 \; k = 95\% \; 이다$$

11 ①

즉, 80단위 추가생산에 소요되는 시간은 64,980시간(137,180시간 - 72,200시간)이다.

12 ①

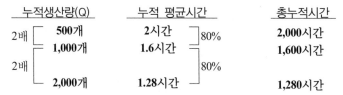

단위당 직접노무비 : (2,560시간×300)÷2,000단위 = ₩384

단위당 총원가 : 450 + 400 + 384 = ₩1,234

13 ②

(1) 직접노무비

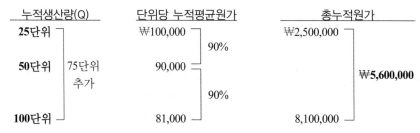

(2) 추가 75단위 생산시 증가되는 원가

직접재료비	75단위 × 40,000* =	₩3,000,000
직접노무비		5,600,000
변동제조간접비	5,600,000 × 20% =	1,120,000
합　　계		₩9,720,000

　* 단위당 직접재료비 = 1,000,000 ÷ 25 = ₩40,000

14 ②

(1) 직접노무비

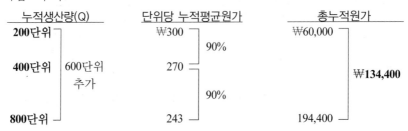

누적생산량(Q)		단위당 누적평균원가		총누적원가	
200단위		₩300		₩60,000	
	600단위 추가		90%		₩134,400
400단위		270			
			90%		
800단위		243		194,400	

(2) 추가 600단위 원가

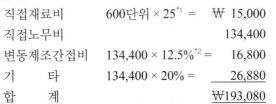

직접재료비	600단위 × 25[*1] =	₩ 15,000
직접노무비		134,400
변동제조간접비	134,400 × 12.5%[*2] =	16,800
기 타	134,400 × 20% =	26,880
합 계		₩193,080

[*1] 단위당 직접재료비 = 5,000 ÷ 200단위 = ₩25/단위

[*2] 변동제조간접비 배부율 = 7,500 ÷ 60,000 = 12.5%

15 ③

A형(누적평균시간 모형)의 경우 누적 총 8단위를 생산하는데 소요되는 시간은 589.52시간(= 73.69 × 8단위)이고, 누적 총 4단위를 생산하는데 소요되는 시간은 346.8시간(= 86.70 × 4단위)이므로 A형 추가 4단위 생산에 소요될 것으로 예상되는 시간은 242.72시간(= 589.52시간 − 346.8시간)이다. 반면에 B형(증분단위시간 모형)은 4단위를 생산하는데 예상되는 시간은 426.72시간(= 120 + 108 + 101.52 + 97.2)이다. 따라서 하여 제품 X-plus 4단위를 생산하는 경우 제품X 4단위추가 생산하는 경우에 비하여, 184시간(= 426.72시간 − 242.72시간)이 증가한다.

16 ②

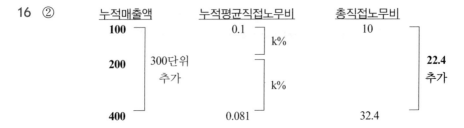

누적매출액		누적평균직접노무비		총직접노무비	
100		0.1		10	
	300단위 추가		k%		22.4 추가
200			k%		
400		0.081		32.4	

학습률을 k라고 하면,

$$0.1 \times k^2 = 0.081 \qquad 따라서\ k = 90\% \ 이다.$$

누적매출액	누적평균직접노무비	총직접노무비	
100	0.1	10	
200	?	?	
400	0.081	32.4	⎤ 25.92
800	0.0729	58.32	⎦

20×3년도 매출액 400만원의 직접노무비는 25.92만원이다.

따라서 20×3년도 예상 영업이익은 다음과 같다.

$$매 \ 출 \ 액 : ₩4,000,000$$
$$직 접 재 료 비 : (\ 1,600,000)$$
$$직 접 노 무 비 : (\ 259,200)$$
$$변동제조간접비 : (\ 600,000)(= 4,000,000 × 0.15)$$
$$고정제조간접비 : (\ 50,000)$$
$$판 매 관 리 비 : (\underline{\ 150,000})$$
$$영 업 이 익 : ₩1,340,800$$

참고로 제조간접비의 경우에는 매출액이 100만원일 경우 20만원, 매출액이 300만원일 경우 50만원이므로, 변동비율을 a, 고정제조간접비 총액을 b라고 하면, 다음이 성립하여야 한다.

$$100만원 × a + b = 20만원 \cdots ①$$
$$300만원 × a + b = 50만원 \cdots ②$$

위의 연립방정식을 풀면 a = 0.15, b = 5만원이 나온다.

17 ④

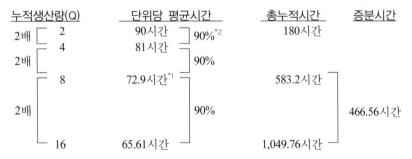

^{*1} 583.2시간 ÷ 8대 = 72.9시간/대
^{*2} 90시간 × (학습률)^2 = 72.9시간/대 ∴학습률 = 90%

최초 8단위와 추가 8단위의 재료비에서는 원가차이가 발생하지 않는다. 노동시간에 비례하여 발생하는 원가만 차이가 발생한다. 따라서 3월과 4월의 원가 차이는 다음과 같이 계산된다.

$$(583.2시간 - 466.56시간) × (20,000 + 4,000) = ₩2,799,360$$

따라서 4월의 원가가 3월의 원가보다 단위당 ₩349,920(= 2,799,360 ÷ 8대)만큼 적게 발생한다.

18 ⑤

(1) 추가 35단위에 예상되는 시간

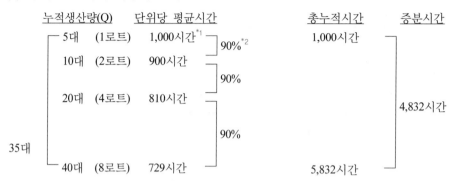

누적생산량(Q)		단위당 평균시간		총누적시간	증분시간
5대	(1로트)	1,000시간[*1]		1,000시간	
			90%[*2]		
10대	(2로트)	900시간			
			90%		
20대	(4로트)	810시간			4,832시간
			90%		
40대	(8로트)	729시간		5,832시간	

35대

[*1] ₩30,000,000÷₩30,000/시간 = 1,000시간

[*2] 1,170시간÷1,300시간 = 90%

(2) 35대의 변동제조원가

직접재료원가 :	35대×2,000,000	=	₩ 70,000,000
직접노무원가 :	4,832시간×30,000	=	144,960,000
변동제조간접원가 :	4,832시간×5,000	=	24,160,000
합 계	:		₩239,120,000

(3) 단위당 변동제조원가 : ₩239,120,000÷35대 = ₩6,832,000

19 ②

(1) 85% 학습률에 의한 평균시간과 총누적시간

누적생산량(Q)		단위당 평균시간		총누적시간	증분시간
2배	2	1,000시간	85%	1,000시간	
	2	850시간		1,700시간	
2배			85%		
	4	723시간		2,892시간	
	5				3,912시간
2배	6		85%		
	7				
	8	614시간		4,912시간	

(2) 추가 7단위의 총원가

직접재료비	₩ 700,000[*1]
직접노무비	782,400[*2]
변동제조간접비	2,934,000[*3]
기타제조간접비	420,000[*4]
합 계	₩4,836,400

*¹ 7단위의 총 직접재료비 100,000 × 7 = ₩700,000

*² 3,912시간 × 200 = ₩782,400

*³ 3,912시간 × 750 = ₩2,934,000

*⁴ 700,000 × 60% = ₩420,000

20 ④

(1) 85% 학습률에 의한 증분단위시간과 총누적시간

누적생산량(Q)	증분단위시간	총누적시간	증분시간
1	1,000시간	1,000시간	
2	850시간	1,850시간	
3	773시간	2,623시간	
4	723시간	3,346시간	
5	686시간	4,032시간	
6	657시간	4,689시간	
7	634시간	5,323시간	
8	614시간	5,937시간	

2배: 1→2 85%, 3→6 85% (773시간, 657시간)
2배: 1→2, 3→4, 5→8
증분시간 4,937시간

(2) 추가 7단위의 총원가

직접재료비	₩ 700,000	*¹
직접노무비	987,400	*²
변동제조간접비	3,702,750	*³
기타제조간접비	420,000	*⁴
합　　계	₩5,810,150	

*¹ 7단위의 총 직접재료비 100,000 × 7 = ₩700,000

*² 4,937시간 × 200 = ₩987,400

*³ 4,937시간 × 750 = ₩3,702,750

*⁴ 700,000 × 60% = ₩420,000

원가-조업도-이익 분석

원가-조업도-이익 분석

01 의의

원가-조업도-이익분석(costs-volume-profit alalysis, CVP분석)이란 조업도의 변동이 기업의 원가, 수익, 이익에 미치는 영향을 분석하는 기법이다. 즉, 조업도의 변화가 원가, 수익, 이익에 미치는 영향을 분석하여 미래에 대한 이익계획을 수립하고 기업의 채산성을 분석하는데도 유용한 정보를 제공한다.

(1) CVP분석의 기본 가정

① 조업도만이 수익과 원가에 영향을 미치는 유일한 요인이다.

② 모든 원가는 변동비와 고정비로 구분할 수 있다.

③ 수익과 원가의 형태는 결정되어 있고, <u>관련범위 내에서는</u> 선형이다.

④ 생산량과 판매량이 동일하여 기초재고자산과 기말재고자산은 없거나 동일하다.

⑤ 단일제품을 생산, 판매하는 것으로 가정한다. 단, 복수의 제품을 생산하는 경우 제품배합이 일정하다고 가정한다.

⑥ 화폐의 시간가치를 고려하지 않는다(단기분석을 가정한다).

(2) CVP분석의 기본 정리

① 영업이익(π) = 매출액(S) − 총변동비(V) − 총고정비(F)

$$= p \times Q - v \times Q - F$$

$$= (p - v) \times Q - F$$

② 변동비율은 총변동비(V)를 매출액(S)으로 나눈 값으로, 단위당 변동비(v)를 단위당 판매가격(p)으로 나눈 값이다.

$$변동비율 = \frac{총변동비}{매출액} = \frac{(v \times Q)}{p \times Q} = \frac{v}{p}$$

③ 공헌이익률은 총공헌이익(CM)을 매출액(S)으로 나눈 값으로, 매출액이 1원 증가할 때 이익의 증가분을 의미하며, 단위당 공헌이익(cm)을 단위당 판매가격(p)으로 나눈 값과 동일하다.

$$공헌이익률 = \frac{공헌이익}{매출액} = \frac{(p \times Q - v \times Q)}{p \times Q} = \frac{p - v}{p} = 1 - \frac{v}{p}$$

④ 공헌이익률과 변동비율의 합계는 항상 1이다. 즉, "공헌이익률 + 변동비율 = 1"이다.

02 기본가정하의 CVP분석

(1) 손익분기점(break-even point, BEP)

손익분기점이란 총수익(p × Q)과 총비용(F + v × Q)이 일치하여 이익도 손실도 발생하지 않는 판매량 또는 매출액을 말하며, 손익분기점의 경우에는 법인세와는 무관하다. 즉, 법인세가 존재하든 존재하지 않든 손익분기점은 동일하게 계산된다.

① 손익분기점 판매량(Q)

$$Q = \frac{F}{(p - v)} = \frac{고정비}{단위당 공헌이익}$$

② 손익분기점 매출액(S)

$$S = \frac{F}{(1 - v/p)} = \frac{고정비}{공헌이익률}$$

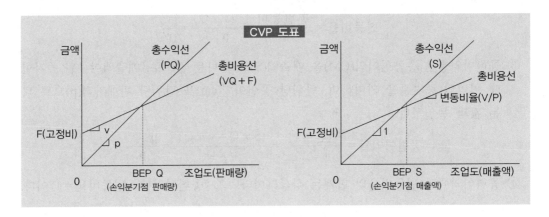

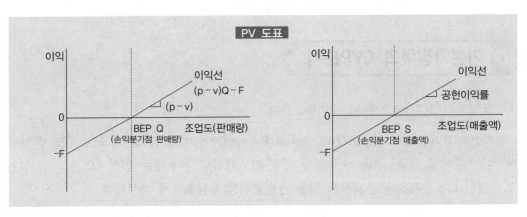

참고   Reference

① 손익분기점에서 공헌이익은 고정비와 동일하다.

② 매출액(S)에 공헌이익률을 곱하면 공헌이익이 나온다.
    따라서 영업이익은 다음과 같이 나타낼 수 있다.

$$매출액 \times 공헌이익률 - 고정비 = 영업이익$$

(2) 목표이익(target income) 분석

회사가 목표이익(Target Profit)을 달성하기 위하여 몇 단위를 판매하여야 하는지에 대한 정보는 매우 중요한 정보이다.

1) 법인세가 존재하지 않는 경우(법인세율, t = 0)

① 목표이익 달성을 위한 판매수량

$$Q = \frac{F + \pi}{(p - v)} = \frac{고정비 + 목표이익}{단위당\ 공헌이익}$$

② 목표이익 달성을 위한 매출액

$$S = \frac{F + \pi}{(1 - v/p)} = \frac{고정비 + 목표이익}{공헌이익률}$$

2) 법인세가 존재하는 경우(법인세율, t ≠ 0, 단 0 ⟨ t ⟨ 1)

① 세후목표이익 달성을 위한 판매수량

$$Q = \frac{F + \dfrac{\pi}{(1-t)}}{(p - v)} = \frac{고정비 + \dfrac{목표이익}{(1 - 세율)}}{단위당\ 공헌이익}$$

② 세후목표이익 달성을 위한 매출액

$$S = \frac{F + \dfrac{\pi}{(1-t)}}{(1 - v/p)} = \frac{고정비 + \dfrac{목표이익}{(1 - 세율)}}{공헌이익률}$$

기본 문제

다음은 1~4번과 관련된 자료이다.
(주)한국은 마우스패드를 생산하여 판매하는 회사이다. 마우스패드 1단위당 판매가격은
1,000이며, 마우스패드 생산 및 판매관련 자료는 다음과 같다.

	단위당 변동비	총고정비
직접재료비	₩100	
직접노무비	150	
제조간접비	250	₩150,000
판매관리비	100	50,000

01 손익분기점 판매량은?

① 400단위   ② 500단위   ③ 600단위

④ 700단위   ⑤ 800단위

02 법인세율이 20%인 경우 손익분기점 판매량은?

① 400단위   ② 500단위   ③ 600단위

④ 700단위   ⑤ 800단위

03 세전목표이익 ₩100,000을 달성하기 위한 매출액을 얼마인가?

① ₩600,000   ② ₩650,000   ③ ₩700,000

④ ₩750,000   ⑤ ₩800,000

04 법인세율이 20%인 경우 세후목표이익 ₩120,000을 달성하기 위한 판매수량은?

① 555단위   ② 660단위   ③ 785단위

④ 820단위   ⑤ 875단위

05 목표이익률 15%를 달성하기 위한 매출액은 얼마인가?

① ₩600,000   ② ₩650,000   ③ ₩700,000

④ ₩750,000   ⑤ ₩800,000

해설

01 ②

손익분기점 판매량을 Q라고 하면,

$$Q = \frac{F}{(p-v)} = \frac{200,000}{1,000-600} = 500개$$

별해

손익분기점 판매량을 Q라고 하면, 다음을 만족하여야 한다.

$$(1,000-600)Q - 200,000 = 0$$

$$\rightarrow Q = 500단위$$

02 ②

손익분기점은 법인세의 존재여부와 상관없이 항상 동일하게 계산된다. 따라서 (기본문제1)과 동일하게 500단위가 손익분기점 판매량이다.

03 ④

공헌이익률이 40%(= 400÷1,000)이므로, 목표이익 ₩100,000을 달성하기 위한 매출액을 S라고 하면,

$$Q = \frac{F + \pi}{(p - v)/p} = \frac{200,000 + 100,000}{0.4} = ₩750,000$$

04 ⑤

세후목표이익을 달성하기 위한 판매량을 Q라고 하면,

$$Q = \frac{F + \dfrac{\pi}{(1-t)}}{(p - v)} = \frac{200,000 + \dfrac{120,000}{(1-0.2)}}{(1,000 - 600)} = 875단위$$

별해

판매량을 Q라고 하면, 다음을 만족하여야 한다.

$$\{(1,000 - 600)Q - 200,000\} \times (1 - 0.2) = 120,000$$
$$\rightarrow Q = 875단위$$

05 ⑤

회사가 달성하고자 하는 매출액을 S라고 하면, 목표이익은 0.15S가 된다.

$$S = \frac{F + \pi}{공헌이익률} = \frac{200,000 + 0.15S}{0.4} = S$$
$$\rightarrow S = ₩800,000$$

즉, 회사의 매출액이 ₩800,000일 경우 회사의 매출액이익률은 15%가 된다.

● ● ○ ● ○

(3) 현금흐름 분기점

현금흐름 분기점은 현금 유입과 현금 유출이 일치하는 판매량이나 매출액을 의미하는데, 일반적으로 매출액은 모두 현금 유입이 있는 것으로 가정하고 변동비는 모두 현금 유출이 있는 것으로 가정한다. 다만, 고정비 중에서 감가상각비 등의 비현금고정비(D)만 현금유출이 없는 것으로 가정한다.

1) 법인세가 존재하지 않는 경우(법인세율 t = 0)

① 현금흐름 분기점 판매수량

$$Q = \frac{F - D}{(p - v)} = \frac{고정비 - 비현금고정비}{단위당 \ 공헌이익}$$

② 목표현금흐름을 얻기 위한 판매수량

$$Q = \frac{F - D + \pi}{(p - v)} = \frac{고정비 - 비현금고정비 + 목표현금흐름}{단위당 \ 공헌이익}$$

2) 법인세가 존재하는 경우(법인세율, t ≠ 0)

① 현금흐름 분기점 판매량

$$Q = \frac{F - \dfrac{D}{(1-t)}}{(p - v)} = \frac{고정비 - \dfrac{비현금고정비}{(1-세율)}}{단위당 \ 공헌이익}$$

② 목표현금흐름을 얻기 위한 판매수량

$$Q = \frac{F + \dfrac{\pi}{(1-t)} - \dfrac{D}{(1-t)}}{(p - v)}$$

기본 문제

다음은 6~8번과 관련된 자료이다.

미진회사의 20×9년 제품생산과 관련된 자료는 다음과 같다.

• 단위당 판매가격	₩200
• 단위당 변동제조원가	110
• 단위당 변동판매관리비	40
• 연간고정제조간접비	800,000(감가상각비 ₩280,000포함)
• 연간고정판매관리비	400,000(감가상각비 ₩200,000포함)

06 현금흐름 분기점 판매량은?

① 14,400단위   ② 16,000단위   ③ 18,200단위

④ 22,000단위   ⑤ 24,000단위

07 법인세율이 40%라고 가정할 경우, 현금흐름분기점 판매량은?

① 6,400단위   ② 8,000단위   ③ 10,000단위

④ 12,000단위   ⑤ 14,000단위

08 법인세율이 40%라고 가정할 경우, ₩240,000의 세후현금흐름을 얻기 위한 판매량은?

① 14,400단위   ② 16,000단위   ③ 18,200단위

④ 22,000단위   ⑤ 24,000단위

해설

06 ①

현금흐름분기점을 Q라 하면,

$$Q = \frac{F - D}{(p - v)} = \frac{1,200,000 - 480,000}{200 - 150} = 14,400단위$$

07 ②

법인세가 존재하는 경우 현금흐름분기점을 Q라 하면,

$$Q = \frac{F - \dfrac{D}{(1-t)}}{(p - v)} = \frac{1,200,000 - \dfrac{480,000}{(1-0.4)}}{200 - 150} = 8,000단위$$

08 ②

₩240,000의 세후현금흐름을 얻기 위한 판매량을 Q 라 하면,

$$Q = \frac{F - \dfrac{D}{(1-t)} + \dfrac{\pi}{(1-t)}}{(p - v)}$$

$$= \frac{1,200,000 - \dfrac{480,000}{(1-0.4)} + \dfrac{240,000}{(1-0.4)}}{200 - 150}$$

$$= 16,000단위$$

	법인세가 존재하지 않는 경우 (t = 0)	법인세가 존재하는 경우 (t ≠ 0, 0 < t < 1)
손익분기점 판매량	$\dfrac{F}{p-v}$	$\dfrac{F}{p-v}$
목표이익 달성수량 판매량	$\dfrac{F+\pi}{p-v}$	$\dfrac{F+\dfrac{\pi}{(1-t)}}{p-v}$
현금흐름 분기점 판매량	$\dfrac{F-D}{p-v}$	$\dfrac{F-\dfrac{D}{(1-t)}}{p-v}$
목표현금흐름 달성 판매량 (단, π는 목표현금흐름)	$\dfrac{F-D+\pi}{p-v}$	$\dfrac{F-\dfrac{D}{(1-t)}+\dfrac{\pi}{(1-t)}}{p-v}$

* 분모의 단위당 공헌이익 (p-v)를 공헌이익률로 바꾸면 매출액이 계산된다.

03 안전한계

안전한계(margin of safety, M/S)는 실제 또는 예상 판매량(매출액)이 손익분기점의 판매량(매출액)을 초과하는 판매량(매출액)을 의미하며, 기업의 판매 부진 등으로 판매량이나 매출액 감소시 어느 정도까지 감소해도 기업이 손실이 나지 않는지에 대한 기업 안정성에 대한 지표로서 안전한계가 클수록 좋다.

> 안전한계 판매량 = 실제(예산) 판매량 - 손익분기점 판매량
> 안전한계 매출액 = 실제(예산) 매출액 - 손익분기점 매출액

안전한계를 현재 판매량(매출액)에 대한 비율로 나타낸 것을 안전한계율이라고 하며, 안전한계율은 다음과 같이 계산된다.

$$안전한계율 = \frac{안전한계 \ 판매량(매출액)}{실제(예산) \ 판매량(매출액)}$$

$$= 1 - \frac{손익분기점 \ 판매량(매출액)}{실제(예산) \ 판매량(매출액)}$$

$$= \frac{실제(예산) \ 판매량(매출액) - 손익분기점 \ 판매량(매출액)}{실제(예산) \ 판매량(매출액)}$$

① 안전한계 판매량 × 단위당 공헌이익 = 영업이익

② 안전한계 매출액 × 공헌이익률 = 영업이익

③ 안전한계율 × 공헌이익률 = (매출액)영업이익률

기본 문제

09 2009년도 A기업의 제품 판매와 관련된 자료가 다음과 같을 때, 안전한계율은 얼마인가?

매 출 액 : 10,000단위 × 200 =	₩2,000,000	
변 동 비 : 10,000단위 × 150 =	1,500,000	
공헌이익 :	500,000	
고 정 비 :	400,000	
영업이익 :	₩ 100,000	

① 10%   ② 15%   ③ 20%

④ 25%   ⑤ 30%

해설

09 ③

(1) 손익분기점

$$손익분기점\ 판매량\ Q = \frac{400,000}{(200-150)} = 8,000개$$

$$손익분기점\ 매출액\ S = \frac{400,000}{0.25} = ₩1,600,000$$

(2) 안전한계

안전한계 판매량 : 실제판매량 − 손익분기점 판매량
= 10,000단위 − 8,000단위 = 2,000단위

안전한계 매출액 : 실제매출액 − 손익분기점 매출액
= 2,000,000 − 1,600,000 = ₩400,000

(3) 안전한계율

$$안전한계율 = \frac{안전한계\ 판매량}{실제\ 판매량} = \frac{2{,}000단위}{10{,}000단위} = 20\%$$

$$or\ \frac{안전한계\ 매출액}{실제\ 매출액} = \frac{400{,}000}{2{,}000{,}000} = 20\%$$

04 영업레버리지

영업레버리지(operating leverage)란 고정비가 지렛대 역할을 함으로서 매출액의 변화율보다 영업이익의 변화율이 더 크게 나타나는 현상을 말한다.

① 영업레버리지도(DOL)

$$영업레버리지도 = \frac{영업이익의\ 변화율}{매출액의\ 변화율} = \frac{공헌이익}{영업이익} = \frac{1}{안전한계율}$$

② 영업이익 변화율 = 매출액 변화율 × DOL

③ 영업레버리지도는 손익분기점 부근에서 가장 크고 **매출액이 증가할수록 1에 수렴함.**

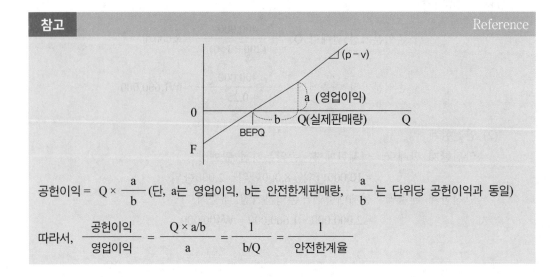

참고   Reference

$$공헌이익 = Q \times \frac{a}{b}\ (단,\ a는\ 영업이익,\ b는\ 안전한계판매량,\ \frac{a}{b}\ 는\ 단위당\ 공헌이익과\ 동일)$$

$$따라서,\ \frac{공헌이익}{영업이익} = \frac{Q \times a/b}{a} = \frac{1}{b/Q} = \frac{1}{안전한계율}$$

다음은 10~11번과 관련된 자료이다.

20×6년 (주)SUN의 손익계산서는 다음과 같다.

매 출 액	₩2,000,000
변 동 비	1,000,000
공헌이익	1,000,000
고 정 비	800,000
영업이익	₩ 200,000

10 현재 회사의 영업레버리지도는 얼마인가?

① 2 　　　　　　　② 3 　　　　　　　③ 4

④ 5 　　　　　　　⑤ 6

11 (주)SUN의 20×7도 매출액이 올해보다 10% 증가할 것으로 예상된다. 20×7년도 영업이익은 얼마로 예상되는가?

① ₩240,000 　　　　② ₩260,000 　　　　③ ₩280,000

④ ₩300,000 　　　　⑤ ₩320,000

해설

10 ④

영업레버리지도(DOL)는 다음과 같이 계산된다.

$$\text{DOL} = \frac{공헌이익}{영업이익} = \frac{1,000,000}{200,000} = 5$$

11 ④

영업레버리지도가 5이므로, 매출액이 10%증가할 경우 영업이익은 50%증가할 것이다.
따라서 내년도 영업이익은 200,000 × (1 + 50%) = ₩300,000이 될 것이다.

✓ 보론 : 재무레버리지와 결합레버리지

(1) 재무레버리지(financial leverage)

: 이자비용이 지렛대 역할을 함으로써 영업이익 변화율보다 주당이익의 변화율이 더 크게 나타나는 현상을 말한다.

$$재무레버리지도 \atop (DFL) = \frac{주당이익의\ 변화율}{영업이익의\ 변화율}$$

$$= \frac{(p-v) \times Q - F}{(p-v) \times Q - F - I} = \frac{영업이익}{법인세차감전순이익}$$

(2) 결합레버리지

$$결합레버리지도 = \frac{주당이익의\ 변화율}{매출액의\ 변화율}$$

$$= \frac{(p-v) \times Q}{(p-v) \times Q - F - I} = \frac{공헌이익}{법인세차감전순이익}$$

$$= 영업레버리지도(DOL) \times 재무레버리지도(DFL)$$

05 기본가정의 완화

(1) 복수제품 CVP 분석

1) 꾸러미법(판매량의 비율이 주어진 경우)

손익분기점 꾸러미 수를 Q라고 하면,

① $Q = \dfrac{고정비}{1꾸러미당\ 공헌이익^{*}}$

* 매출 배합 비율에 따라 구성된 1꾸러미당 공헌이익

② 제품별 손익분기점 판매량 : Q × 1꾸러미당 개별 제품별 수량

2) 가중평균공헌이익법(판매량의 비율이 주어진 경우)

손익분기점 판매량을 Q라고 하면,

① $Q = \dfrac{\text{고정비}}{\text{단위당 가중평균공헌이익}^*}$

    * Σ(제품별 단위당 공헌이익 × 제품별 매출 배합 비율)

② 제품별 손익분기점 판매량 : Q × 제품별 매출 배합 비율

3) 가중평균공헌이익률법(매출액의 비율이 주어진 경우)

손익분기점 매출액을 S라고 하면,

① $S = \dfrac{\text{고정비}}{\text{단위당 가중평균공헌이익율}^*}$

    * Σ(제품별 공헌이익률 × 제품별 매출액 구성 비율)

② 제품별 손익분기점 매출액 : S × 제품별 매출액 구성 비율

기본 문제

다음은 12~14번과 관련된 자료이다.
(주)한양은 두 종류의 제품 A, B를 생산, 판매하고 있다. A제품과 B제품의 매출배합은 3 : 2이며, 제품 A, B와 관련된 자료는 다음과 같다.

	A제품	B제품
판 매 가 격	₩2,000	₩3,000
단위당변동비	1,000	1,800
단위당공헌이익	₩1,000	₩1,200
총 고 정 비	₩1,296,000	

12 손익분기점에서의 A제품과 B제품 판매량은?

	A제품	B제품		A제품	B제품
①	480단위	360단위	②	600단위	400단위
③	660단위	440단위	④	720단위	480단위
⑤	900단위	600단위			

13 목표이익 ₩270,000을 달성하기 위한 B제품 판매량은?

① 480단위   ② 520단위   ③ 580단위

④ 645단위   ⑤ 715단위

14 고정비 중 감가상각비가 ₩135,000이라고 가정할 경우 현금흐름분기점에서의 A제품 판매량은?

① 480단위   ② 520단위   ③ 580단위

④ 645단위   ⑤ 715단위

해설

12 ④

A제품 3단위와 B제품 2단위를 1꾸러미로 가정하면,

(1) 손익분기점 꾸러미 수 $= \dfrac{\text{고정비}}{\text{1꾸러미당 공헌이익}} = \dfrac{1{,}296{,}000}{5{,}400^{*}} = 240$꾸러미

    * 1꾸러미당 공헌이익 : 3단위 × 1,000 + 2단위 × 1,200 = ₩5,400

(2) 제품별 손익분기점 판매량

         A제품 : 240꾸러미 × 3단위 = 720단위

         B제품 : 240꾸러미 × 2단위 = 480단위

13 ③

(1) 목표이익 달성 꾸러미 수 $= \dfrac{\text{고정비} + \text{목표이익}}{\text{1꾸러미당 공헌이익}} = \dfrac{1{,}296{,}000 + 270{,}000}{5{,}400} = 290$꾸러미

(2) 제품별 손익분기점 판매량

         A제품 : 290꾸러미 × 3단위 = 870단위

         B제품 : 290꾸러미 × 2단위 = 580단위

14 ④

(1) 현금흐름분기점 달성 꾸러미 수 $= \dfrac{\text{고정비} - \text{감가상각비}}{\text{1꾸러미당 공헌이익}} = \dfrac{1{,}296{,}000 - 135{,}000}{5{,}400} = 215$꾸러미

(2) 제품별 손익분기점 판매량

         A제품 : 215꾸러미 × 3단위 = 645단위

         B제품 : 215꾸러미 × 2단위 = 430단위

(2) 비선형함수하의 CVP 분석

비선형함수하의 CVP분석에서는 단위당 판매가격(p), 단위당 변동비(v), 총고정비(F)의 변동이 발생하지 않는 구간별로 구분하여 분석을 하게 된다. 즉, 수익함수와 비용함수가 모두 선형인 구간별로 나누어서 분석을 하여야 하며, 조업도의 모든 구간에 대하여 분석을 하여야 한다. 비선형함수하의 CVP분석은 구간별로 손익분기점이 나타날 수 있기 때문에 손익분기점이 여러 개가 존재할 수 있으며, 손익분기점이 존재하지 않는 경우도 있을 수 있다.

기본 문제

15 (주)비비는 닭다리를 판매하는 회사이다. 연간 최대 조업도는 10,000단위이며, 단위당 변동비는 ₩200이며, 조업도에 따른 단위당 판매가격은 다음과 같다(단, 이 경우 판매가격이 변화하면 변화된 판매가격은 전체 판매수량에 대하여 적용된다).

조 업 도	판매가격
0 ~ 4,000단위	₩300
4,001 ~ 8,000단위	260
8,001 ~ 10,000단위	225

연간고정비가 ₩300,000일 경우 손익분기점 판매량은?

① 3,500단위   ② 4,000단위   ③ 4,500단위
④ 5,000단위   ⑤ 5,500단위

16 (주)통키는 단일제품을 생산하여 판매하는 회사로서 조업도가 증가하면 단위당 변동비가 증가한다. 단위당 판매가격은 ₩50이며, 연간 고정비는 ₩420,000이다. 조업도의 구간별 변동비는 다음과 같다.

조 업 도	단위당 변동비
0 ~ 20,000단위	₩38
20,001 ~ 40,000단위	40
40,001 ~ 60,000단위	42

상기 단위당 변동비는 최초 20,000단위는 ₩38이고, ₩40은 20,000단위를 초과하는 수량에 대하여만 적용되는 금액이며, 40,000단위를 초과하는 수량은 단위당 변동비가

₩42이다. 손익분기점 판매량은 몇 단위인가?

① 35,000단위 　　　② 38,000단위 　　　③ 40,000단위

④ 42,000단위 　　　⑤ 45,000단위

17 (주)통키는 단일제품을 생산하여 판매하는 회사로서 단위당 판매가격은 ₩50이며, 단위당 변동비는 ₩30이다. 회사의 연간 고정비는 조업도에 따라 다음과 같이 변할 경우 손익분기점은 몇 단위인가?

조 업 도	고 정 비
0 ~ 5,000단위	₩80,000
5,001 ~ 10,000단위	120,000
10,001 ~ 15,000단위	160,000

① 3,000단위 　　　② 4,500단위 　　　③ 6,000단위

④ 7,000단위 　　　⑤ 8,000단위

해설

15 ④

비선형함수하에서의 CVP분석은 수익과 비용이 모두 선형인 구간별로 손익분기점을 분석하여야 한다. 따라서 0개부터 4,000단위까지, 4,001단위부터 8,000단위까지, 8001단위부터 10,000단위까지의 세 구간으로 나누어서 구간별 분석을 하여야 한다.

1) $0 \leq Q \leq 4,000$단위일 경우

$$\text{손익분기점 } Q = \frac{300,000}{300 - 200} = 3,000\text{단위}$$

3,000단위가 $0 \leq Q \leq 4,000$ 구간에 포함되므로 손익분기점에 해당된다.

2) $4,001 \leq Q \leq 8,000$단위일 경우

$$\text{손익분기점 } Q = \frac{300,000}{260 - 200} = 5,000\text{단위}$$

5,000단위가 $4,001 \leq Q \leq 8,000$ 구간에 포함되므로 손익분기점에 해당된다.

3) $8,001 \leq Q \leq 10,000$단위일 경우

$$\text{손익분기점 } Q = \frac{300,000}{225 - 200} = 12,000\text{단위}$$

12,000단위가 $8,001 \leq Q \leq 10,000$ 구간에 포함되지 않으므로 손익분기점이 아니다.

16 ②

1) $0 \leq Q \leq 20,000$단위일 경우

$$손익분기점 \ Q = \frac{420,000}{50-38} = 35,000단위$$

10,000단위가 $0 \leq Q \leq 20,000$ 구간에 포함되지 않기 때문에 손익분기점에 해당되지 않는다.

2) $20,001 \leq Q \leq 40,000$단위일 경우

20,000단위를 초과하는 수량을 x라고 하면, 손익분기점 판매량은 20,000단위 $+ x$이며, x는 다음을 만족하여야 한다.

$$20,000 \times (50-38) + x \times (50-40) - 420,000 = 0$$
$$x = 18,000단위$$

따라서, 손익분기점 판매량은 38,000단위($=20,000$단위 $+ 18,000$단위)이다.
38,000단위는 $20,001 \leq Q \leq 40,000$ 구간에 해당하므로 손익분기점에 해당된다.

3) $40,001 \leq Q \leq 60,000$단위일 경우

40,000단위를 초과하는 수량을 x라고 하면, 손익분기점 판매량은 40,000단위 $+ x$이며, x는 다음을 만족하여야 한다.

$$20,000 \times (50-38) + 20,000 \times (50-40) + x \times (50-42) - 420,000 = 0$$
$$x = -2,500단위$$

따라서, 손익분기점 판매량은 37,500단위($=40,000$단위 $- 2,500$단위)이다. 37,600단위는 $40,001 \leq Q \leq 60,000$ 구간에 해당하지 않기 때문에 손익분기점이 될 수 없다.

17 ③

손익분기점 판매량을 Q라고 가정하면,

$$손익분기점 \ Q = \frac{80,000}{50-30} = 4,000단위(적합)$$

1) $0 \leq Q \leq 5,000$단위

손익분기점 수량 4,000단위는 $0 \leq Q \leq 5,000$단위에 포함되므로 손익분기점이다.

2) $5,001 \leq Q \leq 10,000$단위

$$손익분기점 \ Q = \frac{120,000}{50-30} = 6,000단위(적합)$$

손익분기점 수량 6,000단위는 $5,001 \leq Q \leq 10,000$단위에 포함되므로 손익분기점이다.

3) $10,001 \leqq Q \leqq 15,000$단위

$$손익분기점 \ Q = \frac{160,000}{50 - 30} = 8,000단위(부적합)$$

손익분기점 수량 8,000단위는 $10,001 \leqq Q \leqq 15,000$단위에 포함되지 않기 때문에 손익분기점에 해당되지 않는다.

● ○ ● ○

(3) 전부원가계산하의 CVP분석

전부원가계산에 의할 경우에는 생산량에 따라 손익분기점이 달라지므로, 전부원가계산에 의한 손익분기점의 분석은 일단 주어진 생산량 수준에서 분석을 하게 된다.

1) 실제전부원가계산하의 CVP분석

$$Q = \frac{고정판매관리비}{단위당 \ 판매가격 - 단위당 \ 변동비 - 단위당 \ 고정제조간접비^{7)}}$$

$$Q = \frac{고정판매관리비}{p - v - f} \quad (f : 단위당 \ 고정제조간접비)$$

2) 정상전부원가계산하의 CVP분석

$$Q = \frac{고정판매관리비 \pm 고정제조간접비배부차이^{8)}}{단위당 \ 판매가격 - 단위당 \ 변동비 - 단위당 \ 고정제조간접비 \ 예정배부율^{9)}}$$

$$= \frac{고정판매관리비 \pm 고정제조간접비배부차이^{10)}}{p - v - f}$$

$(f : 단위당 \ 고정제조간접비 \ 예정배부율)$

3) 표준전부원가계산하의 CVP분석

---

7) 여기에서 말하는 단위당 고정제조간접비는 당기 발생 고정제조간접비를 당기 생산량으로 나눈 금액이다.
8) 불리한 차이(과소배부)는 가산하고, 유리한 차이(과대배부)는 차감한다.
9) 고정제조간접비 예산 ÷ 예정조업도
10) 불리한 차이(과소배부)는 가산하고, 유리한 차이(과대배부)는 차감한다.

$$Q = \frac{고정판매관리비 \pm 원가차이^{11)}}{단위당\ 판매가격 - 단위당\ 변동비 - 단위당\ 고정제조간접비\ 표준원가}$$

$$= \frac{고정판매관리비 \pm 원가차이^{13)}}{p - v - f} \qquad (f : 단위당\ 고정제조간접비\ 표준원가)$$

기본 문제

다음은 18~20번과 관련된 자료이다.
다음은 실제원가계산을 채택하고 있는 (주)액츄의 작년 한해동안 제품생산과 관련된 실제원가자료이다.

판매가격	₩450
단위당 변동제조원가	210
단위당 판매관리비	40
고정제조간접비	₩1,500,000
고정판매관리비	1,200,000

18 당기 실제 생산량이 10,000단위일 경우 전부원가계산에 의한 손익분기점판매량은?

① 12,000단위　　② 16,000단위　　③ 18,000단위
④ 20,000단위　　⑤ 24,000단위

19 당기 실제 생산량이 12,000단위일 경우 전부원가계산에 의한 손익분기점 판매량은?

① 12,000단위　　② 16,000단위　　③ 18,000단위
④ 20,000단위　　⑤ 24,000단위

20 당기 실제 생산량이 15,000단위일 경우 전부원가계산에 의한 손익분기점 판매량은?

① 12,000단위　　② 16,000단위　　③ 18,000단위
④ 20,000단위　　⑤ 24,000단위

---

11) 실제원가와 표준원가와의 차이를 말하며, 직접재료비, 직접노무비, 변동제조간접비, 고정제조간접비의 모든 원가차이를 포함하며, 불리한 차이(U)는 가산하고, 유리한 차이(F)는 차감한다.

해설

18 ⑤

$$손익분기점 \ 판매량 \ Q = \frac{F}{(P-v-f)} = \frac{1,200,000}{450-250-150^*} = 24,000단위$$

* 1,500,000 ÷ 10,000 = @150

19 ②

$$손익분기점 \ 판매량 \ Q = \frac{F}{(P-v-f)} = \frac{1,200,000}{450-250-125^*} = 16,000단위$$

* 1,500,000 ÷ 12,000 = @125

20 ①

$$손익분기점 \ 판매량 \ Q = \frac{F}{(P-v-f)} = \frac{1,200,000}{450-250-100^*} = 12,000단위$$

* 1,500,000 ÷ 15,000 = @100

별해 **전부원가계산**

전부원가계산의 경우에는 영업이익이 생산량에 의해서도 영향을 받기 때문에 각 생산량별로 따로 손익분기점을 계산하여야 한다. 손익분기점 판매량을 Q라고 가정할 때, 각 생산량별 손익계산서를 작성하면 다음과 같다.

생산량	18번 10,000단위	19번 12,000단위	20번 15,000단위
단위당 고정제조간접비	1,500,000 ÷ 10,000 = @150	1,500,000 ÷ 12,000 = @125	1,500,000 ÷ 15,000 = @100
매출액 매출원가	450Q (360^{*1}Q)	450Q (335^{*2}Q)	450Q (310^{*3}Q)
매출총이익 변동판매관리비 고정판매관리비	90Q (40Q) (1,200,000)	115Q (40Q) (1,200,000)	140Q (40Q) (1,200,000)
영업이익	50Q − 1,200,000 = 0	75Q − 1,200,000 = 0	100Q − 1,200,000 = 0
손익분기점(Q)	24,000개	16,000개	12,000개

^{*1} 210 + 150 = ₩360

^{*2} 210 + 125 = ₩335

^{*3} 210 + 100 = ₩310

(4) 활동기준원가계산하의 CVP분석

활동기준원가계산의 경우에는 원가계층에 따라 비단위 수준 활동원가가 존재한다. 이러한 비단위수준 활동원가는 조업도와 상관없이 발생하기 때문에 고정비로 파악하여 분석하여야 하며, 조업도의 범위별로 변동하는 경우에는 앞에서 배웠던 비선형함수하의 CVP분석 개념을 이용하여 분석하여야 한다.

Chapter 8. 원가-조업도-이익 분석

연습문제

01 일반적으로 손익분기점 분석에서 고려하지 않는 가정은?

① 판매가격은 일정범위내에서는 변동하지 않는다.
② 모든 원가는 고정비와 변동비로 나누어질 수 있다.
③ 수익과 원가형태는 관련범위내에서 곡선적이다.
④ 원가요소, 능률, 생산성은 일정범위내에서 변동하지 않는다.
⑤ 단위당 판매가격은 판매량에 관계없이 일정하다.

02 손익분기점 분석의 기본가정과 한계에 대한 설명으로 옳지 않은 것은?

① 단위당 판매가격은 수요, 공급의 원리에 따라 판매량을 증가시키기 위해서는 낮추어야 한다는 것을 가정한다.
② 모든 원가는 고정비와 변동비로 나누어질 수 있으며, 고정비는 매출수량의 증가에 관계없이 관련범위 내에서 일정하고, 변동비는 매출수량의 증가에 정비례하는 것을 가정한다.
③ 의사결정이 이루어지는 관련범위내에서 조업도만이 원가에 영향을 미치는 유일한 요인이라고 가정한다.
④ 원가요소, 능률, 생산성은 일정범위 내에서 변동하지 않으며, 생산, 관리, 판매의 효율성에도 변동이 없다고 가정한다.
⑤ 대부분의 원가요소는 기간이 매우 길 경우에는 변동비가 되며, 기간이 매우 짧은 경우에는 고정비가 될 것이므로 원가와 원가동인의 관계가 지속적으로 성립될 것으로 기대되는 예측가능한 범위를 정하여야 한다.

03 원가-조업도-이익 분석과 관련된 설명으로 옳지 않은 것은? (단, 답지항에서 변동되는 조건 외의 다른 조건은 일정하다고 가정한다)

① 계단원가(준고정비)가 존재하면 손익분기점은 반드시 계단 수(구간 수)만큼 존재한다.

② 법인세율이 증가하면 같은 세후 목표이익을 달성하기 위한 판매량이 많아진다.

③ 단위당 변동원가가 작아지면 손익분기점이 낮아진다.

④ 공헌이익률이 증가하면 목표이익을 달성하기 위한 매출액이 작아진다.

⑤ 법인세율이 증가해도 손익분기점은 바뀌지 않는다.

04 광주상회가 판매하고 있는 제품의 단위당 판매가격은 ₩20,000이며, 공헌이익률은 20%이다. 전기에 5,000단위를 판매하여 ₩8,000,000의 영업이익을 달성하였다면, 당기에 ₩12,000,000의 영업이익을 달성하기 위해 회사는 몇 단위를 판매하여야 하는가?

① 5,500단위　　　　② 5,800단위　　　　③ 6,000단위

④ 6,100단위　　　　⑤ 6,200단위

05 (주)세무는 단일 제품을 생산, 판매하고 있으며, 단위당 변동원가는 ₩400이고, 손익분기매출액은 ₩100,000이고, 공헌이익률은 20%이다. 목표이익 ₩80,000을 달성하기 위한 제품의 생산, 판매량은?

① 1,000단위　　　　② 1,100단위　　　　③ 1,200단위

④ 1,300단위　　　　⑤ 1,400단위

06 ㈜세무는 주문을 받고 생산하여 판매하는 기업이다. 단위당 직접재료원가 ₩6,200, 단위당 변동 가공원가(전환원가) ₩11,800이며, 연간 고정제조간접원가는 ₩4,200,000 이다. 20x0년도에 280개를 주문받아 판매하였으며, 매출총이익률은 25%였다. 판매가격과 원가구조가 20x0년과 동일하다면 20x1년도에 ₩1,000,000 이상의 매출총이익을 얻기 위한 최소 판매량은?

① 160개   ② 170개   ③ 180개

④ 190개   ⑤ 200개

07 작년도에 경주(주)는 ₩750,000의 매출(25,000 단위)로부터 ₩25,000의 영업이익을 달성하였다. 손익분기점에서의 총공헌이익은 ₩500,000이다. 이와 같은 상황에서 다음 중에서 옳은 것은?

① 공헌이익률은 40%이다.   ② 손익분기점은 24,000단위이다.

③ 단위당 변동비는 ₩9이다.   ④ 변동비는 매출액의 60%이다.

⑤ 정답 없음

08 100실 규모의 호텔을 운영하는 영산호텔의 연간 고정비용은 ₩120,000,000이고, 객실의 1일 임대료는 ₩50,000, 임대객실 1실 당 평균변동비용은 ₩10,000이다. 1년 365일 무휴인 영산호텔이 손익분기에 도달하기 위한 객실임대율(점유율)은 얼마인가? 단, 객실임대는 1일 단위로 한다.

① 2.50%   ② 8.21%   ③ 12.16%

④ 67.75%   ⑤ 현재의 원가구조로는 손익분기를 달성할 수 없음

09 단일제품을 생산하는 일성회사는 3월 중 제품 6,000단위를 판매하여 ₩4,000,000의 이익을 보고하였는데, 이 때의 손익분기점은 5,000단위이었다. 만약, 다른 조건은 모두 동일하고 4월 중 판매가격을 단위당 ₩2,000씩 인하시키려 한다면, 4월 중의 손익분기점은?

① 10,000단위   ② 8,667단위   ③ 8,000단위

④ 6,667단위   ⑤ 5,000단위

10 판매가격이 5% 인상될 때 공헌이익이 10% 증가한다면, 이때 손익분기점 판매량의 변화는 어떻게 되겠는가? 또 원래의 가격은 변동원가의 몇 배인가?

	손익분기점의 변화	가격/변동원가
①	약 10% 감소	2
②	약 5% 감소	1.4
③	약 5% 증가	1.4
④	약 9% 감소	2
⑤	약 9% 증가	1.5

11 우진회사의 내년 예상손익자료는 다음과 같다.

• 단위당 판매가	₩20
• 단위당 변동비	₩8
• 총고정비 :	₩69,000
임 차 료	₩15,000
급 여	44,000
광고비 및 기타	10,000

만약 현재 예상된 고정급여를 연간 ₩30,000으로 삭감하고 그 대신 매출액의 5%를 성과급으로 판매사원에게 지급한다면, 손익분기판매량은 어떻게 변화하고, 또한 급여방식의 변화 전과 후에 기업의 이익이 같아지게 하는 판매량은 얼마인가?

	손익분기점 변화	동일이익판매량
①	750단위 감소	14,000단위
②	500단위 증가	12,000단위
③	650단위 감소	10,000단위
④	800단위 증가	16,000단위
⑤	600단위 감소	20,000단위

12 ㈜세무는 20x1년에 제품A를 생산하기로 결정하였다. 제품A의 20x1년 생산량과 판매량은 일치하며, 기초 및 기말재공품은 없다. 제품A는 노동집약적 방법 또는 자본집약적 방법으로 생산 가능하며, 생산방법에 따라 품질과 판매가격의 차이는 없다. 각 생산방법에 의한 예상제조원가는 다음과 같다.

	노동집약적 생산방법	자본집약적 생산방법
단위당 변동제조원가	₩300	₩250
연간 고정제조간접원가	₩2,100,000	₩3,100,000

㈜세무는 제품A 판매가격을 단위당 ₩600으로 책정하고, 제조원가 외에 단위당 변동판매관리비는 ₩50과 연간 고정판매관리비 ₩1,400,000이 발생될 것으로 예상하였다. ㈜세무가 20x1년에 노동집약적 생산방법을 택할 경우 손익분기점 판매량(A)과 두 생산방법 간에 영업이익의 차이가 발생하지 않는 판매량(B)은 각각 얼마인가?

	(A)	(B)		(A)	(B)
①	8400단위	20,000단위	②	10,000단위	15,000단위
③	10,000단위	20,000단위	④	14,000단위	15,000단위
⑤	14,000단위	20,000단위			

13 나주(주)의 손익분기점 매출액은 ₩360,000이고 공헌이익률은 30%이다. 이 회사가 ₩84,000의 영업이익을 달성하고자 한다면 총매출액은 얼마이어야 하는가?

① ₩280,000   ② ₩640,000   ③ ₩480,000

④ ₩560,000   ⑤ ₩660,000

14 ㈜경진은 한 가지 제품만을 생산하며 매월 생산한 제품은 당해 월에 모두 판매한다. ㈜경진의 법인세율은 40%의 단일세율이며, 20×8년도 1월과 2월의 원가자료는 다음과 같다.

구 분	1월	2월
제품 단위당 판매가격	₩ 500	₩ 450
제품 단위당 변동비	300	270
총 고정비	500,000	600,000

㈜경진의 20×8년 1월과 2월의 당기순이익이 각각 ₩60,000과 ₩72,000이라면, 1월과 2월의 제품 매출액은 각각 얼마인가?

	1월 제품 매출액	2월 제품 매출액
①	₩1,400,000	₩1,680,000
②	₩1,400,000	₩1,800,000
③	₩1,500,000	₩1,680,000
④	₩1,500,000	₩1,800,000
⑤	₩1,500,000	₩2,000,000

15 (주)세무는 원가행태를 추정하기 위해 고저점법을 적용한다. (주)세무의 경영자는 추정된 원가함수를 토대로 7월의 목표이익을 ₩167,500으로 설정하였다. 목표이익을 달성하기 위한 추정 목표매출액은? (단, 당월 생산된 제품은 당월에 전량 판매되고, 추정 목표매출액은 관련범위 내에 있다.)

월	총원가	총매출액
3월	₩887,000	₩980,000
4월	791,000	855,000
5월	985,500	1,100,000
6월	980,000	1,125,000

① ₩1,160,000   ② ₩1,165,000   ③ ₩1,170,000

④ ₩1,180,000   ⑤ ₩1,200,000

16 변동비가 매출액의 60%, 매출액이 S, 연간 총고정비가 FC일 때 공헌이익의 50%의 목표이익을 내려고 할 때 목표 매출액은?

① S = 0.1 ÷ FC   ② S = FC ÷ 0.2   ③ S = FC ÷ 0.1

④ S = 0.2FC   ⑤ S = FC ÷ 0.5

17 (주)국세는 단일제품을 생산하고 있으며, 주문받은 수량만을 생산하여 해당 연도에 모두 판매한다. (주)국세의 법인세율은 40% 단일세율이며, 관련 자료는 다음과 같다.

구 분	2011년	2012년
매출액	₩2,000,000	₩2,500,000
제품단위당 변동원가	600	720
총고정원가	400,000	510,000

(주)국세의 2011년 세후이익은 ₩240,000이며, 2012년 세후이익은 2011년보다 10% 증가하였다. (주)국세의 2012년 공헌이익률은 얼마인가?

① 36%   ② 38%   ③ 40%

④ 42%   ⑤ 44%

18 대한회사는 단위당 ₩50에 제품을 생산·판매한다. 대한회사의 단위당변동비는 직접재료비 ₩14, 직접노무비 ₩5, 변동제조간접비 ₩3, 변동판매관리비 ₩2이다. 연간 총고정비는 고정제조간접비 ₩55,000, 고정판매관리비 ₩80,200이다. 대한회사가 단위당 판매가를 ₩50에서 ₩48으로 인하할 경우, 기존의 연간 손익분기점 판매량을 유지하려면 연간 총고정비를 얼마나 줄여야 하는가?

① ₩10,400   ② ₩13,200   ③ ₩15,300

④ ₩124,800   ⑤ ₩135,000

19 다음은 미아회사의 2003년 영업활동에 대한 자료이다.

• 단위당 변동비	₩360
• 공헌이익률	40%
• 손익분기점매출액(2003년 매출액)	₩120,000,000

미아회사는 2004년에는 2003년보다 50,000단위를 더 판매하려고 한다. 단위당 판매가격과 변동비가 변하지 않을 때, 2004년에 50,000단위 매출액의 15%에 해당하는 이익을 달성하고자 한다면 고정비를 추가적으로 얼마만큼 증가시킬 수 있는가?

① ₩5,500,000　　　② ₩6,000,000　　　③ ₩7,500,000

④ ₩8,000,000　　　⑤ ₩9,500,000

20　다음은 미아회사의 2003년 영업활동에 대한 자료이다.

• 단위당 판매가격	₩500
• 변동비율	60%
• 손익분기점매출액(2003년 매출액)	₩10,000,000

미아회사는 2004년에는 가격을 10% 인상하고, 새로운 설비를 도입하여 효율적인 생산을 통하여 변동비를 절감하고자 한다. 그러나 이 경우 새로운 설비 도입으로 고정비가 10%증가한다. 2004년에는 16,000단위를 판매할 경우 손익분기점에 도달할 수 있을 것으로 예상된다. 회사는 2004년도에 단위당 변동비를 얼마나 절감해야 하는가?

① ₩25　　　② ₩30　　　③ ₩35

④ ₩40　　　⑤ ₩45

21　㈜스키리조트는 매년 11월 중순부터 다음 해 3월말까지 총 20주 동안만 객실을 임대하고, 나머지 기간 중에는 임대를 하지 않고 있다. ㈜스키리조트는 각 객실의 하루 임대료가 ₩400인 100개의 객실을 구비하고 있다. 이 회사는 회계연도가 매년 4월 1일에 시작하여 다음 해 3월 31일에 종료되며, 회계기간 동안 연간 관리자급여와 감가상각비는 ₩1,370,000이다. 임대가능기간인 총 20주 동안만 채용되는 관리보조원 1명의 주당 급여는 ₩2,500이다. 임대가능기간 중 100개의 객실 각각에 대한 보수유지 및 관리비는 하루에 ₩125씩 발생한다. 총 객실중 고객에게 임대한 객실은 청소 및 소모품비로 객실당 하루에 ₩30이 추가로 발생한다. ㈜스키리조트가 동 회계연도 동안 손익분기점에 도달하기 위해 임대가능기간인 총 20주 동안의 객실임대율은 얼마인가? 단, 임대율(%)은 가장 근사치를 선택한다.

① 59.8%　　　② 60.5%　　　③ 61.2%

④ 63.4%　　　⑤ 65.3%

22 ㈜한국은 사업부 A와 사업부 B를 운영하는 유통기업이다. ㈜한국의 회계담당자는 20x1년도 회사 전체 손익계산서와 각 사업부의 부문별 손익계산서를 다음과 같이 작성하였다.

구분	회사전체	사업부 A	사업부 B
매출액	₩250,000	₩80,000	₩120,000
매출원가	₩130,000	₩40,000	₩90,000
월말재공품	₩70,000	₩40,000	₩30,000
판매관리비	₩62,000	₩24,800	₩37,200
영업이익(손실)	₩8,000	₩15,200	₩(7,200)

위의 주어진 자료를 이용하여, ㈜한국은 경영관리 의사결정목적으로 원가행태에 입각한 공헌이익 접근법에 따라 회사 전체 손익계산서와 각 사업부에 대한 부문손익계산서를 작성하고자 한다. 이를 위해 ㈜한국이 추가로 수집한 자료는 다음과 같다. ㈜한국의 20x1년도 매출원가는 변동원가이며, 판매관리비에 포함된 판매수수료는 매출액의 10%에 해당하며 변동원가이다. 나머지 원가 및 비용항목은 모두 고정원가이다. 다음은 20x1년도 고정원가의 구성내역이다.

사업부 A 혹은 사업부 B의 운영을 중단하더라도 계속해서 발생할 것으로 예상되는 원가	₩14,000
사업부 A의 운영을 중단하게 되면 회피가능한 원가	₩22,000
사업부 B의 운영을 중단하게 되면 회피가능한 원가	₩6,000
계	₩42,000

다음 중 옳지 않은 설명은?

① 사업부 A의 부문이익(segment margin)은 ₩10,000이다.
② 사업부 B의 부문이익(segment margin)은 ₩12,000이다.
③ 회사전체의 공헌이익률은 25%이며 손익분기 매출액은 ₩168,000이다.
④ 사업부 A의 공헌이익률은 40%이며 손익분기 매출액은 ₩42,000이다.
⑤ 사업부 B의 공헌이익률은 15%이며 손익분기 매출액은 ₩40,000이다.

23 (주)평창의 1999년 예상판매량은 20,000단위이다. 제품생산과 관련하여 다음과 같은 자료가 주어져 있을 때, 다음 중 맞는 것은?

• 단위당 판매가격	₩100
• 단위당 변동제조원가	55
• 연간고정제조간접비	400,000 (감가상각비 ₩140,000포함)
• 단위당 변동판매관리비	20
• 연간고정비	200,000 (감가상각비 ₩100,000포함)
• 법인세율	40%

	손익분기점	현금손익분기점 (법인세무시)	현금손익분기점 (법인세고려)
①	24,000개	14,400개	8,000개
②	24,000개	14,400개	16,000개
③	16,000개	14,000개	12,000개
④	18,000개	16,000개	14,000개
⑤	14,000개	16,000개	10,000개

24 (주)김해의 차기 연간 경영활동에 관한 자료가 다음과 같다.

• 단위당 판매가격	₩1,000
• 총고정원가(감가상각비 ₩2,000,000포함)	₩5,000,000
• 단위당 변동원가	₩500
• 예상판매량	10,000개

법인세율이 20%일 경우 현금흐름분기점 판매량은 몇 개인가? (단, 감가상각비를 제외한 나머지 수익과 비용은 모두 현금거래로 이루어진 것이며, 손실이 발생할 경우 법인세가 환급된다고 가정한다.)

① 4,900개 ② 5,000개 ③ 5,100개

④ 5,200개 ⑤ 5,300개

25 ㈜세무는 단일 제품C를 생산하며, 변동원가계산을 적용한다. 20x2년 제품C의 생산량과 판매량은 1,000개로 동일하고, 기초 및 기말재공품은 없다. 20x2년 제품C의 생산 및 판매와 관련된 자료는 다음과 같다. 감가상각비를 제외하고 수익발생과 현금유입 시점은 동일하며 원가(비용)발생과 현금유출 시점도 동일하다.

− 단위당 판매가격	₩6,000
− 단위당 변동제조원가	3,200
− 단위당 변동판매관리비	1,600
− 연간 고정제조간접원가	242,000(기계 감가상각비 ₩72,000 포함)
− 연간 고정판매관리비	206,800(매장건물 감가상각비 ₩64,800 포함)
− 법인세율	25%
− 기계와 매장건물은 20x0년에 취득하였다.	

㈜세무의 세후현금흐름분기점 판매량(A)과 판매량이 1,000개인 경우의 세후영업이익(B)은?

	(A)	(B)		(A)	(B)
①	222단위	₩563,400	②	444단위	₩563,400
③	222단위	₩666,000	④	444단위	₩666,000
⑤	666단위	₩666,000			

26 다음의 CVP도표와 관련된 설명 중 옳지 않은 것은?

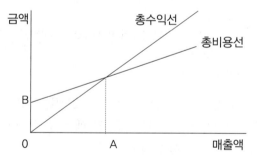

① 고정비가 5%증가할 경우 A값도 5%증가할 것이다.
② 단위당 판매가격과 단위당 변동비를 동일하게 5%씩 증가할 경우 총수익선과 총비용선의 기울기는 변하지 않으며, A값도 변하지 않는다.
③ 단위당 변동비가 5% 감소할 경우 총비용선의 기울기가 작아져서 A값은 감소한다.
④ 단위당 판매가격을 5% 인하할 경우 총수익선의 기울기가 작아져서 A값은 증가한다.
⑤ 총수익선의 기울기에서 총비용선의 기울기를 차감하면 공헌이익률이 나온다.

27 단일제품을 판매하는 A사는 3월 총매출액(다른 수익은 없음) ₩70,000이 총비용 ₩91,000 보다 작아 결과적으로 ₩21,000의 손실을 기록했다. A사 제품의 현재 판매단가는 단위당 ₩100, 공헌이익률은 20%이다. A사는 상황을 타개하기 위해 대대적인 판촉활동과 가격인상을 병행하기로 했다. 이로 인해 고정판매원가는 ₩15,000만큼 늘어나게 되지만 단위당 변동원가는 변하지 않는다. A사가 세후 ₩28,000의 이익을 실현하려면 예상 판매량이 1,000개일 경우 판매가격은 얼마로 책정되어야 하는가? (단, 세율은 30%로 가정한다.)

① ₩170 ② ₩155 ③ ₩158
④ ₩131 ⑤ ₩144

28 대한회사는 단위당 ₩250에 판매되는 램프를 생산·판매하고 있다. 이 제품과 관련된 변동비는 단위당 ₩150이고, 고정비는 매월 ₩35,000이 발생한다. 회사는 현재 단일제품으로 매월 평균 400단위를 생산·판매하고 있다. 대한회사의 판매담당 관리자는 매월 광고비를 ₩10,000만큼 증가시키면 매출액이 매월 ₩30,000만큼 증가할 것으로 기대하고 있다. 매월 광고비를 ₩10,000만큼 증가시킬 때 회사의 영업이익이 매월 얼마만큼 증감하게 될 것으로 예상되는가?

① 영업이익 ₩1,000 증가 ② 영업이익 ₩2,000 증가
③ 영업이익 ₩3,000 증가 ④ 영업이익 ₩2,000 감소
⑤ 영업이익 ₩3,000 감소

29 (주)남천은 위성라디오를 제조하는 회사이다. 울산에 있는 공장의 연간 생산능력은 50,000단위이다. 최근에 (주)남천은 판매가격 ₩21,000에 40,000단위를 판매하고 있다. 이 제품의 원가구조는 다음과 같다.

• 단위당 변동제조원가	₩9,000
• 고정제조원가	₩160,000,000
• 단위당 변동마케팅원가	₩2,000
• 고정마케팅원가	₩120,000,000

제조부서에서는 새로운 사양을 추가하기 위해서 제조공정을 변화시킬 것을 제안했다. 제조공정의 변화는 고정제조원가를 ₩20,000,000 증가시키고 단위당 변동제조원가를 ₩400 증가시키게 된다. 현재 판매량인 40,000단위를 기준으로 할 때, (주)남천이 제조공정의 변화 후에도 최소한 기존의 영업이익을 유지하기 위해서는 단위당 판매가격을 얼마로 해야 하는가?

① ₩10,950   ② ₩18,900   ③ ₩19,900

④ ₩21,500   ⑤ ₩21,900

30 (주)성수는 2008년에 목표이익을 매출액의 20%로 유지하는 정책을 쓰고 있었다. (주)성수의 2008년의 변동비는 제품판매가격의 60%이고 고정비는 ₩1,000,000이었다. 2009년에는 원가상승으로 고정비가 ₩200,000 증가할 것으로 예상되며 변동비도 제품판매가격의 70%로 증가할 것으로 예상된다. 이 결과 2009년의 목표이익도 매출액의 15%로 낮출 수밖에 없다. 회사가 목표이익을 달성하기 위해 2009년 매출액이 2008년에 비하여 얼마나 증가해야 하는가?

① ₩8,000,000   ② ₩7,000,000   ③ ₩5,000,000

④ ₩3,333,000   ⑤ ₩3,000,000

31 (주)한림의 전기와 당기 매출액과 영업이익은 다음과 같을 때, 회사의 손익분기점 매출액은 얼마인가?

구 분	전 기	당 기
매 출 액	₩7,560,000	₩9,480,000
영업이익	₩ 162,000	₩ 546,000

① ₩6,250,000   ② ₩6,750,000   ③ ₩6,900,000

④ ₩7,120,000   ⑤ ₩7,250,000

32 (주)팔도회사는 야구공을 제조하여 개당 ₩10,000에 판매하고 있다. 야구공 제조에 사용되는 변동비는 개당 ₩5,000이고 고정비는 한 달에 ₩2,000,000이다. 회사가 5월에 ₩1,160,000의 세후순이익을 얻기 위해서는 몇 개의 야구공을 생산, 판매하여야 하는가? 단, 법인세율은 세전이익 ₩1,000,000까지는 18%, ₩1,000,000초과시에는 32%로 가정한다.

① 400개   ② 500개   ③ 600개

④ 700개   ⑤ 800개

33 고성공업은 제품 갑, 을, 병을 생산, 판매하고 있다. 이 회사제품은 병제품 1개당 갑제품 3개, 갑제품 1개당 을제품 2개를 판매한다. 단위당 공헌이익은 갑, 을, 병제품이 각각 ₩10, ₩15, ₩30이다. 연간 고정비는 ₩675,000이다. ₩150,000의 영업이익을 얻기 위한 각 제품별 판매량은 각각 얼마인가?

	갑제품	을제품	병제품
①	12,000단위	24,000단위	4,000단위
②	13,500단위	27,000단위	4,500단위
③	14,100단위	28,000단위	4,700단위
④	15,000단위	30,000단위	5,000단위
⑤	16,500단위	33,000단위	5,500단위

34 ㈜한지는 제품 A와 제품 B를 생산·판매한다. ㈜한지는 변동원가계산방법을 사용하며 당기 예상판매 및 예상원가 자료는 다음과 같다.

구 분	제품 A	제품 B	합 계
판매수량	300개	700개	1,000개
총매출액	₩ 30,000	₩ 42,000	₩ 72,000
총변동원가	₩ 15,000	₩ 21,000	₩ 36,000
총고정원가			₩ 21,600

매출배합이 일정하다고 가정하고 손익분기점을 달성하기 위한 두 제품의 판매수량은 각각 얼마인가?

	제품A	제품B		제품A	제품B
①	130개	504개	②	162개	378개
③	180개	420개	④	203개	473개
⑤	210개	490개			

35 (주)세무는 직접재료를 투입하여 두 개의 공정을 거쳐 제품을 생산하고 있다. 제1공정에서는 직접재료 1톤을 투입하여 제품A 400kg과 중간제품M 600kg을 생산하며, 제2공정에서는 중간제품M을 가공하여 제품B 600kg을 생산한다. 직접재료는 제1공정 초기에 전량 투입되고, 전환원가는 공정 전반에 걸쳐 균등하게 발생하며, 모든 공정에서 공손 및 감손은 발생하지 않는다. 제1공정에서는 변동전환원가가 ₩200/톤, 고정원가는 ₩70,000이 발생하였으며, 제2공정에서는 변동전환원가가 ₩1.200/톤이며, 고정원가는 ₩58,000이 발생하였다. 직접재료 구입원가는 ₩2,000/톤이며, 제품 A와 B의 판매가격은 각각 ₩3,000/톤, ₩5,000/톤이다. 생산된 모든 제품이 전량 판매된다고 가정할 경우, 각 제품의 손익분기점 판매량은?

	제품A	제품B		제품A	제품B		제품A	제품B
①	40톤	60톤	②	48톤	72톤	③	50톤	75톤
④	60톤	90톤	⑤	80톤	120톤			

36 ㈜국세는 다음과 같이 3가지 제품을 생산, 판매할 계획이다.

	제품 A	제품 B	제품 C
단위당 판매가격	₩10	₩12	₩14
단위당 변동비	₩6	₩4	₩8
예상 판매량	100개	150개	250개

고정비는 총 ₩2,480으로 전망된다. 예상판매량 배합비율이 유지된다면, 제품 C의 손익분기점 매출액은?

① ₩800 ② ₩1,200 ③ ₩1,440

④ ₩2,000 ⑤ ₩2,800

37 다음은 A, B 두 종류의 제품을 생산, 판매하고 있는 (주)한림의 예산이익조업도도표이다.

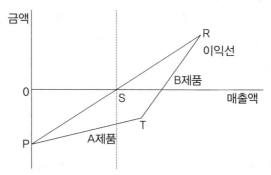

당기의 실제판매가격과 원가는 예산상의 판매가격 및 원가와 동일하였으며, 실제총매출액과 예산총매출액도 동일하였다. 그러나 당기의 실제순이익은 예산상의 순이익보다 더 크다면, 어떤 제품의 실제매출액이 예산매출액을 초과하였는가? 또한 OP/OS는 무엇을 의미하는가?

	실제매출액이 예산매출액을 초과한 제품	OP/OS
①	A제품	가중평균공헌이익률
②	A제품	단위당 가중평균공헌이익
③	B제품	가중평균공헌이익률
④	B제품	매출총이익률
⑤	B제품	단위당 가중평균공헌이익

38 고인돌산업은 제품 X, Y, Z를 생산, 판매하고 있다. 각 제품별 공헌이익률은 X제품 15%, Y제품 30%, Z제품 20%이다. 또한 각 제품별 매출액의 비율은 X : Y : Z = 4 : 1 : 3 이다. 연간 고정비가 ₩4,800,000일 경우 손익분기점에서의 Z제품 매출액은 얼마인가?

① ₩1,600,000　　　② ₩3,200,000　　　③ ₩4,800,000
④ ₩9,600,000　　　⑤ ₩12,800,000

39 (주)동양은 다음과 같은 네 가지 제품을 생산하고 있다.

구 분	제품 A	제품 B	제품 C	제품 D
단위당 판매가격	₩10	₩15	₩20	₩25
단위당 변동원가	8	12	16	20

당기에 발생한 고정원가는 ₩1,000이며, 네 가지 제품의 매출액기준 매출구성비율은 4(제품 A) : 3(제품 B) : 2(제품 C) : 1(제품 D)이다. 세금효과는 무시하고 ₩500의 목표이익을 실현하기 위하여 필요한 총매출액을 계산하면 얼마인가?

① ₩5,000　　　② ₩7,500　　　③ ₩10,000
④ ₩15,000　　　⑤ ₩20,000

40 (주)한국은 A, B, C 세 가지 제품을 만들고 있는 회사이다. 이들 제품에 관한 자료는 다음과 같다.

구 분	제품 A	제품 B	제품 C
단위당 판매가격	₩120	₩100	₩150
단위당 변동원가	72	70	120

또한 월 고정원가는 ₩40,000이다. 세 가지 제품의 매출구성비(매출액기준)가 5 : 2 : 3일 때, ₩12,000의 세전순이익을 달성하기 위하여 필요한 총매출액은 얼마인가?

① ₩128,200　　　② ₩125,000　　　③ ₩166,667
④ ₩162,500　　　⑤ ₩150,000

41 ㈜세무는 제품A(공헌이익률 50%)와 제품B(공헌이익률 30%) 두 제품만을 생산·판매 하는데, 두 제품 간 매출액의 상대적 비율은 일정하게 유지된다. ㈜세무의 20x1년 매 출액 총액은 ₩7,000,000, 총고정비는 ₩1,750,000으로 예측하고 있으며, 예상 영업이 익은 ₩700,000으로 설정하였다. ㈜세무가 20x1년 예상 영업이익을 달성하기 위한 제 품A와 제품B의 매출액은?

	제품A	제품B		제품A	제품B
①	₩ 700,000	₩6,300,000	②	₩8,400,000	₩6,160,000
③	₩1,750,000	₩5,250,000	④	₩2,800,000	₩4,200,000
⑤	₩3,150,000	₩3,850,000			

42 ㈜미현은 극심한 경기불황과 원가구조의 취약성을 극복하기 위해 A제품의 판매계획 과 이익목표를 세우려고 한다. 현재 가격 및 원가정보는 다음과 같다.

단위당 판매가격		₩ 5,000
고 정 원 가	생산단위 10,000단위 미만	8,000,000
	생산단위 10,000단위 이상	10,000,000

이 회사제품 A의 공헌이익률이 20%일 때 순이익 ₩4,000,000을 확보하려면 몇 단위 를 판매해야 할 것인가?

① 10,000단위   ② 12,000단위   ③ 14,000단위
④ 16,000단위   ⑤ 18,000단위

43 (주)설리의 최대 생산능력은 100,000단위이다. 회사는 제품을 단위당 ₩200에 판매하 고 있으며, 단위당 변동비는 ₩100이다. 회사에서 발생하는 고정비는 생산량에 따라 달라지고 있으며, 각 생산량의 범위별 고정비는 다음과 같다고 할 때, 손익분기점 판 매량은 몇 단위인가? 단, 법인세율은 20%라 가정한다.

생산량의 범위	고 정 비
0단위 ~ 20,000단위	₩2,500,000
20,001단위 ~ 50,000단위	4,000,000
50,001단위 ~ 100,000단위	8,000,000

① 25,000, 40,000단위   ② 40,000, 60,000단위   ③ 65,000, 80,000단위
④ 40,000, 80,000단위   ⑤ 80,000, 100,000단위

44 대한회사는 제품의 단위당 판매가격을 ₩400으로 설정하였다. 제품을 생산하여 판매하기까지 발생하는 제품 단위당 변동비는 단위당 판매가격의 70%이며, 총고정비는 판매수량이 50,000개까지는 ₩3,000,000, 50,000개를 초과하여 90,000개까지는 ₩4,500,000, 그리고 90,000개를 초과하여 최대생산가능량인 130,000개까지는 ₩6,000,000이다. 대한회사가 ₩9,000,000의 이익을 얻으려면 제품을 몇 개나 생산·판매하여야 하는가?

① 100,000개   ② 50,000개   ③ 125,000개
④ 130,000개   ⑤ 112,500개

45 (주)창원은 냉장고를 구입하여 판매하는 회사이다. 2010년 냉장고의 단위당 판매가격은 ₩10,000이며, 변동비율은 80%이다. 판매량이 5,000대 이하인 경우 고정판매비는 ₩8,500,000이며, 판매량이 5,000대 초과한 경우 고정판매비는 ₩11,000,000이다. (주)창원은 세후순이익 ₩1,450,000을 달성하기 위해서는 몇 대의 냉장고를 판매해야 하는가? (단, (주)창원의 법인세율은 세전이익 ₩1,000,000이하까지는 25%이며, ₩1,000,000 초과분에 대해서는 30%이다.

① 4,250대   ② 4,500대   ③ 4,750대
④ 5,250대   ⑤ 6,500대

46 (주)세무는 20×1년 초에 설립되어 인공지능을 이용한 스피커를 생산하고 있다. 스피커의 단위당 변동원가는 ₩6,000이며 연간 고정원가 총액은 ₩1,500,000이다. (주)세무는 당기에 국내시장에서 스피커 300단위를 판매하고, 국내시장에서 판매하고 남는 스피커는 해외시장에 판매할 계획이다. 스피커의 국내 판매가격은 단위당 ₩10,000이며, 해외 판매가격은 단위당 ₩9,000이다. 해외시장에 판매하더라도 원가구조에는 변함이 없으며, 국내시장에 미치는 영향은 없다. 법인세율이 20%일 경우 손익분기점 판매량은?

① 350단위   ② 375단위   ③ 400단위
④ 450단위   ⑤ 500단위

47 (주)대한은 매출을 촉진하기 위해서 판매사원이 제품 4,000단위를 초과하여 판매하는 경우에, 초과 판매된 1단위당 ₩200씩 특별판매수당을 지급한다. 이러한 조건하에서 5,000단위를 판매하여 세차감후순이익 ₩1,920,000을 달성하였다. 제품의 판매단가는 ₩2,000이며, 월간 고정비는 ₩1,400,000이고 월간 최대 판매수량은 8,000단위이다. 위의 조건대로 특별판매수당을 지급하고 세차감후 순이익 ₩2,400,000을 달성하려면, 현재의 최대판매수량기준으로 몇 %의 조업도를 달성하여야 하는가? (단, 회사의 월초, 월말 재고자산은 없으며, 세율은 세차감전이익의 20%라고 가정한다.)

① 60%　　　　　　② 65%　　　　　　③ 70%

④ 75%　　　　　　⑤ 80%

48 대한호텔은 총 200개의 객실을 보유하고 있으며 매출배합(Sales Mix)과 조업도는 매출액기준으로 계산한다. 따라서 매출액이 ₩100,000,000이라고 한다면 ₩30,000,000은 비즈니스룸, ₩50,000,000은 더블룸, 나머지 ₩20,000,000은 스위트룸의 판매로부터 발생한 것으로 가정하며, 조업도는 일정기간동안의 매출액을 그 기간 동안 객실이 모두 판매되었을 경우 달성될 매출액으로 나누어 계산한다. 매출액의 10%를 세금으로 부담해야 한다면, 세차감후 월간 ₩42,000,000의 이익을 달성하기 위한 조업도를 아래 자료를 활용하여 계산하면 얼마인가? (단, 1개월은 30일로 가정한다.)

객실종류	객실수	1일 객실당 요금	객실당 변동비	매출 배합	조업도에 따른 월간 고정비
비지니스	75실	₩160,000	₩64,000	30%	
더　블	100실	200,000	68,000	50%	조업도 40%이하 : ₩396,000,000
스위트	25실	320,000	80,000	20%	조업도 40%초과 :　462,000,000
합　계	200실	—	—	—	

① 65%　　　　　　② 70%　　　　　　③ 75%

④ 80%　　　　　　⑤ 85%

49 (주)한화의 당기 PV도표는 다음과 같다.

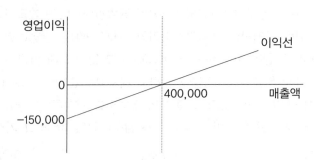

당기 안전한계 매출액이 ₩200,000일 경우 당기 영업이익은 얼마인가?

① ₩68,000　　　　② ₩70,000　　　　③ ₩75,000

④ ₩82,000　　　　⑤ ₩94,000

50 다음은 (주)국세의 조업도 변화에 따른 총수익, 총변동비 및 총고정비를 그래프로 나타낸 것이다.

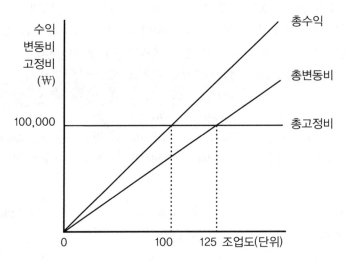

위 그래프를 이용할 경우, (주)국세가 안전한계율 37.5%를 달성하는데 필요한 목표 판매수량은 몇 단위인가?

① 600단위　　　　② 700단위　　　　③ 800단위

④ 900단위　　　　⑤ 1,000단위

51 (주)누리의 손익분기점 매출액은 ₩1,000,000이며, 고정비는 ₩400,000이다. 당기 안전한계율이 20%일 경우 매출액영업이익률은 얼마인가?

① 4%　　　　　　　② 6%　　　　　　　③ 8%

④ 10%　　　　　　　⑤ 12%

52 P공업사는 단일제품을 생산·판매하고 있다. 제품단위당 판매가격은 ₩500이며, 2000년 5월의 요약 공헌이익 손익계산서는 다음과 같다.

공헌이익손익계산서	
매출액(1,000단위)	₩500,000
변동원가	300,000
공헌이익	₩200,000
고정원가	150,000
순 이 익	₩ 50,000

상기 자료와 관련된 다음의 분석 중에서 옳지 않은 것은?

① 손익분기점 판매량은 750단위이다.
② 매출액이 ½로 감소하면 순손실 ₩50,000이 발생한다.
③ 목표이익 ₩80,000을 얻기 위한 판매량은 1,150단위이다.
④ 20%의 목표이익률을 달성하기 위한 매출액은 ₩375,000이다.
⑤ 회사의 법인세율이 30%라고 가정하면, 세후목표이익 ₩70,000을 달성하기 위한 매출액은 ₩625,000이다.

53 (주)한라의 당기 매출액은 ₩3,000,000이며, 세전이익은 ₩150,000이다. 회사의 당기 발생 고정비 중 ₩240,000만 감가상각비이며, 나머지는 현금유출을 수반하는 고정비라고 가정할 때, 당기 현금흐름분기점 매출액은 얼마인가? 단, 회사의 손익분기점 매출액은 ₩2,400,000이다.

① ₩1,120,000　　　　② ₩1,280,000　　　　③ ₩1,360,000
④ ₩1,400,000　　　　⑤ ₩1,440,000

54 다음 중 원가구조에 관한 설명으로 적절하지 않은 것은?

① 원가구조란 조직내 고정비와 변동비의 상대적 비율을 의미한다.
② 원가구조는 영업레버리지에 영향을 미친다.
③ 고정비 비율이 클수록 이익의 안정성이 커진다.
④ 고정비 비율이 클수록 매출 증가시 유리하다.
⑤ 변동비 비율이 클수록 매출 감소시 유리하다.

55 다음은 원가-조업도-이익(CVP) 분석에 관한 설명이다. 이 중 적합하지 않은 표현은 어느 것인가?

① 손익분기점에서는 순이익이 0이므로 법인세가 없다.
② 공헌이익이 총고정원가 보다 클 경우에는 이익이 발생한다.
③ 생산량과 판매량이 다른 경우에도 변동원가계산의 손익분기점은 변화가 없다.
④ 총원가 중에서 고정원가의 비중이 클수록 영업레버리지도는 작아진다.
⑤ 안전한계율에 공헌이익률을 곱하면 매출액순이익률이 계산된다.

56 영업레버리지도(Degree of Operating Leverage)에 대한 다음의 설명 중 옳지 않은 것은? 단, 모든 경우에 영업이익은 0보다 크다고 가정한다.

① 단위당 변동원가가 증가하면 영업레버리지도는 높아진다.
② 고정원가가 감소하면 영업레버리지도는 낮아진다.
③ 안전한계율(margin of safety ratio)이 높아지면 영업레버리지도는 낮아진다.
④ 단위당 판매가격이 증가하면 영업레버리지도는 낮아진다.
⑤ 판매량이 증가하면 영업레버리지도는 높아진다.

57 레버리지 분석에 관한 설명으로 옳지 않은 것은?

① 영업레버리지도가 높아지면 매출액의 변동에 따른 영업이익의 변동폭이 커진다는 것을 의미하기 때문에 영업레버리지도는 매출액의 변동에 대한 영업이익의 불확실성을 나타낸다.

② 재무레버리지도가 높아지면 영업이익의 변동에 따른 당기순이익의 변동폭이 커지므로 당기순이익의 불확실성 정도가 커진다.

③ 경기가 나빠질 것으로 예상됨에도 불구하고 자기자본의 조달 없이 차입금만으로 자금을 조달하면 재무레버리지도가 높아져 기업위험은 증가할 수 있다.

④ 기업의 부채비율이 높아진다고 하더라도 이자보상비율이 100%이상이라면 재무레버리지도에는 영향을 미치지 않는다.

⑤ 고정원가가 높고 단위당 변동원가가 낮은 구조를 갖는 기업은 영업레버리지도가 높게 나타나며, 단위당 판매가격이 일정할 때 영업레버리지도가 높은 기업은 공헌이익률도 높게 나타난다.

58 한국회사와 대한회사는 동일한 제품을 생산·판매하고 있다. 전년도의 한국회사와 대한회사의 원가구조와 영업이익을 분석한 결과, 한국회사의 총변동비는 ₩900, 총고정비는 ₩200, 그리고 영업레버리지도는 5인 반면, 대한회사의 총변동비는 ₩800, 총고정비는 ₩280, 그리고 영업레버리지도는 8로 파악되었다. 금년 호경기로 인하여 한국회사와 대한회사의 매출수량 및 매출액이 각각 30% 늘어날 것으로 예상된다. 두 회사의 전년도 원가구조가 금년에도 적용된다는 가정 하에 다음의 내용 중 옳지 않은 것은?

① 한국회사의 금년의 영업이익은 대한회사보다 높게 나타날 것으로 예상된다.

② 한국회사는 고정설비 등에 대한 투자가 대한회사에 비해 낮은 실정이다.

③ 대한회사의 경우 금년의 매출 증가에 따른 영업이익증가율이 한국회사보다 높을 것으로 예상된다.

④ 제품에 대한 시장수요가 증가한 금년의 상황에서 대한회사는 고정설비투자에 따른 효과를 한국회사에 비해 더 높게 향유할 것으로 예상된다.

⑤ 앞으로 제품에 대한 시장수요가 계속 증가할 것으로 예상되면, 한국회사도 고정설비투자를 늘리고 변동비의 비중을 줄이는 것이 유리할 것이다.

59 매출액은 ₩200,000 변동원가율은 60%, 고정원가는 ₩60,000 법인세율이 20%일 때 다음 중 틀린 것은?

① 손익분기점 매출액은 ₩150,000이다.

② 안전한계율(M/S비율)은 25%이다.

③ 영업레버리지도는 5이다.

④ 세후 당기순이익은 ₩16,000이다.

⑤ 매출액을 10% 증가시키면 당기순이익은 ₩6,400 증가한다.

60 (주)한일의 당기 총원가가 ₩100,000,000(이중 변동비 40%, 고정비 60%)이며, 영업레버리지도는 6이라고 한다. 회사의 당기 영업이익은 얼마이며, 당기에 비하여 내년도 매출액이 10%정도 증가할 것으로 예상될 때, 내년도 영업이익은 얼마로 예상되는가?

	당기 영업이익	내년도 영업이익
①	₩ 8,000,000	₩12,800,000
②	10,000,000	16,000,000
③	11,200,000	17,920,000
④	12,000,000	19,200,000
⑤	15,000,000	24,000,000

61 ㈜대한은 20x1년도 예산을 다음과 같이 편성하였다.

구분	제품A	제품B	회사전체
매출액	₩125,000	₩375,000	₩500,000
변동원가	75,000	150,000	225,000
공헌이익			₩275,000
고정원가			220,000
세전이익			₩55,000
법인세비용			11,000
세후이익			₩44,000

경영자는 예산을 검토하는 과정에서 20x1년에 제품C의 판매를 추가 하기로 하였다. 20x1년도 제품C의 예상매출액은 ₩125,000이고 변동 원가율은 30%이다. ㈜대한의 고정원가는 회사전체 매출액 구간별로 다음과 같은 행태를 갖는다.

회사전체 매출액	고정원가
₩0 ~ ₩500,000	₩220,000
₩500,001 ~ 1,000,000	₩300,000

상기 예산손익계산서에 제품C를 추가함으로써 나타나는 변화에 대한 설명으로 옳은 것은? 단, ㈜대한에 적용되는 법인세율은 20%이다.

① 회사전체 평균공헌이익률은 55%에서 60%로 높아진다.

② 제품C의 매출액이 회사전체 매출액에서 차지하는 비중은 25%이다.

③ 손익분기점에 도달하기 위한 회사전체 매출액은 ₩100,000만큼 증가한다.

④ 회사전체의 영업레버리지도(degree of operating leverage)는 5에서 5.8로 높아진다.

⑤ 회사전체 세후이익은 ₩8,000만큼 증가한다.

62 3월에 ㈜세무의 매출액은 ₩700,000이고, 공헌이익률은 54%이며 영업레버리지도는 3이다. 4월에 고정원가인 광고비를 3월보다 ₩30,000 증가시키면 매출이 3월보다 10% 증가하며 공헌이익률의 변화는 없다. ㈜세무가 광고비를 ₩30,000 증가시킬 때, 4월의 영업이익은?

① ₩ 98,000　　　　② ₩102,100　　　　③ ₩115,800

④ ₩128,500　　　　⑤ ₩133,800

63 (주)동진은 단일 제품을 생산 및 판매하고 있으며, 매 년도 기초와 기말의 재고자산은 없다. 20×1년도의 매출 및 원가자료는 다음과 같다.

• 매 출 액 : ₩4,000,000	• 변동원가 : ₩2,000,000
• 공헌이익 : 2,000,000	• 고정원가 : 1,000,000
• 영업이익 : 1,000,000	

20×2년도에도 고정원가와 제품 단위당 판매가격은 20×1년도와 같을 것으로 예상된다. 또한 20×2년도의 제품 판매량은 20×1년도보다 20% 증가하고 20×2년도의 손익분기점 매출액은 20×1년도보다 25% 증가할 것으로 예상된다. 20×2년도 (주)동진의 영업레버리지도(degree of operating leverage)는 얼마로 예상되는가? (단, 영업레버리지도는 소수점 셋째자리에서 반올림하여 계산하라.)

① 1.99　　　　② 2.09　　　　③ 2.19

④ 2.29　　　　⑤ 2.39

64 다음은 단일제품을 생산·판매하는 A기업과 B기업의 관련범위 내에서 작성된 손익분기도표(cost-volume-profit graph, CVP 도표)이다. 두 기업의 판매단가와 고정비는 동일하나, 단위당 변동비는 서로 다르다.

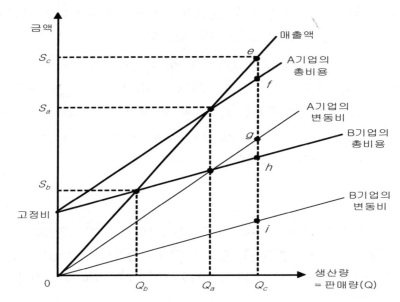

상기 CVP 도표와 관련된 설명으로 타당하지 않은 것은?

① Q_c에서 A기업의 이익은 $\overline{ef}$로 표시되며 $(Q_c - Q_a)$에 A기업의 단위당 공헌이익을 곱하여 계산할 수 있다.

② S_c에서 B기업의 영업레버리지도(degree of operating leverage)는 $(\dfrac{S_b}{S_c - S_b})$로 계산할 수 있다.

③ S_c에서 A기업과 B기업의 안전한계율(margin of safety ratio)의 차이는 $(\dfrac{S_a - S_b}{S_c})$이다.

④ Q_c에서 A기업과 B기업의 공헌이익 차이는 두 기업의 단위당 변동비 차이에 Q_c을 곱하여 계산할 수 있다.

⑤ 관련범위 내의 어떤 매출액(S)에서도 B기업의 공헌이익률이 A기업의 공헌이익률보다 크다.

65 원가-조업도-이익(CVP) 분석에 대한 다음 설명 중에서 가장 타당하지 않은 것은?

① 고정비가 ₩300,000이고, 변동비율이 80%인 회사가 납세후 순이익(법인세율 20%) ₩112,000을 벌었다면, 매출액은 ₩2,200,000이었을 것이다.

② 장기적인 관점에서 비선형 손익분기도표에는 조업도수준이 0인 점을 포함하여 손익분기점이 3군데 나타날 수 있다.

③ 원가함수를 조업도에 대한 1차함수로 추정하는 것은 관련범위 내에서 원가함수가 선형이라는 가정에 따른 것이다.

④ 이익 규모가 비슷한 경우 고정비용의 비중이 큰 원가구조를 가지고 있는 기업일수록 레버리지 효과가 커져서 불경기에도 큰 타격을 입지 않을 것이다.

⑤ 이익－조업도 도표(profit-volume chart)에서 이익선의 기울기는 단위당 공헌이익에 의해서 결정된다.

66 다음은 정상원가계산을 채택하고 있는 (주)수완의 제품생산과 관련된 원가자료이다.

• 판 매 가 격 :	₩450
• 단위당 변동비 :	250
• 고정제조간접비 :	1,500,000
• 고정판매관리비 :	1,200,000

회사의 연간 고정제조간접비 예산은 1,800,000이며, 기준조업도는 15,000단위이다. 단, 변동제조간접비는 단위당 실제원가와 예정배부율이 일치하여 배부차이가 발생하지 않았다고 가정하며, 제조간접비 배부차이는 매출원가에서 조정한다. 당기 실제생산량이 10,000단위일 경우 전부원가계산에 의한 손익분기점은 몇 단위인가?

① 13,650단위   ② 15,000단위   ③ 17,500단위

④ 18,750단위   ⑤ 19,500단위

67 (주)크로바는 정상원가계산(normal costing)을 사용하고 있다. 다음 자료를 이용하여 변동원가계산(variable costing)과 전부원가계산(absorption costing)하에서의 손익분기점을 구하면 각각 얼마인가? (단, 단위원가는 일정하고 가격차이, 소비차이, 능률차이 그리고 조업도차이는 없다고 가정한다.)

• 기초재고수량	300단위	• 기말재고수량	200단위
• 실제 판매량	4,100단위	• 단위당 판매가격	₩10,000
• 고정제조간접원가	₩4,000,000	• 고정 판매 및 관리비	₩6,000,000
• 단위당 직접재료원가	₩2,600	• 단위당 직접노무원가	₩2,400

	변동원가계산	전부원가계산		변동원가계산	전부원가계산
①	2,000단위	2,800단위	②	800단위	2,000단위
③	2,000단위	2,500단위	④	2,000단위	1,500단위
⑤	800단위	1,500단위			

68 (주)수산은 굵은 철사를 이용하여 다양한 생활용품을 제작한 뒤에 무조건 한 개당 ₩100에 판매하는 회사이다. 회사가 생산하는 생활용품의 생산 및 판매와 관련하여 발생하는 원가자료는 다음과 같다. 단, 회사의 최대조업도는 6,000단위이다.

활동 또는 원가	원가동인	활동별 배부율
직접재료비	수 량	₩45/개
열 처 리	열처리횟수	₩50,000/회
포 장	수 량	₩15/개
선 적	선 적 횟 수	₩40,000/회

회사는 2,000단위씩 한꺼번에 열처리를 한다. 열처리가 완료된 제품은 한 개씩 포장을 하고 선적을 하는데, 한 번에 3,000단위씩 선적을 하고 있다. 손익분기점을 계산하시오.

① 2,250단위 ② 3,500단위 ③ 4,500단위
④ 5,750단위 ⑤ 손익분기점이 존재하지 않는다.

69 (주)부산은 2010년에 제품 A 100,000단위를 생산하여 모두 판매하였다. 2010년의 제품단위당 판매가격은 ₩5이었으며, 제품 A의 생산과 관련하여 투입된 제조원가는 다음과 같다.

항 목	금액	단위당 원가
직접재료원가	₩120,000	₩1.2
직접노무원가	150,000	1.5
고정제조간접원가	200,000	2.0
합 계	₩470,000	₩4.7

(주)부산의 경영자는 2011년에 단위당 원가가 ₩1인 직접재료로 교체하고, 판매단가를 ₩4으로 인하하면 판매량이 40,000단위 증가할 것으로 예상하고 있다. 기본원가(prime cost)는 변동원가이며, 제조간접원가는 모두 고정원가라고 가정한다. 경영자의 예상을 따른다면 2011년의 이익은 2010년의 이익에 비하여 얼마만큼 증가(혹은 감소)하는가? (단, 2010년과 2011년 모두 기초 및 기말 재고자산은 없으며, 제조원가 이외의 원가는 고려하지 않는다.)

① ₩48,000 증가 ② ₩25,000 증가 ③ ₩20,000 감소

④ ₩15,000 증가 ⑤ ₩10,000 증가

Chapter 8. 원가-조업도-이익 분석

정답 및 해설

1	③	2	①	3	①	4	③	5	①	6	⑤
7	③	8	②	9	①	10	④	11	①	12	⑤
13	②	14	④	15	⑤	16	②	17	②	18	①
19	③	20	①	21	③	22	④	23	①	24	②
25	①	26	④	27	①	28	②	29	⑤	30	⑤
31	②	32	④	33	⑤	34	③	35	①	36	⑤
37	③	38	④	39	②	40	④	41	③	42	③
43	④	44	③	45	⑤	46	③	47	④	48	③
49	③	50	③	51	③	52	④	53	⑤	54	③
55	④	56	⑤	57	④	58	①	59	③	60	④
61	④	62	⑤	63	②	64	②	65	④	66	④
67	④	68	④	69	③						

01 ③

CVP분석에서 수익과 원가는 관련범위 내에서 선형을 가정한다.

02 ①

① 수익과 원가는 관련범위 내에서 선형을 가정한다. 따라서 판매가격이 변하지 않는다는 것을 가정한다.

④ 원가가 관련범위 내에서 선형임을 구체적으로 다르게 표현한 것이다.

03 ①

계단원가(준고정비)가 존재하는 경우 손익분기점은 계단 수만큼 존재할 수도 있고, 계단 수보다 적게 존재할 수도 있으며, 손익분기점이 존재하지 않을 수도 있다.

04 ③

단위당 공헌이익 : $20,000 × 20\% = 4,000$

고정비를 F라고 하면,

$$판매량 = \frac{고정비 + 목표이익}{공헌이익} = \frac{F + 8,000,000}{4,000} = 5,000단위$$

따라서, 고정비(F)는 ₩12,000,000 이며, 당기에 ₩12,000,000의 영업이익을 얻기위한 판매량은 다음과 같다.

$$판매량 = \frac{고정비 + 목표이익}{공헌이익} = \frac{12,000,000 + 12,000,000}{4,000} = 6,000단위$$

05 ①

단위당 판매가격(p) = $400÷20\% = ₩500$

고정비(F) = $100,000×20\% = ₩20,000$(손익분기점에서 공헌이익은 고정비와 일치하므로)

따라서, 목표이익 ₩80,00을 얻기위한 판매량(Q)은 다음과 같이 계산된다.

$$Q = \frac{F + π}{(p - v)} = \frac{20,000 + 80,000}{500 - 400} = 1,000단위$$

06 ⑤

$(p - 18,000^{*1})×280개 - 4,200,000 = p×280개×25\%$ → $p = 44,000$

^{*1} $6,200 + 11,800 = 18,000$

$$Q = \frac{4,200,000 + 1,000,000}{44,000 - 18,000} = 200개$$

07 ③

고정비 : ₩500,000(손익분기점에서의 공헌이익과 일치)

단위당 판매가격 : ₩30(= 750,000 ÷ 25,000단위)

단위당 변동비를 v라고 하면,

$(30 - v) × 25,000단위 - 500,000 = 25,000$ 이므로, $v = ₩9$

① 공헌이익률 = $70\%(= 21 ÷ 30)$

② 손익분기점 판매량 = $500,000 ÷ (30 - 9) ≒ 23,810단위$

④ 변동비율 = $30\%(9 ÷ 30)$

08 ②

(1) 손익분기점 임대객실 일수 = $\dfrac{120,000,000}{50,000 - 10,000}$ = 3,000일

(2) 객실 점유율 = $\dfrac{3,000일}{100실 \times 365일}$ ≒ 8.21%

09 ①

단위당 공헌이익을 cm, 고정비를 F 라고 하면,

$$6,000단위 \times cm - F = 4,000,000 \cdots ①$$
$$5,000단위 \times cm - F = 0 \qquad \cdots ②$$

위의 두 연립방정식을 풀면 cm = 4,000, F = 20,000,000 이다.

따라서 4월에 판매가격만 ₩2,000 인하할 경우 단위당 공헌이익이 ₩2,000이 되므로,

$$4월 \ 손익분기점 \ 판매량 = \dfrac{20,000,000}{2,000} = 10,000단위$$

10 ④

$$변화 \ 전 \ 손익분기점 = \dfrac{F}{p - v}$$

$$변화 \ 후 \ 손익분기점 = \dfrac{F}{1.1 \times (p - v)} ≒ 0.91 \times \dfrac{F}{p - v}$$

따라서, 손익분기점은 약 9%정도 감소한다.

또한, $1.05p - v = 1.1 \times (p - v)$

$\rightarrow 1.05p - v = 1.1p - 1.1v$

$\rightarrow 0.05p = 0.1v$

$\rightarrow \dfrac{p}{v} = 2$

11 ①

(1) 손익분기점 판매량의 변화

고정급여를 ₩30,000으로 삭감하고, 매출액의 5%를 성과급으로 지급할 경우, 고정비 총액이 ₩55,000으로 감소하고, 변동비가 단위당 ₩1(₩20 × 5%)이 증가하게 된다.

$$현재\ BEP\ Q = \frac{69,000}{20-8} = 5,750단위$$

$$변화\ 후\ BEP\ Q = \frac{55,000}{20-9} = 5,000단위$$

따라서 손익분기점은 750단위가 감소한다.

(2) 동일이익 판매량을 Q라고 하면, 다음의 변화 전과 후의 영업이익이 일치해야 한다.

변화 전 영업이익 = $(20-8) \times Q - 69,000$

변화 후 영업이익 = $(20-9) \times Q - 55,000$

따라서, 영업이익이 동일해 지기위한 Q = 14,000단위이다.

12 ⑤

노동집약적 방법 손익분기점 판매량(A) = $\frac{3,500,000}{600-350}$ = 14,000단위

양 방법의 영업이익이 동일해지는 판매량(B)을 Q라고 하면,

$(600-350)Q - 3,500,000 = (600-300)Q - 4,500,000 \rightarrow Q = 20,000단위$

13 ②

고정비를 F라 하면, 손익분기점 매출액(S)은

$$BEP\ S = \frac{F}{0.3} = 360,000\ 이므로,\ F = ₩108,000이다.$$

따라서 ₩84,000의 영업이익을 얻기 위한 매출액(S)은 다음과 같이 계산된다.

$$BEP\ S = \frac{108,000 + 84,000}{0.3} = ₩640,000$$

14 ④

$$1월\ 매출액 = \frac{500,000 + \dfrac{60,000}{1-0.4}}{0.4^*} = ₩1,500,000$$

$$^*\ 1월\ 공헌이익률 = \frac{(500-300)}{500} = 0.4$$

$$2월\ 매출액 = \frac{600,000 + \dfrac{72,000}{1-0.4}}{0.4^*} = ₩1,800,000$$

$$^*\ 2월\ 공헌이익률 = \frac{(450-270)}{450} = 0.4$$

15 ⑤

4월과 6월 자료를 이용하여 고저점법으로 변동비율과 고정비를 계산하면,

변동비율 $= \dfrac{980,000 - 791,000}{1,125,000 - 855,000} = 0.7$

고정비(F)는 ₩192,500 (← 1,125,000 × 0.7 + F = 980,000)

따라서, 목표이익 ₩167,500을 달성하기 위한 매출액(S)은

$S = \dfrac{\text{고정비} + \text{목표이익}}{\text{공헌이익률}} = \dfrac{192,500 + 167,500}{0.3} = 1,200,000$

16 ②

영업이익 : S × 40% − FC = (S × 40%) × 50%

→ 0.4S − 0.2S = FC

→ S = FC ÷ 0.2

17 ②

20×2년 세후이익 : ₩264,000(= 240,000 × 110%)

따라서 공헌이익률을 rcm 이라고 하면, 다음을 만족하여야 한다.

$$S = \frac{\text{고정비} + \text{목표이익}}{\text{공헌이익률}} = \frac{510,000 + \dfrac{264,000}{1 - 0.4}}{rcm} = 2,500,000$$

따라서, 공헌이익률은 38%이다.

18 ①

$$\text{기존 BEP } Q = \frac{135,200}{50 - 24} = 5,200\text{단위}$$

고정비 감소액을 F라고 하면, 기존의 손익분기점을 유지하기 위해 다음을 만족하여야 한다.

$$\text{변화 후 BEP } Q = \frac{135,200 - F}{48 - 24} = 5,200\text{단위}$$

따라서, F = ₩10,400 이다.

19 ③

(1) 자료 정리

공헌이익률이 40%이므로 변동비율은 60%이다. 변동비가 ₩360이므로, 판매가격은 ₩600(=360 ÷ 0.6)이다.

2003년도 판매량(손익분기점 판매량) : 120,000,000 ÷ 600 = 200,000단위

고정비를 F라고 하면, 손익분기점 매출액 = F ÷ 40% = 120,000,000

$$\rightarrow F = ₩48,000,000$$

(2) 고정비 추가 증가액을 F라고 하면,

$$판매량(Q) = \frac{48,000,000 + F + 4,500,000^{*1}}{600 - 360} = 250,000단위^{*2} \rightarrow F = ₩7,500,000$$

^{*1} 목표이익 : 50,000단위 매출액의 15% = 50,000단위 × 600 × 15% = ₩4,500,000

^{*2} 2004년도 판매량 = 200,000단위(2003년 판매량) + 50,000단위 = 250,000단위

따라서, 추가적으로 증가시킬 수 있는 고정비는 ₩7,500,000이다.

20 ①

(1) 2003년도 원가자료

단위당 변동비 = 500 × 60% = ₩300

고정비를 F라고 하면, 손익분기점 매출액 = F ÷ 40% = ₩10,000,000 → F = 4,000,000

(2) 2004년도 손익분기점

$$판매량(Q) = \frac{4,400,000^{*1}}{550^{*2} - v} = 16,000단위 \rightarrow v = ₩275$$

^{*1} 4,000,000 × 110% = ₩4,400,000
^{*2} 500 × 110% = ₩550

따라서, 2004년 변동비가 2003년에 비하여 ₩25(300 - 275)만큼 감소해야 한다.

21 ③

총임대객실수 : 100개×20주×7일 = 14,000개

객실 1개당 판매가격 : ₩400

객실 1개당 변동비 : ₩30

고정비 : 1,370,000 + 2,500×20주 + 100개×20주×7일×125 = ₩3,170,000

(객실 각각에 대한 보수유지 및 관리비는 임대여부와 상관없이 발생하므로 고정비로 보아야 한다)

$$손익분기점 판매량 = \frac{3,170,000}{400 - 30} = 8,567개$$

$$따라서, 객실 임대율 = \frac{8,567}{100개 \times 20주 \times 7일} = 61.19\% - 가장 근사치는 61.2\%$$

22 ④

	사업부 A	사업부 B	합 계
매출액	80,000	120,000	200,000
변동비	40,000	90,000	130,000
	8,000	12,000	20,000
공헌이익	32,000	18,000	50,000
고정비	22,000	6,000	
부문이익	10,000	12,000	

A제품 손익분기점 매출액 $= \dfrac{22,000}{0.4} = 80,000$

B제품 손익분기점 매출액 $= \dfrac{6,000}{0.15} = 40,000$

회사전체 손익분기점 매출액 $= \dfrac{42,000}{0.25} = 168,000$

23 ①

$$손익분기점 \ Q = \frac{600,000}{100-75} = 24,000단위$$

$$\underset{(법인세\ 무시)}{현금흐름분기점\, Q} = \frac{600,000 - 240,000}{100-75} = 14,400단위$$

$$\underset{(법인세\ 고려)}{현금흐름분기점\, Q} = \frac{600,000 - \dfrac{240,000}{1-0.4}}{100-75} = 8,000단위$$

24 ②

현금흐름분기점 판매량을 Q라고 하면,

$$Q = \frac{5,000,000 - \dfrac{2,000,000}{1-0.2}}{1,000 - 500} = 5,000개$$

25 ①

$$(A) = \frac{448,800 - \dfrac{136,800}{1-0.25}}{6,000 - 4,800} = 222단위$$

$(B) = \{(6,000-4,800)\times1,000 \ - \ 448,800\}\times(1-0.25) = ₩563,400$

26 ④

② 총수익선의 기울기는 항상 1이며, 총비용선의 기울기는 변동비율(v/p)이므로, 판매가격과 변동비가 동일한 비율로 변하면, 변동비율도 변하지 않기 때문에 손익분기점 매출액도 변하지 않게 된다.

④ 단위당 판매가격을 5% 인하할 경우 총비용선의 기울기가 커져서 A값은 증가한다.

⑤ 총수익선의 기울기는 항상 1이며, 총비용선의 기울기는 변동비율이므로, 총수익선의 기울기와 총비용선의 기울기의 차이는 공헌이익률이 된다.

27 ①

$$3월\ 변동비 = 매출액 \times 변동비율 = 70,000 \times 80\% = ₩56,000$$

$$3월\ 고정비 = 총비용 - 변동비 = 91,000 - 56,000 = ₩35,000$$

판매가격을 p라고 할 경우, 다음을 만족하여야 한다.

$$Q = \frac{50,000 + \dfrac{28,000}{1-0.3}}{p - 80} = 1,000개 \ \rightarrow \ p = ₩170$$

28 ②

$$영업이익의\ 증가 = 매출액증가액 \times 공헌이익률 - 고정비증가액$$
$$= 30,000 \times 40\%^* - 10,000 = ₩2,000$$

$$* \ \frac{(250-150)}{250} = 40\%$$

29 ⑤

(1) 기존 영업이익 : $(21,000 - 11,000) \times 40,000단위 - 280,000,000 = ₩120,000,000$

(2) 판매가격을 p라고 할 경우 다음을 만족하여야 한다.

$$Q = \frac{300,000,000^{*1} + 120,000,000}{p - 11,400^{*2}} = 40,000단위 \ \rightarrow \ p = ₩21,900$$

^{*1} 고정비 : 280,000,000(기존 고정비) + 20,000,000 = ₩300,000,000

^{*2} 변동비 : 11,000(기존 변동비) + 400 = ₩11,400

30 ⑤

(1) 2008년 매출액을 S라고 하면,

$$0.4S - 1,000,000 = 0.2S$$
$$\rightarrow \ S = ₩5,000,000$$

(2) 2009년 매출액을 S라고 하면,

$$0.3S - 1,200,000 = 0.15S$$
$$\rightarrow \ S = ₩8,000,000$$

따라서 2008년에 비하여 2009년 매출액이 ₩3,000,000만큼 증가해야 한다.

31 ②

공헌이익률을 rcm이라하고, 고정비를 F라 하면,

$$전기 : 7,560,000 \times rcm - F = 162,000 \cdots ①$$
$$당기 : 9,480,000 \times rcm - F = 546,000 \cdots ②$$
$$연립방정식을 풀면, rcm = 20\% , F = 1,350,000$$

따라서,

$$손익분기점 \ 매출액 = \frac{1,350,000}{0.2} = ₩6,750,000$$

32 ④

손익분기점 판매량(Q)

$$Q = \frac{2,000,000 + 1,500,000^*}{10,000 - 5,000} = 700단위$$

$$^* \ 세전이익 = \frac{820,000}{(1-0.18)} + \frac{340,000}{(1-0.32)} = ₩1,500,000$$

참고

세전이익	법인세율	세후이익
1,000,000 이하	18%	₩ 820,000
1,000,000 초과	32%	340,000
합 계		₩1,160,000

33 ⑤

(1) 꾸러미당 공헌이익

매출배합 : 갑 : 을 : 병 = 3 : 6 : 1

1꾸러미당 공헌이익 : 10 × 3 + 15 × 6 + 30 × 1 = ₩150/꾸러미

(2) ₩150,000의 영업이익을 얻기 위한 꾸러미 수

$$꾸러미 \ 수 = \frac{675,000 + 150,000}{150} = 5,500꾸러미$$

(3) 제품별 판매량

갑 : 5,500꾸러미 × 3 = 16,500개

을 : 5,500꾸러미 × 6 = 33,000개

병 : 5,500꾸러미 × 1 = 5,500개

34 ③

매출배합 : A : B = 3 : 7

1꾸러미당 공헌이익 : $50^{*1} \times 3 + 30^{*2} \times 7 = ₩360/꾸러미$

^{*1} A 단위당 공헌이익 : $(30,000 - 15,000) \div 300개 = ₩50/개$
^{*2} B 단위당 공헌이익 : $(42,000 - 21,000) \div 700개 = ₩30/개$

$$손익분기점\ 꾸러미\ 수 = \frac{21,600}{360} = 60꾸러미$$

따라서 손익분기점 판매량은 A 180개(= 60꾸러미 × 3), B 420개(= 60꾸러미 × 7)이다.

35 ①

재료 1톤을 투입한 경우

A제품 매출 : 0.4톤 × 3,000 = 1,200
B제품 매출 : 0.6톤 × 5,000 = <u>3,000</u>   4,200
변동비 : 2,200 + 0.6톤 × 1,200 =   2,920
재료1톤당 공헌이익 :   <u>1,280</u>

회사의 총 고정비 : 70,000 + 58,000 = 128,000

따라서 손익분기점이 되기 위한 재료 투입량 : $\frac{128,000}{1,280} = 100톤$

재료 100톤을 투입한 경우 A제품 매출액 : 40톤(= 100톤 × 0.4)

재료 100톤을 투입한 경우 B제품 매출액 : 60톤(= 100톤 × 0.6)

36 ⑤

A, B, C의 판매량의 비율 = 2 : 3 : 5

한 꾸러미당 공헌이익 = 4×2 + 8×3 + 6×5 = 62

손익분기점 꾸러미 수 = $\frac{2,480}{62}$ = 40꾸러미

따라서 손익분기점에서 제품 C의 판매량은 200단위(=40꾸러미×5단위)이므로, 손익분기점에서의 제품 C의 매출액은 ₩2,800(=200단위×14)이다.

37 ③

x축이 매출액이므로, PT의 기울기는 A제품의 공헌이익률, TR의 기울기는 B제품의 공헌이익률을 의미한다. 또한 PR의 기울기(OP/OS)는 가중평균공헌이익률을 의미한다. 실제매출액과 예산매출액이 동일함에도, 실제순이익이 예산순이익보다 크다는 것은 공헌이익률이 큰 B제품의 매출액의 비중이 전체 매출액에서 차지하는 비중이 더 컸음을 의미한다.

38 ④

(1) 가중평균공헌이익률 : $15\% \times \dfrac{4}{8} + 30\% \times \dfrac{1}{8} + 20\% \times \dfrac{3}{8} = 18.75\%$

(2) 손익분기점 매출액 $= \dfrac{4,800,000}{0.1875} = ₩25,600,000$

(3) Z매출액 : $25,600,000 \times \dfrac{3}{8} = ₩9,600,000$

39 ②

A, B, C, D제품 모두 공헌이익률이 20%이므로, 가중평균공헌이익률은 20%이다.
따라서,

$$\text{목표이익 달성 매출액} = \dfrac{1,000 + 500}{0.2} = ₩7,500$$

40 ④

(1) 가중평균공헌이익률 : $40\%^{*1} \times \dfrac{5}{10} + 30\%^{*2} \times \dfrac{2}{10} + 20\%^{*3} \times \dfrac{3}{10} = 32\%$

　　*1 A제품 공헌이익률
　　*2 B제품 공헌이익률
　　*3 C제품 공헌이익률

(2) 목표이익 달성 매출액 $= \dfrac{40,000 + 12,000}{0.32} = ₩162,500$

41 ③

가중평균공헌이익률을 warcm 이라고 하면,

$\dfrac{1,750,000 + 700,000}{warcm} = 7,000,000 \quad \rightarrow \quad warcm = 35\%$

전체 매출액 중 A제품이 차지하는 비율을 x라 하면,
가중평균공헌이익률 : $50\% \times x + 30\% \times (1-x) = 35\% \quad \rightarrow \quad x = 25\%$
따라서　　A제품 매출액은 $7,000,000 \times 25\% = 1,250,000$
　　　　　 B제품 매출액은 $7,000,000 \times 75\% = 5,250,000$

42 ③

(1) $0 \leqq Q \leqq 10,000$ 일 경우

$$Q = \dfrac{F + \pi}{(p - v)} = \dfrac{8,000,000 + 4,000,000}{1,000^{*}} = 12,000단위(부적합)$$

　* $5,000 \times 20\% = ₩1,000$

(2) $10,000 \leqq Q$ 일 경우

$$Q = \frac{F + \pi}{(p - v)} = \frac{10,000,000 + 4,000,000}{1,000} = 14,000단위(적합)$$

43 ④

(1) $0 \leqq Q \leqq 20,000$ 일 경우

$$BEP \ Q = \frac{F}{(p - v)} = \frac{2,500,000}{200 - 100} = 25,000단위(부적합)$$

(2) $20,001 \leqq Q \leqq 50,000$ 일 경우

$$BEP \ Q = \frac{F}{(p - v)} = \frac{4,000,000}{200 - 100} = 40,000단위(적합)$$

(3) $50,001 \leqq Q \leqq 100,000$ 일 경우

$$BEP \ Q = \frac{F}{(p - v)} = \frac{8,000,000}{200 - 100} = 80,000단위(적합)$$

44 ③

(1) $0 \leqq Q \leqq 50,000$ 일 경우

$$Q = \frac{F + \pi}{(p - v)} = \frac{3,000,000 + 9,000,000}{400 - 280^{*}} = 100,000단위(부적합)$$

* 400 × 70% = ₩280

(2) $50,001 \leqq Q \leqq 90,000$ 일 경우

$$Q = \frac{F + \pi}{(p - v)} = \frac{4,500,000 + 9,000,000}{400 - 280} = 112,500단위(부적합)$$

(3) $90,001 \leqq Q \leqq 130,000$ 일 경우

$$Q = \frac{F + \pi}{(p - v)} = \frac{6,000,000 + 9,000,000}{400 - 280} = 125,000단위(적합)$$

45 ⑤

손익분기점 판매량을 Q라고 하면,

(1) $0 \leqq Q \leqq 5,000$ 일 경우

$$Q = \frac{8,500,000 + 2,000,000^{*}}{10,000 - 8,000} = 5,250단위(부적합)$$

(2) $5,001 \leqq Q$ 일 경우

$$Q = \frac{11,000,000 + 2,000,000^*}{10,000 - 8,000} = 6,500단위(적합)$$

$$^* 세전이익 = \frac{750,000}{(1 - 0.25)} + \frac{700,000}{(1 - 0.3)} = ₩2,000,000$$

참고

세전이익	법인세율	세후이익
1,000,000 이하	25%	₩ 750,000
1,000,000 초과	30%	700,000
합 계		₩1,450,000

46 ③

손익분기점 판매량을 Q라고 하고, 300단위 초과분을 x라 하면,

$(10,000 - 6,000) \times 300단위 + (9000 - 6,000) \times x - 1,500,000 = 0$

따라서 $x = 100단위, \quad Q = 400단위$

47 ④

단위당 변동비를 v라 하면,

$\{(2,000 - v) \times 4,000단위 + (2,000 - v - 200) \times 1,000단위 - 1,400,000\} \times (1 - 0.2) = ₩1,920,000$

→ 단위당 변동비 v = 1,200

판매량을 Q라 하면, ₩2,400,000의 세후이익을 달성하기 위해서는 다음을 만족하여야 한다.

$\{(2,000 - 1,200) \times 4,000단위 + (2,000 - 1,400) \times (Q - 4,000단위) - 1,400,000\} \times (1 - 0.2) = ₩2,400,000$

→ 단위당 변동비 Q = 6,000단위

따라서, 조업도는 75%(6,000단위 ÷ 8,000단위)이다.

48 ③

(1) 가중평균공헌이익률 : $60\%^{*1} \times 30\% + 66\%^{*2} \times 50\% + 75\%^{*3} \times 20\% = 66\%$

^{*1} 비지니스 공헌이익률
^{*2} 더블 공헌이익률
^{*3} 스위트 공헌이익률

(2) 목표매출액을 S라 할 경우

① $₩0 \leqq S \leqq ₩480,000,000^*$

$$S = \frac{396,000,000 + (42,000,000 + 0.1S)}{0.66} \to S = ₩782,142,857(부적합)$$

② $₩480,000,000 < S \leqq ₩1,200,000,000^*$

$$S = \frac{462,000,000 + (42,000,000 + 0.1S)}{0.66} \rightarrow S = ₩900,000,000(적합)$$

* 월간 최대조업도 = 30일 × (75실 × 160,000 + 100실 × 200,000 + 25실 × 320,000) = 1,200,000,000
* 월간 최대조업도 × 40% = 1,200,000,000 × 40% = 480,000,000

따라서, 목표이익을 달성하기 위한 조업도는 75%(= 900,000,000 ÷ 1,200,000,000)이다.

49 ③

"안전한계 매출액 × 공헌이익률 = 영업이익" 이므로,

$200,000 \times 37.5\%^{*} = ₩75,000$

* 공헌이익률 = $\frac{150,000}{400,000}$ = 37.5%

50 ③

총수익과 총비용의 기울기가 각각 단위당 판매가격과 단위당 변동비이다. 따라서 단위당 판매가격은 ₩1,000(= 100,000 ÷ 100), 단위당 변동비는 ₩800(= 100,000 ÷ 100)이다.

$$손익분기점\ 판매량 = \frac{100,000}{1,000 - 800} = 500단위$$

목표판매수량을 Q라고 하면,

$$안전한계율 = \frac{Q - 500}{Q} = 37.5\% \rightarrow Q = 800단위$$

51 ③

"안전한계율 × 공헌이익률 = 영업이익률" 이므로,

영업이익률 = 20% × 40%* = 8%

* 손익분기점 매출액 × 공헌이익률 - 고정비 = 0
  → 1,000,000 × 공헌이익률 - 400,000 = 0 → 공헌이익률 = 40%

52 ④

① 손익분기점 판매량 = $\frac{150,000}{500 - 300}$ = 750단위

② 매출액이 1/2감소하면 공헌이익도 1/2 감소하므로, 공헌이익이 ₩50,000이 된다. 따라서 영업이익은 50,000 - 100,000(고정비) = (₩50,000)이 된다.

③ 목표 판매량 = $\frac{150,000 + 80,000}{500 - 300}$ = 1,150단위

④ 매출액을 S라고 하면, S × 40% - 150,000 = 0.2S → S = ₩750,000

$$⑤ \ 목표 \ 매출액 = \frac{150,000 + \dfrac{70,000}{1 - 0.3}}{0.4} = ₩625,000$$

53 ⑤

(1) 공헌이익률 계산

안전한계 매출액 : ₩600,000(=3,000,000 − 2,400,000)

"안전한계 매출액 × 공헌이익률 = 영업이익" 이므로,

600,000 × 공헌이익률 = 150,000 → 공헌이익률 = 25%

(2) 고정비를 F라 하면,

$$\frac{F}{25\%} = 2,400,000 \ \rightarrow \ F = ₩600,000$$

(3) 현금흐름분기점 매출액 $= \dfrac{600,000 - 240,000}{0.25} = ₩1,440,000$

54 ③

고정비 비율이 클수록 영업레버리지도가 커지며, 매출액 변화시 영업이익이 큰 폭으로 변하기 때문에 이익의 안정성은 작아진다.

55 ④

총원가 중에서 고정비의 비중이 커질수록 영업레버리지도는 커진다.

56 ⑤

판매량이 증가할 경우 영업레버리지도는 낮아진다. 영업레버리지도는 손익분기점에서 가장 크며, 판매량이 증가할수록 영업레버리지도는 감소하며, 1에 수렴해 간다.

57 ④

부채비율이 높아지면 재무레버리지도가 커진다.

58 ①

대한회사의 영업레버리지도가 더 크기 때문에 매출액이 증가할 경우 대한회사의 영업이익이 더 큰 폭으로 증가할 것이다.

59 ③

① 손익분기점 매출액 $= \dfrac{60,000}{0.4} = ₩150,000$

② 안전한계율 $= \dfrac{안전한계 \ 매출액}{매출액} = \dfrac{200,000 - 150,000}{200,000} = 25\%$

③ 영업레버리지도 = $\dfrac{\text{공헌이익}}{\text{영업이익}} = \dfrac{80,000^{*1}}{20,000^{*2}} = 4$

^{*1} 매출액 – 변동비 = 200,000 – 200,000 × 60% = ₩80,000

^{*2} 공헌이익 – 고정비 = 80,000 – 60,000 = ₩20,000

④ 세후당기순이익 = 세전이익 × (1 – 0.2) = 20,000 × (1 – 0.2) = ₩16,000

⑤ 영업레버리지도가 4이므로, 매출액 10% 증가시키면, 세전이익이 40%증가한다. 따라서 세전이익은 ₩8,000(=20,000 × 40%) 증가한다. 따라서 세후이익은 ₩6,400(=8,000 × 80%)증가한다.

60 ④

(1) 당기 영업이익

영업레버리지도는 공헌이익을 영업이익으로 나눈 값이다.

매출액을 S라고 하면, $\dfrac{\text{공헌이익}}{\text{영업이익}} = \dfrac{S - 40,000,000}{S - 100,000,000} = 6$ 이므로,

$$S - 40,000,000 = 6S - 600,000,000$$

여기에서 매출액 S = ₩112,000,000이며,

영업이익 = 112,000,000 – 100,000,000 = ₩12,000,000

(2) 내년도 영업이익

영업레버리지도가 6이므로, 매출액이 10%증가할 경우 영업이익은 60% 증가할 것이다.

따라서 내년도 영업이익은 12,000,000 × 160% = ₩19,200,000

61 ④

구분	제품A	제품B	제품C	회사전체
매 출 액	₩125,000	₩375,000	₩125,000	₩625,000
변 동 원 가	75,000	150,000	37,500	262,500
공 헌 이 익				362,500
고 정 원 가				300,000
세 전 이 익				62,500
법 인 세 비 용				12,500
세 후 이 익				50,000

① 회사전체 평균공헌이익률은 58%($=\dfrac{362,500}{625,000}$)으로 높아진다.

② 제품C의 매출액이 차지하는 비중은 20%($=\dfrac{125,000}{625,000}$)이다.

③ 손익분기점에 도달하기 위한 매출액은 ₩517,241(=$\frac{300,000}{0.58}$)이므로, 기존 ₩400,000

(=$\frac{220,000}{0.55}$)보다 ₩117,241 만큼 증가한다.

④ 회사전체 영업레버리지도는 5(=$\frac{275,000}{55,000}$)에서 5.8(=$\frac{362,500}{62,500}$)으로 높아진다.

⑤ 회사전체 세후이익은 ₩50,000이 되어 기존보다 ₩6,000만큼 증가한다.

62 ⑤

매 출 액 : 700,000
변 동 비 : _____
공헌이익 : 378,000 (=700,000×54%)
고 정 비 : ___F___
영업이익 : 126,000[*1]

[*1] 영업레버리지도 = $\frac{공헌이익}{영업이익}$ = $\frac{378,000}{영업이익}$ = 3 → 영업이익 = 126,000

매출액이 10% 증가하면 영업이익은 30% 증가하므로, 고정비 ₩30,000을 증가시킬 경우 영업이익은 변동은 다음과 같다.

126,000×130% − 30,000 = ₩133,800

63 ②

(1) 20×1년 손익분기점 매출액 = $\frac{1,000,000}{0.5^*}$ = ₩2,000,000

   * 공헌이익률 (4,000,000 − 2,000,000) ÷ 4,000,000 = 50%

   20×2년 공헌이익률을 rcm이라고 하면,

   20×2년 손익분기점 매출액 = $\frac{1,000,000}{rcm}$ = ₩2,500,000* → rcm = 40%

   * 2,000,000 × (1 + 25%) = ₩2,500,000

(2) 20×2년 영업레버리지도 = $\frac{공헌이익}{영업이익}$ = $\frac{1,920,000^{*1}}{920,000^{*2}}$ ≒ 2.09

   [*1] 매출액 × 공헌이익률 = 4,800,000 × 40% = ₩1,920,000
   [*2] 공헌이익 − 고정비 = 1,920,000 − 1,000,000 = ₩920,000

64 ②

② 영업레버리지도 $= \dfrac{공헌이익}{영업이익} = \dfrac{1}{안전한계율} = \dfrac{매출액}{매출액 - BEP매출액} = \dfrac{S_c}{S_c - S_b}$

③ A기업 안전한계율 $= \dfrac{S_c - S_a}{S_c}$,　B기업 안전한계율 $= \dfrac{S_c - S_b}{S_c}$

따라서, 두 기업의 안전한계율의 차이는 $\dfrac{S_a - S_b}{S_c}$ 이다.

65 ④

① 매출액 $= \dfrac{300,000 + \dfrac{112,000}{(1 - 0.2)}}{0.2} = ₩2,200,000$

④ 고정비 비중이 클수록 레버리지효과가 커져서 매출액이 감소할 때, 영업이익이 더 큰 폭으로 감소하여 불경기에는 큰 타격을 입게 된다.

⑤ PV도표에서 x축이 판매량인 경우, 이익선의 기울기는 단위당 공헌이익을 의미한다.

66 ④

1. 고정제조간접비 예정배부율

$$고정제조간접비 \ 예정배부율 = \dfrac{1,800,000}{15,000단위} = ₩120$$

2. 생산량이 10,000단위인 경우
   (1) 고정제조간접비 배부차이

실제 고정제조간접비	고정제조간접비 배부액
₩1,500,000	₩1,200,000(= 10,000단위 × 120)

   배부차이 ₩300,000(과소배부)

   (2) 손익분기점 판매량을 Q라고 하면,

   $$Q = \dfrac{1,200,000 + 300,000}{450 - 210 - 40 - 120} = 18,750단위$$

   별해

   손익분기점 판매량을 Q라고 할 때, 손익계산서를 작성하면 다음과 같다.

매 출 액 :	450Q
매출원가 :	(330Q)
제조간접비 차이조정 :	(300,000)

$$매출총이익 : \quad 120Q - 300,000$$
$$변동판매관리비 : \qquad (40Q)$$
$$고정판매관리비 : \quad \underline{(1,200,000)}$$
$$영업이익 : \quad \underline{80Q - 1,500,000}$$

손익분기점은 영업이익이 "0"이 되는 판매량이기 때문에 $80Q - 1,500,000 = 0$에서 $Q = 18,750$단위가 된다.

67 ④

(1) 변동원가계산하의 손익분기점(Q)

$$Q = \frac{F}{p - v} = \frac{10,000,000}{10,000 - 5,000} = 2,000단위$$

(2) 전부원가계산하의 손익분기점(Q)

$$Q = \frac{고정판매관리비}{p - v - f} = \frac{6,000,000}{10,000 - 5,000 - 1,000^{*}} = 1,500단위$$

* 단위당 고정제조간접비$= \frac{4,000,000}{4,000단위} = ₩1,000$

생산량=판매량+기말재고수량-기초재고수량=200단위+4,100단위-300단위=4,000단위

68 ④

손익분기점수량을 Q라고 하면,

(1) $0 \leq Q \leq 2,000$단위일 경우

$$Q = \frac{F}{(p - v)} = \frac{90,000^{*}}{100 - 60} = 2,250단위(부적합)$$

* 50,000 × 1회 + 40,000 × 1회 = ₩90,000

(2) $2,001 \leq Q \leq 3,000$단위일 경우

$$Q = \frac{F}{(p - v)} = \frac{140,000^{*}}{100 - 60} = 3,500단위(부적합)$$

* 50,000 × 2회 + 40,000 × 1회 = ₩140,000

(3) $3,001 \leq Q \leq 4,000$단위일 경우

$$Q = \frac{F}{(p - v)} = \frac{180,000^{*}}{100 - 60} = 4,500단위(부적합)$$

* 50,000 × 2회 + 40,000 × 2회 = ₩180,000

(4) $4,001 \leqq Q \leqq 6,000$단위일 경우

$$Q = \frac{F}{(p-v)} = \frac{230,000^*}{100-60} = 5,750단위(적합)$$

* $50,000 \times 3회 + 40,000 \times 2회 = ₩230,000$

따라서 손익분기점 수량은 5,750단위이다.

69 ③

2010년 영업이익 : $100,000단위 \times (5 - 2.7^*) - 200,000 = ₩30,000$

* $1.2 + 1.5 = ₩2.7$

2011년 영업이익 : $140,000단위 \times (4 - 2.5^*) - 200,000 = ₩10,000$

* $1 + 1.5 = ₩2.5$

따라서, 영업이익이 ₩20,000 감소한다.

관련원가분석
(단기특수의사결정)

Chapter 9

관련원가분석
(단기특수의사결정)

01 의의

의사결정(decision making)이란 어떤 목표를 달성하도록 하는 여러 가지 선택 가능한 여러 행동대안 중에서 최적의 대안을 선택하는 과정이다. 의사결정에서 주로 이용하는 정보는 미래를 예측하기 위한 정보를 이용하며, 과거정보도 의사결정과정에서 이용될 수는 있지만, 과거정보 그 자체가 중요한 정보가 되는 것은 아니다. 또 의사결정과 관련된 기간에 따라 단기의사결정과 장기의사결정으로 나눌 수 있는데, 보통 1년을 기준으로 하여, 1년 이내 기간에 대한 의사결정을 단기의사결정이라 하며 1년 이상의 장기 계획, 장기간에 걸친 투자와 전략에 관한 의사결정을 장기의사결정이라 한다. 여기에서는 단기의사결정과 관련된 사항을 다룬다.

02 관련 개념

(1) 관련원가(relevant costs)

관련원가는 각 대안별로 의사결정을 할 때, 각 대안간의 차이가 발생하는 원가로서, 의사결정에 영향을 미치는 원가를 말한다. 일반적으로 변동원가와 **기회비용**(opportunity costs)[12] 그리고 고정원가 중 회피가능원가(avoidable costs)[13]가 관련원가에 해당된다.

---

12) 기회비용은 기회원가라고도 하는데, 여러 선택대안이 존재하는 경우 그 중 하나가 선택되었을 때, 선택되지 못한 대안들 중에서 가장 최선의 대안의 가치를 말한다. 즉, 선택되지 못한 대안 중 가장 가치가 큰 대안의 가치라 할 수 있다.

13) 조업도를 변화시킬 때, 증가되거나 감소되는 원가는 모두 회피가능원가이다. 반대로 표현하면, 조업도의 변화에도 증가 또는 감소되지 않고 그대로 발생하는 원가를 회피불가능원가라 한다.

(2) 비관련원가(irrelevant costs)

비관련원가는 각 대안별로 차이가 발생하지 않는 원가로서 의사결정에 아무런 영향을 미치지 못하는 원가이다. 모든 대안에서 동일하게 발생하는 원가로서 회피불가능원가, 매몰원가(sunk costs)[14] 등이 여기에 해당되며, 의사결정시 고려하여서는 안 될 원가들이다.

03 의사결정 방법

(1) 총액접근법

모든 대안들의 총수익과 총비용을 각각 계산하여 이익이 가장 큰 대안을 선택하는 방법으로서 각 대안간의 차이가 없는 부분도 모두 분석하여야 하므로 계산과정이 번거롭고 시간과 비용이 많이 소요된다는 단점이 있으나, 여러 가지 대안을 한꺼번에 비교분석할 수 있다는 장점도 있다.

(2) 증분접근법(차액접근법)

두 가지 대안을 비교분석하는 경우에 차이가 나는 부분만을 가지고 의사결정하는 방법으로서, 두 대안간의 차이부분만을 가지고 의사결정하기 때문에 계산과정이 간소화되고 시간과 비용이 절감될 수 있는 장점이 있으나, 의사결정 대안이 셋 이상인 경우에는 적용이 곤란하다.

04 단기특수의사결정

(1) 특별주문 수락여부 결정
(2) 부품의 자가제조 외부구입여부 결정
(3) 제품라인의 유지 또는 폐쇄여부 결정
(4) 보조부문의 유지 또는 폐쇄여부 결정

---

14) 매몰원가는 과거에 이미 발생한 역사적 원가로서 앞으로의 의사결정에 영향을 미치지 못하는 원가이다. 과거에 이미 발생한 원가이기 때문에 미래의 의사결정에 어떠한 영향도 미칠 수 없는 것이다.

(5) 제한된 자원의 사용
(6) 투입배합 의사결정
(7) 결합제품의 추가가공여부 결정
(8) 제약자원이론

(1) 특별주문 수락여부 결정

1) 유휴생산능력이 충분한 경우

특별주문으로 인한 증분수익 − 특별주문으로 인한 증분비용 > 0 → 특별주문 수락
특별주문으로 인한 증분수익 − 특별주문으로 인한 증분비용 < 0 → 특별주문 거절

2) 유휴생산능력이 부족한 경우

① 기존 판매를 줄이는 경우

특별주문으로 인한 증분이익(증분수익 − 증분비용) − 기회비용 > 0 → 특별주문 수락
특별주문으로 인한 증분이익(증분수익 − 증분비용) − 기회비용 < 0 → 특별주문 수락

② 부족한 생산설비를 임차(또는 구입)하는 경우

특별주문으로 인한 증분이익(증분수익 − 증분비용) − 설비임차료 > 0 → 특별주문 수락
특별주문으로 인한 증분이익(증분수익 − 증분비용) − 설비임차료 < 0 → 특별주문 수락

참고   Reference

특별주문 수락을 위한 최소판매가격은 다음과 같이 계산될 수 있다.

최소판매가격 = 단위당 증분지출원가 + 단위당 기회비용

이는 대체가격 결정시 공급사업부의 최소대체가격 계산하는 방법과 동일함을 알 수 있다.

[특별주문 수락여부 결정시 고려해야 할 질적 요소]

① 특정 고객에게 할인판매를 함으로써 기존 시장을 교란시키지는 않는지의 여부
② 특정 고객에 대한 할인판매로 인하여 기존 거래처의 이탈가능성 여부
③ 특별주문이 기업의 장기적인 가격구조와 미래의 판매량에 미칠 수 있는 잠재적인 영향
④ 특별판매가 장기간 지속될 수 있는지 여부

기본 문제

다음은 1~4번과 관련된 자료이다.

(주)서초의 연간 최대생산능력은 5,000단위이며, 매년 통상적으로 4,000단위의 제품을 생산, 판매하고 있다. 4,000단위의 생산 및 판매와 관련된 자료는 다음과 같다.

단위당 판매가격	₩200
단위당 변동비	150
20×6년 고정비 총액	₩100,000

회사는 지금까지 국내 판매만 하여왔는데, 20×7년에 외국업체로부터 단위당 ₩170에 구입하겠다는 특별주문을 받았다. 특별주문의 경우에는 변동비 중 단위당 ₩5씩의 변동판매비가 추가발생 한다. 단, 20×7년에도 20×6년도와 비슷한 수준의 국내 판매가 이루어질 것으로 예상하고 있다.

01 특별주문량이 1,000단위일 경우 (주)서초의 의사결정은?

① 특별주문을 수락할 경우 이익이 ₩5,000 증가하므로 수락하여야 한다.

② 특별주문을 수락할 경우 이익이 ₩5,000 감소하므로 거절하여야 한다.

③ 특별주문을 수락할 경우 이익이 ₩15,000 증가하므로 수락하여야 한다.

④ 특별주문을 거절할 경우 이익이 ₩15,000 감소하므로 거절하여야 한다.

⑤ 특별주문을 수락하는 경우와 거절하는 경우 차이가 없다.

02 특별주문량이 1,000단위일 경우 (주)서초가 수락할 수 있는 특별주문의 최저가격은 얼마인가?

① ₩115   ② ₩155   ③ ₩175

④ ₩205   ⑤ ₩225

03 특별 주문량이 1,500단위일 경우 (주)서초의 의사결정은?

① 특별주문을 수락할 경우 이익이 ₩2,500 증가하므로 수락하여야 한다.

② 특별주문을 수락할 경우 이익이 ₩2,500 감소하므로 거절하여야 한다.

③ 특별주문을 수락할 경우 이익이 ₩7,000 증가하므로 수락하여야 한다.

④ 특별주문을 수락할 경우 이익이 ₩7,000 감소하므로 거절하여야 한다.

⑤ 특별주문을 수락하는 경우와 거절하는 경우 차이가 없다.

04 특별주문량이 1,500단위일 경우 (주)서초가 수락할 수 특별주문의 최저가격은 얼마인가?

① ₩145 ② ₩155 ③ ₩171

④ ₩172 ⑤ ₩175

해설

01 ③

특별주문을 수락할 경우

매출증가 : 1,000단위 × 170 = ₩170,000

변동비증가 : 1,000단위 × 155 = (155,000)

증분이익 : ₩ 15,000

특별주문을 수락할 경우 이익이 ₩15,000 증가하므로 특별주문을 수락한다.

02 ②

유휴생산능력이 충분한 경우에는 변동비 이상만 받으면 된다. 따라서 회사가 수락할 수 있는 최저가격은 ₩155이다.

03 ②

특별주문을 수락할 경우

(특별주문)매출증가 : 1,500단위 × 170 = ₩255,000

(특별주문)변동비증가 : 1,500단위 × 155 = (232,500)

(기존)매출감소 : 500단위 × 200 = (100,000)

(기존)변동비감소 : 500단위 × 150 = 75,000

증분이익 : (₩ 2,500)

특별주문을 수락할 경우 이익이 ₩2,500 감소하므로 특별주문을 수락하지 않는다.

04 ④

특별주문을 가격을 p라고 하면,

특별주문을 수락할 경우

(특별주문)매출증가 : 1,500단위 × p = 1,500p

(특별주문)변동비증가 : 1,500단위 × 155 = (₩232,500)

(기존)매출감소 : 500단위 × 200 = (100,000)

(기존)변동비감소 : 500단위 × 150 = 75,000

증분이익 : 1,500p − 257,500

(주)서초가 주문을 수락하기 위해서는 증분이익(1,500p − 257,500)이 "0"보다 커야 하므로 p는 ₩171.67보다 커야 한다. 즉, 회사가 수락할 수 있는 최저금액은 ₩172이다.

● ○ ● ○

(2) 자가제조 또는 외부구입여부 결정

> 자가제조와 관련된 회피가능원가[*1] + 기회비용[*2] − 외부구입원가 > 0 → 외부구입
> 자가제조와 관련된 회피가능원가[*1] + 기회비용[*2] − 외부구입원가 < 0 → 외부구입

[*1] 자가제조하고 있던 상태에서 자가제조하지 않게 될 경우 절감되는 변동비와 고정비의 합계
[*2] 자가제조하고 있던 설비나 공장 등이 대체적인 용도가 있는 경우 외부구입시 추가로 얻게 되는 이익

[자가제조 또는 외부구입여부 결정시 고려해야 할 질적 요소]

① 외부공급업자에 대한 신뢰수준
② 외부구입시 신규공급업자의 안정적인 공급능력이 있고, 품질수준을 계속 유지할 수 있는지 여부
③ 외부구입으로 인한 종업원의 감원에 따른 노동조합의 반발가능성과 기존 설비의 대체적 용도가 존재하는지 여부

기본 문제

다음은 5~7번과 관련된 자료이다.
(주)강남은 제품 생산에 필요한 갑부품을 자체 생산하여 왔는데, 다음은 갑부품 500단위 생산과 관련된 단위당 원가이다.

직 접 재 료 비	₩ 50
직 접 노 무 비	20
변동제조간접비	30
고정제조간접비	30
합 계	₩130

최근 (주)강북이 갑부품을 단위당 ₩120에 전량 공급하겠다는 제안을 해왔다. (주)강남의 경영자는 현재 회사의 제조원가인 ₩130보다 ₩10만큼 싸기 때문에 부품을 (주)강북으로부터 구입할 것인지 여부를 고민하고 있다.

05 회사는 (주)강북으로부터 부품을 외부구입하여야 하는가?

① 부품을 외부구입할 경우 이익이 ₩5,000 증가하므로 외부구입한다.
② 부품을 외부구입할 경우 이익이 ₩5,000 감소하므로 외부구입하지 않는다.
③ 부품을 외부구입할 경우 이익이 ₩7,000 증가하므로 외부구입한다.
④ 부품을 외부구입할 경우 이익이 ₩10,000 증가하므로 외부구입한다.
⑤ 부품을 외부구입할 경우 이익이 ₩10,000 감소하므로 외부구입하지 않는다.

06 회사가 갑부품을 (주)강북으로부터 외부구입할 경우 고정비의 20%가 더 이상 발생하지 않는다고 한다. 회사는 외부구입하여야 하는가?

① 부품을 외부구입할 경우 이익이 ₩5,000 증가하므로 외부구입한다.
② 부품을 외부구입할 경우 이익이 ₩5,000 감소하므로 외부구입하지 않는다.
③ 부품을 외부구입할 경우 이익이 ₩6,000 증가하므로 외부구입한다.
④ 부품을 외부구입할 경우 이익이 ₩7,000 증가하므로 외부구입한다.
⑤ 부품을 외부구입할 경우 이익이 ₩7,000 감소하므로 외부구입하지 않는다.

07 회사가 갑부품을 (주)강북으로부터 외부구입할 경우, 고정비의 20%가 더 이상 발생하지 않으며, 기존설비를 임대하여 ₩10,000의 임대수익을 얻을 수 있다고 한다. 회사는 외부구입하여야 하는가?

① 부품을 외부구입할 경우 이익이 ₩3,000 증가하므로 외부구입한다.
② 부품을 외부구입할 경우 이익이 ₩3,000 감소하므로 외부구입하지 않는다.
③ 부품을 외부구입할 경우 이익이 ₩5,000 증가하므로 외부구입한다.
④ 부품을 외부구입할 경우 이익이 ₩5,000 감소하므로 외부구입하지 않는다.
⑤ 부품을 외부구입할 경우 이익이 ₩7,000 증가하므로 외부구입한다.

해설

05 ⑤

갑부품을 외부에서 구입할 경우

변동비감소	: 500단위 × 100[*] =	₩50,000
외부구입원가	: 500단위 × 120 =	(60,000)
증분이익	:	(₩10,000)

[*] 50 + 20 + 30 = ₩100

부품을 외부구입할 경우 이익이 ₩10,000 감소하므로 외부구입하지 않는다.

06 ⑤

갑부품을 외부구입하는 경우

변동비감소	: 500단위 × 100 =	₩50,000
고정비감소	: 500단위 × 30 × 20% =	3,000
외부구입원가	: 500단위 × 120 =	(60,000)
증분이익	:	(₩ 7,000)

부품을 외부구입할 경우 이익이 ₩7,000 감소하므로 외부구입하지 않는다.

07 ①

갑부품을 외부구입하고 유휴설비를 임대하는 경우

변동비감소	: 500단위 × 100 =	₩50,000
고정비감소	: 500단위 × 30 × 20% =	3,000
외부구입원가	: 500단위 × 120 =	(60,000)
임대수익증가	:	10,000
증분이익	:	₩ 3,000

부품을 외부구입할 경우 이익이 ₩3,000 증가하므로 외부구입한다.

● ○ ● ○

(3) 제품라인의 유지 또는 폐쇄여부 결정

제품라인의 공헌이익 - 회피가능고정비 ± 타제품공헌이익[*] > 0 → 제품라인 유지
제품라인의 공헌이익 - 회피가능고정비 ± 타제품공헌이익 < 0 → 제품라인 폐지

[*] 특정 제품의 생산을 중단함으로 인해 다른 제품의 매출액에 영향을 미치는 경우, 다른 제품 공헌이익의 변화

[제조라인의 폐쇄여부 결정시 고려해야 할 질적 요소]

① 제품 생산 중단으로 인한 종업원의 감원에 따른 노동조합의 반발가능성 여부
② 기존 제품 생산 중단이 다른 제품의 판매에 미치는 영향
③ 기존 제품의 폐지로 인해 회사전체에 미칠 수 있는 대외적 이미지
④ 기존 제품의 제조라인 폐쇄로 인한 유휴생산설비의 활용 방안

기본 문제

다음은 8~10번과 관련된 자료이다.
다양한 종류의 제품을 생산·판매하고 있는 (주)다품종의 각 제품별 손익계산서는 다음과 같다.

	갑	을	병	정	합계
매 출 액	₩120,000	₩90,000	₩60,000	₩30,000	₩300,000
변 동 비	87,000	64,000	52,000	20,000	223,000
공헌이익	₩ 33,000	₩26,000	₩ 8,000	₩10,000	₩ 77,000
고 정 비	24,000	18,000	12,000	6,000	60,000
영업이익	₩ 9,000	₩ 8,000	(₩ 4,000)	₩ 4,000	₩ 17,000

(주)다품종의 경영자는 병제품에서 영업손실이 발생하고 있기 때문에 병제품의 제조라인을 폐쇄할 것인지 여부를 고려하고 있다.

08 회사는 고정비를 각 제품의 매출액에 비례하여 각 제품에 배분하고 있다고 가정할 때, 회사의 의사결정은?

① 병제품을 폐쇄할 경우 이익이 ₩4,000 증가하므로 폐쇄한다.
② 병제품을 폐쇄할 경우 이익이 ₩4,000 감소하므로 폐쇄하지 않는다.
③ 병제품을 폐쇄할 경우 이익이 ₩8,000 증가하므로 폐쇄한다.
④ 병제품을 폐쇄할 경우 이익이 ₩8,000 감소하므로 폐쇄하지 않는다.
⑤ 병제품을 폐쇄할 경우 이익이 ₩10,000 증가하므로 폐쇄한다.

09 병제품의 제조라인을 중단할 경우 병 제품의 고정비에 포함되어 있는 광고비 ₩9,000이 발생하지 않는다고 한다. 회사의 의사결정은?

① 병제품을 폐쇄할 경우 이익이 ₩1,000 증가하므로 폐쇄한다.
② 병제품을 폐쇄할 경우 이익이 ₩1,000 감소하므로 폐쇄하지 않는다.
③ 병제품을 폐쇄할 경우 이익이 ₩4,000 증가하므로 폐쇄한다.
④ 병제품을 폐쇄할 경우 이익이 ₩4,000 감소하므로 폐쇄하지 않는다.
⑤ 병제품을 폐쇄할 경우 이익이 ₩8,000 증가하므로 폐쇄한다.

10 병제품의 제조라인을 중단할 경우 병제품의 제조라인과 관련된 생산설비를 ₩10,000 에 임대할 수 있으나, 병제품과 관련성이 높은 을제품의 매출액이 10%감소할 것으로 예상된다. 회사의 의사결정은?

① 병제품을 폐쇄할 경우 이익이 ₩600 증가하므로 폐쇄한다.
② 병제품을 폐쇄할 경우 이익이 ₩600 감소하므로 폐쇄하지 않는다.
③ 병제품을 폐쇄할 경우 이익이 ₩1,000 증가하므로 폐쇄한다.
④ 병제품을 폐쇄할 경우 이익이 ₩1,000 감소하므로 폐쇄하지 않는다.
⑤ 병제품을 폐쇄할 경우 이익이 ₩4,000 증가하므로 폐쇄한다.

해설

08 ④

병 제품의 제조라인을 폐쇄할 경우

병제품 매출감소 : (₩60,000)
병제품 변동비 감소 : __52,000__
증 분 이 익 : (₩ 8,000)

병 제품의 제조라인을 폐쇄할 경우 이익이 ₩8,000 감소하므로 폐쇄하지 않는다.

09 ①

병제품 제조라인을 폐쇄할 경우

병제품 매출감소 : (₩60,000)
병제품 변동비감소 : 52,000
고정비(광고비)감소 : __9,000__
증 분 이 익 : ₩ 1,000

병 제품의 제조라인을 폐쇄할 경우 이익이 ₩1,000 증가하므로 폐쇄하여야 한다.

10 ②

병제품 제조라인을 폐쇄할 경우

병제품 매출감소 : (₩60,000)
병제품 변동비감소 : 52,000
을제품 매출감소 : (9,000)
을제품 변동비감소 : 6,400
임대수익증가 : __10,000__
증 분 이 익 : (₩ 600)

병 제품의 제조라인을 폐쇄할 경우 이익이 ₩600 감소하므로 폐쇄하지 않는다.

(4) 보조부문의 유지 또는 폐쇄여부 결정

① 보조부문 폐쇄시 외부에서 구입해야 하는 용역량 : 폐쇄되는 보조부문의 총용역공급 – 자기자신(폐쇄되는 보조부문)이 소비하는 용역량

② 계속 유지되는 보조부문이 폐쇄되는 보조부문에 공급하던 용역의 제공도 더 이상 발생하지 않게 되기 때문에 계속 유지되는 보조부문의 원가 중 절감되는 원가도 고려하여야 한다.

[보조부문의 유지 또는 폐쇄여부 결정시 고려하여야 할 질적요소]

① 보조부문을 운영할 경우에 제공되는 서비스와 보조부문을 폐쇄하고 외부로부터 구입할 경우에 구입해야 하는 서비스의 양과 질

② 외부공급업자가 서비스를 안정적이고 지속적으로 공급할 수 있는지 여부와 외부 공급업자를 신뢰할 수 있는지 여부

기본 문제

다음은 11~13번과 관련된 자료이다.
두 개의 보조부문(A, B)과 제조부문(X, Y)을 운영하고 있는 (주)안세와 관련된 다음의 자료를 이용하여 요구사항에 답하시오.

사용부문 제공부문	보조부문		제조부문		합 계
	전력부문(A)	수선부문(B)	X	Y	
전력부문(A)	–	3,000kwh	5,000kwh	2,000kwh	10,000kwh
수선부문(B)	7,000시간	–	8,000시간	5,000시간	20,000시간

수선부문은 시간당 ₩10, 전력부문은 kwh당 ₩25의 변동원가가 발생한다. 회사는 최근 전력 부문은 폐지하고 외부에서 전력을 구입하여 사용하는 것을 고려하고 있다.

11 회사가 외부에서 전력을 구입할 경우 구입하여야 하는 전력량은 얼마인가?

① 7,000kwh ② 7,550kwh ③ 8,250kwh
④ 8,950kwh ⑤ 10,000kwh

12 외부업체가 kwh당 ₩34에 전력을 제공하겠다고 할 때, 회사는 전력을 외부구입 하여야 하는가?

① 전력을 외부구입할 경우 이익이 ₩90,000 감소하므로 외부구입하지 않는다.
② 전력을 외부구입할 경우 이익이 ₩54,300 감소하므로 외부구입하지 않는다.
③ 전력을 외부구입할 경우 이익이 ₩15,700 증가하므로 외부구입 한다.
④ 전력을 외부구입할 경우 이익이 ₩12,500 감소하므로 외부구입하지 않는다.
⑤ 전력을 외부구입할 경우 이익이 ₩8,950 증가하므로 외부구입한다.

13 외부에서 전력을 구입하여 사용할 경우 지불할 수 있는 kwh당 최대 금액은 얼마인가?

① ₩37   ② ₩36   ③ ₩35
④ ₩34   ⑤ ₩33

해설

11 ④

용역수수관계를 그림으로 나타내면 다음과 같다.

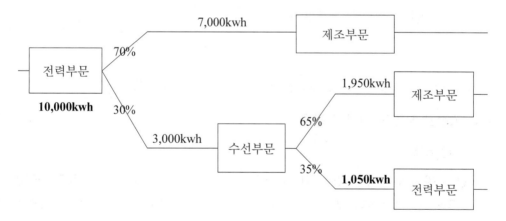

위의 그림과 같이 전력부문이 수선부문으로 제공한 전력 중 다시 전력부문을 위하여 사용되는 1,050kwh의 전력은 전력부문을 폐쇄할 경우 외부에서 구입할 필요가 없다. 따라서 10,000kwh − 1,050kwh = 8,950kwh 의 전력만 외부에서 구입하면 된다.

12 ③

전력을 외부에서 구입할 경우

전력부문원가절감액 : 10,000kwh × 25 = ₩250,000

수선부문원가절감액 : 20,000시간 × 35% × 10 = 70,000

외부구입원가 : 8,950kwh × 34 = (304,300)

증 분 이 익 : ₩ 15,700

외부에서 전력을 구입할 경우 영업이익이 ₩15,700만큼 증가하므로 외부에서 구입하여야 한다.

13 ③

외부에서 전력을 구입할 경우 시간당 금액을 x라고 하면, 외부에서 전력을 구입할 경우 전력부문의 변동비 전액이 절감되며, 수선부문의 변동비 중 전력부문으로 제공하던 35% 는 더 이상 발생하지 않게 될 것이므로 증분이익(손실)은 다음과 같다.

외부구입원가 : 8,950kwh × x = $(8,950x)$

전력부문원가절감액 : 10,000kwh × 25 = 250,000

수선부문원가절감액 : 20,000시간 × 35% × 10 = 70,000

증 분 이 익 : $320,000 - 8,950x$

따라서 증분이이 $320,000 - 8,950x$가 "0"보다 크게 되기 위해서는 $35.754 \geq x$ 이어야 한 다. 따라서 전력을 외부에서 구입할 경우 지불할 수 있는 최대금액은 ₩35이다. ₩36은 회 사가 지불할 수 없는 금액이다.

● ● ○ ● ○

(5) 제한된 자원의 최적배분(제약요인 존재시 최적의사결정)

1) 제한된 자원이 하나인 경우

① 이익극대화

제한된 자원이 하나인 경우 회사가 이익을 극대화하기 위해서는 **제한된 자원 단위당 공헌이익**이 큰 제품부터 우선적으로 제한된 자원을 투입하여 생산하면, 기업의 공헌이익은 극대화될 수 있다.

$$제한된 \ 자원 \ 단위당 \ 공헌이익 = \frac{제품단위당 \ 공헌이익}{제품 \ 한 \ 단위 \ 생산에 \ 필요한 \ 제한된 \ 자원의 \ 수량}$$

② 비용최소화

제한된 자원이 제한된 상태에서 비용을 최소화 하기 위해서는 제한된 자원 단위당 원가절감액이 가장 큰 제품, 또는 제한된 자원 단위당 비용발생액이 가장 작은 제품부터 우선생산 하여야 한다.

$$\text{제한된 자원 단위당 원가절감액} = \frac{\text{부품단위당 원가 절감액}}{\text{제품 한 단위 생산에 필요한 제한된 자원의 수량}}$$

기본 문제

14 (주)삼미는 두 종류의 제품 A, B를 만들어 판매하는 회사이다. 각 제품별 판매가격과 원가관련 자료는 다음과 같다.

	제품 A	제품 B
단위당 판매가격	₩100	₩200
단위당 변동비	70	150
단위당 공헌이익	₩30	₩50
제품별 수요량	1,000단위	800단위
회사전체 고정비	₩20,000	

회사가 사용할 수 있는 기계시간이 총 2,000시간으로 제한되어 있고, 각 제품별로 생산과정에서 각각 A제품 한 단위당 1시간, B제품 한 단위당 2시간의 기계시간이 소요된다고 가정할 때, 회사전체 공헌이익을 극대화하기 위한 제품별 생산량은?

	제품 A	제품 B		제품 A	제품 B
①	1,000단위	800단위	②	1,000단위	500단위
③	400단위	800단위	④	600단위	700단위
⑤	800단위	600단위			

해설

14 ②

(1) 제품별 기계시간당 공헌이익 계산 및 생산 우선순위 결정

	제품A	제품B
단위당 판매가격	₩100	₩200
단위당 변 동 비	70	150
단위당 공헌이익	₩ 30	₩ 50
단위당 기계시간	÷ 1h	÷ 2h
기계시간당 공헌이익	₩ 30/h	₩ 25/h
생산 우선순위	①	②

(2) 최대공헌이익 달성을 위한 제품별 판매량 계산

제품	생산량	단위당 기계시간 사용량	기계시간 총사용량
① A제품	1,000단위	1h	1,000h
② B제품	500단위	2h	1,000h
합계			2,000h

A제품 1,000단위와 B제품 500단위를 생산, 판매할 경우 회사의 공헌이익은 최대가 된다.

● ○ ● ○

2) 제한된 자원이 두 가지 이상인 경우

제한된 자원이 여러 개인 경우에는 선형계획법(linear programming)에 의하여 제품별 최적 생산 배합을 결정하며, 제품별 최적배합을 찾는 방법은 도해법과 심플렉스법이 있으나 보통 도해법(graph method)으로 접근한다.

기본 문제

15 (주)한국이 생산하는 두 종류의 제품 A, B와 관련된 생산, 판매 관련 자료는 다음과 같다.

	제품A	제품B
단위당 판매가격	₩400	₩600
단위당 변 동 비	200	450
단위당 원재료 소요량	1kg	3kg
단위당 소요 기계시간	2시간	1시간

회사가 연간 조달할 수 있는 원재료는 150kg으로 제한되어 있으며, 연간 이용가능한 기계시간은 180시간으로 제한되어 있다. 공헌이익을 최대화하기 위한 최적제품배합은?

	제품 A	제품 B		제품 A	제품 B
①	90단위	0단위	②	78단위	24단위
③	24단위	78단위	④	40단위	45단위
⑤	0단위	50단위			

해설

15 ②

제한된 자원이 두 가지인 경우에는 도해법으로 최적해를 구하여야 한다.

$$목적함수 : Z = Max \quad 200A + 150B$$
$$제약조건(s.t) : \quad A + 3B \leq 150 \cdots ①$$
$$2A + B \leq 180 \cdots ②$$
$$A \geq 0, \quad B \geq 0(비음 조건)$$

①, ②를 연립하여 풀면 A제품 78단위 B제품 24단위이다.
목적함수의 기울기가 200/150이므로 ①과 ②의 기울기(1/3, 2/1) 사이이므로 A제품 78단위 B제품 24단위를 생산·판매시 이익은 극대화된다. 이를 그래프에 표시하면 다음과 같다.

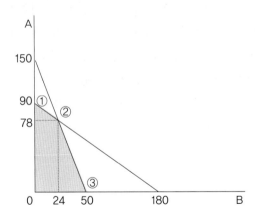

이는 다음과 같이 각 꼭지점들의 값을 목적함수에 대입하여 최적해를 찾을 수도 있다.

꼭지점	생산량(A, B)	공헌이익
①	(90, 0)	$200 \times 90 + 150 \times 0 = ₩18,000$
②	**(78, 24)**	$200 \times 78 + 150 \times 24 = ₩19,200$
③	(0, 50)	$200 \times 0 + 150 \times 50 = ₩ 7,500$

(6) 결합제품의 추가가공여부 결정

결합제품을 생산하는 경우 결합제품을 분리점에서 판매할 수도 있지만, 추가가공 후에 더 높은 가격으로 판매할 수도 있다. 이 때 결합제품을 분리점에서 판매할 것인지 추가가공 후에 판매할 것인지를 결정하여야 한다.

이러한 경우에는 결합제품을 추가가공에 따른 추가가공비용과 추가가공으로 인한 수익의 증가액을 비교하여 의사결정한다. (5장 결합원가계산 참고)

(7) 제약이론(theory of constraints)

제약이론(TOC)[15)에서 제약(Constraints)이란 전체 시스템의 성과를 결정하는 가장 취약한 부문이나 자원을 의미하며, 생산능력, 품질, 시장수요, 업무규정, 의사결정기준, 경영철학 등이 모두 제약이 될 수 있다.

1) 용어의 정의

① 재료처리량 공헌이익(throughput contribution) : 매출액에서 직접재료비만으로 구성된 매출원가[16)를 차감한 금액으로서, 처리량 공헌이익이 증가할 때 비례적으로 순현금유입이 증가하기 때문에 현금창출 공헌이익이라고도 한다.
② 투자(investment) : 원재료재고, 재공품, 제품재고, 연구개발비, 설비자산원가를 포함하는 개념으로서 재공품과 제품의 경우에는 직접재료비만으로 구성된다.
③ 운영비용(operating costs) : 처리량 공헌이익을 창출하기 위해 발생한 모든 운영원가(직접재료원가는 제외)로서 운영원가에서 급료 및 임금, 임차료, 수도광열비 그리고 감가상각비 등이 포함된다.

---

15) 이스라엘 출신의 물리학자 E.M.Goldratt박사가 개발한 경영혁신이론이다.
16) 제약이론에서는 직접재료비만을 변동비로 보며 직접노무비, 제조간접비 등은 모두 당기 운영비로 간주한다.

2) 병목공정을 다루는 과정

① 공장 전체 시스템 중 제약자원 또는 병목공정을 정의하고 병목공정을 파악한다.

② 제약자원 또는 병목공정을 최대한 이용할 수 있는 방법을 결정한다.

③ 제약자원이나 병목공정에 이용가능한 다른 모든 것을 종속시킨다.

④ 제약자원이나 병목공정의 자원, 효율성 등을 증가시킨다.

⑤ 4단계를 거친 후 이 자원이 더 이상 제약자원이 아니면 다른 제약자원 혹은 병목 공정을 찾아서 다시 반복한다.

기본 문제

다음은 16~17번과 관련된 자료이다.

(주)중동은 제1공정과 제2공정을 통해 제품을 생산하고 있으며, 관련 자료는 다음과 같다.

	제1공정	제2공정
연간최대생산량	10,000단위	7,000단위
연간 생산 및 판매량	7,000단위	7,000단위
단위당 직접재료비	₩500	₩300
운영비(직접재료비제외)	₩560,000	₩840,000

직접재료는 각 공정의 초기에 전량 투입되며, 제2공정을 통해 완성된 제품 1단위당 판매가격은 ₩2,000이다. 회사는 직접재료비를 제외한 모든 원가를 고정비로 간주한다.

16 최근 외부의 업체가 제1공정에서 완성된 반제품 1,000단위를 공급해 주면, 제2공정에서 수행되는 작업을 단위당 ₩1,000씩에 대신해 주겠다는 제안을 해왔다. 직접재료비는 (주)중동 부담하는 조건일 경우 회사의 의사결정은?

① 외주제안을 수락할 경우 영업이익이 ₩100,000 증가하므로 수락한다.

② 외주제안을 수락할 경우 영업이익이 ₩100,000 감소하므로 거절한다.

③ 외주제안을 수락할 경우 영업이익이 ₩200,000 증가하므로 수락한다.

④ 외주제안을 수락할 경우 영업이익이 ₩200,000 감소하므로 거절한다.

⑤ 외주제안을 수락하든 수락하지 않든 영업이익은 달라지지 않는다.

17 현재 제1공정에서 불량품이 매년 500단위씩 발생하는 경우, 불량품이 발생하지 않도록 하는 프로그램을 연간 ₩700,000에 도입할 수 있다고 한다. 회사의 도입여부와 관련된 의사결정은?

① 프로그램을 도입할 경우 영업이익이 ₩700,000 감소하므로 도입하지 않는다.
② 프로그램을 도입할 경우 영업이익이 ₩250,000 증가하므로 도입한다.
③ 프로그램을 도입할 경우 영업이익이 ₩450,000 감소하므로 도입하지 않는다.
④ 프로그램을 도입할 경우 영업이익이 ₩100,000 증가하므로 도입한다.
⑤ 프로그램을 도입할 경우 영업이익이 ₩150,000 감소하므로 도입하지 않는다.

해설

16 ③

외주 제안을 수락하는 경우

매출 증가	: 1,000단위 × 2,000 =	₩2,000,000
1공정 재료비 증가	: 1,000단위 × 500 =	(500,000)
2공정 재료비 증가	: 1,000단위 × 300 =	(300,000)
외주가공비 증가	: 1,000단위 × 1,000 =	(1,000,000)
증분 이익	:	₩ 200,000

외주 가공할 경우 영업이익이 ₩200,000 증가하므로 외주가공한다.

17 ③

제1공정에서 프로그램을 도입할 경우
제1공정은 불량이 500단위씩 발생하므로 회사는 1공정에서 7,500단위를 가공한 후에 500단위가 공손이 되고, 나머지 7,000단위를 2공정으로 대체하였을 것이다. 따라서 제1공정에서 프로그램을 도입할 경우 매출과는 전혀 상관없이 제1공정의 공손을 줄이는 것으로 끝날 것이다.

1공정 재료비 감소 : 500단위 × 500 =	₩250,000
프로그램비용 증가 :	(700,000)
증분 이익 :	(₩450,000)

프로그램을 도입할 경우 영업이익이 ₩450,000 감소하므로 도입하지 않는다.

Chapter 9. 관련원가분석(단기특수의사결정)

연 습 문 제

01 자동차 엔진을 제조하여 판매하고 있는 (주)모빌은 엔진 1대당 ₩1,000,000의 변동비가 발생하며, 엔진 1대당 ₩2,000,000에 (주)현대에 납품하고 있다. 그러나 공손이 발생하는 경우 회사는 ₩500,000을 들여 재작업한 후에 공업사 등에 ₩900,000에 판매하거나, 그냥 공손품을 그대로 고물상에 ₩300,000에 처분할 수 있다. 이 경우 기회비용은 얼마인가?

① ₩300,000　　　　② ₩400,000　　　　③ ₩500,000
④ ₩900,000　　　　⑤ ₩1,000,000

02 ㈜세무는 흠집이 있는 제품 C를 5개 보유하고 있다. 흠집이 없는 정상적 제품 C의 판매가격은 ₩300이다. 제품 C의 생산에는 단위당 변동제조원가 ₩80과 단위당 고정제조원가 ₩20이 투입되었다. 흠집이 있는 제품 C를 외부에 단위당 ₩150에 처분하려면 단위당 판매관리비가 ₩12이 소요될 것으로 추정된다. 이 의사결정에 고려될 관련 항목은?

① 단위당 판매관리비 ₩12　　　② 단위당 변동제조원가 ₩80
③ 단위당 고정제조원가 ₩20　　　④ 단위당 제조원가 ₩100
⑤ 정상 판매가격 ₩300

03 쏙뺀 복사집의 복사능력은 시간당 1,800부이다. 준비시간 및 용지 재공급시간으로 인해 하루 실가동시간은 7시간이다. 대학주변에는 난립되어 있는 복사집들간의 경쟁이 극심한 편이다. 따라서 고객이 원하는 시간 준수는 필수사항이다. 이 복사집의 1일 복사수요량은 10,000부이다. 가격은 1부당 ₩40이고, 총변동원가는 ₩16이다. 그런데 한 고객이 하루의 업무시작시점에 찾아와서 5,000부의 복사물을 업무마감시간까지 1부당 ₩32에 복사해달라고 요구하였다. 이 특별주문의 수락 또는 기각여부와 관련하여 예상되는 순이익의 효과는?

① 기각하는 경우와 수락하는 경우에 순이익의 차이는 없다.
② 기각하는 경우가 ₩62,400의 순이익이 작다.
③ 기각하는 경우가 ₩62,400의 순이익이 크다.
④ 수락하는 경우가 ₩22,400의 순이익이 작다.
⑤ 수락하는 경우가 ₩22,400의 순이익이 크다.

04 신라회사의 1999년 예산내역을 요약하면 다음과 같다.

• 매출액(25,000단위 @100)	₩2,500,000
• 변동제조비용과판매비	1,500,000
• 공헌이익	₩1,000,000
• 고정원가	600,000
• 영업이익	₩ 400,000

회사의 연간 최대조업능력은 35,000단위이다. 그런데, 외국판매상이 1999년초에 단위당 ₩80에 15,000단위를 사겠다고 제의하여 왔다. 신라회사가 만약, 이 제의를 수락하고 설비능력을 초과하지 않는 범위내에서 단골고객으로부터 기존의 거래를 감소시키면, 1999년 총영업이익은 예산보다 얼마나 변화하겠는가?

① ₩300,000 증가 ② ₩100,000 증가 ③ ₩200,000 증가
④ ₩100,000 감소 ⑤ ₩200,000 감소

05 (주)세무는 20×1년에 제품A를 5,000단위 생산하여 전량 국내시장에 판매할 계획이다. 제품A의 단위당 판매가격은 ₩10,000, 단위당 변동제조원가는 ₩7,000, 단위당 변동 판매관리비는 ₩1,000이다. (주)세무는 20×1년 초에 해외 거래처로부터 제품A 3,000 단위를 단위당 ₩8,000에 구입하겠다는 특별주문을 받았다. 해외 거래처의 주문을 수락하기 위해서는 제품A 1단위당 부품 B(단위당 외부구입가격 : ₩500) 1단위를 추가로 투입해야 하고, 20×1년도 국내시장 판매량을 350단위 감소시켜야 한다. 특별주문과 관련된 판매관리비는 주문수량에 관계없이 ₩300,000 발생한다, (주)세무가 특별주문을 수락할 경우, 20×1년도 예산이익의 증가(또는 감소) 금액은? (단, 특별주문은 전량 수락하든지 기각해야 한다.)

① ₩300,000 증가　　② ₩420,000 증가　　③ ₩500,000 증가
④ ₩550,000 감소　　⑤ ₩800,000 감소

06 우진회사는 월간 30,000개까지의 단일제품을 생산할 수 있는 설비를 가지고 있다. 거래처와의 계약체결 내용에 따라 우진회사는 다음 달에 25,000개의 제품을 제조하여 판매할 예정이며, 이 경우 제품 1개당 총원가는 ₩2,500으로 예상된다. 그런데 다음 달에 5,000개의 제품을 1개당 ₩1,600에 납품해 달라는 거래처의 추가 주문이 접수되었다. 이 추가주문을 접수하여 생산량을 증가시킬 경우 제품 1개당 총원가는 ₩2,300으로 감소할 것으로 예상되며, 이 주문을 수락하더라도 기존의 예상판매량을 달성하는 데는 아무런 문제가 없을 것으로 예상된다. 우진회사가 이 추가 주문을 수락한다면 영업이익에 어떤 영향을 줄 것인가? 단, 재고는 없는 것으로 가정한다.

① ₩2,000,000 감소　　② ₩4,000,000 증가　　③ ₩1,000,000 증가
④ ₩1,000,000 감소　　⑤ ₩1,500,000 증가

07 ㈜세무는 단일 제품A를 생산·판매하며, 관련범위 내 연간 최대생산능력은 10,000단위이다. ㈜세무는 현재 제품A 7,500단위를 생산하여 단위당 판매가격 ₩400으로 정규시장에 모두 판매한다. 최근 ㈜세무는 ㈜한국으로부터 단위당 가격 ₩350에 제품A 3,000단위를 구입하겠다는 특별주문을 받았다. ㈜한국의 특별주문은 전량 수락하든지 기각하여야 하며, 특별주문 수락시 정규시장 판매를 일부 포기하여야 한다. 제품A의 단위당 직접재료원가는 ₩80, 단위당 직접노무원가는 ₩120, 단위당 변동판매관리비는 ₩0이며, 조업도 수준에 따른 총제조간접원가는 다음과 같다.

조업도 수준	총제조간접원가
최대생산능력의 55%	₩1,755,000
최대생산능력의 65%	1,865,000
최대생산능력의 75%	1,975,000
최대생산능력의 80%	2,030,000

㈜세무가 ㈜한국의 특별주문을 수락한다면, 증가 또는 감소할 영업이익은? (단, 변동제조간접원가의 추정은 고저점법을 이용한다)

① ₩30,000 감소   ② ₩45,000 감소   ③ ₩75,000 증가

④ ₩90,000 증가   ⑤ ₩120,000 증가

08~09

다음 자료에 의하여 상호독립적인 08번과 09번 물음에 답하시오.
북한강전자㈜는 계산기를 제조하여 개당 ₩2,000에 판매하고 있다. 북한강전자㈜의 생산능력은 매기 12,000개이며, 이때 개당 생산원가는 직접재료비 ₩750, 직접노무비 ₩550, 제조간접비(변동비 75%, 회피불능고정비 25%) ₩480이다. 해외바이어가 방문하여 2,500개의 계산기를 특별 주문하였다. 이 특별 주문에 따른 유일한 판매비용은 운송료로 개당 ₩100이 소요된다.

08 현재 북한강전자㈜는 7,200개를 생산·판매하여 정상적인 판매경로를 통하여 판매하고 있다. 북한강전자㈜가 이 특별 주문과 관련하여 받아야 하는 최소금액은 얼마인가?

① ₩1,760   ② ₩2,000   ③ ₩1,660

④ ₩1,780   ⑤ ₩1,820

09 현재 북한강전자㈜는 11,000개를 생산하여 정상적인 판매경로를 통하여 판매하고 있다. 북한강전자㈜가 이 특별 주문과 관련하여 받아야 하는 최소금액은 얼마인가?

① ₩1,964 　　　　② ₩2,086 　　　　③ ₩1,882

④ ₩1,820 　　　　⑤ ₩1,797

10 완희㈜는 프린터를 제조하는 회사로서 특별주문을 받기 전의 추정손익계산서는 다음과 같다.

(조업도 200,000 단위)

	금 액(₩)	단위당 금액(₩)
매　　　　　출	₩2,000,000	₩10.00
매　출　원　가	1,600,000	8.00
매　출　총　이　익	400,000	2.00
판매비와일반관리비	300,000	1.50
영　업　이　익	100,000	0.50

위의 추정손익계산서의 매출원가 중에서 ₩600,000, 판매비·일반관리비 중에서 ₩100,000은 고정원가이다. 완희㈜는 한 고객으로부터 50,000개의 프린터를 개당 ₩7에 매입하겠다는 특별주문을 받았다. 특별주문의 경우 변동판매비와 일반관리비는 50%만 발생하며, 회사는 50,000개의 프린터를 추가로 제조할 충분한 유휴생산 설비를 보유하고 있다. 만약 회사가 특별주문을 수락하면 영업이익은 어떻게 변할 것인가?

① 영업이익 ₩50,000 감소 　　　② 영업이익 ₩50,000 증가

③ 영업이익 ₩10,000 감소 　　　④ 영업이익 ₩75,000 증가

⑤ 영업이익 ₩100,000 증가

11 ㈜성도는 연간 최대생산량이 10,000단위인 생산설비를 보유하고 있으며, 당기에 제품 단위당 ₩500의 판매가격에 8,000단위의 제품을 판매할 수 있을 것으로 예상하고 있다. 현재의 생산설비에 의한 ㈜성도의 제품 단위당 변동제조원가는 ₩300이다. ㈜성도가 당기에 예상판매량을 1,000단위 줄이고 제품 3,000단위를 판매할 수 있는 특별주문을 고려한다면, 이러한 특별주문 제품의 단위당 최저판매가격은 얼마인가? 단, ㈜성도가 판매하는 모든 제품의 변동판매관리비는 단위당 ₩80이다.

① ₩500 　　　　② ₩420 　　　　③ ₩400

④ ₩380 　　　　⑤ ₩300

12 (주)국세는 야구공을 생산판매하고 있으며, 월간 최대생산능력은 30,000단위이다. (주)국세가 생산하는 야구공의 단위당 원가자료는 다음과 같다.

• 직접재료원가	₩200	• 직접노무원가	₩100
• 변동제조간접원가	50	• 고정제조간접원가	100
• 변동판매비와관리비	25	• 고정판매비와관리비	30

(주)국세는 현재 정상주문에 대해 단위당 ₩500의 가격으로 판매를 하고 있는데, 최근 해외사업자로부터 할인된 가격으로 3,000단위를 구입하겠다는 특별주문을 받았다. (주)국세가 이 주문을 수락할 경우에는 생산능력의 제한으로 인하여 기존 정상주문 중 1,200단위의 판매를 포기해야 한다. 그러나 특별주문 수량에 대한 단위당 변동판매비와관리비는 ₩5만큼 감소할 것으로 예상하고 있다. (주)국세가 해외사업자의 특별주문에 대하여 제시할 수 있는 단위당 최저 판매가격은 얼마인가?

① ₩370   ② ₩375   ③ ₩420

④ ₩425   ⑤ ₩500

13~14

다음은 13번과 14번에 관한 자료이다.

(주)아리수는 휴대폰에 장착되는 전지를 생산한다. 회사는 현재 생산시설용량(월 8,000 직접노무시간)의 75%를 가동하고 있다. 최근 회사는 (주)한국전자로부터 개당 ₩700에 5,000개의 전지를 1개월 안에 납품해 달라는 특별주문을 받았다. 전지의 개당 제조원가는 다음과 같다.

• 직접재료원가	₩200
• 직접노무원가(개당 0.5 직접노무시간)	300
• 제조간접원가	200
• 개당 제조원가	₩700

(주)아리수의 직접재료원가와 직접노무원가는 변동원가이다. 제조간접원가 중 변동제조간접원가는 직접노무시간당 ₩240이다. (주)아리수는 향후 수개월동안 월 6,000 직접노무시간(8,000 직접노무시간 × 75%)의 조업도를 유지하기에 충분한 경상주문을 받아 놓고 있다. 경상주문품의 판매가격은 개당 ₩1,000이다.

13 (주)아리수가 5,000개의 특별주문을 수락할 경우, 일부 경상주문을 포기함으로 인한 기회비용(opportunity cost)은 얼마인가?

① ₩500,000   ② ₩380,000   ③ ₩300,000

④ ₩190,000   ⑤ ₩150,000

14 (주)아리수가 5,000개의 특별주문을 수락할 경우 증분손익은 얼마인가?

① 증분손실 ₩300,000   ② 증분손실 ₩150,000   ③ 증분이익 ₩0

④ 증분이익 ₩210,000   ⑤ 증분이익 ₩20,000

15 한마음(주)는 매월 9,000단위의 제품을 50단위씩 1배취로 하여 생산하고 있으며, 생산된 제품은 단위당 ₩150에 판매하고 있다. 회사의 최대생산능력은 10,000단위이며, 현재의 생산수준 및 활동수준과 관련된 원가자료는 다음과 같다.

• 단위당 직접재료비	₩ 40
• 단위당 직접노무비	30
• 배취당 변동비	500
• 고정제조간접비	250,000
• 고정판매관리비	150,000

회사는 단위당 ₩100 제품 2,000단위를 구입하겠다는 특별주문을 받았다. 특별주문은 80단위를 한 배취로 생산하려고 한다. 특별주문을 수락할 경우 회사의 영업이익은 얼마나 변하겠는가?

① ₩47,500 증가   ② ₩22,500 감소   ③ ₩37,500 감소

④ ₩25,000 증가   ⑤ ₩26,500 감소

16 (주)세무의 정상판매량에 기초한 20×1년 예산손익계산서는 다음과 같다.

매출액(5,000단위 @60)	₩300,000
변동매출원가	150,000
변동판매비	60,000
공 헌 이 익	₩ 90,000
고정제조간접원가	50,000
고정판매비	20,000
영 업 이 익	₩ 20,000

(주)세무의 연간 최대생산능력은 6,000단위이다. 새로운 고객이 20×1년 초 1,500단위를 단위당 ₩50에 구입하겠다고 제의하였으며, 이 제의는 부분 수락할 수 없다. 이 제의를 수락하고, 정상가격에 의한 기존의 거래를 감소시켜 영업이익을 극대화한다면, 20×1에 증가되는 영업이익은?

① ₩1,000   ② ₩3,000   ③ ₩9,000

④ ₩14,000   ⑤ ₩17,000

17 (주)은혜는 당기 초에 신제품 100단위 생산과 관련하여 다음과 같이 원가가 발생하였으며, 단위당 ₩20,000씩에 판매하였다. 또한 신제품 생산과 관련하여 학습률 90%의 누적평균시간 학습곡선모형이 적용된다고 한다.

• 직접재료비	₩900,000
• 직접노무비(시간당 ₩10)	400,000
• 변동제조간접비	160,000*
• 고정제조간접비	150,000
* 변동제조간접비는 직접노동시간에 비례하여 발생한다.	

최근 외부업체가 700단위를 단위당 ₩13,000씩에 판매해 줄 것을 요청해 왔다. 특별주문을 수락할 경우 회사의 영업이익에 미치는 영향은 얼마인가? 단, 유휴생산능력은 충분하다고 가정한다.

① ₩94,080 증가   ② ₩55,920 감소   ③ ₩55,920 증가

④ ₩155,200 증가   ⑤ ₩102,800 감소

18 온누리주식회사는 전화기를 제조하여 판매하는 회사이다. 회사는 전화기의 부품 중 주요부품 A도 자체 생산하고 있다. 회사가 10,000단위의 부품 A를 생산하는데 관련 원가자료가 다음과 같다.

	단위당 원가	10,000단위의 총원가
직접재료비	₩40	₩ 400,000
직접노무비	20	200,000
변동제조간접비	15	150,000
검사, 작업준비, 재료처리 관련 원가		20,000
설비 임차료		30,000
고정제조간접비(고정설비관리비 배부액)		300,000
총원가		₩1,100,000

회사는 당기에 외부납품업체로부터 개당 ₩82에 부품A를 원하는 수량만큼 공급하겠다는 제안을 받았다. 이와 관련된 추가자료는 다음과 같다.

⇒ 추가자료
① 검사, 작업준비 그리고 재료처리에 필요한 원가는 부품 A가 생산되는 배취 수에 따라 변한다. 회사는 부품 A를 1,000단위씩 하나의 배취로 일괄생산하고 있으며, 10,000 단위의 부품 A를 생산할 것으로 예상하고 있다.
② 회사는 부품 A를 제조하는데 필요한 설비를 임차하여 사용하고 있다. 그러나 만약 회사가 부품 A를 전량 외부납품업체로부터 구입할 경우 설비의 임차는 바로 해지가 가능하다.

만약 부품 A를 외부에서 구입할 경우에는 회사는 현재 부품에 생산되는 임차설비를 이용하여 추가 작업을 함으로서 전화기를 업그레이드할 수 있다. 회사는 업그레이드 된 전화기를 기존보다 ₩200 더 비싸게 판매할 수 있다. 이러한 추가 작업을 위해서는 단위당 ₩180의 변동비와 ₩160,000의 설계비(고정비)가 추가 발생한다. 회사가 10,000단위를 생산, 판매한다는 가정하에 부품 A를 외부구입할 경우 회사의 영업이익은 어떻게 변하겠는가?

① ₩100,000 증가 ② ₩50,000 증가 ③ ₩10,000 증가
④ ₩10,000 감소 ⑤ ₩30,000 감소

19 전주(주)는 연간 1,000단위의 부품을 생산한다. 이 부품의 단위당 원가는 다음과 같다.

• 변동제조원가	₩12
• 고정제조원가	9
• 단위당 제조원가	₩21

이 부품은 외부에서 단위당 ₩20에 구입할 수 있다. 그러나 부품을 외부에서 구입하더라도 고정제조원가의 단지 2/3만이 절약될 수 있다. 부품을 외부에서 구입할 경우 이익에 미치는 영향은 얼마인가?

① ₩1,000 증가 ② ₩1,000 감소 ③ ₩5,000 증가

④ ₩5,000 감소 ⑤ ₩2,000 감소

20 (주)국세는 현재 제품생산에 필요한 부품 10,000단위를 자가제조하여 사용하고 있는데, 최근에 외부의 제조업자가 이 부품을 전량 납품하겠다고 제의하였다. (주)국세가 이러한 제의에 대한 수락여부를 검토하기 위하여 원가자료를 수집한 결과 10,000단위의 부품을 제조하는데 발생하는 총제조원가는 다음과 같으며, 최대로 허용 가능한 부품의 단위당 구입가격은 ₩330으로 분석되었다.

직접재료원가	₩1,800,000
직접노무원가	700,000
변동제조간접원가	500,000
고정제조간접원가	500,000
총 제조원가	₩3,500,000

이 경우, (주)국세가 회피가능한 고정제조간접원가로 추정한 최대 금액은 얼마인가?

① ₩150,000 ② ₩200,000 ③ ₩250,000

④ ₩300,000 ⑤ ₩500,000

21 안건㈜는 완제품 생산에 필요한 부품을 자가제조하고 있다. 연간 부품 1,000개를 제조하는데 소요되는 원가는 다음과 같다.

	총 액	단위당 원가(₩)
직 접 재 료 원 가	₩80,000	₩80
직 접 노 무 원 가	50,000	50
변 동 제 조 간 접 원 가	50,000	50
설 비 감 가 상 각 비	20,000	20
고정제조간접원가배부액	70,000	70
총 계	₩270,000	₩270

충정㈜에서 1,000개의 부품을 개당 ₩200에 공급하겠다는 제의를 하였다. 안건㈜가 충정에서 부품을 공급받더라도 설비감가상각비와 고정제조간접원가는 계속 발생한다. 안건㈜가 부품을 외부에서 구입하는 경우에 연간 ₩50,000에 설비를 임대해 줄 수 있다고 한다. 안건㈜가 충정㈜의 제의를 받아들이는 것이 이익에 미치는 영향은 얼마인가?

① 이익 ₩20,000 감소   ② 이익 ₩20,000 증가   ③ 이익 ₩30,000 증가

④ 이익 ₩10,000 증가   ⑤ 이익 ₩30,000 감소

22 선풍기 제조회사인 (주)국세는 소형모터를 자가제조하고 있다. 소형모터 8,000개를 자가제조하는 경우, 단위당 원가는 다음과 같다.

직접재료원가	₩7
직접노무원가	3
변동제조간접원가	2
특수기계 감가상각비	2
공통제조간접원가 배부액	5
제품원가	₩19

(주)한국이 (주)국세에게 소형모터 8,000개를 단위당 ₩18에 공급할 것을 제안하였다. (주)국세가 (주)한국의 공급제안을 수용하는 경우, 소형모터 제작을 위해 사용하던 특수기계는 다른 용도로 사용 및 처분이 불가능하며, 소형모터에 배부된 공통제조간접원가의 40%를 절감할 수 있다. (주)국세가 (주)한국의 공급제안을 수용한다면, 자가제조하는 것보다 얼마나 유리 또는 불리한가?

① ₩24,000 불리   ② ₩32,000 불리   ③ ₩24,000 유리

④ ₩32,000 유리   ⑤ 차이없음

23 (주)연재는 제조공정에 사용되는 부품 A 20,000단위를 자체 제조하여 사용하고 있다. 부품 A의 단위당 원가는 다음과 같다.

직접재료비	₩ 6
직접노무비	30
변동제조간접비	12
고정제조간접비	16
합 계	₩64

최근 외부 업체로부터 이 부품을 단위당 ₩60에 20,000단위를 공급하겠다는 제의를 받았다. (주)연재는 ₩25,000의 비용절감을 가져올 수 있다면 이 부품을 구입하고자 한다. (주)연재가 외부업체의 제의를 수락할 경우 단위당 ₩9의 고정제조간접비가 절약될 것으로 기대한다. 또한 (주)연재가 이 제의를 받아들임으로써 생기는 여유설비는 부품 H의 제조에 사용되어 관련원가의 절약이 기대된다. 전체적으로 ₩25,000의 비용절감이 이루어지기 위해서 부품 H의 제조에 여유설비를 사용함에 따라 절약되어야 할 관련원가는 얼마인가?

① ₩ 80,000   ② ₩125,000   ③ ₩85,000

④ ₩140,000   ⑤ ₩145,000

24 ㈜한국완구는 매년 완구생산에 필요한 부품인 모터 3,000개 중 일부를 자체생산하고, 나머지 부족한 부분은 외주로 충당하고 있다. 자체생산은 모터부서에서 담당하며 연간 총 2,000개의 모터를 생산한다. 모터 1개당 변동제조원가는 ₩55이며, 모터부서의 총고정원가는 연간 ₩150,000이다. 자체생산시 발생하는 모터부서의 총고정원가 중 80%만이 모터부서 폐지시 회피가능한 원가이다. 외주로 조달하는 모터는 연간 총 1,000개이다. 당기 초 외주업체는 전격적으로 모터의 판매가격을 모터 1개당 ₩120에서 ₩100으로 인하하였다. 이에 따라 ㈜한국완구는 기업내 모터부서를 폐지하고, 모터 3,000개를 전량 외주업체에서 구매할 것을 검토하기 시작하였다. 이에 모터부서는 부서 폐지를 막기 위한 자구방안으로 단위당 변동제조원가 ₩10과 회피가능 고정원가 ₩10,000을 동시에 절감하였다. 만약 ㈜한국완구가 외주업체로부터 모터 3,000개 전량을 구입할 경우 ㈜한국완구의 순이익에 미치는 영향은 얼마인가? 단, 모터부서의 최대 생산능력은 자구방안과 관계없이 항상 2,000개이다.

① ₩0   ② ₩10,000 증가   ③ ₩30,000 증가

④ ₩40,000 증가   ⑤ ₩40,000 감소

25 ㈜한국은 제품 A와 제품 B를 생산·판매하고 있다. 제품 A와 제품 B 각각에 대한 연간최대조업도 100,000단위의 활동수준에서 예상되는 20x1년도 생산 및 판매와 관련된 자료는 다음과 같다.

구분	제품 A	제품 B
단위당 판매가격	₩120	₩80
단위당 변동원가		
직접재료원가	₩30	₩12
직접노무원가	₩20	₩15
변동제조간접원가	₩7	₩5
변동판매관리비	₩12	₩8
단위당 고정원가		
추적가능 고정제조간접원가	₩16	₩18
공통고정비	₩15	₩10
단위당 총원가	₩100	₩68
연간최대생산능력	100,000단위	100,000단위

제품별 추적가능 고정제조간접원가는 해당 제품의 생산을 중단하면 회피가능하나, 공통고정비는 제품 A 혹은 제품 B의 생산을 중단해도 계속해서 발생한다. ㈜한국은 20x1년초에 향후 1년 동안 제품 A 80,000단위와 제품 B 60,000단위를 생산·판매하기로 계획하였다. 그런데 ㈜한국이 기존의 계획을 변경하여 20x1년에 제품 B를 생산하지 않기로 한다면, 제품 A의 20x1년도 연간 판매량은 원래 계획한 수량보다 15,000단위 증가할 것으로 예측된다.

㈜한국이 20x1년에 제품 B의 생산을 전면 중단할 경우, 이익에 미치는 영향은?

① ₩165,000 감소   ② ₩165,000 증가   ③ ₩240,000 증가

④ ₩265,000 감소   ⑤ ₩265,000 증가

26 인천(주)의 11월 약식 손익계산서가 다음과 같다.

	합 계	甲부문	乙부문
매 출 액	₩200,000	₩80,000	₩120,000
변동원가	116,000	32,000	84,000
공헌이익	84,000	48,000	36,000
추적가능고정비용	60,000	20,000	40,000
부문이익	24,000	28,000	(4,000)
공통고정비	10,000	4,000	6,000
영업이익	₩ 14,000	₩24,000	(₩10,000)

각 부문이 폐쇄된다면 각 부문의 추적가능 고정비용의 3/4은 회피가능하다. 이 회사는 공통고정비를 각 부문의 매출액에 비례하여 배분하고 있다. 이 회사는 乙부문을 폐쇄할 경우 甲부문의 매출이 10% 감소할 것으로 예측하고 있으나 甲부문을 폐쇄할 경우 乙부문의 매출에는 영향이 없을 것으로 예측하고 있다. 이 회사가 乙부문을 폐쇄하기로 결정한다면 회사 전체의 영업이익은 얼마가 되는가?

① ₩18,000   ② ₩3,200   ③ ₩13,200

④ ₩8,000   ⑤ ₩10,000

27 (주)울산은 A, B, C 세 종류의 제품을 생산, 판매하고 있다. 2010년 (주)울산의 제품별 손익을 살펴본 결과 다음과 같이 나타났다.

항 목	A제품	B제품	C제품	합 계
매 출 액	₩1,000,000	₩2,000,000	₩1,000,000	₩4,000,000
변동원가	500,000	1,800,000	700,000	3,000,000
공헌이익	₩ 500,000	₩ 200,000	₩ 300,000	₩1,000,000
고정원가	200,000	400,000	200,000	800,000
영업이익	₩ 300,000	(₩ 200,000)	₩ 100,000	₩ 200,000

경영자는 손실을 보이고 있는 B제품의 생산중단을 고려하고 있으며, 이에 대한 자료를 다음과 같이 수집하였다. 총고정원가 ₩800,000은 각 제품의 매출액에 비례하여 배부한 것이며, B제품 생산중단시 총고정원가의 10%는 회피가능하고, 또한 C제품의 매출액이 20% 감소할 것으로 예상된다. (주)울산이 B제품의 생산을 중단할 경우 회사전체 이익은 얼마나 감소하는가?

① ₩120,000   ② ₩150,000   ③ ₩170,000

④ ₩180,000   ⑤ ₩200,000

28 (주)성남은 현재 A, B, C 세 가지 제품을 생산 판매한다. 이 제품의 금년 예상 매출 관련 수치는 아래와 같다. (단위는 만원이다)

	A제품	B제품	C제품	합계
매 출 액	₩4,000	₩2,000	₩3,000	₩9,000
매출원가				
직접재료비	1,000	400	400	1,800
직접노무비	1,200	300	200	1,700
제조간접비	2,000	900	2,000	4,900
매출총이익	(₩ 200)	₩ 400	₩ 400	₩ 600

제조간접원가는 세 가지 제품에 매출액 기준으로 배부된 고정제조간접원가 3,600만원을 포함한다. 이 공통원가 3,600만원은 한 가지 제품만 생산한다 하더라도 필요한 고정원가이다. 나머지는 모두 변동제조간접원가이다. 이 기업은 A제품의 매출총이익이 적자이므로 이 제품의 생산을 중단하려고 한다. A제품 생산을 중단할 때, A제품 관련 시설과 공간의 대체적 이용가치는 없다. A제품 생산을 중단하면 기업전체 매출총이익은 어떻게 바뀌는가?

① 200만원 증가　　　② 1,400만원 감소　　　③ 1,800만원 감소

④ 1,000만원 감소　　　⑤ 1,200만원 증가

29 ㈜세무는 기존 제품에 추가하여 새로운 제품 F(단위당 변동제조원가 ₩34)를 생산, 판매하려고 한다. 이 경우 기존 제품의 총공헌이익이 연간 ₩80,000 감소할 것으로 예상된다. 제품 F를 생산하면, 연간 총고정제조간접원가 중 ₩55,000이 제품 F에 배부되며, 기존에 납부하던 연간 유휴토지부담금 ₩25,000이 전액 면제된다. 제품 F를 판매할 경우, 판매 대리점에 지급하는 기존 제품에 대한 연간 고정판매비를 ₩35,000만큼 줄이는 대신에 제품 F의 판매비를 단위당 ₩4씩 지급하게 된다. 제품 F의 연간 판매량이 4,000단위로 예상될 때, ㈜세무의 연간 총손익에 변화가 없으려면 제품 F의 단위당 판매가격은?

① ₩13　　　　　　② ₩23　　　　　　③ ₩35

④ ₩43　　　　　　⑤ ₩55

30 ㈜갑은 제품 A와 제품 B를 생산·판매하고 있으며, 20×1년 제품별 손익계산서는 다음과 같다.

	제품 A	제품 B	합계
매 출 액	₩100,000	₩50,000	₩150,000
매 출 원 가			
직 접 재 료 원 가	25,000	15,000	40,000
직 접 노 무 원 가	20,000	13,000	33,000
제 조 간 접 원 가	11,000	10,000	21,000
합 계	56,000	38,000	94,000
매 출 총 이 익	₩44,000	₩12,000	₩56,000
판 매 관 리 비	30,000	15,000	45,000
영 업 이 익	₩14,000	(₩3,000)	₩11,000

㈜갑의 20×1년 제조간접원가 ₩21,000 중 ₩9,000은 작업준비원가이며, 나머지 ₩12,000은 공장설비의 감가상각비이다. 작업준비원가는 배치생산횟수에 비례하여 발생하며, 공장설비의 감가상각비는 회피불가능한 원가로서 매출액을 기준으로 각 제품에 배부된다. 각 제품의 판매관리비 중 40%는 변동원가이고 나머지는 회피불가능한 고정원가이다. 만약 제품 B의 생산라인을 폐지하면, 제품 A의 판매량은 30% 증가하게 되며 제품 A의 배치생산횟수는 20% 증가할 것으로 기대된다. 20×2년에도 제품별 수익 및 비용 구조는 전년도와 동일하게 유지될 것으로 예상된다.

㈜갑이 20×2년초에 제품 B의 생산라인을 폐지할 경우 연간 증분이익은 얼마인가?

① ₩2,000   ② ₩2,300   ③ ₩2,900

④ ₩3,200   ⑤ ₩3,600

31 ㈜한국은 제품라인별로 부문 X, 부문 Y 및 부문 Z를 유지하고 있다. ㈜한국의 지난 달 부문별 및 회사전체의 매출액, 비용, 이익에 관한 정보는 다음과 같다.

	부문 X	부문 Y	부문 Z	회사전체
매출액	₩1,250	₩750	₩500	₩2,500
변동비	500	250	300	1,050
공헌이익	750	500	200	1,450
고정비:				
급여	325	205	150	680
감가상각비	10	20	20	50
기타일반관리비	260	156	104	520
총고정비	595	381	274	1,250
영업이익(손실)	₩155	₩119	₩(74)	₩200

㈜한국의 재무담당이사(CFO)가 부문 Z의 폐지여부 결정을 하기 위해 세 부문에 부과되는 비용들에 대해 분석한 결과는 다음과 같다.

(1) 급여는 각 부문에 속한 종업원들에게 직접 지급되며, 부문 Z가 폐지될 경우 회사는 부문 Z에 근무하는 종업원들을 추가 비용의 발생없이 즉시 해고시킬 수 있다.
(2) 감가상각비는 각 부문의 설비에 대한 것이다. 각 부문의 설비는 부문의 특성에 맞게 주문제작된 것이기 때문에, 부문 Z가 폐지될 경우 부문 Z의 설비는 시장가치가 없다.
(3) 기타일반관리비는 회계·구매·관리비용을 나타내며, 각 부문의 매출액을 기준으로 각 부문에 배부된다. 부문 Z가 폐지되더라도 매월 발생하는 기타일반관리비 총액은 변동하지 않을 것으로 예상된다.

㈜한국이 부문 Z를 폐지하기로 결정한 경우, 부문 Z가 사용하던 유휴 공간 및 설비에 대한 대체적 용도가 없다. 다음 설명 중 옳지 않은 것은?

① 지난달 회사전체 공통고정비는 ₩520이다.
② 지난달 부문 X에 대해 추적가능한 고정비는 ₩325이다.
③ 지난달 부문 Y에 대한 공통고정비 배부전 부문이익(segment margin)은 ₩275 이다.
④ 부문 Z를 폐지하기로 결정한 경우, 회피가능한 고정비는 월 ₩150이다.
⑤ 부문 Z를 폐지하기로 결정한 경우, 회사전체의 영업이익은 월 ₩50만큼 감소 할 것이다.

32 (주)기아는 두 개의 보조부문 A, B와 두 개의 제조부문 X, Y를 가지고 있다. 다음은 이들 부문 간의 용역수수관계를 나타낸 것이다.

사용부문 / 공급부문	보조부문		제조부문		합계
	A	B	X	Y	
A	–	20단위	50단위	30단위	100단위
B	40단위	–	10단위	50단위	100단위

보조부문 A에서는 모두 변동비로서 ₩20,000이 지출되고, 보조부문 B에서도 모두 변동비로서 ₩10,000이 지출된다. 만일 외부에서 보조부문 B를 폐쇄하는 조건으로 단위당 ₩130에 용역을 공급하겠다는 제의가 왔을 경우 (주)기아가 이러한 제의를 받아들여야 하는지 또는 거절하여야 하는지에 관한 다음 설명 중 옳은 것은?

① 단위당 외부구입가격 ₩130이 보조부문 B에서 공급하는 ₩100보다 크기 때문에 거절한다.

② 보조부문 B를 폐쇄함으로써 생기는 절약분은 ₩14,000인데, 외부에서 구입하면 ₩11,960의 지출이 발생하므로 보조부문 B를 폐쇄한다.

③ 보조부문 B를 폐쇄함으로써 생기는 절약분은 ₩11,960인데, 외부에서 구입하면 ₩14,000의 지출이 발생하므로 보조부문 B를 유지한다.

④ 보조부문 B를 폐쇄함으로써 생기는 절약분은 ₩12,320인데 외부에서 구입하면 ₩10,000의 지출이 발생하므로 보조부문 B를 폐쇄한다.

⑤ 보조부문 B를 폐쇄함으로서 생기는 절약분은 ₩10,000인데, 외부에서 구입하면 ₩12,320의 지출이 발생하므로 보조부문 B를 유지한다.

33 (주)상호는 제조부문 X, Y와 보조부문 A(동력부문), B(수선부문)를 운영하고 있으며, 각 부문 간의 용역수수관계 및 각 부문별 발생원가는 다음과 같을 때, 외부업체로부터 동력부문의 용역을 kwh당 ₩20에 공급하겠다는 제의를 받았다.

사용 / 제공	보조부문		제조부문		합계
	A(동력부문)	B(수선부문)	X	Y	
A	–	2,000kwh	5,000kwh	3,000kwh	10,000kwh
B	2,500h	–	1,500시간	1,000시간	5,000시간
발생원가 변 동 비	₩100,000	₩120,000	₩360,000	₩420,000	₩1,000,000
고 정 비	150,000	90,000	220,000	140,000	600,000

외부로부터 용역을 구입할 경우 동력부문의 고정비 중 감독자에 대한 급여 ₩37,000
은 더 이상 발생하지 않는다면, 다음 중 회사가 외부업체에게 지불할 수 있는 최대금
액은 kwh당 얼마인가?

① ₩19   ② ₩20   ③ ₩21

④ ₩22   ⑤ ₩23

34 (주)세무의 보조부문 A, B와 제조부문 P, Q를 운영하고 있으며, 각 부문의 용역수수
관계와 각 보조부문에서 발생한 원가는 다음과 같다.

사용부문 제공부문	보조부문		제조부문		용역생산량
	A	B	P	Q	
A	10%	40%	20%	30%	1,000단위
B	20%	10%	40%	30%	2,000단위

ㅇ 보조부문 A의 원가 : ₩50,000 + ₩70 × 1,000단위
ㅇ 보조부문 B의 원가 : ₩30,000 + ₩150 × 2,000단위

(주)세무는 현재 운영하고 있는 보조부문을 폐쇄하는 방안을 고려하던 중, (주)한국
으로부터 보조부문 A가 생산하던 용역을 단위당 ₩150에, (주)대한으로부터는 보조
부문 B가 생산하던 용역을 단위당 ₩200에 공급하겠다는 제의를 받았다. (주)세무가
보조부문의 용역을 외부에서 구입하더라도 각 보조부문에서 발생하는 고정원가를
회피할 수 없다. 다음 설명 중 옳은 것은?

① (주)세무는 보조부문 A와 B를 계속해서 유지하는 것이 유리하다.
② (주)세무가 보조부문 A를 폐쇄하고 (주)한국의 제의를 수락할 경우, 영업이익
   ₩7,000 증가한다.
③ (주)세무가 보조부문 B를 폐쇄하고 (주)대한의 제의를 수락할 경우, 영업이익
   이 ₩20,000 감소한다.
④ (주)세무가 보조부문 A의 용역을 외부로부터 구입할 경우, 지불할 수 있는 최
   대 가격은 단위당 ₩120이다.
⑤ (주)세무가 보조부문 B의 용역을 외부로부터 구입할 경우, 지불할 수 있는 최
   대가격은 단위당 ₩170이다.

35 ㈜한국은 두 개의 보조부문(부문 S_1과 부문 S_2)과 두 개의 제조부문(부문 P_1과 부문 P_2)을 사용하여 제품을 생산하고 있다. 20×1 회계연도에 각 보조부문이 생산하여 타부문에 제공할 용역의 양과 보조부문의 원가에 관한 예산자료는 다음과 같다.

(1) 보조부문의 용역생산량과 타부문에 제공할 용역량

보조부문	보조부문의 용역생산량	각 보조부문이 타부문에 제공할 용역량			
		S_1	S_2	P_1	P_2
S_1	200단위	–	40단위	100단위	60단위
S_2	200단위	100단위	–	20단위	80단위

(2) 보조부문의 원가

	부문 S_1	부문 S_2
· 간접재료원가(변동비)	₩560,000	₩ 80,000
· 감 독 자 급 여(고정비)	80,000	80,000
· 감 가 상 각 비(고정비)	200,000	240,000
계	₩840,000	₩400,000

20×0년말 ㈜한국은 ㈜대한으로부터 현재 부문 S_2에서 제공하고 있는 용역을 단위당 ₩1,400에 공급해 주겠다는 제안을 받았다. 만약 이 제안을 20×1년초에 수락할 경우 ㈜한국은 부문 S_2의 간접재료원가를 회피할 수 있으며 부문 S_2의 감독자급여를 50% 만큼 절감할 수 있다. 그리고 부문 S_2의 설비는 타사에 임대하여 연간 ₩24,000의 수익을 얻을 수 있다. 만약 20×1년초에 ㈜한국이 ㈜대한의 제안을 수락함으로써 부문 S_2를 폐쇄하고 ㈜대한으로부터 용역을 구입하기로 결정하는 경우, 이러한 결정은 ㈜한국의 20×1 회계연도 이익에 어떠한 영향을 미치게 될 것인가?

① ₩1,000 증가   ② ₩2,000 증가   ③ ₩3,000 증가

④ ₩4,000 증가   ⑤ ₩5,000 증가

36~37

다음 자료에 의하여 36번과 37번에 답하시오.

(주)동운은 두 개의 제조부문(P_1, P_2)과 세 개의 보조부문(S_1, S_2, S_3)을 가지고 있으며, 부문 간의 용역수수관계와 보조부문의 원가자료는 다음과 같다.

공급부문 \ 사용부문	제조부문		보조부문			합계
	P_1	P_2	S_1	S_2	S_3	
S_1	4,000단위	3,000단위	0단위	1,500단위	1,500단위	10,000단위
S_2	5,000단위	4,000단위	1,000단위	0단위	0단위	10,000단위
S_3	4,000단위	5,000단위	1,000단위	0단위	0단위	10,000단위
변동원가	?	?	₩300,000	₩200,000	₩100,000	?
고정원가	?	?	₩500,000	₩100,000	₩200,000	?

(주)동운은 동일한 생산수준을 유지하면서 보조부문 S_1의 용역을 모두 외부로부터 구입하고자 하며, 이 경우에 보조부문 S_1의 고정원가 10%, 보조부문 S_2의 고정원가 5%, 보조부문 S_3의 고정원가 5%가 각각 감소할 것으로 예상된다.

36 보조부문 S_1의 용역을 모두 외부로부터 구입하는 경우, (주)동운이 필요로 하는 보조부문 S_1의 용역은 몇 단위인가?

① 9,600단위   ② 9,700단위   ③ 9,800단위

④ 9,900단위   ⑤ 10,000단위

37 보조부문 S_1의 용역을 모두 외부로부터 구입하는 경우, (주)동운이 외부구입으로 인한 손실을 발생시키지 않고 지불할 수 있는 보조용역 S_1의 최대 구입금액은 얼마인가?

① ₩365,000   ② ₩375,000   ③ ₩385,000

④ ₩395,000   ⑤ ₩405,000

38 오각회사는 5가지의 제품을 생산하고 있다. 이 회사는 다른 자원은 충분한데 기계의 가동시간(M)은 한정되어 제약조건이 되고 있다. 각 제품 1단위당 기계소요시간을 Mi라고 하고 각 제품의 판매가격은 Pi이고 변동비는 Vi라고 하자. 이 회사의 최적생산량을 결정하기 위해서는 다음 중 어느 것이 높은 제품을 먼저 생산할 것인가?

① $Pi - Vi$(제품단위당 공헌이익)

② $\dfrac{Pi - Vi}{Pi}$ (제품단위당 공헌이익률)

③ $\dfrac{Pi - Vi}{Mi}$ (제품의 기계시간당 공헌이익)

④ $\dfrac{(Pi - Vi)/Pi}{Mi}$ (제품의 기계시간당 공헌이익률)

⑤ $\dfrac{Mi}{Pi - Vi}$ (제품의 공헌이익당 기계시간)

39 태양회사는 A, B, C 쥬스를 생산한다. 각 제품의 상자당 자료는 다음과 같다.

	A	B	C
판 매 가	₩2,600	₩2,200	₩2,500
변 동 비	₩1,400	₩1,200	₩1,420
재료사용량	3kg	2kg	2.4kg

재료 총공급량이 18,000kg으로 제한되어 있고, 각 제품의 최대 판매량은 3,000상자이다. 이익을 최대화하기 위해 각 제품을 몇 상자씩 판매하여야 하는가?

	A	B	C
①	3,000	650	3,000
②	3,000	3,000	1,250
③	3,000	3,000	1,450
④	2,000	3,000	3,000
⑤	1,600	3,000	3,000

40 (주)세무는 두 종류의 제품 A와 B를 생산·판매한다. 두 제품의 월간 예상판매 및 원가자료는 다음과 같다.

항목		제품A	제품B
제품 단위당	판매가격	₩50	₩45
	변동제조원가	32	25
	고정제조간접원가	5	7
	변동판매관리비	8	5
	고정판매관리비	2	2
기계시간당 생산량		4단위	2단위
월간 예상수요량		120단위	80단위

(주)세무의 월간 최대 사용가능한 기계시간은 50시간이다. (주)세무가 영업이익을 극대화할 수 있는 월 최적 제품배합은? (단, 월간 고정원가 총액은 일정하다.)

	제품A	제품B			제품A	제품B			제품A	제품B
①	40단위	80단위		②	60단위	70단위		③	80단위	60단위
④	100단위	50단위		⑤	120단위	40단위				

41 (주)세무는 세 가지 제품인 A, B, C를 생산 판매하고 있다. 세 가지 제품 각각에 대해 예상되는 월 생산 및 판매와 관련된 자료는 다음과 같다.

	제품 A	제품 B	제품 C
단위당 변동제조원가	₩40.80	₩45.10	₩45.00
단위당 고정제조원가	19.80	27.70	21.00
단위당 총제조원가	₩60.60	₩72.80	₩66.00
단위당 기계소요시간	1.25시간	2.50시간	1.80시간
단위당 판매가격	₩73.00	₩87.00	₩84.00
단위당 변동판매관리비	₩ 2.20	₩ 1.90	₩ 3.00
월 예상 시장수요량	1,000단위	3,000단위	3,000단위

세 가지 제품에 대한 시장의 수요는 충분하여 월 예상 시장수요량을 생산하면 모두 판매가 가능하다고 가정한다. (주)세무의 월 최대 사용가능한 기계시간은 13,650시간이다. (주)세무의 영업이익을 극대화 할 수 있는 월 최적 제품배합은?

	제품 A	제품 B	제품 C
①	600단위	3,000단위	3,000단위
②	1,000단위	3,000단위	2,720단위

③ 1,000단위	2,800단위	3,000단위
④ 1,000단위	3,000단위	3,000단위
⑤ 800단위	2,900단위	3,000단위

42 ㈜제아는 청소기와 공기청정기를 생산하고 있다. 제품생산과 관련된 정보는 다음과 같다.

구 분	청소기	공기청정기
최대 판매가능수량	6,000개	9,000개
단위당 공헌이익	₩50	₩60
단위당 소요기계시간	2시간	3시간

생산에 투입가능한 최대 기계시간이 33,000시간이라고 할 때, 추가적인 설비투자 없이 최적생산량을 생산한다면 ㈜제아가 달성할 수 있는 최대 공헌이익은 얼마인가?

① ₩369,600   ② ₩690,000   ③ ₩720,000
④ ₩780,000   ⑤ ₩840,000

43 ㈜한국은 동일한 직접재료 M을 사용하여 세 가지 제품 A, B, C를 생산·판매한다. 다음은 ㈜한국이 생산·판매하고 있는 각 제품의 단위당 판매가격, 변동원가 및 공헌이익에 관한 자료이다.

구분	제품 A	제품 B	제품 C
단위당 판매가격	₩900	₩1,350	₩1,200
단위당 변동원가			
직접재료원가	160	320	200
기타변동원가	480	590	700
계	640	910	900
단위당 공헌이익	₩260	₩440	₩300

㈜한국은 공급업체로부터 직접재료 M을 매월 최대 4,000kg까지 구입가능하며, 직접재료 M의 구입가격은 kg당 ₩40이다. ㈜한국의 각 제품에 대한 매월 최대 시장수요량은 400단위이다. ㈜한국이 이익을 최대화하기 위해 각 제품을 매월 몇 단위씩 생산·판매하여야 하는가?

	제품 A	제품 B	제품 C
①	400단위	50단위	400단위
②	400단위	300단위	0단위
③	200단위	400단위	0단위
④	0단위	400단위	160단위
⑤	0단위	250단위	400단위

44 ㈜세무는 제품A와 제품B를 생산·판매하고 있으며, 두 제품의 단위당 연간 자료는 다음과 같다. 변동제조간접원가는 제품생산에 소요되는 기계시간을 기준으로 계산한다.

구 분	제품 A	제품 B
판매가격	₩200,000	₩240,000
직접재료원가	85,000	95,000
직접노무원가	10,000	10,000
변동제조간접원가(기계시간당 ₩5,000)	20,000	30,000
변동판매관리비	5,000	15,000
고정제조간접원가	15,000	25,000
고정판매관리비	30,000	20,000
단위당 원가 계	165,000	195,000

㈜세무가 제품A와 제품B의 생산에 사용할 수 있는 최대 기계시간은 연간 3,700시간이다. ㈜세무가 제품을 외부로 판매할 경우 시장의 제한은 없으나, 연간 외부 최대 수요량은 제품A 700개, 제품B 400개이다. ㈜세무가 영업이익을 최대화할 수 있는 제품배합은?

	제품A	제품B		제품A	제품B
①	700개	100개	②	700개	150개
③	700개	400개	④	250개	400개
⑤	325개	400개			

45 대한회사는 세 가지 제품 X, Y, Z를 생산·판매하고 있다. 매월 이용가능한 기계시간은 총 20,000시간으로 제한되어 있다. 대한회사의 2007년 4월중 예상되는 각 제품의 단위당 판매가격, 단위당 변동원가, 단위당 소요되는 기계시간 및 최대시장수요량은 다음과 같다.

	X	Y	Z
단위당 판매가격	₩20	₩30	₩40
단위당 변동원가	₩14	₩18	₩32
단위당 기계시간	3시간	4시간	2시간
최대시장수요량	7,000단위	5,400단위	4,000단위

대한회사가 2007년 4월에 예상할 수 있는 최대 공헌이익은 얼마인가?

① ₩60,000 ② ₩64,600 ③ ₩67,000
④ ₩68,000 ⑤ ₩69,500

46 청주회사는 부품 A, B, C, D를 사용하여 제품을 생산하고 있다. 이들 부품은 자체에서 생산될 수도 있고 외부에서 구입할 수도 있다. 이들 부품의 자체생산에 이용할 수 있는 총 기계시간은 연간 6,000시간이며 변동제조원가만이 회피가능원가이다. 각 부품과 관련된 정보는 다음과 같다.

	A	B	C	D
직접재료비	₩3,000	₩4,000	₩5,000	₩6,000
직접노무비	1,500	1,000	3,000	4,000
변동제조간접비	500	1,500	2,000	3,000
단위당 외부구입가격	₩6,000	₩9,500	₩12,000	₩11,500
단위당 기계시간	2시간	4시간	1시간	2시간
연간 소요량	1,500단위	1,000단위	2,000단위	1,000단위

부품 D의 단위당 외부구입가격이 얼마 이상으로 올라야 부품 D를 자체생산하는 것이 유리한가?

① ₩13,000 ② ₩13,500 ③ ₩14,000
④ ₩14,500 ⑤ ₩15,000

47 ㈜세무는 제품 A, 제품 B 및 제품 C를 생산하여 판매한다. 이 세 제품에 공통으로 필요한 재료 K를 품귀현상으로 더 이상 구입할 수 없게 되었다. ㈜세무의 재료 K 보유량은 3,000kg이며, 재료 K가 소진되면 제품 A, 제품 B 및 제품 C는 더 이상 생산할 수 없다. ㈜세무는 각 제품의 사전계약 물량을 의무적으로 생산하여야 하며, 사전계약 물량과 별도로 추가 최대수요량까지 각 제품을 판매할 수 있다. ㈜세무의 관련 자료가 다음과 같을 때, 최대의 공헌이익 총액(사전계약 물량 포함)은?

	제품 A	제품 B	제품 C
사전계약 물량	100단위	100단위	300단위
추가 최대수요량	400단위	100단위	1,500단위
단위당 판매가격	₩100	₩80	₩20
공헌이익률	24%	25%	60%
단위당 재료 K 사용량	3kg	5kg	2kg

① ₩19,000　　　② ₩19,500　　　③ ₩20,000

④ ₩20,500　　　⑤ ₩21,000

48 고속도로 휴게소의 편의점을 운영하고 있는 안성휴게소의 김씨는 A, B, C, D 네 가지 제품을 선반에 어떻게 진열할지에 대해 고민하고 있다. 네 가지 음료와 관련된 자료는 다음과 같다.

	제품A	제품B	제품C	제품D
단위당 판매가격	₩10,000	₩13,000	₩7,000	₩18,000
단위당 변동비	9,000	12,500	6,700	16,500
단위당 공헌이익	₩1,000	₩500	₩300	₩1,500
선반 1㎡당 1일 판매량	10단위	30단위	25단위	7단위

네 가지 음료를 진열할 선반의 면적은 20㎡이다. 각 제품은 최대 7㎡까지만 할당할 수 있으며, 모든 제품은 기본적으로 2㎡는 무조건 진열을 하여야 한다. 김씨가 달성할 수 있는 최대 공헌이익은 얼마인가?

① ₩224,500　　　② ₩227,000　　　③ ₩233,500

④ ₩238,500　　　⑤ ₩241,000

49

(주)국세는 세 종류의 제품 A, B, C를 독점하여 생산, 판매하고 있다. 제품생산을 위해 사용되는 공용설비의 연간 사용시간은 총 80,000시간으로 제한되어 있다. 2011년도 예상 자료는 다음과 같다.

구 분	제품 A	제품 B	제품 C
단위당 판매가격	₩1,000	₩1,500	₩2,000
단위당 변동원가	₩300	₩600	₩1,200
단위당 공용설비사용시간	10시간	20시간	16시간
연간 최대시장 수요량	2,000단위	3,000단위	2,000단위

위 자료에 근거한 설명으로 옳은 것은?

① 제품단위당 공헌이익이 가장 큰 제품은 A이다.
② 공용설비사용시간당 공헌이익이 가장 큰 제품은 C이다.
③ (주)국세가 2011년에 획득할 수 있는 최대공헌이익은 ₩4,260,000이다.
④ (주)국세가 2011년 공헌이익을 최대화하는 경우, 생산된 총제품수량은 5,500개이다.
⑤ (주)국세가 2011년 공헌이익을 최대화하기 위해서는 제품 C, 제품 B, 제품 A의 순서로 생산한 후 판매해야 한다.

50

(주)대한은 다음과 같은 3가지 제품을 동일한 생산라인에서 기계작업을 통하여 생산, 판매하고 있다. 생산, 판매와 관련된 자료는 다음과 같다.

	A제품	B제품	C제품
단위당 판매가격	₩500	₩350	₩500
단위당 변동원가	₩200	₩100	₩100
단위당 기계소요시간	2시간	1시간	2시간
월간 시장수요	150개	270개	40개

(주)대한의 월간 최대기계가동시간은 450시간이며, 월 ₩40,000의 고정원가가 발생한다. 현재 (주)대한은 기계를 가장 효율적으로 가동하고 있으며, 새로운 D제품을 생산라인에 추가할 지를 고려하고 있다. D제품의 단위당 변동원가는 ₩300이며 단위당 기계소요시간은 4시간이다. (주)대한이 생산한 제품은 모두 판매할 수 있으며, D제품을 추가하여도 판매가격과 원가의 변동은 없다. D제품을 생산라인에 추가하여서 영업이익을 증가시키고자 한다면, D제품의 단위당 판매가격은 최소한 얼마를 초과하여야 하는가?

① ₩700   ② ₩800   ③ ₩900
④ ₩1,000   ⑤ ₩1,100

51 K회사는 다음과 같은 두 가지 제품을 생산하고 있다.

	갑 제품	을 제품
제품단위당 :		
직접재료원가	₩60	₩120
직접노무원가	40	90
제조간접원가(기계시간당 ₩40)	160	320
외부구입가격	240	460
연간외부주문량	3,000단위	5,000단위

고정제조간접원가배부율은 기계시간당 ₩15이다. 회사는 주문이 들어오면 외부에서 구입하여 제공하더라도 주문을 모두 수락하는 정책을 가지고 있다. 기계시간이 총 32,000시간으로 제한되어 있고 회사는 이익극대화를 목표로 한다고 할 때, 다음의 기술 중에서 옳지 않은 것은?

① 변동제조간접원가의 기계시간당배부율은 ₩25이다.
② 甲제품의 단위당 변동제조원가는 ₩200이다.
③ 변동제조원가에 비하여 외부구입가격이 상대적으로 큰 제품은 乙이기 때문에, 기계시간당 원가절감효과도 甲제품에 비하여 乙제품이 크게 나타난다.
④ 甲제품은 외부주문수량의 전량을 자가생산하여야 한다.
⑤ 乙제품은 외부주문수량의 ½을 자가생산하고 나머지 ½은 외부구입하여야 한다.

52~53

다음 자료를 이용하여 52번과 53번에 답하시오.

㈜도원은 정밀기계를 위한 특수필터와 가정의 전자제품용 일반필터를 생산하여 판매하고 있다. 20×8년도 ㈜도원의 제품 생산량과 단위당 자료는 다음과 같다.

구 분	특수필터	일반필터
생 산 량	2,000개	6,000개
판 매 가 격	₩500	₩300
직접재료비	150	100
직접노무비	60	80
변동제조간접비	90	60
변동판매관리비	50	30

㈜도원의 연간 최대조업도는 21,000 기계시간이며, 20×8년도 변동제조간접비는 기계시간당 ₩30이었다. ㈜도원의 매년 생산량과 판매량은 동일한 것으로 가정한다.

52 ㈜도원은 특수필터 제품에 대한 판매활동을 강화하여 특수필터와 일반필터의 매출배합을 2 : 3으로 변경하는 것을 고려하고 있다. 매출배합의 변경은 오직 특수필터 제품의 변동판매관리비에만 영향을 준다. 특수필터와 일반필터의 전체 판매량을 8,000단위로 하고 매출배합을 변경할 경우에 두 제품의 판매로 인한 총공헌이익이 매출배합 변경전과 동일하다면, 특수필터 제품의 단위당 변동판매관리비는 얼마인가?

① ₩50   ② ₩65   ③ ₩75

④ ₩85   ⑤ ₩95

53 ㈜도원이 연간 최대조업도 하에서 특수필터와 일반필터를 각각 최소한 1,500단위 이상 판매하는 경우, 총공헌이익을 최대화하기 위한 특수필터와 일반필터의 판매량은 얼마인가?

	특수필터 판매량	일반필터 판매량
①	4,500단위	6,750단위
②	4,500단위	8,250단위
③	5,000단위	1,500단위
④	6,000단위	1,500단위
⑤	6,500단위	1,500단위

54~55

다음 자료를 이용하여 54번과 55번에 답하시오.

㈜스피드는 사무용복합기 A모델과 B모델을 생산하여 판매하고 있으며 두 모델의 단위당 자료는 다음과 같다.

	A모델	B모델
직접재료원가	₩240,000	₩320,000
직접노무원가	100,000	160,000
변동제조간접원가 (기계시간당 ₩10,000)	40,000	80,000
고정제조간접원가	40,000	40,000
단위당제조원가	₩420,000	₩600,000
판매가격	₩520,000	₩800,000

㈜스피드의 최대 조업도는 월 6,000기계시간이며, 현재 시장의 월간수요량은 A모델 800개, B모델 500개이다.

54 이상의 자료에 근거할 때 ㈜스피드가 영업이익을 극대화할 수 있는 제품배합은 무엇인가?

	A모델	B모델			A모델	B모델
①	800개	350개		②	0개	750개
③	400개	550개		④	1,000개	250개
⑤	500개	500개				

55 새로운 거래처로부터 A모델 200개를 단위당 ₩480,000에 구매하겠다는 일회성 특별주문(special order)을 받았다. ㈜스피드가 (문44)에서의 극대화된 영업이익 수준을 유지하면서 특별주문을 수락할 수 있는 최저 판매가격은 얼마인가? (단, 특별주문과 관련하여 생산설비의 증설은 없다.)

① ₩480,000　　② ₩420,000　　③ ₩380,000

④ ₩500,000　　⑤ ₩600,000

56 (주)한국은 단일 기계설비를 이용하여 두 종류의 제품 H와 L을 생산·판매해 오고 있다. (주)한국의 월간생산능력은 H제품만 생산할 경우 400개이다. H제품 1개 생산에 소요되는 시간은 L제품의 2배이다. 설비능력 및 시장수요를 감안한 (주)한국의 3월 계획은 H제품 300개와 L제품 200개를 생산·판매하는(즉, 기계설비를 100% 가동하는) 것이다. 최근 (주)한국은 L제품 100개를 정규가격 이하인 단위당 ₩50에 3월 중 납품해 달라는 특별주문을 받았다. 단위당 원가 및 가격자료는 다음과 같다.

	H 제품	L 제품
정 규 판 매 가 격	₩100	₩60
직 접 재 료 원 가	₩40	₩20
직접노무원가(변동원가)	20	15
변 동 제 조 간 접 원 가	10	5
고 정 제 조 간 접 원 가	20	10
합 계	₩90	₩50

특별주문을 받아들일 경우 (주)한국의 이익은 당초 계획에 비해 어떻게 달라지겠는가?

① 이익에 변화 없음   ② ₩1,000 이익감소   ③ ₩500 이익감소
④ ₩2,000 이익감소   ⑤ ₩1,500 이익감소

57 ㈜대한은 한복 A와 한복 B를 생산하여 판매하고 있다. 한복 A와 한복 B의 제작에 사용되는 재료인 명주와 염료는 1년에 각각 100kg과 150리터만 확보가 가능하다. 한복 A에 대한 시장수요는 무한하나, 한복 B에 대한 시장수요는 연간 70단위이다. 단위당 공헌이익 및 생산관련 재료사용량이 다음과 같을 때 최적 제품 배합에 의한 총 공헌이익은 얼마인가?

구분	한복 A	한복 B
단위당 공헌이익	₩3,000	₩1,000
단위당 명주 사용량	1kg	1kg
단위당 염료 사용량	2리터	1리터

① ₩225,000   ② ₩200,000   ③ ₩160,000
④ ₩150,000   ⑤ ₩100,000

58 대한제과에서는 각종 이벤트행사용 선물주머니의 판매로부터 매출총이익을 최대로 하는 배합으로 사탕과 쵸코렛을 선물주머니에 담았다고 할 경우 총 1,000개의 선물주머니를 판매하여 얻을 수 있는 최대 매출 총이익은? 단, 선물주머니 1개당 판매단가는 ₩1,000이며, 선물주머니의 내용물 구성과 관련된 조건은 다음과 같다.

	사 탕	쵸코렛	선물주머니의 구성
단위당무게	24g	12g	360g 이상
수 량	?	?	26개 이상
단위당원가	₩ 30/개	₩ 20/개	

① ₩340,000　　　② ₩400,000　　　③ ₩420,000

④ ₩440,000　　　⑤ ₩380,000

59 삼다수 회사는 제품 X와 Y를 생산하여 판매하고 있다. X제품 단위당 공헌이익은 ₩20이고, Y제품 단위당 공헌이익은 ₩10이다. X를 생산하는 데에는 단위당 2시간의 직접노동시간이, Y를 생산하는 데에는 단위당 3시간의 직접노동시간이 소요되며, 최대로 100시간의 직접노동시간을 초과할 수 없다. 또한 X를 생산하는 데에는 단위당 3시간의 기계시간이, Y를 생산하는 데에는 단위당 2시간의 기계시간이 필요하며 최대 사용가능한 기계시간은 50시간이다. 이 경우 X와 Y를 판매하여 얻을 수 있는 최대 공헌이익은 얼마인가?

① ₩0　　　② ₩200　　　③ ₩250

④ ₩333　　　⑤ ₩427

60 대한익스프레스는 이사전문업체로서 이사서비스의 품질을 (1) 이삿짐운송시간, (2) 정시운송(약속한 시간까지 이사완료), (3) 분실 또는 파손된 이사짐 수로 측정한다. 대한익스프레스는 연간 ₩160,000,000이 소요되는 통합물류시스템을 도입하여 성과를 개선하려고 한다. 새로운 시스템의 도입으로 이사서비스품질이 향상된다면 이에 비례하여 매출수익도 증가될 것으로 예상된다. 대한익스프레스의 공헌이익률이 40%라면, 최소한 얼마 이상의 매출수익 증가가 실현되어야 새로운 통합물류시스템의 도입을 정당화할 수 있는가?

연간 성과의 비교	현재의 성과	새로운 시스템 도입시 예상성과
정시운송성과	85%	95%
분실 또는 파손 이사짐* 수	3,000개	1,000개

* 분실 또는 파손된 이사짐 1개당 실패원가(배상해주어야 할 비용)는 ₩60,000이다.

① ₩80,000,000   ② ₩95,000,000   ③ ₩10,000,000
④ ₩85,000,000   ⑤ ₩100,000,000

61 대규모 가구제조업을 영위하는 종로회사는 적시(JIT)구매/생산시스템을 채택하고자 한다. 높은 재고수준을 요하는 업종의 특성으로 이 회사의 평균재고액은 ₩75,000,000이다. 종로회사가 JIT시스템을 채택하면 현재 사용 중인 가구보관창고 2개가 더 이상 필요없게 되며, 이 가구보관창고를 다른 회사에 임대할 경우 한 개당 연간 ₩4,000,000의 임대료를 받을 것으로 예상한다. 추가적인 원가절감요인으로 창고운영비와 재고자산손해보험료 등 연간 ₩500,000을 절감할 수 있으며, 재고수준감소에 따라 재고자산파손비와 기업의 자금비용으로 각각 평균재고액의 1%, 5%를 원가절감할 수 있다. 그러나 JIT시스템은 가구의 주문횟수를 증가시켜 주문원가가 ₩5,000,000이 추가적으로 발생한다. 또한 수요가 일시적으로 증가할 경우 수요에 감당하지 못하여 연간 200단위의 재고부족원가가 예상된다. 재고자산의 단위당공헌이익은 ₩20,000이다. 종로회사가 JIT시스템을 채택할 경우 절감할 수 있는 원가를 구하시오.

① ₩4,000,000   ② ₩5,000,000   ③ ₩6,000,000
④ ₩7,000,000   ⑤ ₩8,000,000

62 ㈜청솔이 신제품 PS를 생산할 경우, 신제품과 관련하여 발생할 것으로 예상되는 원가 자료는 다음과 같으며, 이 회사는 변동원가계산(variable costing)을 적용하고 있다.

- 단위당 직접재료원가   ₩150
- 단위당 직접노무원가   100
- 단위당 변동제조간접원가   50
- 총고정제조간접원가   1,000,000

PS를 생산·판매하는 경우 적절한 수준의 재고자산을 유지해야 하기 때문에 추가적인 연간 고정재고유지원가가 발생한다. 연간 고정재고유지원가는 평균재고자산의 20%로 추정된다. PS의 직접재료, 재공품, 제품의 평균재고수준은 1개월분의 생산량이며 재공품의 평가에 적용되는 완성도는 직접재료원가는 100%, 직접노무원가와 변동제조간접원가는 50%로 추정된다. PS가 생산·판매되면 공헌이익율이 20%인 기존 제품의 매출액은 ₩3,000,000 감소할 것이다. ㈜청솔이 12,000단위의 PS를 단위당 ₩500에 판매하는 경우의 연간 영업손익의 변화는 얼마인가?

① ₩135,000 감소   ② ₩665,000 증가   ③ ₩1,665,000 증가

④ ₩440,000 증가   ⑤ ₩800,000 증가

63 제약이론(theory of constraints)에 대한 다음의 설명 중 가장 타당하지 않은 것은?

① 제약이론에서는 기업의 생산활동과 관련된 내부적 제약요인을 집중적으로 관리하고 개선하여 생산활동을 최적화하고자 한다.

② 제약이론의 생산최적화 과정은 제약요인을 찾아 개선한 후에 또 다른 제약요인을 찾아 지속적으로 개선하는 과정을 밟는다.

③ 제약이론을 원가관리에 적용한 재료처리량공헌이익(throughput contribution)은 매출액에서 직접재료비와 직접노무비를 차감하여 계산한다.

④ 제약이론은 재료처리량공헌이익을 증가시키고, 투자 및 운영원가를 감소시키는 것을 목적으로 한다.

⑤ 제약이론에서는 운영원가를 단기적으로 변화시킬 수 없는 고정비로 본다.

64 (주)한강은 두 가지 공정을 거쳐 제품을 생산하는 회사이며, 관련 자료는 다음과 같다.

	제1공정	제2공정
연간 최대생산능력	1,000단위	600단위
연간 고정원가	₩2,000	₩1,000
단위당 변동원가	₩30	₩10

제품은 단위당 ₩60에 판매되며. 생산된 제품은 생산량에 관계없이 판매가 가능하다고 가정한다. 제2공정에 연간 리스료가 ₩1,000인 기계장치 1대를 리스하여 투입하면, 연간 100단위의 제품을 추가로 생산할 수 있다. 동 기계장치 1대를 리스할 경우 증분손익은 얼마인가?

① 증분이익 ₩500　　　② 증분손실 ₩500　　　③ 증분이익 ₩1,000

④ 증분이익 ₩5,000　　　⑤ 증분이익 ₩9,000

65 ㈜대한은 연속된 공정 A와 B를 거쳐서 완제품을 생산한다. ㈜대한은 매년 500단위의 제품을 생산하여 기존시장에서 단위당 ₩3,000에 전부 판매한다. 당기에 ㈜대한은 새로운 거래처인 ㈜민국으로부터 완제품 150단위를 단위당 ₩2,500에 공급해 달라는 주문을 받았다.

이 주문은 완제품 150단위를 모두 수락하거나 거절해야 한다. 공정별 연간 생산능력, 연간 생산량 및 단위당 변동원가는 다음과 같다.

구분	공정A	공정B
연간 생산능력	550단위	600단위
연간 생산량	500단위	500단위
단위당 변동원가	₩700	₩1,000

㈜대한은 외부 공급업체로부터 공정A에서 생산된 것과 동일한 부품을 단위당 ₩1,500에 필요한 만큼 공급받을 수 있다. ㈜대한이 ㈜민국의 주문을 수락하면 ㈜대한의 당기순이익은 얼마나 증가(또는 감소)하는가? 단, ㈜대한은 상기 주문과 관련된 기회원가를 최소화 하고자 한다.

① ₩5,000 증가　　　② ₩8,000 감소　　　③ ₩10,000 감소

④ ₩15,000 증가　　　⑤ ₩80,000 증가

66 ㈜백두는 A, B, C 세 단계의 연속된 생산공정을 통해 완제품을 생산한다. ㈜백두는 매년 600단위의 제품을 생산하여 단위당 ₩5,000에 시장에서 모두 판매한다. 금년에 ㈜백두는 ㈜한라로부터 완제품 400단위를 단위당 ₩4,000에 납품해 줄 것을 추가로 요구받았다. 이 주문은 400단위 모두를 수락하거나 아니면 거절해야 한다. 완제품 기준으로 표시된 공정별 연간 생산능력, 생산량 및 단위당 변동원가는 다음과 같다.

구분	A공정	B공정	C공정
공정별 연간 생산능력	1,000단위	800단위	900단위
공정별 연간 생산량	600단위	600단위	600단위
공정별 단위당 변동원가	₩500	₩1,000	₩1,500

㈜백두가 ㈜한라의 주문을 받아들일 경우 영업이익은 얼마나 증가(또는 감소)하는 가? 단, 외부공급업체로부터 B공정에서 생산된 것과 동일한 부품을 단위당 ₩3,000 에 무제한 공급받을 수 있다고 가정한다.

① ₩50,000 증가 ② ₩50,000 감소 ③ ₩400,000 증가
④ ₩400,000 감소 ⑤ 증감 없음

67 인왕공구는 A공정과 B공정을 거쳐 가정용 공구를 생산·판매한다. 다음은 두 공정의 생산에 관한 자료이다.

	A 공정	B 공정
월 생산능력	10,000개	15,000개
착수량 단위당 변동원가	₩500	₩100
총고정원가	₩100,000	₩200,000

A 공정에서 작업이 완료된 중간제품은 불량품을 제외하고 전량 B 공정으로 대체된다. A 공정이 완료된 시점에서 검사한 중간제품 중 10%가 불량품이 되며, 동 불량품은 B 공정으로 대체되지 않고 전량 폐기된다.

B 공정이 완료된 시점에서 검사한 완제품 중 5%는 불량품이 되며, 동 불량품은 전량 폐기된다. B 공정을 거친 완제품은 단위당 ₩1,500에 판매되며 수요는 무한하다. 만약 A 공정의 불량률을 7%로 낮출 수 있는 새로운 작업방법을 실행하기 위해서는 월 ₩150,000의 추가비용이 필요하다면 새로운 작업방법을 수행하는 것이 회사의 월간 이익을 얼마나 증가 또는 감소시키는가?

① ₩150,000 감소 ② ₩427,500 증가 ③ ₩247,500 증가
④ ₩150,000 증가 ⑤ ₩30,000 증가

68~69

68번~69번에 관한 자료이다. 68번과 69번은 독립된 문제이다.

(주)외성은 기계공정과 마무리공정에서 사무용 의자를 만들고 있다. 이에 관련된 자료는 다음과 같다.

	기계공정	마무리공정
연간처리능력	1,000단위	800단위
연간생산수량	800단위	800단위
고정운영원가(직접재료원가 제외)	₩8,000,000	₩4,800,000
단위당 고정운영원가	₩10,000	₩6,000

의자는 단위당 ₩90,000에 판매되고 기계공정 초기에 ₩40,000의 직접재료원가가 투입된다. (주)외성은 이외에 다른 변동원가가 없다. 또한 생산된 완제품은 모두 판매할 수 있다.

68 (주)외성은 마무리공정의 처리능력을 100단위 증가시킬 수 있는 최신설비를 마무리공정에 설치할 것을 고려하고 있다. 이 최신설비의 연간원가는 ₩4,000,000이다. (주)외성이 이 설비를 설치한다면 얼마의 순이익이 추가로 발생하는가?

① ₩0　　　　　　　　② ₩1,000,000　　　　　　③ ₩4,000,000

④ ₩4,000,000　　　　　⑤ ₩8,000,000

69 (주)외성은 현재 마무리공정에서 200단위의 불량품을 생산했다. 이 불량품으로 인해 발생하는 총손실은 얼마인가?

① ₩0　　　　　　　　② ₩4,800,000　　　　　　③ ₩8,000,000

④ ₩10,000,000　　　　⑤ ₩18,000,000

Chapter 9. 관련원가분석(단기특수의사결정)

정 답 및 해 설

1	①	2	①	3	⑤	4	②	5	③	6	⑤
7	③	8	①	9	①	10	④	11	②	12	③
13	②	14	⑤	15	②	16	②	17	①	18	④
19	⑤	20	④	21	③	22	②	23	③	24	①
25	②	26	②	27	④	28	②	29	④	30	②
31	②	32	②	33	③	34	②	35	④	36	②
37	④	38	③	39	⑤	40	⑤	41	③	42	③
43	①	44	③	45	④	46	④	47	③	48	③
49	③	50	③	51	③	52	⑤	53	④	54	①
55	④	56	③	57	①	58	④	59	④	60	⑤
61	①	62	②	63	③	64	③	65	④	66	①
67	③	68	②	69	⑤								

01 ①

공손품을 ₩500,000에 재작업하여 ₩900,000에 판매하는 것을 선택하는 경우 고물상에 ₩300,000에 처분하는 것을 포기하여야 한다. 따라서 기회비용은 ₩300,000이다. (어떠한 대안을 선택하는지에 대한 언급이 없으므로, 회사가 최선의 선택을 한다는 가정을 한다)

02 ①

의사결정에 고려할 사항은 단위당 변동판매관리비 ₩12이다. 단위당 변동제조원가 ₩80과 단위당 고정제조원가 ₩20은 모두 매몰원가이다.

03 ⑤

회사의 최대복사능력 : 12,600부(= 1,800부 × 7시간)
유휴 복사능력 : 12,600부 − 10,000부 = 2,600부
따라서 5,000부 특별주문을 수락할 경우 2,400부의 기존판매를 줄여야 한다.

특별주문을 수락할 경우

       매출 증가   : 5,000부 × 32 = ₩160,000

   (−)변동비 증가   : 5,000부 × 16 =   (80,000)

   (−)기존매출 감소   : 2,400부 × 40 =   (96,000)

   (+)기존변동비 감소 : 2,400부 × 16 =   38,400

       증분이익(손실)   :   ₩22,400

04 ②

특별주문을 수락할 경우

       매출 증가   : 15,000개 × 80 = ₩1,200,000

   (−)변동비 증가   : 15,000개 × 60 =   (900,000)

   (−)기존매출 감소   : 5,000개 × 100 =   (500,000)

   (+)기존변동비 감소 : 5,000개 × 60 =   300,000

       증분이익(손실)   :   ₩ 100,000

05 ③

매   출 증가 : 3,000단위 × 8,000 =   24,000,000

변동비 증가 : 3,000단위 × 7,500 =   (22,500,000)

고정비 증가 :   (300,000)

기 회 비 용 : 350단위 × (10,000 − 8,000) =   (700,000)

증 분 이 익 :   500,000

06 ⑤

추가주문을 수락할 경우

       매출 증가   : 5,000개 × 1,600 = ₩8,000,000

   (−)변동비 증가   :   (6,500,000*)

       증분이익(손실) :   ₩1,500,000

   * 30,000개 × 2,300 − 25,000개 × 2,500 = ₩6,500,000

07 ③

최대생산능력의 55%인 5,500개와 최대생산능력의 80%인 8,000개일 때 제조간접비가 각각 ₩1,755,000과 ₩2,030,000원이므로 고저점법을 이용하여 단위당 변동비를 추정하면,

$$단위당\ 변동비 = \frac{2,030,000 - 1,755,000}{8,000 - 5,500} = ₩110$$

현재 유휴생산능력이 500단위가 부족하므로 특별주문을 수락할 경우

     공헌이익 증가 : 3,000단위 × (350 − 310) = 120,000

     기회비용 증가 :   500단위 × (400 − 310) = (45,000)

증분이익   :   75,000

08 ①

특별주문가격을 p라고 하면, 특별주문을 수락할 경우

특별주문 매출증가 :	$2,500$단위 $\times$ p =	$2,500p$
직접재료비 증가 :	$2,500$단위 $\times$ 750 =	$(1,875,000)$
직접노무비 증가 :	$2,500$단위 $\times$ 550 =	$(1,375,000)$
제조간접비 증가 :	$2,500$단위 $\times$ 360^* =	$(900,000)$
운송료 증가 :	$2,500$단위 $\times$ 100 =	$(250,000)$
증분이익(손실) :		$2,500p - 4,400,000$

* $480 \times 75\% = ₩360$

특별주문을 수락하기 위해서는 $2,500p - 4,400,000 \geqq 0$ 이어야 하므로 $p \geqq ₩1,760$ 이다.

별해

특별주문 최소판매가격 = 증분비용 + 발생원가
= $(750 + 550 + 360 + 100) + 0 = ₩1,760$

09 ①

특별주문가격을 p라고 하면, 특별주문을 수락할 경우

특별주문 매출증가 :	$2,500$단위 $\times$ p =	$2,500p$
직접재료비 증가 :	$2,500$단위 $\times$ 750 =	$(1,875,000)$
직접노무비 증가 :	$2,500$단위 $\times$ 550 =	$(1,375,000)$
제조간접비 증가 :	$2,500$단위 $\times$ 360 =	$(900,000)$
운송료 증가 :	$2,500$단위 $\times$ 100 =	$(250,000)$
기존매출 감소 :	$1,500$단위 $\times$ $2,000$ =	$(3,000,000)$
기존직접재료비 감소 :	$1,500$단위 $\times$ 750 =	$1,125,000$
기존직접노무비 감소 :	$1,500$단위 $\times$ 550 =	$825,000$
기존제조간접비 감소 :	$1,500$단위 $\times$ 360 =	$540,000$
증분이익(손실) :		$2,500p - 4,910,000$

특별주문을 수락하기 위해서는 $2,500p - 4,910,000 \geqq 0$ 이어야 하므로 $p \geqq ₩1,964$ 이다.

별해

특별주문 최소판매가격 = 발생원가 + 기회비용
= $1,760 + 204^* = ₩1,964$

* 기회비용 $= \dfrac{(2,000 - 1,660) \times 1,500단위}{2,500단위} = ₩204$

10 ④

특별주문가격을 p라고 하면, 특별주문을 수락할 경우

$$
\begin{aligned}
&\text{특별주문 매출증가 : 50,000단위} \times 7 = && ₩350,000 \\
&\text{변동매출원가 증가 : 50,000단위} \times 5^{*1} = && (250,000) \\
&\text{변동판매비 증가 \quad: 50,000단위} \times 0.5^{*2} = && \underline{(25,000)} \\
&\text{증분이익(손실) \qquad:} && \underline{\underline{₩\ 75,000}}
\end{aligned}
$$

11 ②

$$
\begin{aligned}
\text{특별주문 최소판매가격} &= \text{발생원가} + \text{기회비용} \\
&= 380^{*1} + 40^{*2} = ₩420
\end{aligned}
$$

*1 단위당 변동비 = 300 + 80 = ₩380

*2 기회비용 $= \dfrac{(500-380) \times 1,000단위}{3,000단위} = ₩40$

12 ③

최저판매가격을 p라 하면, 특별주문을 수락할 경우

$$
\begin{aligned}
&\text{공헌이익 증가 : 3,000단위} \times (p-370) \\
&\text{(--)공헌이익 감소 : } \underline{1,200단위 \times (500-375)} \\
&\text{증분이익 \qquad : } \underline{3,000p - 1,260,000}
\end{aligned}
$$

특별주문을 수락하기 위해서는 증분이이익이 0보다 커야 하므로,

$$3,000p - 1,260,000 \geq 0 \rightarrow p \geq ₩420$$

▌별해▐

최저 판매가격 = 발생원가 + 기회비용

$$= 370 + \dfrac{1,200단위 \times (500-375)}{3,000단위} = ₩420$$

13 ②

특별주문 5,000단위를 수락하기 위해서는 2,500시간(5,000단위 × 0.5시간)이 필요하나, 현재 유휴생산능력은 2,000시간(최대생산능력 : 6,000시간 ÷ 75% = 8,000시간)이다. 따라서 500시간이 부족하기 때문에 기존 판매 1,000단위(= 500시간 ÷ 0.5)를 포기하여야 한다.

$$\text{기회비용} = 1,000개 \times (1,000 - 200 - 300 - 240 \times 0.5시간) = ₩380,000$$

14 ⑤

특별주문을 수락할 경우

$$
\begin{aligned}
&\text{매출 증가 \qquad : 5,000개} \times 700 = ₩3,500,000 \\
&\text{(--)변동비 증가 \quad : 5,000개} \times 620^* = (3,100,000)
\end{aligned}
$$

$$\text{(−)기회비용 발생 :} \qquad \underline{(\quad 380,000)}$$
$$\text{증분이익(손실) :} \qquad \underline{\text{W} \quad 20,000}$$

*단위당 변동제조원가 = 200 + 300 + 240 × 0.5 = ₩620

15 ②

생산능력이 9,000단위일 경우에는 유휴생산능력이 1,000단위이므로, 특별주문 2,000단위를 수락하기 위해서는 기존판매 1,000단위를 포기하여야 한다. 따라서 2,000단위 특별주문과 관련해서 증가하는 매출이나 변동비는 (요구사항1)과 동일하나, 기존 판매 감소분 1,000단위와 관련된 기회비용을 추가로 고려하면 된다.

따라서 특별주문을 수락할 경우

특별주문 매출증가 : 2,000단위 × 100 = ₩200,000
직접재료비 증가　: 2,000단위 × 40 = 　(80,000)
직접노무비 증가　: 2,000단위 × 30 = 　(60,000)
배취수준원가 증가 : 25배취 × 500 = 　(12,500)
기존매출 감소　　: 1,000단위 × 150 = (150,000)
직접재료비 감소　: 1,000단위 × 40 = 　　40,000
직접노무비 감소　: 1,000단위 × 30 = 　　30,000
배취수준원가 감소 : 20배취* × 500 = 　　10,000
증분이익(손실)　　: 　　　　　　　　　(₩22,500)

*1,000단위 ÷ 50단위 = 20배취

16 ②

특별주문을 수락할 경우
특별주문 공헌이익 증가 : 1,500단위×(50 − 42*) = ₩ 12,000
기존판매 공헌이익 감소 : 　500단위×(60 − 42*) = 　(9,000)
증　분　이　익　　　　　: 　　　　　　　　　₩ 3,000

* $\dfrac{(150,000 + 60,000)}{5,000단위} = 42$

17 ①

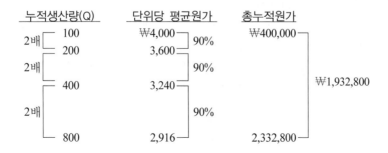

특별주문을 수락할 경우

매출증가	700단위 × 13,000 =	₩9,100,000
직접재료비증가	900,000 × 7 =	(6,300,000)
직접노무비증가		(1,932,800)
변동제조간접비증가	1,932,800 × 40% =	(773,120)
증분이익		₩ 94,080

18 ④

부품 A를 외부구입할 경우

매출 증가	10,000단위 × 200 =	₩2,000,000
변동비 증가	10,000단위 × 180 =	(1,800,000)
설계비 증가		(160,000)
직접재료비 감소	10,000단위 × 40 =	400,000
직접노무비 감소	10,000단위 × 20 =	200,000
변동제조간접비 감소	10,000단위 × 15 =	150,000
검사,작업준비,재료처리비 감소		20,000
외부구입원가 증가	10,000단위 × 82 =	(820,000)
증분이익(손실)		(₩ 10,000)

부품 A를 외부에서 구입할 경우 영업이익이 ₩10,000 감소하므로 외부구입하지 않고, 자가제조 한다.

19 ⑤

부품을 외부 구입할 경우

변동비 감소	: 1,000단위 × 12 =	₩12,000
고정비 감소	: 1,000단위 × 9 × ⅔ =	6,000
구입비용 증가	: 1,000단위 × 20 =	(20,000)
증분이익	:	(₩2,000)

20 ④

회피가능한 고정제조간접원가를 x라 하면,
부품을 외부에서 구입할 경우 외부구입비용보다 외부구입에 따른 원가절감액이 더 커야 한다. 따라서,

$$3,000,000^* + x \geq 3,300,000 \rightarrow x \geq ₩300,000$$

<small>* 1,800,000 + 700,000 + 500,000 = ₩3,000,000</small>

21 ③

부품을 외부 구입할 경우

변동비 감소　　: 1,000단위 × 180 = ₩180,000
임대수익 증가 :　　　　　　　　　50,000
구입비용 증가 : 1,000단위 × 200 = (200,000)
증분이익　　　:　　　　　　　₩ 30,000

22 ②

제안을 수용할 경우

변동제조원가 감소 : 8,000단위 × 12 =　₩96,000
공통배부액 감소　 : 8,000단위 × 2 =　　16,000
외부구입원가 증가 : 8,000단위 × 18 = (144,000)
증분이익(손실)　　　　　　　　　(₩32,000)

23 ③

외부업체 제의를 수락할 경우, H부품 관련원가 절감액을 x라고 하면,

직접재료비 감소　　　20,000단위 × 6 =　₩120,000
직접노무비 감소　　　20,000단위 × 30 =　 600,000
변동제조간접비 감소　20,000단위 × 12 =　 240,000
고정제조간접비 감소　20,000단위 × 9 =　 180,000
H부품 관련원가 절감　　　　　　　　　　x
외부구입원가 증가　　20,000단위 × 60 = (1,200,000)
증분이익(손실)　　　　　　　　　 $x - 60,000$

증분이익이 ₩25,000이어야 하므로, $x - 60,000 = 25,000$에서 $x =$ ₩85,000

24 ①

외주업체로부터 전량 구입할 경우

변동비 감소　　　　 : 2,000단위 × (55 - 10) =　₩90,000
고정비 감소　　　　 : 150,000 × 80% - 10,000 = 110,000
외부구입원가 증가 : 2,000단위 × 100 =　　(200,000)
증분이익(손실)　　　　　　　　　　₩　　0

참고로, 모터부서가 부서 폐지를 막기 위한 자구방안으로 단위당 변동제조원가 ₩10과 회피가능고정원가 ₩10,000을 동시에 절감하였다는 것은 이비 외부구입을 결정하기 이전에 절감하였다는 것이므로 외부구입과 관련이 없다.

25 ②

B제품 중단시

B매출 감소   : 60,000개×80   = (4,800,000)

B변동비 감소 : 60,000개×40   = 2,400,000

B고정비 감소 : 100,000개×18   = 1,800,000

A공헌이익 증가 : 15,000개×(120−69) = 765,000

  증 분 이 익 :   ₩165,000

26 ②

을 부문을 폐쇄할 경우

           을부문 매출 감소   : (₩120,000)

           을부문 변동비 감소 :   84,000

           을부문 고정비 감소 :   30,000

           갑부문 공헌이익 감소 : (4,800)

           증분이익(손실)   (₩ 10,800)

을 부문을 폐쇄할 경우 영업이익이 ₩10,800 감소한다. 따라서 폐쇄할 경우 회사전체 영업이익은 현재 영업이익 ₩14,000에서 ₩10,800이 감소하여, ₩3,200이 된다.

27 ④

B제품 생산을 중단할 경우

         B제품 공헌이익 감소 : (₩200,000)

           고 정 비 감소 :   80,000

        C제품 공헌이익 감소 : (60,000)

          증분이익   : (₩180,000)

28 ②

A제품 생산을 중단할 경우

A제품 매출 감소   (4,000만원)

직접재료비 감소   1,000만원

직접노무비 감소   1,200만원

변동제조간접비 감소   400만원 (= 2,000만원 − 3,600만원 × $\frac{4,000만원}{9,000만원}$)

증분이익(손실)   (1,400만원)

A제품 생산을 중단할 경우 영업이익이 1,400만원 감소하므로 중단하지 않는다.

29 ④

제품 F의 판매가격을 P라 하면, 제품 F 추가할 경우

F 매출 증가 : 4,000개×P =	4,000P
F변동비 증가 : 4,000개×34 =	(136,000)
기존 공헌이익 감소 :	(80,000)
유휴토지부담금 감소 :	25,000
고정판매비 감소 :	35,000
변동판매비 증가 : 4,000개×4 =	(16,000)
증분이익	4,000P−172,000

총손익에 변화가 없기 위해서는 증분이익이 "0" 이어야 하므로,

$$4,000P - 172,000 = 0 \quad \rightarrow \quad P = ₩43$$

30 ②

제조간접비 중 감가상각비 ₩12,000이 매출액 기준으로 각 제품에 배부되어 있으므로,
A제품과 B제품에 배부되어 있는 감가상각비는 각각 ₩8,000과 ₩4,000이다. 따라서,

B제품 생산라인을 폐지할 경우

B매출 감소	(₩50,000)	
B직접재료비 감소	15,000	
B직접노무비 감소	13,000	
B제조간접비 감소	6,000	(= 10,000 − 4,000)
B판매관리비 감소	6,000	(= 15,000 × 40%)
A매출 증가	30,000	(= 100,000 × 30%)
A직접재료비 증가	(7,500)	(= 25,000 × 30%)
A직접노무비 증가	(6,000)	(= 20,000 × 30%)
A제조간접비 증가	(600)	(= (11,000 − 8,000) × 20%)
A판매관리비 증가	(3,600)	(= 30,000 × 40% × 30%)
증 분 이 익	₩ 2,300	

31 ②

① 회사전체 공통고정비는 기타일반관리비 ₩520이다.

② 부문 X에 대해 추적가능한 고정비는 급여 ₩325과 부문 설비 감가상각비 ₩10의 합계₩335이다.

③ 부문 Y의 공헌이익 ₩500에서 추적가능고정비 ₩205과 ₩20의 합계를 차감하면 공통고정비 ₩156을 배부하기전 부문이익 ₩275이다.

④ 부문 Z를 폐지하는 경우 회피가능고정비는 급여 ₩150이며, 감가상각비 ₩20은 부문 Z가 폐지되더라도 계속발생하므로 회피불가능고정비이다.

⑤ 부문 Z를 폐지하는 경우 회사의 공헌이익이 ₩200감소하고, 회피가능고정비(급여)가 ₩150절감되므로 회사전체 영업이익은 ₩50만큼 감소한다.

32 ②

   (1) 부문 B를 폐쇄할 경우 외부에서 구입해야 하는 용역량 : 92(= 100 − 100 × 40% × 20%)

   (2) B부문을 폐쇄할 경우

          B부문 변동비 감소 : ₩10,000

          A부문 변동비 감소 :   4,000 (= 20,000 × 20%)

          외부구입원가 증가 : (11,960) (= 92 × 130)

          증분이익   : ₩2,040

33 ③

   (1) 용역수수관계를 비율로 나타내면 다음과 같다.

제공 \ 사용	보조부문		제조부문		합계
	A(동력부문)	B(수선부문)	X	Y	
A	−	20%	50%	30%	100%
B	50%	−	30%	20%	100%

   (2) 외부에서 구입해야 하는 전력량

   10,000kwh − 10,000kwh × 20% × 50% = 9,000kwh

   (3) 전력을 외부에서 구입하는 경우, 외부구입금액을 p라고 하면,

          동력부문 변동비 감소 :   ₩100,000

          수선부문 변동비 감소 :   60,000   (= 120,000 × 50%)

          감독자 급여 감소   :   37,000

          외부구입원가 발생 :   (9,000p)   (= 9,000kwh × p)

          증 분 이 익   : ₩197,000 − 9,000p

   따라서 외부에서 구입하기 위해서는 ₩197,000 − 9,000p ≧ 0 이어야 하므로,

   ₩21.89 ≧ p 이다. 따라서 전력을 구입하기 위해 지불가능한 최대금액은 ₩21이 된

   다.(₩22은 회사가 지불할 수 없는 금액임에 주의하여야 한다)

34 ②

   A부문을 폐쇄할 경우

          A부문 변동비 감소 :   70,000

          B부문 변동비 감소 :   60,000   (= 2,000단위 × 150 × 20%)

          외부구입원가 증가 : (123,000) (= 820단위[*1] × 150)

              증분비용   :   7,000

[*1] A부문이 공급한 용역중에서 A부분이 사용하는 용역량 : 1,000단위 × 10% + 1,000단위 × 40% × 20% = 180단위
따라서 외부에서 구입할 경우 구입해야 하는 용역량 : 1,000단위 − 180단위 = 820단위

   B부문을 폐쇄할 경우

          B부문 변동비 감소 :   300,000

A부문 변동비 감소 : 28,000 (= 1,000단위 × 70 × 40%)

외부구입원가 증가 : (328,000) (= 1,640단위[1] × 200)

증분비용   :   0

[1] B부문이 공급한 용역중에서 A부분이 사용하는 용역량 : 2,000단위 × 10% + 2,000단위 × 20% × 40% = 360단위

따라서 외부에서 구입할 경우 구입해야 하는 용역량 : 2,000단위 − 360단위 = 1,640단위

35 ④

(1) 용역수수관계를 비율로 나타내면 다음과 같다.

제공 \ 사용	보조부문		제조부문		합계
	S_1	S_2	P_1	P_2	
S_1	−	20%	50%	30%	100%
S_2	50%	−	10%	40%	100%

(2) S_2부문 용역을 외부구입할 경우 구입해야 하는 용역량

200단위 − 200단위 × 20% × 50% = 180단위

(3) S_2부문 용역을 외부에서 구입할 경우

S_2부문 변동비 감소   : 80,000

S_2부문 감독자 급여 감소 : 40,000 (=80,000×50%)

S_1부문 변동비 감소   : 112,000 (=560,000×20%)

임대수익 증가   : 24,000

외부구입비용 증가   : (252,000)(=180단위×1,400)

증분이익   : 4,000

36 ②

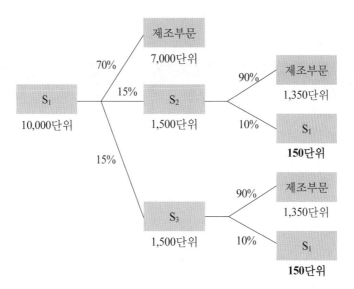

외부로부터 구입해야 하는 용역량 = 10,000단위 − 150단위 − 150단위 = 9,700단위

37 ④

S₁부문 용역을 외부로부터 구입할 경우 절감되는 원가는 다음과 같다.

S₁부문 변동비 감소   ₩300,000

S₁부문 고정비 감소   50,000 (= 500,000 × 10%)

S₂부문 변동비 감소   20,000 (= 200,000 × 10%)

S₂부문 고정비 감소   5,000 (= 100,000 × 5%)

S₃부문 변동비 감소   10,000 (= 100,000 × 10%)

S₃부문 고정비 감소   10,000 (= 200,000 × 5%)

합   계   ₩395,000

따라서 S₁부문 용역을 외부구입하면서 지불할 수 있는 최대금액은 ₩395,000이다.

38 ③

제한된 자원이 있는 경우 영업이익을 극대화하기 위해서는 제한된 자원 단위당 공헌이익이 가장 큰 제품을 우선적으로 생산하여야 한다. 여기에서는 기계시간이 제한되어 있으므로, 기계시간당 공헌이익이 큰 제품부터 우선적으로 생산하여야 한다.

39 ⑤

(1) 제품별 kg당 공헌이익

	A	B	C
상자당 공헌이익	₩1,200	₩1,000	₩1,080
상자당 재료 사용량	÷ 3kg	÷ 2kg	÷ 2.4kg
kg당 공헌이익	₩400	₩500	₩450
생산우선순위	3순위	1순위	2순위

(2) 최적 생산계획

제 품	생산량	단위당 설비가동시간	총 설비가동시간
① B	3,000상자	2kg	6,000kg
② C	3,000상자	2.4kg	7,200kg
③ A	1,600상자	3kg	4,800kg
합 계			18,000kg

40 ⑤

(1) 기계시간당 공헌이익

	제품 A	제품 B
단위당 판매가격	₩50	₩45
단위당 변동원가	40	30
단위당 공헌이익	₩10	₩15
단위당 기계시간	÷0.25시간	÷0.5시간
기계시간당 공헌이익	₩40	₩30
우선순위	1순위	2순위

(2) 최적 제품 배합

부 품	생산량	단위당 설비사용시간	총 설비사용시간
① 제품 A	120단위	0.25h	30h
② 제품 B	40단위	0.5h	20h
합 계			50h

41 ③

	제품A	제품B	제품C
단위당 판매가격	₩ 73	₩ 87	₩ 84
단위당 변동비*	43	47	48
단위당 공헌이익	₩ 30	₩ 40	₩ 36
단위당 기계시간	÷ 1.25h	÷ 2.5h	÷ 1.8h
기계시간당 공헌이익	₩ 24	₩ 16	₩ 20
생산 우선순위	①	③	②

제품	생산량	단위당 기계시간	총 기계시간
① 제품A	1,000단위	1.25h	1,250h
② 제품C	3,000단위	1.8h	5,400h
③ 제품B	2,800단위	2.5h	7,000h
합계			13,650h

42 ③

(1) 제품별 기계시간당 공헌이익

	청소기	공기청정기
단위당 공헌이익	₩50	₩60
단위당 기계시간	÷ 2h	÷ 3h
기계시간당 공헌이익	₩25	₩20
생산우선순위	1순위	2순위

(2) 최적 생산계획

제 품	생산량	단위당 설비가동시간	총 설비가동시간
① 청 소 기	6,000개	2시간	12,000시간
② 공기청정기	7,000개	3시간	21,000시간
합 계			33,000시간

(3) 최대 공헌이익 : 6,000개 × 50 + 7,000개 × 60 = ₩720,000

43 ①

1. 우선 각 제품별로 단위당 M재료 사용량은 다음과 같다.

	제품A	제품B	제품C
단위당옥수수재료비	₩ 160	₩ 320	₩ 200
kg당 M재료 가격	÷ 40	÷ 40	÷ 40
단위당 M재료 사용량	4kg	8kg	5kg

2. 제품별 생산 우선순위

	제품A	제품B	제품C
단위당 판매가격	₩ 900	₩1,350	₩1,200
단위당 변 동 비	640	910	900
단위당 공헌이익	₩ 260	₩ 440	₩ 300
단위당 M재료 사용량	4kg	8kg	5kg
M재료 1kg당 공헌이익	₩ 65	₩ 55	₩ 60
생산 우선순위	①	③	②

3. 제품별 생산량

제품	생산량	단위당 옥수수사용량	옥수수 총사용량
① 제품A	400단위	4kg	1,600kg
② 제품C	400단위	5kg	2,000kg
③ 제품B	50단위	8kg	400kg
합계			4,000kg

44 ②

(1) 기계시간당 공헌이익과 생산 우선순위 결정

	제품 A	제품 B
단위당 판매가격 단위당 변동원가	₩200,000 120,000	₩240,000 150,000
단위당 공헌이익	₩80,000	₩90,000
단위당 설비사용시간	÷4시간	÷6시간
설비시간당 공헌이익	₩20,000	₩15,000
우선순위	1순위	2순위

(2) 최적생산계획

부 품	생산량	단위당 설비사용시간	총 설비사용시간
① 제품 A ② 제품 B	700단위 150단위	4h 6h	2,800h 900h
합 계			3,700h

45 ④

(1) 제품별 kg당 공헌이익

	X	Y	Z
단위당 공헌이익	₩6	₩12	₩8
단위당 기계시간	÷ 3시간	÷ 4시간	÷ 2시간
기계시간당 공헌이익	₩2	₩3	₩4
생산우선순위	3순위	2순위	1순위

(2) 최적 생산계획

제 품	생산량	단위당 설비가동시간	총 설비가동시간
① Z ② Y	4,000단위 3,000단위	2시간 4시간	8,000시간 12,000시간
합 계			20,000시간

(3) 최대공헌이익 : 3,000단위 × 12 + 4,000단위 × 8 = ₩68,000

46 ④

(1) 자체 생산할 경우(외부구입할 경우에 비하여) 기계시간당 절감되는 원가

	A	B	C	D
단위당 외부구입가격	₩6,000	₩9,500	₩12,000	₩11,500
단위당 변동원가	₩5,000	₩6,500	₩10,000	₩13,000
자체생산시 외부구입에 비하여 절감되는 원가	₩1,000	₩3,000	₩2,000	(₩1,500)
단위당 기계시간	÷2h	÷4h	÷1h	÷2h
기계시간당 절감되는 원가	₩500/h	₩750/h	₩2,000/h	(₩750)
생산 우선순위	③	②	①	④

(2) 최적 생산 계획

부 품	생산량	단위당 기계시간	기계시간 총사용량
① 부품C	2,000단위	1h	2,000h
② 부품B	1,000단위	4h	4,000h
합 계			6,000h

(3) 부품 D를 자체생산하기 위해서는 부품 D의 기계시간당 원가 절감액이 부품 B의 기계시간당 원가절감액 ₩750보다 커야한다. 이 경우 부품 D의 외부 구입가격을 p라고 하면, 부품 D의 기계시간당 원가절감액은 $\dfrac{P-13,000}{2시간}$ 가 된다.

따라서 $\dfrac{P-13,000}{2시간} \geqq 750$ 이어야 하므로, p $\geqq$ 14,500 이 된다.

즉, 부품 D의 가격이 ₩14,500 보다 커지면 부품 B보다 부품 D를 우선적으로 생산하여야 할 것이다.

47 ③

	A	B	C
단위당 판매가격	₩100	₩80	₩20
단위당 공헌이익[*1]	₩24	₩20	₩12
단위당 재료K 사용량	÷ 3kg	÷ 5kg	÷ 2kg
재료K 1kg당 공헌이익	₩8	₩4	₩6
생산우선순위	1순위	3순위	2순위
사전계약 물량	100단위	100단위	300단위
추가생산량	400단위		200단위
총생산량	500단위	100단위	500단위

[*1] 단위당 판매가격 × 공헌이익률

제 품	생산량	단위당 K재료사용량	총 K재료 사용량
① A	500단위	3kg	1,500kg
② C	500단위	2kg	1,000kg
③ B	100단위	5kg	500kg
합 계			3,000kg

최대공헌이익 : 500단위×24 + 500단위×12 + 100단위×20 = ₩20,000

48 ③

(1) 선반 1㎡당 공헌이익 계산

	제품A	제품B	제품C	제품D
단위당 공헌이익 선반 1㎡당 1일 판매량	₩ 1,000 × 10단위	₩ 500 × 30단위	₩ 300 × 25단위	₩ 1,500 × 7단위
1㎡당 공헌이익	₩10,000	₩15,000	₩7,500	₩10,500
생산우선순위	3순위	1순위	4순위	2순위

(2) 최적 진열 계획

	제품A	제품B	제품C	제품D	합계
기본 진열 면적 추가 진열 면적	2㎡ 2㎡	2㎡ 5㎡	2㎡	2㎡ 5㎡	8㎡ 12㎡
총 진열 면적	4㎡	7㎡	2㎡	7㎡	20㎡

(3) 최대공헌이익

$4㎡ × 10,000 + 7㎡ × 15,000 + 2㎡ × 7,500 + 7㎡ × 10,500 = ₩233,500$

49 ③

(1) 설비사용시간당 공헌이익

	제품 A	제품 B	제품 C
단위당 판매가격 단위당 변동원가	₩1,000 300	₩1,500 600	₩2,000 1,200
단위당 공헌이익	₩ 700	₩ 900	₩ 800
단위당 설비사용시간	÷10시간	÷20시간	÷16시간
설비시간당 공헌이익	₩ 70	₩ 45	₩ 50
우선순위	1순위	3순위	2순위

(2) 최적생산계획

부 품	생산량	단위당 설비사용시간	총 설비사용시간
① 제품 A	2,000단위	10h	20,000h
② 제품 C	2,000단위	16h	32,000h
③ 제품 B	1,400단위	20h	28,000h
합 계	5,400단위		80,000h

(3) 최대공헌이익

2,000단위 × 700 + 2,000단위 × 800 + 1,400단위 × 900 = ₩4,260,000

50 ③

(1) 기계시간당 공헌이익

	A제품	B제품	C제품
단위당 판매가격	₩500	₩350	₩500
단위당 변동원가	₩200	₩100	₩100
단위당 공헌이익	₩300	₩250	₩400
단위당 기계소요시간	÷2시간	÷1시간	÷2시간
기계시간당 공헌이익	150	250	200
생산 우선순위	3순위	1순위	2순위

(2) 최적 생산 계획

제 품	생산량	단위당 기계시간 사용량	기계시간 총사용량
① B제품	270단위	1h	270h
② C제품	40단위	2h	80h
③ A제품	50단위	2h	100h
합 계			450h

D의 판매가격을 p라고 하면, D제품의 기계시간당 공헌이익이 ₩150(A제품의 기계시간당 공헌이익)보다 커야 D제품을 생산하게 될 것이다. 따라서 다음을 만족하여야 한다.

$$\frac{p-300}{4시간} \geqq 150 \rightarrow p \geqq ₩900$$

51 ③

① 변동제조간접비 배부율 = 40 − 15 = ₩25

② 갑 제품의 단위당 변동제조원가 = 60 + 40 + 25 × 4시간 = ₩200

③, ④, ⑤

(1) 제품별 기계시간당 공헌이익

	갑 제품	을 제품
단위당 외부구입가격 단위당 변동제조원가	₩240 200	₩460 410
단위당 원가절감액	₩ 40	₩ 50
단위당 기계시간	÷ 4시간	÷ 8시간
기계시간당 공헌이익	₩ 10	₩6.25
생산우선순위	1순위	2순위

(2) 최적 생산계획

제 품	생산량	단위당 설비가동시간	총 설비가동시간
① 갑 제품 ② 을 제품	3,000개 2,500개	4시간 8시간	12,000시간 20,000시간
합 계			32,000시간

③ 기계시간당 원가절감액은 갑 제품이 더 크다.
④, ⑤ 갑 제품의 연간 사용량은 전량 제조하고, 을 제품은 연간 사용량의 1/2은 자가제조하고, 나머지 1/2은 외부구입하여야 한다.

52 ⑤

현재 공헌이익 = 2,000개 × (500 − 350) + 6,000개 × (300 − 270) = ₩480,000
매출배합 변화 후 특수필터의 단위당 변동판매관리비를 x라 하면,
3,200개 × (500 − 300 − x) + 4,800개 × (300 − 270) = ₩480,000 → x = ₩95

53 ④

(1) 제품별 기계시간당 공헌이익

	특수필터	일반필터
단위당 판매가격 단위당 변동비	₩500 350	₩300 270
단위당 공헌이익	₩150	₩ 30
단위당 기계시간	÷ 3시간	÷ 2시간
기계시간당 공헌이익	₩ 50	₩ 15
생산우선순위	1순위	2순위

(2) 최적 생산계획

제 품	생산량	단위당 설비가동시간	총 설비가동시간
① 특수필터 ② 일반필터	6,000개 1,500개	3시간 2시간	18,000시간 3,000시간
합 계			21,000시간

54 ①

(1) 제품별 기계시간당 공헌이익

	A모델	B모델
단위당 판매가격 단위당 변동비	₩520,000 380,000	₩800,000 560,000
단위당 공헌이익	₩140,000	₩240,000
단위당 기계시간	÷ 4시간	÷ 8시간
기계시간당 공헌이익	₩ 35,000	₩ 30,000
생산우선순위	1순위	2순위

(2) 최적 생산계획

제 품	생산량	단위당 설비가동시간	총 설비가동시간
① 특수필터	800개	4시간	3,200시간
② 일반필터	350개	8시간	2,800시간
합 계			6,000시간

55 ④

특별주문 A 200개 생산을 위해서는 800시간(= 200개 × 4시간)이 필요하다. 특별주문 수락을 위해서는 일반주문에 투입될 800시간을 특별주문에 투입하여야 한다. 따라서, 특별주문을 수락하기 위해서는 특별주문의 기계시간당 공헌이익이 일반주문의 기계시간당 공헌이익보다 커야 한다. 따라서, 특주문가격을 p라고 하면,

$$\frac{p-380,000}{4시간} \geq 30,000 \rightarrow p \geq ₩500,000$$

56 ③

(1) 제품별 기계시간당 공헌이익

L제품에 투입되는 시간을 1시간이라 가정하면 H제품에 투입되는 시간은 2시간이므로 기계시간당 공헌이익을 계산하면 다음과 같다.

	H제품	L제품	특별주문L
단위당 판매가격 단위당 변동원가	₩100 70	₩60 40	₩50 40
단위당 공헌이익 단위당 기계시간	₩30 ÷2h	₩20 ÷1h	₩10 ÷2h
기계시간당 공헌이익	15	20	10

(2) L제품 100단위의 특별주문을 수락하기 위해서는 100시간(= 100단위 × 1시간)이 필요하며, 이를 위해서는 H제품에 투입되던 100시간을 특별주문에 사용하여야 한다.

이 경우 기계시간당 공헌이익이 ₩15(H제품)에서 ₩10(특별주문L의 기계시간당 공헌이익)으로, 기계시간당 ₩5씩 공헌이익이 감소하므로, 특별주문을 수락할 경우 ₩500(= 100시간 × ₩5)만큼 영업이익이 감소한다.

57 ①

목적함수 :	Z = Max 3,000A + 1,000B
제약조건(s.t) :	A + B ≤ 100 ⋯ ①
	2A + B ≤ 150 ⋯ ②
	A ≥ 0, B ≥ 0 (비음 조건)

①, ②를 연립하여 풀면 A제품 50단위 B제품 50단위이다.

목적함수의 기울기가 1,000/3,000이므로 ①과 ②의 기울기(1/3, 2/1) 사이이므로 A제품 75단위 B제품 0단위를 생산·판매시 이익은 극대화된다. 이를 그래프에 표시하면 다음과 같다.

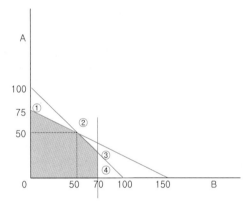

꼭지점	생산량(A, B)	공헌이익
①	(75, 0)	₩3,000×75 + ₩1,000× 0 = ₩225,000
②	(50, 50)	₩3,000×50 + ₩1,000×50 = ₩200,000
③	(30, 70)	₩3,000×30 + ₩1,000×70 = ₩160,000
④	(0, 70)	₩3,000× 0 + ₩1,000×70 = ₩ 70,000

58 ④

$$\text{목적함수 : } Z = \text{Min} \quad 30X + 20Y$$

$$\text{제약조건(s.t) : } \quad 24X + 12Y \geqq 360$$

$$X + \quad Y \geqq 26$$

$$X \geqq 0, \ Y \geqq 0 \ (\text{비음 조건})$$

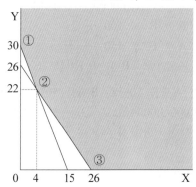

꼭지점	생산량(X, Y)	원가(Z)
①	(0, 30)	$30 \times \ 0 + 20 \times 30 = ₩600$
②	**(4, 22)**	$30 \times \ 4 + 20 \times 22 = ₩\mathbf{560}$
③	(26, 0)	$30 \times 26 + 20 \times \ 0 = ₩780$

따라서 선물주머니 1,000개를 판매하여 얻을 수 있는 최대 매출총이익은 1,000개 × (1,000 − 560) = ₩440,000이다.

59 ④

$$\text{목적함수 : } Z = \text{Max} \quad 20X + 10Y$$

$$\text{제약조건(s.t) : } \quad 2X + \ 3Y \leqq 100$$

$$3X + \ 2Y \leqq 50$$

$$A \geqq 0, \ B \geqq 0 \ (\text{비음 조건})$$

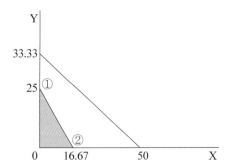

꼭지점	생산량(X, Y)	공헌이익(Z)
①	(0, 25)	$20 \times 0 + 10 \times 25 = ₩250$
②	(16.67, 0)	$20 \times 16.67 + 10 \times 0 = ₩333$

따라서, 최대 공헌이익은 ₩333이다.

60 ⑤

매출의 증가액을 S라 하면, 새로운 통합물류 시스템을 도입할 경우

공헌이익 증가	:	0.4S
물류원가 증가	:	(160,000,000)
분실, 파손 등 실패원가 감소 :		120,000,000 (= 2,000개 × 60,000)
증분 이익	:	0.4S − 40,000,000

따라서, 새로운 통합물류시스템을 도입하기 위해서는

0.4S − 40,000,000 ≧ 0 이어야 하므로, S ≧ ₩100,000,000

61 ①

JIT 시스템을 채택할 경우

창고운영비 감소	:	₩ 500,000
임대수익 증가	:	8,000,000 (= 2개 × 4,000,000)
재고파손비 감소	:	750,000 (= 75,000,000 × 1%)
자금비용 감소	:	3,750,000 (= 75,000,000 × 5%)
주문비용 증가		(5,000,000)
재고부족 기회비용 :		(4,000,000) (= 200개 × 20,000)
증분이익	:	₩4,000,000

62 ②

PS를 판매하는 경우

매출 증가	:	₩6,000,000 (= 12,000단위 × 500)
변동비 증가	:	(3,600,000) (= 12,000단위 × 300)
고정비 증가	:	(1,000,000)
재고유지비용 증가 :		(135,000) (= 675,000[*] × 20%)
공헌이익 감소	:	(600,000) (= 3,000,000 × 20%)
증분이익	:	₩ 665,000

[*] 기말재고자산가액

직접재료재고 : 12,000단위 × 1/12 × 150 =		₩150,000
재 공 품 재 고 : 12,000단위 × 1/12 × (150 + 150 × 50%) =		225,000
제 품 재 고 : 12,000단위 × 1/12 × 300 =		300,000
기말재고자산가액 :		₩675,000

63 ③

재료처리량공헌이익(throughput contribution)은 매출액에서 직접재료비를 차감하여 계산한다.

64 ③

기계장치 1대를 리스할 경우

$$
\begin{array}{ll}
\text{매출 증가} & : \ \text{₩6,000 (= 100단위} \times 60) \\
\text{변동비 증가} & : \ (4,000) (= 100개 \times 40) \\
\text{리스료 발생} & : \ \underline{(1,000)} \\
\text{증분이익} & : \ \text{₩1,000}
\end{array}
$$

65 ④

회사는 50단위의 기존판매를 포기하고, 공정A에서 생산된것과 동일한 부품을 50단위만큼 외부에서 구입하고, 100단위는 공정A에서 생산하여, 150단위를 공정B에서 가공하여 완제품 150단위를 생산하여 특별주문에 납품하면 된다.

$$
\begin{array}{lll}
\text{매 출 증 가:} & 150단위 \times 2,500 = & 375,000 \\
\text{외부구입원가 증가:} & 50단위 \times 1,500 = & (75,000) \\
\text{A공정 변동비증가:} & 100단위 \times 700 = & (70,000) \\
\text{B공정 변동비 증가:} & 150단위 \times 1,000 = & (150,000) \\
\text{기회비용 발생:} & 50단위 \times (3,000 - 1,700) = & \underline{(65,000)} \\
\text{증 분 이 익:} & & 15,000
\end{array}
$$

66 ①

(주)한라의 주문 400단위를 받아들이기 위해서는 기존판매를 100단위 감소시키고, B공정에서 생산된 것과 동일한 부품을 100단위를 구입해와야 한다. 따라서,
(주)한라의 주문을 받아들일 경우,

$$
\begin{array}{lll}
\text{특별주문 매 출 증가:} & 400단위 \times 4,000 = & \text{₩ 1,600,000} \\
\text{특별주문 변동비 증가:} & 300단위 \times 3,000 = & (900,000) \\
\text{B공정 부품 구입비 증가:} & 100단위 \times 3,000 = & (300,000) \\
\text{B공정 부품 C공정 원가:} & 100단위 \times 1,500 = & (150,000) \\
\text{기회비용 발생:} & 100단위 \times (5,000 - 3,000) = & \underline{(200,000)} \\
\text{증 분 이 익:} & & \text{₩ 50,000}
\end{array}
$$

즉, (주)한라의 주문을 받아들일 경우 영업이익은 ₩50,000이 증가한다.

67 ③

새로운 작업방법을 수행할 경우

        매출 증가　　　: ₩427,500 (= 10,000개 × 3% × 95% × 1,500)

        변동비 증가　　: (　30,000) (= 10,000개 × 3% × 100)

        추가비용 발생 : (150,000)

        증분이익　　　: ₩247,500

68 ②

마무리공정의 처리능력을 100단위 증가시킬 경우

        매출 증가　　　: ₩9,000,000 (= 100단위 × 90,000)

        변동비 증가　　: (4,000,000) (= 100단위 × 40,000)

        설비원가 발생 : (4,000,000)

        증분이익　　　: ₩1,000,000

69 ⑤

마무리 공정에서 200단위의 불량이 발생하면, 200단위가 불량이 아니었을 경우와 비교했을 때, 매출액만 차이가 난다. 즉, 불량이든, 완성품이든 재료비 등의 원가는 동일하게 발생하나, 매출액만 차이가 난다. 따라서 불량으로 인한 손실은 200단위의 매출액 ₩18,000,000(= 200단위 × 90,000)이다.

종합예산 및 자본예산

Chapter 10

종합예산 및 자본예산

01 종합예산의 의의

예산(budget)이란 미래 경영계획을 화폐가치로 표현한 것을 말하며, 기업의 전략적 계획 및 장기계획을 기초로 하여 기업전체 또는 특정부문(판매부문, 생산부문, 구매부문 등)을 대상으로 기업의 장, 단기적인 목표나 조직의 전략과 같은 광범위한 계획을 수립하는 것을 말한다.

이 중 종합예산(master budget)은 기업전체를 대상으로 하는 **종합예산**[17]으로서 보통 1년 단위로 편성되는 **단기예산**[18]이며, 기업이 달성해야 할 구체적인 목표를 나타내는 **고정예산**[19]이다.

02 종합예산의 편성절차

종합예산의 편성은 판매예측으로부터 출발하여, 제조예산, 제조원가예산 및 원재료구입예산 등의 순서로 이루어지며, 통상적으로 예산재무제표, 즉 예산손익계산서, 예산재무상태표, 예산현금흐름표 등을 작성하는 것으로 완성된다.

---

17) **종합예산**은 조직전체를 대상으로 하는 반면, **부문예산**은 조직내의 하위부문을 대상으로 한다.
18) **단기예산**은 보통 1년 이내의 기간을 대상으로 작성되는 예산이며, **장기예산**은 1년 이상의 장기간을 대상으로 작성되는 예산이다.
19) **고정예산**(static budget)은 계획된 특정조업도(목표조업도)를 기준으로 사전에 편성된 예산으로서 사후에 실제조업도가 특정조업도와 일치하지 않더라도 바뀌지 않는 예산을 말하며, **변동예산**(flexible budget)은 고정예산과는 달리 조업도의 변동에 따라 조정되어 편성되는 예산을 말한다.

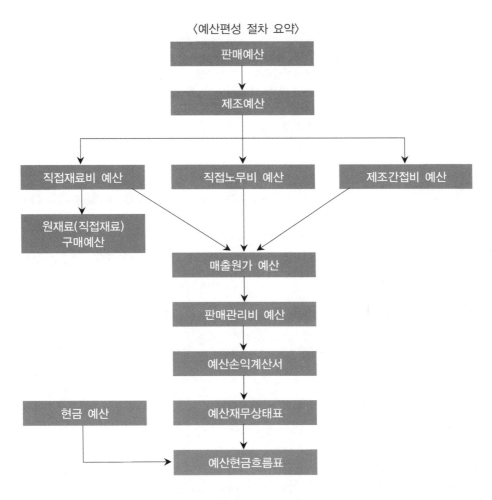

〈예산편성 절차 요약〉

구 분	내 용
(1) 판매예산	종합예산편성의 출발점으로서 차기에 판매될 것으로 예측되는 판매량과 매출액에 대한 예산
(2) 제조예산	차기에 몇 단위의 제품을 생산하여야 하는지에 대한 예산 생산량 = 판매량 + 기말제품재고수량 − 기초제품재고수량
(3) 제조원가예산	예산 생산량을 제조하기 위하여 예상되는 제조원가에 대한 예산 직접재료비 : 제품생산량 × 제품단위당 직접재료비 직접노무비 : 제품생산량 × 제품단위당 직접노무비 제조간접비 : 제품생산량 × 제품단위당 변동제조간접비 + 고정제조간접비
(4) 원재료 구매예산	직접재료 매입량 및 매입액에 대한 예산 직접재료 매입량 = 원재료사용량 + 기말원재료재고량 − 기초원재료재고량
(5) 매출원가예산	매출원가 = 기초제품재고액 + 당기제품제조원가 − 기말제품재고액
(6) 판매관리비예산	제조부문 이외의 부분에서 발생할 것으로 예상되는 비용에 대한 예산 판매관리비 = 판매량 × 단위당 변동판매관리비 + 고정판매관리비

구 분	내 용
(7) 현금예산	예산기간 동안의 현금유입과 현금유출에 대한 예산 기초현금잔액 + 현금유입 − 현금유출 = 기말현금잔액 현금 유입 : 현금매출, 매출채권의 회수, 자산의 처분, 주식발행 등 현금 유출 : 현금매입, 매입채무의 지급, 제조원가 발생액의 지급, 판매관리비 지급, 법인세 지급, 자산의 취득 및 부채의 상환 등

기본 문제

다음은 기본문제1~2와 관련된 내용이다.

(주)을지로는 단일제품을 생산, 판매하고 있다. 다음의 자료를 이용하여 20×6년도의 분기별 예산을 편성하고자 한다.

1. 제품의 단위당 판매가격은 ₩90이며, 분기별 예상판매량은 다음과 같다.

분기	1/4분기	2/4분기	3/4분기	4/4분기
예상판매량	10,000개	12,000개	13,000개	14,000개

2. 회사는 제품 1단위를 생산하기 위해 원재료 4kg이 소요되며, 재공품재고는 없는 것으로 가정한다.

3. 제품의 분기말 적정재고량은 다음분기 판매량의 30%수준이며, 원재료의 분기말 적정재고량은 다음분기 제품생산에 필요한 원재료수량의 40%수준이다.

01 회사는 2/4분기에 제품을 몇 단위 생산하여야 하는가?

① 10,600단위   ② 11,200단위   ③ 12,000단위

④ 12,300단위   ⑤ 13,300단위

02 회사는 2/4분기에 원재료를 몇 kg 구입하여야 하는가?

① 42,400kg   ② 45,120kg   ③ 49,200kg

④ 50,800kg   ⑤ 53,200kg

해설

01 ④

분기	1/4분기	2/4분기	3/4분기
예산 판매량 (+)분기말제품재고량 (−)분기초제품재고량	10,000개 30% +3,600개 −3,000개*	12,000개 30% +3,900개 −3,600개	13,000개 +4,200개 −3,900개
목표생산량(제조예산)	10,600개	12,300개	13,300개

* 1/4분기 예상 판매량 10,000단위 × 30% = 3,000단위

02 ④

분기	1/4분기	2/4분기	
분기별 제품생산량 단위당 원재료 사용량	10,600단위 × 4kg	12,300단위 × 4kg	13,300단위 × 4kg
원재료 사용량 (+)분기말원재료재고량 (−)분기초원재료재고량	= 42,400kg 40% +19,680kg*1 −16,960kg*2	= 49,200kg 40% +21,280kg*3 −19,680kg*4	= 53,200kg
원재료 구입량	= 45,120kg	= 50,800kg	
원재료 kg당 원가	× @5	× @5	
원재료 구입금액	= ₩225,600	= ₩254,000	

*1 49,200kg × 40%
*2 42,400kg × 40%
*3 13,300개 × 4kg × 40%
*4 49,200kg × 40%

● ○ ● ○

03 다양한 예산과 용어정리

구 분	내 용
(1) 카이젠예산	카이젠은 일본말로 지속적인 개선을 의미하며, 예산기간 동안의 개선을 반영한 예산이다.
(2) 활동기준예산	재화나 용역을 생산하고 판매하는 데 필요한 활동에 대하여 예산을 편성한 것. 목표치나 산출물에 근거한 예산이 아니라 각각의 활동에 대한 예산을 편성하며 활동중심점별로 통제하고자 함.

구 분	내 용
(3) 영기준예산	전년도 예산에 대한 참조없이 완전히 제로 베이스에서 새롭게 예산을 수립하는 방법 하나의 사업에 대해 전년도 현황을 완전히 배제한 채 새롭게 검토하여 예산을 수립한다는 측면에서 볼 때 비용을 최적화 시킬 수 있다. 반대로 이미 검토가 끝나서 진행 중인 사업에 대해 처음부터 다시 검토작업을 진행하는데 엄청난 시간과 인력의 낭비를 초래할 수 있다.
(4) 연속갱신예산	예산을 편성한 다음 기간이 경과할 때마다 지나간 기간의 예산을 제거하고, 새로운 기간의 예산을 추가함으로서 항상 일정기간의 예산이 유지되도록 하는 예산
(5) 참여적예산	예산편성시 관리자나 종업원들을 적극적으로 참여시키는 방법 관리자나 종업원들과 의사소통을 통하여 목표일치를 높일 수 있다. 예산편성에 많은 시간이 소요되고, 예산슬랙이 발생할 수 있다.
(6) 예산슬랙	예산상의 목표를 쉽게 달성하려고 수익예산을 과소예측하거나 비용예산을 과대예측하려는 것
(7) 수요의 하향악순환	회사가 책정한 가격이 경쟁자의 가격보다 높아 수요가 감소하면 가격이 더 높아져 수요가 계속적으로 감소하는 현상 수요량에 기초한 연간 예산조업도나 정상조업도보다는 공급량에 기초한 실행가능조업도나 이론적최대조업도를 이용하면 수요의 하향악순환을 감소시킬 수 있다.

04 자본예산의 의의

자본예산(capital budgeting)이란 어떤 투자로 인한 효과가 장기적으로 실현되는 장기의사결정과 관련된 전체적인 계획과정이다.

05 자본예산 절차

자본예산 절차	내 용
(1) 투자기회의 발견	투자를 하기 위해서는 먼저 투자기회를 찾아야 한다. 기업 내외의 투자환경을 분석하고 예측하여 기업가치를 증대시킬 수 있는 투자기회를 발견하는 것이다.

자본예산 절차	내　　　용
(2) 투자기회로부터 기대되는 현금흐름 추정	투자기회가 발견되면 당해 투자안의 미래현금흐름을 추정하게 되는데, 최초 투자시 지출되는 투자금액, 투자로 인하여 연간 기대되는 현금 유입액와 현금 유출액 등이 얼마나 될 것인지 등을 추정하여야 한다.
(3) 투자안의 경제성 분석	투자안의 현금흐름이 추정되면 그 추정된 현금흐름을 가지고 투자안의 경제성을 분석하여, 기업 가치에 어느 정도 공헌할 수 있는가를 분석해야 한다. 경제성 분석을 통하여 기업가치 극대화에 가장 큰 공헌을 할 수 있는 투자안을 선택한다.
(4) 투자후 재평가	투자를 한 후에는 투자가 사전에 예측했던 대로 실현되고 있는지의 여부를 재평가하고, 사전에 예측했던 대로 실현되고 있는지 등을 다시 평가한다.

06 현금흐름의 추정

현금흐름 추정	내　　　용
현금흐름 추정시 유의사항	- 세후현금흐름 기준 - 증분기준 - 금융비용은 제외 - 감가상각비는 제외. 단, 감가상각비 절세효과는 포함 - 운전자본증가액은 포함 - 인플레이션은 일관성있게 고려
투자시점의 현금흐름	① 투자대상자산의 취득원가(현금유출) ② 투자에 따르는 운전자본 증가액(현금유출) ③ 구자산 처분에 따른 현금유입액(현금유입) $= S - (S - B) \times t$ ④ 투자세액공제(현금유입)
투자기간 중의 현금흐름	① 세후영업현금흐름(일반적으로는 현금유입) ② 감가상각비 절세효과(현금유입) $\rightarrow (S-O) \times (1-t) + D \times t$ 　　$= (S-O-D) \times (1-t) + D$
투자종료시점의 현금흐름	① 유형자산 처분처분가액(현금유입) $= S - (S - B) \times t$ ② 운전자본 회수액(현금유입)

기본 문제

다음은 기본문제 3~4번과 관련된 내용이다.
(주)학지는 20×3년 초에 취득원가 ₩9,000,000, 잔존가치 ₩1,000,000, 내용연수는 4년인 설비를 구입하고자 한다. 회사가 구입하는 설비는 완전 자동화시스템으로서 매년 매출액을 ₩3,000,000씩 증가시키고 매년 운영비용을 ₩1,000,000씩 절감시킬 수 있을 것으로 기대된다. 회사는 설비의 내용연수가 끝나는 시점에 ₩1,200,000에 처분할 수 있을 것으로 기대하고 있다. 현재 법인세율은 20%라 가정할 때, 다음 요구사항에 답하시오. 단, 감가상각방법은 정액법을 가정한다.

03 20×3년부터 투자종료시점까지 투자기간 중의 매년 현금흐름은 얼마인가?

① ₩3,000,000   ② ₩3,200,000   ③ ₩3,400,000
④ ₩3,600,000   ⑤ ₩3,800,000

04 투자가 종료되는 시점의 현금흐름은 얼마인가?

① ₩960,000   ② ₩1,020,000   ③ ₩1,080,000
④ ₩1,160,000   ⑤ ₩1,200,000

해설

03 ④
투자기간 중의 현금흐름
$(\Delta S - \Delta O) \times (1 - t) + D \times t = (3,000,000 + 1,000,000) \times (1 - 0.2) + 2,000,000 \times 0.2$
$= ₩3,600,000$

04 ④
투자종료 시점의 현금흐름
$S - (S - B) \times t = 1,200,000 - (1,200,000 - 1,000,000) \times 0.2$
$= ₩1,160,000$

07 투자안의 경제성 분석

회 수 기 간 법 ┐
회 계 적 이 익 률 법 ┘ → 비할인 모형
순 현 재 가 치 법 ┐
내 부 수 익 률 법 ┘ → 할인 모형

(1) 회수기간법

회수기간법(payback period method)이란 투자에 소요된 투자액을 회수하는 데 걸리는 기간을 가지고 투자안을 평가하는 기법이다. 회수기간(payback period)은 투자로부터 창출되는 증분현금흐름이 소요된 투자액을 회수하는데 걸리는 기간을 말한다.

기본 문제

05 (주)송림은 ₩120,000을 투자할 경우 매년 ₩50,000의 현금흐름을 가져다 주는 투자안을 평가하기 위한 방법으로 회수기간법을 이용하고자 한다. 상기 투자안의 회수기간은 몇 년인가?

① 2년   ② 2.2년   ③ 2.4년
④ 2.5년   ⑤ 3년

해설

05 ③
매년 현금흐름이 일정할 경우에는 투자액을 연간 순현금유입액으로 나누면 된다.
따라서 회수기간은 120,000 ÷ 50,000 = 2.4년

(2) 회계적이익률법

회계적이익률법(Accounting Rate of Return method)이란 투자안의 회계적이익률을 이용하여 투자안을 평가하고 의사결정하는 방법이다. 회계적이익률은 연평균순이익을 투자액으로 나누어 계산하며, 연평균순이익은 현금흐름이 아닌 손익계산서상의 세후 순이익을 의미한다.

$$회계적이익률(ARR) = \frac{연평균순이익}{최초투자액\ 또는\ 평균투자액}$$

$$평균투자액 = \frac{최초투자액 + 잔존가치}{2}$$

기본 문제

다음은 기본문제6~7번과 관련된 자료이다.

(주)종로는 ₩250,000의 새로운 기계를 구입하려고 한다. 기계의 내용연수는 5년이며 내용연수말의 잔존가치는 ₩50,000이다. 기계구입시 연간 순현금유입액은 다음과 같다.

연도	연간순현금유입액
1	₩100,000
2	50,000
3	200,000
4	100,000
5	50,000

06 최초투자액 기준 회계적이익률은 얼마인가?

① 20% ② 24% ③ 30%
④ 36% ⑤ 40%

07 평균투자액 기준 회계적이익률은 얼마인가?

① 20% ② 24% ③ 30%
④ 36% ⑤ 40%

해설

연평균 순이익은 순현금흐름에서 감가상각비를 차감하여 다음과 같이 계산된다.

연도	연간순현금유입액	연간감가상각비	연간세후순이익
1	₩100,000	₩40,000	₩60,000
2	50,000	40,000	10,000
3	200,000	40,000	160,000
4	100,000	40,000	60,000
5	50,000	40,000	10,000
합계	₩500,000	₩200,000	₩300,000

연평균 세후 순이익은 $\dfrac{300,000}{5년}$ = ₩60,000 이다.

06 ②

최초투자액기준 회계적이익률

$$회계적\ 이익률 = \frac{연평균순이익}{최초투자액} = \frac{60,000}{250,000} = 24\%$$

07 ⑤

평균투자액기준 회계적이익률

$$회계적\ 이익률 = \frac{연평균순이익}{평균투자액} = \frac{60,000}{150,000^*} = 40\%$$

$$* \quad \frac{(250,000 + 50,000)}{2} = ₩150,000$$

● ○ ● ○

(3) 순현재가치법

순현재가치법(Net Present Value method, NPV)은 투자안으로 인한 순현금흐름의 현재가치를 이용하여 투자안을 평가하는 기법이다.

$$NPV = 현금유입액의\ 현재가치 - 현금유출액의\ 현재가치$$
$$= \sum_{t=1}^{n} \frac{CI_t}{(1+k)^t} - \sum_{t=1}^{n} \frac{CO_t}{(1+k)^t}$$

단, CI_t는 t시점의 현금유입액
CO_t는 t시점의 현금유출액
k는 자본비용

(4) 내부수익률법

내부수익률법(ininternal rate of return method, IRR)은 투자로부터 기대되는 현금유입액의 현재가치와 현금유출액의 현재가치를 일치시키는 할인율, 즉 순현재가치를 "0"이 되도록 만드는 할인율인 내부수익률을 이용하여 투자의사결정을 하는 방법이다.

$$\sum_{t=1}^{n} \frac{CI_t}{(1+r)^t} = \sum_{t=1}^{n} \frac{CO_t}{(1+r)^t}$$

단, CI_t는 t시점의 현금유입액
CO_t는 t시점의 현금유출액
r은 내부수익률

만약 어떤 투자안의 현금흐름이 매년 현금유입액이 일정하고, 현금유출은 최초 투자시점에서만 발생한다면, 다음과 같이 나타낼 수 있다.

$$\sum_{t=1}^{n} \frac{CI_t}{(1+r)^t} = CO_0$$

단, CI_t는 t시점의 현금유입액
CO_0는 최초투자시점에서의 현금유출액
r은 내부수익률

08 순현재가치법(NPV)법과 내부수익률(IRR)법의 비교

일반적으로 단일의 독립투자안을 평가할 경우에는 순현재가치(NPV)법으로 평가하나, 내부수익률(IRR)법으로 평가하나 동일한 결론이 나오지만, 다음과 같은 상황에서 복수의 독립적인 투자안 간에 투자우선순위를 결정하는 경우에는 NPV법에 의한 평가결과와 IRR법에 의한 평가결과가 다를 수 있다.

(1) 각 투자안들의 투자규모가 현저히 다른 경우
(2) 각 투자안들의 현금흐름 양상이 현저히 다른 경우
(3) 각 투자안들의 내용연수가 상이한 경우

순현재가치법과 내부수익률법에 의한 평과결과가 다르게 나올 경우에는 일반적으로 순현재가치법에 의한 결과를 따르는 것이 타당하다.

09 자본예산모형의 비교

	장 점	단 점
회수기간법	① 계산이 간단하고 이해하기 쉽다 ② 투자안의 위험도를 나타내는 위험지표로 이용되어 기업에 유용한 정보를 제공한다.	① 회수기간 이후의 현금흐름은 무시 ② 화폐의 시간가치를 고려하지 않는다. ③ 목표회수기간의 선정이 자의적이다.
회계적 이익률법	① 계산이 간단하고 이해하기 쉽다. ② 회수기간법과 달리 수익성을 고려한다. ③ 회사의 회계자료를 가지고 바로 이용가능	① 현금흐름이 아닌 회계적이익을 이용한다. ② 화폐의 시간가치를 고려하지 않는다. ③ 목표이익률의 선정이 자의적이다.
내부수익률법	① 화폐의 시간가치를 고려한다. ② 순이익이 아닌 현금흐름을 이용한다.	① 내부수익률의 계산이 복잡하다. ② 복수의 내부수익률이 존재할 수 있다. ③ 현금유입액이 투자기간동안 내부수익률로 재투자 된다는 가정이 비현실적이다. ④ 투자규모나 현금흐름양상에 따라 다른 결과가 나올 수 있다.
순현재가치법	① 화폐의 시간가치를 고려한다. ② 순이익이 아닌 현금흐름을 이용한다. ③ 가치가산의 원칙이 적용된다. ④ 할인율을 이용하여 위험을 반영할 수 있다. ⑤ 자본비용으로 재투자한다는 가정이 내부수익률법에 비해 더 현실적이다. ⑥ 내부수익률법에 비해 계산이 쉽다.	① 자본비용의 계산이 어렵다

10 자본예산의 기타문제

(1) 인플레이션하의 자본예산

미래에 인플레이션이 예상되는 경우에는 현금흐름과 할인율에 인플레이션을 일관성 있게 반영시켜야 하며, 명목이자율과 실질이자율 사이에는 다음과 같은 피셔효과(Fisher effect)가 성립한다.

$$(1 + 명목이자율) = (1 + 실질이자율)(1 + 예상인플레이션율)$$

(2) 다기간 CVP분석

자본예산을 이용하여 CVP 분석을 하는 것을 다기간 CVP분석이라고 하며, 미래 현금유입액의 현재가치와 미래 현금유출액의 현재가치를 일치시키는 판매량이 손익분기점 판매량이 된다.

(3) 회수기간의 역수

매년 순현금유입액이 일정한 경우로서, 투자안의 내용연수가 회수기간의 2배 이상인 경우에는 회수기간의 역수가 내부수익률(IRR)의 추정치로 사용될 수 있다.

연 습 문 제

01 종업원이 예산편성 과정에 참여하는 참여예산(participative budget)에 관한 설명으로 옳지 않은 것은?

① 종업원들의 다양한 관점과 판단을 예산에 반영할 수 있다.

② 종업원은 최고경영층에서 일방적으로 하달하는 예산목표보다 참여예산의 목표를 더 잘 달성하려는 유인이 있다.

③ 예산여유(budgetary slack)를 발생시킬 위험이 있다.

④ 예산편성을 위한 소요기간이 길어질 수 있다.

⑤ 예산편성시 조직 전체의 목표는 고려할 필요가 없으며, 각 부서의 목표와 방침에 따른다.

02 다음 중 예산과 관련된 설명으로 옳지 않은 것은?

① 운영예산(Operating Budget)은 다음 예산연도의 운영계획을 나타내며, 예산 대차대조표(또는 예산재무상태표)에 총괄된다.

② 종합예산(Master Budget) 편성의 첫 단계는 판매량 예측이다

③ 연속갱신예산(Rolling Budget)제도는 예산 기간 말에 근시안적으로 판단하는 것을 방지하는 효과가 있다.

④ 참여예산(Participative Budget)제도를 운영하는 경우에는 예산수립 참여자의 악용 가능성에 대비하여야 한다.

⑤ 영기준예산(Zero-based Budget)제도를 운영하는 경우에는 예산편성을 위한 노력이 많이 든다.

03 예산에 관한 다음의 설명 중 **옳지 않은** 것은?

① 고정예산(정태예산)은 단 하나의 조업도수준에 근거하여 작성되므로 성과평가목적으로 적합한 것이 아니다.

② 변동예산은 일정범위의 조업도수준에 관한 예산이며 성과평가목적을 위해 실제원가를 실제조업도수준에 있어서의 예산원가와 비교한다.

③ 원점기준예산이란 과거의 예산에 일정비율만큼 증가 또는 감소한 예산을 수립하는 것이 아니라 예산을 원점에서 새로이 수립하는 방법이다.

④ 예산과 관련된 종업원들이 예산편성과정에 참여하는 참여예산의 문제점 중 하나는 예산슬랙(budgetary slack)이 발생할 가능성이 높다는 것이다.

⑤ 종합예산은 조직의 각 부문활동에 대한 예산이 종합된 조직전체의 예산이며 변동예산의 일종이다.

04 2008년 1월부터 3월까지의 대한회사의 예상 상품매출액은 다음과 같다.

월 별	예상매출액
1월	₩3,500,000
2월	4,100,000
3월	3,800,000

매월 기말재고액은 다음 달 예상매출원가의 25%이며, 상품의 매출총이익률은 30%이다. 2월의 예상 상품매입액은 얼마인가?

① ₩2,467,500   ② ₩2,817,500   ③ ₩2,625,000

④ ₩3,010,000   ⑤ ₩4,672,500

05 인천(주)의 2/4분기 매출수량과 생산수량에 대한 예산자료가 다음과 같다.

	4월	5월	6월
매출수량	100,000단위	120,000단위	?
생산수량	104,000단위	128,000단위	156,000단위

인천(주)의 4월 1일 현재 제품의 재고량은 20,000단위이다. 회사의 정책에 따르면 매월 말 제품의 재고로 다음달 판매수량의 20%를 반드시 보유하여야 한다. 7월의 매출은 140,000단위가 될 것으로 예상하고 있다. 6월의 예상 판매수량은 얼마인가?

① 188,000단위   ② 160,000단위   ③ 128,000단위

④ 184,000단위   ⑤ 180,000단위

06 태양회사는 제품 단위당 4g의 재료를 사용한다. 재료 1g당 가격은 ₩0.8이며, 다음 분기 재료 목표사용량의 25%를 분기말 재고로 유지한다. 분기별 생산량은 다음과 같다. 1분기의 재료 구입액은 얼마인가?

	1분기	2분기
실제생산량(= 목표생산량)	24,000단위	35,000단위

① ₩84,500   ② ₩85,600   ③ ₩86,400

④ ₩87,200   ⑤ ₩88,800

07 다음은 (주)세무의 20×1년 분기별 생산량예산의 일부 자료이다. 제품생산을 위하여 단위당 2g의 재료가 균일하게 사용되며, 2분기 재료구입량은 820g으로 추정된다.

	2분기	3분기
생산량예산	400단위	500단위

(주)세무가 다음 분기 예산 재료사용량의 일정 비율만큼을 분기 말 재고로 유지하는 정책을 사용하고 있다면 그 비율은?

① 9%   ② 10%   ③ 11%

④ 12%   ⑤ 13%

08 ㈜세무는 단일 제품A를 생산하는데 연간 최대생산능력은 70,000단위이며, 20x1년에 제품A를 45,000단위 판매할 계획이다. 원재료는 공정 초에 전량 투입(제품A 1단위 생산에 4kg 투입)되며, 제조과정에서 공손과 감손 등으로 인한 물량 손실은 발생하지 않는다. 20x1년 초 실제재고와 20x1년 말 목표재고는 다음과 같다.

	20x2년 초	20x1년 말
원재료	4,000kg	5,000kg
재공품	1,500단위(완성도 60%)	1,800단위(완성도 30%)
제품	1,200단위	1,400단위

재공품 계산에 선입선출법을 적용할 경우, ㈜세무가 20x1년에 구입해야 하는 원재료 (kg)는?

① 180,000kg ② 182,000kg ③ 183,000kg
④ 184,000kg ⑤ 185,600kg

09 대한회사는 주요 원재료 A를 사용하여 제품 P를 생산하고 있다. 제품 P 한 단위를 생산하기 위해서는 원재료 A가 3kg 소요된다. 2006년말의 재고자산 종류별 실제재고 수량과 2007년도의 분기별 예상 판매량은 다음과 같다.

2006년 12월 31일 현재 재고수량		2007년 분기별 예상판매량	
재고자산	수량	분기	판매량
원재료 A	4,000kg	1/4	8,000단위
재공품	없음	2/4	9,000단위
제품 P	2,500단위	3/4	7,000단위
		4/4	9,000단위

대한회사의 재고정책에 의하면, 각 분기말 제품 재고수량은 다음 분기 예상판매량의 30%수준으로 유지한다. 또한 각 분기말 원재료 재고수량은 일정하게 4,000kg씩 유지 하며 재공품 재고는 없다. 2007년 2/4분기 중에 구입하여야 할 원재료 A의 물량은 얼 마인가?

① 22,800kg ② 24,600kg ③ 25,200kg
④ 26,800kg ⑤ 28,600kg

10 ㈜한국제조의 판매부서는 분기별 예산판매량을 다음과 같이 보고하였다.

분기	분기별 예산판매량
20×1년 1분기	8,000단위
20×1년 2분기	6,500단위
20×1년 3분기	7,000단위
20×1년 4분기	7,500단위
20×2년 1분기	8,000단위

㈜한국제조의 20×1년 1분기초 제품의 재고량은 1,600단위이며, 제품의 각 분기말 재고량은 다음 분기 예산판매량의 20% 수준을 유지하고 있다. ㈜한국제조는 제품 한 단위를 생산하는데 0.35 직접노무시간이 소요될 것으로 예상하고 있으며, 직접노무인력에게 시간당 ₩10의 정규 임금을 지급할 계획이다. ㈜한국제조는 직접노무인력을 정규직원으로 고용하고 있어 매분기마다 최소한 2,600직접노무시간에 해당하는 임금을 보장하여야 한다. 즉, 이 회사는 직접노무인력을 신축성 있게 조정할 수 없기 때문에 매분기마다 필요한 직접노무시간이 2,600시간 미만이 되더라도 2,600시간에 해당하는 임금을 지급해야 한다. 그러나 분기에 필요한 직접노무시간이 2,600시간을 초과하면 초과시간에 대해서는 정규 임금의 1.5배를 지급하여야 한다. ㈜한국제조의 20×1 회계연도 직접노무원가 예산금액은 얼마인가?

① ₩105,870 ② ₩106,325 ③ ₩107,175
④ ₩108,350 ⑤ ₩109,450

11 평화(주)는 한 종류의 상품을 구입하여 판매한다. 1999년 1월의 매출액은 100,000원이고 2월과 3월의 매출액이 각각 150,000원, 120,000원이 될 것으로 예상하고 있다. 이 회사의 매출원가는 매출액의 60%이며 상품은 현금으로 구매한다. 1월 31일의 재고자산은 18,000원이고 매월 말의 적정재고량은 다음 달 판매량의 20%이다. 이 회사의 매출액 중 30%는 판매한 달에 회수되고 70%는 판매한 다음 달에 회수된다. 1999년 2월에 판매비와 관리비로 8,500원이 현금으로 지불된다면 2월 중 현금증가예상액은 얼마인가?

① 97,500원 ② 37,500원 ③ 14,500원
④ 20,100원 ⑤ 100,500원

12

(주)은마의 2005년 1월 매출액은 ₩500,000이고, 2월과 3월 매출은 직전월에 비하여 각각 10%와 20%씩 증가할 것으로 예상된다. 매출은 현금매출 70%와 외상매출 30%로 구성되며, 외상매출은 판매된 달에 60%, 그 다음 달에 40%가 회수된다. 이에 따라 (주)은마의 현금예산표상 2005년 3월의 현금유입액을 계산하면 얼마인가?

① ₩440,000   ② ₩484,000   ③ ₩544,000

④ ₩580,800   ⑤ ₩646,800

13

금년 초에 설립된 미도상사는 상품구매원가의 120%로 상품가격을 책정하고 있다. 미도상사는 매월 구매상품 40%는 현금구입하고 나머지 60%는 외상구입 한다. 외상구입 대금은 구입한 달의 다음 달에 지급한다. 미도상사는 매월 기말재고로 그 다음 달 예상판매량의 30%를 보유하는 정책을 실시하고 있다. 1, 2, 3월의 예상매출액은 다음과 같다. 단, 3개월 동안의 판매가격 및 구매단가는 불변이다.

예상 매출액		
• 1월 : ₩9,600	• 2월 : ₩12,000	• 3월 : ₩15,600

구입대금 지급으로 인한 미도상사의 2월 중 예상 현금지출액은 얼마인가?

① ₩8,760   ② ₩9,160   ③ ₩10,960

④ ₩13,152   ⑤ ₩10,512

14

단일상품을 구입하여 판매하고 있는 (주)국세는 2011년 초에 당해 연도 2분기 예산을 편성 중에 있다. 2011년 4월의 외상매출액은 ₩3,000,000, 5월의 외상매출액은 ₩3,200,000 그리고 6월의 외상매출액은 ₩3,600,000으로 예상된다. (주)국세의 매출은 60%가 현금매출이며, 40%가 외상매출이다. 외상매출액은 판매일로부터 1달 뒤에 모두 현금으로 회수된다. (주)국세는 상품을 모두 외상으로 매입하며, 외상매입액은 매입일로부터 1달 뒤에 모두 현금으로 지급한다. (주)국세는 다음 달 총판매량의 20%를 월말 재고로 보유하며, 매출총이익률은 20%이다. (주)국세가 2011년 5월 중 상품 매입대금으로 지급할 현금은 얼마인가? (단, 월별 판매 및 구입단가는 변동이 없다고 가정한다)

① ₩6,000,000   ② ₩6,080,000   ③ ₩6,400,000

④ ₩6,560,000   ⑤ ₩6,600,000

15 ㈜한국은 단일의 제품 A를 생산·판매하고 있다. 이 회사가 20×1년 3월에 대한 예산을 수립할 목적으로 수집한 자료의 일부는 다음과 같다.

> (1) 20×1년 3월, 4월 및 5월에 대한 제품 A의 월별 판매예측은 다음과 같다.
>
> | 구 분 | 예상판매량 |
> |---|---|
> | 3월 | 100단위 |
> | 4월 | 120단위 |
> | 5월 | 140단위 |
>
> (2) 제품을 한 단위 생산하는데 소요되는 직접재료원가는 ₩20이며, 이는 계속 유지될 것으로 예상된다.
> (3) 이 회사는 20×1년 2월말 현재 재고자산으로 제품 100단위를 생산할 수 있는 직접재료와 40단위의 제품을 보유하고 있다.
> (4) 20×1년 3월부터 이 회사는 제품의 경우 다음 달 예상판매량의 50%에 해당하는 제품을 월말에 재고로 보유하며, 직접재료의 경우 다음 달 생산에 필요한 직접재료의 80%를 월말에 재고로 보유하는 재고정책을 취하고 있다.
> (5) 직접재료의 매입은 즉시 현금으로 지급된다.
> (6) 월초재공품과 월말재공품은 없다.

㈜한국의 20×1년 3월 직접재료 매입예산 금액은 얼마인가?

① ₩ 2,000 ② ₩ 2,080 ③ ₩ 2,320
④ ₩ 2,480 ⑤ ₩ 2,640

16 ㈜세무의 외상매출금은 판매 당월(첫째 달)에 60%, 둘째 달에 35%, 셋째 달에 5% 회수된다. 20x1년 12월 31일 재무상태표의 매출채권 잔액은 ₩70,000이며, 이 중 ₩60,000은 20x1년 12월 판매분이고, ₩10,000은 20x1년 11월 판매분이다. 20x2년 1월에 현금매출 ₩80,000과 외상매출 ₩350,000이 예상될 때, 매출과 관련된 20x2년 1월의 현금유입액과 1월말 매출채권 잔액은?

	현금유입액	매출채권 잔액		현금유입액	매출채권 잔액
①	₩335,000	₩145,000	②	₩345,000	₩145,000
③	₩345,000	₩147,500	④	₩352,500	₩145,000
⑤	₩352,500	₩147,500			

17 (주)예산은 모든 제품을 외상으로 판매하고 있다. 회사의 2월말 재무상태표상 외상매출금은 ₩1,490,000이다. 이 중 2월 매출액과 관련된 금액은 ₩1,140,000이며, 나머지는 1월 매출과 관련된 금액이다. 회사의 월별 예상 매출액은 다음과 같다.

> • 3월 : ₩4,250,000 • 4월 : ₩4,680,000 • 5월 : ₩4,860,000

회사는 매출액의 70%는 현금판매를 하고 있으며, 매출액의 20%는 다음 달에 회수되며, 9%는 판매한 다다음달에 회수된다. 나머지는 회수불능이다. (주)예산의 3월 현금유입액은 얼마인가?

① ₩3,348,500 ② ₩3,352,000 ③ ₩3,735,000
④ ₩4,050,000 ⑤ ₩4,085,000

18 (주)국세는 월간예산을 수립하고 있다. 다음 자료를 이용하여 추정한 (주)국세의 20×2년 2월말 현금잔액은 얼마인가?

재무상태표
20×2년 1월 1일 현재

자 산	
현 금	₩ 28,000
매출채권(순액)	78,000
상 품	104,000
유형자산(장부금액)	1,132,000
총 자산	₩1,342,000
부채 및 자본	
매입채무	₩ 200,000
자본금	800,000
이익잉여금	342,000
총부채 및 자본	₩1,342,000

• 상품의 20×2년 1월 매출액은 ₩260,000, 2월 매출액은 ₩230,000, 그리고 3월 매출액은 ₩210,000으로 각각 추정하고 있다. 모든 매출은 외상으로 이루어지며, 매출채권은 판매할 달에 55%, 다음 달에 40%가 현금으로 회수되고, 5%는 대손처리되어 판매한 당월의 비용으로 처리한다.
• 월별 매출총이익률은 20%이다.
• 상품의 월말재고액은 다음 달 예상매출원가의 50%로 유지한다.
• 모든 매입은 외상으로 이루어지며 매입채무는 매입한 다음 달에 전액 현금으로 상환한다.
• 기타 운영비 ₩21,700은 매월 현금으로 지급한다.
• 감가상각비는 연간 ₩17,000이다.
• 세금은 무시한다.

① ₩18,400   ② ₩27,300   ③ ₩28,100

④ ₩40,100   ⑤ ₩40,800

19 자본예산모형과 관련된 다음의 설명 중 가장 옳은 것은?

① 자본예산모형은 모두 전체적인 수익성을 고려하여 투자안을 평가하게 된다.

② 회계적이익률법도 현금흐름을 고려하여 투자안을 평가한다.

③ 내부수익률법은 내부수익률로 재투자할 수 있다고 가정하기 때문에 순현재가
치법에 비하여 매우 현실적인 방법이다.

④ 상호배타적인 투자안을 평가하는 경우 투자안의 규모가 현저히 다른 경우에
도 내부수익률법과 순현재가치법은 모두 화폐의 시간가치를 고려하기 때문
에 두 방법에 의한 결과는 일치한다.

⑤ 내부수익률법의 경우 내용연수가 2년 이상인 경우 내부수익률이 존재하지 않
을 수 있다.

20 장부가액 ₩1,000,000인 기계장치를 ₩1,200,000에 매각하는 경우 기계장치의 처분으
로 인한 현금유입액은 얼마인가? 단, 법인세율은 20%이다.

① ₩1,200,000   ② ₩1,190,000   ③ ₩1,180,000

④ ₩1,170,000   ⑤ ₩1,160,000

21 다음 중 자본예산을 위해 사용되는 순현가법(NPV)과 내부수익률법(IRR)에 대한 설
명으로 옳은 것은?

① 내부수익률법은 복리계산을 하지 않으므로 순현가법보다 열등하다.

② 특정 투자안의 수락 타당성에 대해 두 방법은 일반적으로 다른 결론을 제공
한다.

③ 내부수익률법은 현금이 할인율이 아닌, 내부수익률에 의해 재투자된다고 가
정한다.

④ 내부수익률법은 순현가법과 달리, 여러 가지 수준의 요구수익률을 사용하여
분석할 수 있으므로 더 우수하다.

⑤ 순현가법은 분석 시점에 초기 투자액이 없는 경우에는 사용할 수 없다.

22 다음 중 자본예산기법에 대한 설명으로 적절하지 않은 것은?

① 순현재가치법에서 순현재가치란 투자안으로부터 생기는 현금수입의 현재가치에서 현금지출의 현재가치를 차감한 잔액이다.

② 내부수익률법에서 내부수익률이란 현금수입과 현금지출을 현재가치로 환산할 때 동일한 금액이 되게 하는 수익률을 의미한다.

③ 회수기간이란 투자안으로부터 유입되는 현금이 최초의 투자지출액을 회수하는데 소요되는 시간을 의미하는데 이 기법은 주로 위험이 적고 안정적인 투자안을 평가하는데 사용되는 것이 바람직하다.

④ 회계이익률법에서 회계이익률이란 손익계산서에서 계산된 이익과 투자액의 비율이다.

⑤ 회수기간의 역수는 투자안의 연간순현금유입액을 최초투자액으로 나눈 것으로, 투자안으로부터의 연간현금유입액이 일정하게 발생하고 투자안의 내용연수가 최소한 회수기간의 2배 이상인 상황에서 내부수익률의 근사한 추정치로 사용할 수 있다.

23~24

다음은 문제 23~24번과 관련된 자료이다.

(주)설악은 어떤 설비에 투자를 하였는데, 잔존가치는 "0"이며, 내용연수는 10년이다. 회사는 이러한 설비투자로 인해 매년 현금흐름이 ₩100,000으로 예상된다.

23 최초투자액을 기준으로 회계적이익률이 10%로 예상된다면, 설비 투자금액은 얼마인가?

① ₩500,000   ② ₩550,000   ③ ₩598,641
④ ₩666,667   ⑤ ₩689,842

24 평균투자액을 기준으로 회계적이익률이 10%로 예상된다면, 설비 투자금액은 얼마인가?

① ₩500,000   ② ₩550,000   ③ ₩598,641
④ ₩666,667   ⑤ ₩689,842

25 한양회사는 1999년 1월 1일 새 기계를 구입하였다. 이 기계의 잔존가치는 없으며 정액법기준으로 10년에 걸쳐서 감가상각을 한다. 새 기계는 향후 10년간 영업활동과 관련하여 매년 법인세 비용차감전 ₩3,300,000의 현금유입을 창출할 수 있을 것으로 기대되고 있다. 투자자본에 대한 투자수익률(법인세비용차감전 기준)이 10%로 예상된다면, 새 기계의 원가는 얼마이었는가?

① ₩33,000,000   ② ₩27,500,000   ③ ₩12,500,000

④ ₩15,000,000   ⑤ ₩16,500,000

26 ㈜국세는 올해 초에 신제품 생산을 위한 전용기계 도입여부를 순현재가치법으로 결정하려고 한다. 신제품의 판매가격은 단위당 ₩500이며, 생산 및 판매와 관련된 단위당 변동비는 ₩300, 그리고 현금유출을 수반하는 고정비를 매년 ₩600,000으로 예상한다. 전용기계의 구입가격은 ₩1,000,000이고, 정액법으로 감가상각한다(내용연수 5년, 잔존가치 없음). 할인율은 10%이며 법인세율이 40%이고, 매출액, 변동비, 현금유출 고정비, 법인세는 전액 해당년도 말에 현금으로 회수 및 지급된다. 전용기계 도입이 유리하기 위해서는 신제품을 매년 최소 몇 단위를 생산 판매해야 하는가? (단, 10%, 5년의 단일금액의 현가계수는 0.621이고, 정상연금의 현가계수는 3.791이다)

① 4,198단위   ② 4,532단위   ③ 5,198단위

④ 5,532단위   ⑤ 6,652단위

27 학생회에서 현재 복사비용으로 외부에 장당 ₩20씩 지불하고 있는데, 복사비용 절감을 위해 가격이 ₩3,000,000인 복사기의 구입을 고려하고 있다. 이 복사기는 2년간 사용한 후 ₩550,000에 재판매할 수 있다. 종이가격은 장당 ₩5이며, 100장 복사에 10장이 낭비된다. 복사기 유지비는 연간 ₩110,000이며 이외 복사 관련비용은 없다. 편의상 올해의 현금 흐름은 할인하지 않고 내년도의 현금흐름은 할인율10%로 할인한다. 매년 복사하여야 할 수량이 11만장일 경우, 복사기를 구입하여 사용하는 것이 2년간 복사비용을 지불하는 것에 비해 순현재가치가 얼마나 증가하는가?

① ₩219,500   ② ₩440,000   ③ ₩335,000

④ ₩535,000   ⑤ ₩165,000

28 (주)광안은 자동화설비를 ₩50,000 에 구입하려고 한다. 이 회사의 원가담당자는 설비를 도입함으로써 다음과 같은 현금운영비가 절감할 것으로 예상하고 있다. 이 때 내부수익률은 얼마인가?

연 도	금 액
1차연도	₩20,000
2차연도	₩20,000
3차연도	₩20,000

연금의 현가표(n=3)			
8%	9%	10%	11%
2.577	2.531	2.487	2.444

① 9.17%   ② 9.50%   ③ 9.70%

④ 10.17%   ⑤ 10.83%

29 (주)월드컵은 향후 10년 동안 매 년말 ₩500,000에 달하는 운영비절감효과(즉, 법인세차감전 순현금유입액)를 가져오는 신기계를 ₩1,000,000에 구입할 것인가를 검토중이다. 투자안 검토 시 요구되는 실질수익률(real rate of return)은 10%이며, 신기계가 구입되면 내용연수를 10년, 잔존가액을 영(0)으로 하여 정액법에 따라 감가상각된다. (주)월드컵은 순현재가치(NPV)를 토대로 신기계의 구입여부를 결정한다. 다음 보기 중 신기계의 NPV 값의 크기를 옳게 배열한 것은 어떤 것인가? (세율은 40%, 인플레이션은 20%로 가정한다. 위에서 말한 운영비절감효과는 불변가치(real value)로 추정된 것이다. 편의상 세금과 인플레이션의 존재여부는 다음 기호를 이용하여 표현한다. (힌트) NPV를 계산하지 않고도 감가상각비 감세효과의 유무를 포함한 현금흐름의 고려만으로도 답할 수 있다.)

A : 세금이 없고 인플레도 없는 경우   B : 세금은 있고 인플레는 없는 경우
C : 세금은 없고 인플레는 있는 경우   D : 세금이 있고 인플레도 있는 경우

① C > A > D > B   ② A > C > B > D   ③ A = C > B = D

④ A = C > B > D   ⑤ A > C > B = D

Chapter 10. 종합예산 및 자본예산

정답 및 해설

1	⑤	2	①	3	⑤	4	②	5	②	6	②
7	②	8	③	9	③	10	②	11	④	12	⑤
13	③	14	②	15	④	16	⑤	17	④	18	④
19	⑤	20	⑤	21	③	22	③	23	①	24	④
25	⑤	26	②	27	③	28	③	29	④		

01 ⑤

참여예산은 조직의 목표를 종업원들이 능동적으로 참여하여 달성하도록 하기 위한 예산이다.

02 ①

운영예산은 예산손익계산서에 총괄된다.

03 ⑤

종합예산의 변동예산이 아니라 특정조업도를 기준으로 작성된 고정예산이다.

04 ②

	1월		2월		3월
예상매출원가[*]	₩2,450,000	25%	₩2,870,000	25%	₩2,660,000
(+)기말상품재고	717,500 ◄		665,000 ◄		
(−)기초상품재고			► 717,500		
(=)당월상품매입액			₩2,817,500		

[*] 예상매출액 × 70%

05 ②

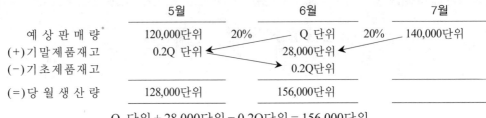

	5월		6월		7월
예 상 판 매 량[*]	120,000단위	20%	Q 단위	20%	140,000단위
(+)기 말 제 품 재 고	0.2Q 단위		28,000단위		
(−)기 초 제 품 재 고			0.2Q단위		
(=)당 월 생 산 량	128,000단위		156,000단위		

Q 단위 + 28,000단위 − 0.2Q단위 = 156,000단위

→ Q = 160,000단위

06 ②

	1분기		2분기
생 산 량	24,000단위		35,000단위
× 단위당 원재료 수량	× 4g		× 4g
= 원 재 료 투 입 량	= 96,000g		= 140,000g
(+) 기 말 원 재 료	+ 35,000g	25%	
(−) 기 초 원 재 료	− 24,000g[*]		
= 당 기 재 료 구 매 량	= 107,000g		
× 1 g 당 재 료 가 격	× 0.8		
= 당 기 재 료 구 입 액	₩85,600		

[*] 96,000g × 25% = 24,000g

07 ②

기말재고 비율을 x라 하면,

	2분기	3분기
생산량	= 400단위	= 500단위
× 단위당 원재료 수량	× 2g	× 2g
= 원재료 투입량	= 800g	= 1,000g
(+)기말원재료	+ 1,000x	
(−)기초원재료	− 800x	
= 당기 원재료 구매량	= 820g	

따라서, $800 + 1,000x − 800x = 820$ 이므로 $x = 10\%$ 이다.

08 ③

	당기
제품 판매량	45,000단위
+ 기말 제품 재고	+ 3,200단위[*1](=1,400단위+1,800단위)
- 기초 제품 재고	- 2,700단위[*1](=1,200단위+1,500단위)
제품 생산량	45,500단위
단위당 원재료 투입량	× 4kg
원재료 사용량	= 182,000kg
(+)기말원재료재고량	+ 5,000kg
(-)기초원재료재고량	- 4,000kg
원재료 구입량	= 183,000kg

[*1] 재공품에도 원재료는 100% 들어있기 때문에 제품과 재공품의 합계로 계산하여야 함
[*2] 42,400kg × 40%

09 ③

	2/4분기
예 상 판 매 량	9,000단위
(+) 기 말 제 품 재 고	+ 2,100단위[*1]
(-) 기 초 제 품 재 고	- 2,700단위[*2]
(=) 당 기 제 조 수 량	= 8,400단위
× 단위당 원재료 수량	× 3kg
(=) 원 재 료 투 입 량	= 25,200kg

[*1] 7,000단위 × 30% = 2,100단위
[*2] 9,000단위 × 30% = 2,700단위(1/4분기 기말재고수량)

10 ②

	1/4분기	2/4분기	3/4분기	4/4분기
판 매	8,000단위	6,500단위	7,000단위	7,500단위
(+)기말재고	1,300단위	1,400단위	1,500단위	1,600단위
(-)기초재고	1,600단위	1,300단위	1,400단위	1,500단위
(=)제 조	7,700단위	6,600단위	7,100단위	7,600단위
단위당 노동시간	×0.35h	×0.35h	×0.35h	×0.35h
총노동시간	= 2,695h	= 2,310h	= 2,485h	= 2,660h
기본 지급 임금	2,600h×10	2,600h×10	2,600h×10	2,600h×10
초과 시간 임금	95h×15			60h×15
직접노무비 예산	₩27,425	₩26,000	₩26,000	₩26,900

판매에서 2/4분기, 3/4분기, 4/4분기로 각각 20% 표시

따라서 201년 직접노무비 예산은 ₩106,325(= 27,425 + 26,000 + 26,000 + 26,900)이다.

11 ④

(1) 2월 상품 매입액

예 상 매 출 원 가	₩90,000(= 150,000 × 60%)
(+) 기 말 제 품 재 고	14,400(= 120,000 × 60% × 20%)
(−) 기 초 제 품 재 고	18,000
(=) 당 기 제 조 수 량	₩86,400

(2) 현금 예산

현금유입액 : ₩115,000(= 150,000 × 30% + 100,000 × 70%)

현금유출액 : ___94,900(= 86,400 + 8,500)

현금증가액 : ₩ 20,100

12 ⑤

3월 매출액 중 회수액 : ₩580,800(= 660,000^{*1} × (70% + 30% × 60%))

2월 매출액 중 회수액 : ___66,000(= 550,000^{*2} × 30% × 40%)

3월 현금 유입액 : ₩646,800

^{*1} 3월 매출액 : 500,000 × 110% × 120% = ₩660,000

^{*2} 2월 매출액 : 500,000 × 110% = ₩550,000

13 ③

(1) 월별 매입액

	1월		2월		3월
예상매출원가*	₩8,000	30%	₩10,000	30%	₩13,000
(+)기말상품재고	3,000		3,900		
(−)기초상품재고	0		3,000		
(=)당월상품매입액	₩11,000		₩10,900		

* 예상매출액 ÷ 120%

(2) 2월 현금 지출액

2월 매입액 중 지출액 : ₩ 6,600(= 11,000 × 60%)

1월 매입액 중 지출액 : ___4,360(= 10,900 × 40%)

2월 현금 지출액 : ₩10,960

14 ②

분 기	4월	5월	6월
매 출 액^{*1}	₩7,500,000	₩8,000,000	₩9,000,000
매 출 원 가^{*2}	6,000,000	6,400,000	7,200,000
(+) 기 말 재 고^{*3}	1,280,000	1,440,000	
(−) 기 초 재 고	1,200,000	1,280,000	
매 입	₩6,080,000	₩6,560,000	

*1 외상매출액 ÷ 0.4
*2 매출액 × 80%
*3 다음달 매출원가의 20%

회사는 4월 매입액 ₩6,080,000을 5월에 전액 지급한다.

15 ④

	3월	4월	5월
예산 판매량	100단위 ⟍50%	120단위 ⟍50%	140단위
(+)분기말제품재고량	+ 60단위	+ 70단위	+ ?단위
(−)분기초제품재고량	− 40단위	− 60단위	− 70단위
목표생산량(제조예산)	120단위	130단위	?단위

	3월	4월
월별 제품생산량	120단위	130단위
단위당 원재료 사용량	× 20	× 20
월별 직접재료원가	= ₩2,400 ⟍80%	= ₩2,600
(+)월말원재료재고량	+ 2,080	
(−)월초원재료재고량	− 2,000	
원재료 구입액	= ₩2,480	

16 ⑤

< 1월 현금회수액 >

1월 현금판매액 :		₩80,000
1월 외상판매분 : 350,000×60%	=	210,000
12월 외상판매분 : (60,000÷0.4)×35%	=	52,500
11월 외상판매분 :		10,000
당월 현금회수액 :		₩352,500

< 1월말 매출채권 잔액 >

1월 외상판매분 잔액 : 350,000×40%	=	₩140,000
12월 외상판매분 잔액 : (60,000÷0.4)×5%	=	7,500
매출채권 잔액 :		₩147,500

17 ④

2월말 재무상태표상 외상매출금 중 2월 매출액과 관련된 ₩1,140,000은 2월 매출액 중 당월에 회수된 70%를 제외한 나머지 잔액 30%이다. 또한 1월 매출과 관련된 외상매출금 ₩350,000(= 1,490,000 − 1,140,000)은 1월에 회수된 70%와 2월에 회수된 20%를 제외한 나머지 10%임에 주의하여야 한다. 따라서 3월 현금유입액은 다음과 같다.

3월 매출분 : ₩2,975,000(= 4,250,000 × 70%)
2월 매출분 : 760,000(= 1,140,000 ÷ 0.3 × 20%)

$$1월 매출분 : \underline{\quad 315,000}(= 350,000^* \div 0.1 \times 9\%)$$

$$현금유입액 : ₩4,050,000$$

$$^* \; 1,490,000 - 1,140,000 = ₩350,000$$

18 ④

$$기초현금 : ₩ \quad 28,000$$
$$현금유입 : \quad 451,500^{*1}$$
$$현금유출 : \underline{\quad 439,400}^{*2}$$
$$기말현금 : ₩ \quad 40,100$$

*1

	1월 현금유입액		2월 현금유입액		합 계
전기매출분		₩ 78,000			₩ 78,000
1월 매출분	260,000 × 55% =	143,000	260,000 × 40% =	₩104,000	247,000
2월 매출분			230,000 × 55% =	126,500	126,500
합 계		₩221,000		₩230,500	₩451,500

*2 (1) 월별 매입액

분기	1월	2월	3월
매출원가(= 매출액 × 80%)	₩208,000	₩184,000	₩168,000
(+)기말재고	92,000	84,000	
(−)기초재고	104,000	92,000	
매 입	₩196,000	₩176,000	

(2) 현금 유출액

	1월 현금유출액	2월 현금유출액	합 계
전기매입분	₩200,000		₩200,000
1월 매입분		₩196,000	196,000
기타운영비	21,700	21,700	43,400
합 계	₩221,700	₩217,700	₩439,400

19 ⑤

① 자본예산모형 중 회수기간법은 전체적인 수익성을 고려하지 않는다.

② 회계적이익률법은 현금흐름이 아닌 회계상의 이익을 이용하여 평가한다.

③ 내부수익률법은 내부수익률로 재투자한다는 가정이 매우 비현실적이다.

④ 투자안의 규모가 현저히 다를 경우에는 내부수익률법에 의한 결과와 순현재가치법에 의한 결과가 다르게 나온다.

⑤ 내부수익률법의 경우 내부수익률은 여러 개가 존재하거나 존재하지 않을 수도 있다.

20 ⑤

현금흐름 : $S - (S - B) \times t = 1,200,000 - (1,200,000 - 1,000,000) \times 20\% = ₩1,160,000$

21 ③

① 내부수익률법도 복리계산을 한다.

② 일반적으로 두 방법은 동일한 결론이 나온다.

④ 내부수익률은 할인율을 선택하거나 다양하게 적용할 수 없으며, 순현가법이 내부수익률법에 비하여 더 우수한 방법이라 할 수 있다.

⑤ 순현재가치법은 현금유입액의 현재가치에서 현금유출액의 현재가치를 차감하여 계산하기 때문에 초기 투자액이 없는 경우에도 적용가능하다.

22 ③

회수기간법은 위험에 대한 지표로서 사용되며, 위험이 높고 불확실한 투자안을 평가하는데 사용되는 것이 바람직하다.

23 ①

설비 투자금액을 p라고 하면, 다음과 같이 정리할 수 있다.

가. 매년 감가상각비 : $(p - 0) \div 10 = 0.1p$

나. 잔존가치 : 취득가액의 10%이므로 $p \times 10\% = 0.1p$

다. 평균투자액 : $(p + 0) \div 2 = 0.5p$

라. 연평균순이익 = 연평균현금흐름 - 연평균감가상각비 $= 100,000 - 0.1p$

최초투자액 기준 회계적이익률(ARR)

$$ARR = \frac{\text{연평균순이익}}{\text{최초투자액}} = \frac{100,000 - 0.1p}{p} = 10\%$$

$$\to 100,000 - 0.1p = 0.1p$$
$$\to 100,000 = 0.2p$$
$$\to p = ₩500,000$$

따라서 취득가액은 ₩500,000이다.

24 ④

평균투자액 기준 회계적이익률(ARR)

$$ARR = \frac{\text{연평균순이익}}{\text{평균투자액}} = \frac{100,000 - 0.1p}{0.5p} = 10\%$$

$$\to 100,000 - 0.1p = 0.05p$$
$$\to 100,000 = 0.15p$$
$$\to p = ₩666,667$$

따라서 취득가액은 ₩645,161이다.

25 ⑤

새로운 설비의 취득원가를 p라 하면,

$$영업이익 = 3,300,000 - \frac{p}{10} = 3,300,000 - 0.1p$$

$$회계적\ 이익률 = \frac{3,300,000 - 0.1p}{p} = 10\%$$

$$\rightarrow p = ₩16,500,000$$

26 ②

투자시점의 현금흐름 : (1,000,000)

투자기간 중의 현금흐름 : $\{(500-300)Q - 600,000\} \times (1-0.4) + \dfrac{1,000,000}{5년} \times 0.4$

$$= (200Q - 600,000) \times (1-0.4) + 200,000 \times 0.4$$

$$= 120Q - 360,000 + 80,000$$

$$= 120Q - 280,000$$

따라서, 순현재가치가 0 보다 커기 위해서는 다음을 만족하여야 한다.

NPV = $(120Q - 280,000) \times 3.791 - 1,000,000 \geqq 0 \rightarrow Q \geqq 4,532$단위

27 ③

(1) 현금흐름

	0	1차년도	2차년도
복 사 기 취 득	(₩3,000,000)		
연 간 현 금 흐 름		₩1,485,000[*]	₩1,485,000[*]
복 사 기 처 분			550,000
영업이익증가액	(₩3,000,000)	₩1,485,000	₩2,035,000

[*] 110,000장×20-(110,000장×1.1×5+110,000)=₩1,485,000

(2) 순현재가치(NPV)

$$NPV = 1,485,000 + \frac{2,035,000}{1 + 0.1} - 3,000,000 = ₩335,000$$

28 ③

연금현가계수를 x 라 하면,

$$20,000x = 50,000에서,\ x = 2.5$$

보간법을 이용하여, x를 계산하여야 한다.

할인율	연금현가계수	연금현가계수
9%	2.531	2.531
r%		2.5
10%	2.487	
차이	0.044	0.031

보간법에 의할 경우 내부수익률은 $9 + \dfrac{2.531 - 2.5}{2.531 - 2.487} = 9 + \dfrac{0.031}{0.044} ≒ 9.7\%$ 이다.

29 ④

세금이 존재하지 않는 경우에는 감가상각비 감세효과가 존재하지 않기 때문에 명목현금흐름과 실질현금흐름의 차이가 나지 않는다. 따라서 세금이 존재하지 않는다면, 인플레이션과 상관없이 NPV는 동일해진다. 반면에, 세금이 있다면, 감가상각비 절세효과 때문에 인플레이션이 존재할 경우에는 명목현금흐름인 감가상각비 절세효과를 실질현금흐름으로 전환해주어야 한다. 따라서 세금이 있다면, 인플레이션이 없는 경우의 NPV가 인플레이션이 있는 경우의 NPV보다 크게 된다.

책임회계와 성과평가

Chapter 11

책임회계와 성과평가

01 의의

책임회계(responsibility accounting)란 조직의 각 부문을 책임중심점으로 설정하고, 책임중심점별로 성과평가를 행하려는 회계제도로서 책임중심점의 성과평가를 통하여 각 부문의 성과를 향상시키는 것이 목적이다.

> **참고**   Reference
>
> 분권화(decentralization)는 의사결정 권한이 조직 전체적으로 골고루 분포되어 조직 상층부에만 집중되지 않고, 조직의 각 부문 및 하위부문들에도 의사결정 권한이 위임되어 있는 것을 말한다.
> 분권화의 장점 : ①현장 요구에 대한 신속한 대응력, ②신속한 의사결정, ③동기부여의 증대, ④관리능력 개발 및 학습지원, ⑤경영자에 대한 집중 분산
> 분권화의 단점 : ①준최적화 현상의 발생 및 대리인비용의 발생, ②각 분권화 단위별 경쟁 가속화, ③정보수집비용의 증가, ④활동의 중복

02 책임중심점의 종류

책임중심점(responsibility center)이란 의사결정에 대한 권한과 책임을 가진 조직단위를 말하며, 책임중심점별로 성과평가할 때 가장 중요한 기본원칙은 통제가능성이다.

책임중심점	내　　　　용
(1) 원가중심점	원가의 발생에 대해서만 책임을 지는 책임중심점으로서 제조부문이 원가중심점에 해당된다.
(2) 수익중심점	수익, 즉 매출액의 발생에 대해서만 책임을 지는 책임중심점으로서 판매부문이 대표적인 수익중심점에 해당된다.
(3) 이익중심점	수익과 원가에 대해서 모두 책임을 지는 책임중심점을 말하며, 보통 공헌이익을 기준으로 평가가 이루어지며, 기업에 대한 해당 책임중심점의 공헌도를 더 잘 나타내주기 때문에 수익중심점의 성과보고서보다 더 유용하다.
(4) 투자중심점	수익 및 원가 뿐 만 아니라 책임중심점에 투자된 투자액에 대해서 책임을 지는 책임중심점으로서, 분권화된 사업부가 대표적인 투자중심점에 해당된다. 이익만 가지고 성과평가하지 않고 해당 책임중심점에 투자된 투자액을 동시에 고려함으로써 효율성을 같이 평가하게 된다.

03 변동예산과 고정예산

예산(budget)이란 미래 경영계획을 화폐가치로 표현한 것을 말하는데, 예산을 편성할 때 대상이 되는 조업도에 따라 고정예산과 변동예산으로 분류한다.

(1) 고정예산

고정예산(static budget)이란 예산기간 중에 계획된 특정조업도(목표조업도)를 기준으로 사전에 편성된 예산으로서, 사후에 실제조업도가 특정조업도와 일치하지 않더라도 조정되거나 변경되지 않는 예산을 말하며 **목표예산**이라고도 한다.

(2) 변동예산

변동예산(flexible budget)은 특정조업도를 기준으로 편성되는 고정예산과 달리 조업도의 변화에 따라 조정되어 편성되는 예산으로서, 보통 고정예산을 실제 조업도하에서의 예산으로 조정하여 편성된다. 제조부문의 성과평가시 실제성과와 변동예산을 비교하여 평가한다.

04 판매부문의 성과평가

(1) 매출총차이 분석

매출총차이(total sales variance)란 실제 총공헌이익과 고정예산상의 총공헌이익의 차이를 말한다. 이 경우 실제총공헌이익을 계산할 때 실제 매출액에서 실제변동비가 아닌 예산상의 변동비를 차감하여 계산하는데, 이는 제조부문의 효율성이나 비효율성 등이 판매부문의 성과에 미치는 영향을 제거하기 위해서이다. 매출총차이는 가격요소와 수량요소로 구분하여 매출가격차이(selling price variance)와 매출조업도차이(sales volume variance)로 구분하며, 다음과 같이 분석한다.

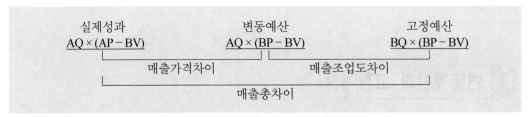

AQ : 실제판매수량 BQ : (고정)예산상의 판매수량
AP : 실제 단위당 판매가격 BP : 예산상의 단위당 판매가격
        BV : 예산상의 단위당 변동비

(2) 매출조업도차이의 세부 분석

회사가 한 가지 제품만을 판매하지 않고, 여러 가지의 제품을 생산, 판매하는 경우에 매출조업도차이는 **매출배합차이**(복수의 제품들 간의 실제매출배합과 예산매출배합과의 차이가 공헌이익에 미치는 영향)와 **매출수량차이**(복수의 제품 전체매출수량과 예산상의 전체매출수량과의 차이가 공헌이익에 미치는 영향)로 세분할 수 있다.

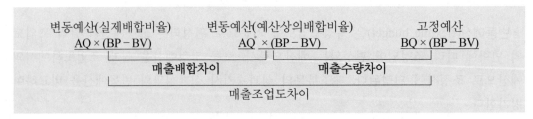

AQ^{*} : 예산상의 배합비율로 구성된 실제총판매수량

(3) 매출수량차이의 세부 분석

매출수량차이는 다시 **시장점유율차이**(실제시장규모하에서 실제시장점유율과 예산시장점유율의 차이에 따른 예산공헌이익의 차이)와 **시장규모차이**(종합예산 편성시의 시장점유율이 그대로 유지된다고 가정할 때 실제시장규모와 예산시장규모간의 차이에 따른 예산공헌이익의 차이)로 세분화되며, 예산평균공헌이익(budgeted average contribution margin)을 이용하여 다음과 같이 분석한다.

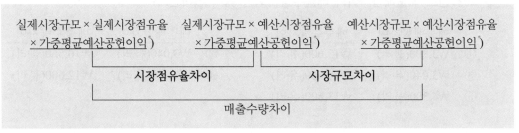

가중평균예산평균공헌이익 = Σ(각 제품의 단위당 공헌이익 × 각 제품의 매출배합비율)

일반적으로 시장점유율차이는 기업이 통제할 수 있는 차이이지만, 시장규모차이는 기업의 입장에서 통제 불가능한 요소이다.

기본 문제

다음은 기본문제 1~3번과 관련된 자료이다.
(주)한국은 두 가지 제품 A, B를 생산하여 판매하고 있다. 이와 관련된 20×1년도 예산자료와 실제성과는 다음과 같다.

제품	단위당 판매가격		단위당 변동비		판매량	
	예산	실제	예산	실제	예산	실제
A	₩300	₩260	₩120	₩125	120단위	190단위
B	200	220	100	95	180단위	190단위

예산상의 시장규모는 3,000단위로 예측하였으나, 실제 시장규모는 4,000단위였다.

01 20×1년도 매출가격차이와 매출조업도차이는 각각 얼마인가?

	매출가격차이	매출조업도차이		매출가격차이	매출조업도차이
①	₩3,800(유리)	₩13,600(불리)	②	₩3,800(불리)	₩13,600(유리)
③	₩5,200(유리)	₩10,400(불리)	④	₩5,200(불리)	₩10,400(유리)
⑤	₩ 0	9,800(유리)			

02 20×1년도 매출배합차이와 매출수량차이는 각각 얼마인가?

	매출배합차이	매출수량차이		매출배합차이	매출수량차이
①	₩3,800(불리)	₩13,600(유리)	②	₩3,040(불리)	₩10,560(불리)
③	₩3,040(유리)	₩10,560(유리)	④	₩3,400(유리)	₩12,600(불리)
⑤	₩4,300(불리)	₩13,600(유리)			

03 20×1년도 시장점유율차이와 시장규모차이는 각각 얼마인가?

	시장점유율차이	시장규모차이		시장점유율차이	시장규모차이
①	₩3,150(불리)	₩11,600(유리)	②	₩3,040(유리)	₩10,560(유리)
③	₩3,240(불리)	₩12,440(유리)	④	₩3,400(유리)	₩12,600(불리)
⑤	₩2,640(불리)	₩13,200(유리)			

해설

01 ②

매출가격차이와 매출조업도차이

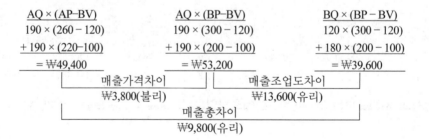

$$AQ \times (AP-BV)$$
$$190 \times (260 - 120)$$
$$+ 190 \times (220-100)$$
$$= ₩49,400$$

$$AQ \times (BP-BV)$$
$$190 \times (300 - 120)$$
$$+ 190 \times (200 - 100)$$
$$= ₩53,200$$

$$BQ \times (BP - BV)$$
$$120 \times (300 - 120)$$
$$+ 180 \times (200 - 100)$$
$$= ₩39,600$$

매출가격차이	매출조업도차이
₩3,800(불리)	₩13,600(유리)

매출총차이
₩9,800(유리)

02 ③

매출배합차이와 매출수량차이

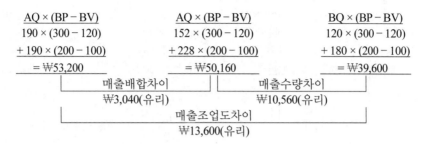

$$AQ \times (BP - BV)$$
$$190 \times (300 - 120)$$
$$+ 190 \times (200 - 100)$$
$$= ₩53,200$$

$$AQ \times (BP - BV)$$
$$152 \times (300 - 120)$$
$$+ 228 \times (200 - 100)$$
$$= ₩50,160$$

$$BQ \times (BP - BV)$$
$$120 \times (300 - 120)$$
$$+ 180 \times (200 - 100)$$
$$= ₩39,600$$

매출배합차이
₩3,040(유리)

매출수량차이
₩10,560(유리)

매출조업도차이
₩13,600(유리)

03 ⑤

시장점유율차이와 시장규모차이

실제시장규모 × 실제시장점유율
× 가중평균예산공헌이익)
$$4,000 \times 9.5\%^{*2} \times 132^{*1}$$
$$= ₩50,160$$

실제시장규모 × 예산시장점유율
× 가중평균예산공헌이익)
$$4,000 \times 10\%^{*3} \times 132$$
$$= ₩52,800$$

예산시장규모 × 예산시장점유율
× 가중평균예산공헌이익)
$$3,000 \times 10\% \times 132$$
$$= ₩39,600$$

시장점유율차이
₩2,640(불리)

시장규모차이
₩13,200(유리)

매출수량차이
₩10,560(유리)

[*1] 가중평균예산공헌이익 : $(300 - 120) \times 40\% + (200 - 100) \times 60\% = ₩132$

[*2] 실제시장점유율 : (190단위 + 190단위) ÷ 4,000단위 = 9.5%

[*3] 예산시장점유율 : (120단위 + 180단위) ÷ 3,000단위 = 10.0%

(4) 판매부문의 성과평가를 위한 차이분석 요약

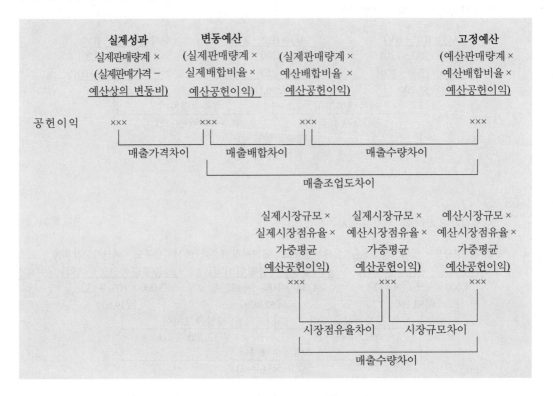

05 투자중심점의 성과평가

(1) 투자수익률(ROI)

$$\text{투자 수익률} = \frac{\text{영업이익}}{\text{투자액(영업자산)}} = \frac{\text{영업이익}}{\text{매출액}} \times \frac{\text{매출액}}{\text{영업자산}}$$

$$= \text{매출액(영업)이익률} \times \text{자산회전율}$$

1) 투자수익률의 유용성

① 계산이 간단하고, 투자액을 고려하여 평가하므로 투자중심점 경영자의 성과 측정에 유용하다.

② 비율로 표현되기 때문에 규모가 다른 투자중심점과 비교하거나 동일 산업 내 다른 기업과 성과를 비교하는데도 유용하게 이용될 수 있다.

2) 투자수익률의 한계

① 회사전체의 목표와 투자중심점의 목표가 불일치하는 **준최적화 현상**이 발생할 수 있다.
② 수익률의 개념만을 가지고 평가하기 때문에 위험에 대한 고려가 적절히 되지 않는다.
③ 각 투자중심점의 사업의 성격이 매우 다른 경우에는 의미가 없다.

(2) 잔여이익(RI)

> 잔여이익(RI) = 투자중심점의 영업이익 − 투자중심점의 투자액에 대한 내재이자
> = **영업이익 − 투자액 × 최저필수수익률**(부가이자율)

1) 잔여이익의 유용성

① 투자수익률로 평가시 발생할 수 있는 준최적화 문제를 극복할 수 있다.
② 각 투자중심점별로 위험을 고려하여 최저필수수익률을 조정함으로써 위험을 고려하여 성과평가할 수 있다.

2) 잔여이익의 한계

① 금액으로 비교하기 때문에 각 사업부의 규모가 다를 경우에는 잔여이익을 비교하는 것이 의미가 없다.
② 투자수익률과 마찬가지로 회계적 이익을 이용하기 때문에 투자의사결정과 성과평가의 일관성이 결여될 수 있다.

기본 문제

04 (주)듀퐁은 두 개의 분권화된 사업부를 운영하고 있으며, 각 사업부와 관련된 자료는 다음과 같고, 최저필수수익률은 12%라 가정한다.

	갑사업부	을사업부
매 출 액	₩20,000,000	₩90,000,000
영업이익	3,000,000	9,000,000
투 자 액	10,000,000	50,000,000

각 사업부는 최근 ₩10,000,000을 투자하면, 영업이익이 ₩2,000,000이 발생하는 신규 투자안을 고려중이다. 다음 설명 중 옳지 않은 것은?

① 투자수익률로 사업부의 성과를 평가하는 경우 갑사업부가 더 좋은 평가를 받게 될 것이다.
② 잔여이익으로 사업부의 성과를 평가하는 경우 을사업부가 더 좋은 평가를 받게 될 것이다.
③ 투자수익률로 사업부의 성과를 평가하는 경우 갑사업부에서 신규투자안을 기각할 것이다.
④ 잔여이익으로 사업부의 성과를 평가하는 경우 을사업부에서 신규투자안을 기각할 것이다.
⑤ 을사업부가 신규투자안에 투자하는 경우 을사업부의 투자수익률은 증가한다.

해설

04 ④
신규투자안의 잔여이익(RI)가 0 보다 크기 때문에 잔여이익으로 평가하는 경우 어떠한 사업부도 기각않고 채택하게 된다.

(1) 갑사업부의 ROI $= \dfrac{\text{영업이익}}{\text{투자액}} = \dfrac{3{,}000{,}000}{10{,}000{,}000} = 30\%$

(2) 을사업부의 ROI $= \dfrac{\text{영업이익}}{\text{투자액}} = \dfrac{9{,}000{,}000}{50{,}000{,}000} = 18\%$

(3) 갑사업부의 RI $= 3{,}000{,}000 - 10{,}000{,}000 \times 12\% = ₩1{,}800{,}000$

(4) 을사업부의 RI $= 9{,}000{,}000 - 50{,}000{,}000 \times 12\% = ₩3{,}000{,}000$

(5) 신규 투자안의 ROI $= \dfrac{\text{영업이익}}{\text{투자액}} = \dfrac{2{,}000{,}000}{10{,}000{,}000} = 20\%$

(6) 신규투자안의 RI $= 2{,}000{,}000 - 10{,}000{,}00 \times 12\% = ₩800{,}000$

(3) 경제적 부가가치(EVA)

$$\text{EVA} = \text{세후영업이익}[20] - \text{투하자본}[21] \times \text{가중평균자본비용}$$
$$= \text{세전영업이익} \times (1-t) - \text{투하자본} \times \text{가중평균자본비용}^*$$

* 가중평균자본비용은 타인자본비용과 자기자본비용을 타인자본과 자기자본의 **시장가치**를 이용하여 가중평균한 값이다. 또한, 이 때 사용되는 타인자본비용은 **세후 이자율**로서 "이자율×(1−t)"로 계산된다.

1) 경제적부가가치의 유용성

① 잔여이익과 마찬가지로 비율개념이 아닌 절대금액으로 평가하기 때문에 준최적화 현상이 나타나지 않는다.

② 타인자본비용뿐만 아니라 자기자본비용도 고려하여 성과평가를 하기 때문에 목표 수익률의 개념이 명확해지며, 진정한 기업가치의 증가를 의미한다.

③ 다른 성과측정치보다 기업가치와 더 밀접한 상관관계를 갖기 때문에 투자의사결 정에도 유용하다.

2) 경제적부가가치의 한계

① 영업이익과 투하자본의 계산시 많은 조정이 필요하며 계산이 복잡하다.

② 자기자본비용의 산정이 어렵기 때문에 가중평균자본비용의 산정이 어렵다.

③ 재무적 성과만을 고려하고, 비재무적인 성과는 고려하지 않는다.

---

[20] 여기에서 사용하는 영업이익은 일반적으로 인정된 회계기준에 따라 산출된 영업이익이 아닌 **상당히 조정된 영업이익**이다.

[21] 투하자본은 영업활동을 위하여 조달된 자금 중 이자비용이 발생하는 부채와 자기자본의 합으로써 유동부채 중 이자비용을 발생시키는 단기차입금이 없다면, 투하자본은 **비유동부채와 자기자본의 합**으로 표현되며, 일반적으로 인정된 회계원칙에 따라 산출된 자산과 부채가 아닌 상당히 수정된 자산과 부채를 이용하여 산출된다.

기본 문제

다음은 기본문제 5~6번과 관련된 자료이다.

성화(주)는 현재 법인세 차감전 영업이익이 ₩200,000,000이다. 회사의 부채 ₩300,000,000은 모두 연이자율 12%의 장기차입금이다. 회사의 자기자본은 ₩700,000,000이며, 주주들이 요구하는 수익률은 15%이다. 아래 요구사항에 답하시오. 단, 법인세율은 30%라고 가정하며, 부채와 자기자본의 장부가치와 시장가치가 일치한다고 가정한다.

05 가중평균자본비용은 얼마인가?

① 11.4%   ② 12.85%   ③ 13.02%

④ 13.76%   ⑤ 14.34%

06 EVA(경제적 부가가치)는 얼마인가?

① ₩ 9,800,000   ② ₩10,600,000   ③ ₩11,200,000

④ ₩11,880,000   ⑤ ₩12,800,000

해설

05 ③

가중평균자본비용 :

$$타인자본비용 \times \frac{타인자본}{타인자본 + 자기자본} + 자기자본비용 \times \frac{자기자본}{타인자본 + 자기자본}$$

$$= 12\% \times (1 - 0.3) \times \frac{3억}{3억 + 7억} + 15\% \times \frac{7억}{3억 + 7억} = 13.02\%$$

06 ①

경제적 부가가치 :

$$200,000,000 \times (1 - 0.3) - 1,000,000,000 \times 13.02\% = ₩9,800,000$$

연 습 문 제

01 ㈜한국연수원은 다양한 강좌를 개설하여 운영하고 있다. 이와 관련하여 연수원 관리자는 연수원 운영에 대한 월별 예산편성과 성과보고서 작성을 위해 다음 두 가지 원가동인을 식별하였다.

(1) 매월 개설된 강좌 수
(2) 매월 개설된 모든 강좌에 등록된 학생의 수

㈜한국연수원에서 매월 예상하는 원가 및 비용 관련 자료는 다음과 같다.

구분	강좌당 변동비	학생당 변동비	월 고정비
강사료	₩3,000	–	–
강의실 소모품비	–	₩260	–
임차료와 보험료	–	–	₩6,300
기타일반관리비	₩145	₩4	₩4,100

20x1년 2월초 3개의 강좌가 개설되며 총 45명의 학생이 등록할 것으로 예상된다. 또한 각 강좌에 등록한 학생 1인당 평균 ₩800의 수익이 예상된다. 20x1년 2월에 실제로 3개의 강좌가 개설되었으나, 3개의 강좌에 실제로 등록한 학생 수는 총 42명이었다. ㈜한국연수원의 20x1년 2월 실제 운영결과는 다음과 같다.

구 분	실제결과
총수익	₩32,400
강사료	₩9,000
강의실 소모품	₩8,500
임차료와 보험료	₩6,000
기타일반관리비	₩5,300

㈜한국연수원 관리자가 20x1년 2월말 작성한 성과보고서에 포함되는 영업이익 변동예산차이는?

① ₩685 유리 ② ₩685 불리 ③ ₩923 유리
④ ₩1,608 유리 ⑤ ₩1,668 불리

02 ㈜대한은 20x1년도 고정예산과 실제결과를 비교하기 위해 다음과 같은 손익계산서를 작성하였다.

구분	고정예산	실제결과
판매량	10,000단위	12,000단위
매출액	₩500,000	₩624,000
변동원가		
제조원가	₩250,000	₩360,000
판매관리비	50,000	84,000
공헌이익	₩200,000	₩180,000
고정원가		
제조원가	₩15,000	₩19,000
판매관리비	25,000	25,000
영업이익	₩160,000	₩136,000

㈜대한의 경영자는 20x1년도 실제 판매량이 고정예산 판매량보다 20% 증가하였으나, 영업이익은 오히려 15% 감소한 원인을 파악 하고자 한다. 다음 설명 중 옳지 않은 것은? 단, ㈜대한은 20x1년도에 12,000단위를 생산·판매할 수 있는 용량(capacity)을 확보하고 있다.

① 매출조업도차이(sales-volume variance)는 ₩40,000만큼 유리하다.
② 변동예산차이(flexible-budget variance)는 ₩84,000만큼 불리하다.
③ 매출가격차이(selling-price variance)는 ₩24,000만큼 유리하다.
④ 고정원가 소비차이(fixed overhead spending variance)는 ₩4,000 만큼 불리하다.
⑤ 고정예산차이(static-budget variance)는 ₩24,000만큼 불리하다.

03 (주)세광의 3월 예산 대비 실적자료는 다음과 같다. 동 자료를 토대로 당초 예상보다 영업이익이 ₩200만큼 줄어든 원인을 (i) 판매가격차이, (ii) 변동원가차이, (iii) 고정원가차이 이외에 중요한 차이항목인 매출조업도차이(net sales volume variance : 일명, 순판매수량차이)를 추가하여 경영진에게 의미 있게 요약·보고하고자 한다. 매출조업도차이의 금액은 얼마인가? (단, 유리한 차이는 (F)로 불리한 차이는 (U)로 표시한다.)

	3월 실적(actual)	3월 예산(budget)
판매수량	400개	300개
매 출 액	₩7,200	₩6,000
변동원가	4,800	3,000
고정원가	1,400	1,800
영업이익	1,000	1,200

① ₩1,800(F) ② ₩600(F) ③ ₩1,000(U)

④ ₩1,800(U) ⑤ ₩1,000(F)

04 ㈜한국이 판매부문의 20x1년도 성과평가 목적으로 작성한 예산과 실적치를 대비한 자료는 다음과 같다.

구분	고정예산	실적치
판매량	25,000단위	27,500단위
매출액	₩250,000	₩253,000
변동원가		
제조원가	148,500	153,450
판매관리비	39,000	44,550
공헌이익	₩62,500	₩55,000
고정원가		
제조원가	12,500	15,000
판매관리비	27,500	30,000
영업이익	₩22,500	₩10,000

㈜한국의 CEO는 20x1년도 실제판매량이 목표판매량보다 10% 증가하였는데도 불구하고 영업이익은 오히려 감소한 원인을 파악하고자 한다. 이를 위해 매출가격차이(sales price variance)와 매출수량차이(매출조업도차이: sales volume variance)를 계산하면 각각 얼마인가? 단, U는 불리한 차이, F는 유리한 차이를 의미한다.

	매출가격차이	매출수량차이
①	₩22,000U	₩6,250F
②	₩22,000U	₩6,500F
③	₩22,000U	₩6,750F
④	₩20,000U	₩6,500F
⑤	₩20,000U	₩6,750F

05 (주)세무는 제품A와 제품B를 생산, 판매하고 있다. 20×1년 1월 관련 자료가 다음과 같을 때 매출배합차이는?

	제품A	제품B
실제 단위당 판매가격	₩7	₩12
예산 단위당 판매가격	6	10
예산 단위당 변동원가	4	6
예산판매량	144단위	36단위
실제판매량	126단위	84단위

① ₩80 유리   ② ₩82 유리   ③ ₩84 유리

④ ₩86 유리   ⑤ ₩88 유리

06 대한회사는 A와 B의 두 제품을 생산·판매하고 있다. 예산에 의하면 제품 A의 단위당 공헌이익은 ₩20이고, 제품 B의 공헌이익은 ₩4이다. 2007년의 예산매출수량은 제품 A가 800단위, 제품 B는 1,200단위로 총 2,000단위였다. 그러나 실제매출수량은 제품 A가 500단위, 제품 B가 2,000단위로 총 2,500단위였다. 대한회사의 2007년 매출 배합차이와 매출수량차이를 계산하면 각각 얼마인가?

	매출배합차이	매출수량차이		매출배합차이	매출수량차이
①	₩8,000 유리	₩5,200 불리	②	₩8,000 유리	₩5,200 유리
③	₩5,200 불리	₩8,000 불리	④	₩5,200 유리	₩8,000 불리
⑤	₩8,000 불리	₩5,200 유리			

07 상호 대체가능한 제품P와 제품Q 두 가지 종류만을 판매하는 ㈜한국에 대한 20×1 회계연도 자료는 다음과 같다.

구 분	제품P	제품Q
예산판매수량	800단위	1,200단위
실제판매수량	500단위	2,000단위
단위당 예산판매가격	₩50	₩20
단위당 실제판매가격	₩55	₩18
단위당 표준변동원가	₩30	₩16
단위당 실제변동원가	₩32	₩15

㈜한국의 20×1 회계연도 매출배합차이와 매출수량차이를 계산하면 각각 얼마인가?

	매출배합차이	매출수량차이
①	₩8,000 유리	₩5,200 불리
②	₩8,000 유리	₩5,200 유리
③	₩5,200 불리	₩8,000 불리
④	₩5,200 유리	₩8,000 불리
⑤	₩8,000 불리	₩5,200 유리

08 동남컨설팅의 모든 컨설팅용역은 책임연구원 1명과 보조연구원 2명이 수행하고 있다. 동남컨설팅의 컨설팅용역 수행에 관한 20×1년 1월과 2월의 예산과 실제 자료는 다음과 같다.

구 분	책임연구원 1명당	보조연구원 1명당
시간당 예산공헌이익	₩100,000	₩50,000
매월 예산투입시간	140시간	180시간
1월 실제투입시간	?	171시간
2월 실제투입시간	?	153시간

동남컨설팅의 모든 연구원이 컨설팅용역을 수행하는 데 실제 투입한 총시간은 20×1년 1월과 2월에 각각 450시간씩인 것으로 파악되었다. 컨설팅용역 수행에 투입된 시간에 의할 경우, 공헌이익을 기준으로 계산한 책임연구원과 보조연구원의 1월과 2월 매출배합차이는 각각 얼마인가?

	20×1년 1월		20×1년 2월	
	책임연구원	보조연구원	책임연구원	보조연구원
①	₩1,800,000 불리	₩ 900,000 유리	₩1,800,000 유리	₩ 900,000 불리
②	₩ 900,000 불리	₩1,800,000 유리	₩ 900,000 불리	₩1,800,000 유리
③	₩1,800,000 유리	₩ 900,000 불리	₩1,800,000 불리	₩ 900,000 유리
④	₩ 900,000 유리	₩1,800,000 불리	₩ 900,000 유리	₩1,800,000 불리
⑤	₩1,800,000 유리	₩ 900,000 유리	₩1,800,000 불리	₩ 900,000 불리

09 (주)광원은 보통과 고급의 두 가지 우산을 판매한다. (주)광원의 2004년 2월의 매출에 대한 자료는 다음과 같다. 두 가지 우산의 매출수량차이는 얼마인가?

• 고정예산 총공헌이익	₩₩2,800,000
• 2월에 판매될 예산 우산수량	2,000단위
• 보통우산의 단위당 예산공헌이익	₩₩1,000
• 고급우산의 단위당 예산공헌이익	₩₩3,000
• 총매출수량차이	₩₩700,000(불리)
• 보통우산의 실제 매출배합비율	60%

※ 모든 차이는 공헌이익을 기준으로 한다.

① 보통 ₩400,000(불리) 고급 ₩300,000(불리)
② 보통 ₩300,000(불리) 고급 ₩400,000(불리)
③ 보통 ₩100,000(유리) 고급 ₩800,000(불리)
④ 보통 ₩800,000(불리) 고급 ₩100,000(유리)
⑤ 보통 ₩500,000(불리) 고급 ₩200,000(불리)

10 (주)국세는 사무용과 가정용 복사기를 판매한다. (주)국세는 2011년 복사기 시장규모가 800,000대 일 것으로 예측하였으나, 실제 시장규모는 700,000대로 집계되었다. 2011년 예산과 실제 결과에 대한 자료가 다음과 같을 때, (주)국세의 시장점유율 차이는 얼마인가?

➡ 2011년도 예산

제품종류	판매단가	단위당 변동원가	판매수량 및 비율	
			수량	비율
사무용	₩1,200	₩700	20,000대	25%
가정용	900	500	60,000대	75%
합 계			80,000대	100%

➡ 2011년도 실제 결과

제품종류	판매단가	단위당 변동원가	판매수량 및 비율	
			수량	비율
사무용	₩1,100	₩625	25,200대	30%
가정용	820	400	58,800대	70%
합 계			84,000대	100%

① ₩3,840,000 불리   ② ₩4,960,000 불리   ③ ₩5,270,000 불리
④ ₩4,750,000 유리   ⑤ ₩5,950,000 유리

11 고은희는 한 제품의 생산과 판매 업무를 함께 수행하는 사업부의 책임자다. 2006년 사업부의 연간 이익예산은 다음과 같은 예상 매출액, 예상 제조원가 및 예상 판매비에 기초해 수립되었다.

> • 예상 매출액 = 50 × Q_S
> • 예상 제조원가 = 300,000 + 14 × Q_M
> • 예상 판매비 = 200,000 + 6 × Q_S
> ※ Q_M은 생산량을, Q_S는 판매량을 나타낸다.

예산 생산량과 판매량은 모두 25,000개로 동일하게 수립되었다. 그런데 2006년 한 해 동안의 실제 생산량은 27,000개였고 그 중 24,000개를 판매하였다. 제조원가는 ₩695,000, 판매비는 ₩339,000이 소요되었으며, 제품 단위당 판매가격은 평균 ₩52이었다. 본사 관리부는 고은희의 성과를 평가하기 위해 사업부의 실제이익과 예산이익의 차이를 그 원인에 따라 가능한 한 많은 요소로 분해하고자 한다. 다음 중 앞에서 주어진 자료를 가지고 파악할 수 없는 이익차이 요소는?

① 실제이익과 예산이익의 차이 중 제조간접원가 차이로 인한 금액
② 실제이익과 예산이익의 차이 중 판매가격 차이로 인한 금액
③ 실제이익과 예산이익의 차이 중 판매수량 차이로 인한 금액
④ 실제이익과 예산이익의 차이 중 판매비 차이로 인한 금액
⑤ 실제이익과 예산이익의 차이 중 제조원가 차이로 인한 금액

12 책임중심점(responsibility center)의 설계 및 성과평가 방법에 대한 다음 내용 중 가장 옳은 것은?

① 서비스 지원부서와 같은 비용중심점(expense center)에서는 서비스를 소비하는 부서로부터 그 사용 대가를 징수하지 않는 것이 서비스의 과소비를 줄이는데 효과적이다.
② 어떤 부서의 원가함수에 관한 지식을 본부가 알 수 없을 때에는 그 부서를 원가중심점으로 설정하는 것이 그 부서를 통제하는데 효과적이다.
③ 투자수익률과 같은 비율척도로 투자중심점의 성과를 평가할 경우 회사전체의 이익극대화와 상충될 수 있다.
④ 책임중심점의 성과를 평가할 때 원칙적으로 통제가능 여부에 관계없이 관련된 모든 업무에 대해 책임을 물어야 한다.
⑤ 투자중심점의 성과평가 척도의 하나로 사용되는 경제적부가가치는 세후영업이익에서 부채에 대한 이자비용을 차감한 금액이다.

13 분권화와 책임회계, 성과평가와 관련하여 다음의 설명 중에서 가장 적절한 것은?

① 분권화(decentralization)로부터 얻을 수 있는 효익으로 내부이전가격의 신속한 결정을 들 수 있다.

② 원가중심점은 특정 원가의 발생에만 통제책임을 지는 책임중심점으로 판매부문이 한 예가 될 수 있다.

③ 하부경영자가 자신의 성과측정치를 극대화할 때 기업의 목표도 동시에 극대화될 수 있도록 하부경영자의 성과측정치를 설정해야 하는데, 이를 목표일치성(goal congruence)이라고 한다.

④ 잔여이익(residual income)이 갖고 있는 준최적화(sub-optimization)의 문제점을 극복하기 위하여 투자수익률이라는 개념이 출현하였다.

⑤ 투자수익률법은 투자규모가 다른 투자중심점을 상호 비교하기가 어렵다는 문제점이 있는 반면에 잔여이익법에는 이런 문제점이 없다.

14 다음 중 분권화된 조직에서의 책임회계제도, 대체가격, 투자중심점, 성과평가 등과 관련한 설명으로 옳지 않은 것은?

① 책임회계제도는 조직의 자원이 어느 기능을 위하여 사용되었는가 보다는 누가 사용하였는가에 관심을 둔다.

② 이익중심점이란 수익과 비용 모두에 대하여 책임이 부여된 조직의 하위단위 또는 부문을 말한다.

③ 잔여이익(residual income)이란 투자중심점이 사용하는 영업자산으로부터 당해 투자중심점이 획득하여야 하는 최소한의 이익을 초과하는 영업이익을 말한다.

④ 조직의 하위부문 사이에 재화를 주고받을 경우 각 하위부문에 대한 공정한 성과평가를 하려면 공급부문의 변동원가에 근거하여 대체가격을 설정하는 것이 바람직하다.

⑤ 투자수익률(return on investment)이란 수익성지표의 일종으로서 이는 투하된 자본금액에 대한 이익의 비율을 나타낸다.

15 투자수익률(ROI), 잔여이익(RI) 및 경제적 부가가치(EVA)에 대한 설명으로 옳지 않은 것은?

① ROI를 전문경영자의 보상평가기준으로 사용한다면 대리인비용이 절감되고 투자안의 경제성 평가기준으로 사용될 수 있다.

② EVA는 타인자본비용 뿐만 아니라 자기자본비용도 고려하여 산출한다.

③ EVA는 주주의 입장에서 바라보는 이익개념으로 기업고유의 영업활동에서 창출된 순가치의 증가분을 의미한다.

④ ROI는 회사 전체적으로 채택하는 것이 유리한 투자안을 부당하게 기각할 가능성이 있지만, RI와 EVA는 그럴 가능성이 없다.

⑤ RI는 ROI의 단점인 준최적화현상을 보완하기 위하여 개발되었다.

16 투자중심점(investment center)의 투자성과 평가지표에 관한 다음의 설명 중 가장 타당하지 않은 것은?

① 투자수익률(return on investment : ROI)은 투하자본에 대한 투자이익의 비율을 나타내는 수익성 지표이며, 매출이익률에 자산회전율을 곱하여 계산할 수 있다.

② 투자수익률은 기업의 여러 투자중심점의 성과를 비교하는데 유용할 수 있지만, 투자수익률의 수준이 투자중심점 경영자의 성과평가기준으로 사용될 경우에는 목표불일치 문제를 야기할 수 있다.

③ 잔여이익에 의한 투자중심점 성과평가는 투자수익률에 의한 준최적화 문제를 해결할 수 있으며, 각기 다른 투자규모의 투자중심점들의 성과를 잔여이익에 의하여 직접적으로 비교평가 할 수 있는 장점이 있다.

④ 경제적부가가치(economic value added : EVA)는 세후영업이익에서 투하자본에 대한 자본비용을 차감하여 계산할 수 있다.

⑤ 경제적부가가치의 관점에서는 영업이익이 당기순이익보다 기업의 경영성과를 평가하는데 유용한 지표라고 본다.

17 성과평가 및 보상에 관한 설명으로 옳은 것은?

① 투자이익률(return on investment, ROI)은 사업부 또는 하위 사업단위의 성과평가에 적용될 수 있으나, 개별 투자안의 성과평가에는 적용되지 않는다.

② 잔여이익(residual income, RI)은 영업이익으로부터 산출되며, 평가대상의 위험을 반영하지 못한다.

③ 투자수익률(ROI)에 비해 잔여이익(RI)은 투자규모가 서로 다른 사업부의 성과를 비교, 평가하기가 용이하다.

④ 상대평가에 비해 절대평가는 인구, 경제상황, 규제정책 등 공통의 통제 불가능한 요소가 성과평가에 미치는 영향을 제거하기 쉽다.

⑤ 경영자가 장기적 성과에 관심을 갖도록 동기부여하기 위해 회사의 주가를 기준으로 보상을 결정하는 방법이 있다.

18 (주)책임은 두 개의 사업부 A, B를 운영하고 있다. 최근 A사업부는 부문수익률보다는 낮지만 최저필수수익률보다 높은 수익률이 기대되는 투자안을 고려하고 있으며, B사업부는 부문수익률보다는 높지만 최저필수수익률보다 낮은 수익률이 기대되는 투자안을 고려하고 있다. 다음 설명 중 옳은 것은?

① (주)책임이 투자수익률로 성과평가를 하는 경우 A사업부는 투자안을 선택한다.

② B사업부가 투자안을 선택하는 경우 B사업부의 투자수익률은 현재보다 작아진다.

③ (주)책임이 잔여이익으로 성과평가를 하는 경우 B사업부는 투자안을 선택한다.

④ A사업부가 투자안을 선택하는 경우 A사업부의 잔여이익은 현재보다 작아진다.

⑤ B사업부가 투자안을 선택하는 경우 B사업부의 잔여이익은 현재보다 작아진다.

19 (주)국세는 분권화된 세 개의 사업부(X, Y, Z)를 운영하고 있다. 이들은 모두 투자중심점으로 설계되어 있으며, (주)국세의 최저필수수익률은 20%이다. 각 사업부와 관련된 정보는 다음과 같다.

	X	Y	Z
자산회전율	4회	6회	5회
영 업 이 익	₩ 400,000	₩ 200,000	₩ 210,000
매 출 액	₩4,000,000	₩2,000,000	₩3,000,000

투자수익률(ROI)이 높은 사업부 순서대로 옳게 배열한 것은?

① X > Y > Z   ② X > Z > Y   ③ Y > X > Z

④ Y > Z > X   ⑤ Z > Y > X

20 (주)강릉은 다음과 같은 3개의 사업부(A, B, C)를 갖고 있다. 다음 자료를 이용하여 각 사업부를 잔여이익으로 평가했을 때, 성과가 높은 사업부 순서대로 옳게 배열한 것은?

구 분	A	B	C
투 자 액	₩1,300,000	₩1,200,000	₩1,500,000
영업이익	300,000	330,000	350,000
최저필수수익률	15%	19%	16%

① C > A > B   ② C > B > A   ③ B > A > C

④ A > C > B   ⑤ A > B > C

21 (주)세무는 전자제품을 생산, 판매하는 회사로서, 세 개의 사업부 A, B, C는 모두 투자중심점으로 설계, 운영되고 있다. 회사 및 각 사업부의 최저필수수익률은 20%이며, 각 사업부의 20×1년도 매출액, 영업이익 및 영업자산에 관한 자료는 다음과 같다.

	사업부 A	사업부 B	사업부 C
매출액	₩400,000	₩500,000	₩300,000
영업이익	32,000	30,000	21,000
평균영업자산	100,000	50,000	50,000

현재 사업부 A는 ₩40,000을 투자하면 연간 ₩10,000의 영업이익을 추가로 얻을 수 있는 새로운 투자안을 고려하고 있다. 이 새로운 투자에 소요되는 예산은 현재의 자본비용 수준으로 조달할 수 있다. (주)세무가 투자수익률 혹은 잔여이익으로 사업부를 평가하는 경우, 다음 설명 중 옳지 않은 것은?

① 투자수익률로 사업부를 평가하는 경우, 20x1년에는 사업부 B가 가장 우수하다.

② 잔여이익으로 사업부를 평가하는 경우, 20x1년에는 사업부 B가 가장 우수하다.

③ 잔여이익으로 사업부를 평가하는 경우, 사업부 A의 경영자는 동 사업부가 현재 고려 중인 투자안을 채택할 것이다.

④ 투자수익률로 사업부를 평가하는 경우, 사업부 A의 경영자는 동 사업부가 현재 고려 중인 투자안을 채택할 것이다.

⑤ 투자수익률 혹은 잔여이익 중 어느 것으로 사업부를 평가하는 경우라도, 회사 전체 관점에서는 사업부 A가 고려 중인 투자안을 채택하는 것이 유리하다.

22 대한전자의 제1사업부는 에어컨을 생산·판매하고 있다. 대한전자의 제1사업부는 투자중심점으로 운영되며, 사업부장의 성과는 투자수익률(ROI)에 근거하여 평가한다. 제1사업부의 목표 투자수익률은 15%이다. 1년 동안 대한전자의 제1사업부와 에어컨의 생산·판매에 관한 예상자료는 다음과 같다.

• 제1사업부 연간 총고정비	₩2,000,000,000
• 에어컨 단위당 변동비	₩300,000
• 에어컨 연간 판매대수	5,000대
• 제1사업부 평균 총자산	₩3,000,000,000

제1사업부의 사업부장이 목표 투자수익률을 달성하기 위한 에어컨의 단위당 최소판매가격은 얼마인가?

① ₩700,000 　　　　② ₩720,000 　　　　③ ₩750,000

④ ₩790,000 　　　　⑤ ₩820,000

23 (주)동양호텔은 객실 60개의 호텔을 운영 중이다. 회사는 내년에도 올해와 같이 이 객실들을 16,000회 임대할 것으로 기대하고 있다. 모든 객실은 유사하며 1회당 ₩40,000으로 임대한다. 회사는 올해 영업원가를 다음과 같이 파악하였다.

• 변동영업원가	객실 1회 임대당 ₩3,000
• 고정원가	
급여와 임금	₩175,000,000
건물과 수영장의 정비	37,000,000
기타 영업 및 관리원가	140,000,000
총 고정원가	₩352,000,000

호텔에 투자된 자본은 ₩960,000,000이며, 회사는 내년도 목표투자수익률을 올해보다 3%포인트 더 높게 달성하기 위하여 원가를 절감하고자 한다. 회사가 내년에 절감하여야 할 원가는 얼마인가?

① ₩28,800,000 　　　② ₩27,200,000 　　　③ ₩25,800,000

④ ₩24,800,000 　　　⑤ ₩24,000,000

24 공주(주)의 甲사업부의 작년도 ROI는 15%이었다. 甲사업부의 최저필수수익률은 10%이다. 만약 작년도 甲사업부의 평균영업용자산이 ₩450,000이었다면 잔여이익은 얼마이었겠는가?

① ₩67,500　　　　　　② ₩22,500　　　　　　③ ₩37,500

④ ₩45,000　　　　　　⑤ ₩35,000

25 (주)서울의 A부문의 2001년도 회계자료는 아래와 같다.

• 매 출	₩1,000,000
• 변동비	600,000
• 고정비(추적가능원가)	100,000
• 평균투자자본	200,000
• 부가이자율(최저필수수익률)	6%

위의 자료에 따라 잔여이익을 구하면 얼마인가?

① ₩168,000　　　　　　② ₩202,000　　　　　　③ ₩288,000

④ ₩312,000　　　　　　⑤ ₩420,000

26 ㈜서울에는 A와 B의 두 개의 사업부가 있는데 다음은 성과평가와 관련된 자료이다.

구 분	A 부문	B 부문
투자액	2,000억원	4,000억원
순이익	400억원	720억원

㈜서울이 사업부의 평가를 투자수익률, 잔여이익으로 평가하는 경우 어떠한 평가가 이루어지겠는가? 단, 최저필수수익률은 10%라 가정한다.

① 투자수익률로 평가하는 경우에는 A부문, 잔여이익으로 평가하는 경우에는 B부문이 각각 더 우수한 결과가 나온다.

② 투자수익률로 평가하는 경우에는 B부문, 잔여이익으로 평가하는 경우에는 A부문이 각각 더 우수한 결과가 나온다.

③ A부문이 투자수익률이나 잔여이익 모두 더 우수하다는 결과가 나온다.

④ B부문이 투자수익률이나 잔여이익 모두 더 우수하다는 결과가 나온다.

⑤ A부문과 B부문 모두 성과의 차이가 없다.

27 ㈜한국의 투자중심점인 A사업부의 지난해 영업과 관련된 자료는 다음과 같다.

매출액	₩1,000,000
총변동원가	₩300,000
공헌이익	₩700,000
총고정원가	₩500,000
영업이익	₩200,000
평균영업자산	₩625,000

A사업부가 새로운 투자기회를 고려하지 않는다면, A사업부의 당기 성과와 평균영업자산은 지난해와 동일한 수준을 유지할 것이다. 그러나 당기에 A사업부가 고려중인 투자안에 연간 평균 ₩120,000만큼 투자하게 되면, 이 새로운 투자안으로부터 예상되는 연간 수익, 원가 및 공헌이익률 관련 자료는 다음과 같다.

매출액	₩200,000
총고정원가	₩90,000
공헌이익률	60%

투자안의 채택 여부를 결정할 때 회사전체와 각 사업부에 적용되는 최저필수수익률은 15%이다. 만약 A사업부가 새로운 투자안을 채택한다면, A사업부의 올해 예상되는 잔여이익(residual income)은 얼마인가?

① ₩106,250   ② ₩110,450   ③ ₩118,250

④ ₩121,450   ⑤ ₩124,450

28 ㈜한국의 엔진사업부는 단일의 제품을 생산·판매하는 투자중심점이다. ㈜한국의 최근 몇 해 동안의 투자수익률(ROI)은 평균 20%이며, 자본비용(즉, 최저필수수익률)은 15%이다. 다음은 20×1 회계연도 ㈜한국의 엔진사업부에 관한 예산자료이다.

- 엔진사업부의 연간 총고정원가   ₩200,000
- 제품 단위당 변동원가   ₩　100
- 제품의 연간 생산·판매량   1,000단위
- 엔진사업부에 투자된 평균영업자산   ₩500,000

㈜한국의 CEO는 엔진사업부 경영자의 성과평가측정치로 투자수익률 혹은 잔여이익(residual income)을 고려중이다. 만약 투자수익률이 채택되는 경우, 엔진사업부 경영자가 불리한 평가를 받지 않기 위해서는 20×1 회계연도에 20%이상의 투자수익률을 달성하여야 한다. 만약 잔여이익이 채택되는 경우, 20×1 회계연도에 엔진사업부가 음(−)의 잔여이익을 창출하게 되면 유리한 성과평가를 받을 수 없게 된다. ㈜한국이 엔진사업부의 성과평가측정치로 투자수익률 혹은 잔여이익을 사용하게 되는 각각의 경우에 대해, 엔진사업부 경영자가 20×1 회계연도에 불리한 평가를 받지 않기 위해 책정하여야 하는 제품 단위당 최소평균판매가격은 얼마인가?

	투자수익률을 사용하는 경우	잔여이익을 사용하는 경우
①	₩375	₩380
②	₩375	₩390
③	₩375	₩400
④	₩400	₩375
⑤	₩400	₩390

29 다음은 ㈜누리의 남부사업부와 중부사업부의 대차대조표와 손익계산서 자료의 일부이다.

구　분	남부 사업부	중부 사업부
총 자 산	₩2,000,000	₩10,000,000
유동부채	500,000	3,000,000
세전영업이익	250,000	2,000,000

㈜누리의 가중평균자본비용 계산에 관련된 자료는 다음과 같다.

장기부채	시장가치 ₩7,000,000	이 자 율 10%
자기자본	시장가치 　7,000,000	자본비용 14%

법인세율은 40%이다. 남부사업부와 중부사업부의 경제적 부가가치(EVA)는 얼마인가? (단, 각 사업부에는 동일한 가중평균자본비용을 적용한다.)

	남부 사업부	중부 사업부			남부 사업부	중부 사업부
①	₩100,000	₩130,000		②	₩50,000	₩130,000
③	₩0	₩500,000		④	₩50,000	₩200,000
⑤	₩100,000	₩200,000				

30 ㈜한해는 당기 초부터 고객에 대한 신용매출 기간을 3개월에서 6개월로 연장하는 판매촉진정책을 실시하였다. 그 결과 당기에는 전기에 비해 매출액과 세후이익이 모두 증가하였고, 재고자산과 매출채권은 각각 ₩4,000과 ₩3,500만큼 증가하였다. 회사가 제시한 비교손익계산서와 법인세율 및 자본비용(cost of capital)은 다음과 같다.

항 목	당 기	전 기	증 감
매 출 액	₩275,000	₩250,000	10% 증가
차 감			
매출원가	₩192,500	₩175,000	
판매관리비	55,000	50,000	
이자비용	1,400	1,400	
세전이익	₩26,100	₩23,600	
법인세비용	9,135	8,260	
세후이익	₩16,965	₩15,340	10.6% 증가
법인세율	35%	35%	
자본비용	15%	15%	

새로운 판매촉진정책의 실시로 인하여 당기의 경제적 부가가치(economic value added, EVA)는 전기에 비해 얼마만큼 증가(혹은 감소)하였는가? (단, 세후영업이익에 대한 추가적인 조정은 없으며 재고자산과 매출채권 이외에 투하자본(invested capital)의 변동은 없다고 가정한다)

① ₩ 825 감소   ② ₩1,400 감소   ③ ₩500 증가
④ ₩1,125 증가   ⑤ ₩1,625 증가

Chapter 11. 책임회계와 성과평가

정답 및 해설

1	③	2	②	3	⑤	4	①	5	③	6	⑤
7	⑤	8	①	9	①	10	⑤	11	①	12	③
13	③	14	④	15	①	16	③	17	⑤	18	⑤
19	③	20	①	21	④	22	④	23	①	24	②
25	③	26	①	27	③	28	④	29	③	30	③

01 ③

	실제	변동예산	고정예산
매출액	32,400	42명 × 800 = 33,600	45명 × 800 = 33,600
변동비 강사료 강의실소모품비	9,000 8,500	3강좌×3,145 = 9,435 42명×264 = 11,088	3강좌×3,145 = 9,435 45명×264 = 11,880
공헌이익	14,900	13,077	15,685
고정비 임차료와 보험료 기타일반관리비	6,000 5,300	6,300 4,100	6,300 4,100
영업이익	3,600	2,677	5,285

변동예산차이 923(유리)   매출조업도차이

02 ②

	실제성과	변동예산 차이	변동예산	매출조업도 차이	고정예산
생산, 판매량	12,000개	–	12,000개		10,000개
매 출 액	₩624,000	**₩24,000(F)**	₩600,000(@50)	₩100,000(F)	₩500,000(@50)
변동제조원가 변동판관비	360,000 84,000		300,000(@25) 60,000(@5)	50,000(U) 10,000(U)	250,000(@25) 50,000(@5)
공 헌 이 익	₩180,000	₩60,000(U)	₩240,000	**₩40,000(F)**	₩200,000
고 정 비 고정제조간접비 고 정 판 관 비	 19,000 25,000	 4,000(U) 	 15,000 25,000	 –	 15,000 25,000
영 업 이 익	₩136,000	**₩64,000(U)**	₩200,000	**₩40,000(F)**	₩160,000

변동예산차이는 ₩64,000만큼 불리하다. 고정예산차이는 ₩24,000(= 160,000 – 136,000)
만큼 불리한다.

03 ⑤

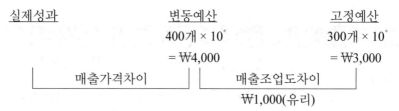

* 단위당 예산 공헌이익 = (6,000 – 3,000) ÷ 300개 = ₩10

04 ①

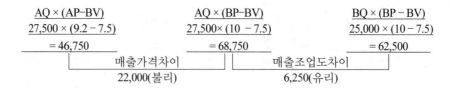

05 ③

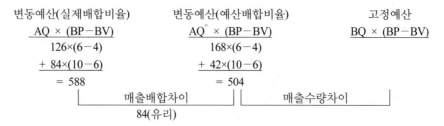

AQ* : 예산상의 배합비율로 구성된 실제총판매수량

06 ⑤

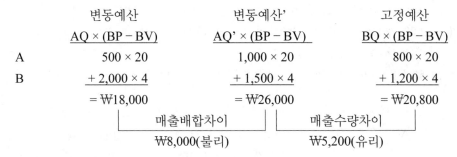

	변동예산 AQ × (BP − BV)	변동예산' AQ' × (BP − BV)	고정예산 BQ × (BP − BV)
A	500 × 20	1,000 × 20	800 × 20
B	+ 2,000 × 4	+ 1,500 × 4	+ 1,200 × 4
	= ₩18,000	= ₩26,000	= ₩20,800

매출배합차이 ₩8,000(불리)   매출수량차이 ₩5,200(유리)

07 ⑤

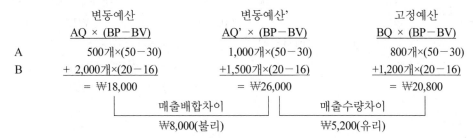

	변동예산 AQ × (BP−BV)	변동예산' AQ' × (BP−BV)	고정예산 BQ × (BP−BV)
A	500개×(50−30)	1,000개×(50−30)	800개×(50−30)
B	+ 2,000개×(20−16)	+1,500개×(20−16)	+1,200개×(20−16)
	= ₩18,000	= ₩26,000	= ₩20,800

매출배합차이 ₩8,000(불리)   매출수량차이 ₩5,200(유리)

08 ①

(1) 20×1년 1월

	변동예산 AQ × (BP − BV)	변동예산' AQ' × (BP − BV)	고정예산 BQ × (BP − BV)
책임연구원	108h × 100,000 = 10,800,000	126h × 100,000 = 12,600,000	
보조연구원	342h × 50,000 = 17,100,000	324h × 50,000 = 16,200,000	

매출배합차이   매출수량차이

책임연구원 : ₩1,800,000(불리)
보조연구원 : 900,000(유리)

(2) 20×1년 2월

	변동예산 AQ × (BP − BV)	변동예산' AQ' × (BP − BV)	고정예산 BQ × (BP − BV)
책임연구원	144h × 100,000 = 14,400,000	126h × 100,000 = 12,600,000	
보조연구원	306h × 50,000 = 15,300,000	324h × 50,000 = 16,200,000	

매출배합차이   매출수량차이

책임연구원 : ₩1,800,000(유리)
보조연구원 : 900,000(불리)

09 ①

보통우산의 예산상 배합비율을 p라 하면, 고급우산의 예산상 배합비율은 (1 - p)가 된다.

따라서, 2,000개 × p × 1,000 + 2,000개 × (1 - p) × 3,000 = ₩2,800,000 → p = 0.8

또한 실제 우산 총 판매량을 Q라고 하면,

Q개 × 0.8 × 1,000 + Q개 × (1 - 0.8) × 3,000 = ₩2,100,000 → Q = 1,500개

	변동예산 $AQ \times (BP - BV)$	변동예산' $AQ' \times (BP - BV)$	고정예산 $BQ \times (BP - BV)$
보통우산		1,500개 × 0.8 × 1,000 = ₩1,200,000	2,000개 × 0.8 × 1,000 = ₩1,600,000
고급우산		1,500개 × 0.2 × 3,000 = ₩900,000	2,000개 × 0.2 × 3,000 = ₩1,200,000

|_____ 매출배합차이 _____|_____ 매출수량차이 _____|

보통우산 : ₩400,000(U)

고급우산 : ₩300,000(U)

10 ⑤

실제시장규모 × 실제시장점유율 × 가중평균예산공헌이익)	실제시장규모 × 예산시장점유율 × 가중평균예산공헌이익)	예산시장규모 × 예산시장점유율 × 가중평균예산공헌이익)
700,000 × 12%^{*2} × 425^{*1} = ₩35,700,000	700,000 × 10%^{*3} × 425 = ₩29,750,000	800,000 × 10%^{*3} × 425 =

|_____ 시장점유율차이 _____|_____ 시장규모차이 _____|

₩5,950,000(유리)

[*1] 500 × 25% + 400 × 75% = ₩425

[*2] 84,000대 ÷ 700,000대 = 12%

[*3] 80,000대 ÷ 800,000대 = 10%

11 ①

다른 자료는 모두 주어져 있으나, 제조원가 중 제조간접비(특히 변동제조간접비)에 대한 자료는 따로 주어지지 않았기 때문에 제조간접비로 인한 차이는 파악할 수 없다.

참고 제시된 자료

	실제성과	변동예산	고정예산
매 출 액	24,000개 × 52	24,000개 × 52	25,000개 × 50
제조원가	695,000	300,000 + 14 × 27,000개	300,000 + 14 × 25,000개
판 매 비	339,000	200,000 + 6 × 24,000개	200,000 + 6 × 25,000개

12 ③

① 서비스를 소비하는 부서로부터 그 사용 대가를 징수하는 것이 서비스의 과소비를 줄이는데 효과적이다.

② 원가중심점으로 설정하여 원가를 효과적으로 통제하고자 하는 경우에는 당연히 해당 부서의 원가함수에 관한 지식을 알 수 있어야 한다.

④ 성과평가의 기본원칙은 통제가능성이다. 즉, 해당 부서가 통제할 수 있는 부분에 대하여 책임을 지고, 이에 대하여 책임을 물어야 하는 것이다.

⑤ 경제적 부가가치는 세후영업이익에서 투하자본에 대한 가중평균자본비용을 차감한 금액이다.

13 ③

① 분권화의 경우에는 내부이전가격이 신속하게 결정될 수 없다.

② 원가중심점의 대표적인 예는 제조부문이다. 판매부문은 수익중심점 내지는 이익중심점에 해당된다.

④ 투자수익률이 갖고 있는 준최적화의 문제점을 극복하기 위하여 잔여이익이라는 개념이 나왔다.

⑤ 잔여이익법은 투자규모가 다른 투자중심점을 상호 비교하기가 어렵지만, 투자수익률법은 이런 문제점이 없다.

14 ④

조직의 하위부문 사이에 재화를 주고받을 경우 각 하위부문에 대한 공정한 성과평가를 하려면 시장가격에 근거하여 대체가격을 설정하는 것이 바람직하다.

15 ①

ROI는 주주에게 유리한 투자안임에도 불구하고 사업부 경영자가 부당하게 기각할 가능성, 즉, 준최적화 현상이 발생할 가능성이 있기 때문에 (주주 입장에서는 이를 방지하기 위해) 대리인 비용이 증가하게 된다.

16 ③

잔여이익에 의한 평가는 투자규모가 다른 사업부간에 직접적으로 비교하기는 어렵다는 단점이 있다.

17 ⑤

① 투자수익률은 개별 투자안의 성과평가에도 적용할 수 있다.

② 잔여이익은 최저필수수익률을 조정함으로서 위험을 반영할 수 있다.

③ 투자수익률은 투자규모가 다른 사업부의 성과를 비교, 평가하기가 용이하다.

④ 절대평가의 경우 통제 불가능한 요소가 성과평가에 미치는 영향을 제거하기 어렵다.

18 ⑤

투자수익률로 성과평가를 하는 경우 A사업부의 경우 현재 부문수익률보다 낮은 수익률이 기대되는 투자안을 선택할 경우 투자수익률이 현재보다 낮아지기 때문에 투자안을 기각하게 된다. 그러나 B사업부의 경우에는 현재 부문수익률보다 높은 수익률이 기대되는 투자안을 선택할 경우 투자수익률이 현재보다 높아지기 때문에 투자안을 선택하게 된다.

반면에 잔여이익으로 성과평가를 하는 경우에는 A사업부의 경우 최저필수수익률보다는 높은 수익률이 기대되는 투자안에 투자할 경우 잔여이익이 커지기 때문에 A사업부는 투자안을 선택하게 되나, B사업부의 경우에는 최저필수수익률보다 낮은 수익률이 기대되는 투자안에 투자할 경우 잔여이익이 작아지기 때문에 B사업부는 투자안을 기각하게 된다.

19 ③

투자수익률 = 영업이익률 × 자산회전율

	X	Y	Z
① 자산회전율	4회	6회	5회
② 영업이익률*	10%	10%	7%
③ 투자수익률(= ① × ②)	40%	60%	35%

* 영업이익률 = 영업이익 ÷ 매출액

따라서 투자수익률은 Y가 가장 높고, 그 다음 X가 높고, Z가 가장 낮다.

20 ①

$$잔여이익(A) = 300,000 - 1,300,000 \times 15\% = ₩105,000$$
$$잔여이익(B) = 330,000 - 1,200,000 \times 19\% = ₩102,000$$
$$잔여이익(C) = 350,000 - 1,500,000 \times 16\% = ₩110,000$$

따라서 잔여이익의 크기는 C, A, B 순으로 크다.

21 ④

(1) 사업부별 투자수익률(ROI) 계산

	사업부 A	사업부 B	사업부 C
ROI	$\dfrac{32,000}{100,000} = 32\%$	$\dfrac{30,000}{50,000} = 60\%$	$\dfrac{21,000}{50,000} = 42\%$

→ 사업부 B가 가장 우수하다.

(2) 사업부별 잔여이익(RI) 계산

사업부 A : $32,000 - 100,000 \times 20\% = 12,000$

사업부 B : $30,000 - 50,000 \times 20\% = 20,000$

사업부 C : $21,000 - 50,000 \times 20\% = 11,000$

→ 사업부 B가 가장 우수하다.

(3) 신규투자안의 $ROI = \dfrac{10,000}{40,000} = 25\%$

투자수익률로 사업부를 평가하는 경우, 사업부 A의 경영자는 현재 사업부의 ROI(32%)보다 낮은 투자수익률을 보이는 신규투자안 기각하게 된다. 그러나 회사 전체 관점에서는 최저필수수익률(20%)보다 높은 수익률은 보이기 때문에 채택하는 것이 유리하다.

22 ④

$$ROI = \frac{영업이익}{투자액} = \frac{영업이익}{3,000,000,000} = 15\%$$

→ ROI가 15%가 되기 위한 영업이익은 ₩450,000,000이다.

영업이익 ₩450,000,000을 달성하기 위한 판매가격을 p라고 하면,

$(p - 300,000) \times 5,000$대 $- 2,000,000,000 = ₩450,000,000 \rightarrow p = ₩790,000$

23 ①

$$올해\ ROI = \frac{영업이익}{투자액} = \frac{240,000,000^{*}}{960,000,000} = 25\%$$

* 올해 영업이익 = $(40,000 - 3,000) \times 16,000$회 $- 352,000,000 = ₩240,000,000$

내년에 28%(= 25% + 3%)의 ROI를 달성하기 위해서는 영업이익이 ₩268,800,000*이 되어야 한다.

$^{*}\ ROI = \dfrac{영업이익}{투자액} = \dfrac{영업이익}{960,000,000} = 28\% \rightarrow$ 영업이익 $= ₩268,800,000$

따라서, 내년에 절감해야할 원가는 ₩28,800,000(= 268,800,000 - 240,000,000)이다.

24 ②

$$작년\ ROI = \frac{영업이익}{투자액} = \frac{영업이익}{450,000} = 15\% \rightarrow 작년도\ 영업이익 = ₩67,500$$

따라서, $RI = 67,500 - 450,000 \times 10\% = ₩22,500$

25 ③

$$RI = 300,000^{*} - 200,000 \times 6\% = ₩288,000$$

* 영업이익 = $1,000,000 - 600,000 - 100,000 = ₩300,000$

26 ①

(1) 부문별 ROI

$$A부문\ ROI = \frac{400억}{2,000억} = 20\%,\ B부문\ ROI = \frac{720억}{4,000억} = 18\% \rightarrow A부문이\ 더\ 우수$$

(2) 부문별 RI

A부문 RI = 400억 − 2,000억 × 10% = 200억

B부문 RI = 720억 − 4,000억 × 10% = 320억 → B부문이 더 우수

27 ③

영업이익 : 200,000×60% − 90,000 = 30,000

잔여이익 : 230,000 − 745,000×15% = 118,250

28 ④

$$ROI = \frac{1,000개 \times (p-100) - 200,000}{500,000} \geqq 20\% \rightarrow p \geqq ₩400$$

RI = {1,000개×(p − 100) − 200,000} − 500,000×15% ≧ 0 → p≧₩375

29 ③

남부사업부 EVA = 250,000 × (1 − 0.4) − (2,000,000 − 500,000) × 10%* = ₩0

중부사업부 EVA = 2,000,000 × (1 − 0.4) − (10,000,000 − 3,000,000) × 10%* = ₩500,000

* 가중평균자본비용 : $10\% \times (1-0.4) \times \frac{7,000,000}{14,000,000} + 14\% \times \frac{7,000,000}{14,000,000} = 10\%$

30 ③

ΔEVA = Δ세전이익 × (1 − t) − Δ투하자본 × 가중평균자본비용

$\qquad = 2,500^{*1} \times (1 − 0.35) − 7,500^{*2} \times 0.15 = ₩500$

^{*1} 세전이익의 증가 : 26,100 − 23,600 = ₩2,500

^{*2} 투하자본의 증가 : 4,000 + 3,500 = ₩7,500

표준원가계산

Chapter 12

표준원가계산

01 의의

표준원가계산(standard costing)은 제품원가 계산시 미리 설정해 놓은 표준원가를 이용하여 제품원가를 계산하는 원가계산방법으로서, 신속한 원가계산과 원가차이분석에 의한 성과평가에도 유용한 정보를 제공한다.

02 표준원가계산의 유용성과 한계

(1) 유용성

① 예산 편성 및 제품 가격 결정에 유용
② 실제원가와 표준원가의 차이분석에 의한 성과평가에 유용
③ 예외에 의한 관리(management by exception)를 통해 효율적인 원가통제를 할 수 있다.
④ 원가흐름에 대한 가정이 불필요하게 되며, 제품원가계산과 **회계처리가 신속, 간편**해진다.

(2) 한계

① 객관적인 표준원가 설정이 어렵고, 표준원가 설정시에 시간과 비용이 많이 소요된다.
② 예외에 의한 관리를 하는 경우 어느 정도의 원가차이를 중요한 예외사항으로 볼 것인지에 대한 객관적인 기준의 설정이 매우 주관적이다.

③ 주로 재무적 측정치만 강조하고, 제품의 품질이나 납기, 사후 서비스의 질과 같은 비재무적 측정치를 무시하는 경향이 있다.

④ 일반적으로 인정된 회계원칙에서는 인정해주지 않는다.[22]

03 차이분석

(1) 직접재료비 차이분석

1) 직접재료 가격차이를 사용시점에서 분리하는 경우

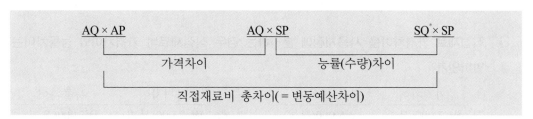

* SQ : 실제산출량에 허용된 표준수량

2) 직접재료 가격차이를 구입시점에 분리하는 경우(원재료는 표준원가로 기록됨)

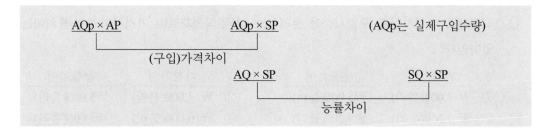

　직접재료 가격차이를 구입시점에 분리하는 경우 ① 가격차이에 관한 정보를 가능한 한 빨리 확인하여 이에 대한 신속한 대응조치를 할 수 있고, ② 원재료계정을 표준원가로 기록하여 원재료의 원가흐름에 대한 가정과 상관없이 신속한 회계처리를 할 수 있다.

---

22) 한국채택국제회계기준(K-IFRS) 제1002호 문단 21 : 표준원가법 등의 원가측정방법은 그러한 방법으로 평가한 결과가 실제원가와 유사한 경우에 편의상 사용할 수 있다. 표준원가는 정상적인 재료원가, 소모품원가, 노무원가 및 효율성과 생산능력 활용도를 반영한다. 표준원가는 정기적으로 검토하여야 하며 필요한 경우 현재 상황에 맞게 조정하여야 한다.

기본 문제

다음은 기본문제1~2번과 관련된 자료이다.

표준원가계산제도를 채택하고 있는 (주)강남은 20×5년도 예산상의 생산 및 판매량은 1,200단위이며, 이와 관련된 직접재료비 표준원가는 다음과 같다.

	표준수량	표준가격	표준원가
직접재료비	7.5kg	₩10/kg	₩75

회사는 당기에 1,000단위의 제품을 생산, 판매하기 위하여 원재료 10,000kg을 kg당 ₩11 에 구입하여 7,000kg을 사용하였다.

01 직접재료 가격차이를 사용시점에 분리하는 경우 직접재료비 가격차이와 능률차이는 얼마인가?

	가격차이	능률차이		가격차이	능률차이
①	₩ 7,000(불리)	₩5,000(불리)	②	₩ 7,000(불리)	₩5,000(유리)
③	₩ 7,000(유리)	₩5,000(불리)	④	₩10,000(불리)	₩5,000(유리)
⑤	₩10,000(유리)	₩5,000(불리)			

02 직접재료 가격차이를 구입시점에 분리하는 경우 직접재료비 가격차이와 능률차이는 얼마인가?

	가격차이	능률차이		가격차이	능률차이
①	₩ 7,000(불리)	₩5,000(불리)	②	₩ 7,000(불리)	₩5,000(유리)
③	₩ 7,000(유리)	₩5,000(불리)	④	₩10,000(불리)	₩5,000(유리)
⑤	₩10,000(유리)	₩5,000(불리)			

해설

01 ②

직접재료비 차이분석 및 회계처리(사용시점에서 가격차이 분리하는 경우)

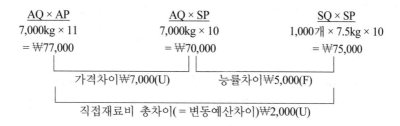

02 ④

직접재료비 차이분석 및 회계처리(구입시점에서 가격차이 분리하는 경우)

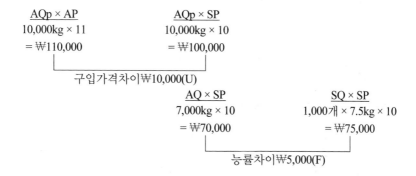

(2) 직접노무비 차이분석

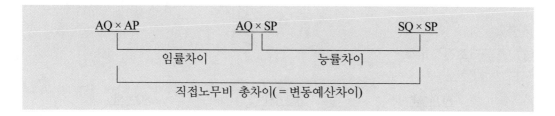

기본 문제

03 표준원가계산제도를 채택하고 있는 (주)강남은 20×5년도 예산상의 생산 및 판매량은 1,200단위이며, 이와 관련된 직접노무비 표준원가는 다음과 같다.

	표준수량	표준가격	표준원가
직접노무비	5시간	₩50/시간	₩250

회사는 당기에 1,000단위의 제품을 생산하는 과정에서 ₩264,000(4,800시간, 시간당 임률 : ₩55)의 직접노무비가 발생하였다. 직접노무비 임률차이와 능률차이는 얼마인가?

	가격차이	능률차이		가격차이	능률차이
①	₩24,000(불리)	₩10,000(유리)	②	₩14,000(불리)	₩10,000(유리)
③	₩24,000(유리)	₩24,000(불리)	④	₩24,000(유리)	₩10,000(불리)
⑤	₩14,000(유리)	₩24,000(불리)			

해설

03 ①

직접노무비 차이분석 및 회계처리

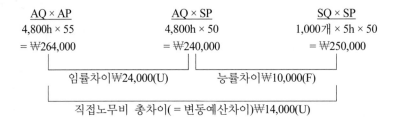

$$AQ \times AP \qquad\qquad AQ \times SP \qquad\qquad SQ \times SP$$
$$4,800h \times 55 \qquad\quad 4,800h \times 50 \qquad\quad 1,000개 \times 5h \times 50$$
$$= ₩264,000 \qquad\quad = ₩240,000 \qquad\qquad = ₩250,000$$

임률차이 ₩24,000(U)   능률차이 ₩10,000(F)

직접노무비 총차이(= 변동예산차이)₩14,000(U)

● ○ ● ○

(3) 변동제조간접비

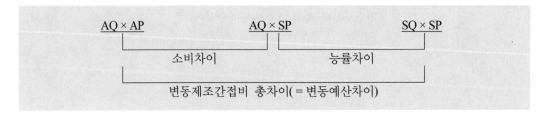

$$AQ \times AP \qquad\qquad AQ \times SP \qquad\qquad SQ \times SP$$

소비차이   능률차이

변동제조간접비 총차이(= 변동예산차이)

(4) 고정제조간접비

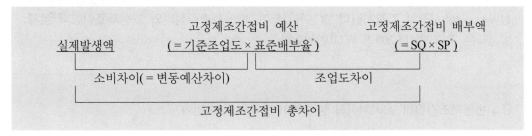

$$\text{고정제조간접비 표준배부율(SP)} = \frac{\text{고정제조간접비예산}}{\text{기준조업도}}$$

조업도차이(production volume variance)는 **기준조업도**와 실제산출량에 허용된 표준조업도의 차이 때문에 발생하는 것으로서 단기적으로는 통제불가능한 요소이며, 이러한 조업도차이는 제조부문의 성과평가에서 제외시키는 것이 바람직하다.

참고 **기준조업도의 종류** Reference

① 이상적 조업도 : 완전 효율적 생산으로 유휴설비의 발생이 전혀 발생하지 않는, 이상적인 상황에서 달성가능한 최대조업도
② 실제적 최대조업도 : 정상적인 여유시간(휴일, 작업준비, 기계수선등)을 허용하면서 달성할 수 있는 최대조업도
③ 정상조업도 : 수요의 계절적 또는 주기적변동 및 추세에 따른 변동을 평준화시키기에 충분히 긴 기간(보통 3~5년)에 걸친 평균 연간 조업도
④ 종합예산조업도 : 경영자가 이익계획을 반영한 연간 조업도
상기 4가지 조업도 중에서 ①과②는 **공급측면**(이용가능한 설비)에서의 기준조업도인 반면, ③과④는 **수요측면**(제품의 수요에 기초하여 기대하는 이용가능한 설비)에서의 기준조업도이다.

기본 문제

다음은 기본문제 4~5번과 관련된 자료이다.
표준원가계산제도를 채택하고 있는 (주)강남은 20×5년도 제조간접비 표준을 설정하기 위한 예산상의 생산 및 판매량은 1,200단위이며, 이와 관련된 제조간접비 표준원가는 다음과 같다.

	표준수량	표준가격	표준원가
변동제조간접비	5기계시간	₩25/시간	₩125
고정제조간접비	5기계시간	?	?

고정제조간접비 예산은 ₩120,000이다. 회사는 당기에 1,000단위의 제품을 생산하는 과정에서 4,800시간의 기계시간이 발생하였으며, 변동제조간접비와 고정제조간접비 실제 발생액은 각각 ₩115,200과 ₩110,000이다.

04 변동제조간접비 소비차이와 능률차이는 각각 얼마인가?

	임률차이	능률차이		임률차이	능률차이
①	₩4,800(불리)	₩5,000(유리)	②	₩9,800(불리)	₩5,000(불리)
③	₩4,800(유리)	₩5,000(유리)	④	₩8,400(유리)	₩6,400(불리)
⑤	₩9,800(유리)	₩8,000(유리)			

05 고정제조간접비 소비차이와 조업도차이는 각각 얼마인가?

	임률차이	능률차이		임률차이	능률차이
①	₩10,000(불리)	₩10,000(유리)	②	₩12,000(불리)	₩10,000(유리)
③	₩10,000(불리)	₩20,000(유리)	④	₩20,000(유리)	₩10,000(불리)
⑤	₩10,000(유리)	₩20,000(불리)			

해설

04 ③

변동제조간접비 차이분석 및 회계처리

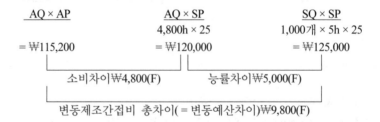

$$\underset{= ₩115,200}{\underline{AQ \times AP}} \qquad \underset{\substack{4,800h \times 25 \\ = ₩120,000}}{\underline{AQ \times SP}} \qquad \underset{\substack{1,000개 \times 5h \times 25 \\ = ₩125,000}}{\underline{SQ \times SP}}$$

소비차이 ₩4,800(F)　　능률차이 ₩5,000(F)

변동제조간접비 총차이(= 변동예산차이) ₩9,800(F)

05 ⑤

고정제조간접비 차이분석 및 회계처리

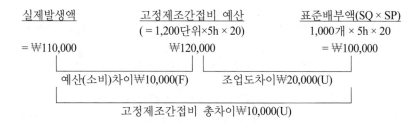

실제발생액	고정제조간접비 예산 (= 1,200단위×5h × 20)	표준배부액(SQ × SP) 1,000개 × 5h × 20
= ₩110,000	₩120,000	= ₩100,000

예산(소비)차이 ₩10,000(F)   조업도차이 ₩20,000(U)

고정제조간접비 총차이 ₩10,000(U)

● ○ ● ○

04 제조간접비의 다양한 차이분석 방법

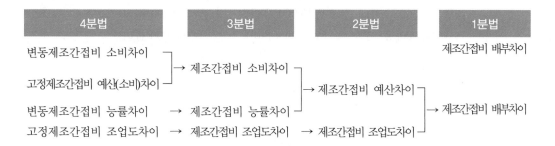

4분법	3분법	2분법	1분법
변동제조간접비 소비차이	제조간접비 소비차이	제조간접비 예산차이	제조간접비 배부차이
고정제조간접비 예산(소비)차이			
변동제조간접비 능률차이	제조간접비 능률차이		
고정제조간접비 조업도차이	제조간접비 조업도차이	제조간접비 조업도차이	

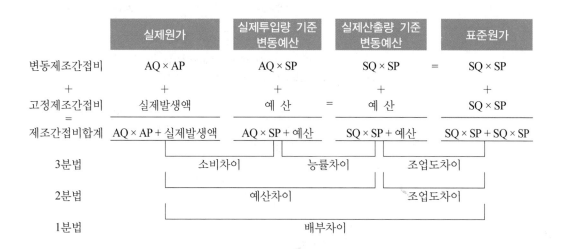

	실제원가	실제투입량 기준 변동예산	실제산출량 기준 변동예산	표준원가
변동제조간접비	AQ × AP	AQ × SP	SQ × SP	=	SQ × SP
+	+	+	+	+
고정제조간접비	실제발생액	예 산 =	예 산	SQ × SP
= 제조간접비합계	AQ × AP + 실제발생액	AQ × SP + 예산	SQ × SP + 예산	SQ × SP + SQ × SP
3분법	소비차이	능률차이	조업도차이	
2분법	예산차이		조업도차이	
1분법	배부차이			

기본 문제

06 아산회사는 단일제품을 생산하고 있으며, 회사의 예산자료는 다음과 같다.

> 제조간접비 예산 = ₩1,500,000 + h(노동시간) × ₩10

회사의 기준조업도는 제품생산량으로는 30,000단위이며, 노동시간기준으로는 75,000시간이다. 회사는 당기 중에 32,000단위를 생산하였으며, 83,000직접노동시간이 발생하였다. 제조간접비 당기 실제 발생 총액은 ₩2,500,000이다. 3분법에 의하여 제조간접비 차이분석을 할 경우 모든 원가차이는 각각 얼마인가?

	소비차이	능률차이	조업도차이
①	₩100,000(불리)	₩70,000(불리)	₩100,000(유리)
②	₩170,000(불리)	₩30,000(불리)	₩100,000(유리)
③	₩200,000(불리)	₩30,000(유리)	₩100,000(불리)
④	₩170,000(유리)	₩30,000(유리)	₩100,000(불리)
⑤	₩100,000(유리)	₩70,000(유리)	₩100,000(불리)

해설

06 ②

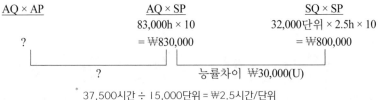

AQ × AP	AQ × SP	SQ × SP
	83,000h × 10	32,000단위 × 2.5h × 10
?	= ₩830,000	= ₩800,000
	?	능률차이 ₩30,000(U)

* 37,500시간 ÷ 15,000단위 = ₩2.5시간/단위
(기준조업도에서의 직접노동시간 ÷ 기준조업도에서의 생산수량)

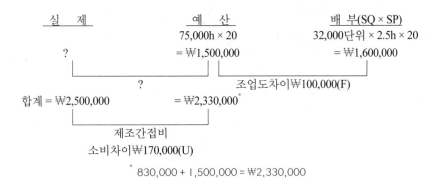

실 제	예 산	배 부(SQ × SP)
	75,000h × 20	32,000단위 × 2.5h × 20
?	= ₩1,500,000	= ₩1,600,000
	?	조업도차이 ₩100,000(F)
합계 = ₩2,500,000	= ₩2,330,000*	

제조간접비
소비차이 ₩170,000(U)

* 830,000 + 1,500,000 = ₩2,330,000

05 복수의 생산요소를 투입하는 경우의 원가차이분석

두 가지 이상의 생산요소를 투입하여 제품을 생산하는 경우 능률차이를 배합차이와 수율차이로 나누어 볼 수 있으며, 다음과 같이 분석된다.

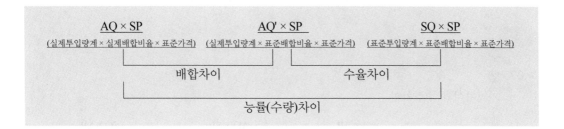

기본문제

다음은 기본문제7 ~ 8번과 관련된 자료이다.
(주)한림은 A, B 두 종류의 원재료를 투입하여 비누를 생산하고 있다. 20×6년 한해 동안 1,000단위의 비누를 생산하였으며, 제품 생산과 관련된 원재료의 실제 사용량과 표준원가는 다음과 같다.

1) 원재료 실제 사용액

원재료 A : 6,200kg × ₩12/kg = ₩74,400

원재료 B : 2,600kg × ₩18/kg = ₩46,800

2) 제품 1단위 생산에 허용된 표준 직접재료비

원재료 A : 5kg × ₩10/kg = ₩50

원재료 B : 3kg × ₩20/kg = ₩60

07 직접재료비의 가격차이와 능률차이는 얼마인가?

	가격차이	능률차이		가격차이	능률차이
①	₩7,200(불리)	₩ 4,000(유리)	②	₩7,200(불리)	₩ 4,000(불리)
③	₩7,200(불리)	₩ 7,000(유리)	④	₩7,000(불리)	₩11,000(유리)
⑤	₩7,000(유리)	₩11,000(불리)			

08 직접재료비의 배합차이와 수율차이는 얼마인가?

	배합차이	수율차이		배합차이	수율차이
①	₩7,200(불리)	₩ 4,000(유리)	②	₩7,200(불리)	₩ 4,000(불리)
③	₩7,200(불리)	₩ 7,000(유리)	④	₩7,000(불리)	₩11,000(유리)
⑤	₩7,000(유리)	₩11,000(불리)			

해설

07 ②

가격차이와 수량차이

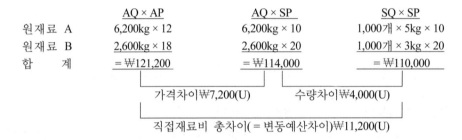

	AQ × AP	AQ × SP	SQ × SP
원재료 A	6,200kg × 12	6,200kg × 10	1,000개 × 5kg × 10
원재료 B	2,600kg × 18	2,600kg × 20	1,000개 × 3kg × 20
합 계	= ₩121,200	= ₩114,000	= ₩110,000

가격차이₩7,200(U) 수량차이₩4,000(U)

직접재료비 총차이(= 변동예산차이)₩11,200(U)

08 ⑤

배합차이와 수율차이

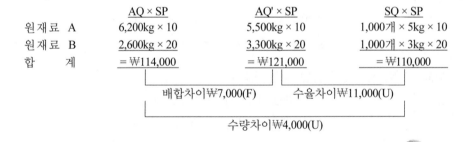

	AQ × SP	AQ' × SP	SQ × SP
원재료 A	6,200kg × 10	5,500kg × 10	1,000개 × 5kg × 10
원재료 B	2,600kg × 20	3,300kg × 20	1,000개 × 3kg × 20
합 계	= ₩114,000	= ₩121,000	= ₩110,000

배합차이₩7,000(F) 수율차이₩11,000(U)

수량차이₩4,000(U)

06 원가배부차이의 처리

(1) 매출원가조정법

모든 원가차이를 매출원가에서 조정하는 방법으로서 불리한 차이는 매출원가에 가산하고, 유리한 차이는 매출원가에서 차감하는 방식으로 조정한다. 이 경우 기말 재공품과 기말 제품은 모두 **표준원가**로 기록된 상태로 남게 된다.

(2) 총원가 비례조정법

총원가 비례조정법에서는 모든 원가차이를 기말재고자산 및 매출원가의 총원가에 비례하여 조정하는 방법으로서 재료가격차이를 사용시점에서 분리할 경우에는 재료가격차이를 원재료 계정에서 조정하지 않는다. 반면에 재료가격차이를 **구입시점**에서 분리할 경우에는 기말 원재료가 표준원가로 기록되어 있기 때문에, 재료가격차이를 **원재료 계정에도 배분**하여야 한다.

재료가격차이 분리시점	원가차이	재료	재공품	제품	매출원가
구입시점	재료가격차이	○	○	○	○
	그 외 원가차이	×	○	○	○
사용시점	재료가격차이	×	○	○	○
	그 외 원가차이	×	○	○	○

(3) 원가요소별 비례조정법

원가요소별 비례조정법에 의할 경우 **처음부터 실제원가를 적용하여 회계처리가 이루어졌을 때와 동일한 결과**를 가져온다. 이 방법에 의할 경우 재료가격차이를 사용시점에서 분리할 경우에는 재료가격차이를 원재료 계정에서 조정하지 않는다. 반면에 재료가격차이를 **구입시점**에서 분리할 경우에는 기말 원재료가 표준원가로 기록되어 있기 때문에 이를 실제원가로 전환시켜주어야 하므로, 재료(구입)가격차이를 **원재료 계정과 재료수량차이에서도 조정**하여야 한다.

재료가격차이 분리시점	원가차이	재료	재료능률 차이	재공품	제품	매출원가
구입시점	재료가격차이	○	○	○	○	○
	그 외 원가차이	×	×	○	○	○
사용시점	재료가격차이	×	×	○	○	○
	그 외 원가차이	×	×	○	○	○

07 표준종합원가계산

표준종합원가계산은 종합원가계산 5단계와 표준원가계산의 원가계산절차 및 원가차이분석 방법을 그대로 이용한다. 단, 표준종합원가계산에서는 반드시 **선입선출법**만을 사용하여야 한다. 또한, 표준원가($SQ \times SP$)에서 실제산출량에 허용된 표준수량(SQ)의 실제산출량은 완성품환산량임에 주의하여야 한다.

기본 문제

다음은 기본문제 9~10번과 관련된 자료이다.
(주)SH는 하나의 공정에서 제품을 생산하고 있으며, 당기 중 회사가 제품 생산과 관련된 자료 및 회사의 표준원가는 다음과 같다.

1. 당기 생산자료

기초재공품	3,000개(50%)
당기착수량	17,000개
완 성 품	18,000개
기말재공품	2,000개(30%)

2. 단위당 표준원가

	표준수량	표준가격	표준원가
직접재료비	10kg	₩25/kg	₩250
직접노무비	10시간	₩10/시간	100

3. 당기 실제발생원가

직접재료비(182,000kg, @₩24)		₩4,368,000
직접노무비(169,000시간, @₩9.5)		1,605,500

4. 재료비는 공정 초기에 전량 투입되고, 가공비는 공정전반에 걸쳐 균등하게 발생한다.

09 직접재료비 가격차이와 능률차이는 얼마인가?

	가격차이	능률차이		가격차이	능률차이
①	₩182,000(유리)	₩300,000(불리)	②	₩168,000(유리)	₩280,000(불리)
③	₩156,000(유리)	₩268,000(불리)	④	₩104,000(유리)	₩292,000(불리)
⑤	₩100,000(유리)	₩250,000(불리)			

10 직접노무비 임률차이와 능률차이는 얼마인가?

	임률차이	능률차이		임률차이	능률차이
①	₩84,500(불리)	₩20,000(불리)	②	₩85,200(불리)	₩25,000(불리)
③	₩88,600(유리)	₩30,000(유리)	④	₩84,500(유리)	₩20,000(유리)
⑤	₩82,000(유리)	₩20,000(유리)			

해설

우선 차이분석을 위해 재료비와 가공비의 완성품환산량을 계산하면 다음과 같다.

[1단계] 물량의 흐름

[2단계] 완성품 환산량

재공품					재료비	가공비
기　　초	3,000	완 ⌈ 기초	3,000		0	1,500
		성 ⌊ 투입	15,000		15,000	15,000
당기착수	17,000	기　　말	2,000		2,000	600
합　　계	20,000	합　　계	20,000		17,000	17,100

09 ①

직접재료비 가격차이, 능률차이 계산

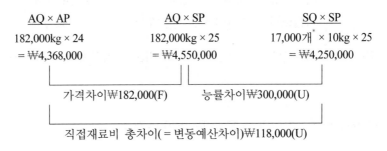

	AQ × AP	AQ × SP	SQ × SP
	182,000kg × 24	182,000kg × 25	17,000개[*] × 10kg × 25
	= ₩4,368,000	= ₩4,550,000	= ₩4,250,000

가격차이₩182,000(F)　　능률차이₩300,000(U)

직접재료비 총차이(= 변동예산차이)₩118,000(U)

[*] 재료비의 완성품 환산량

10 ④

직접노무비 임률차이, 능률차이 계산

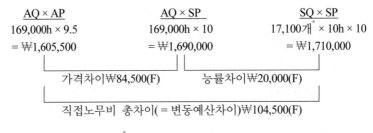

	AQ × AP	AQ × SP	SQ × SP
	169,000h × 9.5	169,000h × 10	17,100개[*] × 10h × 10
	= ₩1,605,500	= ₩1,690,000	= ₩1,710,000

가격차이₩84,500(F)　　능률차이₩20,000(F)

직접노무비 총차이(= 변동예산차이)₩104,500(F)

[*] 가공비의 완성품 환산량

● ○ ● ○

08 ABC하에서의 차이분석

　활동기준원가계산하에서 원가차이분석을 하는 경우에도, 위에서 살펴본 원가차이분석과 동일하다. 다만, 실제생산량에 허용된 표준활동수량(SQ)를 구할 때, 실제생산량을 예산상의 배취크기로 나누어 계산된 배취수에 예산상의 배취당 활동수량을 곱하여 계산한다는 점만 주의하면 된다.

기본 문제

다음은 기본문제 11~12번과 관련된 자료이다.

아산회사는 활동기준원가계산을 적용하고 있으며, 제품의 생산과 관련된 가동준비활동은 배취단위로 수행되며, 그 원가동인은 가동준비시간이다. 회사의 가동준비활동과 관련된 예산은 다음과 같다.

$$가동준비원가 = ₩1,500,000 + h(가동준비시간) × ₩10$$

또한 회사의 제품가동준비활동과 관련된 예산 및 실제 활동자료는 다음과 같다.

	실 제	예 산
생 산 량	32,000단위	30,000단위
배취크기	200단위	250단위
배취당 가동준비시간	520시간	625시간

당기에 가동준비활동과 관련하여, 변동활동원가 ₩850,000과 고정활동원가 ₩1,460,000이 발생하였다.

11 변동가동준비활동원가의 소비차이와 능률차이는 각각 얼마인가?

	소비차이	능률차이		소비차이	능률차이
①	₩15,000 불리	₩28,000 불리	②	₩18,000 불리	₩32,000 불리
③	₩20,000 불리	₩30,000 불리	④	₩38,000 유리	₩88,000 유리
⑤	₩40,000 유리	₩100,000 유리			

12 고정가동준비활동원가의 소비차이(예산차이)와 조업도차이는 각각 얼마인가?

	소비차이	능률차이		소비차이	능률차이
①	₩15,000 불리	₩28,000 불리	②	₩18,000 불리	₩32,000 불리
③	₩20,000 불리	₩30,000 불리	④	₩38,000 유리	₩88,000 유리
⑤	₩40,000 유리	₩100,000 유리			

해설

SQ를 계산할 때, 실제 생산량에 허용된 표준작업준비시간이라는 점에 주의를 하고, 실제 생산량 32,000단위를 기준으로 예산상의 배취크기(250단위)와 예산상의 가동준비시간(625시간)을 이용하여 계산하여야 한다.

11 ②

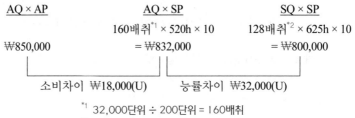

AQ × AP	AQ × SP	SQ × SP
	160배취[*1] × 520h × 10	128배취[*2] × 625h × 10
₩850,000	= ₩832,000	= ₩800,000

소비차이 ₩18,000(U)　　능률차이 ₩32,000(U)

[*1] 32,000단위 ÷ 200단위 = 160배취
[*2] 32,000단위 ÷ 250단위 = 128배취

12 ⑤

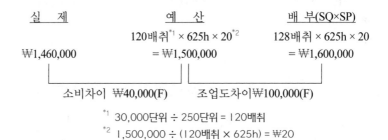

실 제	예 산	배 부(SQ×SP)
	120배취[*1] × 625h × 20[*2]	128배취 × 625h × 20
₩1,460,000	= ₩1,500,000	= ₩1,600,000

소비차이 ₩40,000(F)　　조업도차이 ₩100,000(F)

[*1] 30,000단위 ÷ 250단위 = 120배취
[*2] 1,500,000 ÷ (120배취 × 625h) = ₩20

Chapter 12. 표준원가계산

연 습 문 제

01 다음 중 표준원가계산과 가장 거리가 먼 것은?

① 원가 절감   ② 효과적인 원가 통제   ③ 예외에 의한 관리

④ 예산 편성   ⑤ 제조기술의 향상

02 ㈜쑥골은 표준원가제도를 채택 20×1년의 재료비와 관련된 표준원가 및 생산활동자료는 다음과 같다.

- 20×1년 표준원가
- 20×1년 표준원가 실제생산자료
  - 직접재료원가 제품단위 표준투입량 : 10개
  - 투입단위표준가격 : ₩20
- 20×1년 실제생산자료
  - 제품생산량 : 100개
  - 직접재료원가 : ₩21,560
  - 재료단위당 구입가 : ₩22

㈜쑥골의 20×1년 직접재료원가 능률차이는?

① ₩1,960불리   ② ₩400유리   ③ ₩1,560불리

④ ₩2,000불리   ⑤ ₩400불리

03 다음은 ㈜한강의 표준원가 및 생산활동 자료이다.

• 완제품 실제생산량	1,000개
• 직접재료 표준구매가격	₩64/kg
• 직접재료 표준사용량	21kg/완성품 1개
• 직접재료 실제발생원가	₩1,400,000
• 직접재료수량차이	₩64,000 유리

㈜한강의 직접재료가격차이는 얼마인가? 단, 직접재료와 재공품, 제품의 기초 및 기말재고는 없는 것으로 가정한다.

① ₩0 ② ₩120,000 불리 ③ ₩120,000 유리

④ ₩130,000 불리 ⑤ ₩130,000 유리

04 (주)AIFA는 표준원가계산제도를 이용하고 있으며, 제품 한 단위당 직접재료비 표준원가는 ₩50(2.5kg, @₩20)이다. 회사는 당기에 5,000단위의 제품을 생산하였으며, kg당 실제 직접재료비는 ₩18이었다. 직접재료비 가격차이가 ₩24,000만큼 유리할 경우 (1)당기에 실제 투입한 직접재료는 몇 kg이며, (2)직접재료비 능률차이는 얼마인가?

	(1)	(2)		(1)	(2)
①	₩11,000kg	₩24,000 불리	②	₩12,000kg	₩10,000 유리
③	₩12,000kg	₩24,000 유리	④	₩12,500kg	₩34,000 불리
⑤	₩12,500kg	₩10,000 유리			

05 대한회사는 표준원가계산제도를 채택하고 있다. 다음은 재료비 표준원가와 실제원가의 차이에 관한 자료이다.

➡ 실제원가	
• 직접재료원가 실제사용량	3,200Kg, @ ₩11/Kg
• 실제완성품 생산수량	2,000단위
➡ 재료비 원가차이	
• 직접재료비 가격차이	₩9,600(유리한 차이)
• 직접재료비 능률차이	₩2,800(불리한 차이)

대한회사의 제품 2,000단위 표준재료비와 제품 1단위당 표준투입량은 얼마인가?

	제품 2,000단위 표준재료비	제품 1단위당 표준투입량
①	₩42,000	1.5Kg
②	₩44,800	2.0Kg
③	₩35,200	2.0Kg
④	₩42,000	1.3Kg
⑤	₩47,600	2.5Kg

06 (주)세무는 표준원가계산제도를 채택하고 있다. 20×1년 직접재료원가와 관련된 표준 및 실제원가 자료가 다음과 같을 때, 20×1년의 실제 제품생산량은 몇 단위인가?

실제 발생 직접재료원가	₩28,000
직접재료단위당 실제구입원가	₩ 35
제품단위당 표준재료투입량	9개
직접재료원가 가격차이	₩ 4,000 불리
직접재료원가 수량차이	₩ 3,000 유리

① 90단위   ② 96단위   ③ 100단위
④ 106단위   ⑤ 110단위

07 보령(주)는 표준원가계산제도를 사용한다. 다음은 이 회사의 4월 중 생산활동과 관련한 직접노무비에 대한 자료이다.

• 직접노무비 표준임률	시간당 ₩10,000
• 허용 표준 직접작업시간	8,000시간
• 실제 직접노무비 임률	시간당 ₩ 9,500
• 직접노무비 유리한 능률차이	₩4,800,000

직접노무비 임률차이는 얼마인가?

① ₩3,760,000(불리)   ② ₩3,760,000(유리)   ③ ₩2,850,000(유리)
④ ₩2,850,000(불리)   ⑤ ₩0

08 ㈜한국은 표준원가계산제도를 사용하고 있으며 제품 단위당 표준원가는 다음과 같다.

구 분	수량표준	가격표준	표준원가
직접재료원가	2kg	₩10	₩20
직접노무원가	3시간	₩10	₩30
변동제조간접원가	3시간	₩5	₩15
고정제조간접원가	3시간	₩10	₩30
합 계			₩95

㈜한국은 20×1년 2월에 제품 1,100단위를 생산하였다. 이와 관련하여 당월 중 직접재료 2,420kg을 kg당 ₩9.5에 외상으로 구입하여 이 중 2,300kg을 생산에 투입하였다. 회사가 직접재료원가 가격차이를 사용시점에서 분리할 경우, 20×1년 2월 중 직접재료의 생산투입에 대한 분개로서 옳은 것은? 단, 20X1년 2월 직접재료의 월초재고는 없었으며, 월초재공품과 월말재공품 또한 없었다.

<table>
<tr><td colspan="2" align="center">< 차 변 ></td><td colspan="2" align="center">< 대 변 ></td></tr>
<tr><td>① 재 공 품</td><td>22,000</td><td>직 접 재 료</td><td>21,850</td></tr>
<tr><td>직접재료수량차이</td><td>1,000</td><td>직접재료가격차이</td><td>1,150</td></tr>
<tr><td>② 재 공 품</td><td>22,000</td><td>직 접 재 료</td><td>22,150</td></tr>
<tr><td>직접재료가격차이</td><td>1,150</td><td>직접재료수량차이</td><td>1,000</td></tr>
<tr><td>③ 재 공 품</td><td>21,850</td><td>직 접 재 료</td><td>22,000</td></tr>
<tr><td>직접재료수량차이</td><td>1,150</td><td>직접재료가격차이</td><td>1,000</td></tr>
<tr><td>④ 재 공 품</td><td>22,150</td><td>직 접 재 료</td><td>22,000</td></tr>
<tr><td>직접재료가격차이</td><td>1,000</td><td>직접재료수량차이</td><td>1,150</td></tr>
<tr><td>⑤ 재 공 품</td><td>22,000</td><td>직 접 재 료</td><td>24,200</td></tr>
<tr><td>직접재료수량차이</td><td>2,200</td><td></td><td></td></tr>
</table>

09 표준원가계산을 사용하고 있는 (주)누리의 제품 생산과 관련된 다음 자료에 의할 경우 직접재료비 가격차이는 각각 얼마인가?

(1) 단위당 직접재료비 표준원가

	표준수량	표준가격	표준원가
직접재료비	4kg	₩11/kg	₩44

(2) 회사가 당기 중에 실제 생산 및 판매한 수량은 10,000단위이다.
(3) 회사는 원재료를 kg당 ₩12에 구입하고 있으며, 4,000kg이 기말재고로 남아있으며, 원재료 계정을 표준원가로 기록하고 있다.
(4) 직접재료비 능률차이가 ₩44,000유리하며, 기초재고는 없는 것으로 가정한다.

① ₩32,000 불리　　② ₩34,000 불리　　③ ₩36,000 불리
④ ₩40,000 불리　　⑤ ₩44,000 불리

10 표준원가를 사용하는 ㈜세무의 20x1년 직접노무원가에 대한 자료가 다음과 같을 때, 20x1년 예상 제품생산량은?

직접노무원가 고정예산	₩ 896,400
직접노무원가 실제발생액	₩1,166,400
단위당 표준 직접노무시간	83시간
단위당 실제 직접노무시간	81시간
실제 제품생산량	300개
임률차이	₩437,400(불리)

① 300개　　② 350개　　③ 360개
④ 400개　　⑤ 450개

11 표준원가계산을 적용하고 있는 (주)표준은 기계가동시간을 기준으로 제조간접비를 배부하고 있다. (주)표준의 제조간접비와 관련된 다음의 자료를 이용하여, 제조간접비의 실제생산량 기준 변동예산은 얼마인가?

	실제자료	고정예산
생 산 량	3,200단위	3,000단위
기 계 가 동 시 간	3,800시간	3,600시간
변 동 제 조 간 접 비	₩755,000	₩720,000
고 정 제 조 간 접 비	₩920,000	₩900,000

① ₩1,600,000   ② ₩1,620,000   ③ ₩1,660,000
④ ₩1,668,000   ⑤ ₩1,688,000

12 ㈜갑은 단일제품을 생산·판매한다. ㈜갑은 표준원가를 이용하여 종합예산을 편성한다. 다음은 ㈜갑의 20×1년 2월 중 생산과 관련된 자료이다.

➡ 표준 및 예상조업도에 관한 자료
- 직접재료원가 : 제품 단위당 10kg, kg당 ₩50
- 직접노무원가 : 제품 단위당 3시간, 시간당 ₩250
- 변동제조간접원가 : 직접노무시간을 기준으로 배부하며,
  배부율은 직접노무시간당 ₩120
- 고정제조간접원가 월 예산액 : ₩132,600
- 예상조업도 : 780직접노무시간

➡ 실제원가 및 실제조업도에 관한 자료
- 직접재료원가 : 2,300kg 구입 및 전량 사용, kg당 ₩55
- 직접노무원가 : 740시간, 시간당 ₩260
- 변동제조간접원가 발생액 : ₩90,000
- 고정제조간접원가 발생액 : ₩130,000
- 실제생산수량 : 240단위

㈜갑이 20×1년 2월초 작성한 종합예산의 총제조원가 금액과 20×1년 2월말 작성한 변동예산의 총제조원가 금액은 각각 얼마인가?

	2월초 종합예산 총제조원가	2월말 변동예산 총제조원가
①	₩551,200	₩519,000
②	₩551,200	₩508,800
③	₩519,000	₩551,200
④	₩508,800	₩519,000
⑤	₩508,800	₩551,200

13 다음의 내용 중 가장 옳지 않은 것은?

① 소비자의 다양한 기호에 맞는 다품종 소량의 제품을 생산함으로써 종합원가 계산보다는 개별원가계산의 적용이 늘어나는 추세이다.

② 적시생산방식의 도입에 따라 종합원가계산을 적용하는 기업에서 당기완성품 환산량을 이용한 재무회계 목적상 당기제품제조원가 결정의 중요성이 점점 낮아지고 있다.

③ 표준원가계산제도 하에서 생산성 향상을 통한 회사전체의 수익성 제고를 위해 조업도차이의 중요성이 점점 더 부각되는 추세이다.

④ 유연생산제도 하에서는 순수한 의미의 개별원가계산제도의 도입이 어렵다.

⑤ 원가관리 목적상 종래의 간접원가를 직접원가로 관리하려는 시도가 늘고 있는 추세이다.

14 표준원가에 대한 다음의 설명 중 가장 옳은 것은?

① 직접재료비 가격차이를 구입시점에서 분리하는지 사용시점에서 분리하는지에 따라서 직접재료비 능률차이는 달라질 수 있다.

② 고정제조간접비 조업도차이는 실제투입량에 근거한 변동예산과 실제산출량에 근거한 변동예산의 차이이다.

③ 변동제조간접비 능률차이는 실제투입량에 근거한 변동예산과 실제산출량에 근거한 변동예산의 차이이다.

④ 표준원가계산은 정상원가계산과 함께 사용할 경우 더 효율적인 관리를 가능할 수 있다.

⑤ 표준원가계산은 변동원가계산과 함께 사용할 수 없다.

15 다음은 장백회사의 2000년도 제조 활동과 관련된 자료이다.

> • 단위당 표준 직접노동시간 : 2시간
> • 실제 직접노동시간 : 10,500시간
> • 생산된 제품단위 : 5,000개
> • 변동제조간접비 표준 : 표준 직접노동시간당 ₩3
> • 실제변동제조간접비 : ₩28,000

장백회사의 2,000년도 변동제조간접비 능률 차이는?

① ₩2,000 유리   ② ₩1,500 불리   ③ ₩2,000 불리

④ ₩3,500 유리   ⑤ ₩1,500 유리

16 표준원가계산제도를 이용하고 있는 (주)설희는 표준기계시간당 ₩8의 변동제조간접비를 배부하고 있다. 회사는 당기에 9,500시간의 기계시간으로 2,500단위의 제품을 생산하였으며, 당기 중 회사에서 발생한 실제 변동제조간접비는 ₩75,000이다. 제품 1단위당 표준기계시간을 4시간으로 허용하고 있다고 가정할 경우 변동제조간접비 소비차이 및 능률차이는 얼마인가?

	소비차이	능률차이		소비차이	능률차이
①	₩1,000 불리	₩4,000 불리	②	₩5,000 유리	₩2,000 유리
③	₩3,000 유리	₩4,000 유리	④	₩2,000 불리	₩3,000 불리
⑤	₩1,000 유리	₩4,000 유리			

17 삼천리(주)의 표준원가계산제도는 제조간접비의 배부에 있어서 직접작업시간을 배부기준으로 사용한다. 다음은 이 회사의 원가차이분석에 필요한 자료이다.

> • 제조간접비 실제 발생액   ₩15,000
> • 고정제조간접비 실제 발생액   ₩7,200
> • 고정제조간접비 예산액   ₩7,000
> • 실제 작업시간   3,500시간
> • 표준 작업시간   3,800시간
> • 변동제조간접비 배부율   작업시간당 ₩2.50

변동제조간접비 소비차이는 얼마인가?

① ₩1,700(유리)   ② ₩750(불리)   ③ ₩750(유리)

④ ₩1,500(불리)   ⑤ ₩950(유리)

<u>18</u> (주)진주는 제조간접원가를 직접노무시간에 따라 배부하며, 기준조업도(직접노무시간)은 30,000시간/월이다. 제품 1단위를 생산하는데 표준직접노무시간은 3시간이다. 2010년 9월의 발생 자료는 다음과 같다.

• 실제 직접노무시간	28,000시간
• 변동제조간접원가 실제 발생액	₩37,800
• 소비차이	4,200(유리)
• 능률차이	3,000(유리)

(주)진주의 2010년 9월 실제 제품생산량은 몇 단위인가?

① 8,500단위   ② 9,000단위   ③ 9,500단위

④ 10,000단위   ⑤ 10,500단위

<u>19</u> 단일 제품을 제조, 판매하는 ㈜세무의 20x1년 관련 자료는 다음과 같다. ㈜세무가 고정제조간접원가 표준배부율을 계산할 때 사용한 연간 예산 고정제조간접원가는?

실제 제품생산량	45,000단위
제품단위당 표준직접노무시간	2시간
예상 총직접노무시간(기준 조업도)	72,000시간
실제발생 고정제조간접원가	₩66,000
조업도차이	₩16,200(유리)

① ₩62,600   ② ₩64.800   ③ ₩66,000

④ ₩68,400   ⑤ ₩70,200

20 (주)국세는 표준원가계산제도를 채택하고 있으며, 제품 5,000단위를 기준으로 제조간접원가에 대한 표준을 설정하고 있다. (주)국세의 원가에 관한 자료는 다음과 같다.

- 제조간접원가 예산 ₩1,800,000 + ₩100 × 기계시간
- 제품단위당표준기계시간 5시간
- 실제변동제조간접원가발생액 ₩5,000,000
- 실제고정제조간접원가발생액 ₩2,000,000
- 실제기계시간 51,000시간
- 실제생산량 10,000단위

(주)국세가 4분법을 이용하여 제조간접원가에 대한 차이분석을 수행할 경우에 유리한 차이가 발생하는 것으로만 나열된 것은?

① 소비차이, 능률차이　　② 능률차이, 예산차이　　③ 예산차이, 조업도차이

④ 소비차이, 예산차이　　⑤ 소비차이, 조업도차이

21 아래 자료에 근거한 다음 설명 중 옳지 않은 것은?

	실제	표준
기본(기초)원가	₩170,000	₩150,000
변동제조간접원가	₩471,500	₩400,000
기계시간당 변동제조간접원가 배부율	₩23	₩20
제품단위당 기계시간	41시간	40시간

① 변동제조간접원가 표준배부율과 예정배부율이 같다면, 정상(평준화)원가계산에 의한 총변동제조원가는 ₩580,000이다.

② 예상생산량 600개에 대한 예산 총변동제조원가는 ₩660,000이다.

③ 변동제조간접원가 총차이는 ₩71,500(불리)이다.

④ 변동제조간접원가 능률차이는 ₩11,500(불리)이다.

⑤ 기본(기초)원가의 변동예산차이는 ₩20,000(불리)이다.

22 (주)강남은 표준원가계산제도를 사용하고 있다. (주)강남은 甲제품을 1단위 생산하는 데 필요한 단위당 표준원가를 다음과 같이 책정하였다.

			표준원가
직접노무원가 : 3시간	@100		₩ 300
제조간접원가 : 직접노무원가의 350%			1,050

(주)강남의 연간 제조간접원가예산은 고정제조간접원가 ₩180,000과 직접노무원가 ₩1 당 ₩1.50으로 계산된 변동제조간접원가로 구성되어 있다. 2000년 5월 중 실제로 250 단위의 甲제품을 생산하는 과정에서, 직접노무원가 ₩77,000과 총 제조간접원가 ₩280,000이 발생하였다. 또한 고정제조간접원가 실제발생액은 예산금액과 동일하였다.

직접노무원가를 제조간접원가배부기준으로 사용한다고 할 때, 변동제조간접원가의 능률차이는 얼마로 계산되는가?

① ₩5,000(유리)　　　② ₩7,500(유리)　　　③ ₩3,000(불리)

④ ₩12,500(불리)　　　⑤ ₩15,500(불리)

23 (주)세무는 표준원가계산을 사용하고 있으며, 월간 기준조업도는 제품 1,200단위를 생산할 수 있는 6,000기계시간이다. (주)세무의 20×1년 4월 각 조업도 수준별 제조간 접원가 변동예산은 다음과 같다.

제조간접원가	조업도 수준		
	5,000기계시간	6,000기계시간	7,000기계시간
변동제조간접원가 :			
소모품비	₩ 1,000	₩ 1,200	₩ 1,400
간접노무원가	1,500	1,800	2,100
계	₩ 2,500	₩ 3,000	₩ 3,500
고정제조간접원가	9,000	9,000	9,000
총제조간접원가	₩11,500	₩12,000	₩12,500

(주)세무는 20×1년 4월 중 제품 1,300단위를 생산하였다. 이와 관련하여 6,800기계시 간이 사용되었고 실제 변동제조간접원가는 ₩4,200이며, 실제 고정제조간접원가는 ₩9,400이다. (주)세무의 20×1년 4월 고정제조간접원가 생산조업도차이는 얼마인가?

① ₩1,000 불리한 차이　　② ₩1,000 유리한 차이　　③ ₩750 불리한 차이

④ ₩750 유리한 차이　　⑤ ₩ 0　차이 없음

24 제품 12,200단위가 생산될 때, 변동제조간접원가 ₩38,720과 고정제조간접원가 ₩124,700이 발생하였다. 표준변동제조간접원가배부율이 ₩1.5이고 고정제조간접원 가예산은 ₩120,000이다. 표준배부율은 25,000기계시간을 기준으로 계산되었다. 제품 단위당 표준기계시간은 2시간이다. 총 24,200기계시간이 실제 발생하였다. 고정제조 간접원가 예산차이와 조업도차이는 각각 얼마인가?

	예산차이	조업도차이		예산차이	조업도차이
①	₩4,700 불리	₩2,880 불리	②	₩4,700 유리	₩2,880 유리
③	₩4,500 불리	₩3,080 불리	④	₩4,500 유리	₩3,080 유리
⑤	₩4,700 불리	₩3,080 불리			

25 대한회사는 표준원가계산제도를 채택하고 있다. 회사는 2008년 2월과 3월 동일한 표준을 적용하고 있다. 2008년 2월 중 실제로 생산된 제품수량은 1,000단위였으며, 고정제조간접원가의 조업도차이는 ₩750만큼 불리하며, 소비차이(예산차이)도 ₩400만큼 불리한 것으로 나타났다. 2008년 3월 중 실제로 생산된 제품수량은 1,250단위였으며, 고정제조간접원가의 조업도차이는 ₩500만큼 유리하며, 소비차이(예산차이)도 ₩300만큼 유리한 것으로 나타났다. 대한회사의 2008년 3월 중 실제로 발생한 고정제조간접원가는 얼마인가?

① ₩6,250　　　　② ₩5,350　　　　③ ₩6,050

④ ₩6,150　　　　⑤ ₩5,450

26 신라(주)는 표준원가제도를 사용하고 있으며 1999년 1월과 2월의 표준은 동일하다. 1999년 1월에는 2,000단위의 제품을 생산하였으며 고정제조간접원가의 조업도차이는 1,000원(불리)이고 소비차이는 800원(유리)이었다. 1999년 2월에는 2,500단위의 제품을 생산하였고 고정제조간접원가의 조업도차이는 1,500원(유리)이고 소비차이는 600원(불리)이면, 기준조업도는 얼마인가?

① 2,000단위　　　　② 2,100단위　　　　③ 2,200단위

④ 2,400단위　　　　⑤ 2,500단위

27 서울회사는 다음과 같은 예산을 편성하였다.

생산능력	총제조간접비예산
80%	₩440,000
100%	500,000

고정제조간접비 배부율을 산정하기 위해서 사용된 기준조업도는 생산능력의 80%이다. 금년에 18,000단위의 제품이 생산되었는데, 이것은 생산능력의 90%수준이다. 또한, 총제조간접비의 실제발생액은 ₩505,000이다. 고정제조간접비의 실제발생액은 예산과 동일하며, 고정제조간접비는 실제생산단위를 기준으로 배부된다. 조업도차이는 얼마인가?

① ₩25,000 유리   ② ₩25,000 불리   ③ ₩35,000 유리
④ ₩35,000 불리   ⑤ ₩ 5,000 불리

28 (주)교대의 당기 발생 총제조간접비는 ₩700,000이며, 70,000시간의 실제직접노동시간과 기준조업도인 80,000 직접노동시간에서의 제조간접비 예산은 각각 ₩770,000과 ₩820,000이다. 당기 직접노무비 실제발생액은 ₩150,000이며, 직접노무비 가격차이와 직접노무비 능률차이는 각각 ₩25,000(유리), ₩10,000(불리)이며, 표준직접노무비는 시간당 ₩2.5이다. 고정제조간접비 조업도차이는 얼마인가?

① ₩20,000 유리   ② ₩52,500 불리   ③ ₩62,500 불리
④ ₩73,500 불리   ⑤ ₩75,000 유리

29 (주)세무는 표준원가계산제도를 도입하고 있다. 20×1년의 변동제조간접원가 예산은 ₩300,000이고, 고정제조간접원가 예산은 ₩800,000이다. (주)세무는 제조간접원가 배부기준으로 직접노무시간을 사용하고 있다. 기준조업도는 직접노무시간 1,000시간이고, 20×1년에 실제로 투입된 직접노무시간은 850시간이다. 20×1년의 고정제조간접원가 조업도차이가 ₩80,000(불리)할 경우 변동제조간접원가 능률차이는?

① ₩15,000 유리   ② ₩45,000 유리   ③ ₩10,000 불리
④ ₩15,000 불리   ⑤ ₩45,000 불리

30 (주)한국은 내부관리목적으로 표준원가계산시스템을 채택하고 있다. 다음은 당기의 예산자료이다. 조업도는 직접노동시간을 단위로 측정하며, 기준조업도는 50,000직접 노동시간이다.

변동제조간접비	₩250,000,000
고정제조간접비	400,000,000
합 계	₩650,000,000

당기의 실제투입된 직접노동시간은 40,000시간이며, 변동제조간접비 능률차이는 ₩10,000,000(불리)이었다. 고정제조간접비 조업도차이는 얼마인가?

① ₩64,000,000 유리   ② ₩64,000,000 불리   ③ ₩96,000,000 유리

④ ₩96,000,000 불리   ⑤ ₩112,000,000 유리

31 (주)대연의 당기 원가자료는 다음과 같다. 변동원가계산과 전부원가계산에 의한 이익차이는?

• 기초제품수량	1,000단위	• 기말제품수량	1,500단위
• 당기판매량	9,000단위	• 기준조업도	10,000단위
• 조업도차이	₩5,000(불리)		

① ₩1,000   ② ₩5,000   ③ ₩10,000

④ ₩15,000   ⑤ ₩20,000

32 표준원가계산제도를 사용하는 ㈜국세는 직접노무시간을 기준으로 제조간접원가를 배부한다. 20×1년도 기준조업도는 20,000직접노무시간이나, 실제 직접노무시간은 22,500시간이다. 변동제조간접원가의 표준배부율은 직접노무시간당 ₩6이다. 다음은 20×1년도 제조간접원가와 관련된 자료이다.

변동제조간접원가	
실제발생액 : ₩110,000	
배 부 액 : ₩138,000	
고정제조간접원가	
소비차이 : ₩30,000(불리)	
조업도차이 : ₩27,000(유리)	

20×1년도의 고정제조간접원가 실제발생액은?

① ₩150,000   ② ₩170,000   ③ ₩190,000

④ ₩210,000   ⑤ ₩246,000

33 ㈜한양은 3분법을 사용하여 제조간접비를 예산차이, 능률차이 및 조업도차이로 분리하고 있다.

• 총제조간접비 실제발생액	₩892,500
• 제조간접비 추정방정식	₩550,000 + 시간당 ₩2.5
• 제조간접비 예정배부율	시간당 ₩7.5
• 조업도차이	₩50,000 유리

상기 자료를 이용하여 계산된 당기제품생산에 허용된 표준시간은 얼마인가? 단, 고정제조간접비의 경우 예산과 실제발생액은 동일하다.

① 90,000시간   ② 100,000시간   ③ 120,000시간
④ 135,000시간   ⑤ 142,000시간

34 종로㈜의 3월 제조간접비 예산과 실제 발생액은 다음과 같다.

	예　산(기준조업도)	실제 발생액
직접노동시간	20,000시간	19,000시간
생　산　량	1,000개	900개
제조간접비	₩10,000	?

종로㈜의 3월 중 실제 직접노무비가 ₩90,000인 경우, 제조간접비 차이분석을 3분법에 의할 때 올바른 설명은?

	소비차이	능률차이	조업도차이
①	알 수 없다	알 수 없다	불리한 차이
②	불리한 차이	알 수 없다	불리한 차이
③	알 수 없다	유리한 차이	불리한 차이
④	불리한 차이	불리한 차이	불리한 차이
⑤	알 수 없다	불리한 차이	불리한 차이

35 서초주식회사는 표준원가계산제도를 사용하고 있다. 다음 자료에 의할 때 서초주식회사의 1999년의 제조간접비 조업도 차이는 얼마인가? 단, 서초주식회사는 제조간접비 차이분석에 2분법을 사용하고 있다.

• 실제직접노무비총발생액	₩260,400
• 실제직접노무시간	14,000시간
• 실제생산량에허용된표준노무시간	15,000시간
• 직접노무비임률차이(불리)	₩8,400
• 실제제조간접비총발생액	₩192,000
• 고정제조간접비예산액	₩54,000
• 기준조업도(직접시간)	12,000시간
• 표준직접노무시간당총제조간접원가배부율	₩13.5

① ₩3,000 유리   ② ₩13,500 유리   ③ ₩3,000 불리
④ ₩13,500 불리   ⑤ 정답 없음

36 다음은 제조간접비에 대한 표준원가 및 실제원가에 대한 자료이다.

⟹ 표준원가

	표준수량	표준가격	표준원가
단위당 변동제조간접비	3시간	₩100	₩300
단위당 고정제조간접비	3시간	₩50	150

⟹ 실제원가

• 당기총제조간접비	₩3,000,000
• 가공비에 대한 환성품환산량	6,000단위
• 실제작업시간	17,000시간
• 기준조업도	18,000시간

위의 자료에 따른 차이분석에 관한 설명으로 옳지 않은 것은?

① 예산차이는 ₩400,000불리   ② 능률차이는 ₩100,000 유리
③ 조업도차이는 없다.   ④ 소비차이는 ₩400,000 불리
⑤ 정답없음

37 ㈜한강의 당기 초 생산활동과 관련된 예산자료는 다음과 같다.

구 분	예 산
생산량(기준조업도)	1,000단위
고정제조간접원가 총액	₩200,000
단위당 변동제조간접원가	₩125

당기의 실제생산량은 1,100단위이었고 실제제조간접원가 총액은 ₩355,000이었다. 제조간접원가 총차이를 통제가능차이와 조업도차이로 나누어 분석할 때 다음 중 옳은 것은?

	통제가능차이	조업도차이		통제가능차이	조업도차이
①	₩0	₩1,500 유리	②	₩2,500 유리	₩0
③	₩17,500 불리	₩20,000 유리	④	₩24,500 유리	₩22,500 불리
⑤	₩30,000 불리	₩32,000 불리			

38 대한공업은 재료A, 재료B, 재료C를 배합하여 단일제품을 생산하고 있으며, 표준원가계산을 채택하고 있다. 다음 자료를 이용하여 재료수량차이를 배합차이와 수율차이로 구분하시오.

(1) 제품 1단위를 생산하기 위한 원가표준 :

	가격표준	물량표준(표준소비량)
재료A :	₩200/재료1단위	25단위/제품1개
재료B :	₩100/재료1단위	15단위/제품1개
재료C :	₩300/재료1단위	10단위/제품1개

(2) 당기제품생산량 : 100개(기초와 기말의 재공품은 없다고 가정)
(3) 당기재료실제소비량(구입량과 실제소비량이 동일하다고 가정)과 실제구입가격

구 분	실제소비량	실제구입가격	실제구입액(소비액)
재료A	2,800단위	₩220/단위	₩616,000
재료B	1,600단위	₩90/단위	₩144,000
재료C	900단위	₩330/단위	₩297,000
합 계	5,300단위	—	₩1,057,000

	배합차이	수율차이		배합차이	수율차이
①	₩17,000 불리	₩18,000 불리	②	₩17,000 유리	₩57,000 불리
③	₩40,000 불리	₩17,000 유리	④	₩57,000 유리	₩17,000 불리
⑤	₩17,000 불리	₩57,000 유리			

39 우진회사는 재료 A와 B의 배합을 7 : 3으로 예상하였으나 실제로는 5 : 5로 이루어졌다. 재료 A의 단위당 원가가 ₩130, B의 단위당 원가가 ₩100이면, 재료배합의 차이로 재료원가가 예상보다 얼마나 변하였는가?

① 약 5% 감소　　　② 약 2% 감소　　　③ 변화 없음

④ 약 2% 증가　　　⑤ 약 5% 증가

40 마리아벤처기업은 인터넷서비스업을 제공함에 있어서 전문가와 비전문 주부사원을 함께 채용하고 있다. 이들에 대한 1분당 표준임금과 그에 따른 서비스 1회의 표준원가는 다음과 같다.

	표준시간	표준임률	표준원가
표준임금			
전 문 가	3분	1분당 ₩300	₩ 900
비전문가	7분	1분당 ₩100	₩ 700
서비스 단위당 표준원가			₩1,600

이 회사는 지난 1주일 간 500회의 서비스를 제공하였으며, 이에 따라 실제로 발생된 임금은 다음과 같았다.

	실제시간	실제임률	실제원가
실제임금			
전 문 가	1,200분	1분당 ₩400	₩ 480,000
비전문가	4,000분	1분당 ₩130	₩ 520,000
실제원가 총액			₩1,000,000

마리아벤처기업이 설정한 표준원가를 기초로 변동예산과 실제원가의 차이를 임률차이와 능률차이로 분해하고, 능률차이를 다시 배합차이와 수율차이로 분해할 때, 정확한 수율차이(yield variance)는 얼마인가?

① 불리한 차이 ₩32,000　② 불리한 차이 ₩72,000　③ 유리한 차이 ₩32,000

④ 유리한 차이 ₩40,000　⑤ 유리한 차이 ₩72,000

41~42

20×8년도에 ㈜진성은 직접재료A와 직접재료B를 배합하여 100개의 단일제품을 생산하였으며 표준원가계산제도를 사용하고 있다. 직접재료의 표준원가 및 관련 자료는 다음과 같다. 단, 기초 및 기말의 재고자산은 없는 것으로 가정한다.

구 분	직접재료A	직접재료B
표 준 구 입 가 격	₩100/kg	₩150/kg
표 준 사 용 량	25kg/제품 1개	25kg/제품 1개
실 제 구 입 가 격	₩120/kg	₩130/kg
가 격 차 이	₩48,000(불리)	₩32,000(유리)

41 직접재료의 수량차이를 배합차이와 수율차이로 구분하면 직접재료A의 배합차이는 얼마인가?

① ₩40,000(불리) ② ₩40,000(유리) ③ ₩20,000(유리)
④ ₩50,000(불리) ⑤ ₩50,000(유리)

42 직접재료의 수량차이를 배합차이와 수율차이로 구분하면 직접재료B의 수율차이는 얼마인가?

① ₩75,000(유리) ② ₩75,000(불리) ③ ₩125,000(유리)
④ ₩60,000(유리) ⑤ ₩60,000(불리)

43 표준원가계산에서 원가차이에 대한 다음의 설명 중 가장 옳은 것은?

① 표준원가계산에서 말하는 예외에 의한 관리는 중요한 불리한 차이를 모두 조사하고 관리하는 것을 말하며, 중요한 유리한 차이에 대하여는 크게 신경쓰지 않아도 된다.

② 원가차이를 매출원가조정법으로 처리하는 경우 불리한 원가차이는 매출원가에서 차감하고 유리한 원가차이는 매출원가에 가산하여 조정한다.

③ 비례조정법을 사용하는 경우에도 모든 원가차이는 재공품, 제품, 매출원가에서 조정된다.

④ 직접재료 가격차이를 구입시점에 분리한다면, 비례조정법 중 원가요소별 비례조정법을 사용하여 조정할 경우, 직접재료비 가격차이를 원재료 계정과 직접재료비 능률차이에도 배분하여 조정한다.

⑤ 직접재료 가격차이를 구입시점에 분리한다면, 비례조정법 중 총원가 비례조정법을 사용하여 조정할 경우, 조정이 끝난 후 기말재고자산과 매출원가는 모두 실제원가로 변환이 된다.

44 ㈜한국은 20×1년초에 영업활동을 개시하였고 표준원가계산제도를 채택하고 있다. 20×1년말 현재 표준원가로 기록된 원가계정 잔액과 실제 발생 원가는 직접노무원가를 제외하고 모두 동일하다. 실제발생 직접노무원가는 ₩250이다. 한편 표준직접노무원가는 기말 재공품에 ₩40, 기말 제품에 ₩80, 매출원가에 ₩80이 포함되어 있다. 직접노무원가의 차이는 전액 임률차이 때문에 발생한 것이다. 다음의 설명 중 옳지 않은 것은?

① 표준원가와 실제원가의 차이를 원가요소별로 안분(proration)하여 수정분개하면 처음부터 실제원가로 계산한 것과 동일한 결과가 재무제표에 반영된다.

② 표준원가와 실제원가의 차이를 매출원가에서 전액 조정하면 영업이익은 실제원가계산에 의한 것보다 ₩20 더 작다.

③ 실제 매출원가에 포함된 직접노무원가는 ₩100이다.

④ 실제원가와 표준원가의 차이를 매출원가에 전액 반영하는 방법이 원가요소별로 안분하는 방법보다 더 보수적인 회계처리이다.

⑤ 직접노무원가 임률차이는 ₩50만큼 불리한 차이가 발생한다.

45 (주)수원은 2001년 1월에 영업활동을 개시하였으며 표준원가계산제도를 채택하고 있다. 2001년 12월 31일 현재 표준원가로 기록된 각 계정의 잔액과 원가차이는 다음과 같다.

➡ 계정잔액

구 분	직접재료원 가	직접노무원 가	변동제조간접원가	고정제조간접원가	합 계
직접재료	₩ 0				₩ 0
재 공 품	2,000	₩1,000	₩ 400	₩ 600	4,000
제 품	3,000	1,500	600	900	6,000
매출원가	5,000	2,500	1,000	1,500	10,000
합 계	₩10,000	₩5,000	₩2,000	₩3,000	₩20,000

➡ 원가차이

- 직접재료원가 : 가격차이 ₩0 / 능률차이 ₩500(불리)
- 직접노무원가 : 임률차이 ₩400(유리) / 능률차이 ₩800(유리)
- 변동제조간접원가 : 과대배부액 ₩200
- 고정제조간접원가 : 과소배부액 ₩300

기초재고자산이 없을 경우 실제 매출원가를 계산하면 얼마인가?

① ₩19,400   ② ₩9,600   ③ ₩9,700

④ ₩10,300   ⑤ ₩10,400

46 표준원가계산을 사용하고 있는 (주)새롬의 제품 생산과 관련된 다음 자료에 의할 경우 변동제조간접비 차이는 얼마인가?

(1) 단위당 표준원가

	표준수량	표준가격	표준원가
직접재료비	5kg	₩10/kg	₩50
직접노무비	4시간	₩5/시간	₩20
제조간접비	4시간	₩19/시간	₩76
합　　계			₩146

(2) 회사의 고정제조간접비 예산은 ₩1,200,0000이며, 기준조업도는 20,000단위이다.

(3) 회사는 하나의 공정에서 제품을 생산하고 있으며, 원재료는 공정초기에 전량 투입되고, 가공비는 공정 전반에 걸쳐 균등하게 발생한다고 가정한다.

(4) 회사는 당기에 20,000단위를 투입하여, 18,000단위를 완성하였으며, 전기 기말재공품은 없는 것으로 가정하며, 당기 기말재공품의 완성도는 50%이다.

(5) 당기에 제품생산과 관련하여 발생한 제조간접비 ₩1,500,000 중 82%가 고정제조간접비이다.

(6) 당기 발생 실제 조업도는 70,000시간이다.

	소비차이	능률차이		소비차이	능률차이
①	₩10,000 유리	₩24,000 유리	②	₩35,000 불리	₩30,000 유리
③	₩30,000 불리	₩25,000 불리	④	₩10,000 유리	₩20,000 유리
⑤	₩20,000 유리	₩24,000 유리			

47 ㈜한산은 표준원가계산을 적용하고 있다. 전기와 당기의 표준원가는 동일하며 직접재료의 표준원가는 다음과 같다.

	수량표준	가격표준	제품단위당 표준원가
직접재료원가	2kg	₩10/kg	₩20

당기에 직접재료를 10,000kg(kg당 구입가격 ₩12) 구입하였으며 9,000kg을 공정에 투입하였다. 기초재공품은 1,000단위(직접재료원가 완성도 80%)이었고 기말재공품은 1,300단위(직접재료원가 완성도 60%)이었다. 당기 중에 완성된 합격품은 3,500단위이었으며 공손품 200단위가 발생하였다. 품질검사는 공정의 종료단계에서 실시한다. 공손품은 모두 비정상공손으로 간주하며 처분가치는 없다. 회사는 비정상공손원가를 계산하여 별도의 계정으로 파악하고 있다. 직접재료원가 수량차이(능률차이)는 얼마만큼 유리(혹은 불리)한가?

① ₩16,400 불리　　　② ₩20,400 불리　　　③ ₩26,400 불리

④ ₩17,000 유리　　　⑤ ₩17,400 유리

48 단일의 제품을 생산·판매하고 있는 ㈜한국은 20x1년초에 영업을 개시하였으며 표준원가계산제도를 채택하고 있다. 표준은 연초에 수립되어 향후 1년 동안 그대로 유지된다. ㈜한국은 활동기준원가계산을 이용하여 변동제조간접원가예산을 설정한다. 변동제조간접원가는 전부 기계작업준비활동으로 인해 발생하는 원가이며, 원가동인은 기계작업준비시간이다. 기계작업준비활동과 관련하여 20x1년초 설정한 연간 예산자료와 20x1년말 수집한 실제결과는 다음과 같다.

구분	예산자료	실제결과
생산량(단위수)	144,000단위	138,000단위
뱃치규모(뱃치당 단위수)	60단위	50단위
뱃치당 기계작업준비시간	5시간	4시간
기계작업준비시간당 변동제조간접원가	₩50	₩55

㈜한국의 20x1년도 변동제조간접원가에 대해서 옳은 설명은?

① 변동제조간접원가 고정예산은 ₩575,000이다.

② 투입량기준 변동제조간접원가예산은 ₩542,000이다.

③ 변동제조간접원가 소비차이는 ₩45,200 불리하다.

④ 변동제조간접원가 능률차이는 ₩21,000 유리하다.

⑤ 변동제조간접원가 배부차이(총차이)는 ₩32,200 불리하다.

49 ㈜대한은 변동제조간접원가를 통제할 목적으로 활동별 표준원가를 이용하고 있다. 20x1년 표준원가는 다음과 같다.

활동	원가동인	원가동인당 표준가격	제품단위당 원가동인 소요량	제품단위당 표준원가
재료처리	재료길이	1m당 ₩10	5m	₩50
품질검사	검사횟수	1회당 ₩200	2회	₩400

20x1년 제품의 실제 생산량은 1,000단위이고, 실제로 발생한 활동 소비량과 활동원가는 다음과 같다.

활동	실제 활동소비량	실제 활동원가
재료처리	6,000m	₩50,000
품질검사	2,200회	₩450,000

재료처리와 품질검사 활동에서 발생한 총가격차이와 총수량차이 (또는 총능률차이)는 각각 얼마인가?

	총가격차이	총수량차이(또는 총능률차이)
①	₩0	₩30,000 불리
②	₩0	₩50,000 불리
③	₩10,000	불리 ₩30,000 유리
④	₩20,000	유리 ₩40,000 유리
⑤	₩20,000	불리 ₩50,000 불리

50 ㈜평화는 표준원가계산을 사용하고 있는데 총제조간접원가를 변동제조간접원가와 고정제조간접원가로 구분하여 다음과 같이 원가차이를 계산하고 있다.

변동제조간접원가(a)	소비차이	능률차이	―
고정제조간접원가(b)	예산차이	―	조업도차이
총제조간접원가(a+b)	㉮예산차이	㉯능률차이	㉰조업도차이

위의 총제조간접원가 중 ㉮예산차이, ㉯능률차이, ㉰조업도차이를 다음 자료를 이용하여 구하면 각각 얼마인가?

	고정예산 (static budget)	실제 (actual results)
a. 생산 및 판매수량	30,000	23,000
b. 배치크기(batch size)	250	230
c. 배치수(a ÷ b)	120	100
d. 배치당 작업준비시간	5	5.5
e. 작업준비시간당 변동제조간접원가	₩5,000	₩4,000
f. 작업준비시간 총고정제조간접원가	₩3,600,000	₩3,190,000

	㉮예산차이	㉯능률차이	㉰조업도차이
①	₩960,000(유리)	₩450,000(불리)	₩840,000(불리)
②	₩550,000(유리)	₩250,000(불리)	₩0
③	₩550,000(유리)	₩500,000(불리)	₩600,000(불리)
④	₩410,000(유리)	₩250,000(불리)	₩430,000(불리)
⑤	₩140,000(유리)	₩450,000(유리)	₩840,000(유리)

Chapter 12. 표준원가계산

정답 및 해설

1	⑤	2	②	3	②	4	②	5	①	6	③
7	②	8	①	9	④	10	③	11	④	12	①
13	③	14	③	15	②	16	⑤	17	⑤	18	④
19	②	20	⑤	21	④	22	③	23	④	24	①
25	⑤	26	③	27	①	28	④	29	①	30	④
31	②	32	④	33	③	34	⑤	35	②	36	①
37	③	38	②	39	①	40	①	41	①	42	①
43	④	44	②	45	③	46	①	47	①	48	⑤
49	②	50	①								

01 ⑤

표준원가계산을 사용한다고 해서 제조기술이 향상되는 것은 아니다. 제조기술의 향상과는 전혀 상관이 없다.

02 ②

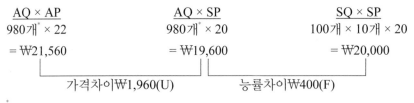

$AQ \times AP$	$AQ \times SP$	$SQ \times SP$
980개* × 22	980개* × 20	100개 × 10개 × 20
= ₩21,560	= ₩19,600	= ₩20,000

가격차이 ₩1,960(U)　　　능률차이 ₩400(F)

* 21,560 ÷ 22 = 980개

03 ②

$AQ \times AP$	$AQ \times SP$	$SQ \times SP$
		1,000개 × 21kg × 64
= ₩1,400,000	= ₩1,280,000*	= ₩1,344,000

가격차이 ₩120,000(U)　　　능률차이 ₩64,000(F)

* 1,344,000 − 64,000 = ₩1,280,000

04 ②

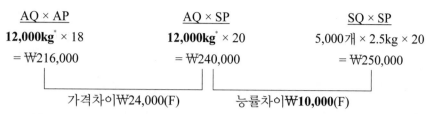

AQ × AP	AQ × SP	SQ × SP
12,000kg[*] × 18	**12,000kg**[*] × 20	5,000개 × 2.5kg × 20
= ₩216,000	= ₩240,000	= ₩250,000

가격차이₩24,000(F)   능률차이₩10,000(F)

[*] 실제 직접재료수량을 x라고 하면, 20x - 18x = 24,000 이므로 x = 12,000kg 이다.

(1) 실제 직접재료 수량 : 12,000kg
(2) 직접재료비 능률차이 : 10,000유리

05 ①

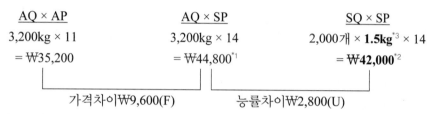

AQ × AP	AQ × SP	SQ × SP
3,200kg × 11	3,200kg × 14	2,000개 × **1.5kg**^{*3} × 14
= ₩35,200	= ₩44,800^{*1}	= **₩42,000**^{*2}

가격차이₩9,600(F)   능률차이₩2,800(U)

^{*1} 35,200 + 9,600 = ₩44,800
^{*2} 44,800 - 2,800 = ₩42,000
^{*3} 42,000 ÷ (2,000개 × 14) = 1.5kg

06 ③

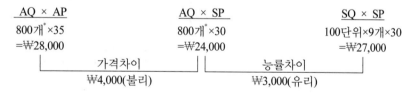

AQ × AP	AQ × SP	SQ × SP
800개[*]×35	800개[*]×30	100단위×9개×30
=₩28,000	=₩24,000	=₩27,000

가격차이   능률차이
₩4,000(불리)   ₩3,000(유리)

[*] 28,000÷35 = 800개

07 ②

AQ × AP	AQ × SP	SQ × SP
7,520시간^{*2} × 9,500	7,520시간^{*2} × 10,000	8,000시간 × 10,000
= ₩71,440,000	= ₩75,200,000^{*1}	= ₩80,000,000

가격차이   능률차이
₩3,760,000(F)   ₩4,800,000(F)

^{*1} 80,000,000 - 4,800,000 = ₩75,200,000
^{*2} 75,200,000 ÷ 10,000 = 7,520시간

08 ①

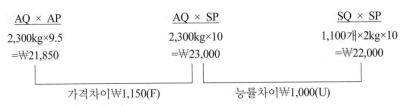

	AQ × AP	AQ × SP	SQ × SP
	2,300kg×9.5	2,300kg×10	1,100개×2kg×10
	=₩21,850	=₩23,000	=₩22,000

가격차이₩1,150(F)   능률차이₩1,000(U)

불리한 차이는 차변, 유리한 차이는 대변이며, 재공품은 표준원가로 대체되기 때문에 회계처리는 다음과 같다.

< 차 변 >		< 대 변 >	
재 공 품	22,000	직 접 재 료	21,850
직접재료수량차이	1,000	직접재료가격차이	1,150

09 ④

원재료 계정을 표준원가로 기록한다는 것은 직접재료 가격차이를 구입시점에 분리한다는 것이다.

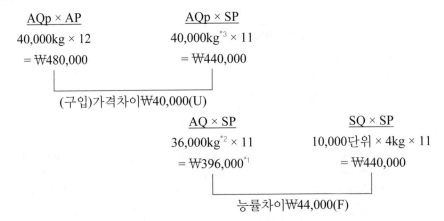

AQp × AP = 40,000kg × 12 = ₩480,000

AQp × SP = 40,000kg[*3] × 11 = ₩440,000

(구입)가격차이₩40,000(U)

AQ × SP = 36,000kg[*2] × 11 = ₩396,000[*1]

SQ × SP = 10,000단위 × 4kg × 11 = ₩440,000

능률차이₩44,000(F)

[*1] 440,000 – 44,000 = ₩396,000
[*2] 396,000 ÷ 11 = 36,000kg
[*3] 36,000kg(당기사용액) + 4,000kg(기말재고) = 40,000kg

10 ③

	AQ × AP	AQ × SP	SQ × SP	고정예산
		300개× 81시간×30[*2]	300개×83시간 × 30	x개×83시간×30
	= ₩1,166,400	= ₩729,000[*1]	= ₩747,000	=896,400

₩437,400(U)

[*1] 1,166,500 − 437,400 = 729,000

*2 300개×81시간×SP = 729,000　→　SP = 30

예상 생산량을 x라 하면,　　x개×83시간×30 = ₩896,400　→　x = 360개

11 ④

변동예산 : 3,200단위 × 1.2시간*1 × 200*2 + 900,000 = ₩1,668,000

*1 단위당 표준기계가동시간 = 3,600시간 ÷ 3,000단위 = 1.2시간/단위
*2 단위당 변동제조간접비 표준배부율 = 720,000 ÷ 3,600시간 = ₩200/시간

12 ①

예상조업도는 260단위(= 780직접노무시간 ÷ 3h)이다.

	2월초 종합예산 총제조원가	2월말 변동예산 총제조원가
직 접 재 료 비	260개 × 10kg × 50 = ₩130,000	240개 × 10kg × 50 = ₩120,000
직 접 노 무 비	260개 × 3h × 250 = 195,000	240개 × 3h × 250 = 180,000
변동제조간접비	260개 × 3h × 120 = 93,600	240개 × 3h × 120 = 86,400
고정제조간접비	132,600	132,600
합　　　계	₩551,200	₩519,000

13 ③

③ 조업도차이는 원가통제 목적상 의미가 없다. 따라서 조업도차이의 중요성이 점점 더 부각되는 추세라는 설명은 틀린 설명이다.

④ 유연생산시스템은 다양한 제품 생산을 자동으로 행하는 유연자동화 시스템으로서 기존의 순수한 개별원가계산방식을 적용하기는 어렵다.

⑤ 간접원가를 직접원가로 관리함으로서 원가통제 및 관리 목적에 더 부합하다.

14 ③

① 직접재료비 능률차이는 직접재료비 가격차이를 구입시점에서 분리하든 사용시점에서 분리하든 상관없이 같은 결과가 나온다.

② 고정제조간접비 조업도차이는 고정제조간접비 예산과 실제산출량에 근거한 변동예산의 차이이다.

④ 표준원가계산은 정상원가계산과 함께 사용할 수 없다.

⑤ 표준원가계산은 변동원가계산과 함께 사용 가능하다.

15 ②

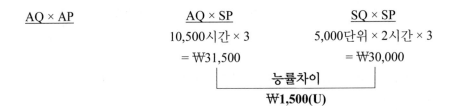

AQ × AP	AQ × SP	SQ × SP
	10,500시간 × 3	5,000단위 × 2시간 × 3
	= ₩31,500	= ₩30,000

능률차이
₩1,500(U)

16 ⑤

제품 1단위당 표준기계시간이 4시간일 경우 변동제조간접비 차이 분석

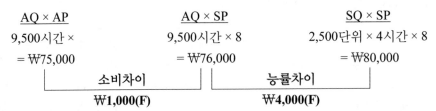

AQ × AP	AQ × SP	SQ × SP
9,500시간 ×	9,500시간 × 8	2,500단위 × 4시간 × 8
= ₩75,000	= ₩76,000	= ₩80,000

소비차이   능률차이
₩1,000(F)   ₩4,000(F)

17 ⑤

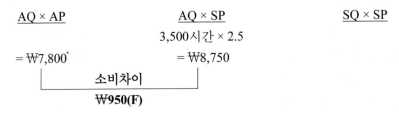

AQ × AP	AQ × SP	SQ × SP
	3,500시간 × 2.5	
= ₩7,800[*]	= ₩8,750	

소비차이
₩950(F)

[*] 변동제조간접비 실제 발생액 = 15,000 − 7,200 = ₩7,800

18 ④

제품생산량을 Q라고 하면,

AQ × AP	AQ × SP	SQ × SP
28,000시간 ×	28,000시간 × 1.5[*]	Q개 × 3시간 × 1.5
= ₩37,800	= ₩42,000	= ₩45,000

소비차이 ₩4,200(F)   능률차이 ₩3,000(F)

[*] 42,000 ÷ 28,000h = ₩1.5

따라서 Q = 10,000단위

19 ②

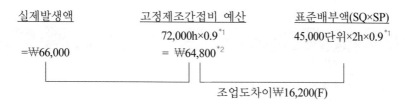

실제발생액	고정제조간접비 예산	표준배부액(SQ×SP)
	72,000h×0.9[*1]	45,000단위×2h×0.9[*1]
=₩66,000	= ₩64,800[*2]	

조업도차이₩16,200(F)

[*1] 고정제조간접비 표준배부율을 x라 하면,

(45,000단위×2시간－72,000시간)×x = 16,200 → x = 0.9

[*2] 72,000시간×0.9 = ₩64,800

20 ⑤

	AQ × AP	AQ × SP	SQ × SP
변동제조간접비		51,000시간 × 100	10,000개 × 5시간 × 100
	₩5,000,000	= ₩5,100,000	= ₩5,000,000

소비차이 ₩100,000(유리) 능률차이 ₩100,000(불리)

	실 제	예 산	배부(SQ × SP)
고정제조간접비		5,000개 × 5시간 × 72[*]	10,000개 × 5시간 × 72[*]
	₩2,000,000	= ₩1,800,000	= ₩3,600,000

예산차이 ₩200,000(불리) 조업도차이 ₩1,800,000(유리)

[*] $\dfrac{\text{고정제조간접비 예산}}{\text{기준조업도}} = \dfrac{1,800,000}{5,000개 \times 5h} = ₩72$

21 ④

변동제조간접비와 관련된 자료를 정리하면 다음과 같다.

	실제	표준
변동제조간접원가	₩471,500	₩400,000
기계시간당 변동제조간접원가 배부율	÷ 23	÷ 20
기계시간	= 20,500h	= 20,000h
제품단위당 기계시간	÷ 41시간	÷ 40시간
생산량	500단위	500단위

① 정상원가계산은 기초원가는 실제원가, 제조간접비만 예정배부한다. 따라서 정상원가계산에 의할 경우 총변동제조원가는 170,000 + 20,500h × 20 = ₩580,000

② 표준원가자료에 의하면, 단위당 직접재료비는 ₩300(= 150,000 ÷ 500단위), 단위당 변동제조간접비는 ₩800(= 400,000 ÷ 500단위)이다. 따라서 600단위의 총 변동제조간접비 예산은 600단위 × 1,100 = ₩660,000 이다.

③, ④

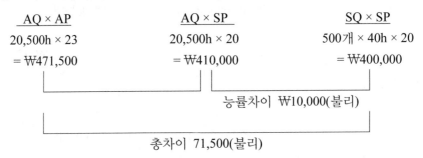

22 ③

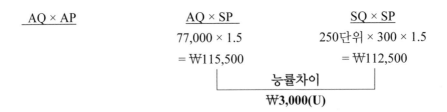

23 ④

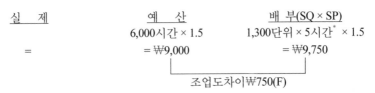

* 6,000시간÷1,200단위 = 5h/단위

24 ①

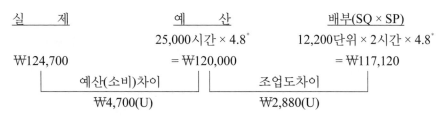

실 제	예 산	배부(SQ × SP)
	25,000시간 × 4.8[*]	12,200단위 × 2시간 × 4.8[*]
₩124,700	= ₩120,000	= ₩117,120

예산(소비)차이 ₩4,700(U)   조업도차이 ₩2,880(U)

[*] 고정제조간접비 표준배부율 = 120,000 ÷ 25,000시간 = ₩4.8

25 ⑤

고정제조간접비 예산을 F라 하고, 단위당 고정제조간접비 배부율을 f라 하면,

(1) 2월 차이 분석

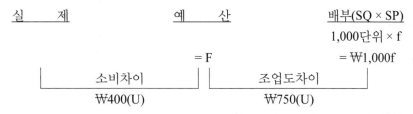

실 제	예 산	배부(SQ × SP)
		1,000단위 × f
	= F	= ₩1,000f

소비차이 ₩400(U)   조업도차이 ₩750(U)

(2) 3월 차이 분석

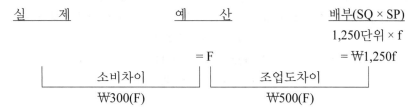

실 제	예 산	배부(SQ × SP)
		1,250단위 × f
	= F	= ₩1,250f

소비차이 ₩300(F)   조업도차이 ₩500(F)

2월과 3월 차이분석에서,

$$1,250f - F = 500 \quad \cdots ①$$
$$1,000f - F = (750) \quad \cdots ②$$

연립방정식을 풀면, f = ₩5, F = ₩5,750

따라서, 3월에 발생한 실제 고정제조간접비는 ₩5,450(= 5,750 - 300)이다.

26 ③

고정제조간접비 예산을 F라 하고, 단위당 고정제조간접비 배부율을 f라 하면,

(1) 1월 차이 분석

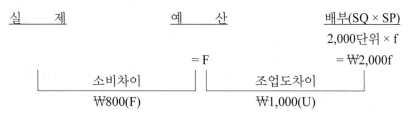

실 제	예 산	배부(SQ × SP)
		2,000단위 × f
	= F	= ₩2,000f

소비차이 ₩800(F)   조업도차이 ₩1,000(U)

(2) 2월 차이 분석

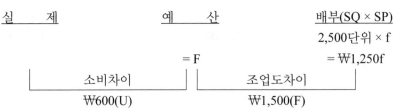

실   제   예   산   배부(SQ × SP)

2,500단위 × f

= F   = ₩1,250f

소비차이   조업도차이

₩600(U)   ₩1,500(F)

2월과 3월 차이분석에서,

$$2,000f - F = (1,000) \cdots ①$$
$$2,500f - F = 1,500 \cdots ②$$

연립방정식을 풀면, f = ₩5, F = ₩11,000

$$고정제조간접비\ 표준배부율 = \frac{고정제조간접비\ 예산}{기준조업도} = \frac{11,000}{기준조업도} = ₩5$$

따라서 기준조업도는 2,200단위이다.

27 ①

18,000단위가 생산능력의 90% 이므로,

생산능력의 80% → 16,000단위, 생산능력의 100% → 20,000단위

단위당 변동제조간접비 표준배부율을 v, 고정제조간접비 예산을 F라 하면,

$$16,000v + F = 440,000$$
$$20,000v + F = 500,000$$
$$\rightarrow v = 15,\ F = ₩200,000$$

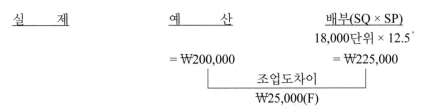

실   제   예   산   배부(SQ × SP)

18,000단위 × 12.5*

= ₩200,000   = ₩225,000

조업도차이

₩25,000(F)

* 고정제조간접비 표준배부율 = 200,000 ÷ 16,000단위 = ₩12.5

28 ④

(1) 실제생산량에 허용된 표준직접노동시간(SQ)계산

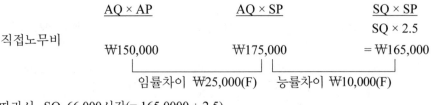

AQ × AP   AQ × SP   SQ × SP

SQ × 2.5

직접노무비

₩150,000   ₩175,000   = ₩165,000

임률차이 ₩25,000(F)   능률차이 ₩10,000(F)

따라서, SQ 66,000시간(= 165,0000 ÷ 2.5)

(2) 고정제조간접비 차이분석

단위당 변동제조간접비 표준배부율을 v, 고정제조간접비 예산을 F라 하면, 각 조업도에서의 제조간접비 예산을 이용하여 다음을 만족하는 v와 F를 계산하면 된다.

$$70,000 \times v + F = 770,000 \cdots ①$$
$$80,000 \times v + F = 820,000 \cdots ②$$
$$\rightarrow \quad v = 5, \quad F = 420,000$$

실　　제	예　　산	배 부(SQ × SP)
		66,000h × 5.25*
	= ₩420,000	= ₩346,500

조업도차이 ₩73,500(U)

* 고정제조간접비 표준배부율 = 420,000 ÷ 80,000단위 = ₩5.25

29 ①

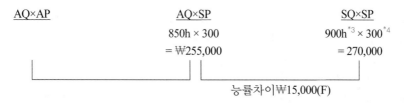

AQ×AP	AQ×SP	SQ×SP
	850h × 300	900h[*3] × 300[*4]
	= ₩255,000	= 270,000

능률차이 ₩15,000(F)

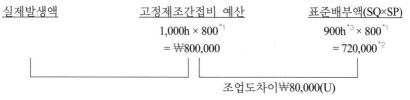

실제발생액	고정제조간접비 예산	표준배부액(SQ×SP)
	1,000h × 800[*1]	900h[*3] × 800[*1]
	= ₩800,000	= 720,000[*2]

조업도차이 ₩80,000(U)

[*1] 800,000 ÷ 1,000시간 = 800/시간

[*2] 800,000 − 80,000 = 720,000

[*3] 720,000 − 800 = 900시간

[*4] 300,000 − 1,000시간 = 300/시간

30 ④

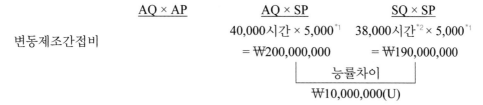

	AQ × AP	AQ × SP	SQ × SP
변동제조간접비		40,000시간 × 5,000[*1]	38,000시간[*2] × 5,000[*1]
		= ₩200,000,000	= ₩190,000,000

능률차이
₩10,000,000(U)

[*1] 변동제조간접비 표준배부율 = 250,000,000 ÷ 50,000시간 = ₩5,000
[*2] 실제생산량에 허용된 표준직접노동시간 = 190,000,000 ÷ 5,000 = 38,000시간

	실　　제	예　　산	배부(SQ × SP)
고정제조간접비		50,000시간 × 8,000[*]	38,000시간 × 8,000[*]
		= ₩400,000,000	= ₩304,000,000

조업도차이

₩96,000,000(U)

[*] 고정제조간접비 표준배부율 = 400,000,000 ÷ 50,000시간 = ₩8,000

31 ②

(1) 제품 단위당 고정제조간접비 표준배부율을 x라고 하면,

	실　　제	예　　산	배 부(SQ × SP)
		10,000단위 × f	9,500단위[*] × f

조업도차이 ₩5,000(불리)

[*] 당기 생산량 : 9,000단위(당기 판매량) + 1,500단위(기말재고) − 1,000단위(기초재고) = 9,500단위

$10,000f - 9,500f = 5,000$ 이므로, 단위당 고정제조간접비 표준배부율(f)은 ₩10이다.

(2) 변동원가계산에 의한 영업이익을 x라 하면,

변동원가계산의 영업이익 　　　　　　　　　　　　: 　　　　x
(+)기말재고자산에 포함된 고정제조간접비 : 1,500개 × 10 = 　15,000
(−)기초재고자산에 포함된 고정제조간접비 : 1,000개 × 10 = 　10,000
전부원가계산의 영업이익 　　　　　　　　　: 　　$x + 5,000$

따라서 전부원가계산과 변동원가계산에 의한 영업이익의 차이는 ₩5,000이다.

32 ④

실제발생액	고정제조간접비 예산	표준배부액(SQ×SP)
	20,000h×9^{*2}	23,000h^{*1}×9^{*2}
=₩210,000	=₩180,000	

예산(소비)차이 ₩30,000(U)　　　조업도차이 ₩27,000(F)

^{*1} 138,000÷6 = 23,000시간
^{*2} (23,000 − 20,000)× x = ₩27,000　→　x = ₩9

33 ③

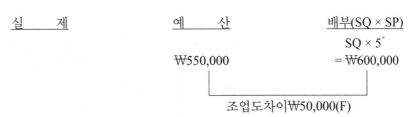

실 제	예 산	배부(SQ × SP)
		$SQ \times 5^*$
	₩550,000	= ₩600,000

조업도차이 ₩50,000(F)

* 고정제조간접비 표준배부율 = 제조간접비 예정배부율 − 변동제조간접비 표준배부율
  = 7.5 − 2.5 = ₩5

따라서, SQ(실제 생산량에 허용된 표준시간)은 120,000시간(= 600,000 ÷ 5)이다.

34 ⑤

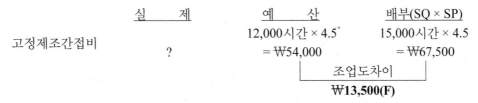

	AQ × AP	AQ × SP	SQ × SP
변동제조간접비	?	19,000시간 × SP	900개 × 20시간* × SP

소비차이 ‖ 능률차이
불리한 차이

	실 제	예 산	배부(SQ × SP)
고정제조간접비	?	20,000시간 × SP	900개 × 20시간* × SP

소비차이 ‖ 조업도차이
불리한 차이

* 단위당 표준 직접노동시간 = 20,000시간 ÷ 1,000개 = ₩20시간/개

변동제조간접비와 고정제조간접비 소비차이는 실제 발생원가를 모르기 때문에 알 수 없다.

35 ②

	실 제	예 산	배부(SQ × SP)
고정제조간접비	?	12,000시간 × 4.5*	15,000시간 × 4.5
		= ₩54,000	= ₩67,500

조업도차이
₩13,500(F)

* 고정제조간접비 표준배부율 = 54,000 ÷ 12,000시간 = ₩4.5/시간
  (기준조업도가 따로 주어지지 않았기 때문에 정상조업도를 기준조업도로 봐야 한다)

36 ①

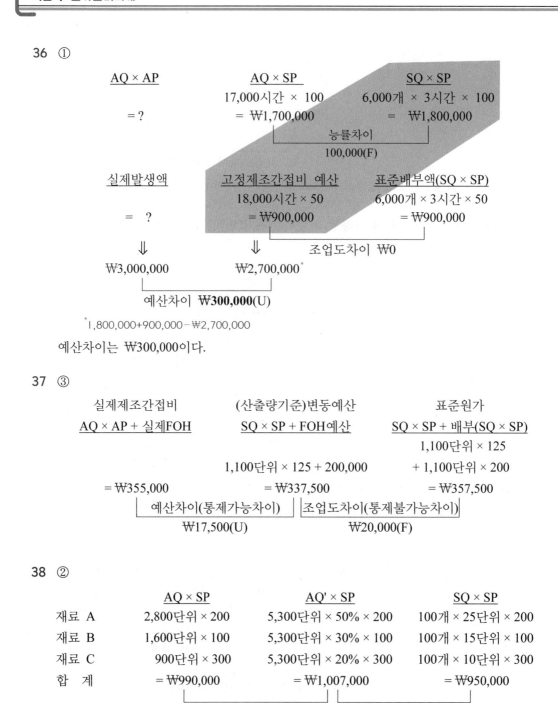

$AQ \times AP$ $AQ \times SP$ $SQ \times SP$

              17,000시간 × 100   6,000개 × 3시간 × 100

   = ?   = ₩1,700,000   = ₩1,800,000

                         능률차이

                       100,000(F)

실제발생액   고정제조간접비 예산   표준배부액(SQ × SP)

              18,000시간 × 50   6,000개 × 3시간 × 50

    = ?   = ₩900,000   = ₩900,000

       ⇓   ⇓   조업도차이 ₩0

   ₩3,000,000   ₩2,700,000*

             예산차이 **₩300,000**(U)

*1,800,000+900,000−₩2,700,000

예산차이는 ₩300,000이다.

37 ③

실제제조간접비   (산출량기준)변동예산   표준원가

$AQ \times AP + 실제FOH$ $SQ \times SP + FOH예산$ $SQ \times SP + 배부(SQ \times SP)$

                               1,100단위 × 125

           1,100단위 × 125 + 200,000   + 1,100단위 × 200

    = ₩355,000   = ₩337,500   = ₩357,500

        예산차이(통제가능차이)   조업도차이(통제불가능차이)

          ₩17,500(U)   ₩20,000(F)

38 ②

	$AQ \times SP$	$AQ' \times SP$	$SQ \times SP$
재료 A	2,800단위 × 200	5,300단위 × 50% × 200	100개 × 25단위 × 200
재료 B	1,600단위 × 100	5,300단위 × 30% × 100	100개 × 15단위 × 100
재료 C	900단위 × 300	5,300단위 × 20% × 300	100개 × 10단위 × 300
합 계	= ₩990,000	= ₩1,007,000	= ₩950,000

         배합차이₩17,000(F)   수율차이₩57,000(U)

39 ①

	AQ × SP	AQ' × SP	SQ × SP
재료 A	5 × 130	7 × 130	
재료 B	5 × 100	3 × 100	
합 계	= ₩1,150	= ₩1,210	

배합차이 ₩60(F)

재료배합차이로 예상보다 약 5%($≒ 60 ÷ 1,210$)정도 변하였다.

40 ①

	AQ × SP	AQ' × SP	SQ × SP
전 문 가	1,200분 × 300	5,200분* × 30% × 300	500회 × 3분 × 300
비전문가	4,000분 × 100	5,200분* × 70% × 100	500회 × 7분 × 100
합 계	= ₩760,000	= ₩832,000	= ₩800,000

배합차이 ₩72,000(F) 수율차이 ₩32,000(U)

* 총 실제직접노무시간 = 1,200분 + 4,000분 = 5,200분

41 ①, **42** ①

	AQ × AP	AQ × SP	AQ' × SP	SQ × SP
직접재료 A	2,400kg^{*1} × 120	2,400kg^{*1} × 100	2,000kg^{*3} × 100	100개 × 25kg × 100
	= ₩288,000	= ₩240,000	= ₩200,000	= ₩250,000

가격차이 배합차이 수율차이

₩48,000(U) **₩40,000(U)**

	AQ × AP	AQ × SP	AQ' × SP	SQ × SP
직접재료 B	1,600kg^{*2} × 130	1,600kg^{*2} × 150	2,000kg^{*3} × 150	100개 × 25kg × 150
	= ₩208,000	= ₩240,000	= ₩300,000	= ₩375,000

가격차이 배합차이 수율차이

₩32,000(F) **₩75,000(F)**

^{*1} A재료의 사용량을 AQ라고 하면, AQ × (120 - 100) = ₩48,000 → AQ = 2,400kg

^{*2} B재료의 사용량을 AQ라고 하면, AQ × (130 - 150) = (₩32,000) → AQ = 1,600kg

^{*3} 총실제사용량 × 표준배합비율 = (2,400kg + 1,600kg) × 50% = 2,000kg

43 ④

① 불리한 차이든 유리한 차이든 중요한 차이는 모두 조사하고 관리하여야 한다.

② 불리한 원가차이는 매출원가에 가산하고, 유리한 원가차이는 매출원가에서 차감한다.

③ 직접재료 가격차이를 구입시점에서 분리한 경우에는 직접재료비 가격차이를 재공품, 제품, 매출원가 뿐 만 아니라 기말 원재료 계정에서도 조정하여야 한다.

⑤ 비례조정법 중 원가요소별 비례조정법으로 조정할 경우에만, 조정이 끝난 후 기말재고자산과 매출원가가 실제원가와 동일해 진다.

44 ②

② 표준원가와 실제원가와의 차이를 매출원가에서 전액 조정하면, ₩50이 모두 매출원가 가산 조정될 것이다. 그러나 실제원가계산의 경우(요소별 비례조정법 결과와 동일)에는 ₩50 중에서 ₩20(=$50 \times \frac{80}{200}$)만 매출원가에 가산 조정되고 나머지 ₩30은 재공품과 제품에서 조정될 것이다. 따라서 매출원가 조정법의 경우 ₩30만큼 영업이익이 더 작게 된다.

③ 실제 매출원가에 포함된 직접노무비는 ₩100(=$250 \times \frac{80}{200}$)이다.

④ 배부차이를 전액 매출원가에서 조정할 경우 회사의 영업이익이 더 줄어들기 때문에 더 보수적인 방법이라 할 수 있다.

⑤ 직접노무비 차이는 전액 임률차이 때문에 발생한 것이므로 다음과 같이 분석될 수 있다.

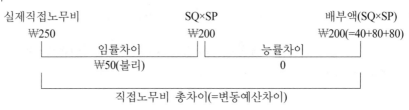

45 ③

직접재료비 가격차이가 ₩0이고, 직접재료 기말재고자산이 ₩0이므로, 모든 원가차이는 재공품, 제품, 매출원가에서만 조정하면 된다. 또한 실제 매출원가를 계산하기 위해서는 원가요소별 비례조정법에 의하여 조정하여야 하므로, 직접재료 능률차이는 직접재료비 비율로, 직접노무비 차이는 직접노무비 비율로, 변동제조간접비와 고정제조간접비는 각각 변동제조간접비와 고정제조간접비 비율로 배분하여야 하지만, 모든 계정의 각 원가요소의 비율이 모두 동일(재공품 : 제품 : 매출원가 = 20% : 30% : 50%)하므로 총원가에 비례하여 배분하면 된다.

	총원가	배분율	배분액
재 공 품	₩ 4,000	20%	
제 품	6,000	30%	
매출원가	10,000	50%	(₩300)
합 계	₩20,000	100%	(₩600)[*]

[*] 원가차이 합계 = 500 + (-400) + (-800) + (-200) + 300 = (₩600)

따라서 실제 매출원가는 ₩9,700(= 10,000 - 300)이다.

46 ①

(1) 완성품환산량 계산

물량의 흐름				완성품 환산량	
재공품				재료비	가공비
기 초	0	완 성	18,000	18,000	18,000
당기착수	20,000	기 말	2,000	2,000	1,000
합 계	20,000	합 계	20,000	20,000	19,000

(2) 변동제조간접비 차이분석

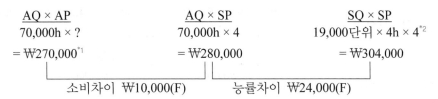

$$AQ \times AP$$
$$70,000h \times ?$$
$$= ₩270,000^{*1}$$

$$AQ \times SP$$
$$70,000h \times 4$$
$$= ₩280,000$$

$$SQ \times SP$$
$$19,000단위 \times 4h \times 4^{*2}$$
$$= ₩304,000$$

소비차이 ₩10,000(F)   능률차이 ₩24,000(F)

[*1] 1,500,000 × 18% = ₩270,000
[*2] 제조간접비 시간당 표준배부율 – 고정제조간접비 시간당 표준배부율 = 19 – 15 = ₩4
(고정제조간접비 표준배부율 : 1,200,000 ÷ (20,000단위 × 4시간) = ₩15)

47 ①

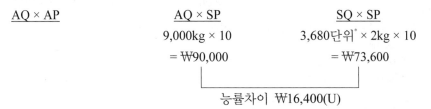

$$AQ \times AP$$

$$AQ \times SP$$
$$9,000kg \times 10$$
$$= ₩90,000$$

$$SQ \times SP$$
$$3,680단위^{*} \times 2kg \times 10$$
$$= ₩73,600$$

능률차이 ₩16,400(U)

[*] 재료비 완성품환산량 = 1,000단위 × 20% + 2,500단위 + 1,300단위 × 60% + 200단위 = 3,680단위

48 ⑤

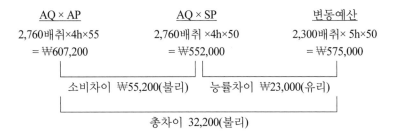

$$AQ \times AP$$
$$2,760배취×4h×55$$
$$= ₩607,200$$

$$AQ \times SP$$
$$2,760배취×4h×50$$
$$= ₩552,000$$

$$변동예산$$
$$2,300배취× 5h×50$$
$$= ₩575,000$$

소비차이 ₩55,200(불리)   능률차이 ₩23,000(유리)

총차이 32,200(불리)

49 ②

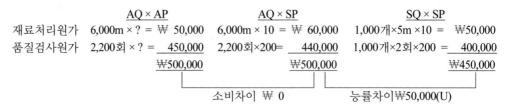

	AQ × AP	AQ × SP	SQ × SP
재료처리원가	6,000m × ? = ₩ 50,000	6,000m × 10 = ₩ 60,000	1,000개×5m ×10 = ₩50,000
품질검사원가	2,200회 × ? = 450,000	2,200회×200= 440,000	1,000개×2회×200 = 400,000
	₩500,000	₩500,000	₩450,000

소비차이 ₩ 0   능률차이₩50,000(U)

50 ①

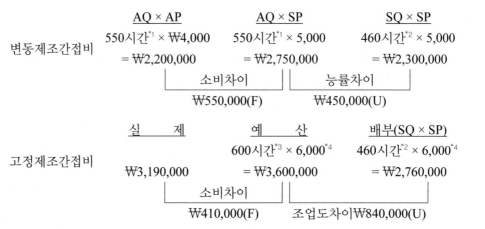

	AQ × AP	AQ × SP	SQ × SP
변동제조간접비	550시간[*1] × ₩4,000 = ₩2,200,000	550시간[*1] × 5,000 = ₩2,750,000	460시간[*2] × 5,000 = ₩2,300,000

소비차이 ₩550,000(F)   능률차이 ₩450,000(U)

	실 제	예 산	배부(SQ × SP)
고정제조간접비	₩3,190,000	600시간[*3] × 6,000[*4] = ₩3,600,000	460시간[*2] × 6,000[*4] = ₩2,760,000

소비차이 ₩410,000(F)   조업도차이₩840,000(U)

[*1] (23,000단위 ÷ 230단위) × 5.5시간 = 550시간
[*2] (23,000단위 ÷ 250단위) × 5시간 = 460시간
[*3] (30,000단위 ÷ 250단위) × 5시간 = 600시간
[*4] 3,600,000 ÷ 600시간 = ₩6,000

변동제조간접원가(a)	₩550,000(F)	₩450,000(U)	
고정제조간접원가(b)	₩410,000(F)		₩840,000(U)
총제조간접원가(a+b)	㉮ ₩960,000(F)	㉯ ₩400,000(U)	㉰ ₩840,000(U)

대체가격결정

Chapter 13

대체가격결정

01 의의

분권화된 조직 내에서 각 사업부 간에 재화나 용역을 이전해야 하는 경우 사업부 간에 이루어지는 재화나 용역의 이전거래를 대체거래 또는 내부거래라 하며, 대체거래가 발생하는 경우에 이전되는 재화나 용역에 부여되는 가격을 대체가격(Transfer Price, TP)이라고 한다.

02 대체가격 결정시 고려할 기준

구 분	내 용
(1) 목표일치성기준	각 사업부 경영자가 조직전체의 이익이 극대화되는 범위 내에서 자기사업부의 성과가 극대화되도록 대체가격을 결정하는 기준
(2) 성과평가기준	각 사업부나 사업부경영자의 성과를 공정하게 평가할 수 있도록 대체가격이 결정되어야 한다는 기준
(3) 자율성기준	사업부 경영자는 자기사업부와 관련된 의사결정을 자율적으로 내릴 수 있도록 권한이 주어져야 한다는 기준
(4) 공기관에 대한 재정관리기준	국세청, 공정거래위원회, 물가당국 등과 같은 공기관이 기업에 미칠 수 있는 불리한 영향을 최소화하고, 유리한 영향을 최대화할 수 있도록 대체가격을 결정해야 한다는 기준

03 대체가격의 결정방법

고려요소	이전가격 결정방법		
	시장가격기준	원가기준	협상가격기준
목표일치성	경쟁시장에서 가능	항상가능한 것은 아님	가능
성과평가의 유용성	경쟁시장에서 유용	주관적이고 자의적임.	유용하나 협상력의 영향을 받음.
자율성	경쟁시장에서 가능	불가능	가능
적용의 용이성	시장유무에 따라 상이	용이함	용이하지 않은 (많은 시간 소요)
동기부여	가능	예산원가에서는 가능. 실제원가의 경우 유용하지 않음	가능

04 대체가격의 결정

구 분	내 용
공급사업부의 최소대체가격	공급사업부가 **내부대체할 경우와 대체하지 않을 경우 이익이 같아지는** 대체가격으로서 다음과 같이 계산된다. 한 단위 대체시 발생원가(**증분지출원가**) + 한 단위 대체시 발생하는 **기회비용**
수요사업부의 최대대체가격	수요사업부가 **대체받을 경우와 대체받지 않을 경우 이익이 같아지는** 대체가격으로서 다음과 같이 계산된다. $\min \left[\begin{array}{l}① \text{ 외부구입가격(+ 추가비용}^{*1}) \\ ② \text{ 최종제품의 판매가격 - 추가비용}^{*2}\end{array}\right.$ [*1] 내부대체시에는 발생하지 않으나 외부구입시에만 발생하는 비용 [*2] 추가가공비와 추가판매비 등의 합계
회사전체관점	• 대체가격이 얼마로 결정되든 회사 전체 이익에는 아무런 영향이 없다. • 최대대체가격 > 최소대체가격 → 대체하는 것이 유리하며, 한 단위 대체할 때마다 (최대대체가격 - 최대대체가격)만큼씩 이익 증가 • 최대대체가격 < 최소대체가격 → 대체하지 않는 것이 유리하며, 한 단위 대체할 때마다 (최대대체가격 - 최대대체가격)만큼씩 손실 증가

기본 문제

다음은 기본문제 1~5번과 관련된 자료이다.

(주)서초는 두 개의 사업부 갑과 을로 구성되어 있다. 다음은 각 사업부와 관련된 자료이다.

(1) 갑사업부(공급사업부)는 연간 10,000단위의 중간제품 X를 생산하고 있다. 갑사업부는 중간제품 X를 외부에 단위당 ₩20,000씩에 판매하고 있다. 갑사업부가 중간제품 X를 외부에 판매하는 경우 발생하는 단위당 변동비는 ₩12,000이다.

(2) 을사업부(수요사업부)는 중간제품 X를 이용하여 최종제품을 생산하여, 단위당 ₩35,000에 판매하고 있으며, 연간 수요량은 5,000단위이다. 을사업부가 중간제품 X를 최종제품으로 생산하기 위해 단위당 ₩9,000의 변동제조원가가 발생하며, 한 단위당 변동 판매비는 ₩2,500이다.

01 갑사업부의 현재 외부판매량이 5,000단위인 경우, 갑사업부의 최소대체가격은 얼마인가?

① ₩12,000   ② ₩15,000   ③ ₩16,800

④ ₩18,800   ⑤ ₩20,000

02 갑사업부의 현재 외부판매량이 10,000단위이고, 중간제품 X를 을사업부에 대체할 경우에는 단위당 ₩1,500이 절감되는 경우, 갑사업부의 최소대체가격은 얼마인가?

① ₩12,000   ② ₩15,000   ③ ₩16,800

④ ₩18,500   ⑤ ₩20,000

03 갑사업부의 현재 외부판매량이 8,000단위인 경우, 갑사업부의 최소대체가격은 얼마인가?

① ₩12,000   ② ₩15,000   ③ ₩16,800

④ ₩18,800   ⑤ ₩20,000

04 을사업부가 중간제품 X를 외부에서 단위당 ₩17,000에 구입할 수 있다면, 을사업부가 갑사업부에게 지불할 수 있는 최대대체가격은 얼마인가?

① ₩11,500   ② ₩12,000   ③ ₩17,000

④ ₩23,500   ⑤ ₩35,000

해설

01 ①

유휴생산능력이 충분하므로 기회비용은 0 이다.

따라서, 갑사업부 최소대체가격 = 발생원가 + 기회비용
$$= 12,000 + 0 = ₩12,000$$

02 ④

유휴생산능력이 없기 때문에 외부판매 포기에 따른 기회비용 ₩8,000이 발생한다.

따라서, 갑사업부 최소대체가격 = 발생원가 + 기회비용
$$= 10,500 + (20,000 - 12,000) = ₩18,500$$

03 ③

5,000단위를 내부대체하기 위해서는 3,000단위의 외부판매를 포기하여야 한다.

따라서, 갑사업부 최소대체가격 = 발생원가 + 기회비용
$$= 12,000 + \frac{(20,000 - 12,000) \times 3,000단위}{5,000단위}$$
$$= ₩16,800$$

04 ③

$$을사업부의 \ 최대대체가격 = Min \begin{bmatrix} ① \ ₩17,000 \\ ② \ 35,000 - 9,000 - 2,500 = ₩23,500 \end{bmatrix} = ₩17,000$$

즉, 을사업부는 ₩17,000이하의 가격으로 갑사업부로부터 대체받고자 할 것이다.

● ○ ● ○

05 국제적 대체가격

다국적 기업의 경우에는 동기부여, 성과평가, 자율성보다는 법인세비용 및 수입관세의 최소화, 인플레이션과 환위험 및 과실송금 등을 고려하여 대체가격을 결정한다. 수입관세를 낮추기 위해서 대체가격을 낮게 설정할 수도 있다. 또한 법인세율이 낮은 국가에서 생산한 부품을 법인세율이 높은 국가로 대체할 경우, 다국적기업 전체의 법인세를 절감하기 위하여 대체가격을 높게 설정할 것이다. 이 경우 대체거래가 이루어진다면 대체가격을 얼마로 결정하든지간에 다국적 기업 전체의 입장에서는 세금효과를 제외한 이익의 합계는 같다. 다만 다국적 기업 전체입장에서 부담하는 법인세와 관세 등의 총부담세액이 달라질 뿐이다.

Chapter 13. 대체가격결정

연 습 문 제

01 다음의 대체가격결정과 관련하여 고려해야할 기준들에 대한 설명 중 가장 옳지 않은 것은?

① 각 사업부의 성과평가가 공정하게 이루어질 수 있도록 하여야 한다.

② 사업부의 목표와 회사의 목표가 일치할 수 있도록 하여야 한다.

③ 각 사업부의 경영자간의 대체가격이 신속하게 결정되도록 최고경영자가 조율할 수 있도록 하여야 한다.

④ 세무당국이나 공공기관으로부터 유리한 영향이 최대화 될 수 있도록 한다.

⑤ 준최적화현상이 발생하지 않도록 하여야 한다.

02 분권화된 조직에서의 책임회계제도, 책임중심점, 사내대체가격, 성과평가에 대하여 옳은 설명은?

① 책임회계제도에서는 공통고정원가가 통제가능성의 원칙에 따라 각 책임중심점에 배부된다.

② 책임중심점의 하나인 원가중심점에 속하는 예로 생산부문, 판매부문, 인력관리부문, 재무부문 등이 있다.

③ 기업 외부의 시장이 매우 경쟁적이고 기업 내부의 사업부서간에 상호의존도가 적을 경우 원가에 기초하여 사내대체가격을 결정하는 것이 합리적이다.

④ 절대평가는 기업 내부 또는 외부의 벤치마크와 비교하여 성과평가를 하는 것이므로 상대평가에 비해 성과에 영향을 미치는 통제 불가능한 요소를 제거하는데 유용하다.

⑤ 투자수익률이 투자중심점 경영자의 성과평가목적으로 사용될 경우에 준최적화 현상이 발생할 수 있는데, 이와 같은 투자수익률의 문제점을 보완하기 위해 잔여이익이 사용될 수 있다.

03 다음 중 사내대체가격을 결정하는 원칙으로 가장 옳지 않은 것은?

① 공급부서의 최소대체가격은 변동원가이다.
② 사업부간 관련이 적은 경우는 보통 시장가격이 최대대체가격이 된다.
③ 대체거래시 일반적으로 변동원가를 고려하여 결정하되, 고정원가는 고려하지 않는다.
④ 사업부간 경쟁이 심할 때는 시장가격이 대체가격이 된다.
⑤ 시장가격은 각 사업부간의 공정한 성과평가를 위한 가격이 될 수 있다.

04 이전가격결정방법의 선택에는 아래와 같은 5가지의 요소들이 고려된다. 각 요소의 특성이 3가지의 이전가격결정방법별로 모두 올바르게 기술된 것은?

		이전가격 결정방법		
	고려 요소	시장가격 이전가격	원가기준 이전가격	협　상 이전가격
①	경영노력 동기부여	동기부여	예산원가에서 가능	동기부여
②	목표일치성	경쟁시장에서 가능	항상가능	가능
③	하위단위 성과평가 유용	경쟁시장에서 유용	유용	협상력의 영향
④	하위단위 자율성 유지	경쟁시장에서 가능	불가능	불가능
⑤	적용 용이성	시장유무에 따라 상이	용이	용이

05 대한회사의 부품 생산부문은 최대생산량인 360,000단위를 생산하여 외부시장에 전량 판매하고 있다. 부품생산 부문의 관련정보는 다음과 같다.

• 단위당 외부판매가	₩100
• 단위당 변동제조원가	58
• 단위당 변동판매비	8
• 단위당 고정제조원가	14
• 단위당 고정관리비	10

단위당 고정비는 최대생산량 360,000단위 기준의 수치이다. 부품 생산부문의 이익을 극대화시키기 위해 사내대체를 허용할 수 있는 단위당 최소 사내대체가격은 얼마인가? (단, 사내대체물에 대해서는 변동판매비가 발생하지 않음)

① ₩58   ② ₩66   ③ ₩90

④ ₩92   ⑤ ₩100

06~07

현대(주)는 두 개의 사업부 갑과 을을 운영하고 있다. 갑사업부는 중간제품 A를 생산하여 7,000단위를 외부에 단위당 ₩8,000에 판매하고 있으며, 을사업부에 대체할 수도 있다. 갑사업부의 중간제품 A 생산 및 판매와 관련된 자료는 다음과 같다.

• 최대 생산량	8,500단위
• 단위당 변동제조원가	₩5,000
• 단위당 변동판매비	500
• 고정제조간접비	7,000,000

을사업부는 현재 중간제품 A 3,000단위의 내부대체를 원하고 있다. 상호독립적인 다음 물음에 답하시오.

06 내부대체시에는 판매비의 40%가 발생하지 않는다고 가정할 경우 갑사업부의 최소대체가격은 얼마인가?

① ₩6,150   ② ₩6,200   ③ ₩6,550

④ ₩6,840   ⑤ ₩7,800

07 갑사업부가 판매가격을 ₩7,850으로 인하하면 8,500단위를 판매할 수 있다고 할 경우, 갑사업부의 최소대체가격은 얼마인가?

① ₩6,325   ② ₩7,575   ③ ₩7,700

④ ₩7,750   ⑤ ₩7,970

08 ㈜세무는 분권화된 A사업부와 B사업부가 있다. A사업부는 반제품M을 최대 3,000단위 생산할 수 있으며, 현재 단위당 판매가격 ₩600으로 2,850단위를 외부에 판매하고 있다. B사업부는 A사업부에 반제품M 300단위를 요청하였다. A사업부 반제품M의 단위당 변동원가는 ₩300(변동판매관리비는 ₩0)이며, 사내대체를 하여도 외부판매가격과 단위당 변동원가는 변하지 않는다. A사업부는 사내대체를 전량 수락하든지 기각하여야 하며, 사내대체 수락시 외부시장 판매를 일부 포기하여야 한다. A사업부가 사내대체 전 이익을 감소시키지 않기 위해 제시할 수 있는 최소 사내대체가격은?

① ₩350   ② ₩400   ③ ₩450

④ ₩500   ⑤ ₩550

09 (주)트랜스퍼는 서로 독립적으로 운영되는 중간사업부와 최종사업부로 이루어져 있다. 중간사업부는 중간제품을 생산해 이를 최종사업부에 공급하거나 경쟁적인 외부시장에 판매한다. 최종사업부는 중간제품을 가공하여 이를 외부 시장에 판매한다. 회사의 최고경영자는 사업부의 자율경영을 촉진하기 위해 중간제품에 대한 내부 이전가격(transfer pricing) 제도의 도입을 검토 중이다. 이와 관련된 다음 설명 중 적절하지 않은 것은?

① 회사가 중간사업부를 이익중심점 또는 투자중심점으로 설정하기 위해서는 내부 이전가격제도의 도입이 필요하다.

② 중간제품에 대한 경쟁적인 외부 시장이 있을 경우에는 원칙적으로 외부 시장가격을 이전가격으로 채택하는 것이 장기적으로 회사의 이익 증대에 유리하다.

③ 이익중심점인 중간사업부로 하여금 공정개선 및 기술혁신을 통한 원가절감을 이루도록 하기 위해서는 시장가격보다 고정원가를 포함한 단위당 제품원가를 이전가격으로 채택하는 것이 효과적이다.

④ 회사 전체에 이익이 되도록 이전가격제도를 운영하기 위해서는 최종사업부가 중간제품을 외부로부터 구입하는 것을 허용해야 한다.

⑤ 이전가격제도를 도입하게 되면 각 사업부의 경영자는 회사 전체의 성과보다는 자신의 사업부의 성과를 극대화하고자 할 수 있다.

10 (주)세무는 사업부 A와 사업부 B를 이익중심점으로 운영하고 있다. 사업부 B는 사업부 A에 고급형 제품 X를 매월 10,000단위 공급해 줄 것을 요청하였다. 사업부 A는 현재 일반형 제품 X를 매월 50,000단위를 생산, 판매하고 있으며, 고급형 제품 X를 생산하고 있지 않다. 회계부서의 원가분석에 의하면 고급형 제품 X의 단위당 변동제조원가는 ₩120, 단위당 포장 및 배송비는 ₩10으로 예상된다. 사업부 A가 고급형 제품 X 한 단위를 생산하기 위해서는 일반형 제품 X 1.5단위의 생산을 포기하여야 한다. 일반형 제품 X는 현재 단위당 ₩400에 판매되고 있으며, 단위당 변동제조원가와 단위당 포장 및 배송비는 각각 ₩180과 ₩60이다. 사업부 A의 월 고정원가 총액은 사업부 B의 요청을 수락하더라도 변동이 없을 것으로 예상된다. 사업부 A가 현재와 동일한 월간 영업이익을 유지하기 위해서는 사업부 B에 부과해야 할 고급형 제품 X 한 단위당 최소 판매가격은 얼마인가? (단, 사업부 A의 월초 재고 및 월말 재고는 없다.)

① ₩220   ② ₩270   ③ ₩290
④ ₩370   ⑤ ₩390

11 (주)서초는 두 개의 사업부 갑과 을로 구성되어 있으며, 갑사업부에서 생산한 중간제품을 을사업부에서 최종제품으로 생산하여 단위당 ₩29,100에 판매하고 있다. 을사업부가 중간제품 X를 최종제품으로 생산하기 위해 단위당 ₩9,000의 변동제조원가가 발생하며, 한 단위당 변동 판매비는 ₩2,500이다. 을사업부는 현재 중간제품 X를 외부에서 단위당 ₩17,000구입할 수 있지만, 외부에서 구입하는 경우에는 최종제품으로 생산하기 위한 변동제조원가가 ₩500씩 추가발생한다. 을사업부의 최대대체가격은 얼마인가?

① ₩17,000   ② ₩17,500   ③ ₩17,600
④ ₩18,100   ⑤ ₩19,500

12 (주)대한은 무선비행기생산부문과 엔진생산부문으로 구성되어 있다. 엔진생산부문에서는 무선비행기 생산에 사용되는 엔진을 자체생산하며, 엔진 1개당 ₩100의 변동비가 발생한다. 외부업체가 (주)대한의 무선비행기생산부문에 연간 사용할 20,000개의 엔진을 1개당 ₩90에 납품하겠다고 제의했다. 이 외부납품 엔진을 사용하면 무선비행기생산부문에서는 연간 ₩100,000의 고정비가 추가로 발생한다. 엔진생산부문은 자체 생산 엔진을 외부에 판매하지 못한다. 각 부문이 부문이익을 최대화하기 위하여 자율적으로 의사결정을 한다면 사내대체가격의 범위에 대한 설명으로 옳은 것은?

① 사내대체가격이 ₩85에서 ₩100사이에 존재한다.

② 사내대체가격이 ₩90에서 ₩100사이에 존재한다.

③ 사내대체가격이 ₩95에서 ₩100사이에 존재한다.

④ 사내대체가격의 범위는 존재하지 않는다.

⑤ 엔진생산부문 사내대체가격의 하한은 ₩95이다.

13 대한회사는 분권화된 사업부1과 사업부2를 이익중심점으로 설정하여 운영하고 있다. 그동안 사업부1은 부품 A를 생산하여 단위당 ₩110으로 사업부2에 공급해왔다. 그런데 최근에 사업부2는 외부공급업체로부터 부품 A를 단위당 ₩90에 공급해주겠다는 제안을 받고 있다. 사업부1은 생산하고 있는 부품 A를 사업부2 이외에는 판매할 수 없으며 부품 A의 단위당 제조원가 자료는 다음과 같다.

직 접 재 료 원 가	₩ 40
직 접 노 무 원 가	28
변동제조간접원가	12
고정제조간접원가	24
합 계	₩104

사업부1의 고정제조간접원가는 부품 A의 생산여부에 관계없이 계속 발생한다. 다음 설명 중 옳지 않은 것은?

① 사업부2의 경영자는 사업부1에 대하여 현재의 사내이전가격을 ₩90 이하로 낮추어줄 것을 요구할 것이다.

② 사업부1이 현재의 사내이전가격을 그대로 유지하고자 한다면 사업부2의 경영자는 부품 A의 공급자를 외부공급업자로 변경하는 것이 유리하다.

③ 사업부1이 요구할 수 있는 최소한의 내부이전가격은 ₩90이다.

④ 사업부1은 부품 A를 단위당 ₩90으로 사업부2에 공급하면 단위당 ₩10만큼의 공헌이익이 발생하게 된다.

⑤ 회사전체의 입장에서는 부품 A를 자가제조하여 사내이전하는 것이 단위당 ₩10만큼 유리하다.

14 한 회사는 갑 부문과 을 부문으로 구성되어 있다. 갑 부문에서 생산하는 부품 한 단위의 생산 및 외부판매에 소요되는 원가는 아래와 같다.

제조원가 :	
변동제조원가	₩300
고정제조원가	100
판 매 비 :	
변동판매비	₩30
고정판매비	50

갑 부문이 생산하는 부품의 외부판매가격은 단위당 ₩600이고, 동 생산 부품을 을 부문에 내부 판매할 경우 변동판매비 ₩30을 모두 절약할 수 있다. 을 부문은 필요한 부품을 갑 부문이나 외부에서 항상 일정한 가격으로 구입할 수 있는 바, 외부에서 구입할 경우 단위당 ₩640이 소요된다. 각 부문이 이익중심점이라는 가정 하에 다음의 내용 중 가장 옳지 않은 것은?

① 갑 부문이 제조할 수 있는 부품을 전량 외부에 판매할 수 있다면 갑 부문의 최저대체가격 제시액은 ₩570이다.

② 갑 부문에 유휴 생산설비가 존재하는 경우 갑 부문의 최저대체가격 제시액은 ₩300이다.

③ 을 부문이 지급하고자 하는 최고대체가격 제시액은 ₩610이다.

④ 갑 부문과 을 부문의 내부 대체거래가 이루어지지 않을 경우 기업전체 관점에서 단위당 ₩70에서 ₩340의 손실이 발생한다.

⑤ 갑 부문과 을 부문의 내부 대체거래가 이루어지지 않을 경우 기업전체 관점에서의 단위당 손실금액은 갑 부문의 유휴 생산설비 보유여부에 영향을 받는다.

15 (주)동양은 분권화된 사업부 甲과 乙을 이익중심점으로 설정하고 있다. 사업부 甲에서 생산되는 제품 A는 사업부 乙에 대체하거나 외부시장에 판매할 수 있으며, 관련 원가자료가 다음과 같이 제시되어 있다. 사업부 乙은 제품 A를 주요부품으로 사용하여 완제품을 생산하고 있으며, 공급처는 자유로이 선택할 수 있다. 현재 사업부 甲은 100,000단위의 제품 A를 생산하여 전부 외부시장에 판매하고 있으며, 사업부 乙에서는 연간 50,000단위의 제품 A를 단위당 ₩42의 가격으로 외부공급업자로부터 구입하고 있다. 만일 사업부 甲이 제품 A를 사업부 乙에 사내대체한다면 단위당 ₩8의 판매비와관리비를 절감할 수 있다고 할 때, 제품 A의 사내대체가격은 어느 가격범위에서 결정되어야 하겠는가?

• 단위당 외부 판매가격	₩45
• 단위당 변동원가	30 (변동판매비와관리비 포함)
• 연간고정원가	1,000,000
• 연간최대생산능력	100,000단위

① ₩15과 ₩22사이 ② ₩22과 ₩30사이 ③ ₩30과 ₩37사이
④ ₩37과 ₩42사이 ⑤ ₩42과 ₩45사이

16 ㈜갑은 분권화된 사업부 1과 사업부 2를 이익중심점(이익책임단위)으로 설정하고 있다. 사업부 1은 반제품 A를 생산하여 사업부 2에 이전(대체)하거나 외부시장에 판매할 수 있다. 사업부 2가 제품 B를 생산하려면, 반제품 A를 사업부 1로부터 구입하여야 하며 외부시장에서 구입할 수는 없다. 반제품 A와 제품 B에 관한 단위당 자료는 다음과 같다.

사업부 1 : 반제품 A의 생산·판매	사업부 2 : 제품 B의 생산·판매
• 외부판매가격 : ₩25 • 변 동 원 가 : 10	• 외부 판매 가격 : ₩80 • 변동 가공원가 : 30 • 변동판매관리비 : 5

만약 사업부 1이 유휴생산능력을 보유하고 있지 않다면, 두 사업부간 이전거래(대체거래)가 이루어지는 반제품 A의 단위당 사내이전가격(사내대체가격)은 얼마인가?

① ₩10과 ₩15 사이 ② ₩10과 ₩25 사이 ③ ₩10과 ₩45 사이
④ ₩25와 ₩35 사이 ⑤ ₩25와 ₩45 사이

17 서울회사는 분권화된 사업부 A와 사업부 B를 이익중심점으로 설정하고 있다. 사업부 A는 중간제품을 생산하고 있는데, 연간 생산량의 20%를 사업부 B에 대체하고 나머지는 외부시장에 판매하고 있다. 사업부 A의 연간 최대생산 능력은 10,000단위로서, 전량을 외부시장에 판매할 수도 있다. 사업부 A에서 생산되는 중간제품의 변동제조원가는 단위당 ₩450이며, 외부판매와 관련된 변동판매관리비는 단위당 ₩10이 발생한다. 고정원가는 생산량·판매량에 상관없이 항상 일정한 금액으로 유지된다. 사업부 A는 그동안 사업부 B에 대체해 오던 2,000단위의 중간제품을 내년도부터 단위당 ₩750의 가격으로 외부시장에 판매할 수 있게 되었다. 또한 사업부 B는 중간제품을 외부공급업자로부터 단위당 ₩820의 가격으로 구입할 수 있다. 서울회사는 사업부 경영자들에게 판매처 및 공급처를 자유로이 선택할 수 있는 권한을 부여하고 있다.

만일, 사업부 A가 사업부 B에 대체해 오던 중간제품 2,000단위를 외부시장에 판매하고 사업부 B는 외부공급업자로부터 구입한다면, 기존의 정책에 비하여 회사전체의 입장에서는 어떤 변화가 초래되겠는가?

① ₩140,000의 이익감소를 초래한다.

② ₩160,000의 이익감소를 초래한다.

③ ₩160,000의 이익증가를 초래한다.

④ ₩140,000의 이익증가를 초래한다.

⑤ 개별 사업부의 이익수치가 달라질 뿐, 회사전체의 이익에는 변동이 초래되지 않는다.

18 금강㈜는 A, B 두 개의 사업부를 갖고 있다. 사업부 A는 부품을 생산하여 사업부 B에 대체하거나 외부에 판매할 수 있다. 완제품을 생산하는 사업부 B는 부품을 사업부 A에서 매입하거나 외부시장에서 매입할 수 있다. 사업부 A와 B의 제품 단위 당 자료는 다음과 같다.

사업부 A		사업부 B	
부품의 외부판매가격	₩9,000	최종제품의 외부판매가격	₩20,000
변동원가	6,000	추가변동원가	3,000
고정원가	2,000	고정원가	5,000

A, B 두 사업부 사이의 대체가격 결정과 관련된 다음의 기술 중 옳은 것은?

① A사업부는 부품을 외부에 단위당 ₩9,000에 팔 수 있으므로 사업부 B에 ₩9,000 이하로 공급해서는 안 된다.

② A사업부에 유휴생산능력이 있을 때에는 ₩6,000~₩9,000의 범위 내에서 어떤 대체가격을 결정하느냐에 따라 회사 전체의 이익이 영향을 받는다.

③ A사업부에 유휴생산능력이 없으며 B사업부가 외부에서 부품을 단위당 ₩8,500에 매입할 수 있더라도 회사 전체의 이익을 위해서 두 사업부는 거래를 해야 한다.

④ B사업부가 A사업부 이외에서 부품을 구입할 수 없다면 A사업부는 유휴생산능력이 없더라도 외부판매를 줄이고 B사업부에 공급하는 것이 회사 전체의 이익에 도움이 된다.

⑤ B사업부는 A사업부로부터 부품을 단위당 ₩12,000 이하로 매입하면 이익을 올릴 수 있으므로 대체가격을 ₩12,000 이하로 결정하면 된다.

19~20

㈜한구의 분권화된 사업부 A와 사업부 B는 이익중심점으로 설정되어 있다. 사업부 A는 중간제품 P를 생산하고 있다. 사업부 B는 ㈜한구의 전략적 고려에 따라 지역적으로 접근이 어려운 고립지에서 중간제품 P를 이용하여 완제품 Q를 생산하며, 생산한 모든 완제품 Q를 고립지의 도매상에 납품하고 있다. 사업부 A와 사업부 B의 생산 관련 자료는 다음과 같다.

구 분	사업부 A	사업부 B
단위당 변동제조원가	₩20	₩70
총고정제조원가	₩36,000	₩50,000
연간 시장판매량	12,000개	2,000개
연간 생산 가능량	12,000개	3,000개

사업부 A가 생산·판매하는 중간제품 P의 시장가격은 ₩30이다. 그러나 사업부 B는 지역적으로 고립된 곳에 위치하여 중간제품 P를 지역내 생산업자로부터 1개당 ₩50에 구매하고 있으며, 이 구매가격은 사업부 B의 단위당 변동제조원가 ₩70에 포함되어 있다. 완제품 Q를 1개 생산하기 위하여 중간제품 P는 1개가 사용되며, 두 사업부의 연간 시장판매량은 항상 달성 가능한 것으로 가정한다.

19 최근 ㈜한구는 사업부 B가 위치한 고립지로의 교통이 개선됨에 따라서 중간제품 P의 사내대체를 검토하기 시작하였다. 사업부 A가 사내대체를 위하여 사업부 B로 중간제품 P를 배송할 경우, 중간제품 1개당 ₩8의 변동배송원가를 사업부 A가 추가로 부담하게 된다. 사업부 B가 생산에 필요한 2,000개의 중간제품 P 전량을 사업부 A에서 구매한다고 할 때, 사내대체와 관련된 사업부 A의 기회원가와 사업부 A가 사내대체를 수락할 수 있는 최소 대체가격은 얼마인가?

	기회원가	최소대체가격			기회원가	최소대체가격
①	₩ 0	₩28		②	₩4,000	₩28
③	₩4,000	₩38		④	₩20,000	₩30
⑤	₩20,000	₩38				

20 사업부 B는 사업부간의 협의 끝에 개당 ₩39의 가격으로 최대 3,000개까지 중간제품 P를 사업부 A에서 공급받게 되었다. 이에 따라 지역 내 생산업자로부터의 구매는 중단되었다. 사업부 B가 생산하여 판매하는 완제품 Q의 시장가격은 현재 ₩120이다. 최근 사업부 B는 인근지역의 지방정부로부터 완제품 Q를 ₩100의 가격에 1,000개 구매하고 싶다는 제안을 받았다. 이 특별주문을 수락할 경우, 사업부 B의 영업이익에 미치는 영향과 사업부 B의 기회원가는 각각 얼마인가?

	영업이익의 증감	기회원가			영업이익의 증감	기회원가
①	₩20,000 감소	₩61,000		②	₩41,000 감소	₩61,000
③	₩20,000 감소	₩41,000		④	₩30,000 증가	₩ 0
⑤	₩41,000 증가	₩ 0				

21 ㈜대덕은 A사업부와 B사업부를 운영하고 있다. A사업부는 매년 B사업부가 필요로 하는 부품 1,000개를 단위당 ₩2,000에 공급한다. 동 부품의 단위당 변동원가는 ₩1,900이며 단위당 고정원가는 ₩200이다. 다음연도부터 A사업부가 부품단위당 공급가격을 ₩2,200으로 인상할 계획을 발표함에 따라, B사업부도 동 부품을 외부업체로부터 단위당 ₩2,000에 구매하는 것을 고려하고 있다. B사업부가 외부업체로부터 부품을 단위당 ₩2,000에 공급받는 경우 A사업부가 생산설비를 다른 생산활동에 사용하면 연간 ₩150,000의 현금운영원가가 절감된다.

(1) A사업부가 부품을 B사업부에 공급하는 경우, 대체가격(transfer price)은 얼마인가? (단, 대체가격은 대체시점에서 발생한 단위당 증분원가와 공급사업부의 단위당 기회원가의 합계로 결정한다.)

(2) B사업부가 부품을 외부업체로부터 공급받는 경우, ㈜대덕의 연간 영업이익 증가(감소)는 얼마인가?

	(1)	(2)
①	대체가격 ₩2,050	영업이익감소 ₩50,000
②	대체가격 ₩2,050	영업이익증가 ₩50,000
③	대체가격 ₩2,100	영업이익감소 ₩200,000
④	대체가격 ₩2,100	영업이익증가 ₩50,000
⑤	대체가격 ₩2,200	영업이익증가 ₩100,000

22~23

(주)서초는 두 개의 사업부 갑과 을로 구성되어 있다. 다음은 각 사업부와 관련된 자료이다.

(1) 갑사업부(공급사업부)는 연간 10,000단위의 중간제품 X를 생산하여 전량 외부판매하고 있다. 갑사업부가 중간제품 X를 외부에 판매하는 경우 발생하는 단위당 변동비는 ₩12,000이며, 중간제품 X를 을사업부에 대체할 경우에는 단위당 ₩1,500이 절감된다고 가정한다.

(2) 을사업부(수요사업부)는 중간제품 X를 이용하여 최종제품을 생산하여, 단위당 ₩35,000에 판매하고 있으며, 연간 수요량은 5,000단위이다. 을사업부가 중간제품 X를 최종제품으로 생산하기 위해 단위당 ₩9,000의 변동제조원가가 발생하며, 한 단위당 변동 판매비는 ₩2,500이다.

상호독립적인 다음 물음에 답하시오.

22 을사업부는 현재 외부에서 중간제품 X를 ₩17,000에 구입할 수 있다고 가정한다. 갑사업부와 을사업부가 5,000단위를 내부대체할 경우 (주)서초의 영업이익이 ₩3,500,000만큼 감소할 것으로 예상한다. 갑사업부의 외부판매가격은 얼마인가?

① ₩18,800 ② ₩19,200 ③ ₩19,600
④ ₩20,000 ⑤ ₩20,500

23 갑사업부가 현재 중간제품 X를 외부에 단위당 ₩20,000에 판매하고 있으며, 을사업부는 외부에서 중간제품 X를 구입할 수 없다고 가정한다. (주)서초의 사장은 회사전체적으로 손실이 발생하지 않으면서 갑사업부와 을사업부가 대체가 이루어지기를 원하고 있다. 갑사업부의 유휴생산능력이 존재하지 않기 때문에 최대 8,000단위까지 추가로 생산할 수 있는 설비를 임차하여 을사업부에 대체하고자 한다. 갑사업부가 지불할 수 있는 최대임차료는 얼마인가?

① ₩65,000,000 ② ₩64,400,000 ③ ₩62,500,000
④ ₩60,800,000 ⑤ ₩58,500,000

24 한국(주)는 두 개의 사업부 갑과 을로 구성되어 있다. 갑 부문이 부품을 생산, 판매하기 위한 변동제조원가와 변동판매비는 각각 단위당 ₩1,470과 ₩300이다. 갑부문이 을부문에 부품을 판매할 경우 변동판매비를 단위당 ₩40씩 절감할 수 있다. 을부문은 부품을 갑부문이나 외부로부터 구입할 수 있으며, 외부에서 ₩2,000에 구입할 수 있다. 내부대체거래가 이루어지지 않을 경우 유휴생산시설의 유무에 관계없이 회사 전체의 입장에서 동일한 손실이 발생한다면, 갑부문의 부품 단위당 외부판매가격은 얼마인가?

① ₩1,650 ② ₩1,690 ③ ₩1,730
④ ₩1,770 ⑤ ₩1,960

정 답 및 해 설

1	③	2	⑤	3	①	4	①	5	④	6	③
7	②	8	③	9	③	10	④	11	②	12	④
13	③	14	③	15	④	16	⑤	17	②	18	④
19	⑤	20	⑤	21	②	22	②	23	①	24	④

01 ③

자율성기준 : 각 사업부가 자율적으로 의사결정을 할 수 있도록 하여야 한다.

02 ⑤

① 공통고정원가는 성과평가에서 제외되는 것이 더 타당하다.

② 원가중심점의 대표적인 예는 생산부문이다.

③ 외부시장이 경쟁적인 경우 시장가격에 기초하여 대체가격을 결정하는 것이 성과평가나 동기부여 측면에서 더 합리적이다.

④ 절대평가가 성과에 영향을 미치는 통제 불가능한 요소를 제거하는데 유용하지 않다.

03 ①

공급부서의 최소대체가격은 "발생원가(일반적으로 변동원가) + 기회비용"이다.

04 ①

② 원가기준 이전가격은 목표일치성을 항상 충족할 수 있는 대체가격이 아니다.

③ 원가기준 이전가격은 하위단위 성과평가에 유용하지 않다. 원가기준 이전가격의 경우에는 하위단위 성과평가를 자의적으로 평가할 가능성이 높다.

④ 협상이전가격은 자율성유지가 가능하다.

⑤ 협상이전가격은 적용이 용이하지 않으며, 시간과 비용도 많이 든다.

05 ④

공급사업부 최소대체가격 = 발생원가 + 기회비용

$= 58 + (100 - 66^*) = ₩92$

* 외부 판매시 단위당 변동비 = 58 + 8 = ₩66

06 ③

을사업부가 요구하는 3,000단위의 대체를 위해서는 외부판매를 1,500단위 포기하여야 하므로 대체가격은 다음과 같이 계산된다.

갑사업부 대체가격 = 발생원가 + 기회비용

$$= 5,300^* + \frac{(8,000 - 5,500) \times 1,500단위}{3,000단위}$$

$$= ₩6,550$$

* 5,500 − 500 × 40% = ₩5,300

07 ②

갑사업부가 현재 ₩8,000에 판매하고 있으나 판매가격을 ₩7,850으로 인하할 경우 8,500단위를 판매할 수 있다고 하였기 때문에 8,500단위를 판매하는 경우와 5,500단위 (= 8,500단위 − 3,000단위)를 판매하는 경우의 차이가 기회비용이다. 즉, 기회비용을 먼저 계산해 보면 다음과 같다.

8,500단위 공헌이익	: 8,500단위 × (7,850 − 5,500) =	₩19,975,000
5,500단위 공헌이익	: 5,500단위 × (8,000 − 5,500) =	13,750,000
3,000단위의 기회비용 :		₩ 6,225,000

따라서 대체가격은 다음과 같이 계산된다.

갑사업부 대체가격 = 발생원가 + 기회비용

$$= 5,500 + \frac{6,225,000}{3,000단위}$$

$$= ₩7,575$$

08 ③

현재 유휴생산능력이 150단위 밖에 없으므로, 내부대체를 위해서는 외부판매를 150개 포기하여야 한다.

공급사업부의 최소대체가격 = 발생원가 + 기회비용

$$= 300 + \frac{(600 - 300) \times 150개}{300개} = ₩450$$

09 ③

단위당 제품원가를 이전가격으로 할 경우 원가절감을 위한 동기부여가 잘 되지 않는다. 원가절감 등의 동기부여를 위해서는 대체가격을 시장가격이나 협상가격 기준으로 하는 것이 더 효과적이다.

10 ④

$$최소판매가격 = 120 + 10 + \frac{(400 - 240) \times 15,000단위}{10,000단위} = 370$$

11 ②

외부에서 구입하는 경우에만 ₩500씩 변동제조원가가 추가 발생하므로, 을사업부의 최대대체가격은 다음과 같이 계산된다.

$$을사업부의\ 최대대체가격 = Min \begin{bmatrix} ① \ 17,000 + 500 = 17,500 \\ ② \ 29,100 - 9,000 - 2,500 = 17,600 \end{bmatrix} = ₩17,500$$

12 ④

(1) 공급사업부의 최소대체가격 = 발생원가 + 기회비용

$$= 100 + 0 = ₩100$$

(2) 수요사업부의 최대대체가격 = $Min \begin{bmatrix} ① \ 90 + \dfrac{100,000}{20,000개} = ₩95 \\ ② \ N/A \end{bmatrix}$

(3) 대체가격의 범위

$$\overline{₩95} \qquad \overline{₩100}$$

13 ③

(1) 사업부1은 사업부2 이외에는 판매할 수 없기 때문에 외부판매는 전혀 없으며, 유휴 생산능력이 충분한 경우이다. 따라서,

사업부1의 최소대체가격 = 발생원가 + 기회비용 = 80^{*} + 0 = ₩80

* 40 + 28 + 12 = ₩80

(2) 사업부2의 최대대체가격은 ₩90^{*}이다.

* 사업부2 의 최대대체가격 = $Min \begin{bmatrix} ① \ 외부구입가격 = ₩90 \\ ② \ N/A \end{bmatrix}$

(3) 대체가격의 범위

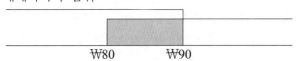

따라서, 회사전체적으로는 내부 대체할 경우 단위당 ₩10만큼 유리하다.

14 ③

(1) 갑사업부의 최소대체가격

유휴생산능력이 있는 경우 : 300 + 0 = ₩300

유휴생산능력이 없는 경우 : 300 + (600 - 330) = ₩570

(2) 을사업부의 최대대체가격 : ₩640[*]

> [*] 사업부2 의 최대대체가격 = Min ┌ ① 외부구입가격 = ₩640
>   └ ② N/A

(3) 회사전체 관점

갑 부문에 유휴생산능력이 있는 경우에는 한 단위 대체시마다 단위당 ₩340(= 640 - 300)씩 유리하며, 갑 부문에 유휴생산능력이 없는 경우에는 한 단위 대체시마다 단위당 ₩70 (= 640 - 570)씩 유리하다.

15 ④

(1) 갑사업부 최소대체가격 = 발생원가 + 기회비용

$$= 22 + (45 - 30) = ₩37$$

> [*] 변동비 - 내부대체시 판매관리비 절감액 = 30 - 8 = ₩22

(2) 을사업부 최대대체가격 = ₩42[*]

> [*] 사업부2 의 최대대체가격 = Min ┌ ① 외부구입가격 = ₩42
>   └ ② N/A

(3) 대체가격의 범위

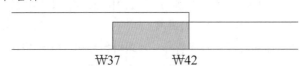

16 ⑤

사업부1의 최소대체가격 : 10 + (25 - 10) = ₩25

사업부2의 최대대체가격 = Min ┌ ① N/A (외부구입가격)
                              └ ② 80 - 30 - 5 = ₩45

17 ②

(1) A사업부 최소대체가격 = 발생원가 + 기회비용

$$= 450 + (750 - 460^*) = ₩740$$

* 변동제조원가 + 변동판매관리비 = 450 + 10 = ₩460

(2) B사업부 최대대체가격 = ₩820*

* 사업부2 의 최대대체가격 = Min ┌ ① 외부구입가격 = ₩820
└ ② N/A

(3) 대체가격의 범위

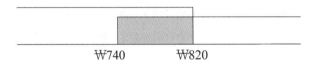

회사전체적으로 한 단위 대체시마다 영업이익이 ₩80(= 820 − 740)씩 증가하므로, 2,000단위를 내부대체하지 않을 경우 ₩160,000(= 2,000단위 × 80)만큼 영업이익이 감소한다.

18 ④

(1) A사업부 최소대체가격

  − 유휴생산능력이 있는 경우 : ₩6,000

  − 유휴생산능력이 없는 경우 : 6,000 + (9,000 − 6,000) = ₩9,000

(2) B사업부 최대대체가격

사업부2 의 최대대체가격 = Min ┌ ① 외부구입가격
└ ② 20,000 − 3,000 = ₩17,000

① A사업부의 유휴생산능력이 있는 경우에는 ₩6,000 이상이면 공급할 수 있다.

② 회사전체 이익은 대체가격이 얼마로 결정되는지와 상관이 없다.

③ 유휴생산능력이 없다면 A사업부 최소대체가격은 ₩9,000이며, B사업부가 외부에서 부품을 단위당 ₩8,500에구입할 수 있다면, B사업부 최대대체가격은 ₩8,500이다. 따라서 이 경우에는 두 사업부가 내부대체거래를 하지 않는 것이 좋다.

④ B사업부가 외부에서 부품을 구입할 수 없다면, B사업부의 최대대체가격은 ₩17,000이며, A사업부가 유휴생산능력이 없다면, A사업부의 최소대체가격은 ₩9,000이다. 따라서 이 경우에는 무조건 대체를 하는 것이 유리하다.

⑤ B사업부의 최대대체가격은 ₩17,000이다.

19 ⑤

(1) A사업부는 현재 유휴생산능력이 없는 상태이므로, 내부대체할 경우 외부판매 2,000
단위를 포기해야 한다. 따라서 내부대체할 경우 기회비용은 ₩20,000*이다.

    * 2,000단위 × (30 - 20) = ₩20,000

(2) A사업부는 최소대체가격 = 발생원가 + 기회비용
                        = 28 + (30 - 20) = ₩38

20 ⑤

현재 B사업부의 유휴생산능력은 1,000단위이다. 따라서 특별주문 1,000단위를 수락하더
라도 기회비용은 존재하지 않는다.

B사업부가 특별주문을 수락할 경우

매출 증가	: 1,000단위 × 100 =	₩100,000
변동비 증가	: 1,000단위 × (39 + 20) =	(59,000)
증분이익	:	₩ 41,000

21 ②

(1) A사업부 최소대체가격 = 발생원가 + 기회비용

$$= 1,900 + \frac{150,000}{1,000단위} = ₩2,050$$

(2) B사업부 최대대체가격 = ₩2,000*

    * 사업부2 의 최대대체가격 = Min $\begin{bmatrix} ① \ 외부구입가격 = ₩2,000 \\ ② \ N/A \end{bmatrix}$

따라서, (주)대덕은 내부대체를 하지 않을 경우(B사업부가 외부업체로부터 공급받는 경
우) 단위당 영업이익이 ₩50(= 2,050 - 2,000)씩 증가한다. 따라서 1,000단위를 내부대체
하지 않을 경우 영업이익은 ₩50,000(= 1,000단위 × 50)만큼 증가한다.

22 ②

(1) 갑사업부의 외부판매가격을 p라고 할 경우

               갑사업부 최소대체가격 = 발생원가 + 기회비용
                               = 10,500 + (p - 12,000)
                               = p - 1,500

(2) 을사업부의 최대대체가격 = ₩17,000*

    * 을사업부의 최대대체가격 = Min $\begin{bmatrix} ① \ 17,000 \\ ② \ 35,000 - 9,000 - 2,500 = 23,500 \end{bmatrix}$ = ₩17,000

(3) 회사 전체적으로 내부대체시 단위당 ₩700(= 3,500,000 ÷ 5,000단위)씩 영업이익이 감소하였으므로, 최소대체가격이 최대대체가격보다 ₩700만큼 크다는 것이다. 따라서

$$
\text{최소대체가격} - \text{최대대체가격} = ₩700
$$
$$
\rightarrow (p - 1,500) - 17,000 = 700
$$
$$
\rightarrow p = ₩19,200
$$

23 ①

회사 전체적으로 손실이 발생하지 않으면서 갑사업부와 을사업부의 대체가 이루어지기 위해서는 갑사업부의 최소대체가격이 을사업부의 최소대체가격보다 작거나 같아야 한다. 따라서, 갑사업부가 지불할 수 있는 최대임차료를 x라고 하면, 갑사업부의 최소대체가격은 다음과 같이 계산된다.

$$
\text{갑사업부 최소대체가격} = 10,500 + (x \div 5,000단위)
$$

을사업부의 최대대체가격은 ₩23,500[*]이므로, 다음을 만족하는 x값을 계산하면 된다.

[*] 을사업부의 최대대체가격 = Min $\begin{bmatrix} ① \ N/A \\ ② \ 35,000 - 9,000 - 2,500 = 23,500 \end{bmatrix}$ = ₩23,500

$$
10,500 + (x \div 5,000단위) \leq ₩23,500
$$
$$
\rightarrow x \leq ₩65,000,000
$$

즉, 임차료가 ₩65,000,000 보다 작아야 갑사업부의 최소대체가격이 을사업부의 최대대체가격보다 작게 되며, 사업부간 내부대체시 회사전체적으로 손실이 발생하지 않게 된다.

24 ④

A부문의 부품 단위당 외부판매가격을 p라 하면, A부문의 최소대체가격

(1) 유휴생산능력이 존재하는 경우 = ₩1,730(= 1,470 + 300 − 40)
(2) 유휴생산능력이 존재하지 않는 경우 = 1,730 + (p − 1,770)

유휴생산시설의 존재여부와 상관없이 회사전체 입장에서 동일하다고 하였으므로, 유휴생산능력이 존재하는 경우와 유휴생산능력이 존재하지 않는 경우 최소대체가격이 동일하여야 한다. 따라서 p = ₩1,770이다.

불확실성하의 의사결정

Chapter 14

불확실성하의 의사결정

01 **의의 및 최적행동대안의 선택**

미래의 상황이나 변수가 불확실한 상황에서 최적대안을 선택하는 과정으로서 기대가치기준 또는 기대효용기준에 의하여 의사결정한다.

(1) 기대가치기준

기대가치기준은 각 상황별 의사결정의 결과에 대한 기대값을 구하여 이를 최대화(최소화)시켜 주는 최적행동대안을 선택하는 방법을 말한다. 기대값에 의하여 최적행동대안을 선택하여도 근본적으로 불확실성이 제거되는 것은 아니며, 최선의 성과가 나타날 가능성을 증가시킬 뿐이다.

기본 문제

01 (주)베스킨은 다가오는 여름을 위해 아이스크림 판매를 기획하고 있다. 이에 따라 아이스크림을 만드는 기계를 구입하고자 하는데, 자동형 기계와 반자동형 기계 중 하나를 선택하고자 한다. 아이스크림의 판매량을 Q라고 할 때, 각 기계별 영업이익은 다음과 같다.

$$자동형\ 기계 = 70Q - 250,000$$
$$반자동형\ 기계 = 40Q - 50,000$$

내년에 5,000단위가 판매될 확률이 60%, 8,000단위가 판매될 확률이 40%라 가정할 경우 각 선택대안별 기대가치는 얼마인가?

	자동형 기계	반자동형 기계
①	₩180,000	₩190,000
②	184,000	198,000
③	188,000	194,000
④	194,000	190,000
⑤	198,000	196,000

해설

01 ②

1. 성과표

대 안 \ 상 황	상 황(발생확률)	
	S_1 : 수요량 5,000개(60%)	S_2 : 수요량 8,000개(40%)
자 동 형 기계	₩100,000[*1]	₩310,000[*2]
반자동형 기계	150,000[*3]	270,000[*4]

[*1] 70 × 5,000개 − 250,000 = ₩100,000

[*2] 70 × 8,000개 − 250,000 = ₩310,000

[*3] 40 × 5,000개 − 50,000 = ₩150,000

[*4] 40 × 8,000개 − 50,000 = ₩270,000

2. 각 선택대안별 기대가치계산

E(자동형) = 100,000 × 60% + 310,000 × 40% = ₩184,000

E(반자동형) = 150,000 × 60% + 270,000 × 40% = ₩198,000

(2) 기대효용[23]기준

기대효용기준은 기대효용을 극대화 시켜 주는 최적행동대안을 선택하는 방법을 말한다. 효용함수는 의사결정자의 위험에 대한 태도에 따라 아래 그림과 같이 위험회피형, 위험중립형, 위험선호형으로 분류된다.

---

23) 효용(utility)이란 의사결정자가 재화나 용역을 획득함으로써 얻는 정신적인 만족도를 의미하며, 기대효용은 효용함수를 이용하여 계산된다.

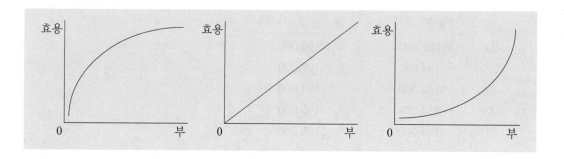

02 완전정보의 기대가치

완전정보의 기대가치(EVPI, Expected Value with Perpect Information)란 의사결정자들이 100% 완전한 정보를 얻기 위해 지불할 수 있는 최대금액으로서, 기존정보에 비하여 완전정보를 이용함으로써 증가되는 추가기대이익이다. 완전정보의 기대가치는 다음과 같이 계산된다.

> 완전정보하의 기대가치
> (−) 기존정보하의 기대가치
> = 완전정보의 기대가치(EVPI)

기본문제

02 (주)베스킨은 여름 휴가철을 맞아 아이스크림을 판매하기 위해 아이스크림 제조기를 구입하고자 한다. 아이스크림 제조기는 자동형과 반자동형이 있으며, 각 기계별 달성 가능한 영업이익과 상황별 수요량 및 각 상황이 발생할 확률에 대한 자료는 다음과 같다.

상황 대안	수요량(발생확률)	
	S_1 : 5,000개(60%)	S_2 : 8,000개(40%)
자동형기계	₩230,000	₩350,000
반자동형기계	250,000	300,000

모든 상황을 100% 완벽하게 예측하는 지리산 도사 k씨에게 회사가 정보를 얻기 위하여 지불할 수 있는 최대 금액(완전정보의 기대가치)은 얼마인가?

① ₩ 5,000 　　　② ₩10,000 　　　③ ₩12,000

④ ₩15,000 　　　⑤ ₩18,000

해설

02 ③

1. 완전정보하에서는 수요량이 5,000개라는 정보가 주어지면 반자동형기계를 선택하고, 수요량이 10,000개라는 정보가 주어지면 자동형기계를 선택하게 될 것이다. 따라서 이러한 완전정보하에서의 기대가치는 다음과 같이 계산된다.

완전정보하의 기대가치 = 250,000 × 0.6 + 350,000 × 0.4 = ₩290,000

2. 기존정보하의 기대가치는 각 대안별로 기대가치를 계산하여서 가장 기대가치가 크게 나온 대안의 가치가 되며, 각 대안별 기대가치는 다음과 같다.

자동형 기계 : 230,000 × 0.6 + 350,000 × 0.4 = ₩278,000

반자동형 기계 : 250,000 × 0.6 + 300,000 × 0.4 = ₩270,000

따라서 기존정보하의 기대가치는 ₩278,000이다.

3. 완전정보의 기대가치(EVPI)는 완전정보하의 기대가치에서 기존정보하의 기대가치를 차감한 값으로서 다음과 같이 계산된다.

완전정보하의 기대가치 : ₩290,000

기존정보하의 기대가치 : <u>　278,000</u>

완전정보의 기대가치　 : ₩ <u>12,000</u>

● ● ● ○

참고 차이조사결정　　　　　　　　　　　　　　　　　　　　Reference

성과보고서와 차이분석보고서를 이용하여 예산과 실제 성과와의 차이를 분석하게 되는데 이때 현실적으로, 발견된 모든 차이를 조사하여 수정할 수 있는 시간적, 경제적 여유가 없기 때문에 중요한 차이만을 조사하여 수정할 수 밖에 없다. 따라서 차이원인을 조사하여 수정을 함으로써 얻게되는 효익과 차이조사에 소요되는 비용을 비교하여 얻는 효익이 큰 경우에 차이원인을 조사할 것이다.

03 불완전정보의 기대가치

불완전정보의 기대가치(Expected Value of Sample Information, EVSI)는 불완전정보를 이용함으로서 증가되는 추가기대이익으로서 불완전정보를 얻기 위하여 지불할 수 있는 최대금액을 의미한다. 불완전정보의 기대가치는 불완전정보가 주어진 경우의 기대가치와 기존 정보만 주어진 경우의 기대가치와의 차액이며, 다음과 같이 계산된다.

> 불완전정보하의 기대가치
> (−) 기존정보하의 기대가치
> = 불완전정보의 기대가치(EVSI)

불완전정보의 기대가치는 다음과 같은 절차를 거쳐 계산된다.

① 특정의 추가정보가 주어질 확률을 구한다.
② 베이지안정리(Baysial theorem)를 이용하여 사전확률을 사후확률로 수정한다.
③ 수정된 사후확률을 기초로 각 대안별 기대가치를 구하고 최적대안을 선택한다.
④ 최적대안의 기대가치와 추가정보를 보고 받을 확률을 이용하여 불완전정보하의 기대가치를 구한다.
⑤ 불완전정보하의 기대가치에서 기존정보하의 기대가치를 차감하여 불완전정보의 기대가치를 구한다.

기본문제

03 (기본문제2)에서 지리산도사 k씨가 100%가 아닌 80%의 정확성으로 미래를 예측하는 정보를 제공하고 있다고 가정할 때, (주)베스킨은 k씨에게 정보를 얻기 위하여 얼마까지 지불할 수 있는가?

① ₩5,500 ② ₩5,590 ③ ₩6,120
④ ₩6,330 ⑤ ₩6,580

해설

03 ②

1. 확률표시

상 황 대 안	수 요 량(발생확률)	
	S_1 : 5,000개(60%)	S_2 : 8,000개(40%)
자 동 형 기계	₩230,000	₩350,000
반자동형 기계	250,000	300,000

2. 각 상활별 정보가 주어질 확률

상 황 대 안	수 요 량(발생확률)	
	S_1 : 5,000개(60%)	S_2 : 8,000개(40%)
I_1 : 5,000개라는 정보	0.8	0.2
I_2 : 10,000개라는 정보	0.2	0.8

S_1(수요량 5,000개)이라는 정보가 주어질 확률 : $P(I_1) = 0.6 \times 0.8 + 0.4 \times 0.2 = 0.56$
S_2(수요량 10,000개)라는 정보가 주어질 확률 : $P(I_2) = 0.6 \times 0.2 + 0.4 \times 0.8 = 0.44$

3. 사후확률 계산

상 황 대 안	수 요 량(발생확률)	
	S_1 : 5,000개(60%)	S_2 : 8,000개(40%)
자 동 형 기계	$(0.6 \times 0.8)/0.56 = 0.857$	$(0.4 \times 0.2)/0.56 = 0.143$
반자동형 기계	$(0.6 \times 0.2)/0.44 = 0.273$	$(0.4 \times 0.8)/0.44 = 0.727$

4. 각 정보가 주어졌을 때, 최적행동대안의 선택
   (1) I_1(5,000개라는 정보)가 주어졌을 때
      자동형기계 구입시 : $230,000 \times 0.857 + 350,000 \times 0.143 = ₩247,160$
      반자동형기계 구입시 : $250,000 \times 0.857 + 300,000 \times 0.143 = ₩257,150$
      따라서 I_1정보가 주어졌을 때에는 반자동형기계를 구입하여야 한다.

   (2) I_2(8,000개라는 정보)가 주어졌을 때
      자동형기계 구입시 : $230,000 \times 0.273 + 350,000 \times 0.727 = ₩317,240$
      반자동형기계 구입시 : $250,000 \times 0.273 + 300,000 \times 0.727 = ₩286,350$
      따라서 I_2정보가 주어졌을 때에는 자동형기계를 구입하여야 한다.

5. 불완전정보하에서의 기대가치
$$257,150^{*1} \times 0.56^{*2} + 317,240^{*3} \times 0.44^{*4} = ₩283,590$$

*1 I₁정보가 주어졌을 때 최적행동대안의 기대가치

*2 I₁정보가 주어질 확률

*3 I₂정보가 주어졌을 때 최적행동대안의 기대가치

*4 I₂정보가 주어질 확률

6. 불완전정보의 기대가치(EVSI) 계산

불완전정보하에서의 기대가치 :	₩283,590
기존정보하하에서의 기대가치 :	278,000
불완전정보의 기대가치(EVSI) :	₩ 5,590

불완전정보의 기대가치(EVSI)가 ₩5,590이므로 불완전정보를 구입하기 위하여 지불할 수 있는 최대금액은 ₩5,590이다.

04 예측오차의 원가(costs of prediction error)

예측오차의 원가란 의사결정에 이용되는 변수값을 잘못 예측한 결과, 최적행동대안을 선택하지 못함으로 인하여 발생하는 기회손실(opportunity loss)을 의미하며 조건부손실(conditional loss)이라고도 한다.

정확하게 예측하였을 경우 최적행동대안의 결과	×××
실제 의사결정의 결과	(−) ×××
예측오차의 원가	×××

기본 문제

다음은 기본문제 4~5번과 관련된 내용이다.

(주)베스킨은 여름 휴가철을 맞아 아이스크림을 판매하기 위해 아이스크림 제조기를 구입하고자 한다. 아이스크림 제조기는 자동형과 반자동형이 있으며, 각 기계별 달성가능한 영업이익과 상황별 수요량 및 각 상황이 발생할 확률에 대한 자료는 다음과 같다.

대 안 \ 상 황	수 요 량(발생확률)	
	S₁ : 5,000개(60%)	S₂ : 8,000개(40%)
자 동 형 기계	₩230,000	₩350,000
반자동형 기계	250,000	300,000

04 회사가 수요량을 5,000개라고 예측하고 반자동형 기계를 선택하였으나, 실제 수요량은 8,000개일 경우 예측오차의 원가는 얼마인가?

① ₩12,000   ② ₩20,000   ③ ₩30,000
④ ₩40,000   ⑤ ₩50,000

05 기대가치 기준에 의하여 의사결정을 하였으나, 실제 수요량은 5,000개일 경우 예측오차의 원가는 얼마인가?

① ₩12,000   ② ₩20,000   ③ ₩30,000
④ ₩40,000   ⑤ ₩50,000

해설

04 ⑤

실제 수요량이 8,000개라면, 회사가 올바르게 제대로 예측하였었더라면, 자동형기계를 구입하여야 한다. 그러나 반자동형기계를 구입하였기 때문에 이로 인한 기회 손실이 예측오차의 원가가 될 것이다. 즉, 정확하게 8,000개로 예측하고 자동형기계를 구입하였더라면, 영업이익이 ₩350,000이 되었을 것이나, 반자동형을 구입함으로 인해 영업이익이 ₩300,000이 되었다. 따라서 예측오차의 원가는 ₩50,000(= 350,000 – 300,000)이다. 이를 다시 나타내면 다음과 같다.

정확하게 예측하였을 경우 최적행동대안의 결과 : ₩350,000
실제 의사결정 결과   :   300,000
예측오차의 원가   : ₩ 50,000

05 ②

회사가 기대가치 기준에 의하여 의사결정하였다는 의미는 자동화기계를 선택하였다는 이야기이다. 자동화기계의 기대가치는 ₩278,000이고, 반자동화기계의 기대가치는 ₩270,000이기 때문에 회사는 자동화기계를 선택한 것이다. 하지만, 수요량이 5,000개가 되었기 때문에 정확하게 예측하였더라면, 반자동화기계를 선택하였어야 한다. 즉, 수요량이 5,000개이므로 정확하게 예측하였더라면, 반자동화기계를 선택하여 영업이익이 ₩250,000이었어야 하지만, 실제로는 자동화기계를 선택하였기 때문에 영업이익이 ₩230,000이 된 것이다. 따라서 예측오차의 원가는 다음과 같다.

정확하게 예측하였을 경우 최적행동대안의 결과 : ₩250,000
실제 의사결정 결과   :   230,000
예측오차의 원가   : ₩ 20,000

05 불확실성하의 CVP분석

불확실성하의 CVP분석은 판매가격, 단위당 변동비, 고정비 등이 불확실하여 어떤 변수의 값을 정확하게 예측할 수 없다는 가정하에서 CVP분석을 한다. CVP분석에 영향을 미치는 불확실한 독립변수가 하나이고, 그것이 특정한 확률분포를 이루며 그 불확실성의 정도를 미리 알 수 있는 경우에는 통계적 분석방법을 이용하여 CVP분석을 할 수 있다.

(1) 정규분포

정규분포(normal distribution)는 두 개의 모수, 즉 평균(μ)과 분산(σ^2)에 의해 그 형태가 결정되는 분포이며, 평균과 분산을 0과 1로 표준화시킨 것이 표준정규분포(standard normal distribution)이다. 정규분포의 표준화는 정규분포를 이루는 확률변수 x를 표준정규변수 Z로 변환함으로서 이루어진다.

$$Z = \frac{x - \mu(x)}{\sigma(x)}$$

$\mu(x) = \mathrm{E}(x)$, 즉, 기대판매량 또는 평균판매량
$\sigma(x)$: 표준편차

기본문제

다음은 기본문제 6~7번과 관련된 내용이다.
(주)진로는 단위당 판매가격이 ₩100이고 단위당 변동비가 ₩50인 제품을 생산, 판매하고 있다. 연간 고정비는 ₩40,000이며, 연간 기대판매량($\mathrm{E}(x)$)은 1,000단위이고 판매량의 표준편차($\sigma(x)$)는 200단위 이며, 판매량의 확률분포는 정규분포를 따른다. 다음의 표준정규분포표의 일부에 대한 내용을 이용하여 요구사항에 답하시오.

z	P(0 $\leq$ Z $\leq$ z)
1	0.3413
2	0.4772
3	0.4987

06 회사의 영업이익이 손익분기점 이상일 확률은 얼마인가?

   ① 2.28%   ② 15.87%   ③ 34.13%

   ④ 47.72%   ⑤ 84.13%

07 회사가 연간 ₩30,000이상의 영업이익을 달성할 확률은 얼마인가?

   ① 2.28%   ② 15.87%   ③ 34.13%

   ④ 47.72%   ⑤ 84.13%

해설

06 ⑤

손익분기점 이상일 확률

(1) 손익분기점

$$Q_{B.E.P} = \frac{40,000}{100 - 50} = 800단위$$

(2) 손익분기점 이상일 확률

$$P(Q \geq 800) = P(Z \geq \frac{800 - 1,000}{200})$$

$$= P(Z \geq -1)$$
$$= 0.5 + P(0 \leq Z \leq 1)$$
$$= 0.5 + 0.3413$$
$$= 0.8413 = 84.13\%$$

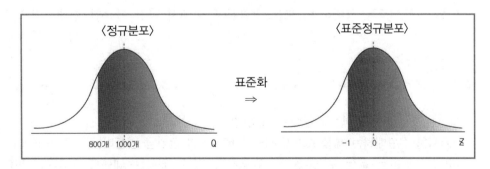

07 ①

영업이익 ₩30,000 이상일 확률

(1) 영업이익 ₩30,000을 달성하기 위한 판매량

$$Q = \frac{40,000 + 30,000}{100 - 50} = 1,400단위$$

(2) 영업이익 ₩30,000 이상일 확률

$$P(Q \geqq 1,400) = P(Z \geqq \frac{1,400 - 1,000}{200})$$
$$= P(Z \geqq 2)$$
$$= 0.5 - P(0 \leqq Z \leqq 2)$$
$$= 0.5 - 0.4772$$
$$= 0.0228$$
$$= 2.28\%$$

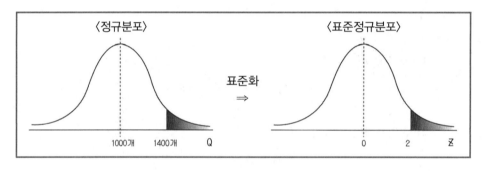

(2) 균등분포

균등분포(uniform distribution)는 특정 구간 내에서 확률변수 x가 갖는 확률이 모두 동일한 확률분포를 의미하며, 모든 확률분포 중에서 가장 단순한 형태이기도 하다.

기본 문제

다음은 기본문제 8~9번과 관련된 내용이다.
(주)서울이 판매하는 제품 A의 단위당 판매가격과 단위당 변동비는 각각 ₩500과 ₩300이며, 고정비는 매년 ₩400,000이 발생하고 있다. 회사는 내년도 A제품의 판매량이 1,600단위에서 2,800단위 사이에서 균등분포를 이룰 것으로 예상하고 있다.

08 A제품이 손익분기점 이상일 확률은 얼마인가?

① 25% ② 40% ③ 60%

④ 66.67% ⑤ 75%

09 영업이익이 ₩100,000 이상일 확률은 얼마인가?

① 25% ② 40% ③ 60%

④ 66.67% ⑤ 75%

해설

08 ④

손익분기점 이상일 확률

(1) 손익분기점 판매량

$$Q = \frac{400,000}{500 - 300} = 2,000단위$$

(2) 손익분기점 이상일 확률

$$\frac{2,800 - 2,000}{2,800 - 1,600} = 66.67\%(2/3)$$

09 ①

손익분기점 이상일 확률

(1) 영업이익이 ₩100,000인 판매량

$$Q = \frac{400,000 + 100,000}{500 - 300} = 2,500단위$$

(2) 영업이익이 ₩100,000 이상일 확률

$$\frac{2,800 - 2,500}{2,800 - 1,600} = 25\%$$

연습문제

01 불완전한 정보 하에서 정보값을 구하는데 필요 없는 것은?

① 성과표(payoff table)   ② 각 상황에 대한 사전확률

③ 각 대안들에 대한 기댓값   ④ 베이지안 확률절차

⑤ 예측오류에 대한 원가

02 불확실성하의 의사결정에 관한 다음의 설명 중 옳지 않은 것은?

① 완전정보는 정보취득원가와 상관없이 항상 취득할 가치가 있다.

② 완전정보의 기대가치는 불완전정보의 기대가치보다 항상 크거나 같다.

③ 완전정보를 가지고 최적의 의사결정을 하면 예측오차의 원가는 "0"이 된다.

④ 불완전정보는 미래의 상황에 대한 불확실성을 완전히 없애지는 못하는 정보이다.

⑤ 불확실성은 발생가능한 상황에 대한 확률로 나타낸다.

03 불완전정보의 기대가치에 영향을 주는 요인으로 가장 옳지 않은 것은?

① 발생상황과 행동대안에 따른 성과

② 발생상황의 불확실성 정도

③ 각 행동대안의 기대성과

④ 불완전 정보의 예측정확성

⑤ 각 행동대안의 실현가능성

04 다음 중 불확실성하의 의사결정에 관한 설명으로 가장 타당하지 않은 것은 어느 것인가?

① 미래의 발생 가능한 상황들은 모두 알려져 있지만 그 중에서 어떤 특정상황이 실제로 발생할지는 모르는 상태에서 내리는 의사결정을 불확실성하의 의사결정이라고 한다.

② 불확실성하의 의사결정은 확실성하의 의사결정과는 달리 미래의 발생 가능한 상황들과 각 상황이 발생할 확률을 추가적으로 고려할 필요가 있다.

③ 불확실성하의 의사결정에 사용되는 정보의 유용성은 사전확률을 사후확률로 변경시킨 결과에 따른 의사결정자의 기대가치 또는 기대효용의 증가분에 의하여 평가할 수 있다.

④ 불완전정보의 기대가치(expected value of imperfect information)는 불완전정보에 의하여 수정된 사후확률을 이용하여 계산한 최적안의 기대가치와 불완전정보를 사용하기 전의 사전확률에 의한 최적안의 기대가치 차이로 계산할 수 있다.

⑤ 완전정보의 기대가치(expected value of perfect information)는 완전정보에 의한 미래의 상황별 최적안의 선택에 따른 기대가치로서 위험중립형 의사결정자가 정보의 구입비용으로 지불할 수 있는 최대금액이 된다.

05 다음은 (주)대한의 매출관련 예상자료이다.

• 매 출 액 : ₩240,000	• 총변동비 : ₩135,000
• 총고정비 : ₩ 40,000	• 판 매 량 : 3,000단위

추가판촉행사에 ₩10,000을 투입한다면, 예상 판매량이 400단위 증가할 확률이 60%, 200단위 증가할 확률이 40%이다. 이 판촉행사를 실시하면 영업이익의 기대치가 어떻게 변하는가?

① ₩1,000 감소   ② ₩1,200 감소   ③ ₩1,500 감소
④ ₩1,200 증가   ⑤ ₩1,500 증가

06 ㈜싸이언은 게임용 소프트웨어를 개발하여 판매하고 있다. 제품의 단위당 변동원가는 ₩30,000이며 단위당 판매가격은 ₩40,000이다. 이 회사는 곧 개최되는 컴퓨터박람회에 참가하려고 하는데 박람회 주관기관에서 부스(booth)임차료와 관련하여 다음의 2가지 지급방안을 제안하였다.

> • 방안 1 : 고정임차료 ₩8,000,000 지급
> • 방안 2 : 고정임차료 ₩2,000,000과 매출액의 10% 지급

이 회사는 과거 경험자료에 기초하여 소프트웨어 1,000단위와 2,000단위를 판매할 확률을 각각 40%와 60%로 평가하였다. 기대영업이익을 극대화하려면 어느 방안을 선택해야 하며 그 기대영업이익은 얼마인가?

① 방안1, ₩14,000,000   ② 방안2, ₩14,000,000   ③ 방안1, ₩8,000,000

④ 방안2, ₩7,600,000   ⑤ 방안1, ₩7,600,000

07 (주)목포는 갑회사로부터 유휴설비를 1년간 임대해 달라는 요청을 받았다. (주)목포는 설비 임대료와 관련하여 다음과 같이 두 가지 대안을 제시받았다.

> • 대안 1 : 갑회사의 연간 제품판매량 × ₩40 + ₩50,000
> • 대안 2 : 갑회사의 연간 제품판매량 × ₩70

갑회사의 1년간 판매량이 1,000단위일 확률은 40%이며, 2,000단위일 확률은 60%라고 한다. (주)목포의 입장에서 기대이익을 극대화하려면 어느 대안을 선택해야 하며, 그 기대임대료는 얼마인가?

① 대안 2, ₩104,000   ② 대안 2, ₩130,000   ③ 대안 2, ₩90,000

④ 대안 1, ₩112,000   ⑤ 대안 1, ₩114,000

08 신다사랑 회사는 기념품을 생산하여 판매하는 유망 중소업체이다. 기념품의 판매가격은 단위당 ₩100이며 회사의 현재 설비의 최대생산능력은 150,000단위이다. 100,000개를 생산하는 경우 기념품의 단위당 원가구조는 다음과 같다.

• 직접재료원가	₩20
• 직접노무원가	30
• 변동제조간접원가	10
• 고정제조간접원가	15

다사랑 회사는 위의 원가구조가 미래에도 동일할 것으로 보며 올해의 판매량도 100,000개일 것으로 예측하고 있다. 최근에 미국의 한 기업이 기념품을 개당 ₩70에 구입할 수 있는지를 문의해왔다. 다사랑 회사의 예측에 따르면 미국회사가 50,000개를 구입할 확률은 20%이고 40,000개를 구입할 확률이 40%이고 30,000개를 구입할 확률은 40%이다. 미국에 대한 수출은 신규판매로서 기존의 국내시장에는 영향이 없을 것으로 기대된다. 만일 다사랑 회사가 미국회사의 제의를 거절하면 유휴설비를 이용하여 ₩350,000의 이익을 올릴 수 있다. 다사랑 회사가 미국회사의 제의를 받아들이는 경우 기대이익의 증감은?

① ₩30,000 증가 ② ₩50,000 감소 ③ ₩300,000 증가
④ ₩500,000 감소 ⑤ 증감 없음

09 신개발회사는 설비 A나 설비 B를 구입하여 게임기를 개발하려고 한다. 게임기가 개발되면 청소년의 선호에 따라 히트상품이 될 수도 있고 보통상품이 될 수도 있다. 기대이익은 다음과 같다.

사건 ＼ 대안	히트상품	보통상품
설비 A 구입	₩100,000	₩60,000
설비 B 구입	₩150,000	₩40,000

게임기가 히트상품이 될 확률이 0.4 보통상품이 될 확률이 0.6으로 생각하고 있다. 이때 완전정보의 가치는 얼마인가?

① 3,200원 ② 4,200원 ③ 6,000원
④ 8,000원 ⑤ 12,000원

<u>10</u> 서울회사는 방식A 또는 방식B를 이용하여 신제품을 개발하려고 한다. 신제품이 개발되면 소비자의 선호여부에 따라 판매량이 달라질 것이다. 각 상황별 기대이익은 다음과 같다.

상황 방식	선호함	선호하지 않음
방식A	₩100,000	₩60,000
방식B	150,000	40,000

신제품이 선호상품일 확률은 40%, 비선호상품이 될 확률은 60%로 예상되며, 위 자료를 이용하여 최소의 기대기회손실을 계산하시오.

① ₩3,200 ② ₩4,200 ③ ₩6,000
④ ₩8,000 ⑤ ₩12,000

<u>11</u> ㈜한국공업사는 최근 개발에 성공한 신제품을 생산하기 위해서, 제조기계 甲・乙 두 기계 중 하나를 구입하려고 한다. 甲・乙 기계는 그 성능에 있어 약간의 차이가 있으며, 따라서 기업이익에 기여하는 정도도 다소의 차이가 있다. 아래의 자료는 甲・乙 기계의 구입 시에 수요량(생산량)의 변동에 따른 예상이익의 성과표이다.

상황 대안	수 요 량	
	1,000단위(0.4)	2,000단위(0.6)
갑 기계구입	₩9,000	₩20,000
을 기계구입	8,000	22,000

만일, ㈜한국공업사가 생산제품의 수요량 변동을 정확히 예측할 수 있도록 하는 완전정보를 얻을 수 있다면, 이 정보의 대가로서 지급할 수 있는 최대한의 금액은 얼마가 되겠는가 ?

① ₩400 ② ₩600 ③ ₩800
④ ₩1,200 ⑤ ₩1,600

12 딸기작물은 서리에 노출되면 그렇지 않은 경우보다 가격이 대폭 하락한다. 딸기작물을 재배하는 어떤 농부가 딸기를 서리로 부터 전문적으로 보호해 주는 A회사에게 서리보호용역을 맡기고자 한다. 서리(보호)의 유무에 따라 딸기재배로 인한 이익이 다음과 같이 예상되는 상황에서, A회사는 최소한 ₩1,000,000을 서리보호대가로서 수취하고자 한다. 농부는 서리가 내릴 확률이 최소한 몇 %이상일 때 A회사에게 용역을 맡길 가치가 있겠는가?

	딸기재배로 인한 이익의 예상액	
	서리가 있는 상황	서리가 없는 상황
서리보호가 있는 경우	₩9,000,000	₩6,000,000
서리보호가 없는 경우	4,000,000	6,000,000

① 16.7%　　　② 20.0%　　　③ 33.4%
④ 44.5%　　　⑤ 50.0%

13 다음 자료에서 완전정보의 기대가치는 얼마인가?

여건적 상태		S_1	S_2	S_3	S_4
발 생 확 률		0.1	0.2	0.3	0.4
행동별 성과	A_1	100	-60	80	40
	A_2	80	-40	120	20
	A_3	120	-70	60	20

① 56　　　② 38　　　③ 44
④ 24　　　⑤ 12

14 (주)전략은 새로운 생산설비를 도입하면서 자본집약적인 경우와 노동집약적인 경우의 두 가지 대안을 생각하고 있다. 각 대안의 원가구조는 다음과 같다.

원 가	자본집약적 설비	노동집약적 설비
고정원가	₩1,000,000	₩200,000
단위당 변동원가	₩4,000	₩7,000

설비를 도입한 후 월 예상생산량과 그 확률이 다음과 같다고 할 때 원가최소화를 목표로 하는 (주)전략이 월 예상판매량에 관한 불확실한 정보 때문에 입게 될 경제적 손실은 얼마인가?

생산량(단위)	100	200	300	400
확률(%)	40	30	20	10

① ₩60,000   ② ₩260,000   ③ ₩1,540,000

④ ₩1,600,000   ⑤ ₩1,800,000

15 김밥을 말아서 판매하는 경숙이는 한국시리즈가 진행되는 야구장에서 김밥을 판매하려고 한다. 김밥의 단위당 제조원가는 ₩400이며, 판매가격은 ₩1,000이다. 야구는 야간경기이기 때문에 야구장에서 팔고 남은 김밥은 쉽게 되어 폐기처분해야 하며, 미리 만들어 간 김밥이 다 팔린 후에는 추가로 김밥을 만들어 팔 수 없다. 김밥 아가씨 경숙이가 예상한 김밥의 판매량은 다음과 같다.

판매량	2,500개	3,000개	3,500개
확 률	0.4	0.3	0.3

김밥의 판매량에 관하여 완전한 예측을 해주는 완전정보시스템이 있다면 그러한 완전정보의 기대가치는 얼마인가?

① ₩0   ② ₩90,000   ③ ₩170,000

④ ₩220,000   ⑤ ₩270,000

16 ㈜대한은 제품A와 제품B 중 어느 것을 생산·판매할 것인지 결정하기 위해 외부경제 연구소로부터 시장 상황에 대한 예측정보를 얻으려고 한다.

(1) ㈜대한은 미래의 시장 상황을 호황과 불황으로 나누고, 외부 경제연구소의 예측정보를 얻기 전에 각 상황에 대한 확률과 영업이익을 다음과 같이 예상하였다.

대안	시장 상황	
	호황(확률 : 60%)	불황(확률 : 40%)
제품A	₩1,200	₩900
제품B	₩850	₩1,100

(2) 외부경제연구소는 시장 상황에 대해 호황이라고 예측하는 정보(R1) 또는 불황이라고 예측하는 정보(R2)를 제공한다.

(3) ㈜대한은 시장 상황에 대해 사전에 예상한 확률과 외부경제 연구소의 예측정확도를 고려하여 각 정보(R1과 R2)가 제공될 확률을 계산하였다. 각각의 정보가 제공될 확률, 정보가 주어졌을 때의 최적대안 및 최적대안의 기대영업이익은 다음과 같다.

구분	R1	R2
정보가 제공될 확률	56%	44%
최적대안	제품A	제품B
최적대안의 기대영업이익	₩1,157	₩1,032

㈜대한이 외부경제연구소의 예측정보에 대해 지불할 수 있는 최대 금액은 얼마인가?

① ₩10   ② ₩12   ③ ₩22
④ ₩55   ⑤ ₩80

17 김군은 성당에서 부활절 기념품을 판매하려고 한다. 기념품의 단위당 구입비용은 ₩70이며 단위당 판매가격은 ₩100이며, 판매하지 못한 기념품은 반품이 불가능하며 시중에 단위당 ₩40으로 처분해야 한다. 김군은 기념품 판매를 하기 위해서는 성당에 매출액에 상관없이 수수료 ₩15,000을 지급하여야 한다. 김군은 수요량을 530단위로 예측하고 530단위를 구입하였으나 실제수요량은 450단위인 경우 예측오차의 원가는 얼마인가?

① ₩0   ② ₩900   ③ ₩1,500
④ ₩2,100   ⑤ ₩3,900

18 (주)한남은 공정의 통제상태에 대한 조사여부를 결정하려고 한다. 회사가 공정의 통제상태에 대한 조사를 하는 경우에는 무조건 조사비용이 발생한다. 조사 결과 공정이 제대로 통제되고 있다면 아무런 문제가 없지만, 만약 공정이 제대로 통제되고 있지 않는 것이 확인되는 경우에는 ₩250,000을 들여서 공정을 수정하여야 한다. 만약 공정이 통제되고 있지 않음에도 불구하고 회사가 공정을 수정하지 않을 경우 발생할 손실의 현재가치는 ₩650,000이다. 회사는 공정이 제대로 통제되고 있을 확률을 80%로 평가하고 있다면, 회사가 조사비용으로 부담할 수 있는 최대 금액은 얼마인가?

① ₩80,000　　　　② ₩90,000　　　　③ ₩100,000

④ ₩110,000　　　　⑤ ₩120,000

19 가나회사가 개발하고 있는 신제품의 판매가격은 단위당 ₩800, 변동제조비는 단위당 ₩550, 신제품 관련 20X9년 고정총제조간접비는 ₩5,000,000으로 예상된다. 신제품의 20X9년 중 예상판매량은 다음과 같은 확률분포를 이룰 것으로 기대하고 있다.

판매량	확률
10,000 이상	0.10
15,000 이상	0.25
20,000 이상	0.35
30,000 이상	0.20
40,000 이상	0.10

신제품의 생산 및 판매와 관련하여 가나회사가 20×9년 중 이익을 보고하게 될 확률은?

① 10%　　　　② 25%　　　　③ 35%

④ 65%　　　　⑤ 70%

20 H회사는 제품A를 현재의 생산라인에 추가하려고 한다. A제품의 판매가격은 ₩10으로 예측되며, 이 제품을 제조하는데 연간 총고정제조비용 ₩900,000이 들고, 단위당 변동제조원가는 ₩7이 들 것으로 추정된다. 과거 경험을 기초로 제품 A에 대한 수요와 그 확률분포는 다음과 같이 예측된다.

수요(수량)	제품A의 확률
100,000이상 200,000미만	0.1
200,000이상 300,000미만	0.2
300,000이상 400,000미만	0.4
400,000이상 500,000미만	0.2
500,000이상	0.1

만일 이 회사가 제품A를 추가하는 경우 제품A로부터 ₩300,000이상의 영업이익을 달성할 확률은 얼마인가?

① 0.1   ② 0.3   ③ 0.4

④ 0.7   ⑤ 0.9

21 설악물산은 김밥 도시락을 단위당 판매가격 ₩1,000에 판매하려 한다. 단위당 변동원가는 ₩500이며, 월간 고정원가는 ₩750,000이다. 도시락의 수요량은 불확실하지만 정규분포를 이룰 것으로 보이며 월간 기대판매량은 2,100개, 표준편차는 400개로 예상한다. 도시락 판매로 인해 이익이 발생할 확률은? (단, 아래의 표준정규분포표를 이용하여 계산하시오.)

Z	p(Z⟨)	Z	p(Z⟨)	Z	p(Z⟨)
0.5	0.69	1.0	0.84	1.5	0.93
2.0	0.98	2.5	0.994	3.0	0.999

① 7%   ② 69%   ③ 84%

④ 93%   ⑤ 98%

22 우진산업은 甲과 乙, 두 제품 중 하나를 생산하려 한다. 각 제품의 관련 자료는 다음과 같다.

	甲	乙
단위당 예상 판매가격 범위	₩50 ~ ₩150	₩50 ~ ₩100
단위당 변동비	₩20	₩30
총고정비	₩16,000	₩24,000
예상 판매량(=생산량)	200	400

판매가격이 예상범위 내에서 균일분포(uniform distribution)로 발생한다면 어느 제품이 이익을 발생시킬 확률이 얼마나 더 큰가?

① 甲이 30% 더 크다.　② 甲이 20% 더 크다.　③ 甲이 10% 더 크다.
④ 乙이 10% 더 크다.　⑤ 乙이 30% 더 크다.

23 (주)새천년은 기념품을 생산한다. 1억원의 고정원가로 100만개를 생산·판매하는데 판매가는 단위당 ₩100에서 ₩500 사이로 결정될 것이고, 단위당 변동원가는 ₩100에서 ₩200 사이에서 결정될 것인데 불확실하다. 단위당 판매가와 변동원가는 균일분포(uniform distribution)를 가지는데 서로 독립적으로 결정된다. 이익이 발생할 확률은 얼마인가?

① 60%　② 87.5%　③ 75%
④ 66.6%　⑤ 62.5%

Chapter 14. 불확실성하의 의사결정

정답 및 해설

1	⑤	2	①	3	⑤	4	⑤	5	④	6	③
7	⑤	8	①	9	⑤	10	⑤	11	①	12	②
13	⑤	14	①	15	③	16	③	17	⑤	18	①
19	④	20	②	21	④	22	①	23	⑤		

01 ⑤

불완전정보의 기댓값과 예측오류의 원가와는 전혀 상관이 없다.

02 ①

완전정보의 취득원가가 완전정보의 기댓값보다 크다면 취득할 가치가 없다.

03 ⑤

불완전정보의 기대가치를 계산할 때, 각 상황과 대안별 성과(성과표), 상황의 불확실성 정도(상황에 대한 사전확률), 각 행동대안의 기댓값, 불완전정보의 정확성, 등의 자료가 필요하다. 각 행동대안의 실현가능성은 불완전정보의 기대가치와 상관이 없다.

04 ⑤

완전정보의 기대가치는 완전정보하의 기대가치(완전정보에 의한 미래의 상황별 최적안의 선택에 따른 기대가치)에서 기존정보하의 기대가치를 차감한 금액이다.

05 ④

영업이익의 변화 : 320단위^{*1} × (80^{*2} − 45^{*3}) − 10,000 = ₩1,200

^{*1} 기대판매량 변화 : 400단위 × 60% + 200단위 × 40% = 320단위

^{*2} 단위당 판매가격 : 240,000÷3,000단위 = ₩80

^{*3} 단위당 변동비 : 135,000÷3,000단위 = ₩45

06 ③

(1) 성과표

상 황 대 안	상 황	
	S_1 : 1,000단위(40%)	S_2 : 2,000단위(60%)
방안 1 방안 2	₩2,000,000 4,000,000	₩12,000,000 10,000,000

(2) 각 대안별 기댓값 계산

E(방안1) = 2,000,000 × 40% + 12,000,000 × 60% = ₩8,000,000

E(방안2) = 4,000,000 × 40% + 10,000,000 × 60% = ₩7,600,000

방안1의 기대영업이익이 더 크므로 방안1을 선택한다.

07 ⑤

(1) 성과표 작성

상 황 대 안	상 황(발생확률)	
	S_1 : 1,000단위(40%)	S_2 : 2,000단위(60%)
대안 1 대안 2	₩90,000[*1] 70,000[*3]	₩130,000[*2] 140,000[*4]

[*1] 1,000단위 × 40 + 50,000 = ₩90,000

[*2] 2,000단위 × 40 + 50,000 = ₩130,000

[*3] 1,000 × 70 = ₩70,000

[*4] 2,000 × 70 = ₩140,000

(2) 기댓값 계산

E(대안1) : 90,000 × 0.4 + 130,000 × 0.6 = **₩114,000** → 대안1 선택

E(대안2) : 70,000 × 0.4 + 140,000 × 0.6 = ₩112,000

08 ①

주문을 수락할 경우

기대 공헌이익의 증가 : ₩380,000(= 38,000개[*1] × (70 − 60[*2]))

유휴설비를 이용한 이익 감소 : (350,000)

기대 증분이익 : ₩ 30,000

[*1] 미국 기대 주문량 : 50,000개 × 20% + 40,000개 × 40% + 30,000개 × 40% = 38,000개

[*2] 미국 단위당 변동비 : 20 + 30 + 10 = ₩60

09 ⑤

완전정보하의 기대가치 : ₩96,000[*1]

기존정보하의 기대가치 : <u>84,000</u>[*2]

완전정보의 기대가치 : <u>₩12,000</u>

[*1] 150,000 × 40% + 60,000 × 60% = ₩96,000

[*2] $E(a_1)$ = 100,000 × 40% + 60,000 × 60% = ₩76,000

[*3] $E(a_2)$ = 150,000 × 40% + 40,000 × 60% = ₩84,000 → a_2 선택

10 ⑤

(1) 기회손실표

대 안	상 황 S_1 : 선호함(40%)	상 황(발생확률) S_2 : 선호하지 않음(60%)
방식 A	50,000	0
방식 B	0	20,000

(2) 기대 기회손실

E(방식A) : 50,000 × 0.4 = 20,000

E(방식B) : 20,000 × 0.6 = 12,000 → 최소기대기회손실(= 완전정보의 기대가치)

11 ①

완전정보하의 기대가치 : ₩16,800[*1]

기존정보하의 기대가치 : <u>16,400</u>[*2]

완전정보의 기대가치 : <u>₩   400</u>

[*1] 9,000 × 0.4 + 22,000 × 0.6 = ₩16,800

[*2] E(갑기계) = 9,000 × 0.4 + 20,000 × 0.6 = ₩15,600

E(을기계) = 8,000 × 0.4 + 22,000 × 0.6 = ₩16,400 → 을기계 선택

12 ②

서리가 내릴 확률을 p라고 하면,

E(서리보호○) : 8,000,000[*1] × p + 5,000,000[*1] × (1 − p) = 3,000,000p + 5,000,000

E(서리보호×) : 4,000,000 × p + 6,000,000 × (1 − p) = −2,000,000p + 6,000,000

따라서, 용역회사에 맡기기 위해서는 다음을 만족하여야 한다.

3,000,000p + 5,000,000 ≧ −2,000,000p + 6,000,000 → p ≧ 20%

13 ⑤

$$\begin{aligned}
\text{완전정보하의 기대가치} &: \text{₩}56^{*1} \\
\text{기존정보하의 기대가치} &: \underline{\quad 44 \quad}^{*2} \\
\text{완전정보의 기대가치} &: \underline{\text{₩}12}
\end{aligned}$$

*1 $120 \times 0.1 + (-40) \times 0.2 + 120 \times 0.3 + 40 \times 0.4 = \text{₩}56$

*2 $E(A_1) = 100 \times 0.1 + (-60) \times 0.2 + 80 \times 0.3 + 40 \times 0.4 = \text{₩}38$
   $E(A_2) = 80 \times 0.1 + (-40) \times 0.2 + 120 \times 0.3 + 20 \times 0.4 = \text{₩}44 \rightarrow A_2$ 선택
   $E(A_3) = 120 \times 0.1 + (-70) \times 0.2 + 60 \times 0.3 + 20 \times 0.4 = \text{₩}24$

14 ①

(1) 성과표(총원가표)

대 안 \ 상 황	상 황(발생확률)			
	S_1 : 100단위 (40%)	S_2 : 200단위 (30%)	S_3 : 300단위 (20%)	S_4 : 400단위 (10%)
자본집약적 설비(A_1)*1	₩1,400,000	₩1,800,000	₩2,200,000	₩2,600,000
노동집약적 설비(A_2)*2	900,000	1,600,000	2,300,000	3,000,000

*1 총원가 = 4,000 × 판매량 + 1,000,000

*2 총원가 = 7,000 × 판매량 + 200,000

(2) 완전정보의 기대가치(EVPI)

$$\begin{aligned}
\text{완전정보하의 기대총원가} &: (\text{₩}1,540,000)^{*1} \\
\text{기존정보하의 기대총원가} &: (\underline{\quad 1,600,000 \quad})^{*2} \\
\text{완전정보의 기대가치} &: \underline{\text{₩} \quad 60,000}
\end{aligned}$$

*1 $900,000 \times 0.4 + 1,600,000 \times 0.3 + 2,200,000 \times 0.2 + 2,600,000 \times 0.1 = \text{₩}1,540,000$

*2 $E(A_1) = 1,400,000 \times 0.4 + 1,800,000 \times 0.3 + 2,200,000 \times 0.2 + 2,600,000 \times 0.1 = \text{₩}1,800,000$
   $E(A_2) = 900,000 \times 0.4 + 1,600,000 \times 0.3 + 2,300,000 \times 0.2 + 3,000,000 \times 0.1 = \text{₩}1,600,000$
   → 원가 이므로, 최소화되는 A_2(노동집약적 설비)를 선택한다.

15 ③

(1) 성과표 작성

대 안 \ 상 황	상 황(발생확률)		
	S_1 : 2,500단위 (40%)	S_2 : 3,000단위 (30%)	S_3 : 3,500단위 (30%)
A_1 : 2,500단위 제조	₩1,500,000*1	₩1,500,000*1	₩1,500,000*1
A_2 : 3,000단위 제조	1,300,000*2	1,800,000*3	1,800,000*3
A_3 : 3,500단위 제조	1,100,000*4	1,600,000*5	2,100,000*6

*1 2,500단위 × (1,000 − 400) = ₩1,500,000

[2] $2,500단위 \times (1,000 - 400) - 500단위 \times 400 = ₩1,300,000$

[3] $3,000단위 \times (1,000 - 400) = ₩1,800,000$

[4] $2,500단위 \times (1,000 - 400) - 1,000단위 \times 400 = ₩1,100,000$

[5] $3,000단위 \times (1,000 - 400) - 500단위 \times 400 = ₩1,600,000$

[6] $3,500단위 \times (1,000 - 400) = ₩2,100,000$

(2) 완전정보의 기대가치(EVPI)

$$완전정보하의 \ 기대가치 : (₩1,770,000)^{*1}$$
$$기존정보하의 \ 기대가치 : (\underline{\quad 1,600,000})^{*2}$$
$$완전정보의 \ 기대가치 \quad : \underline{\underline{₩ \quad 170,000}}$$

[1] $1,500,000 \times 0.4 + 1,800,000 \times 0.3 + 2,100,000 \times 0.3 = ₩1,770,000$

[2] $E(A_1) = 1,500,000 \times 0.4 + 1,500,000 \times 0.3 + 1,500,000 \times 0.3 = ₩1,500,000$
$E(A_2) = 1,300,000 \times 0.4 + 1,800,000 \times 0.3 + 1,800,000 \times 0.3 = ₩1,600,000 \to A_2 \ 선택$
$E(A_3) = 1,100,000 \times 0.4 + 1,600,000 \times 0.3 + 2,100,000 \times 0.3 = ₩1,550,000$

16 ③

(1) 정보(연구소)의 정확성을 x하였을 때, 각 정보가 주어질 확률은 다음과 같다.
R1이라는 정보가 주어질 확률 : $0.6x + 0.4 \times (1 - x) = 0.56$
R2라는 정보가 주어질 확률 : $0.4x + 0.6 \times (1 - x) = 0.44$
따라서 정보의 정확성(x)은 0.8이다.

(2) 사후확률의 계산

상 황 대 안	수 요 량(발생확률)	
	S1 : 6,000개(60%)	S2 : 8,000개(40%)
A 제 품	$(0.6 \times 0.8)/0.56 = 0.857$	$(0.4 \times 0.2)/0.56 = 0.143$
B 제 품	$(0.6 \times 0.2)/0.44 = 0.273$	$(0.4 \times 0.8)/0.44 = 0.727$

(3) 각 정보가 주어졌을 때, 최적행동대안의 선택
① I_1(호황이라는 정보)가 주어졌을 때
A제품 : $1,200 \times 0.857 + 900 \times 0.143 = ₩1,157.1$
B제품 : $850 \times 0.857 + 1,100 \times 0.143 = ₩885.75$
따라서 I_1정보가 주어졌을 때에는 A제품을 선택하여야 한다.

② I_2(불황이라는 정보)가 주어졌을 때
A제품 : $1,200 \times 0.273 + 900 \times 0.727 = ₩981.9$
B제품 : $850 \times 0.273 + 1,100 \times 0.727 = ₩1,031.75$
따라서 I_2정보가 주어졌을 때에는 B제품을 선택하여야 한다.

(4) 불완전정보의 기대가치계산

불완전정보하의 기대가치 : 1,102(= 1,157.1 × 0.56 + 1,031.75 × 0.44)

기존정보하의 기대가치 : <u>1,080</u>(= 1,200 × 0.6 + 900 × 0.4)

불완전정보의 기대차기 : <u>22</u>

17 ⑤

정확하게 예측하였을 경우 최적행동대안의 결과 : ₩　　　0[*1]

(-)실제 의사결정 결과 : <u>- 3,900</u>[*2]

예측오차의 원가 : ₩　3,900

[*1] 450단위 × (100 - 70) - 15,000 = - 1,500. 따라서 이 경우에는 올바르게 450단위로 예측한 경우 손실이 발생하므로 판매를 포기하는 것이 최적의 의사결정이다.

[*2] 450단위 × (100 - 70) + 80단위 × (40 - 70) - 15,000 = - 3,900

18 ①

1. 조사 비용을 x라고 하면, 성과표는 다음과 같다.

상 황 대 안	통제상황(발생확률)	
	S₁ : 통제되는 상황(80%)	S₂ : 통제되지 않는 상황(20%)
A₁ : 조사하는 경우	x	$x + 250,000$
A₂ : 조사하지 않는 경우	0	650,000

2. 각 대안별 기댓값 계산

조사하는 경우(A_1) : $x × 0.80 + (x + 250,000) × 0.20 = x + ₩50,000$

조사하지 않는 경우(A_2) : $0 × 0.80 + 650,000 × 0.20 = ₩130,000$

조사하는 경우와 조사하지 않는 경우가 동일해지는 x = ₩80,000

즉, 회사는 조사비용으로 ₩80,000까지 부담할 수 있다. 만약 조사비용이 ₩80,000을 초과할 경우 회사는 조사하지 않을 것이다.

19 ④

$$손익분기점\ 판매량 = \frac{5,000,000}{800 - 550} = 20,000단위$$

따라서 이익을 보고할 확률은 회사가 20,000단위 이상 판매할 확률이므로 65%(= 35% + 20% + 10%)이다.

20 ②

₩300,000의 영업이익을 달성하기 위한 판매량을 Q라고 할 경우

$$Q = \frac{900,000 + 300,000}{10 - 7} = 400,000단위$$

따라서 영업이익을 ₩300,000이상 달성하기 위한 확률은 400,000단위 이상 판매할 확률이므로, 30%(= 20% + 10%)이다.

21 ④

$$손익분기점\ 판매량 = \frac{750,000}{1,000 - 500} = 1,500단위$$

손익분기점 이상일 확률 :

$$P(Q \geq 1,500) = P(Z \geq \frac{1,500 - 2,100}{400})$$

$$= P(Z \geq -1.5)$$

$$= P(Z \leq 1.5)$$

$$= 0.93 = 93\%$$

22 ①

(1) 이익을 달성하기 위한(손익분기점이상 되기 위한) 단위당 판매가격(p)의 범위

갑제품 : (p - 20) × 200단위 - 16,000 ≥ 0 → p ≥ ₩100

을제품 : (p - 30) × 400단위 - 24,000 ≥ 0 → p ≥ ₩ 90

(2) 이익을 발생시킬 확률(손익분기점 이상일 확률)

$$갑제품 = \frac{150 - 100}{150 - 50} = 50\% \qquad 을제품 = \frac{100 - 90}{100 - 50} = 20\%$$

따라서 갑제품이 을제품보다 이익을 발생시킬 확률이 30% 더 크다.

23 ⑤

단위당 판매가격을 p, 단위당 변동비를 v 라고 하면 회사의 영업이익이 0 보다 크기 위해서는 다음을 만족하여야 한다. 따라서,

$$(p - v) \times 1,000,000단위 - 100,000,000 \geq 0$$

$$\rightarrow p - v \geq 100$$

즉, p와 v의 차이가 ₩100이상 발생하여야 회사의 영업이익이 0보다 크게 된다.

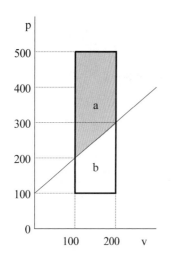

왼쪽 그림에서 직사각형의 면적(a + b)이 달성가능한 조합의 범위이다. 이 중에서 a부분이 이익이 나는 범위이며, b부분이 손실이 나는 범위이다. 따라서 이익이 발생할 확률은 a면적과 b면적의 합계 중에서 a의 면적이 차지하는 비율이다.

따라서, 이익이 발생할 확률은

$$\frac{a면적}{a면적 + b면적} = \frac{\dfrac{300 + 200}{2} \times 100}{400 \times 100} = 62.5\%$$

기타 이론과
새로운 개념들

Chapter 15

기타 이론과 새로운 개념들

01 수명주기원가계산

제품수명주기 원가계산(product life cycle costing, LCC)이란 각 제품의 수명주기 동안, 즉 제품의 연구개발부터 설계, 제조, 유통, 판매후 서비스, 폐기(공급중단)에 이르기까지 발생한 모든 원가를 추적하여 집계하는 것을 말한다. 여기에는 제조원가는 물론 제품의 제조이전에 발생한 상류원가(연구개발, 설계)와 제조이후에 발생한 하류원가(마케팅, 유통 및 고객서비스)와 같은 일체의 원가가 포함된다.

제품수명주기원가계산은 각 제품의 제품수명주기 동안 발생한 수익과 비용을 추적하여 보고함으로써, 정확한 의사결정과 성과평가를 요구하는 전략적 차원의 제품원가계산을 위해서는 단순한 제조원가만이 아닌 제품의 수명주기에 걸쳐 발생하는 모든 원가를 종합적으로 고려하여야 한다는 것을 보여주며, 특히 **제조이전단계에서의 원가절감 노력이 중요하다는 것을 보여준다.**

(1) 수명주기원가계산의 필요성

① 비생산원가의 규모가 크다. 생산원가는 대부분 회계시스템에서 제품을 통해 파악이 가능하지만 연구개발, 설계, 마케팅, 유통, 고객서비스에 관련된 원가들은 제품별 기준에서 보다 파악이 더 어렵다. 비 생산원가가 규모가 클 때는 이들을 제품별로 인식하는 것이 목표가격결정, 목표원가계산, 가치공학, 원가관리에 필수적이다.

② 연구개발과 설계에 소요되는 기간은 길고 비용이 많이 소요된다. 따라서 **수명주기가 짧을수록 연구개발과 설계단계의 중요성이** 더 커진다.

③ 제품생산, 마케팅, 유통, 고객서비스 과정에서 수년간에 걸쳐 발생할 것으로 예측되는 원가들 중 다수가 연구개발과 설계단계(연구개발 및 설계 비용이 소규모일지라도)에서 고착된다.

※ 고착원가(locked-in costs) : 아직은 발생하지 않았으나 이미 행해진 의사결정에 기초하여 미래에 발생할 원가로서 이를 구속원가(committed cost), 또는 설계된원가(disined-in costs)라고도한다. 원가가 한번 고착되면 변경하거나 감소시키기가 어렵기 때문에 원가가 고착되었을 때와 원가가 발생하였을 때를 구별하는 것이 중요하다.

예를 들어 제품과 공정이 설계되면, 제품원가의 80%~90%가 고착되지만, 설계시점까지 발생하는 원가는 제품수명주기 전체 원가의 10%정도(설계비 정도)뿐이다. 즉 연구개발 및 설계단계에서 발생하는 원가는 적지만, 직접재료원가, 직접노무원가, 직접기계가공원가, 대부분의 제조, 마케팅, 유통, 고객서비스 원가의 대부분이 고착(locked-in)된다.

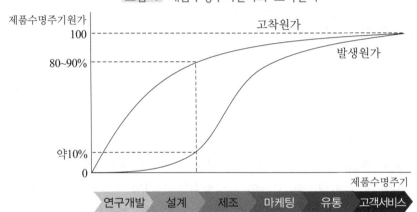

그림 1 제품수명주기원가와 고착원가

(2) 수명주기원가계산의 유용성

수명주기원가계산은 제품의 연구개발부터 설계, 제조, 유통, 판매후 서비스, 폐기(공급중단)에 이르기까지의 각 단계별 모든 원가를 파악할 수 있기 때문에 ①제품의 실질적인 수익성 분석에도 유용하며, ②각 단계별 원가간의 상호관계를 파악하여 원가관리에 매우 도움이 된다. 또한 ③장기적 관점에서 원가절감을 할 수 있도록 동기부여할 수 있으며, ④제품의 올바른 가격 결정 및 기타 의사결정에도 매우 유용하다. 특히 ⑤제조이전단계의 활동에 따라서 제조원가가 거의 대부분 결정이 나기 때문에 이에 대한 준비와 노력을 기울여야 한다는 것을 보여준다.

> **참고** 가치사슬과 공급사슬   Reference
>
> **가치사슬(value chain)**이란 연구개발부터 설계, 제조, 마케팅, 유통, 고객서비스에 이르기까지 제품이 서비스에 직, 간접적으로 고객가치를 부여해 나가는 일련의 고객가치창출활동을 말한다. 반면에, **공급사슬(supply chain)**은 원재료의 공급부터 최종소비자에 대한 제품인도에 이르기 까지(공급업자 → 생산자 → 물류업자 → 도소매업자 → 최종소비자) 고객가치를 창출해 나가는 일련의 가치창출활동을 말한다. 공급사슬관리는 공급사슬 내의 기업들 간의 활동을 조정하고 정보를 공유함으로써 원가절감 및 품질개선, 시간단축 등을 하여 경쟁우위를 확보할 수 있도록 공급사슬을 관리하고자 하는 것이다.

02 가격결정과 원가관리

(1) 경제학적 가격결정

경제학에서 이야기 하는 가격은 기업이 이익을 극대화하기 위하여 한계수익(가격)과 한계비용이 일치하도록 하는 가격을 말한다. 이러한 경제학적 가격결정방법은 이론적으로는 타당하지만, 현실적으로 적용하기에는 상당히 어렵다. 즉, 한계수익과 한계비용이 일치하는 가격을 찾기 위해서는 기업의 수익함수와 원가함수가 알려져 있어야 하지만, 기업의 수익함수와 원가함수를 정확하게 도출해내는 것이 현실적으로는 불가능하다.

(2) 원가가산 가격결정

원가가산 가격결정은 원가에 일정한 이익을 가산한 가격으로 판매가격을 결정하는 방법을 말하며, 원가의 정의를 어떻게 하느냐에 따라서 공헌이익 접근법, 전부원가 접근법, 총원가접근법으로 나누어진다.

	판 매 가 격	이익가산율
공헌이익접근법 (변동원가접근법)	단위당 변동비 + 단위당 변동비 × 이익가산율	$\dfrac{고정비 + 목표이익}{변동비}$
전부원가접근법	단위당 전부원가 + 단위당 전부원가 × 이익가산율	$\dfrac{판매관리비 + 목표이익}{전부원가}$
총원가접근법	단위당 총원가 + 단위당총원가 × 이익가산율 (전부원가 + 판매관리비)	$\dfrac{목표이익}{총원가}$

03 목표원가계산

(1) 목표원가계산의 의의

목표가격(Target price)이란 고객이 제품이나 서비스에 대하여 기꺼이 지불하고자 하는 가격, 즉 목표가격에서 목표이익을 차감하여 목표원가를 결정하고, 이러한 목표원가를 달성하고자 하는 원가관리기법을 말한다.

목표원가 = 목표가격 − 목표이익

(2) 목표원가계산(Target costing) 절차

① 제품의 기획단계

시장조사 등을 통해서 잠재고객의 욕구를 만족시킬 수 있는 제품을 개발하거나 제품의 특성(specification)을 결정한다.

② 목표가격(tarket price) 결정

고객이 회사의 품질이나 기능, A/S 등에 대한 대가로서 기꺼이 지불하고자 하는 가격, 목표가격을 결정한다.

③ 목표원가 결정

목표가격이 결정되면 목표가격에서 목표이익을 차감하여 목표원가를 계산한다.

④ 목표원가 달성을 위한 **가치공학** 등의 수행

목표원가를 달성하기 위해 **가치공학**[24] 등의 사전적 원가절감 수단을 활용한다. 따라서 목표원가계산은 주로 **제조이전단계에서의 혁신적인 원가절감**이라 할 수 있다. 다만, 최선의 노력을 기울여도 제품 설계 단계에서 설정한 목표원가를 달성할 수 없는 경우에는 그 차이를 생산단계에서 지속적인 개선활동을 통해서 극복하도록 한다.

---

24) 가치공학(value engineering, VE)이란 고객의 욕구를 충족시키면서 원가를 감소시킨다는 목표를 위해 가치사슬의 모든 측면을 체계적으로 평가하는 것으로서 제품설계의 변경, 재료명세의 변화, 공정변경 등과 같은 공학적 방법을 이용하여 원가절감을 시도한다.

기본 문제

01 (주)AIFA는 매년 5,000개의 제품을 생산하여 단위당 ₩2,000에 판매하고 있다. A제품의 단위당 기초원가는 ₩1,200이며 제품의 생산과 관련된 제조간접비는 다음과 같다.

활 동	원가동인	원가동인수	원가동인단위당 원가
재료주문	주문횟수	25회	주문당 ₩60,000
작업준비	준비횟수	50회	준비횟수당 10,000
품질검사	제 품 수	5,000개	제품단위당 160

제품의 단위당 판매가격이 6%하락할 것으로 예상되는 경우, 기존의 제품 단위당 이익을 달성할 수 있는 목표원가는 얼마인가?

① 1,580   ② 1,640   ③ 1,720

④ 1,760   ⑤ 1,780

해설

01 ②

(1) 단위당 원가 계산

단위당 직접재료비 + 단위당 직접노무비 = ₩1,200

제조간접비

$$
\begin{aligned}
\text{재료주문} &: 25회 \times 60,000 = ₩1,500,000 \\
\text{작업준비} &: 50회 \times 10,000 = 500,000 \\
\text{품질검사} &: 5,000개 \times 160 = \underline{800,000} \\
& ₩2,800,000 \\
& \div 5,000단위 \\
\text{단위당 제조간접비} &= ₩560
\end{aligned}
$$

단위당 제조원가 : 1,200 + 560 = ₩1,760

따라서, 기존제품의 단위당 이익 : 2,000 − 1,760 = ₩240

(2) 목표원가계산

$$
\begin{aligned}
\text{목표가격} &: 2,000 \times 94\% = ₩1,880 \\
(-)\text{목표이익} &: \underline{240} \\
\text{목표원가} &: ₩1,640
\end{aligned}
$$

(3) 목표원가계산의 한계점

① 목표원가관리에는 전사적으로 다양한 부서와 당사자들이 협업을 하여야 하기 때문에 목표원가의 달성 과정에서 여러 **당사자들 간에 갈등**이 발생할 소지가 많다.

② 제품 설계 및 생산 단계에서의 지속적으로 목표원가를 달성하여야 한다는 **과중한 압박** 때문에 종업원들의 피로가 누적되고, 고통을 경험하게 된다. 특히 설계엔지니어들이 가장 심한 압박을 받게 될 것이다.

③ 제품 설계 및 개발 단계에서의 목표원가관리에 초점을 맞추기 때문에 해당 단계가 연장되어 **신제품의 출시가 늦어질 수** 있다.

④ 목표원가(원가기획) 과정과 운영모델을 확립하여 체계화시키지 않을 경우 일회성으로 그치기 쉽다

목표원가계산은 위와 같은 한계점에도 불구하고, 경영자들이 제품수명주기에서 **연구개발 및 설계 단계에서 제품원가를 절감**하는데 결정적인 실마리를 제공할 수 있다는 장점도 있다.

04 카이젠[25] 원가계산

제품개발 및 설계단계를 지나면 본격적으로 제품을 생산하는데 제조단계에서의 원가절감에 중점을 두는 것이 **카이젠원가계산(kaizen costing)**이다. 카이젠원가계산은 지속적이고 소규모의 개선을 통하여 조금씩 원가를 절감해 나가는데, 공정 작업자들이 원가절감 노하우를 가지고 있다고 보아 목표원가절감률(target-reduction rate)만큼씩을 모든 변동비에서 지속적으로 절감해 가는 방법이다.

---

25) 카이젠이란 한자어 개선(改善)의 일본식 발음을 영어로 표현한 것으로서, 커다란 혁신을 통해서가 아니라 프로세스에 대한 개선을 조금씩 조금씩 이룬다는 일본용어이다.

표준원가와 카이젠원가의 차이점

	표준원가	카이젠원가
원가절감 책임자	경영자나 공학자	공정 작업자
공정에 대한 가정	생산공정을 안정적으로 가정	생산활동의 지속적인 개선을 가정
원가의 수립횟수	1년에 1~2회 정도	원가절감을 목표로 매달 수립
관리방식	매년 또는 매월 단속적(discrete improvement) 개선	매월 조금씩 연속적(continuous improvement) 개선
시스템 운영 목적	원가통제 목적	원가절감 목적

카이젠 원가계산은 효율적인 작업준비, 제조공정에서의 낭비요인제거, 생산수율의 증대, 작업시간을 줄이려는 노력 등을 통하여 원가를 절감해 나가기 때문에 공정의 지속적 개선과 원가절감을 기대할 수는 있지만, 종업원들이 원가절감에 대한 중압감에 시달리게 된다.

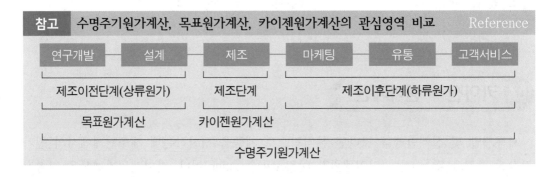

참고 수명주기원가계산, 목표원가계산, 카이젠원가계산의 관심영역 비교 Reference

05 품질원가

품질원가(Cost Of Quality, COQ)란 저품질의 제품을 생산함으로써 야기되는 원가 또는 이를 예방하고, 통제하는 과정에서 발생하는 원가를 말한다. 품질원가는 통제원가와 실패원가로 분류할 수 있다.

(1) 통제원가

① 예방원가(prevention costs) : 표준제품의 품질에 못미치는 제품의 생산을 예방하기 위해 발생하는 원가.

② 평가원가(appraisal costs) : 품질이 떨어지는, 결함있는 제품을 적발하기 위해 검사하고 평가하는 과정에서 발생하는 원가.

(2) 실패원가

① 내부실패원가(internal failure costs) : 고객에게 제품을 인도하기 전에 결함있는 제품이 발견됨으로 인해 발생하는 원가.
② 외부실패원가(external failure costs) : 고객에게 제품이 인도된 후에 제품의 결함이 발견되어 발생하는 원가.

표 17-1 품질원가의 분류

품질원가	통제원가	예방원가	설계엔지니어링, 프로세서엔지니어링, 품질엔지니어링, **납품업체 평가**, 예방설비유지, 고객요구사항조사, 품질교육훈련, 제품생산용 신재료개발
		평가원가	원재료 및 제품의 시험·검사, 입고재료의 검사, 공정 검사, 검사장비 유지 및 보수
	실패원가	내부실패원가	공손품, 재작업, 재검사, 작업폐물 작업중단 유지원가
		외부실패원가	고객지원, 수선 보증비용, 손해배상, recall비용, 반품제품, **미래 판매기회상실에 따른 기회비용**

기업입장에서 가장 바람직한 방향은 "외부실패원가 < 내부실패원가 < 평가원가 < 예방원가" 순서로 많이 발생하는 것이다.

기본 문제

02 전자제품을 제조하여 판매하는 (주)삼선의 20×1년도 품질과 관련된 재무적 자료가 아래와 같다.

과 목	금 액	과 목	금 액
설계엔지니어링	₩ 100	작 업 폐 물	₩ 600
검 사 설 비 유 지	200	고 객 지 원	700
공 급 업 체 평 가	300	판매기회상실에 따른 기회비용	800
보 증 수 리	400	품 질 교 육	900
제 품 시 험	500	재 작 업	1,000

품질원가를 각각 계산하면 얼마인가?

	예방원가	평가원가	내부실패원가	외부실패원가
①	₩1,000	₩1,000	₩1,600	₩1,900
②	1,000	1,000	2,400	1,100
③	1,300	700	1,600	1,900
④	1,300	1,500	1,600	1,100
⑤	1,300	1,000	1,300	1,900

해설

02 ③

과　목	구　분	과　목	구　분
설계엔지니어링	예방원가	작 업 폐 물	내부실패원가
검 사 설 비 유 지	평가원가	고 객 지 원	외부실패원가
공 급 업 체 평 가	예방원가	판매기회상실에 따른 기회비용	외부실패원가
보 증 수 리	외부실패원가	품 질 교 육	예방원가
제 품 시 험	평가원가	재 　 작 　 업	내부실패원가

(3) 품질원가 상호관계

　전통적인 관점에서는 총품질원가를 최소화하도록 하기 위해 통제원가와 실패원가의 합이 최소가 되도록 한다는 것인데, 일반적으로 통제원가와 실패원가가 반비례한다고 보기 때문에 실패원가와 통제원가의 합이 최소가 되는 적정불량률, 즉, **허용가능품질수준**(Acceptable Quality Level, AQL)이 존재한다고 보았다.

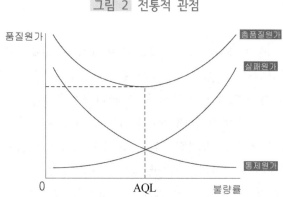

그림 2 전통적 관점

반면에 **무결점**(zero-defects)을 추구하는 현대적인 관점에서는 통제원가가 불량률이 "0"에 가까워질수록 원가가 무한대로 증가하는 것이 아니라 오히려 통제원가가 감소한다고 본다. 따라서 이러한 무결점주의에서는 통제원가와 실패원가의 합이 최소가 되는 점이 불량률이 "0"이 되는 점이되는 것이다.

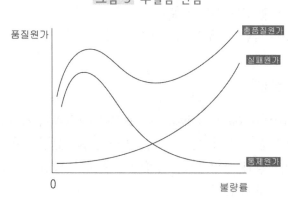

그림 3 무결점 관점

(4) 품질원가계산의 단점

품질원가계산은 경영자에게 품질과 관련된 인식을 잘 할 수 있도록 하는 장점이 있지만, 품질원가를 분석하고 집계하는 것이 어렵고, 품질원가계산을 위한 전문 인력을 확보하는 것도 어려운 일이다. 또한 각 품질원가를 네 가지 범주별로 구분하는 것도 쉬운 일은 아니다. 또한 품질원가를 계산한 이후에 이를 활용하는 데에도 한계가 있다.

06 균형성과표

Kaplan과 Norton에 의해 개발된 **균형성과표**(Balanced ScoredCard, BSC)는 기업이 전략목표 및 주요 성공요인을 달성하는데 공헌 할 수 있도록 다양한 관점에서 균형 있게 성과평가가 이루어질 수 있도록 만들어진 종합 관리시스템이다. 균형성과표라는 명칭은 장, 단기 성과를 동시에 평가하기 위해 재무적지표와 비재무적 지표, 주관적지표와 객관적 지표, 선행지표와 후행지표, 장기적지표와 단기적지표, 내부적지표와 외부적지표 등을 균형 있게 배치한데서 유래한다. 이러한 균형성과표가 성공하기 위해서는 전략과 성과지표(KPI)와의 연계 및 의사소통(종업원간의 의사소통, 고객과의 의사소통 등)이 매우 중요하다.

(1) 전통적인 성과평가의 문제점

① 단기적인 재무적 측정치만을 강조함으로써 준최적화현상을 초래할 가능성이 있음
② 전략 및 성과측정치간의 연계가 부족함
③ 고객과의 관련성이 거의 없음
④ 무형자산의 가치를 반영하지 못함
⑤ 문제에 대한 근본적인 대책을 제시하지 못함

(2) BSC의 네가지 관점

① **재무적 관점**(financial perspective) : 이 관점은 전략의 수익성을 측정한다. 경쟁자에 대비한 원가절감과 성장성은 주요한 전략실행의 출발점이 되기 때문에 재무적인 측면은 원가절감과 보다 많은 판매에서 얼마나 영업이익과 자본회수를 할 수 있느냐에 초점을 맞춘다.
② **고객 관점**(customer perspective) : 기업의 재무적 성과는 고객으로부터 창출되기 때문에 고객의 관점에서 목표와 성과측정치가 설정되어야 하기 때문에, 목표시장을 규명하고, 해당 목표시장에서 회사의 성공을 측정한다.
③ **내부경영프로세스 관점**(internal business process perspective) : 내부경영프로세스의 측면은 세가지 주요 하위 프로세스로 구성된다.
　ⅰ. 혁신프로세스(innovation process) : 현재의 고객과 미래의 잠재적 고객의 요구를 파악하고 이를 충족시키기 위하여 새로운 제품과 서비스를 창출하는 프로세스로서 원가절감과 성장률 증대를 통한 생산기술 증진이 중요하다.

    ii. 운영프로세스(operation process) : 현재의 제품과 서비스를 효율적으로 고객에게 확실하고 신속하게 인도하는 프로세스이다.

    iii. 판매 후 서비스(postsales service) : 제품이나 서비스를 판매하거나 인도한 다음, 고객에 대한 서비스를 지원하는 프로세스이다.

④ 학습과 성장 관점(learning and growth perspective) : 이 측면은 조직이 고객과 주주를 위한 가치창조를 위해 더 나은 내부프로세스를 달성하기 위해 갖추어야 할 능력을 규정한다.

균형성과표 측정치 예시

관 점		측정 지표
재무적 관점		ROI, RI, EVA, 매출총이익률, 매출액영업이익률, 매출증가율, 신제품의 수익 및 수익증가율
고객 관점		시장점유율, 고객만족도, 기존 고객의 유지비율, 신규고객의 증가율
내부프로세스 관점	혁신 프로세스	신제품의 수, 새로운 서비스의 수, 신제품의 개발비율, 신규 특허 취득 건수, 신제품 수익률
	운영 프로세스	불량률, 고객에 대한 적시인도비율, 납기 이행률, 고객대기시간, 기계준비시간, 재작업률
	판매 후 서비스	A/S 제공에 걸리는 시간, 대응시간
학습과 성장 관점		종업원만족도, 이직률, 결근률, 종업원의 교육수준, 종업원의 기술수준, 종업원 제안의 채택비율, 정보시스템 활용률

비재무적 성과측정치는 재무적 성과를 달성하기 위한 선행지표의 역할을 하며, 학습과 성장관점, 내부 프로세스관점, 고객관점의 측정치는 궁극적으로 재무적 관점의 성과측정치로 귀결된다.

07 영업이익의 전략적 분석

전략(strategy)은 조직이 그 목적을 달성하기 위하여 시장에서의 기회에 조직이 역량을 어떻게 펼칠 것인가를 표현한 것이다.

• 원가우위(cost leadership)전략 : 생산성과 효율성을 증대시키고 작업폐기물을 최소화하며, 엄격한 원가통제를 통하여 경쟁회사들보다 더 낮은 원가를 유지할 수 있도

록 하는 전략.

• 제품차별화(product differentiation)전략 : 경쟁회사들 보다 특별하고, 더 좋은 기능이나 특징의 제품을 제공하는 전략으로서 고객들로 하여금 회사 제품에 대한 브랜드충성도 등을 통해 높은 가격을 기꺼이 지불하도록 만드는 전략.

(1) 영업이익의 전략적 분석

① 영업이익 변동의 성장요소(growth component) : 두 기간 동안에 판매된 수량 변동에 의한 영업이익의 변화

② 영업이익 변동의 가격보상요소(price-recovery component) : 영업이익의 변화 중에서 두 기간의 투입과 산출 가격의 차이에 의한 영업이익의 변화

③ 영업이익 변동의 생산성요소(productivity component) : 두 기간 동안의 투입수량 대비 산출(생산성)의 변화에 의한 영업이익의 변화를 측정한다.

④ 성장요소, 가격보상요소, 생산성요소에 대한 추가적 분석 : 성장요소, 가격보상요소, 생산성요소를 추가적으로 분석하여, 각 요소들을 원가우위전략으로 인한 부분, 제품차별화전략으로 인한 부분, 시장의 성장으로 인한 부분으로 나누어서 추가적으로 분석한다.

영업이익 분석의 요약

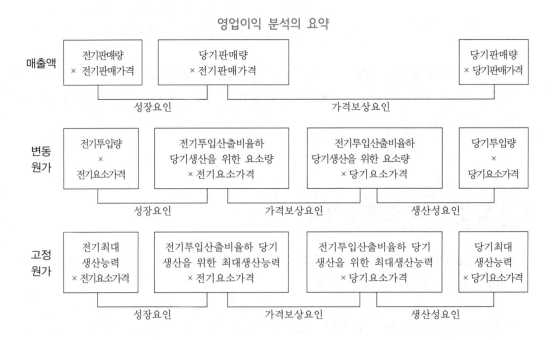

(2) 다운사이징

다운사이징(Downsizing, rightsizing)이란 프로세스, 제품, 사람에 대한 종합적인 접근으로서 회사의 미사용 생산능력(unused capacity)을 줄임으로서 효율성을 증가시키고, 원가를 줄이며, 품질을 향상시키는 조직변화를 말하며, 적정규모화(rightsizing)라고도 한다. 다운사이징은 조직의 전반적 전략의 관점에서 수행되어야 하며, 핵심경영, 리더쉽, 기술능력을 가진 개인들을 유지함으로써 이루어져야 한다.

① 공학적 원가(engineered cost) : 원가동인, 산출물, 산출물을 생산하기 위해 사용된 자원간의 인과관계로부터 계산되며, 직접재료원가, 가공원가 등이 공학적 원가의 예이다. 공학적원가는 단기에서 변동원가 또는 고정원가일 수 있다.

② 재량적 원가(discretionary cost) : 재량적원가는 산출물과 사용된 자원 간에 측정가능한 인과관계가 존재하지 않는 원가로서 광고선전비, 경영자교육비, 연구개발원가, 의료비, 뿐만 아니라 법, 인적자원, 공공관계를 통하여 발생하는 기업의 스탭부서원가를 포함한다. 재량적원가는 정확한 금액이 소비되고 있는지에 대해서 경영자가 좀처럼 확신할 수 없다는 점이 특징적이다.

	공학적 원가	재량적 원가
프로세스 또는 활동	1. 상세하고 물리적으로 측정가능 2. 반복적	1. 블랙박스(프로세스에 대한 지식을 얻기 어려움) 2. 비반복적 또는 비일상적
불확실성의 정도	적절한 수준이거나 작음	큼(예를 들어 연구개발이나 광고)

08 적시생산시스템과 역류원가계산

적시생산시스템(just-in-time production system, JIT)이란 후속작업공정에서 필요로 하는 물량을 적시에 조달하여 적시에 생산해 넘으로써 재고를 최소화하는 방식의 시스템이다. JIT시스템은 수요에 의한 당기기식 접근법으로서 JIT시스템을 풀시스템(pull system)이라고 하는 이유이기도 하다. JIT와 같은 풀시스템의 경우에는 재고의 부족으로 인한 판매기회 상실이라는 기회비용이 발생할 수 있지만, 수요량 만큼만 적시에 바로 생산하기 때문에 재고가 최소화되며, 재고자산으로 인한 기회비용이나 재고자산의 진부화 등은 발생하지 않는다.

(1) JIT시스템의 특징 및 성공요인

구　분	내　용
공급업체	JIT의 성공요인인 높은 품질의 원료나 부품을 적시에 제공받을 수 있는 능력은 공급자들과의 관계에 의해 좌우되기 때문에 **높은 유대관계**를 유지하는 **소수의 공급업체**를 필요로 한다. 이러한 공급업체는 접근성도 좋아야 하며, 장기적인 관계를 유지하는 것이 중요하다.
칸반시스템	JIT시스템에서는 원재료나 부품의 이동과 생산을 칸반(kanban)을 통해 지시하고 전달하는데, 이를 칸반시스템이라고 한다. 후속작업장에서 필요한 부품이나 원재료 등을 인수간판을 통해서 요청을 하면 그 전단계 작업장에서 후속작업장으로 넘게 된다.
전사적 품질관리	JIT가 추구하는 풀 시스템의 경우에는 어떠한 작업장에서 원재료나 부품의 불량으로 인해 생산이 중단될 경우 그 전단계 작업장도 모두 생산이 중단이 될 것이다. 그래서 모든 단계에 걸쳐 품질관리는 하는 전사적품질관리(total quality control)시스템이 필요하다.
설비배치의 개선 및 작업준비시간의 감소	JIT에서는 제품라인별 설비배치를 함으로서 원재료나 부분품들을 옮기는 시간이 대폭 축소되며, 재고를 별도로 보관하지 않고 다음 작업으로 바로 넘어갈 수 있도록 현장에 두기 때문에 저장공간도 줄어들고 공장의 규모도 작아지게 된다. 이는 생산준비를 하는데 소요되는 작업준비시간도 감소시킨다.
다기능공	JIT시스템에서는 특정 제품의 생산과 관련된 기계들이 한 곳에 모여 있기 때문에 작업자들이 한 곳에서 밀링, 절삭, 드릴, 조립 등의 모든 작업을 계속적으로 진행해야 하므로　JIT시스템이 적절히 운영되기 위해서는 종업원들이 다기능공으로서의 역할이 필요하다.

(2) 제조주기효율성

　　JIT시스템에서는 품질이 매우 중요하기 때문에 적시에 필요한 양을 무결점으로 생산하는 것을 높게 평가한다.

　　① 스루풋시간(throughput time)은 제조사이클시간(manufacturing cycle time)이라고도 하는데, 원재료가 투입되어서 완제품으로 전화되기 까지의 소요 시간을 의미하며, **공정시간**(process time), 검사시간(inspection time), 이동시간(move time), 대기시간(queue time)으로 구성된다. 이 중 검사시간, 이동시간, 대기시간을 비부가가치시간(non-value added time)이라고 하며, **공정시간을 부가가치시간(value added time)**이라고 한다.

　　② 제조주기효율성(manufacturing cycle efficiency, MCE)은 부가가치시간인 가공시간을 제조사이클시간으로 나누어 계산된 값으로서 0에서 1사이의 값을 갖게 되는데, 그 값이 클수록 그 만큼 제조사이클시간 가운데 부가가치를 창출하지 않는 낭비시

간이 적다는 것을 의미한다.

$$제조주기효율성(MCE) = \frac{공정시간}{공정시간 + 검사시간 + 이동시간 + 대기시간}$$

기본 문제

03 (주)삼성이 생산하는 갤럭시 S는 100개가 1lot로 생산하여 10,000단위를 판매하고 있다. 갤럭시 S의 lot당 제조시간은 100시간이며, 대기시간은 lot당 60시간이다. 당사는 최근 갤럭시 노트의 개발을 고려하고 있다. 회사가 갤럭시 S와 함께 갤럭시 노트를 생산할 경우 대기시간은 두 제품 모두 lot당 130시간이 걸린다. 변동제조간접비는 두 제품 모두 lot당 ₩20,000이며, 제조주기시간당 갤럭시 S는 ₩100, 갤럭시 노트는 ₩150이 발생될 것으로 예상된다. 또한, lot당 제조주기가 증가하게 되면 소비자 수요에 영향을 주게 되어 단위당 판매가격은 다음과 같이 하락한다. (제조주기는 대기시간과 제조시간의 합이다)

	제품단위당 판매가격		제품 단위당 기초원가
	lot당 제조주기가 200시간 이하일때	lot당 제조주기가 200시간 초과할 때	
갤럭시 S	₩1,000	₩900	₩300
갤럭시 노트	2,000	1,700	500

(주)삼성이 갤럭시 노트를 개발하여 판매할 경우 갤럭시 S의 공헌이익은 얼마나 감소하는가?

① ₩1,700,000 감소   ② ₩1,750,000 감소   ③ ₩1,800,000 감소
④ ₩1,920,000 감소   ⑤ ₩2,050,000 감소

해설

03 ①

(1) 제조주기 계산

갤럭시 S만 생산할 경우	갤럭시 노트를 함께 생산할 경우
100시간 + 60시간 = 160시간(200시간 이하)	100시간 + 130시간 = 230시간(200시간 초과)

(2) 갤럭시 S만 생산할 경우 갤럭시 S의 공헌이익

매 출 액 : 10,000단위 × 1,000 = ₩10,000,000

기초원가 : 10,000단위 × 300 = (3,000,000)

로트당 변동제조간접비 : 100lot × 20,000 = (2,000,000)

제조주기시간당 변동제조간접비 : 100lot × 160시간 × 100 = (1,600,000)

공헌이익 : ₩3,400,000

(3) 갤럭시 노트를 함께 생산할 경우 갤럭시 S의 공헌이익

매 출 액 : 10,000단위 × 900 = ₩9,000,000

기초원가 : 10,000단위 × 300 = (3,000,000)

로트당 변동제조간접비 : 100lot × 20,000 = (2,000,000)

제조주기시간당 변동제조간접비 : 100lot × 230시간 × 100 = (2,300,000)

공헌이익 : ₩1,700,000

갤럭시 노트를 함께 생산할 경우 갤럭시 S의 공헌이익은 ₩1,700,000만큼 감소한다.

● ○ ● ○

(3) 역류원가계산

역류원가계산(backflush costing) 또는 지연원가계산(delayed costing)은 산출물에 초점을 맞추고 역순으로 판매된 제품과 기말재고단위에 원가를 할당하는 작업을 하는 **표준원가계산제도**이다. 역류원가계산은 회계처리하는 시점에 따라서 다음의 세 가지 방법이 있다.

① 원재료의 구입과 제품생산완료시점에서 회계처리 하는 방법
② 원재료의 구입과 제품의 판매시점에서 회계처리 하는 방법
③ 제품생산의 완료시점에 회계처리 하는 방법

역류원가계산제도는 지속적으로 재고를 추적하지 않기 때문에 JIT의 개념과 잘 어울리는 회계제도이지만, 역류원가계산제도하에서는 결과에 대한 성과평가 등에 사용할 수 없으며, 가격결정이나 그 밖의 특수의사결정에서 사용될 수 없다. 또한, 역류원가계산제도를 이용하기 위해서는 제품별로 표준원가나 예정원가가 설정되어 있어야 사용이 가능하며, 일반적으로 인정된 회계원칙에서 인정하지 않기 때문에 외부 공시목적으로는 사용할 수 없다는 단점이 있다.

09 활동기준경영

활동기준경영(Activity Based Management, ABM)은 활동분석과 원가동인분석을 통하여 파악된 정보를 가지고 활동과 프로세스의 효율성을 지속적으로 개선하여 원가절감을 함으로써 기업전체의 성과를 개선하려는 경영관리시스템을 말하며, ABC를 활용한 경영정보시스템이라 할 수 있다. 원가동인을 분석하여, 활동을 유발시키는 근본원인을 파악하여 원가절감을 위한 개선방안을 탐색하고, 활동분석을 통하여 불필요한 활동은 제거하고 필요한 활동은 효율적으로 수행되도록하여 원가절감을 달성하고자 한다.

(1) 부가가치원가, 비부가가치원가

① 부가가치원가(value-added costs) : 부가가치활동[26]을 효율적으로 수행할 경우에 발생될 원가를 부가가치원가라고 한다. 이 경우 고정활동원가의 경우에는 원가동인단위당 표준가격을 계산할 때, 고정활동원가예산을 획득된 활동능력 또는 사용가능활동량으로 나누어 계산하며, 비부가가치원가계산의 경우에도 동일하게 적용한다.

> 부가가치원가 = 부가가치표준수량(SQ) × 원가동인단위당 표준가격(SP)

② 비부가가치원가(non-value-added costs) : 비부가가치활동[27]에서 발생되는 원가와 부가가치활동이 비효율적으로 수행됨에 따라 추가로 발생되는 원가를 합하여 비부가가치원가라 한다.

> 비부가가치원가 = (실제사용량(AQ)* − 부가가치표준수량(SQ)) × 원가동인단위당 표준가격

*고정활동원가의 경우에는 획득된 활동능력 또는 사용가능활동량을 이용한다.

활동기준경영에서 중요한 부분은 기업의 경쟁력 강화를 위해서 비부가가치활동과 부가가치활동 중 비효율적인 부분을 제거하여 비부가가치원가를 제거하는 것이다. 활동기준경영에서 원가를 절감하는 방법은 비부가가치활동을 제거하는 것 뿐만 아니라 (부가가치)활동을 선택, 감축, 공유하는 방법도 포함한다.

---

26) 부가가치활동은 기업에 반드시 필요한 활동으로서 고객가치를 증가시키는 활동을 말하며, 절삭, 조립 등의 활동이 이에 해당된다.
27) 비부가가치활동은 고객가치를 증가시키지 못하고 자원의 낭비만을 초래하는 활동을 말하며 생산계획, 검사, 이동, 대기, 재작업, 보증, 고객불만처리, 고장수리 등의 활동이 이에 해당된다.

(2) 활동원가차이분석

① 변동활동원가차이

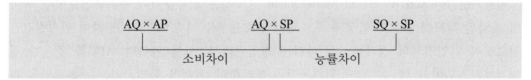

AQ : 실제사용(활동)수량,   SQ : 부가가치(활동)표준수량
AP : 실제(활동)원가,   SP : (부가가치활동)표준원가

② 고정활동원가차이

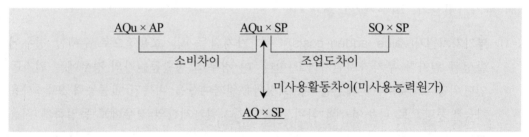

AQ$_u$: 실제사용가능(활동)수량,   SQ : 부가가치(활동)표준수량
AQ : 실제사용(활동)수량,   SP : (부가가치활동)표준원가(= 고정활동원가예산 ÷ 사용가능활동수량)
AP : 실제(활동)원가

　　미사용활동차이(unused capacity variance)는 활동의 실제사용량과 사용가능활동수량과의 차이에 부가가치표준원가를 곱하여 계산하며, 고정활동원가를 감소시키려는 노력이 어느 정도 진행되었는지를 나타내기 때문에 유리한 차이로 보는 것이 일반적이다.

③ 변동활동원가와 고정활동원가 차이를 요약하면 다음과 같다.

변동활동원가	소비차이 = 실제사용수량 × (실제원가 − 표준원가) 능률차이 = (실제사용수량 − 부가가치표준수량) × 표준원가
고정활동원가	소비차이 = 실제사용가능수량 × (실제원가 − 표준원가) 활동수량차이 = (실제사용가능수량 − 부가가치표준수량) × 표준원가 미사용활동차이(미사용능력원가) = 미사용능력 × 표준원가 　　　　　　　　 = (실제사용가능수량 − 실제사용수량) × 표준원가

기본 문제

다음은 기본문제 4~5번과 관련된 자료이다.

(주)DY가 생산하는 제품과 관련하여 발생하는 가동준비활동의 원가동인은 가동준비시간으로서 가동준비활동과 관련하여 회사에는 8명의 가동준비 전문인력이 있으며, 가동준비 전문인력 1인당 가동준비활동에 투입가능한 시간은 연간 1,500시간이며, 1인당 연간 급여는 ₩900,000이다. 회사는 1,000단위씩 1배취로 연간 1,000,000단위를 생산, 판매하고 있으며, 1배취당 가동준비시간은 10시간이 소요된다.

04 가동준비와 관련된 미사용능력원가는 얼마인가?

① ₩900,000   ② ₩1,000,000   ③ ₩1,100,000

④ ₩1,200,000   ⑤ ₩1,300,000

05 최근 미국에서 제품 400,000단위의 특별주문이 들어왔다. 회사는 필요한 경우 가동준비인력을 즉시 고용할 수 있으나, 급여는 기존인력과 동일하게 ₩900,000을 모두 지급하여야 한다. 회사가 특별주문을 수락할 경우 가동준비활동의 관련원가는 얼마인가?

① ₩900,000   ② ₩1,500,000   ③ ₩1,800,000

④ ₩2,400,000   ⑤ ₩2,700,000

해설

04 ④

(1) 획득된 활동능력 : 8명 × 1,500시간 = 12,000시간

(2) 실제 활동사용량 : (1,000,000단위 ÷ 1,000단위) × 10시간 = 10,000시간

(3) 미사용활동능력 : 12,000시간 − 10,000시간 = 2,000시간

(4) 미사용능력원가 : 2,000시간 × 600[*] = ₩1,200,000

$$* \quad \frac{900,000 \times 8명}{12,000시간} = ₩600$$

05 ③

(1) 특별주문을 수락하기 위해 필요한 가동준비 활동량 :

$$(400,000단위 ÷ 1,000단위) × 10시간 = 4,000시간$$

(2) 부족한 가동준비 활동량 : 4,000시간 − 2,000시간 = 2,000시간

(3) 가동준비 인력 1인당 1,500시간이 가능하므로, 2,000시간을 위해서는 2명의 가동준비 인력이 필요하다. 따라서 관련원가는 ₩1,800,000이다(= 2명 × 900,000).

● ○ ● ○

10 대리인 이론

대리인이론(agency theory)은 주인(소유주주)과 대리인(경영자)과의 관계에서 발생하는 문제들을 분석하는 이론으로서 소유주주는 **도덕적해이**(moral hazard)가 발생하지 않도록 하기 위해 다양한 방안을 찾는다. 통상 고정급계약과 성과급계약 중에서 고정급의 경우에는 대리인이 부담하는 위험이 줄어들고 소유주주가 부담하는 위험이 커진다. 반면에 성과급계약은 소유주주의 위험이 줄어들고 대리인이 부담하는 위험이 커진다. 일반적으로 대리인의 동기부여 측면에서는 고정급보다는 성과급이 더 바람직하며, 대리인의 노력수준에 대하여 객관적인 관찰이 가능한 경우에는 회사의 이익과 같은 최종성과를 기초로 한 성과급보다는 대리인의 노력을 기초로 한 성과급이 기업가치 증가에 더 바람직하다.

연습문제

01 제품수명주기원가계산과 관련된 다음의 설명 중 옳지 않은 것은?

① 제품수명주기원가계산은 제품의 연구개발부터 설계, 제조, 유통, 판매후 서비스에 이르기까지의 모든 원가를 분석하여 제품의 실질적인 수익성 분석에 매우 유용하다.

② 제품수명주기원가계산은 각 단계별 원가간의 상호관계를 파악할 수 있어 원가관리에 매우 유용하다.

③ 제품수명주기원가계산은 장기적인 관점에서 원가절감을 할 수 있도록 동기부여할 수 있다.

④ 제품수명주기원가계산은 수명주기가 짧은 제품일수록 도움이 된다.

⑤ 제품수명주기원가계산은 연구개발단계부터 제조단계까지 거의 대부분의 원가가 고착되기 때문에 제조단계까지의 원가의 중요성을 강조한다.

02 (주)명일전자는 2011년 초 새로운 전자제품을 개발하였다. 신제품의 판매 가격은 단위당 ₩1,200으로 예상하고 있다. 회사의 경영자는 수명주기원가계산이 제품의 수익성분석과 의사결정에 도움이 된다는 판단 하에 4년 동안 예상 수명주기원가자료를 다음과 같이 파악하였다. (단, 화폐의 시간가치는 고려하지 않는다)

	2011년	2012년	2013년	2014년	합 계
판 매 량	−	1,000단위	4,000단위	10,000단위	15,000단위
연 구 개 발	₩1,320,000	₩ 360,000	₩ 0	₩ 0	₩ 1,680,000
제 품 설 계	980,000	340,000	0	0	1,320,000
제 조	0	480,000	1,920,000	4,800,000	7,200,000
마 케 팅	400,000	400,000	400,000	400,000	1,600,000
유 통	160,000	160,000	520,000	880,000	1,720,000
고 객 서 비 스	120,000	120,000	380,000	940,000	1,560,000
합 계	₩2,980,000	₩1,860,000	₩3,220,000	₩7,020,000	₩15,080,000

제품수명주기이익은 얼마인가?

① ₩2,420,000   ② ₩2,720,000   ③ ₩2,920,000

④ ₩3,120,000   ⑤ ₩3,320,000

03 목표가격(target price)에 대한 설명 중 가장 적절한 것은?

① 생산요소의 시장가격과 목표이익률을 고려해 결정되는 가격이다.

② 변동원가의 회수에 초점을 둔, 기업의 생존을 도모하기 위한 가격이다.

③ 목표원가에 목표영업이익을 가산하여 책정되는 가격이다.

④ 제품디자인에서부터, 공급자가격, 제조공정 등에 이르는 모든 단계에서 원가 절감요인을 도출해 최소의 원가를 달성하여 목표가격을 설정한다.

⑤ 설정된 목표가격을 달성할 수 있는 원가를 가치공학 등의 수행을 통해 달성 하는 것이 중요한 절차이다.

04 목표원가계산(target costing)에 대한 설명으로 옳지 않은 것은?

① 목표원가는 기업이 내부적으로 기술진이나 생산담당자들의 분석평가에 의하 여 설정하는 부가가치표준과는 상이할 수 있다.

② 목표원가는 외부시장환경과 경쟁업체의 대응 정도 등을 고려하여 기업이 목 표로 설정한 시장점유율의 유지 또는 목표로 하는 이익을 달성하기 위하여 전략적인 차원에서 책정하는 원가이다.

③ 목표원가는 목표가격에서 목표이익을 차감하여 결정한다.

④ 목표원가계산 기법은 원가우위(cost leadership) 전략과 연계하여 실시할 수 있다.

⑤ 목표원가계산은 표준원가계산과 마찬가지로 제조단계에서의 원가절감을 강 조한다.

05 ㈜갑의 신제품 개발팀은 신제품을 위한 다양한 제품 사양을 개발하였다. ㈜갑은 개 발한 제품 사양이 모두 포함된 신제품 A를 제조할 것인지 아니면 제품 사양들 중 일 부가 제외된 신제품 B를 제조할 것인지를 결정하고자 한다. 어느 신제품을 생산하여 출시하더라도 생산 및 판매와 관련된 예상고정원가 총액은 ₩2,000,000이며, 신제품 의 목표이익률은 판매가격의 30%이다. 신제품 A와 신제품 B의 생산 및 판매와 관련 된 추가 자료는 다음과 같다.

	신제품 A	신제품 B
단위당 예상판매가격	₩5,000	₩4,000
단위당 예상변동원가	₩2,500	₩1,900
예상생산 · 판매량	?	2,500단위

다음 설명 중 옳지 않은 것은?

① 신제품 A의 단위당 목표원가는 ₩3,500이다.

② ㈜갑은 신제품 A의 단위당 목표원가를 달성하기 위해 최소한 2,000단위 이상을 생산·판매하여야 한다.

③ 신제품 B의 단위당 목표원가는 ₩2,800이다.

④ 신제품 B를 생산·판매하면 목표이익률을 달성할 수 있다.

⑤ 만약 신제품 A의 예상생산·판매량이 2,000단위 이상이면, ㈜갑은 신제품 B 대신 신제품 A를 생산·판매하는 것이 유리하다.

06 (주)서울은 가전제품을 생산하여 판매하는 기업이다. (주)서울의 경영자는 현재 생산하고 있는 양문냉장고의 설계를 변경하는 경우 원가를 얼마나 절감할 수 있는지 알아보려 한다. 2010년의 양문냉장고 예상판매량 100대를 현재 설계된 대로 생산하는 경우 직접재료원가 ₩100,000, 직접노무원가 ₩50,000, 그리고 제조간접원가 ₩350,000이 발생할 것으로 추정된다. (주)서울은 활동기준원가계산(activity-based costing)을 적용하고 있는데 제조간접원가를 발생원인에 따라 항목별로 구분할 결과는 다음과 같다.

제조간접원가 항목	금 액	원가동인 및 발생 현황
기 계 가 동 원 가	₩100,000	기계가동시간 100시간
작 업 준 비 원 가	50,000	작업준비시간 10시간
검 사 원 가	100,000	검 사 시 간 10시간
재 작 업 원 가	100,000	재 작 업 시 간 20시간

설계를 변경하는 경우 기계가동시간과 재작업시간은 20% 감소되며, 작업준비시간은 25%감소될 것으로 예상된다. 그러나 검사시간은 현재보다 20% 늘어날 것으로 예상된다. (주)서울이 설계를 변경하는 경우 단위당 제조간접원가를 얼마나 절감할 수 있는가? (단, 상기 자료외의 원가는 고려하지 않는다)

① ₩275 ② ₩325 ③ ₩375

④ ₩425 ⑤ ₩475

07 제2차 세계대전 이후 반세기에 걸쳐서 변화되어 온 세계경제의 시대적 배경과 기업환경에 따라서 여러 가지 원가관리기법들이 개발되어 왔다. 각각의 원가관리기법들에 대한 다음 설명 중 가장 타당하지 않은 것은?

① 표준원가계산은 자원이 부족하던 시기에 기업들이 조직 내부적 효율성을 증대시키기 위한 것으로서, 간접원가보다 상대적으로 비중이 큰 직접원가의 관리에 초점을 두고 있다.

② 변동원가계산은 세계경제의 구매력 향상에 따른 대량생산체제 하에서 조업도의 확대를 통한 규모의 경제를 달성하기 위한 원가분석방법으로서, 고정제조간접비를 제품원가에 포함시키지 않는 방법이다.

③ 현금창출률회계(throughput accounting)는 제약자원이론(theory of constraints)과 관련하여 대두된 것으로서, 재료비를 제외한 운영비용의 절감에 일차적 초점을 두며 재고관리를 강조하고 있다.

④ 활동기준 원가계산은 다품종소량생산체제, 설비투자로 인한 간접원가의 증가 등과 같은 기업환경 하에서 직접원가보다는 간접원가의 정확한 배분에 일차적 초점을 두고 있다.

⑤ 목표원가계산(target costing)은 컴퓨터, 자동차 등 조립형 산업에서 주로 활용되는 것으로서, 시장중심의 목표원가와 생산중심의 표준원가와의 차이를 줄이려는 노력을 원가절감의 일차적 대상으로 삼고 기술개발과 디자인 등에 주력한다.

08 품질원가에 대한 설명으로 옳지 않은 것은?

① 품질원가의 바람직한 분포는 일반적으로 "예방원가 > 평가원가 > 내부실패원가 > 외부실패원가"이다.

② 예방원가와 평가원가를 포함하는 통제원가는 불량품의 발생률과 역의 관계를 갖는다.

③ 제조물책임법에 의한 소송비용, 제품보증수리비용, 불량품으로 인한 회사 이미지 실추에 따른 판매기회상실로 인한 기회비용 등은 외부실패원가에 해당한다.

④ 불량품으로 인한 기계가동중단손실, 재작업원가 등은 내부실패원가에 해당한다.

⑤ 품질관리계획수립원가, 품질관리기술개발원가, 품질개선을 위한 토의원가 등은 평가원가에 해당한다.

09 품질원가에 관한 설명으로 옳지 않은 것은?

① 일반적으로 원재료 검사비용은 예방원가로 분류한다.

② 일반적으로 보증기간 내 수리와 교환은 외부실패원가로 분류한다.

③ 품질원가는 제품의 품질에 문제가 발생한 경우 이를 해결하기 위하여 발생하는 원가를 포함한다.

④ 허용품질수준관점(acceptable quality level view)에서는 통제원가와 실패원가 사이에 부(−)의 관계가 있는 것으로 본다.

⑤ 무결점수준관점(zero defects view)에서는 불량률이 0(zero)이 될 때 품질원가가 최소가 되므로, 불량률이 0이 되도록 품질원가를 관리해야 한다고 본다.

10 품질원가에 관한 설명으로 옳지 않은 것은?

① 제품의 품질은 설계품질(quality of design)과 적합품질(quality of conformance)로 구분할 수 있는데, 품질원가는 생산자 품질이라 할 수 있는 설계품질과 관련된 것이다.

② 품질원가는 예방원가 및 평가원가로 구성되는 통제원가와 내부실패원가 및 외부실패원가로 구성되는 실패원가로 분류할 수 있다.

③ 품질원가에 대한 전통적인 관점에서는 통제원가와 실패원가 사이에 상충관계(trade−off)가 존재한다고 보고 있다.

④ 예방원가는 제품의 생산과정에서 불량품이 발생하지 않도록 예방하기 위하여 발생하는 원가로서 품질관리를 위한 종업원들에 대한 교육훈련비, 생산설비의 유지 보수비 등이 여기에 속한다.

⑤ 품질원가는 제품에 불량이 발생하지 않도록 예방하거나 불량이 발생하는지를 검사하고, 불량이 발생한 경우 초래되는 모든 원가를 의미한다.

11 농업용 양수기를 제조하여 판매하는 (주)대풍의 2001년도 품질과 관련된 재무적 자료가 아래와 같다.

과　목	금　액	과　목	금　액
설계엔지니어링	₩ 240	재　작　업　품	₩ 300
품질훈련교육	100	운　　송　　비	110
검　　　　사	200	손　해　배　상	220
제　품　시　험	150	재수리보장비용	120
공　손　품	80	품질엔지니어링	130

위의 자료에 의하여 품질예방원가를 계산하면 얼마인가?

① ₩470   ② ₩350   ③ ₩430

④ ₩440   ⑤ ₩550

12 (주)시그마는 품질원가의 측정을 위해 품질관련 활동원가를 계산하고 있다. 다음 나열된 품질관련 활동원가 중 예방원가(prevention cost of quality)에 포함되어야 할 금액은?

활　동	활동원가 (또는 비용)	활　동	활동원가 (또는 비용)
품질방침기획 및 선포활동	₩ 10	제품품질검사 및 시험활동	₩ 60
선적 전에 발견된 부적합품 재작업활동	20	원부자재 공급사 평가활동	70
반품 재작업활동	30	반품 재검사활동	80
예방적 설비보수 및 유지활동	40	품질교육 및 훈련활동	90
미래 판매기회상실에 따른 기회비용	50		

① ₩50   ② ₩80   ③ ₩140

④ ₩160   ⑤ ₩210

13 (주)국세는 김치냉장고를 생산하여 판매한다. (주)국세의 원가관리담당자는 2011년에 생산한 김치냉장고 2,000대의 품질원가를 분석하여 다음과 같은 품질원가 보고서를 작성하였다.

구 분		품질원가
내부실패원가	반품재작업	₩ 40,000
	불량품재작업	20,000
예방원가	보증수리원가	100,000
	설계엔지니어링	20,000
평가원가	예방설비점검	20,000
	재공품검사	20,000
외부실패원가	제품검사	30,000
	클레임 제기로 인한 추정 손해배상액	200,000
합 계		₩450,000

그런데 원가관리담당자가 작성함 품질원가보고서를 검토하던 (주)국세의 경영자는 보고서에 품질원가 구분상 오류가 있음을 발견하였다. (주)국세의 경영자는 원가관리담당자에게 보고서의 오류를 수정하도록 지시하였다. 오류가 수정된 품질원가보고서에 근거한 다음 설명 중 옳지 않은 것은?

① 내부실패원가는 ₩60,000이다.
② 예방원가는 ₩40,000이다.
③ 외부실패원가는 ₩340,000이다.
④ 평가원가는 ₩50,000이다.
⑤ 실패원가 대비 통제원가(예방 및 평가원가) 비율은 25%이다.

14 (주)대전은 2010년 품질과 관련된 원가를 분류한 결과 다음과 같은 항목을 파악하였다.

• 반품재작업	100억	• 설계개선작업	200억
• 사후수리(A/S)	150억	• 완성품검사	50억
• 불량재공품재작업	100억	• 고객 불량품 피해 손해배상	150억
• 품질교육	100억		

(주)대전의 원가담당자는 위의 항목들을 예방원가, 평가원가, 내부실패원가, 외부실패원가로 재분류한 후 구체적으로 분석한 결과, 현재 예방원가에 사용된 자원의 50%만큼을 추가로 투입하는 경우 내부실패원가를 50%, 외부실패원가를 40%씩 절감할 수 있다고 주장하였다. 원가담당자의 주장을 수용하는 경우 이익은 얼마나 증가하는가?

① ₩30억   ② ₩40억   ③ ₩50억

④ ₩60억   ⑤ ₩70억

15 다음 중 다양한 원가계산방법에 대한 설명으로 올바른 것은?

① 목표원가계산(Target Costing)은 표준원가계산과 동일하게 제조단계의 원가절감을 강조한다.

② 개선원가계산(Kaizen Costing)은 점진적이고 지속적인 원가절감보다는 내부프로세스의 혁신적인 변화를 추구한다.

③ 가치사슬원가계산(Supply Chain Costing)은 생산 전 활동과 관련된 원가와 생산 후 활동과 관련된 원가를 구분할 수 있다.

④ 활동기준원가계산(Activity Based Costing)은 비부가가치원가를 계산할 수 없다.

⑤ 제품수명주기원가계산(Life Cycle Costing)은 장기적 의사결정보다는 단기적 의사결정에 더욱 유용하다.

16 원가관리 기법과 관련한 새로운 접근방법들에 대한 설명으로서 옳은 것은?

① 카이젠원가계산은 제품제조 이전단계에서의 지속적인 원가절감에 초점을 둔다.

② 목표원가계산 기법은 기존의 표준원가계산과 마찬가지로 제품 제조단계에서의 원가절감을 강조한다.

③ 제품수명주기원가계산은 제품제조단계에서의 원가절감을 강조한다.

④ 가치사슬원가계산에 있어서는 제품생산 이전에 발생된 활동과 관련된 원가는 물론 제품생산 이후에 발생된 활동과 관련된 원가도 분석한다.

⑤ 품질원가분석에 있어서 제품보증수리비용은 내부 실패원가에 해당한다.

17 전략적 원가관리(Strategic Cost Management)기법에 관한 설명으로 옳은 것을 모두 고른 것은?

> ㄱ. 제약이론(Theory of Constraints)에 의하면 병목공정의 처리능력을 확장시키기 위해서는, 재료처리량 공헌이익(throughput contribution)이 병목공정 처리능력 확장에 소요되는 원가보다 커야 한다.
>
> ㄴ. 목표원가계산(Target Costing)을 생산단계에 적용하는 경우 효과가 가장 크게 나타난다.
>
> ㄷ. 카이젠원가계산(Kaizen Costing)에서는 프로세스를 개선시키는데 가장 크게 공헌할 수 있는 조직구성원은 경영자와 공학자라고 가정한다.
>
> ㄹ. 품질원가계산(Quality Costing)은 통제원가(예방 및 평가원가)와 실패원가를 포함한 품질관련원가를 최소화시키면서 품질수준을 최대화시키는데 목적이 있다.
>
> ㅁ. 수명주기원가계산(Life Cycle Costing)과 품질원가계산을 환경문제에 적용하면, 탄소배출량을 줄이면서 환경관련원가도 절감할 수 있다.

① ㄱ, ㄴ, ㄹ　　　　② ㄱ, ㄷ, ㅁ　　　　③ ㄱ, ㄹ, ㅁ
④ ㄴ, ㄷ, ㄹ　　　　⑤ ㄴ, ㄷ, ㅁ

18 균형잡힌 성과기록표(Balanced Scorecard)에 대한 내용 중 옳지 않은 것은?

① 재무적 관점, 고객의 관점, 내부 프로세스 관점, 학습과 성장의 관점에서 성과를 측정한다.

② Kaplan과 Norton에 의해 개발된 개념이다.

③ 조직의 전략과 성과평가시스템을 연계하는 점이 강조된다.

④ 재무적 관점은 경제적부가가치(EVA)로, 고객 관점은 시장점유율로, 내부 프로세스 관점은 수율(yield rate)로 측정할 수 있다.

⑤ 균형잡힌 성과기록표의 장점은 계량화된 객관적인 측정치만을 사용하는 것이다.

19 아래에서 균형성과표(Balanced Score Card)를 통해 알 수 없는 항목은?

① 고객들의 눈에 비친 회사의 모습

② 주주들의 눈에 비친 회사의 모습

③ 내부 프로세스 중 가치유발요인

④ 혁신, 변화/개선의 지속성 여부

⑤ 명료한 성과측정치와 낮은 실행비용

20 다음 중 균형성과표(BSC)에 대한 설명으로 옳지 않은 것은?

① 비영리단체에서도 재무적 관점, 고객관점, 내부프로세스관점, 학습과 성장관점을 사용할 수 있다.

② 전략과 연계된 주요평가지표(KPI)를 사용한다.

③ 관점 사이의 인과관계를 전략체계도(strategy map)로 나타낸다.

④ 미국에서 시작된 기법이다.

⑤ 균형성과표는 전략의 구체화와 의사소통보다 성과보상에 초점이 맞추어진 제도이다.

21 균형성과표(제도)에 관련된 설명으로 가장 옳지 않은 것은?

① 균형성과표는 기업의 가치를 향상시키기 위해 전통적인 재무적지표 이외에 다양한 관점의 성과지표가 측정되어야 한다는 것을 강조하고 있다.

② 고객의 관점은 고객만족에 대한 성과를 측정하는데 고객만족도 조사, 고객확보율, 고객유지율, 반복구매정도 등의 지표가 사용된다.

③ 내부프로세스의 관점은 원가를 낮은 수준에서 유지하여 제품을 저렴한 가격으로 고객에게 제공할 수 있도록 기업내부의 업무가 효율적으로 수행되는 정도를 의미하는데 불량률, 작업폐물, 재작업률, 수율, 납기, 생산처리시간 등의 지표가 사용된다.

④ 학습과 성장의 관점은 기존의 프로세스와 제품에 만족하지 않고 기술 및 제품의 혁신적인 발전을 추구하는 정도를 의미하는데 종업원만족도, 전략적 직무충족도 등의 지표가 이용된다.

⑤ 재무적 성과는 수익을 제공하는 고객으로부터 달성될 수 있으므로 고객관점 지표가 재무적 지표의 동인이 될 수 있으나, 내부프로세스의 효율성 향상과 재무적 성과에 따라 학습과 성장의 지표가 달성되므로 결국 학습과 성장의 지표가 최종적인 결과물이 된다.

22 균형성과표(BSC)에 관한 설명으로 옳지 않은 것은?

① 조직구성원들이 조직의 전략을 이해하여 달성하도록 만들기 위해, 균형성과표에서는 전략과 정렬된 핵심성과지표(Key Performance Indicators)를 설정한다.

② 전략 달성에 초점을 맞춘 조직을 구성하여, 조직구성원들이 전략을 달성하는 데 동참할 수 있도록 유도한다.

③ 조직의 사명과 비전에 근거하여 다양한 관점에서 전략을 도출한 후, 도출된 전략의 인과관계를 도식화한다.

④ 균형성과표에서 전략에 근거하여 도출한 재무적 성과측정치는 비재무적 성과측정치의 선행지표가 된다.

⑤ 조직구성원들은 전략 달성을 위한 의사소통 수단으로 핵심성과지표를 사용한다.

23 균형성과표(balanced scorecard : BSC)에 관한 다음의 설명 중 가장 타당하지 않은 것은?

① 균형성과표는 재무적인 성과지표를 중심으로 하는 전통적인 성과측정제도의 문제점을 보완할 수 있는 성과측정시스템으로 인식되고 있다.

② 균형성과표는 조직의 비전과 전략을 성과지표로 구체화함으로써 조직의 전략수행을 지원한다.

③ 균형성과표의 다양한 성과지표 간의 인과관계를 통하여 조직의 전략목표 달성과정을 제시하는 성과지표의 체계를 전략지도(strategy map)라고 한다.

④ 균형성과표는 일반적으로 재무관점, 고객관점, 내부프로세스관점, 학습과 성장관점의 다양한 성과지표에 의하여 조직의 성과를 측정하고자 한다.

⑤ 균형성과표는 조직의 수익성을 최종적인 목표로 설정하기 때문에 4가지 관점의 성과지표 중에서 학습과 성장관점의 성과지표를 가장 중시한다.

24 성과평가와 관련된 다음 설명 중 옳지 않은 것은?

① 경제적부가가치(EVA)를 계산할 때 연구개발비 자산화는 경제적부가가치를 감소시킬 수 있다.

② 균형성과표(BSC)는 내부관점(내부프로세스 관점, 학습과 성장 관점)과 외부관점(재무적 관점, 고객 관점)간의 균형을 추구한다.

③ 기업의 균형성과표(BSC)에서 내부프로세스 관점의 성과지표는 학습과 성장 관점의 성과지표에 대해 선행지표인 것이 일반적이다.

④ 총자산회전율이 커져도 매출이익률이 작아지면 총자산이익률은 작아질 수 있다.

⑤ 원가중심점(원가책임단위), 수익중심점(수익책임단위) 등의 분류는 통제가능성의 원칙이 적용된 것이다.

25 다음은 적시재고시스템(just-in-time inventory system)에 관한 설명을 한 것들인데, 가장 적절히 설명하지 못한 것은?

① JIT는 재고유지비용을 가급적 최소화시키기 위해 재고수준이 거의 없도록 노력하는 재고관리기법의 일종이다.

② JIT는 납품을 하는 공급업자의 수 및 원재료의 품질검사비용 등을 상당히 줄일 수 있다.

③ JIT는 공장 내에 재고가 거의 없기 때문에 원재료 계정을 별도로 철저하게 유지, 관리해야 할 것이다.

④ JIT는 kanban이라고도 하는 것으로 제품품절이나, 납품업자의 사고 등의 위험이 있을 경우 생산에 곧바로 차질을 초래할 수 있다.

⑤ JIT는 일본에서 유래된 재고관리기법으로 팀웍에 의한 자율적 품질관리를 통해 불량률을 최소화시키려고 한다.

26 다음은 최신 관리회계 기법에 관해 설명한 것이다. 이중에서 적절하지 않은 표현은 어떤 것인가?

① Target Costing(목표원가관리 또는 원가기획)은 제품의 수명주기 중에서 연구개발 및 설계단계에 초점을 맞추는 원가관리 기법이다.

② 제약자원이론에서는 직접재료원가만을 진정한 변동원가로 본다.

③ 개선원가계산(Kaizen Costing)은 제조단계에서의 원가절감에 초점을 맞추고 있다.

④ 품질원가계산에서 낭비, 재가공, 폐품원가 등은 외부실패원가에 해당한다.

⑤ 균형성과표(Balanced Scorecard)는 조직의 전략과 성과평가시스템을 연계시키는 것이 강조된다.

27 다음은 전략적 관리회계 토픽들과 관련된 문장들이다.

> a. 균형성과표(BSC : balanced scorecard)는 일반적으로 기업들이 수립된 전략의 커뮤니케이션과 실행보다는 전략의 질에 문제가 있음을 강조한다.
> b. BSC의 균형(balance)이란 용어는 단기와 장기, 내부와 외부, 재무와 비재무적 관점 그리고 선행 및 후행지표를 동시에 활용할 것을 강조하는 개념이다.
> c. 활동기준원가계산(ABC)에서는 전통적인 고정원가, 변동원가의 2분류체계에 비해 단위기준, 배치기준, 제품기준, 시설기준 4원가분류체계를 이용하는 것이 일반적이다.
> d. 타겟코스팅(target costing)은 제조(양산)단계에서의 지속적이고 증분적인 소규모 개선활동을 의미한다.
> e. 병목자원의 관리를 중요시 하는 TOC(제약이론)는 효율성보다는 효과성을 강조한다.

위의 문장들 중 올바르거나 타당한 문장들만을 모은 것은?

① a, b, c　　　　② a, b, c, e　　　　③ b, e

④ b, c, e　　　　⑤ c, d, e

28 활동기준원가계산(ABC: activity-based costing), 활동기준관리(또는 활동기준경영 ABM : activity-based management) 및 제품수명주기원가계산에 대한 다음의 설명 중 옳지 않은 것은?

① 활동기준원가계산에서는 제품의 생산을 위하여 사용한 자원만을 제품원가에 포함시키고 미사용된 자원은 기간비용으로 처리한다.

② 총원가 중 간접원가가 차지하는 비중이 높고 다품종 소량생산체제를 유지하고 있는 기업의 경우 활동기준원가계산을 도입함으로써 보다 정확한 원가를 도출할 수 있다.

③ 활동기준관리를 통하여 파악된 비부가가치활동에는 검사, 이동, 대기, 저장 등의 활동이 있다.

④ 제품수명주기원가계산은 특정 제품이 고안된 시점부터 폐기되는 시점까지의 모든 원가를 식별하여 측정한다.

⑤ 제품수명주기원가는 시장상황의 검토를 통하여 예상되는 제품의 목표가격을 확인한 후 기업이 필요로 하는 목표이익을 차감하여 결정된다.

29 다음의 전략적 원가관리기법에 관한 설명 중 타당한 것은?

① 적시생산시스템(JIT)은 짧아진 제품수명 및 제품의 다양성에 따라 증가하는 재고관리비용 등을 감소시키는 방안으로 유용하며, 초변동원가계산법 (throughput costing)을 사용하여 제품원가를 계산하여야 한다.

② 전사적 품질관리(TQM)의 도입 후 내부실패원가와 외부실패원가의 상충관계 (trade-off)에 입각하여 품질원가를 분석하고, 적정한 불량률은 허용해야 하는 것으로 인식이 변화하였다.

③ 제약이론(theory of constraint)은 병목공정(bottleneck)에 의하여 전체 공정의 처리량이 제한되는 현상에 주목한 이론으로, 비효율적 재고 및 대기시간의 절감을 위하여 모든 공정을 병목공정의 처리량에 맞추어 진행할 것을 장기적인 개선책으로 제안한다.

④ 제품수명주기원가(product life-cycle cost)는 제품의 기획 및 개발·설계에서 고객서비스와 제품폐기까지의 모든 단계에서 발생하는 원가를 의미하며, 제품수명주기원가의 상당 부분은 제품의 기획에서 설계까지 이르는 과정에서 확정된다.

⑤ 목표원가(target cost)는 시장상황의 검토를 통하여 예상되는 제품의 목표가격을 확인한 후 기업이 필요로 하는 목표이익을 차감하여 결정되며, 기존 생산 공정을 유지하며 발생하는 제조원가를 고려하여 생산개시 후 결정된다.

30 전략적 원가관리에 관한 설명으로 옳지 않은 것은?

① 적시생산시스템(JIT)은 짧아진 제품수명 및 제품의 다양성에 따라 증가하는 재고관리비용 등을 감소시키는 방안으로 유용하며, 초변동원가계산(throughput costing) 을 사용하여 제품원가를 계산한다.

② 목표원가계산(target costing)은 컴퓨터, 자동차 등 조립형 산업에서 주로 활용되는 것으로서, 시장중심의 목표원가와 생산중심의 표준원가와의 차이를 줄이려는 노력을 원가절감의 일차적 대상으로 삼고 기술개발과 디자인 등에 주력한다.

③ 품질원가계산(quality costing)은 통제원가(예방 및 평가원가)와 실패원가를 포함한 품질관련원가를 최소화시키면서 품질수준을 최대화시키는데 목적이 있다.

④ 카이젠원가계산(kaizen costing)은 제조단계에서의 원가절감에 초점을 맞추고 있다.

⑤ 제약이론(theory of constraints)은 기업의 목표를 달성하는 과정에서 병목공정을 파악하여 이를 집중적으로 관리하고 개선해서 기업의 성과를 높이는 방법이다.

31 전략적 원가관리에 관한 다음 설명 중 옳은 것은?

① 품질원가계산(quality costing)에서 품질관리계획수립, 품질관리보고서의 작성, 품질관리기술개발, 품질개선을 위한 토의원가 등은 품질원가 중 평가원가에 해당한다.

② 활동기준경영(ABM: activity-based management)은 활동분석을 통하여 파악된 정보를 토대로 활동과 프로세스의 개선을 통한 가치창출능력 증대에 초점을 두고 있다.

③ 카이젠원가계산(kaizen costing)은 제조 이전의 전방단계에서의 지속적인 원가절감을 강조한다.

④ 적시재고시스템(JIT: just-in-time inventory system)은 공장 내에 재고가 거의 없기 때문에 원재료 계정을 별도로 철저하게 기록·관리해야 한다.

⑤ 제품수명주기원가계산(product life-cycle costing)은 제조이후단계에서 대부분의 제품원가가 결정된다는 인식을 토대로 생산단계와 마케팅단계에서 원가절감을 강조한다.

32 전략적 원가관리 및 성과평가에 관한 **옳지 않은** 설명은?

① 제약이론을 원가관리에 적용한 재료처리량공헌이익(throughput contribution)은 매출액에서 직접재료원가를 차감하여 계산한다.

② 목표원가계산은 제품개발 및 설계단계에서의 원가절감에 초점을 맞추는 반면, 카이젠원가계산은 제조단계에서 원가절감을 강조한다.

③ 적시생산시스템하의 제조작업은 제조 셀(manufacturing cell)을 중심으로 이루어지며, 역류원가계산을 사용하여 제품원가를 계산한다.

④ 수명주기원가계산은 활동분석과 원가동인분석을 통하여 파악된 정보를 토대로 활동과 프로세스를 개선하여 기업전체의 성과를 개선하는데 초점을 두고 있다.

⑤ 균형성과표는 조직의 비전과 전략을 성과평가지표로 구체화함으로써 조직의 전략수행을 지원한다.

33 ㈜대한은 20x2년초에 작업공정을 개선하였다. 두 회계기간 동안 생산량, 직접재료원가와 직접노무원가는 다음과 같다.

구분	20x1년	20x2년
생산량	100단위	150단위
직접재료원가	1,000kg×₩15=₩15,000	1,200kg×₩20=₩24,000
직접노무원가	2,000시간×₩5=₩10,000	2,500시간×₩8=₩20,000

20x1년을 기준으로, 20x2년에 생산성변동으로 인한 직접재료원가및 직접노무원가 변화는 총 얼마만큼 유리(또는 불리)한가? 단, 가격 변동효과를 제거하기 위해 생산성 변동효과는 20x2년도 가격으로 평가한다.

① ₩3,000 유리 ② ₩4,800 불리 ③ ₩5,000 불리

④ ₩8,200 유리 ⑤ ₩10,000 유리

34 다음 중에서 역류원가계산(backflush costing)에 대한 설명으로 가장 타당한 내용은?

① 역류원가계산방법을 사용하는 기업은 표준원가를 사용하지 않고 항상 실제원가를 사용한다.

② 역류원가계산방법은 생산공정의 리드타임(lead time)이 긴 기업에서 주로 사용된다.

③ 역류원가계산방법의 장점 중의 하나는 순차적 계산방법에 비하여 거래의 흔적을 더 잘 추적할 수 있다는 것이다.

④ 역류원가계산방법에서는 재고자산의 수준이 낮아져서 주문이 필요한 시점에서만 분개가 이루어진다.

⑤ 역류원가계산방법에서는 재료 구입부터 제품 판매까지의 분개 기록 중 일부가 생략될 수 있다.

35 제품이 생산되어 고객에게 발송되기 이전까지 과정은 다음과 같이 시간의 개념으로 표현할 수 있다.

> 공정시간(processing time) : 제품의 가공에 소요되는 시간
> 저장시간(storage time) : 원재료 또는 제품의 재고로서 저장되어 있는 시간
> 대기시간(queue time) : 다음 작업으로 이동하기 전에 대기하는 시간
> 이동시간(moving time) : 다음 작업장으로 이동하는 시간
> 검사시간(inspection time) : 검사에 소요되는 시간

적시재고관리(Just-in-Time)시스템에서 제거 또는 최소화하고자 의도하는 것의 조합은?

① 공정, 저장, 대기시간　　　② 저장, 대기, 이동시간

③ 공정, 대기, 이동시간　　　④ 공정, 저장, 검사시간

⑤ 공정, 저장, 이동시간

36~37

주)애플은 고성능컴퓨터 H를 제조하여 판매하고 있다. 모든 생산은 lot단위로 이루어지며 500개가 1lot가 된다. H의 예상판매량은 연간 25,000개이다. H를 생산하는데 소요되는 제조시간은 lot당 150시간이며, 대기시간은 lot당 100시간이다. 당사는 최근 소비자 욕구의 변화와 컴퓨터 판매시장의 변화에 맞추어 기능이 향상된 차세대 컴퓨터 N의 개발을 고려하고 있다. 회사가 H와 함께 N을 생산할 경우 대기시간은 두 제품 모두 lot당 250시간이 걸린다. N은 15,000개의 판매가 예상되며, 제조시간은 lot당 250시간이다. N의 판매는 H의 판매량에 전혀 영향을 미치지 않는다. 회사의 고정제조간접비 예산액은 총 ₩200,000이며, 변동제조간접비는 두 제품 모두 lot당 ₩4,000과 제조주기시간당 H는 ₩40, N은 ₩30이 발생될 것으로 예상된다. 제조주기는 대기시간과 제조시간의 합이다. 예를 들어 lot당 대기시간이 200시간이고 제조시간이 200시간 소요될 때 2lot를 생산하면 누적제조주기는 800시간이 된다.

또한, lot당 제조주기가 증가하게 되면 소비자 수요에 영향을 주게 되어 단위당 판매가격은 다음과 같이 하락한다.

	제품단위당 판매가격		제품 단위당 기초원가
	lot당 제조주기가 300시간 이하일때	lot당 제조주기가 300시간 초과할 때	
H	₩85	₩80	₩20
N	70	65	22

36 H만 생산, 판매할 경우 H제품의 공헌이익은 얼마인가?

① ₩1,025,000　　　　② ₩925,000　　　　③ ₩900,000

④ ₩885,000　　　　⑤ ₩855,000

37 H와 함께 N을 생산, 판매할 경우 증분손익은 얼마인가?

① ₩575,000 증가　　② ₩423,700 감소　　③ ₩385,000 감소

④ ₩350,000 감소　　⑤ ₩325,000 감소

38 활동기준경영(ABM)과 관련된 다음의 설명 중 가장 옳지 않은 것은?

① 활동기준경영은 활동을 유발시키는 근본원인을 파악하여 이를 개선함으로서 원가절감을 하고자 한다.

② 활동기준경영에서 원가를 절감시키는 방법으로 활동의 제거, 활동의 선택, 활동의 감소, 활동의 공유 등이 있다.

③ 비부가가치원가는 부가가치활동과 비부가가치활동이 효율적으로 수행되지 못할 때 발생하는 원가를 말한다.

④ 부가가치 표준은 비부가가치원가가 완전히 제거된 상태라고 할 수 있다.

⑤ 획득된 활동능력과 실제활동량과의 차이를 미사용능력이라고 한다.

39 20×1년 1월 1일에 개업한 (주)사문은 두 종류의 제품(X, Y)을 생산하고 있다. (주)사문은 각 제품의 생산묶음(batch)마다 생산준비활동을 1회씩 수행하는데, 생산준비활동에 대한 원가동인(배부기준)은 생산준비횟수이다. 20×1년 한 해 동안 제품 X와 제품 Y의 생산량 및 생산묶음당 제품수량은 각각 다음과 같다.

구 분	제품 X	제품 Y
생산량	1,250개	800개
생산묶음당 제품수량	25개	10개

한편, (주)사문은 생산준비활동 미사용능력(unused capacity)에 대한 원가(미사용 생산준비활동원가)를 계산하여 동 원가는 각 제품에 배부되지 않도록 하는 것이 관리 목적상 유용할 것으로 판단하고 있다.

미사용 생산준비활동원가를 제외할 때, 제품 X와 제품 Y에 배부되는 생산준비활동원가의 합계액은 ₩1,690,000이다. 또한 미사용 생산준비활동원가를 제외할 때, 제품 X에 배부되는 생산준비활동원가는 ₩100,000만큼 줄어든다는 사실도 확인하였다. 현재의 인원과 설비로 수행할 수 있는 연간 최대 생산준비횟수는 얼마인가? (단, 생산준비활동원가는 전액 고정원가이다.)

① 130회   ② 140회   ③ 150회

④ 160회   ⑤ 165회

40~41

단일제품을 생산, 판매하고 있는 ABM주식회사는 활동기준원가계산을 적용하고 있다. 회사의 가동준비활동의 원가동인은 가동준비횟수이며, 50개를 한 배취로 27,500단위의 제품을 생산하여 판매하고 있다. 가동준비활동의 원가는 가동준비활동을 수행하는 장비의 원가로서 장비 1대당 연간 70회의 가동준비를 수행할 수 있으며, 총 10대의 장비를 보유하고 있다. 연간 총가동준비활동원가는 ₩3,500,000이며, 이미 구입한 장비의 대체용도는 없고 가동준비활동을 수행하지 않을 경우에도 가동준비활동의 원가는 회피불가능한 원가이다. 최근 회사는 가나주식회사로부터 제품 12,500개를 판매해 달라는 특별주문을 받았다.

40 특별주문을 수락하기 전에 가동준비활동의 미사용능력원가는 얼마인가?

① ₩700,000   ② ₩725,000   ③ ₩745,000

④ ₩750,000   ⑤ ₩775,000

41 ABM주식회사가 동일한 장비를 외부시장으로부터 1대당 ₩360,000에 임차할 수 있는 기회가 있다고 가정할 경우, ABM주식회사가 가나주식회사의 특별주문을 수락한다면 가동준비활동의 관련원가는 얼마인가?

① ₩360,000   ② ₩500,000   ③ ₩720,000

④ ₩880,000   ⑤ ₩1,080,000

42 ㈜민국카드의 고객센터에는 50명의 직원들이 신규고객유치와 불만처리 업무를 수행하고 있다. 통상적으로 신규고객 유치는 건당 6분, 불만처리 업무에는 건당 15분이 소요된다. 직원들의 정규근무시간은 1주일에 5일, 주당 40시간이며, 총근무시간은 업무수요에 따라 조절이 가능하다. 주당 정규급여는 1인당 ₩320,000이고 초과근무수당은 시간당 ₩12,000이다. 향후 1주일 동안 예상되는 1일 평균 업무수요가 다음과 같을 경우, 노무비를 최소화하기 위해 신규로 채용해야 할 직원은 몇 명인가?

구 분	1일 평균 업무수요
신규고객유치	1,450건
불만처리	1,200건

① 3명   ② 4명   ③ 5명

④ 6명   ⑤ 7명

43 (주)아리수는 전문경영인을 채용하기 위해 전문경영인의 보수 w를 결정하고자 한다. 전문경영인의 노력 e와 외부 경영환경 s에 따른 회사의 이익(전문경영인의 보수 차감 전) x는 다음과 같다.

		외부 경영환경		
		s_1	s_2	s_3
전문경영인의 노력	e = 6	x = ₩60,000	x = ₩60,000	x = ₩30,000
	e = 4	x = ₩30,000	x = ₩60,000	x = ₩30,000

외부 경영환경(s_1, s_2, s_3) 각각의 발생확률은 $\frac{1}{3}$로 모두 동일하다. 회사 이익 x는 객관적으로 관찰 가능하지만, 전문경영인의 노력 e는 관찰 불가능하다. ㈜아리수의 주주집단의 효용함수 B는 다음과 같이 이익 x와 전문경영인의 보수 w로 이루어진다.

$$B(x,\ w) = x - w$$

전문경영인의 효용함수 U는 다음과 같다.

$$U(w,\ e) = \sqrt{w} - e^2$$

전문경영인은 자신의 효용이 114 이상일 경우에만 고용계약을 수락할 것이다. 단, 모든 세금 효과는 무시한다.

이상의 내용과 관련하여 다음 설명 중 적절하지 **않은** 것은?

① 전문경영인의 보수를 고정급으로 지급할 때 회사의 이익이 극대화된다.

② 만약 전문경영인의 노력이 관찰가능하다면, 회사 이익보다 전문경영인의 노력을 기초로 성과급을 지급하는 것이 주주집단의 효용을 더 높인다.

③ 만약 전문경영인이 노력 e=6을 기울인다면, 회사의 기대 이익은 ₩50,000이 된다.

④ 주어진 전문경영인의 효용함수에 의하면 전문경영인은 보수 w에 대해 위험 회피적이다.

⑤ 만약 전문경영인이 노력 e=6을 기울이고, 보수 w=₩22,500을 받는다면 전문경영인의 효용(U)은 114가 된다.

Chapter 15. 기타 이론과 새로운 개념들

정 답 및 해 설

1	⑤	2	③	3	⑤	4	⑤	5	⑤	6	②
7	③	8	⑤	9	①	10	①	11	①	12	⑤
13	①	14	④	15	③	16	④	17	③	18	⑤
19	⑤	20	⑤	21	⑤	22	④	23	⑤	24	③
25	③	26	④	27	④	28	⑤	29	④	30	①
31	②	32	④	33	⑤	34	⑤	35	②	36	②
37	④	38	③	39	③	40	④	41	③	42	③
43	①										

01 ⑤

제품수명주기 원가계산에서는 제조 이전단계(연구개발, 디자인)에서 거의 대부분 원가
가 고착되기 때문에 제조 이전단계의 중요성을 강조한다.

02 ③

제품수명주기이익

매 출 액 : 15,000단위 × 1,200 =	₩18,000,000
수명주기원가 :	15,080,000

연 구 개 발	1,680,000
제 품 설 계	1,320,000
제 조	7,200,000
마 케 팅	1,600,000
유 통	1,720,000
고객서비스	1,560,000

수명주기이익 : ₩ 2,920,000

03 ⑤

목표원가계산은 고객이 충분히 지불할 용의가 있는 가격(목표가격)을 먼저 결정하고,
목표가격에서 목표이익을 차감하여 목표원가를 계산한다. 목표원가가 결정되면 가치공
학 등을 통해 목표원가를 달성하기 위해 노력한다.

04 ⑤

목표원가계산은 제조이전단계에서의 원가절감을 강조한다.

05 ⑤

① A의 단위당 목표원가 : 5,000 − 5,000 × 30% = ₩3,500

② A의 단위당 예상변동원가가 ₩2,500이므로, 단위당 고정원가가 ₩1,000이하가 되어야 목표원가가 달성된다. 따라서 ₩2,000,000 ÷ 생산량 = ₩1,000이 될려면, 2,000단위 이상 생산하여야 한다.

③ B의 단위당 목표원가 : 4,000 − 4,000 × 30% = ₩2,800

④ B의 예상원가 : 1,900 + 2,000,000 ÷ 2,500단위 = ₩2,700, 따라서 B의 영업이익률은 32.5%(= 1,300 ÷ 4,000)이므로, 목표이익률 30%를 달성한다.

⑤ A제품을 생산판매하는 것이 유리하기 위해서는 B의 이익률 32.5%를 초과달성하여야 한다. 따라서 A제품의 목표이익이 ₩1,625(= 5,000 × 32.5%)를 달성하기 위해 A제품을 2,287단위이상 판매하여야 한다.

06 ②

설계변경 전 단위당 제조간접비 : 350,000 ÷ 100대 = ₩3,500/대

설계변경 후 제조간접비

제조간접원가 항목	설계 변경후 원가동인 발생량	원가동인당 배부율	제조간접비
기계가동원가	80시간	₩ 1,000	₩ 80,000
작업준비원가	7.5시간	5,000	37,500
검사원가	12시간	10,000	120,000
재작업원가	16시간	5,000	80,000
합 계			₩317,500

설계변경 후 단위당 제조간접비 : 317,500 ÷ 100대 = ₩3,175

따라서 설계변경후 절감되는 원가는 ₩325(= 3,500 − 3,175)이다.

제조간접원가 항목	금 액	원가동인 및 발생 현황	원가동인당 배부율
기계가동원가	₩100,000	기계가동시간 100시간	₩ 1,000
작업준비원가	50,000	작업준비시간 10시간	5,000
검사원가	100,000	검사시간 10시간	10,000
재작업원가	100,000	재작업시간 20시간	5,000

07 ③

현금창출률회계에서는 재료처리량공헌이익(스루풋공헌이익, throughput accounting)의 증가에 일차적 초점을 두며 재고관리를 강조한다.

08 ⑤

품질관리계획수립원가, 품질관리기술개발원가, 품질개선을 위한 토의원가 등은 예방원가에 해당한다.

09 ①

검사비용은 평가원가로 분류하여야 한다.

10 ①

설계품질(quality of design)은 제품이나 서비스의 속성이 소비자의 필요성과 요구에 얼마나 일치하는지에 대한 것이며 소비자 품질이라고도 한다. 반면 적합품질(quality of conformance) 또는 일치성품질은 제품설계와 제품명세서에 관련된 제품과 서비스의 성과에 대한 것이다. 품질원가는 저품질의 제품을 생산함으로써 야기되는 원가 또는 이를 예방하는 과정에서 발생하는 원가를 말하며, 적합품질(quality of conformance)에 초점이 맞추어진다.
적합품질은 생산자품질, 설계품질은 소비자품질이라고 할 수 있다.

11 ①

설계엔지니어링(₩240), 품질훈련교육(₩100), 품질엔지니어링(₩130)이 예방원가에 해당된다.

12 ⑤

품질방침기획 및 선포활동	₩10
예방적 설비보수 및 유지활동	40
원부자재 공급사 평가활동	70
품질교육 및 훈련활동	90
합 계	₩210

13 ①

구 분		금 액	소 계
통제원가	예방원가	예방설비점검 ₩ 20,000	₩ 40,000
		설계엔지니어링 20,000	
	평가원가	재공품검사 20,000	₩ 50,000
		제품검사 30,000	
실패원가	내부실패원가	불량품재작업 20,000	₩ 20,000
	외부실패원가	반품재작업 40,000	₩340,000
		보증수리원가 100,000	
		클레임 제기로 인한 추정 손해배상액 200,000	

① 내부실패원가는 불량품재작업원가 ₩20,000 이다.

⑤ 실패원가(내부실패원가와 외부실패원가) 대비 통제원가(예방원가와 평가원가)의 비율 : (40,000 + 50,000) ÷ (20,000 + 340,000) = 25%이다.

14 ④

품질원가	변경 전	변경 후
예방원가(품질교육, 설계개선작업)	300억(= 100억 + 200억)	450억(50% 증가)
평가원가(완성품 검사)	50억	50억
내부실패원가(불량재공품재작업)	100억	50억(50% 감소)
외부실패원가(반품재작업, 사후수리, 고객불량품 피해 손해배상)	400억(= 100억 + 150억 + 150억)	240억(40% 감소)
합　계	850억	790억

원가담당자의 주장을 수용하는 경우 ₩60억(= 850억 − 790억)의 이익이 증가한다.

15 ③

① 목표원가계산은 제조이전단계의 원가절감을 강조한다.
② 개선원가계산은 혁신적인 변화보다는 점진적이고 지속적인 원가절감을 추구한다.
④ 활동기준원가계산은 다양한 활동분석을 통하여 비부가가치원가를 계산할 수 있다.
⑤ 제품수명주기원가계산은 단기적 의사결정보다는 장기적 의사결정에 더욱 유용하다.

16 ④

① 카이젠원가계산은 제조단계에서의 지속적인 원가절감에 초점을 둔다.
② 목표원가계산은 제조이전단계에서의 원가절감을 강조한다.
③ 제품수명주기원가계산은 가치사슬 전단계에서의 원가절감을 강조하며, 특히 제조이전단계에서의 원가절감이 중요하다고 말한다.
⑤ 제품보증수리비용은 외부실패원가에 해당된다.

17 ③

ㄴ. 목표원가계산은 생산이전단계에 적용하는 경우 효과가 가장 크게 나타난다.
ㄷ. 카이젠원가계산은 공정의 작업자가 주체가 된다.

18 ⑤

균형성과표는 재무적지표 뿐만 아니라 비재무적지표도 균형있게 고려한다.

19 ⑤

균형성과표는 비재무적 측정치와 주관적 측정치까지도 모두 균형있게 고려한다. 따라서 성과측정치가 명료하지만은 않으며, 실행비용도 많이 발생한다.

20 ⑤

균형성과표는 전략의 구체화와 의사소통에 초점이 맞추어져 있다.

21 ⑤

균형성과표에서 최종 결과물은 재무적 관점의 지표가 된다.
학습과성장 관점 → 내부프로세스 관점 → 고객 관점 → 재무적 관점

22 ④

재무적 성과측정치와 비재무적 성과측정치를 균형있게 고려하며, 재무적 성과측정치가
비재무적 성과측정치의 선행지표가 되는 것이 아니다.

23 ⑤

균형성과표는 조직의 수익성을 최종적인 목표로 설정하기 때문에 4가지 관점의 성과지
표 중에서 재무적 관점의 성과지표를 가장 중시한다.

24 ③

균형성과표는 재무적 지표와 비재무적 지표를 모두 균형있게 고려하며, 학습과 성장 관
점의 성과지표가 내부프로세스 관점의 성과지표에 비해 선행지표라 할 수 있다.

25 ③

JIT는 재고를 거의 보유하지 않는다. 따라서 원재료 계정을 별도로 철저하게 유지, 관리
하지 않는다.

26 ④

낭비, 재가공, 폐품원가 등은 내부실패원가에 해당된다.

27 ④

a. 균형성과표는 수립된 전략의 커뮤니케이션과 실행을 강조한다.
d. 타겟코스팅(목표원가계산)은 제조이전단계에서의 혁신적인 원가절감 기법이다.

28 ⑤

⑤ 목표가격에서 목표이익을 차감하여 결정되는 것은 목표원가이다.

29 ④

① 적시생산시스템(JIT)가 반드시 초변동원가계산법(throughput costing)을 사용하여 제
  품원가계산을 하여야 하는 것은 아니다.
② 전사적 품질관리는 불량률 "0"을 목표로 한다.

③ 제약이론은 장기적이라기 보다는 단기적인 개선책이다. 하나의 제약을 해결하고 나면 다시 다른 제약을 찾는다. 장기적인 관점에서 해결하는 것은 아니다.

⑤ 목표원가는 제품의 목표가격을 확인한 후 목표이익을 차감하여 결정되며, 생산이 개시되기 전에 결정된다.

30 ①

적시생산시스템(JIT)이 재고관리비용 등을 감소시키는 방안으로는 유용할 수 있으나, 초변동원가계산을 사용하는 것은 아니다.

31 ②

① 평가원가가 아닌 예방원가에 대한 설명이다.

③ 카이젠원가계산은 제조 이전단계가 아닌 제조단계에서의 지속적인 원가절감을 강조한다.

④ 적시재고시스템은 재고가 거의 없기 때문에 원재료 계정을 별도로 철저하게 관리하지 않는다.

⑤ 제품수명주기원가계산은 제조이전단계에서 대부분의 원가가 결정된다는 인식을 토대로 연구개발단계와 설계단계에서의 원가절감을 강조한다.

32 ④

수명주기원가계산은 제품의 수명주기(연구개발, 디자인, 제조, 마케팅, 유통, 고객서비스)동안의 원가를 집계하여 수명주기 원가간의 상호관계를 파악하고 실질적인 수익성 분석에도 유용한 정보를 주기 위한 원가계산방법이다.

33 ⑤

전기투입량 × 전기투입요소	전기투입산출비율하 당기생산을위한요소량 × 전기요소가격	전기투입산출비율하 당기생산을위한요소량 × 당기요소가격	당기투입량 × 당기요소가격
1,000kg × 15 2,000시간 × 5 = 25,000	150개 × 10kg × 15 150개 × 20시간 × 5 = 37,500	150개 × 10kg × 20 150개 × 20시간 × 8 = 54,000	12,000kg × 20 2,500시간 × 8 = 44,000

성장요인 12,500(U)　　가격요인 16,500(U)　　생산성요인 10,000(F)

34 ⑤

① 역류원가계산방법을 사용하는 기업은 표준원가를 사용한다.

② 역류원가계산방법은 생산공정의 리드타임이 짧은 기업에서 주로 사용한다.

③ 역류원가계산방법은 순차적 계산방법에 의하여 거래의 흔적을 잘 추적할 수 없다.

④ 역류원가계산방법에서는 유형에 따라서 원재료를 구입하거나 제품이 완료되는 시점 또는 제품이 판매되는 시점 등에서만 회계처리 한다.

35 ②

JIT시스템에서는 공정시간만 부가가치시간이고 나머지는 모두 비부가가치시간이며, 비부가가치시간을 최소화하여야 한다.

36 ②

H만 생산, 판매할 경우(제조주기 : 150시간 + 100시간 = 250시간 ≤ 300시간)

매 출 액	: 25,000개 × 85 =	₩2,125,000
기초원가	: 25,000개 × 20 =	(500,000)
로트당 변동제조간접비	: 50lot × 4,000 =	(200,000)
제조주기시간당 변동제조간접비	: 50lot × 250시간 × 40 =	(500,000)
공헌이익	:	₩ 925,000

37 ④

(1) N과 H를 모두 생산 판매할 경우 제조주기

H : 150시간 + 250시간 = 400시간(300시간 초과)

N : 250시간 + 250시간 = 500시간(300시간 초과)

(2) 공헌이익 계산

H 매출액	: 25,000개 × 80 =	₩2,000,000
N 매출액	: 15,000개 × 65 =	975,000
기초원가 H	: 25,000개 × 20 =	(500,000)
기초원가 N	: 15,000개 × 22 =	(330,000)
변동제조간접비	: (50 + 30)lot × 4,000 =	(320,000)
	50lot × 400시간 × 40 =	(800,000)
	30lot × 500시간 × 30 =	(450,000)
		₩ 575,000

N제품만 생산할 경우 공헌이익 ₩925,000에 비하여 두 제품을 동시에 생산할 경우 영업이익이 ₩350,000(= 925,000 - 350,000)만큼 감소한다.

38 ③

비부가가치원가는 비부가가치활동에서 발생하는 원가와 부가가치활동이 효율적으로 수행되지 못할 때 발생하는 원가의 합계를 말한다.

39 ③

(1) 생산준비활동원가 배부액

	X	Y	합 계
미사용 생산준비활동원가를 제외한 경우[*1]	₩650,000	₩1,040,000	₩1,690,000
미사용 생산준비활동원가를 제외하지 않는 경우	₩750,000[*2]	₩1,200,000	₩1,950,000[*3]

[*1]

	X	Y	합 계
① 배취수	1,250개 ÷ 25개 = 50배취	800개 ÷ 10개 = 80배취	130배취

② 생산준비활동원가 배부율 = 1,690,000 ÷ 130배취 = ₩13,000
③ X제품 배부액 : 50배취 × 13,000 = ₩650,000
　 Y제품 배부액 : 80배취 × 13,000 = ₩1,040,000

[*2] 650,000 + 100,000 = ₩750,000(미사용 생산준비활동원가를 제외할 때 ₩100,000감소하므로)

[*3] 미사용 생산준비원가를 포함할 경우 X제품 배부액이 ₩100,000 증가하므로 전체 배부액은 ₩260,000(= 100,000 ÷ 50배취 × 130배취)만큼 증가할 것이다.

(2) 최대생산준비회수를 x 라 하면, 미사용 생산준비활동원가를 제외하지 않는 경우,
　 생산준비활동원가 배부율 = 1,950,000 ÷ x = ₩13,000 → x = 150회

40 ④

(1) 획득된 활동능력 : 10대 × 70회 = 700회
(2) 실제 활동사용량 : 27,500단위 ÷ 50단위 = 550회
(3) 미사용활동능력 : 700회 − 550회 = 150회
(4) 미사용능력원가 : 150회 × 5,000[*] = ₩750,000

[*] $\dfrac{3,500,000}{700회}$ = ₩5,000

41 ③

(1) 특별주문을 수락하기 위해 필요한 가동준비 활동량 : 12,500단위 ÷ 50단위 = 250회
(2) 부족한 가동준비 활동량 : 250회 − 150회 = 100회
(3) 장비 1대당 70회의 가동준비가 가능하므로 2대를 추가해야 활동량이 140회(= 2대 × 70회) 증가하여 특별주문을 수락할 수 있다. 따라서 관련원가는 ₩720,000(= 2대 × 360,000)이다.

42 ③

(1) 1주일 필요 근무시간 : 26,700분* × 5일 = 133,500분

> *신규고객유치 : 1,450건 × 6분 = 8,700분
> 불 만 처 리 : 1,200건 × 15분 = 18,000분
> 합　　계 : 　　　　　　　26,700분

(2) 현재 1주일간 총근무가능시간 = 50명 × 2,400분 = 120,000분

(3) 현재 부족한 근무시간 = 133,500분 − 120,000분 = 13,500분

(4) 대안별 급여 비교

① 신규채용 5명 + 초과근무 1,500분(= 13,500분 − 5명 × 2,400분)

→ 5명 × 320,000 + 1,500분 × 200* = ₩1,900,000

> *분당 초과근무수당 : 12,000 ÷ 60분 = ₩200/분

② 신규채용 6명

→ 6명 × 320,000 = ₩1,920,000

따라서 노무비를 최소화하기 위해서는 5명을 신규채용하여야 한다.

43 ①

① 고정급의 경우에는 전문경영인의 도덕적 해이를 유발시킬 가능성이 커지며, 회사의 이익보다는 전문경영인의 이익이 커질 가능성이 높다. 전문경영인의 보수를 성과급으로 지급할 때, 회사의 이익은 극대화될 수 있다.

③ 회사의 기대이익 = 60,000 × ⅓ + 60,000 × ⅓ + 30,000 × ⅓ = ₩50,000

⑤ $U(w, e) = \sqrt{w} - e^2 = \sqrt{22,500} - 6^2 = 114$

2019년~20년
세무사1차 기출문제

2019년 기출문제

01 ㈜세무의 기초 및 기말 재고자산은 다음과 같다.

	기초잔액	기말잔액
원재료	₩27,000	₩ 9,000
재공품	30,000	15,000
제 품	35,000	28,000

원재료의 제조공정 투입금액은 모두 직접재료원가이며 당기 중 매입한 원재료는 ₩83,000 이다. 기초원가(prime cost)는 ₩306,000이고, 전환원가(conversion cost)의 50%가 제조간접원가이다. ㈜세무의 당기제품제조원가와 당기 매출원가는?

	당기제품제조원가	매출원가
①	₩408,500	₩511,000
②	511,000	511,000
③	511,000	526,000
④	526,000	526,000
⑤	526,000	533,000

02 ㈜세무는 단일 제품을 생산하고 있으며, 종합원가계산제도를 채택하고 있다. 재료는 공정이 시작되는 시점에서 전량 투입되며, 전환원가는 공정 전체에 걸쳐 균등하게 발생한다. 재료원가의 경우 평균법에 의한 완성품환산량은 87,000단위이고 선입선출법에 의한 완성품환산량은 47,000단위이다. 또한 전환원가의 경우 평균법에 의한 완성품환산량은 35,000단위이고 선입선출법에 의한 완성품환산량은 25,000단위이다. 기초재공품의 전환원가 완성도는?

① 10% ② 20% ③ 25%
④ 75% ⑤ 80%

704

03 다음은 ㈜세무의 당기 및 전기 제조간접원가에 관련된 자료이다. 이 자료에 의할 때 ㈜세무의 당기 제조간접원가 발생액은?

	당기 지급액	당기말 잔액		전기말 잔액	
		선급비용	미지급비용	미지급비용	선급비용
공장관리비	₩250,000	₩150,000	-	₩25,000	-
수도광열비	300,000	-	₩100,000	25,000	-
복리후생비	150,000	-	100,000	-	₩35,000

① ₩615,000 ② ₩735,000 ③ ₩765,000

④ ₩965,000 ⑤ ₩1,065,000

04 ㈜세무는 고객별 수익성 분석을 위하여 판매관리비에 대해 활동기준원가계산을 적용한다. 당기 초에 수집한 관련 자료는 다음과 같다.

(1) 연간 판매관리비 예산 ₩3,000,000(급여 ₩2,000,000, 기타 ₩1,000,000)
(2) 자원소비단위(활동)별 판매관리비 배분비율

	고객주문처리	고객관계관리	계
급여	40%	60%	100%
기타	20%	80%	100%

(3) 활동별 원가동인과 연간 활동량

활동	원가동인	활동량
고객주문처리	고객주문횟수	2,000회
고객관계관리	고객수	100명

㈜세무는 당기 중 주요 고객인 홍길동이 30회 주문할 것으로 예상하고 있다. 홍길동의 주문 1회당 예상되는 ㈜세무의 평균 매출액은 ₩25,000이며 매출원가는 매출액의 60%이다. 활동기준원가계산을 적용하여 판매관리비를 고객별로 배분하는 경우, ㈜세무가 당기에 홍길동으로부터 얻을 것으로 예상되는 영업이익은?

① ₩255,000 ② ₩265,000 ③ ₩275,000

④ ₩279,500 ⑤ ₩505,000

05 ㈜세무는 결합공정에서 제품A, B, C를 생산한다. 당기에 발생된 결합원가 총액은 ₩80,000이며, 결합원가는 분리점에서의 상대적 판매가치를 기준으로 제품에 배분되며 관련 자료는 다음과 같다. 추가가공이 유리한 제품만을 모두 고른 것은? (단, 결합공정 및 추가가공과정에서 공손과 감손은 발생하지 않고, 생산량은 모두 판매되며 기초 및 기말 재공품은 없다)

제품	분리점에서의 단위당 판매가격	생산량	추가가공 원가	추가가공 후 단위당 판매가격
A	₩20	3,000단위	₩10,000	₩23
B	30	2,000단위	15,000	40
C	40	2,000단위	15,000	50

① A   ② A, B   ③ A, C
④ B, C   ⑤ A, B, C

06 ㈜세무는 단일 제품을 생산·판매하는데 단위당 변동원가는 ₩225이고, 공헌이익률은 40%이다. 당기 예상 판매량은 2,000단위부터 6,000단위 사이에서 균등분포(uniform distribution)를 이룬다. 당기 총고정원가가 ₩630,000일 때 ₩120,000이상의 이익을 얻을 확률은?

① 25%   ② 45%   ③ 55%
④ 60%   ⑤ 76%

07 ㈜세무는 단일 제품을 생산하여 단위당 ₩150에 판매한다. 연간 생산가능 수량 2,000 단위에 근거한 제품 단위당 원가는 다음과 같다.

직접재료원가	₩10
직접노무원가	15
단위수준 활동원가	25
제품수준 활동원가	14
설비수준 활동원가	6
	₩70

위 원가 항목 중 제품수준 활동원가와 설비수준 활동원가는 고정원가로, 나머지는 변동원가로 가정한다. 총고정원가 중 ₩10,000은 세법상 손금(비용)으로 인정되지 않으며, 이 회사에 적용되는 세율은 20%이다. 세후순이익 ₩16,000을 얻기 위한 제품 판매 수량은?

① 460단위   ② 520단위   ③ 550단위
④ 600단위   ⑤ 625단위

08 ㈜세무의 기초 제품수량은 없고, 당기 제품 생산수량은 500단위, 기말 제품수량은 100단위이다. 제품 단위당 판매가격은 ₩1,300이며, 당기에 발생한 원가는 다음과 같다. 변동원가계산에 의한 당기 영업이익은? (단, 기초 및 기말 재공품은 없다)

직접재료원가	₩250,000
직접노무원가	80,000
변동제조간접원가	160,000
변동판매관리비	40,000
고정제조간접원가	40,000
고정판매관리비	15,000

① ₩13,000 ② ₩23,000 ③ ₩33,000
④ ₩43,000 ⑤ ₩53,000

09 ㈜세무는 제품A와 제품B를 생산·판매한다. 각 제품의 단위당 판매가격은 제품A는 ₩200, 제품B는 ₩150이며, 공헌이익률은 제품A는 40%, 제품B는 50%이다. 제품A와 제품B의 매출수량배합은 1:2로 일정하고, 당기 총고정원가는 ₩34,500이다. 당기 이익 ₩23,000을 얻기 위한 총 매출액은?

① ₩120,000 ② ₩125,000 ③ ₩128,000
④ ₩132,000 ⑤ ₩138,000

10 ㈜세무의 최대생산능력은 5,000개이다. 정규시장에 1개당 ₩200에 4,000개 판매할 것으로 예산된다. 한 번에 50개씩 묶음(batch) 생산하며, 4,000개를 생산하는 경우 원가는 다음과 같다.

생산량에 따라 변하는 변동원가	₩240,000
묶음수에 따라 변하는 변동원가	80,000
고정원가	400,000
	₩720,000

1개당 ₩130에 1,500개를 구입하겠다는 특별주문을 받았다. 특별주문에 대해서는 100개씩 묶음 생산하며, 특별주문은 전량 수락하거나 거절해야 한다. 이 특별주문을 수락하는 경우 ㈜세무의 이익은 얼마나 증가 또는 감소하는가?

① ₩75,000 증가 ② ₩30,000 증가 ③ ₩20,000 증가
④ ₩20,000 감소 ⑤ ₩75,000 감소

11 ㈜세무는 표준원가계산제도를 채택하고 있으며 기계작업시간을 기준으로 고정제조간 접원가를 배부한다. 다음 자료에 의할 경우 기준조업도 기계작업시간은? (단, 기초 및 기말 재공품은 없다)

- 실제 제품 생산량 : 700단위
- 제품 단위당 표준기계작업시간 : 2시간
- 실제발생 고정제조간접원가 : ₩12,000
- 고정제조간접원가 예산차이 : ₩2,000(불리)
- 고정제조간접원가 조업도차이 : ₩4,000(유리)

① 600 　　　　　② 800 　　　　　③ 1,000
④ 1,200 　　　　　⑤ 1,400

12 ㈜세무는 당기에 영업을 개시하였으며 표준원가계산제도를 채택하고 있다. 직접재료 와 관련된 자료는 다음과 같다.

- 제품 단위당 직접재료 표준원가 : 3kg×₩10/kg = ₩30
- 직접재료 kg당 실제 구입가격 : ₩12
- 직접재료 구입가격차이 : ₩12,600(불리)
- 직접재료 능률차이 : ₩4,000(유리)

① 300kg 　　　　　② 400kg 　　　　　③ 500kg
④ 600kg 　　　　　⑤ 700kg

13 ㈜세무의 품질관리 활동원가는 다음과 같다. 품질관리 활동원가 중 예방원가 (prevention cost)와 평가원가(appraisal cost)의 계산결과를 비교한 것으로 옳은 것은?

활동	원가(또는 비용)	활동	원가(또는 비용)
원재료 검사	₩40	원재료 검사	₩20
반품 재작업	10	반품 재작업	70
재공품 검사	50	재공품 검사	30
납품업체 평가	90	납품업체 평가	20
공손품 재작업	10	공손품 재작업	60

① 예방원가가 평가원가보다 ₩110 더 크다　② 예방원가가 평가원가보다 ₩90 더 크다
③ 예방원가가 평가원가보다 ₩50 더 작다　④ 예방원가가 평가원가보다 ₩70 더 작다
⑤ 예방원가가 평가원가보다 ₩90 더 작다

14 ㈜세무는 이익중심점으로 지정된 A, B 두 개의 사업부로 구성되어 있다. A사업부는 부품을 생산하고, B사업부는 부품을 추가가공하여 완제품을 생산하여 판매한다. A사업부의 부품 최대생산능력은 5,000단위이고, 단위당 변동원가는 ₩100이다. A사업부는 부품의 단위당 판매가격을 ₩200으로 책정하여 외부에 3,000단위 판매하거나 단위당 판매가격을 ₩180으로 책정하여 외부에 4,000단위 판매할 수 있을 것으로 기대한다. 다만, A사업부가 외부시장에서 2가지 판매가격을 동시에 사용할 수는 없다. 이 같은 상황에서 B사업부가 A사업부에게 부품 2,000단위를 내부대체해 줄 것을 요청하였다. 2,000단위를 전량 대체하는 경우 A사업부의 단위당 최소대체가격은?

① ₩80 ② ₩100 ③ ₩110 ④ ₩120 ⑤ ₩180

15 ㈜세무는 공정이 정상인지에 대해 조사 여부를 결정하고자 한다. 공정 조사비용은 ₩20,000이며, 조사 후 공정이 비정상일 때 교정비용은 ₩30,000이다. 공정이 비정상인데 조사하지 않으면 손실 ₩80,000이 발생한다. 공정이 정상일 확률은 60%, 비정상일 확률은 40%이다. 공정 상태에 대해 완전한 예측을 해주는 완전정보시스템이 있다면 그 완전정보를 얻기 위해 지불가능한 최대금액은?

① ₩4,000 ② ₩12,000 ③ ₩16,000 ④ ₩20,000 ⑤ ₩32,000

2020년 기출문제

01 ㈜세무는 종합원가계산제도를 채택하고 있다. ㈜세무의 20x1년 당기제조착수량은 100단위, 기말재공품은 40단위(전환원가 완성도 25%)이며, 당기투입원가는 직접재료원가 ₩40,000, 전환원가(conversion cost) ₩70,000이다. 직접재료는 공정이 시작되는 시점에서 전량 투입되며, 전환원가는 공정전반에 걸쳐 균등하게 발생할 때, 기말재공품의 원가는? (단, 기초재공품, 공손 및 감손은 없다)

① ₩10,000 ② ₩16,000 ③ ₩26,000
④ ₩28,000 ⑤ ₩56,000

02 ㈜세무는 20x1년 연간 최대생산량이 8,000단위인 생산설비를 보유하고 있다. ㈜세무는 당기에 제품 7,000단위를 단위당 ₩1,000에 판매할 것으로 예상하며, 단위당 변동제조원가는 ₩500, 단위당 변동판매관리비는 ₩100이다. ㈜세무는 거래처로부터 제품 2,000단위를 판매할 수 있는 특별주문을 받았으며, 단위당 변동제조원가와 단위당 변동판매관리비는 변화가 없다. 이 특별주문을 수락한다면, 예상 판매량 중 1,000단위를 포기해야 한다. 이 때, 특별주문 제품의 단위당 최저판매가격은?

① ₩500 ② ₩600 ③ ₩800
④ ₩900 ⑤ ₩1,000

03 ㈜세무는 단일 제품을 생산하며, 정상원가계산제도를 채택하고 있다. 제조간접원가는 기계시간을 기준으로 배부한다. 20x1년 제조간접원가 예산은 ₩40,000이고, 예정 기계시간은 2,000시간이다. 20x1년 실제 기계시간은 2,100시간, 제조간접원가 과대배부액은 ₩3,000이다. 20x1년 ㈜세무의 제조간접원가 실제발생액은?

① ₩39,000 ② ₩40,000 ③ ₩41,000
④ ₩42,000 ⑤ ₩45,000

04 ㈜세무는 20x1년에 제품A 1,500단위, 제품B 2,000단위, 제품C 800단위를 생산하였다. 제조간접원가는 작업준비 ₩100,000, 절삭작업 ₩600,000, 품질검사 ₩90,000이 발생하였다. 다음 자료를 이용한 활동기준원가계산에 의한 제품B의 단위당 제조간접원가는?

활동	원가동인	제품A	제품B	제품C
작업준비	작업준비횟수	30	50	20
절삭작업	절삭작업시간	1,000	1,200	800
품질검사	검사시간	50	60	40

① ₩43   ② ₩120   ③ ₩163

④ ₩255   ⑤ ₩395

05 ㈜세무는 개별원가계산제도를 채택하고 있으며, 제품A와 제품B를 생산하고 있다. 기초재공품은 없으며, 제품이 모두 기말에 완성되었다. ㈜세무의 20x1년 원가자료는 다음과 같다. 제조간접원가를 직접노무원가 발생액에 비례하여 배부하는 경우 제품A와 제품B의 제조원가는?

	제품A	제품B
직접재료원가		
기초재고액	₩20,000	₩10,000
당기매입액	40,000	30,000
기말재고액	10,000	15,000
직접노무원가		
전기말 미지급액	₩22,000	₩30,000
당기지급액	45,000	60,000
당기말 미지급액	20,000	27,000
제조간접원가	₩30,000	

① 제품A : ₩94,900   제품B : ₩110,100

② 제품A : ₩99,100   제품B : ₩105,900

③ 제품A : ₩105,900   제품B : ₩94,900

④ 제품A : ₩105,900   제품B : ₩99,100

⑤ 제품A : ₩110,100   제품B : ₩94,900

06 ㈜세무는 종합원가계산제도를 채택하고 있다. 직접재료는 공정이 시작되는 시점에서 전량투입되며, 전환원가는 공정전반에 걸쳐서 균등하게 발생한다. 당기완성품환산량 단위당 원가는 직접재료원가 ₩2,000, 전환원가 ₩500이었다. 생산 공정에서 공손품이 발생하는데 이러한 공손품은 제품을 검사하는 시점에서 파악된다. 공정의 50%시점에서 검사를 수행하며, 정상공손수량은 검사 시점을 통과한 합격품의 10%이다. ㈜세무의 생산활동 자료가 다음과 같을 때, 정상공손원가는?

- 기초재공품 : 500단위(전환원가 완성도 30%)
- 당기완성량 : 1,800단위
- 당기착수량 : 2,000단위
- 기말재공품 : 400단위(전환원가 완성도 70%)

① ₩440,000   ② ₩495,000   ③ ₩517,000
④ ₩675,000   ⑤ ₩705,000

07 ㈜세무는 20x1년 원재료 X를 가공하여 연산품A와 연산품B를 생한하는데, ₩36,000의 결합원가가 발생하였다. 분리점 이후 최종제품 생산을 위해서는 각각 추가가공원가가 발생한다. 균등매출총이익률법으로 결합원가를 연산품에 배부할 때, 연산품B에 배부되는 결합원가는? (단, 공손 및 감손은 없으며, 기초 및 기말 재공품은 없다.)

제품	생산량	최종 판매단가	최종판매가액	추가가공원가 (총액)
A	1,000리터	₩60	₩60,000	₩8,000
B	500리터	₩40	₩20,000	₩4,000
합계	1,500리터		₩80,000	₩12,000

① ₩4,000   ② ₩8,000   ③ ₩12,000
④ ₩18,000   ⑤ ₩28,000

08 ㈜세무는 제조부문(금형, 조립)과 보조부문(유지, 동력)을 이용하여 제품을 생산하고 있다. 유지부문원가는 기계시간, 동력부문원가는 전력량을 기준으로 단계배부법을 사용하여 보조부문원가를 제조부문에 배부한다. 보조부문원가를 배부하기 위한 20x1년 원가자료와 배부기준은 다음과 같다.

구 분	보조부문		제조부문	
	유지	동력	금형	조립
부문개별원가	₩120,000	₩80,000	₩200,000	₩300,000
부문공통원가	₩200,000			
기계시간(시간)	-	200	400	400
전력량(kwh)	100	-	300	200
점유면적(㎡)	10	20	30	40

㈜세무의 부문공통원가 ₩200,000은 임차료이며, 이는 점유면적을 기준으로 각 부문에 배부한다. 20x1년 ㈜세무의 배부 후, 금형부문의 총원가는?(단, 보조부문원가는 유지부문, 동력부문 순으로 배부한다.

① ₩144,800   ② ₩148,800   ③ ₩204,800

④ ₩344,800   ⑤ ₩404,800

09 ㈜세무는 외부 판매대리점을 통해 건강보조식품을 판매하고 있는데, 20x1년도 손익계산서 자료는 다음과 같다.

매출액	₩100,000
변동매출원가	₩45,000
고정매출원가	₩15,000
변동판매비와관리비(판매대리점 수수료)	₩18,000
고정판매비와관리비	₩4,000
영업이익	₩18,000

㈜세무는 20x1년에 판매대리점에게 매출액의 18%를 판매대리점 수수료로 지급하였는데, 20x2년에는 판매대리점 대신 회사 내부판매원을 통해 판매하려고 한다. 이 경우, 내부판매원에게 매출액의 15%에 해당하는 수수료와 고정급여 ₩8,000이 지출될 것으로 예상된다. ㈜세무가 20x2년에 내부판매원을 통해 20x1년과 동일한 영업이익을 얻기 위해 달성해야 할 매출액은?

① ₩75,000   ② ₩81,818   ③ ₩90,000

④ ₩100,000   ⑤ ₩112,500

10 ㈜세무는 제약자원인 특수기계를 이용하여 제품A, 제품B, 제품C를 생산·판매한다. 제품의 생산·판매와 관련된 자료는 다음과 같다.

	제품A	제품B	제품C
단위당 판매가격	₩50	₩60	₩120
단위당 변동원가	₩20	₩36	₩60
단위당 특수기계 이용시간	2시간	1시간	3시간

특수긱계의 최대이용가능시간이 9,000시간이고, 각각의 제품에 대한 시장수요가 1,000단위(제품A), 3,000단위(제품B), 2,000단위(제품C)로 한정되어 있을 때, ㈜세무가 달성할 수 있는 최대공헌이익은?

① ₩181,250   ② ₩192,000   ③ ₩196,250

④ ₩200,000   ⑤ ₩211,250

11 ㈜세무는 단일 제품을 생산·판매하고 있으며, 3년간의 자료는 다음과 같다.

	20x1년	20x2년	20x3년
기초제품재고량(단위)	-	20,000	10,000
당기생산량(단위)	60,000	30,000	50,000
당기판매량(단위)	40,000	40,000	40,000
기말제품재고량(단위)	20,000	10,000	20,000

3년간 판매가격과 원가구조의 변동은 없다. 20x1년 전부원가계산하의 영업이익은 ₩300,000이고, 고정원가가 ₩600,000일 때, 20x3년 전부원가계산하의 영업이익은? (단, 원가흐름은 선입선출법을 가정하며, 기초 및 기말 재공품은 없다)

① ₩640,000   ② ₩660,000   ③ ₩680,000

④ ₩700,000   ⑤ ₩720,000

12 ㈜세무는 표준원가계산제도를 채택하고 있으며, 직접노무시간을 기준으로 제조간접원가를 배부한다. 20x1년의 생산 및 원가 자료가 다음과 같을 때, 변동제조간접원가 소비차이는?

변동제조간접원가 실제발생액	₩130,000
실제총직접노무시간	8,000시간
당기제품생산량	3,600단위
제품당 표준직접노무시간	2시간
변동제조간접원가 능률차이	₩8,000(불리)

① ₩25,000(유리)   ② ₩25,000(불리)   ③ ₩50,000(유리)

④ ₩50,000(불리)   ⑤ ₩75,000(불리)

13 다음은 ㈜세무의 20x1년도 2/4분기 판매량 예산이다. 월말 제품재고는 다음달 판매량의 10%를 보유하는 정책을 유지하고 있으며, 제품 단위당 직접노무시간은 4월 3시간, 5월 3시간, 6월에는 4시간 소요될 것으로 예상하고 있다. 시간당 임금이 4월에 ₩50, 5월부터 매월 5씩 상승한다고 할 때, 6월의 직접노무원가예산은?(단, 7월의 판매량 예산은 5,000단위이다)

4월 : 3,000단위	5월 : 4,000단위	6월 : 4,000단위

① ₩780,000   ② ₩960,000   ③ ₩984,000

④ ₩1,080,000   ⑤ ₩1,200,000

14 ㈜세무는 20x1년에 오토바이를 생산·판매하고 있다. 오토바이 1대당 판매가격은 ₩200이며, 단위당 제조원가 내역은 다음과 같다.

직접재료원가	₩ 86
직접노무원가	45
변동제조간접원가	9
고정제조간접원가	42
단위당 제조원가	₩182

㈜세무는 경찰정으로부터 순찰용 오토바이 100대를 1대당 ₩180에 공급해달라는 특별주문을 받았다. 특별주문에 대해서는 오토바이를 순찰용으로 변경하기 위해 네비게이션을 장착하는데 1대당 ₩10의 원가가 추가적으로 발생한다. 또한 경찰청 로고 제작을 위해 디자인 스튜디오에 ₩1,200을 지급해야 한다. 현재 ㈜세무의 생산능력은 최대생산능력에 근버해 있으므로 특별주문을 수락하면 기존 오토바이 10대의 생산을 포기해애 한다. ㈜세무가 경찰청의 특별주문을 수락할 때, 증분이익은?

① ₩0   ② 증분이익 ₩8,00   ③ 증분이익 ₩1,000

④ 증분이익 ₩1,200   ⑤ 증분이익 ₩1,400

15 ㈜세무는 사무실용과 가정용 공기청정기를 판매한다. 다음은 ㈜세무의 20x1년 예산과 실제결과에 대한 자료이다.

(20x1년 예산)

제품	단위당 판매가격	단위당 변동원가	판매수량
사무실용 공기청정기	₩180	₩120	30,000대
가정용 공기청정기	₩135	₩90	90,000대

(20x1년 실제결과)

제품	단위당 판매가격	단위당 변동원가	판매수량
사무실용 공기청정기	₩165	₩112.5	37,800대
가정용 공기청정기	₩120	₩82.5	88,200대

20x1년도 공기청정기의 전체 실제시장규모는 1,050,000대이며, ㈜세무의 시장점유율 차이는 ₩1,023,750(유리)이다. ㈜세무가 예상한 20x1년도 전체 공기청정기의 시장규모는?

① 857,143대   ② 923,077대   ③ 1,100,000대
④ 1,150,000대   ⑤ 1,200,000대

2019년~20년
공인회계사 기출문제

2019년 기출문제

01 ㈜대한은 정상개별원가계산을 사용하고 있으며, 제조간접원가 배부기준은 기본원가(prime costs)이다. 20x1년 제조간접원가 예정배부율은 기본원가의 40%이었다. 20x1년도 생산 및 판매 자료는 다음과 같다.

항목	기초재공품		기초제품
	작업#102	작업#103	작업#101
기본원가	₩4,000	₩3,500	₩5,000
제조간접원가	2,000	1,750	2,500
합계	₩6,000	₩5,250	₩7,500

(2) 당기에 작업 #102와 #103에 소비된 기본원가는 각각 ₩1,500과 ₩1,000이었다.
(3) 당기에 신규로 착수된 작업은 없었고, 작업 #102와 #103은 완성되었다.
(4) 당기에 작업 #101과 #102는 각각 ₩8,300과 ₩10,000에 판매되었다.
(5) 당기에 제조간접원가 실제발생액은 ₩1,250이었다.
(6) ㈜대한은 배부차이를 원가요소기준비례배부법으로 조정한다.

배부차이 조정 후 매출총이익은 얼마인가?

① ₩2,210 ② ₩2,320 ③ ₩2,440
④ ₩2,520 ⑤ ₩2,550

02 ㈜대한은 결합공정과 추가공정을 통해 제품을 생산하며, 분리점에서 순실현가능가치를 기준으로 결합원가를 배부한다. 20x1년의 생산 및 원가자료는 다음과 같다.

> (1) 제1공정
> 제1공정에서는 원재료를 투입하여 제품A 100단위와 제품B 300단위를 생산하였으며, 결합원가는 총 ₩40,000이었다. 제품A는 단위당 ₩200에 판매되고, 제품B는 제2공정에서 추가 가공을 거쳐 제품C로 판매된다.
>
> (2) 제2공정
> 당기에 제1공정으로부터 대체된 제품B는 제품C 280단위로 생산되었으며, 추가가공원가는 총 ₩12,400이었다. 제품C의 단위당 판매가격은 ₩150이다. 제품B를 제품C로 추가 가공하는 과정에서 부산물 20단위가 생산되었다. 부산물은 단위당 ₩20에 즉시 판매할 수 있다. 부산물은 생산시점에 순실현가능가치로 인식한다.

제품C의 총제조원가는 얼마인가? 단, 각 공정의 기초 및 기말 재공품은 없다.

① ₩35,600   ② ₩36,000   ③ ₩36,400
④ ₩36,700   ⑤ ₩37,000

03 ㈜대한은 20x1년 초에 설립되었으며 단일제품을 생산한다. 20x1년과 20x2년에 전부원가계산에 의한 영업활동 결과는 다음과 같다.

항목	20x1년	20x2년
생산량	100단위	120단위
판매량	80단위	110단위
매출액	₩24,000	₩33,000
매출원가	17,600	22,400
매출총이익	₩6,400	₩10,600
판매관리비	5,600	6,200
영업이익	₩800	₩4,400

㈜대한은 재공품 재고를 보유하지 않으며, 원가흐름 가정은 선입선출법이다. 20x2년도 변동원가계산에 의한 영업이익은 얼마인가? 단, 두 기간의 단위당 판매가격, 단위당 변동제조원가, 고정제조간접원가, 단위당 변동판매관리비, 고정판매관리비는 동일하다.

① ₩3,200   ② ₩3,400   ③ ₩3,600
④ ₩3,800   ⑤ ₩4,200

04 ㈜대한은 표준종합원가계산을 사용하고 있다. 정상공손이 반영되기 전의 제품 단위당 표준원가는 다음과 같다.

항목	제품 단위당 표준원가
직접재료원가	₩20
전환원가	30
합계	₩50

직접재료는 공정초에 모두 투입되며, 전환원가는 공정 전반에 걸쳐 평균적으로 발생한다. 당기의 생산활동에 관한 자료는 다음과 같다.

항목	물량	전환원가 완성도
기초재공품	300단위	50%
기말재공품	500	80%
완성품	2,000	
공손품	100	

㈜대한은 공정의 60% 시점에서 품질검사를 실시하며, 당기에 검사를 통과한 합격품의 2%를 정상공손으로 허용한다. 정상공손원가는 합격품원가에 가산하고 비정상공손원가는 기간비용으로 처리한다. 정상공손원가 배부 후 표준원가로 기록된 완성품원가와 기말재공품원가는 각각 얼마인가? 단, 전기와 당기의 단위당 표준원가는 동일하고, 공손품은 전량 폐기된다.

	완성품원가	기말재공품원가
①	₩101,000	₩21,380
②	₩101,000	₩22,000
③	₩101,520	₩21,380
④	₩101,520	₩22,000
⑤	₩101,520	₩22,380

05 표준원가계산제도를 사용하고 있는 ㈜대한은 보급형 스키를 뱃치(batch) 단위로 생산한다. 제품 1뱃치를 생산할 때마다 새로운 작업준비를 해야 한다. 변동작업준비원가는 모두 작업준비활동으로 인해 발생하는 원가이며, 원가동인은 작업준비시간이다. 20x1년 초에 설정한 연간 예산자료와 20x1년 말에 수집한 실제결과는 다음과 같다.

항목	예산자료	실제결과
생산 및 판매량	10,000단위	11,000단위
뱃치크기(뱃치당 제품수량)	200단위	200단위
뱃치당 작업준비시간	1시간	0.8시간
변동작업준비원가 총액	₩1,500	₩1,100

20x1년도 변동작업준비원가에 대한 소비차이(spending variance)와 능률차이(efficiency variance)는 각각 얼마만큼 유리 또는 불리한가? 단, 기초 및 기말 재고자산은 없다.

	소비차이	능률차이
①	₩220 유리	₩330 유리
②	₩220 유리	₩330 불리
③	₩330 불리	₩220 유리
④	₩330 유리	₩220 유리
⑤	₩0	₩550 불리

06 ㈜대한은 제품A를 생산하며, 연간 최대생산능력은 10,000단위이다. ㈜대한은 20x1년 초에 제품A의 예상수요량인 9,500단위를 생산·판매하기로 하고 종합예산을 편성하였다. 제품A의 단위당 판매가격과 원가 예산은 다음과 같다.

항목	단위당 금액
판매가격	₩40
직접재료원가	12
직접노무원가	5
제조간접원가	8
변동판매비	2

단위당 제조간접원가에는 단위당 변동원가 ₩5와 단위당 고정원가 ₩3(10,000단위 기준)이 포함되어 있다. 예산편성 직후에 ㈜대한은 ㈜민국으로로부터 제품A 1,000단위를 단위당 ₩30에 공급해 달라는 특별주문을 받았다. ㈜민국의 특별주문량 1,000단위는 전량 수락하거나 거절해야 한다. ㈜대한이 ㈜민국에 제품A를 판매할 경우에는 단위당 변동판매비의 50%를 절감할 수 있다. 한편, ㈜대한은 ㈜만세로부터 제품A와 동일한 제품을 단위당 ₩25에 필요한 만큼 공급받을 수 있다. ㈜대한이 ㈜민국의 주문을 수락하면 ㈜대한의 예산영업이익은 얼마나 증가 또는 감소하는가? 단, ㈜대한은 이익을 극대화 하고자 한다.

① ₩4,000 감소 ② ₩4,000 증가 ③ ₩5,500 감소
④ ₩5,500 증가 ⑤ ₩6,000 증가

※ 다음 자료를 이용하여 07번과 08번에 답하시오.

㈜대한은 사업부 A와 B로 구성되어 있고, 각 사업부는 이익중심점으로 운영된다. 사업부A는 동일한 기계를 이용하여 성능이 다른 두 종류의 제품 X와 Y를 생산하며, 각 제품과 관련된 자료는 다음과 같다.

항목	제품X	제품Y
단위당 판매가격	₩40	₩7
단위당 직접재료원가	₩5	₩2
단위당 기타 변동제조원가	(단위당 1시간, 시간당 ₩10) ₩10	(단위당 0.2시간, 시간당 ₩10) ₩2
연간 외부수요량	20,000단위	30,000단위

<주> 상기 표에서 시간은 기계시간을 의미함

사업부A의 연간 고정제조간접원가는 ₩200,000이고, 연간 이용 가능한 기계시간은 25,000시간이다. 사업부B는 제품Q를 생산한다. 제품Q 1단위를 생산하기 위해서는 외부업체로부터 특수부품S 1단위를 단위당 ₩40에 구매해야 한다. 제품Q와 관련된 자료는 다음과 같다.

항목		제품Q
단위당 판매가격		₩100
단위당 직접재료원가	특수부품S	₩40
	일반부품G	₩10
단위당 기타 변동제조원가		₩20
연간 외부수요량		3,000단위

사업부B의 연간 고정제조간접원가는 ₩30,000이다. 사업부B는 외부수요를 충족할 만큼 충분한 생산능력을 갖추고 있다.

최근에 ㈜대한의 생산기술부서는 제품Q를 생산하기 위해 특수부품S 1단위 대신에 제품X 1단위를 투입할 수 있으며, 이러한 부품 교체가 제품Q의 단위당 판매가격, 단위당 일반부품G의 원가, 단위당 기타 변동제조원가, 외부수요량에 미치는 영향은 없다고 보고하였다. ㈜대한은 생산기술부서의 보고를 토대로 특수부품S를 사업부A의 제품X로 교체하는 방안을 고려하고 있다.

07 특수부품S를 사업부A의 제품X로 교체할 경우, 회사전체의 영업이익은 얼마나 증가 또는 감소하는가?

① ₩30,000 증가 ② ₩30,000 감소 ③ ₩45,000 증가
④ ₩45,000 감소 ⑤ ₩50,000 증가

08 특수부품S를 사업부A의 제품X로 교체할 경우, 사업부A가 현재의 영업이익을 감소시키지 않기 위해 사업부B에 제시할 수 있는 제품X의 단위당 최소판매가격은 얼마인가?

① ₩18   ② ₩20   ③ ₩24

④ ₩27   ⑤ ₩30

09 ㈜대한은 연속된 공정 A와 B를 거쳐서 완제품을 생산한다. 완제품의 단위당 판매가격은 ₩50이다. 직접재료원가 이외의 운영원가는 모두 고정원가로 간주한다. 20x1년에 공정별 생산 및 원가자료는 다음과 같다.

항목	공정A	공정B
시간당 생산능력	15단위	10단위
연간 이용가능시간	2,000시간	2,000시간
연간 생산량	20,000단위	20,000단위
단위당 직접재료원가	₩10	₩10
연간 고정운영원가	₩120,000	₩140,000

㈜대한은 공정B의 종료단계에서 품질검사를 실시한다. 당기 중에 공정B에서 불량품 100단위가 생산되었다면, 불량품 100단위로 인해 영업이익은 얼마나 감소하는가? 단, ㈜대한의 기초 및 기말 재고자산은 없으며, 불량품은 전량 폐기된다.

① ₩2,000   ② ₩2,500   ③ ₩3,000

④ ₩4,000   ⑤ ₩5,000

10 ㈜대한은 단일제품을 생산하며 20x1년의 판매가격 및 원가자료는 다음과 같다.

항목	단위당 금액
판매가격	₩50
변동제조원가	20
변동판매비	5

고정제조원가와 고정판매비는 각각 ₩20,000과 ₩10,000이다. ㈜대한의 경영자는 판매촉진을 위해 인터넷 광고를 하려고 한다. 인터넷 광고물 제작에는 ₩5,000의 고정판매비가 추가로 지출된다. 인터넷 광고를 하지 않을 경우 판매량은 1,200단위와 1,800단위 사이에서 균등분포(uniform distribution)를 이루고, 인터넷 광고를 하면 판매량은 1,500단위와 2,000단위 사이에서 균등하게 분포한다. ㈜대한이 인터넷 광고를 함으로써 기대영업이익은 얼마나 증가 또는 감소하는가?

① ₩0   ② ₩1,250 증가   ③ ₩1,250 감소

④ ₩2,250 증가   ⑤ ₩2,250 감소

2020년 기출문제

01 ㈜대한은 단일상품을 제조하는 기업으로 종합원가계산제도를 채택하고 있으며, 재고자산 평가방법은 선입선출법(FIFO)을 사용한다. 제품제조 시 직접재료는 공정 초에 전량 투입되며 전환원가(가공원가)는 공정에 걸쳐 균등하게 발생한다. 다음은 ㈜대한의 당기 생산 및 제조에 관한 자료이다.

항목	물량	
기초재공품(가공완성도%)	1,800개	(90%)
당기착수물량	15,000개	
기말재공품(가공완성도%)	3,000개	(30%)

당기에 발생한 직접재료원가는 ₩420,000이며, 전환원가는 ₩588,600이다. 당기 매출원가는 ₩1,070,000, 기초제품재고는 ₩84,600, 기말제품재고는 ₩38,700이다. 당기 기초재공품은 얼마인가?

① ₩140,000   ② ₩142,000   ③ ₩144,000
④ ₩145,000   ⑤ ₩146,000

02 ㈜대한은 제품 A와 제품 B를 생산하는 기업으로, 생산량을 기준으로 제품별 제조간접원가를 배부하고 있다. ㈜대한은 제품별 원가계산을 지금보다 합리적으로 하기 위해 활동기준원가계산제도를 도입하고자 한다. 다음은 활동기준원가계산에 필요한 ㈜대한의 활동 및 제조에 관한 자료이다.

활동	활동원가(₩)	원가동인
재료이동	1,512,000	운반횟수
조립작업	7,000,000	기계작업시간
도색작업	7,200,000	노동시간
품질검사	8,000,000	생산량
총합계(제조간접원가)	23,712,000	

원가동인	제품별 사용량	
	제품 A	제품 B
운반횟수	400회	230회
기계작업시간	600시간	800시간
노동시간	3,000시간	6,000시간
생산량	X개	Y개

㈜대한이 위 자료를 바탕으로 활동기준원가계산에 따라 제조간접원가를 배부하면, 생산량을 기준으로 제조간접원가를 배부하였을 때보다 제품 A의 제조간접원가가 ₩3,460,000 더 작게 나온다. 활동기준원가계산으로 제조간접원가를 배부하였을 때 제품 B의 제조간접원가는 얼마인가?

① ₩8,892,000   ② ₩9,352,000   ③ ₩11,360,000
④ ₩12,352,000   ⑤ ₩14,820,000

03 ㈜대한은 표준원가계산제도를 채택하고 있으며, 20x1년도 생산 및 제조와 관련된 자료는 다음과 같다.

직접재료 구매량	3,100kg
직접재료 실제사용량	2,900kg
직접재료 단위당 표준사용량	3kg
직접재료 단위당 표준가격	₩50/kg
직접재료 단위당 실제가격	₩60/kg
예상(기준)생산량	800개
실제생산량	1,000개
제조간접원가예산액(Y)	Y=₩700,000+₩500×기계시간
제품단위당 표준기계시간	7시간
실제총기계시간	8,000시간
기계시간당 실제변동제조간접원가	₩470/기계시간
실제고정제조간접원가	₩820,000

㈜대한의 20x1년도 직접재료원가 가격차이(구매량기준), 직접재료원가 수량차이, 변동제조간접원가 소비차이, 변동제조간접원가 능률차이, 고정제조간접원가 조업도차이 중 옳지 않은 것은?

① 직접재료원가 가격차이(구매량기준): ₩31,000(불리한 차이)
② 직접재료원가 수량차이: ₩5,000(유리한 차이)
③ 변동제조간접원가 소비차이: ₩240,000(유리한 차이)
④ 변동제조간접원가 능률차이: ₩500,000(불리한 차이)
⑤ 고정제조간접원가 조업도차이: ₩120,000(불리한 차이)

04 전부원가계산, 변동원가계산, 초변동원가계산과 관련한 다음 설명 중 가장 옳은 것은? 단, 직접재료원가, 직접노무원가, 제조간접원가는 ₩0보다 크다고 가정한다.

① 변동원가계산은 초변동원가계산에 비해 경영자의 생산과잉을 더 잘 방지한다.
② 변동원가계산은 전환원가(가공원가)를 모두 기간비용으로 처리한다.
③ 기초재고가 없다면, 당기 판매량보다 당기 생산량이 더 많을 때 전부원가계산상의 당기 영업이익보다 초변동원가계산상의 당기 영업이익이 더 작다.
④ 변동원가계산상의 공헌이익은 주로 외부이용자를 위한 재무제표에 이용된다.
⑤ 제품의 재고물량이 늘어나면 변동원가계산의 공헌이익계산서상 영업이익은 전부원가계산의 손익계산서상 영업이익보다 항상 낮거나 같다.

※ 다음 자료를 이용하여 05번과 06번에 답하시오.

(1) 다음은 단일제품 A를 생산하는 ㈜대한의 20x1년도 생산 및 제조에 대한 자료이다.

구분	생산량(개)	제조원가(₩)
1월	1,050	840,000
2월	1,520	1,160,000
3월	1,380	983,000
4월	2,130	1,427,600
5월	1,400	1,030,000
6월	1,730	1,208,000
7월	1,020	850,400
8월	1,800	1,282,300
9월	1,640	(중략)
10월	1,970	(중략)
11월	1,650	1,137,400
12월	1,420	1,021,800

(2) ㈜대한의 회계담당자는 향후 생산량에 따른 원가를 예측하고, 변동원가계산서 작성에 필요한 자료를 얻기 위해 중략된 자료를 포함한 위 자료를 이용하여 원가모형을 추정하였다. ㈜대한의 회계담당자가 회귀분석을 통해 추정한 원가모형은 다음과 같다.

- 원가추정모형: $Y = a + b \times X$
- Y=제조원가(₩)
- a=296,000 (t-value: 3.00, 유의도 0.01 이하)
- b=526 (t-value: 4.00, 유의도 0.01 이하)
- X=생산량(개)
- R^2(결정계수)=0.96

05 위 자료를 바탕으로 다음 설명 중 가장 옳은 것은?

① R^2는 추정된 회귀분석의 설명력을 나타내는 것으로 1보다 클수록 높은 설명력을 가진다.

② 회귀분석을 통해 추정한 계수값인 a와 b의 유의도와 t-value가 낮아 분석결과 값을 신뢰할 수 없다.

③ 제품 A의 단위당 판매액이 ₩700이고 단위당 변동판매관리비가 ₩10일 때 제품 A에 대한 단위당 공헌이익은 ₩26이다.

④ 제품 A를 2,000개 생산한다면 회귀분석을 통해 추정한 제조원가는 ₩1,348,000이다.

⑤ 9월과 10월의 중략된 제조원가자료를 사용하면 고저점법을 통해 더 정확한 원가를 추정할 수 있다.

06 위 자료를 바탕으로 ㈜대한의 회귀분석으로 추정한 제조원가와 고저점법으로 추정한 제조원가가 같아지는 생산량은 얼마인가?

① 1,000개   ② 1,500개   ③ 2,000개
④ 3,000개   ⑤ 4,000개

07 ㈜대한은 동일 공정에서 세 가지 결합제품 A, B, C를 생산한다. 제품 A, 제품 B는 추가가공을 거치지 않고 판매되며, 제품 C는 추가가공원가 ₩80,000을 투입하여 추가가공 후 제품 C+로 판매된다. ㈜대한이 생산 및 판매한 모든 제품은 주산품이다. ㈜대한은 제품 A, 제품 B, 제품 C+를 각각 판매하였을 때 각 제품의 매출총이익률이 연산품 전체매출총이익률과 동일하게 만드는 원가배부법을 사용한다. 다음은 ㈜대한의 결합원가배부에 관한 자료이다. 제품 C+에 배부된 결합원가는 얼마인가?

제품	배부된 결합원가	판매(가능)액
A	?	₩96,000
B	₩138,000	?
C+	?	?
합계	₩220,000	₩400,000

① ₩10,000   ② ₩12,000   ③ ₩15,000
④ ₩20,000   ⑤ ₩30,000

08 ㈜대한은 두 개의 제조부문(절단부문, 조립부문)과 두 개의 지원부문(전력부문, 수선부문)을 통해 제품을 생산한다. ㈜대한은 상호배분법을 사용하여 지원부문의 원가를 제조부문에 배부하고 있다. 원가배부 기준은 전력부문은 전력(kw)이며, 수선부문은 수선(시간)이다. 제조부문에 배부된 원가 및 배부기준과 관련된 내역은 다음과 같다. 전력부문에서 발생한 부문원가는 얼마인가?

구분	제조부문		지원부문	
	절단부문	조립부문	전력부문	수선부문
배부 받은 원가(₩)	7,400	4,200		
전력(kw)	100	60	50	40
수선(시간)	60	30	60	30

① ₩4,000   ② ₩6,300   ③ ₩7,600
④ ₩10,000   ⑤ ₩12,500

09 ㈜대한은 자동차를 생산하여 판매한다. ㈜대한의 원가관리 담당자는 효율적으로 원가를 관리하기 위해 다음과 같이 제품의 품질원가(예방원가, 평가원가, 내부실패원가, 외부실패원가로 구성)를 측정하였다.

내용	품질원가
불량률을 낮추기 위한 생산직원들의 교육훈련비	₩5,400
제조단계에서 발생한 불량품을 폐기하기 위해 지불한 비용	₩6,100
공정별 품질검사를 진행하는 직원들의 관리비	₩3,200
완성품을 검사하는 기계의 수선유지비	₩10,200
고객 제품보증수리센터에서 근무하는 직원의 인건비	₩24,700
높은 품질의 부품조달을 위한 우수협력 업체 조달 비용	₩2,300
품질검사 과정에서 발견한 불량품 재작업으로 인해 발생한 생산직원의 특근수당	₩7,400
제품 리콜로 인해 발생한 미래매출감소의 기회원가	₩9,300
총합계	₩68,600

㈜대한이 지금보다 예방원가를 50% 확대하면 내부실패원가와 외부실패원가를 각각 20%와 10% 절감할 수 있다고 한다. ㈜대한이 지금보다 예방원가를 50% 확대할 때 품질원가의 총합계는 얼마인가?

① ₩65,200 ② ₩66,350 ③ ₩67,280
④ ₩72,000 ⑤ ₩73,050

10 ㈜대한은 유리컵을 생산하는 기업으로 종합원가계산제도를 채택하고 있으며, 재고자산 평가방법은 선입선출법(FIFO)을 사용한다. 직접재료는 공정 초에 전량 투입되며, 전환원가(가공원가)는 공정에 걸쳐 균등하게 발생한다. 다음은 ㈜대한의 생산 및 제조에 관한 자료이다.

항목	물량	
기초재공품(가공완성도%)	800개	(70%)
당기착수물량	6,420개	
기말재공품(가공완성도%)	1,200개	(40%)

품질검사는 가공완성도 80% 시점에 이루어지며, 당기에 품질검사를 통과한 물량의 5%를 정상공손으로 간주한다. 당기에 착수하여 당기에 완성된 제품이 4,880개일 때 ㈜대한의 비정상공손은 몇 개인가?

① 34개 ② 56개 ③ 150개
④ 284개 ⑤ 340개

답안 및 해설

답안 및 해설

01. ⑤

재 공 품

기초	30,000	제 품	526,000
직접재료비	101,000[*1]		
직접노무비	205,000	기말	15,000
제조간접비	205,000[*2]		
	541,000		541,000

제 품

기 초	35,000	매 출 원 가	533,000
재 공 품	526,000	기 말	28,000
	561,000		561,000

[*1] $27,000 + 83,000 - 9,000 = ₩101,000$

[*2] $(205,000 + x) \times 50\% = x \rightarrow x = 205,000$

02. ③

평균법과 선입선출법에 의한 완성품환산량의 차이가 기초재공품의 완성품환산량이다.

재료비 차이 : $87,000 - 47,000 = 40,000$단위

가공비 차이 : $35,000 - 25,000 = 10,000$단위

따라서 기초재공품의 완성품환산량은 $25\%(= \frac{10,000}{40,000})$

03. ②

| 공장관리비 | (a) | 수도광열비 | (b) | 공장관리비 | (c) |

공장관리비   (a)   수도광열비 (b)   공장관리비   (c)
선급비용증가   (150,000)   미지급비용증가 (75,000)   선급비용증가   35,000
미지급비용감소 (25,000)   현금유출 :   (300,000)   미지급비용감소   100,000
현금유출 :   (250,000)   → b = 375,000   현금유출 :   (150,000)
           → a = 75,000   → c = 285,000

따라서 제조간접비 발생액 : 75,000 + 375,000 + 285,000 = 735,0000

04. ②

(1) 활동별원가

고객주문처리활동 원가 : 2,000,000×40% + 1,000,000×20% = 1,000,000

고객관계관리활동 원가 : 2,000,000×60% + 1,000,000×80% = 2,000,000

(2) 활동별 배부율

$$\text{고객주문처리활동} = \frac{1,000,000}{2,000회} = ₩500/회$$

$$\text{고객관계관리활동} = \frac{2,000,000}{100명} = ₩20,000/명$$

(3) (주)대한으로부터의 예상 이익

매출총이익 : 25,000×40%×30회	=	300,000
고객주문처리활동 원가 : 30회×500	=	(15,000)
고객관계관리활동 원가 : 20,000×1명	=	(20,000)
예상 이익 :		265,000

05. ④

추가가공할 경우 각 제품별 증분이익(손실)

A : 3,000개×3 − 10,000 = (1,000)

B : 2,000개×10 − 15,000 = 5,000

C : 2,000개×10 − 15,000 = 5,000

따라서 B제품과 C제품만 추가가공하는 것이 유리하다.

06. ①

회사가 ₩120,000의 이익을 얻기 위한 판매량

$$Q = \frac{630,000 + 120,000}{375 - 225} = 5,000단위$$

따라서 5,000단위 이상 판매할 확률은 다음과 같이 계산된다.

$$p = \frac{6,000 - 5,000}{6,000 - 2,000} = 25\%$$

07. ⑤

단위당 변동비 : 50(= 10 + 15 + 25)

총고정비 : 40,000(=2,000단위×14 + 2,000단위×6)

세후순이익 ₩16,000을 얻기 위한 제품 판매수량을 Q라고 하면,

$(150-50)Q - 40,000 - [(150-50)Q - 30,000] \times 20\% = 16,000$을 만족하여야 한다.

따라서 Q = 625단위 이다.

08. ③

변동원가계산에 의한 영업이익은 $(p-v)Q-F$ 이므로 다음과 같이 계산된다.

$(1,300-1,080) \times 400$단위 $- 55,000 = 33,000$

09. ②

매출수량배합 비율이 1 : 2 이므로, 매출액의 배합은 2 : 3 (=1×200 : 2×150)이다.

가중평균자본비용 $= 40\% \times \dfrac{2}{5} + 50\% \times \dfrac{3}{5} = 46\%$

손익분기점 매출액 $= \dfrac{34,500 + 23,000}{46\%} = 125,000$

10. ②

특별주문을 수락하는 경우

매출 증가	: 1,500단위×130 =	195,000
변동비 증가	: 1,500단위×60* =	(90,000)
묶음수변동비 증가	: 15묶음×1,000** =	(15,000)
매출 감소	: 500단위×200 =	(100,000)
변동비 감소	: 500단위×60 =	30,000
묶음수변동비 감소	: 10묶음×1,000 =	10,000
증분 이익	:	30,000

* $\dfrac{240,000}{4,000단위} = 60$

** $\dfrac{80,000}{80묶음} = 1,000$

11. ③

실 제	예 산	배 부(SQ × SP)
	1,000시간^{*4} × 10	700단위 × 2시간 × 10^{*3}
= 12,000	= ₩10,000^{*1}	= ₩14,000^{*2}

소비차이 2,000(U)   조업도차이 ₩4,000(F)

^{*1} $12,000 - 2,000 = 10,000$

^{*2} $10,000 + 4,000 = 14,000$

$$^{*3} \frac{14,000}{700단위 \times 2시간} = 10$$

$$^{*4} \frac{10,000}{10} = 1,000시간$$

12. ⑤

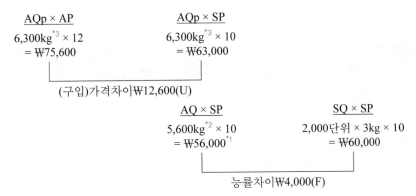

AQp × AP
6,300kg^{*3} × 12
= ₩75,600

AQp × SP
6,300kg^{*3} × 10
= ₩63,000

(구입)가격차이 ₩12,600(U)

AQ × SP
5,600kg^{*2} × 10
= ₩56,000^{*1}

SQ × SP
2,000단위 × 3kg × 10
= ₩60,000

능률차이 ₩4,000(F)

^{*1} 60,000 – 4,000 = ₩56,000

^{*2} 56,000 ÷ 10 = 5,600kg

^{*3} 당기 구입량을 x라 하면, $12x - 10x = 12,600$(가격차이) 이므로 x=6,300kg이다.

따라서 기말재고는 700kg(=6,300kg(당기 구입량) – 5,600kg(당기 사용량))이다.

13. ①

예방원가 : 90(납품업체 평가) + 20(설계엔지니어링) + 30(예방적 설비유지) + 60(품질교육훈련) = 200

평가원가 : 40(원재료 검사) + 50(재공품 검사) = 90

따라서 예방원가가 평가원가보다 ₩110(=200-90) 만큼 더 크다.

14. ③

$$최소대체가격 = 100 + \frac{20,000}{2,000단위} = 110$$

*기회비용

(180 – 100) × 4,000 = 320,000

(200 – 100) × 3,000 = <u>300,000</u>

20,000

15. ②

< 성 과 표 >

	정상(60%)	비정상(40%)
조사한다	2,000 + 0	20,000 + 30,000
조사 안한다	0 + 0	0 + 90,000

조사하는 경우 기댓값 : 2,000×60% + 50,000×40% = 32,000

조사 안하는 경우 기댓값 : 0×60% + 90,000×40% = 36,000

비용이기 때문에 두 대안 중 더 작은 조사하는 경우를 선택한다.

완전정보하의 기대가치 : 0×60% + 50,000×40% = (20,000)

기존정보하의 기대가치 :   (32,000)

완전정보의 기대가치 :   12,000

2020년 세무사 1차

01. ③

[1단계] 물량의 흐름				[2단계] 완성품 환산량	
재 공 품				재료비	가공비
기 초	0	완 성	60	60	60
당기착수	100	기 말	40	40	10
합 계		합 계	100	100개	70개

[3단계] 총원가 요약			합 계
기초재공품원가			
당기 착수 원가	40,000	70,000	110,000

[4단계] 완성품환산량 단위당원가		
완성품 환산량	÷ 100	÷ 70
완성품환산량 단위당원가	@400	@1,000

기말재공품원가 : 40 × 400 + 10 × 1,000 = ₩26,000

02. ③

$$최소판매가격 = 600 + \frac{1,000개 \times (1,000 - 600)}{2,000개} = ₩800$$

03. ①

$$제조간접비\ 예정배부율 = \frac{40,000}{2,000시간} = ₩20$$

<u>실제제조간접비</u> 　　　　 <u>제조간접비 예정배부액</u>

　　　　　　　　　　　　　2,100시간 × 20

　　　x　　　　　　　　　 = ₩42,000

　　　　　　　배부차이 ₩3,000(과대)

제조간접비 실제발생액(x) = ₩39,000

04. ③

(1) 활동별 제조간접비 배부율

활　　동	원　　가	원가동인 합계	활동별 배부율
작업준비	₩100,000	100회	₩1,000/회
절삭작업	600,000	3,000시간	₩200/시간
품질검사	90,000	150시간	₩600/시간

(2) 제품B위 단위당 원가 : $\dfrac{50회 \times 1,000 + 1,200시간 \times 200 + 60시간 \times 600}{2,000단위} = ₩163$

05. ④

	제품A	제품B
직접재료원가	₩　50,000[*1]	₩　25,000[*2]
직접노무원가	43,000[*3]	57,000[*4]
제조간접비[*5]	12,900	17,100
합　계	₩105,900	₩99,100

[*1] 20,000 + 40,000 − 10,000 = ₩50,000

[*2] 10,000 + 30,000 − 15,000 = ₩25,000

[*3] A 직접노무비 : (　a　)

　　미지급액 감소 : (2,000)

　　당기 지급액 　: (45,000)

　　→ A제품 관련 직접노무비 발생액(a) = ₩43,000

[*4] B 직접노무비 : (　b　)

　　미지급액 감소 : (3,000)

　　당기 지급액 　: (60,000)

　　→ B제품 관련 직접노무비 발생액(b) = ₩57,000

*5 제조간접비 배부율 = $\dfrac{30,000}{(43,000+57,000)} = 0.3$

A제품 배부액 : 43,000×0.3 = ₩12,900
B제품 배부액 : 57,000×0.3 = ₩17,100

06. ②

[1단계] 물량의 흐름			[2단계] 완성품 환산량	
재공품			재료비	가공비
기　초	500	완성┌기초　500	0	350
		└착수　1,300	1,300	1,300
		정상공손[*1]　220	220	110
당기착수	2,000	비정상공손[*2]　80	80	40
		기　말　400	400	280
합　계	2,500	합　계　2,500	2,000	2,080

[4단계] 완성품환산량 단위당원가　　　　　　　@2,000　　　@500

정상공손원가 : 220×2,000 + 110×500 = ₩495,000
[*1] (500단위 + 1,300단위 + 400단위)× 10% = 220단위
[*2] 300단위 − 220단위 = 80단위

07. ②

(1) 회사전체 매출총이익률
매　출　액 : 80,000
매　출　원　가 : 48,000(=36,000 + 12,000)
매출총이익 : 32,000
매출총이익률 : 40%

(2) 결합원가 배부

제 품	매 출 액	매출총이익률	매출총이익	추가가공원가	결합원가
A	₩ 60,000	40%	₩ 24,000	₩ 8,000	₩ 28,000
B	20,000	40%	8,000	4,000	8,000
합 계	₩ 80,000		₩ 32,000	₩12,000	₩ 36,000

08. ④

	보조부문		제조부문		합계
	유지	동력	금형	조립	
배분 전	₩120,000	₩80,000	₩200,000	₩300,000	₩700,000
부분공통원가*¹	20,000	40,000	60,000	80,000	200,000
배부금액	₩140,000	₩120,000	₩260,000	₩380,000	₩900,000
유지부문 동력부분	(140,000)	28,000 (148,000)	56,000 88,800	56,000 59,200	0 0
배분 후	₩ 0	₩ 0	₩344,800		

*¹ 부문공통원가 ₩200,000을 면적기준으로 배부

09. ⑤

현재 변동매출원가율은 45%이고, 내부판매원에 대한 수수료가 매출액의 15%가 되면 변동비율은 60%가 되며, 이 경우 공헌이익률은 40%가 된다. 또한 현재 고정비는 고정매출원가 ₩15,000과 고정판매관리비 ₩4,000이었으나 고정급여 ₩8,000이 추가될 경우 고정비 총액은 ₩27,000이 된다. 따라서 매출액을 S라 하면, 영업이익 ₩18,000을 얻기 위한 매출액은 다음과 같다.

$$S = \frac{27,000 + 18,000}{0.4} = ₩112,500$$

또는 0.4S − 27,000 = 18,000 이므로 S = ₩112,500

10. ②

(1) 기계시간당 공헌이익

	제품A	제품B	제품C
단위당 판매가격	₩50	₩60	₩120
단위당 변동원가	₩20	₩36	₩ 60
단위당 공헌이익	₩30	₩24	₩ 60
단위당 기계소요시간	÷2시간	÷1시간	÷3시간
기계시간당 공헌이익	15	24	20
생산 우선순위	3순위	1순위	2순위

(2) 최적 생산 계획

제 품	생산량	단위당 기계시간 사용량	기계시간 총사용량
① 제품B	3,000단위	1h	3,000h
② 제품C	2,000단위	3h	6,000h
합 계			9,000h

(3) 최대공헌이익

    3,000단위×30 + 2,000단위×24 = ₩192,000

11. ①

	20x1년	20x3년
변동원가계산의 영업이익	₩ 600,000	₩ 600,000[*2]
(+) 기말재고자산에 포함된 고정제조간접비	20,000×10[*1] = 200,000	20,000단위×12[*3] = 240,000
(−) 기초재고자산에 포함된 고정제조간접비	0	10,000단위×20[*4] = 200,000
(=) 전부원가계산의 영업이익	₩ 800,000	₩640,000

[*1] 600,000÷60,000단위 = 10

[*2] 판매량이 매년 동일하므로 20x1년과 20x3년 변동원가계산 영업이익이 같다.

[*3] 600,000÷50,000단위 = 12

[*4] 600,000÷30,000단위 = 20

12. ④

$$\underline{AQ×AP} \qquad\qquad \underline{AQ×SP} \qquad\qquad \underline{SQ×SP}$$

   8,000h×   8,000h × 10^{*1} 3,600개×2h× 10^{*1}

  =130,000   =80,000

                       능률차이₩800(U)

[*1] $(8,000h - 7,200h)×x = 800 \;\rightarrow\; x=10$

변동제조간접비 소비차이 = 50,000(불리) (=130,000−80,000)

13. ③

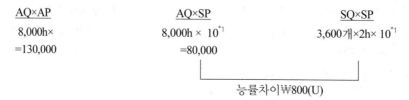

	4월	5월	6월	7월
판 매	3,000단위	4,000단위	4,000단위	5,000단위
(+)기말재고	400단위	400단위	500단위	
(−)기초재고		400단위	400단위	
(=)제 조			4,100단위	
단위당 노동시간			×4h	
총노동시간			= 16,400h	
			×₩60	
직접노무비 예산			₩984,000	

14. ④

특별주문을 수락할 경우

매 출 증 가	: 100대×180	=	18,000
변동비 증가	: 100대×150^{*1}	=	(15,000)
디자인비용 증가 :			(1,200)
기회비용	: 10대×(200−140) =		(600)
증분이익	:		1,200

^{*1} 86 + 45 + 9 + 42 + 10 = 150

15. ⑤

실제시장규모 × 실제시장점유율 × 가중평균예산공헌이익)	실제시장규모 × 예산시장점유율 × 가중평균예산공헌이익)	예산시장규모 × 예산시장점유율 × 가중평균예산공헌이익)
1,050,000 × 12%^{*2} × 48.75^{*1}	1,050,000 × 10%^{*3} × 48.75	1,200,000 ^{*4}× 10%^{*3} × 48.75
= ₩6,142,500	= ₩5,118,750	

시장점유율차이   시장규모차이

₩1,023,750(유리)

^{*1} 60 × 25% + 45 × 75% = ₩48.75

^{*2} (37,800대+88,200대) ÷ 1,050,000대 = 12%

^{*3} 1,050,000대 ×예산시장점유율×48.75 = 5,118,750 → 예산시장점유율 = 10%

^{*4} 예산시장규모×10% = 120,000대 → 예산시장규모 = 1,200,000대

2019년 공인회계사

01. ⑤

당기발생원가 및 제조간접비 배부

항 목	기초재공품		합 계
	작업#102	작업#103	
기본원가	₩1,500	₩1,000	₩2,500
제조간접원가배부액	600	400	1,000
합 계	₩2,100	₩1,400	₩3,500

매 출 액 : 18,300

매 출 원 가 :(-)15,600(=7,500(#101) + 6,000+2,100(#102))

배 부 차 이 :(-)   150(=250×$\frac{600}{1,000}$)

매출총이익 :   2,550

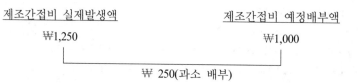

제조간접비 실제발생액   제조간접비 예정배부액

₩1,250   ₩1,000

₩ 250(과소 배부)

02. ②

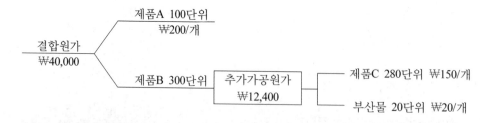

제품A 100단위 ₩200/개

결합원가 ₩40,000

제품B 300단위 — 추가가공원가 ₩12,400 — 제품C 280단위 ₩150/개 / 부산물 20단위 ₩20/개

제품	순실현가치	결합원가 배분율	결합원가 배분	추가가공원가	총원가
A	₩20,000[*1]	40%	₩16,000	-	₩16,000
C	30,000[*2]	60%	24,000	₩12,000[*3]	36,000
합계	₩50,000	100%	₩40,000	₩12,000	₩52,000

[*1] 100단위 × 200   = ₩20,000

[*2] 280단위 × 150 − 12,000 = ₩30,000

[*3] 2 추가가공원가 ₩12,400중에서 D의 순실현가치 ₩400(=20단위×20)을 차감한 금액

03. ④

x1년도 단위당 전부원가 : $\dfrac{17,600}{80개} = 220$

x2년도 단위당 전부원가 : $\dfrac{22,400 - 20개 \times 220}{110개 - 20개} = 200$

(x2년도는 기초재고자산 20단위를 제외한 나머지의 원가가 당기 생산량 중 판매량의 원가이다)

x1년도 총전부원가 : 100단위×220 = 22,000
x2년도 총전부원가 : 120단위×200 = 24,000
따라서 고저점법에 의하면 단위당 변동비는 ₩100, 총고정제조간접비는 ₩12,000이다.

변동원가계산의 영업이익 :		x
(+) 기말재고자산에 포함된 고정제조간접비 : 30개 × 100[*1] =		3,000
(−) 기초재고자산에 포함된 고정제조간접비 : 20개 × 120[*2] =		2,400
(=) 전부원가계산의 영업이익 :		₩4,400

[*1] $\dfrac{12,000}{120단위} = 100$

[*2] $\dfrac{12,000}{100단위} = 120$

04. ⑤

완성품원가 ; {50 + (20 + 30×60%)×2%}×2,000개 = 101,520
기말재공품 : {20 + 30×80% + (20+30×60%)×2%}×500개 = 22,380

05. ①

AQ × AP	AQ × SP	SQ × SP
55배취[*1]×0.8h×25	55배취[*1]×0.8h×30	55배취×1h×30
=₩1,100	=₩1,320	=₩1,650

|———— 가격차이 ————|———— 능률차이 ————|
₩2,200(불리)　　　　　₩330(유리)

[*1] $\dfrac{11,000단위}{200단위} = 55배취$

06. ④

매출 증가	: 1,000단위×30 =	30,000
변동비 증가 :	500단위×23 =	(11,500)
외부구입비용 :	500단위×25 =	(12,500)
변동판매비 :	500단위×1 =	(500)
증분이익 :		5,500

07. ①   08. ⑤

(1) 현재 회사의 최적 생산계획

	X	Y
단위당 공헌이익	₩25	₩3
단위당 기계시간	÷ 1시간	÷ 0.2시간
기계시간당 공헌이익	₩25	₩15
생산우선순위	1순위	2순위

제 품	생산량	단위당 설비가동시간	총 설비가동시간
① X	20,000단위	1시간	20,000시간
② Y	25,000단위	0.2시간	5,000시간
합 계			25,000시간

(2) ① 공급사업부 최소대체가격 = $15 + \dfrac{3,000h \times 15}{3,000단위} = 30$

　　② 수요사업부 최대대체가격 = 40^*

　　* 을사업부의 최대대체가격 $= Min \begin{bmatrix} ① \ 40 \\ ② \ 100 - 30 = ₩70 \end{bmatrix} = ₩40$

③ 대체가격의 범위

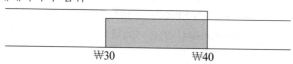

　　　　　　₩30　　　　　　　₩40

(3) 내부대체할 경우 회사는 ₩30,000(=3,000단위×10)만큼 이익이 증가한다.
(4) 사업부 A의 제품 X의 최소판매가격은 ₩30 이다.

09. ⑤

불량품이 100단위 발생할 경우 100단위에 대한 매출이 감소하는 것이므로 영업이익은 5,000(=100단위×50)만큼 감소한다.

10. ②

광고 후 : 1750개^{*1}×(50−25)−30,000−5,000 = 8,750
광고 전 : 1,500개^{*2}×(50−25)−30,000　　　　 = 7,500
증분이익 : 　　　　　　　　　　　　　　　　　1,250

^{*1}(1,500개+2,000개)÷2 = 1,750개
^{*2}(1,200개+1,800개)÷2 = 1,500개

2020년 공인회계사

01. ①

[1단계] 물량의 흐름   [2단계] 완성품 환산량

재공품			재료비	가공비
기　초	1,800	완 ┌ 기초　1,800	0	180
		성 └ 착수　12,000	12,000	12,000
당기착수	15,000	기　말　3,000	3,000	900
합　계	16,800	합　계　16,800	15,000	13,080

[3단계] 총원가 요약   합　계

기초재공품원가

당기 착수 원가   420,000   588,600

합　계

[4단계] 완성품환산량 단위당원가

완성품 환산량   ÷15,000   ÷13,080

완성품환산량 단위당원가   @28   @45

기초재공품원가를 x라 하면,

완성품원가 : x + 12,000×28 + 12,180×45 = x + 884,100

매출원가 : x + 884,100 + 84,600 - 38,700 = 1,070,000

기초재공품원가 x = ₩140,000

02. ④

ABC에 의할 경우에도 품질검사원가는 생산량에 비례하므로 품질검사원가를 제외한 나머지 활동원가에서 기존의 방식과 차이가 난다.

(1) 활동별 제조간접비 배부율

활　동	원　가	원가동인 합계	활동별 배부율
재료이동	₩ 1,512,000	630회	₩2,400/회
조립작업	7,000,000	1,400시간	5,000/기계시간
도색작업	7,200,000	9,000시간	800/노동시간

(2) 품질검사원가를 제외한 제품별 활동원가

A제품 : 400회×2,400 + 600시간×5,000 + 3,000시간×800 = 6,360,000

B제품 : 230회×2,400 + 800시간×5,000 + 6,000시간×800 = <u>9,352,000</u>

합 계 : <u>15,712,000</u>

(3) 품질검사원가를 제외한 제조간접비를 생산량기준으로 배부할 경우 제품별 제조간접비 배부액

A제품 : 6,360,000 + 3,460,000 = 9,820,000 (62.5%)

B제품 : 15,712,000 − 9,820,000 = <u>5,892,000</u> (37.5%)

합 계 : <u>15,712,000</u> (100%)

(4) 활동원가계산에 의한 각 제품별 제조간접비

A제품 : 6,360,000 + 8,000,000×62.5% = 11,360,000

B제품 : 9,352,000 + 8,000,000×62.5% = 12,352,000

03. ⑤

(1) 직접재료비

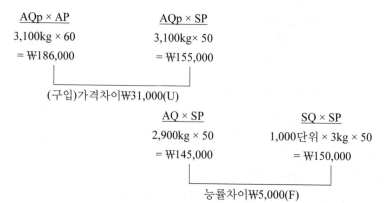

$\underline{AQp \times AP}$ $\underline{AQp \times SP}$

3,100kg × 60   3,100kg × 50

= ₩186,000   = ₩155,000

(구입)가격차이₩31,000(U)

$\underline{AQ \times SP}$ $\underline{SQ \times SP}$

2,900kg × 50   1,000단위 × 3kg × 50

= ₩145,000   = ₩150,000

능률차이₩5,000(F)

(2) 변동제조간접비

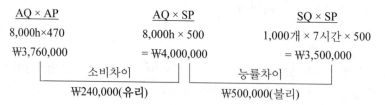

$\underline{AQ \times AP}$ $\underline{AQ \times SP}$ $\underline{SQ \times SP}$

8,000h×470   8,000h × 500   1,000개 × 7시간 × 500

₩3,760,000   = ₩4,000,000   = ₩3,500,000

소비차이   능률차이

₩240,000(유리)   ₩500,000(불리)

(3) 고정제조간접비

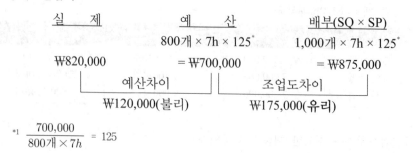

실 제   예 산   배부(SQ × SP)

    800개 × 7h × 125*   1,000개 × 7h × 125*

₩820,000   = ₩700,000   = ₩875,000

예산차이   조업도차이

₩120,000(불리)   ₩175,000(유리)

*1 $\dfrac{700,000}{800개 \times 7h} = 125$

04. ③

① 생산과잉을 더 잘 방지하는 것은 변동원가계산보다 초변동원가계산이다.

② 변동원가계산은 전환원가 중 고정제조간접비만 기간비용으로 처리한다.

④ 변동원가계산의 공헌이익은 외부보고용으로 사용할 수 없다.

⑤ 재고물량이 늘어날 경우에도 변동원가계산영업이익이 전부원가계산 영업이익보다 항상 낮거나 같은 것은 아니다.

05. ④

① R^2값은 0부터 1사이의 값으로서 1에 근접할수록 설명력이 높다는 것을 의미한다.

② t-value값이 작을수록 모집단과 샘플과의 차이가 없다는 것을 의미하므로 분석결과 값을 신뢰할 수 있게 된다.

③ 단위당 판매가격이 700원이고 단위당 변동판매관리비가 10원이라면 단위당 공헌이익은 164원(=700−526−10)이다.

⑤ 고저점법보다 회귀분석이 더 정확한 원가를 추정할 수 있는 방법이다.

06. ⑤

$y = a + bx$ 라 하면,

$$b = \frac{1,427,600 - 850,400}{2,130 - 1,020} = 520$$

$1,427,600 = a + 2,130{\times}520 \rightarrow a = 320,000$

양 방법에 의한 원가가 동일해지는 판매량을 x라 하면

$296,000 + 526x = 320,000 + 520x \rightarrow x = 4,000$단위

07. ①

제 품	매 출 액	매출총이익	추가가공원가	결합원가
A	₩ 96,000	₩ 24,000*2	–	₩72,000*3
B			–	138,000
C			₩80,000	10,000*4
합 계	₩400,000	₩100,000*1	₩80,000	₩220,000

*1 매 출 액 ： 400,000

　　매출원가 ： 300,000(= 220,000 + 80,000)

　　매출총이익 ： 100,000

　　매출총이익률 　25%

*2 96,000×25% = 24,000

*3 96,000 – 24,000 = 72,000

*4 220,000 – 72,000 – 138,000 = 10,000

08. ③

용역수수관계를 비율로 나타내면 다음과 같다.

	제조부문		보조부문		합계
	절단부문	조립부문	전력부문(A)	수선부문(B)	
A	50%	30%		20%	100%
B	40%	20%	40%		100%

전력부문과 수선부문에서 발생한 원가를 각각 a와 b라고 하면,

A = a + 0.4B

B = b + 0.2A

절단부문에 배부되는 보조부문원가 ： 0.5A + 0.4B = 7,400

조립부문에 배부되는 보조부문원가 ： 0.3A + 0.2B = 4,200

→ A = 10,000, B = 6,000

따라서 10,000 = a + 0.4×6,000 → a = 7,600

09. ②

내용	품질원가	구 분
불량률을 낮추기 위한 생산직원들의 교육훈련비	₩5,400	예방원가
제조단계에서 발생한 불량품을 폐기하기 위해 지불한 비용	₩6,100	내부실패원가
공정별 품질검사를 진행하는 직원들의 관리비	₩3,200	평가원가
완성품을 검사하는 기계의 수선유지비	₩10,200	평가원가
고객 제품보증수리센터에서 근무하는 직원의 인건비	₩24,700	외부실패원가
높은 품질의 부품조달을 위한 우수협력 업체 조달 비용	₩2,300	예방원가

내용	품질원가	구 분
품질검사 과정에서 발견한 불량품 재작업으로 인해 발생한 생산직원의 특근수당	₩7,400	내부실패원가
제품 리콜로 인해 발생한 미래매출감소의 기회원가	₩9,300	외부실패원가
총합계	₩68,600	

구 분	최초 금액	수정		수정후
예방원가	7,700	×50%	3,850(+)	
평가원가	13,400			
내부실패원가	13,500	×20%	2,700(-)	
외부실패원가	34,000	×10%	3,400(-)	
합 계	68,600		2,250(-)	66,350

10. ②

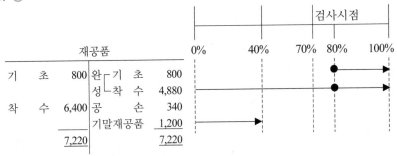

정상공손수량 : (800단위 + 4,880단위)× 5% = 284단위
비정상공손수량 : 340단위 − 284단위 = 56단위

저 | 자 | 약 | 력

❖ 구 순 서

- 덕성여자대학교 회계학과 수석졸업
- 고려대학교 대학원 경영학석사
- 고려대학교 대학원 경영학박사
- 웅지경영아카데미 KICPA 전임교수 역임
- 대한상공회의소 회계학 전임교수
- 성균관대학교 대학원 회계학 강사
- 한국증권금융연구소 CFA 회계학 전임교수
- AIFA ; (주)국제금융회계아카데미 대표이사(CEO)
  (주)아이파경영아카데미 대표이사(CEO)
  (주)우리경영아카데미 대표이사(CEO)

📖 주요 저서

- 원가관리회계(도서출판 어울림)
- 원가관리회계연습(도서출판 어울림)
- 혁신 원가회계(형설출판사)
- 혁신 관리회계(형설출판사)

❖ 이 남 재

- 공인회계사, 세무사
- 성균관대학교 회계학 석사
- (現)안세회계법인 이사
- (現)아이파경영아카데미 교수
- (現)한국생산성본부 전문위원
  2013 한국생산성본부 최우수강사
- (現)한국표준협회 지속가능경영 전문위원
- (現)대한상공회의소 회계, 세무 실무 강사
- NAVER, 하이닉스반도체, 한국타이어, 신세계그룹, 삼성코닝정밀소재, KT, LG U+, 대우건설, 방위사업청 등 다수기업 실무연수강사
- (前)대주회계법인 근무
- (前)지식경제부 우정사업본부 금융조세실무 강사
- (前)중소기업연수원 회계, 세무 실무 강사
- (前)사학진흥재단 연수위원
- (前)덕성여대 원가회계 강사

📖 주요 저서

- 원가관리회계(도서출판 어울림)
- 원가관리회계연습(도서출판 어울림)

객관식 원가관리회계

4 판 발 행 : 2021년 1월 12일
저　　　자 : 구 순 서 · 이 남 재
발 행 인 : 허 병 관
발 행 처 : 도서출판 어울림
주　　　소 : 서울시 영등포구 양평동3가 14번지 이노플렉스 1301호
전　　　화 : 02) 2232-8607, 8602
팩　　　스 : 02) 2232-8608
등　　　록 : 제2-4071호
홈 페 이 지 : www.aubook.co.kr
I S B N : 978-89-6239-761-1-13320
정　　　가 : 32,000원

저자와의
협의하에
인지생략